Karl-May-Weltkarte, Amerika
Die Ziffern bezeichnen die Handlungsorte der Karl-May-Bände 1-90
Mercator Projektion

CHRONIK EINES WELTLÄUFERS

DIE REISEN VON OLD SHATTERHAND ALIAS KARA BEN NEMSI

AUS DEN TEXTEN KARL MAYS ZU EINEM REISETAGEBUCH ZUSAMMENGESTELLT UND ERGÄNZT

VON

HANS IMGRAM

KARL-MAY-VERLAG
BAMBERG·RADEBEUL

Bedeutung der unterschiedlichen Schriftarten:

Adobe Garamond kursiv:
Text aus Karl May's Gesammelten Werken

Adobe Garamond:
verbindender Text zu Schilderungen in den Gesammelten Werken

Arial:
eigene Einschübe des Verfassers zu Reisen, bei denen kein Karl-May-Text vorlag, bzw. erläuternde Hinweise

Arial kursiv:
Einleitung zu *In Mekka* von Franz Kandolf

Herausgegeben von Bernhard Schmid

Deckelbild:
Kostümfotos von Karl May: Alois Schießer, Max Welte
Kolorierung und Artwork: Torsten Greis / pinta

Druck: Beltz Bad Langensalza GmbH
ISBN 978-3-7802-0125-6
www.karl-may.de

INHALT

ICH – Old Shatterhand alias Kara Ben Nemsi

Wer bin ICH?

ICH bin der Abenteurer und Weltenbummler Karl May, nicht zu verwechseln mit dem Schriftsteller Karl May, der nur mein geistiger Vater war. Er hat mich erschaffen, da er nie das war, das sein und das vollbringen konnte, was er in seinen Gedanken mit mir, seinem zweiten ICH, zu tun vermochte. ICH war der ‚Superman', der Held, der eine riesige Körperkraft besaß und der nicht nur viele Sprachen beherrschte, sondern auch gleichzeitig ein Gelehrter und Mediziner war. *ICH ragte über die gewöhnliche Größe hinaus, war aber keineswegs ein Riese.*[1]

Als er mich 1860 auf meine erste Reise nach Amerika schickte, hatte ICH bereits studiert, hatte mir außerordentliche Kenntnisse (z. B. Feldmesserei) und Fertigkeiten (Schießen, Reiten, Fechten) angeeignet und beherrschte mehrere Sprachen, darunter auch das Arabische, denn *der Professor, der mein Lehrer im Arabischen war, galt für den größten Arabisten Deutschlands.*[2] *ICH studierte Hebräisch, Aramäisch, Griechisch, um die Heilige Schrift im Urtext zu lesen. ICH studierte den Koran, die Vedas, den Zaratustra und Cong-fu-tse.*[3] ICH müsste also älter als der Schriftsteller Karl May sein, bin es aber nicht, denn *ICH zählte achtzehn Jahre, als ich über die See nach Amerika kam*[4], weil *unerquickliche Verhältnisse in der Heimat, der Wunsch, meine Kenntnisse zu erweitern, und ein angeborener Tatendrang mich über den Ozean in die Vereinigten Staaten getrieben* hatten[5], wo ich Winnetou kennenlernte. Wenn man das Leben des Schriftstellers kennt, so konnte er nie ICH sein, denn sein Leben verlief ganz anders, als er es in seiner Fantasie ausleben konnte.

[1] Karl Mays Gesammelte Werke Band 36, *Der Schatz im Silbersee*, Kapitel 11

[2] Karl Mays Gesammelte Werke Band 8, *Winnetou II*, Kapitel 1

[3] Karl Mays Gesammelte Werke Band 14, *Old Surehand I*, Kapitel 5

[4] Karl Mays Gesammelte Werke Band 1, *Durch die Wüste*, Kapitel 18

[5] Karl Mays Gesammelte Werke Band 7, *Winnetou I*, Kapitel 1

Mit mir reiste er in die weite Welt, mit mir erlebte er das, was sich einer nur wünschen konnte, der das Fernweh und die Abenteuerlust in sich verspürte. –

Bekannt wurde ICH als Old Shatterhand und als Kara Ben Nemsi in Karl May's *Gesammelten Werken*. Der Schriftsteller Karl May war nicht Old Shatterhand oder Kara Ben Nemsi, wie seine Leser glaubten, weil er mir seinen Namen, nämlich auch Karl May, gegeben hatte. Und weil seine Leser glaubten, dass er selbst der Held seiner Erzählungen sei, glaubte er es letztendlich auch. Und er musste es ihnen beweisen, indem er Bilder von Old Shatterhand und Kara Ben Nemsi anfertigen ließ, in deren Kostüm er geschlüpft war, und er erzählte seinen begeisterten und manchmal auch enttäuschten Zuhörern, dass er alles selbst erlebt habe. Warum betrieb er nur diese Maskerade und diese ‚Märchenstunden', denn sein klarer Menschenverstand musste ihm doch sagen, dass er vom Wuchs, von seiner Körperkraft, von seinem sächsischen Dialekt und auch von den Sprachkenntnissen her niemals diese beiden Figuren ausfüllen konnte? Also musste ICH ein anderer sein als dieser Karl May, obwohl ICH denselben Namen trug. –

Und noch etwas: Die Konfession Karl Mays war evangelisch-lutherisch, mich aber ließ er als Katholiken durch die ganze Welt reisen. ICH bezeichne mich nicht als fromm, aber ICH besaß einen fundierten christlichen Glauben, den ICH überall vertreten konnte. –

Doch eines muss ICH noch sagen: ICH bin dem Autor Karl May für seinen Old Shatterhand und für seinen Kara Ben Nemsi sehr dankbar, denn ohne ihn gäbe es sie nicht, also gäbe es auch mich nicht. Und die Welt wäre ohne meine fantastischen Abenteuer ein kleines bisschen ärmer, denn er hat ganze Generationen mit seinen Büchern begeistert.

Der Schriftsteller Karl May hat mich fast durch die ganze Welt reisen und Abenteuer bestehen lassen, doch er tat das ganz wahllos, ohne bestimmtes Zeitgefüge. Manche dieser Reise-Erzählungen beginnen oder enden anders, als ICH sie erlebt habe. Einige meiner Reisen hat er nur angedeutet, ohne einen eigenen Bericht darüber zu schreiben; manche frühere Abenteuer hat er erst nachträglich in spätere Erzählungen eingeflochten. ICH musste jetzt im Nachhinein lange überlegen, wann ICH wo war und wie meine Erlebnisse zusammengehören, die er oft nur als Einzelgeschichten ohne näheren Zusammenhang aufgeschrieben hatte und die dann in verschiedenen Zeitschriften gedruckt wurden. Das kam sicher daher, dass er am Anfang noch nicht recht wusste, was er mit mir wollte. Als er dann später die Gelegenheit gehabt hätte, das in der Buchausgabe in die richtigen Bahnen zu lenken, nahm er sich nicht die Zeit dazu. Doch jetzt kann ICH das alles in meinem Reise-Tagebuch richtig stellen. Wer dieses liest und dann mit den Reise-Erzählungen vergleicht, wird hin und wieder auf Widersprüche im Handlungsablauf stoßen, eben weil Karl May meine Erlebnisse nicht chronologisch aufgeschrieben und sich dadurch manchmal geirrt hat. –

Wer den geistigen Wandel im Schaffen des Autors nicht kennt, wird sicher erstaunt sein, dass meine neunte Orientreise plötzlich in Basra endet und nicht, wie beabsichtigt, nach Persien fortgesetzt wird. Das hat folgenden Grund: Hinter Basra ließ mich Karl May plötzlich mitten in der Gegend stehen und kümmerte sich nicht mehr um mein Abenteuerleben. ICH war ihm vollkommen egal geworden, denn sein Denken erfuhr nach seiner persönlichen Orientreise einen totalen Wandel: Er wurde zum Mystiker, zum Symbolisten, zum Philosophen.[1] Er schuf eine andere, eine

[1] Hans Wollschläger in seinem Nachwort „Karl Mays Schatten-Roman“ zu Band 29 der Gesammelten Werke, *Das versteinerte Gebet* (Seite 584, 146-155 Tsd.): „So wird Karl May zum Mystiker, zum Symbolisten, zum Philosophen. So wandelt er sich und entscheidet damit einen Neubeginn seines Werkes.“

mystische Gestalt, der er aber genau denselben Namen gab wie mir, nämlich Kara Ben Nemsi, und die er bei seiner persönlichen Reise nach Nordamerika auch Old Shatterhand nannte. Aber dieser ‚neue' Kara Ben Nemsi und dieser ‚neue' Old Shatterhand bin nicht ICH – das ist ein ‚Edelmensch', der mit mir, dem Abenteurer und Weltläufer, nichts zu tun hat. Das möchte ICH gleich zu Beginn meines Reise-Tagebuchs festhalten, damit kein Leser glaubt, ICH würde einen Teil meines Lebens und meiner Reisen unterschlagen.

Reise-Tagebuch

0. IN AMERIKA (1854)

Nachtrag zu meinem Reise-Tagebuch, Sommer 1854:

Ob man es mir glauben wird oder nicht: Ich war schon während meiner Schulzeit in Amerika! Natürlich ist damit nicht der Kontinent Amerika gemeint, sondern die Ansiedlung eines Spinnereibetriebes, die teils zu Penig, teils zu Arnsdorf in der Amtshauptmannschaft Rochlitz gehörte. Der Sohn unseres Nachbarn arbeitete in der dortigen 1836 gegründeten Kattunfabrik. Er hatte da eine Braut und wollte demnächst heiraten. Da er von zu Hause von seinen Eltern als Aussteuer Bettgestell, Strohsack, Zudecke und einige andere Gegenstände bekam, sollten diese auf einem kleinen Leiterwägelchen zu ihm hingeschafft werden. Seine Mutter fragte mich, ob ich ihm diese Sachen nach Amerika bringen und dann das Wägelchen wieder mit nach Hause nehmen würde, wofür ich drei Kreuzer erhalten sollte. Das war fast ein Vermögen für mich. Natürlich sagte ich zu.

Als es so weit war, machte ich mich am Morgen auf den Weg. Da ich ja das Handwägelchen hinter mir herzog, musste ich den weiteren Weg über Penig und die Peniger Brücke nehmen und nicht den kürzeren mit dem Kahn über die Mulde. Es war schon ziemlich später Nachmittag, als ich dort bei dem Sohn unseres Nachbarn ankam. Da er sich aber noch bei der Arbeit befand, musste ich warten, bis es fast dunkel wurde. Er nahm mich mit zu seinen zukünftigen Schwiegereltern, wo auch seine Braut wohnte. Hier bekam ich zuerst ein tüchtiges Abendbrot, was ich von zu Hause in dieser Menge überhaupt nicht kannte. Ich glaube, so satt gegessen wie an diesem Abend hatte ich mich noch nie. Hier erfuhr ich auch auf meine Frage, warum dieses kleine sächsische Amerika überhaupt so hieß: Weil man diese Ansiedlung und die Fabrik nur über die Zwickauer Mulde erreichen konnte, musste man ein kleines Fährboot besteigen, das an einem Seil von einem zum anderen Ufer, also über den Teich gezogen wurde. „Über den Teich" aber zogen damals diejenigen, die nach Amerika fuhren, also nannte man die Ansiedlung einfach „Amerika". Ich durfte in dieser Nacht bei den Schwiegereltern unseres Nachbarsohnes, die ein eigenes kleines Häuschen besaßen, schlafen. In diesem Haus würde auch später das junge Paar wohnen. Am nächsten Morgen, nachdem ich Kaffee getrunken und zwei große Stücke Brot mit Marmelade gegessen hatte, machte ich mich mit dem Leiterwägelchen wieder auf den Rückweg. Für die braven Leute schien es selbstverständlich zu sein, mir auch noch ein belegtes Brot mit auf den Heimweg zu geben, denn der war ja für einen Schuljungen doch sehr lang und anstrengend.

Und so war ich tatsächlich schon während meiner Schulzeit in Amerika gewesen.

1. ERSTE NORDAMERIKA-REISE (1860-1861)

Dienstag, 28. Februar 1860:

An einem kalten Wintertag, es war Samstag, der 28. Januar 1860 gewesen, hatte ich meinen verschneiten Heimatort am Rande des sächsischen Erzgebirges verlassen, und genau vier Wochen später landete ich in New York.[1]

Samstag, 31. März 1860:[2]

Unerquickliche Verhältnisse in der Heimat, der Wunsch, meine Kenntnisse zu erweitern und meine Angehörigen besser unterstützen zu können, hatten mich über den Ozean in die Vereinigten Staaten getrieben. Ich hätte in den Oststaaten recht wohl ein gutes Unterkommen gefunden, aber es zog mich nach Westen. Bald auf diese und bald auf jene Weise für kurze Zeit tätig, verdiente ich mir so viel, dass ich heute *in St. Louis ankam.*

Freitag, 20. April 1860:

Schon zwei Tage nach meiner Ankunft in St. Louis wurde ich in einer deutschen Familie Hauslehrer. Dort *verkehrte ein gewisser Mr. Henry, ein Sonderling und seines Zeichens Büchsenmacher,* mit dem ich mich gut verstand. Er bastelte an einem neuen Gewehr, von dem er behauptete: *„Es wird ein Stutzen, ein Mehrlader mit fünfundzwanzig Schüssen."*

Dienstag, 15. Mai 1860:

Heute Abend war ich wieder einmal in seiner Werkstatt. Wir diskutierten über den Zweck und die Auswirkungen eines mehrschüssigen Stutzens. Danach begann er mich nach meinen Fertigkeiten und Kenntnissen auszufragen.

Mittwoch, 16. Mai 1860:

Bevor heute Morgen mein Unterricht als Hauslehrer begann, prüfte er mich auf einem Schießstand und er schien mit dem Ergebnis einigermaßen zufrieden zu sein. Dann schleppte er mich noch zu einem Reitstall, wo ich einen Rotschimmel bändigen musste.

[1] Karl Mays Gesammelte Werke Band 1, *Durch die Wüste.* In Kapitel 18 sagt Kara Ben Nemsi zum Müteßarrif von Mossul: *„Ich zählte achtzehn Jahre, als ich über die See nach Amerika kam."*

[2] 31.03.1860-16.12.1860: Karl Mays Gesammelte Werke Band 7, *Winnetou I*

Freitag, 18. Mai 1860:

Gestern und heute Morgen vor dem Unterrichtsbeginn war ich im Reitstall, um den Rotschimmel weiter einzureiten.

Samstag, 19. Mai 1860:

Mr. Henry führte mich heute Nachmittag in ein Geschäft, von dem ich nur kurz die Worte *‚Office‘* und *‚Surveying‘* lesen konnte. Drei Herren empfingen uns recht freundlich und das Gespräch mit ihnen drehte sich hauptsächlich um Feldmesserei, wobei mich die drei immer wieder mit Fragen konfrontierten, die ich nach bestem Wissen und Gewissen beantwortete. Ich war ganz unbefangen und merkte nicht, dass man mich dabei einer ausgedehnten Prüfung unterzog.

Sonntag, 3. Juni 1860:

Zwei Wochen nach unserem sonderbaren Besuch in der Vermessungskanzlei wurde ich zu einem ‚dinner‘ eingeladen. Anwesend war auch ein Westmann, der Sam Hawkens hieß. Ich war vollkommen perplex, als man mir mitteilte, dass ich ab jetzt Surveyor, also Feldmesser, der *‚Atlantic and Pacific Company‘* sein sollte. Die neue Bahnstrecke, deren Teil-Trasse ich mit zu vermessen hatte, *lag zwischen dem Quellgebiet des Red River und dem Canadian. Die drei bewährten Führer Sam Hawkens, Dick Stone und Will Parker sollten uns dorthin bringen.*

Montag, 4. Juni 1860:

Als ich heute *Morgen zunächst von der deutschen Familie Abschied genommen hatte, suchte ich* auch noch *Mr. Henry auf*, von dem ich mich ebenfalls verabschiedete. Er schenkte mir den Rotschimmel und gab mir den Bärentöter als Waffe mit. Danach brachen wir in das Indianergebiet auf.

Samstag, 1. September 1860:

Wir standen im Anfang des September und waren bereits drei Monate in Tätigkeit. Zwischen Sam Hawkens, Dick Stone und Will Parker, die man nur ‚das Kleeblatt‘ nannte, und mir hatte sich ein gutes Verhältnis herausgebildet. Sam Hawkens betrachtete es außerdem als Selbstverständlichkeit, mir in meiner recht knapp bemessenen Freizeit die Kenntnisse und Fähigkeiten zu vermitteln, die ein ‚guter Westmann‘ haben sollte. Er wusste auch, dass ich mir von allen Messungen eine Abschrift anfertigte, die ich in einer leeren Sardinen-Büchse in meiner Brusttasche aufbewahrte.

Sonntag, 2. September 1860:

Es war Sonntag früh, als Mr. White, der Leiter der westlich nächsten Gruppe, in unser Lager kam. Als einer der Westmänner Streit mit mir anfangen wollte, *schlug* ich *ihm die Faust an die Schläfe, dass er betäubt liegen blieb. Mr. White* meinte: *„Man sollte Euch Shatterhand nennen." Dieser Vorschlag schien dem kleinen Hawkens zu gefallen: „Ein Greenhorn und schon einen Kriegsnamen! Old Shatterhand!"* Sam Hawkens und ich begleiteten Mr. White dann ein Stück auf dem Heimweg. Beim Zurückreiten in unser Lager entdeckten wir eine kleine Herde Bisons. Ich musste den Leitstier erschießen, um mein Leben zu retten. Sam schoss eine Büffelkuh. Ein anderer Bulle schlitzte seinem Pferd den Leib auf, sodass wir es erschießen mussten. Wir versorgten uns mit dem nötigen Fleisch der Büffelkuh, beluden mein Pferd und gingen zu Fuß zu unserem Lager zurück.

Montag, 3. September 1860:

Sam Hawkens nahm mich mit auf Mustangjagd, da er ja ein neues Pferd brauchte. Wir trafen tatsächlich auf eine Mustangherde, worunter sich auch ein Maultier befand, das wir fingen. Als wir wieder ins Lager kamen, hatte man *es eine beträchtliche Strecke vorgeschoben, weil während unserer Abwesenheit fleißig vermessen worden war.*

Dienstag, 4. September 1860:

Wir verlegten *unser Lager in den oberen Teil des Tals.* Kurze Zeit darauf traf ich ohne Gewehr auf einen Grizzlybären, der einen unserer Westmänner zerfleischen wollte. *Schnell stand ich neben ihm, holte aus und stieß ihm das Messer zweimal zwischen die Rippen.* Ich hatte meinen ersten Grizzly erlegt! Kurz danach erschien ein Indianer, der sich Klekih-petra nannte und vom Stamme der Mescalero-Apatschen war. Hinzu kamen noch zwei andere Indianer, *und zwar Vater und Sohn.* Der Vater hieß Intschu tschuna und der Sohn Winnetou, der *mit mir ungefähr im gleichen Alter* stand. Intschu tschuna forderte uns auf, sofort die Messungen einzustellen und das Gebiet zu verlassen, das seinem Stamm gehöre. Er gab uns eine Antwortfrist, bis beide wieder zurück seien, um die Pferde zu holen. Ich kam mit Klekih-petra ins Gespräch, wobei ich erfuhr, dass er Deutscher war, die Heimat aber nach der Revolution 1848 hatte verlassen müssen und nun bei den Mescaleros als der Lehrer Winnetous lebte. Als Intschu tschuna und Winnetou mit den drei Pferden zurückkamen, legte der betrunkene Rattler sein Gewehr auf Winnetou an und schoss. Klekih-petra warf sich dazwischen und wurde von Rattlers Kugel tödlich getroffen. Seine letzten Worte richtete er in deutscher Sprache an mich: *„Bleiben Sie bei ihm – ihm treu – mein Werk fortführen…!“* Kurz darauf war er tot. Die beiden Indianer *hoben die Leiche aufs Pferd, banden sie da fest und ritten langsam davon.*

Mittwoch, 5. September 1860:

Obwohl ich hier bei den Vermessungen dringend gebraucht wurde, bestand Sam darauf, dass ich mit ihm ritt. *Mein erster Kundschafterritt! Wir schlugen sogleich die Richtung ein, in der die beiden Apatschen fortgeritten waren. Erst eine Stunde vor Mittag* kehrten wir um. Unterwegs trafen wir auf sechs Kundschafter der Kiowas, mit denen wir die Friedenspfeife rauchten. Sie waren auf dem Kriegspfad, um sich an den Mescalero-Apatschen zu rächen, die einige ihrer Krieger getötet hatten, als sie von diesen beim Pferdediebstahl erwischt worden waren. Sie ritten zuerst mit in unser Lager und dann weiter, um zweihundert Krieger herbeizuholen.

Donnerstag, 6. September 1860:

Heute *beteiligte ich mich mit doppeltem Eifer an der Arbeit, weil ich gestern gefehlt hatte. Am Abend hatten wir eine doppelt so lange Strecke wie sonst vermessen. Deshalb waren wir sehr ermüdet und legten uns nach dem Abendessen zeitig schlafen. Das Lager war inzwischen weiter vorgeschoben worden.*

Freitag, 7. September 1860:

Gegen Mittag kamen über zweihundert Kiowas in unser Lager. *Ihr Anführer hieß Tangua.* Wir machten mit dem Vermessen weiter, denn *wenn wir nicht allen Fleiß aufwendeten, kamen die Apatschen, bevor wir fertig waren. Führten wir unser Werk aber vor ihrer Ankunft zu Ende, so war es uns vielleicht möglich, uns aus dem Staub zu machen und uns samt den wertvollen Messgeräten und Zeichnungen in Sicherheit zu bringen.*

Samstag, 8. September 1860:

Es wurde wettermäßig ein ungemütlicher Tag. *Als es zu dunkeln begann und wir unsere Vermessungen einstellten,* waren wir in der Nähe des voraussichtlichen Kampfplatzes angekommen. Sam war inzwischen zu Fuß auf Kundschaft losgegangen.

Sonntag, 9. September 1860:

Es war erst wenig nach Mittag, als Sam Hawkens zurückkam und berichtete, dass er die Apatschen nicht nur gesehen, sondern auch belauscht habe. Es waren ungefähr fünfzig Krieger mit ihren beiden Häuptlingen, die uns überfallen wollten. Durch eine List konnten wir die Apatschen täuschen und sie gefangen nehmen. Am Abend saßen wir Weiße um unser altes Feuer, die Kiowas lagerten etwas abseits. Ich kroch an die Bäume heran, wo Winnetou und sein Vater angebunden waren. Mir gelang es, beiden die Fesseln zu durchtrennen und mir von Winnetous Haar eine Locke abzuschneiden. Dann schlich ich mich wieder zu unserem Feuer zurück. Sam machte mir Vorwürfe. *Er hatte seine Augen auf die Apatschen gerichtet und hielt mitten in seiner Rede inne, weil* die beiden *eben jetzt von ihren Bäumen verschwanden.* Es dauerte etwas, bis *der Wächter einen lauten, durchdringenden Schrei ausstieß. Alles rannte zu den Bäumen, die Weißen auch. Das* weitere *Verhalten der Kiowas ließ uns um unsere Sicherheit besorgt sein.*

Montag, 10. September 1860:

Wir durften keine Stunde versäumen, um mit unserer Vermessung womöglich noch fertig zu werden, bevor Intschu tschuna und Winnetou mit ihren Kriegern zurückkehren konnten. Als die Kiowas ihre Gefangenen am Marterpfahl sterben lassen wollten, schlug ich Tangua nieder. Nachdem er nun in meiner Gewalt war, versprach er, alle Apatschen freizulassen, wenn ich mit einem seiner Krieger um Leben und Tod kämpfen würde. Ich willigte ein. Mein Gegner nannte sich Metanakva, ‚Blitzmesser'. Im Zweikampf *fuhr ihm meine Klinge bis an das Heft ins Herz und* er *stürzte tot zu Boden.* Kurz danach *erscholl* das *schrill tönende ‚Hiiiiiiiih', der Kriegsruf der Mescaleros.* Hinter Büschen hatten *sich die Apatschen unbemerkt herangeschlichen. Wir schlugen mehrere* der Angreifer *mit dem Kolben nieder.* Ich konnte Intschu tschuna mit meinem Jagdhieb niederstrecken. Tangua aber wollte ihm den Skalp nehmen, doch als ich ihn daran hinderte, wurde ich mit dem Messer verletzt. Ein Kolbenhieb von Winnetou traf meine Schulter. *Dann ließ er sein Gewehr fallen, zog sein Messer und stürzte auf mich. Er holte zum Stoß gegen meine Brust aus. Das Messer fuhr in meine linke Brusttasche, traf dort die Blechbüchse, worin ich meine Papiere verwahrt hatte, glitt an dem Blech ab und drang mir oberhalb des Halses und innerhalb der Kinnlade in den Mund und durch die Zunge.* Es war ein Kampf um Leben und Tod. Es gelang mir, trotz meiner Verwundung, ihm *zwei rasch aufeinanderfolgende Faustschläge* zu geben und ihn zu betäuben. Doch dann bekam ich einen *Kolbenhieb gegen den Kopf. Als ich wieder zu mir kam, war es Abend. Ich war an Händen und Füßen gefesselt. Zu meiner Rechten saß Sam Hawkens,* der mir erzählte, wie er und die anderen sich hatten retten können, aber *mehr hörte ich nicht, weil ich jetzt wieder in Ohnmacht fiel.*

Dienstag, 11. September 1860:

Als ich abermals aus meiner Betäubung erwachte, fühlte ich, dass ich mich in Bewegung befand. Ich hörte den Huftritt vieler Pferde und schlug die Augen auf. Ich lag auf der Haut des Grizzlybären, den ich erlegt hatte, und hing zwischen zwei Pferden, die mich auf diese Weise tragen mussten. Mein Mund war verschwollen und voll von geronnenem Blut. Ich wollte es mit der Zunge ausstoßen, konnte sie aber nicht bewegen. Dann wurde ich *von der Ohnmacht wieder übermannt.*

Mittwoch, 3. Oktober 1860:

Ich fuhr mir mit der Hand zur Stirn und hörte Sam Hawkens neben mir sprechen. *Ich wollte antworten, konnte aber nicht, weil mir die Zunge schwer wie Blei im Mund lag. Deshalb nickte ich nur.* Er sagte mir, dass ich drei Wochen in Ohnmacht gelegen hätte. *Dann vernahm ich die Stimme Winnetous.* Als meine Kameraden fragten, wann sie mich wieder sehen dürften, antwortete er: „*Am Tage eures und seines Todes.*" Ich schlief wieder ein.

Donnerstag, 4. Oktober 1860:

Wie lange ich geschlafen hatte, wusste ich nicht. Es war ein Genesungsschlaf. Vor mir *saßen zwei Indianerinnen. Die alte hatte Runzeln im Gesicht und war hässlich. Die junge dagegen war schön, sehr schön.* Sie hieß Nscho-tschi und war Winnetous Schwester. *Ich machte den Versuch* zu sprechen. Sie holte mir Wasser, half mir beim Trinken und wusch mir auch Gesicht und Hände. Sie sagte, dass wir in einem Pueblo am Rio Pecos seien, wo wir in einigen Tagen am Marterpfahl sterben würden. *Als ich einige Stunden darauf erwachte, kam Nscho-tschi mit einer tönernen Schüssel und einem Löffel. Das Essen wurde mir noch viel schwerer als das Trinken.*

Mittwoch, 17. Oktober 1860:

Meine Genesung schritt von Tag zu Tag fort. Das Gerippe bekam wieder Muskeln und die Geschwulst im Mund nahm stetig ab. Nscho-tschi blieb immer gleich, stets freundlich besorgt und dabei überzeugt, dass mir der Tod immer näher rücke. Auf meine Bitte hin hatte ich schon vor einigen Tagen einen großen, schweren Steinblock bekommen, damit ich mich setzen konnte, wie ich angeblich sagte. In Wirklichkeit aber benutzte ich diesen Stein, um mit ihm meine Muskeln zu stärken.

Montag, 29. Oktober 1860:

Ich war nun schon sechs Wochen hier. Es war an einem schönen, sonnigen Herbstmorgen, als ich gefesselt wurde und auf Leitern den Pyramidenbau verlassen musste. *Das Pueblo lag in einem schmalen Seitental,* wo *gewiss sechshundert Apatschen anwesend waren. Die Kiowas gesellten sich zu ihnen.* Ich wurde neben Hawkens, Stone und Parker an einen Pfahl gebunden. Nach einer Beratung wurde entschieden, dass Intschu tschuna gegen mich kämpfen würde, und zwar im Wasser. Wenn ich lebendig das gegenüberliegende Ufer erreichte und bis zu einer bestimmten Zeder gelangte, so waren nicht nur ich, sondern auch meine drei Gefährten frei. Ich sollte waffenlos bleiben, Intschu tschuna jedoch hatte einen Tomahawk. Da half nur eine List, die mir auch gelang, denn ich war ein guter Taucher und schwamm unter Wasser stromaufwärts, wo mich niemand vermutete. Drüben stieg ich aus dem Wasser und rannte auf die Zeder los. Ich konnte Intschu tschunas Tomahawk ausweichen, ihn bewusstlos schlagen und ihn an die Zeder fesseln. Winnetou, der herübergeschwommen kam, zeigte Respekt vor meiner Tat und erklärte, dass wir frei seien, außer Rattler, der Klekih-petra erschossen hatte. Dann gingen wir *zu der Zeder und banden dem Häuptling die Arme los.* Als wir wieder drüben am anderen Ufer waren, durfte ich meine drei Gefährten losschneiden. Dann zeigte ich Winnetou die Haarlocke, die ich ihm bei seiner Befreiung von den Kiowas abgeschnitten hatte. Das machte ihn sehr betroffen, denn jetzt wusste er, dass ich wirklich sein Freund war, und wir wurden im Laufe dieses Tages Blutsbrüder. Mit Tangua, dem Häuptling der Kiowas, trug ich noch einen Zweikampf aus, wobei ich ihm beide Knie durchschoss. Noch am selben Tag verließen die Kiowas zusammen mit ihrem verletzten Häuptling das Lager der Apatschen.

Rattler sollte noch am selben Tag den Martertod sterben. Als er jedoch laut schrie und jammerte, band man ihn los, stieß ihn in das Wasser des Rio Pecos und zwei junge Buben im Alter von etwa zehn Jahren feuerten ihre Gewehre auf ihn ab. Danach sprach ich mit Winnetou darüber, wie wir uns zum ersten Mal begegnet waren und dass ich dem sterbenden Klekih-petra versprochen hatte, ihm, Winnetou, treu zu bleiben.

Dienstag, 30. Oktober 1860:

Unter großer Feierlichkeit wurde *zwischen Hawkens, Stone, Parker und den Apatschen die Pfeife des Friedens geraucht, wobei die üblichen langen Reden gehalten wurden.*

Mittwoch, 31. Oktober 1860:

Heute *kehrten die Kundschafter zurück, die den Kiowas gefolgt waren. Sie meldeten, dass die gegnerischen Scharen ohne Un-*

terbrechung fortgezogen seien und demnach nicht die Absicht hegten, jetzt eine Feindseligkeit auszuführen.

Dienstag, 20. November 1860:

Nun folgte eine Zeit der Ruhe, für mich allerdings doch eine Zeit angestrengter Tätigkeit. Winnetou hatte es darauf abgesehen, mich in die ‚indianische Schule' zu nehmen. Wir waren oft ganze Tage fort und machten weite Ritte, wobei ich mich in allem, was zur Jagd und zum Kampf gehörte, üben musste. Wir krochen in den Wäldern umher, wo ich vortrefflichen Unterricht im Anschleichen erhielt. Er führte förmlich ‚Felddienstübungen' mit mir aus. Wie oft kam ich dann ermüdet und zerschlagen heim! Und doch gab es noch keine Ruhe für mich, denn ich wollte die Sprache der Apatschen erlernen und nahm im Pueblo Unterricht.

Mittwoch, 21. November 1860:

Am Abend brachte Winnetou *mir einen fein gearbeiteten und mit roten indianischen Stickereien verzierten Jagdanzug von weißgegerbtem Leder,* denn *meine Kleidung sah sogar für indianische Augen sehr herabgekommen aus.*

Donnerstag, 22. November 1860:

Als ich den Anzug am nächsten Morgen anlegte, saß er wie angegossen. Und kurze Zeit später befand ich mich im Haupttal, um mich im Werfen des Tomahawks zu üben.

Samstag, 24. November 1860:

Zwei Tage später *sattelte ich meinen Rotschimmel, um mit Winnetou auf die Büffeljagd zu reiten.*

Montag, 26. November 1860:

Am Abend dieses Tages sagte mir Intschu tschuna: *„Wir werden in die Gegend reiten, wo ihr gearbeitet habt. Du wirst die unterbrochene Arbeit vollenden und dann den Lohn bekommen, der euch versprochen wurde. Wir reiten mit dir und dreißig Krieger werden uns begleiten."* Er sagte mir, dass auch Nschotschi mitkäme, um in St. Louis all das zu lernen, was auch weiße Mädchen kennen würden. *„So wollen wir nicht zögern, denn es ist schon die Zeit des späten Herbstes, auf den schnell der Winter folgt. Wir können schon morgen aufbrechen."*

Dienstag, 27. November 1860:

Der Tag hatte kaum begonnen, ein Spätherbstmorgen, dessen Kühle bewies, dass es Zeit gewesen war, den Ritt nicht länger aufzuschieben. Es gab ein kurzes Frühstück und dann wurden die Pferde gebracht. *Es war eine beträchtliche Zahl von Packtieren dabei, von denen einige meine Messgeräte tragen sollten.* Statt meines Rotschimmels brachte mir Winnetou einen prächtigen Rapphengst indianischer Schule, den er mir schenkte und der auf den Namen ‚Hatatitla' hörte. *Winnetous Tier war dem meinen gleichwertig und hieß ‚Iltschi'.*

Donnerstag, 29. November 1860:

Die ersten Tage unserer Reise verliefen ohne irgendein Ereignis. Wir erreichten schon nach drei Tagen die Stelle, wo Klekih-petra von Rattler ermordet worden war.

Freitag, 30. November 1860:

Am anderen Morgen ging es weiter, aber vorerst noch eine Strecke den gleichen Weg, dem wir seinerzeit bei der Vermessung gefolgt waren. So kamen wir in die Gegend, wo unsere Messarbeit so plötzlich durch den Überfall unterbrochen worden war. Die Pfähle steckten noch und ich hätte nun sofort wieder beginnen können, tat es aber nicht, denn die restlichen Leichenteile der umgekommenen Weißen und Kiowas lagen noch da und wir begruben erst alles, was *die Geier und andere Raubtiere* von ihnen noch übrig gelassen hatten.

Samstag, 1. Dezember 1860:

Ich fing erst am nächsten Morgen meine Arbeit an. Abgesehen von den Kriegern, die mir die nötigen Handreichungen leisteten, half mir besonders Winnetou dabei und seine Schwester kam kaum von meiner Seite.

Montag, 3. Dezember 1860:

Ich erreichte trotz der Schwierigkeiten des Geländes den Anschluss an die nächste Abteilung schon nach drei Tagen.

Dienstag, 4. Dezember 1860:

Ich *bedurfte nur noch eines vierten Tages, um die Zeichnungen und das Tagebuch zu vervollständigen. Am Abend des Tages war die Arbeit beendet und ich verpackte die Messgeräte in die Decken. Dann war ich fertig und das war gut, denn der Winter rückte schnell heran. Die Nächte waren schon empfindlich kalt, sodass wir die Feuer bis zum Morgen nicht ausgehen ließen.*

Mittwoch, 5. Dezember 1860:

Wir machten uns reisefertig und brachen am Morgen auf. Die beiden Häuptlinge hatten sich für den gleichen Weg entschieden, auf dem ich von Sam in diese Gegend gebracht worden war.

Donnerstag, 6. Dezember 1860:

Als wir diesem Weg zwei Tage gefolgt waren, trafen wir auf *vier Reiter. Es waren Weiße.* Sam Hawkens fragte nach Woher und Wohin und erzählte auch, dass wir mit den beiden Häuptlingen und Nscho-tschi nach St. Louis wollten. Der Sprecher der vier hieß Santer, die Namen der anderen habe ich mir nicht gemerkt. *Dann ritten sie weiter.* Winnetou rügte Sam, weil er so viel erzählt hatte, denn er war instinktiv misstrauisch geworden. Mit ihm folgte ich den vieren ein Stück nach, doch als wir nach einiger Zeit sahen, dass sie weiterritten, kehrten wir um. *Am Abend machten wir an einem Wasser halt. Nach dem Abendessen* sagte Intschu tschuna, dass er *morgen früh mit seinen Kindern von hier fortgehen, um Nuggets zu holen, und erst am Mittag zurückkehren* werde. Wir sollten unbedingt am Lagerplatz bleiben, denn er *würde den Ort*, wo das Gold liege, *keinem Menschen verraten oder gar zeigen und jeden niederschießen, der es wagte,* ihnen *heimlich zu folgen.* Da schoss Sam Hawkens plötzlich in die Büsche und behauptete, zwei Augen gesehen zu haben. Die Apatschen durchkämmten das ganze Unterholz, konnten aber nichts Verdächtiges feststellen.

Freitag, 7. Dezember 1860:

Nach dem Frühstück machte sich Intschu tschuna mit seinem Sohn und seiner Tochter auf den Weg. Ich legte mich ins Gras, aber ich hatte keine Ruhe. Es war etwas in mir, das mich forttrieb. Deshalb warf ich mein Gewehr über und entfernte mich. Intschu tschuna hatte das Lager südwärts verlassen. Deshalb wandte ich mich nordwärts. Da *traf ich zu meinem Erstaunen auf eine Fährte, die von drei Personen herrührte. Sie hatten Mokassins getragen: Intschu tschuna, Winnetou und Nscho-tschi.* Ich durfte nicht weitergehen, sondern setzte meinen Weg nun in östliche Richtung fort. *Schon nach kurzer Zeit* traf ich *auf eine zweite Fährte,* die *von vier Männern stammte, die Stiefel und Sporen getragen hatten. Die Spur führte in die Richtung, wo ich die beiden Häuptlinge wusste.* Das musste Santer mit seinen drei Gefährten sein, der uns wahrscheinlich gestern Abend belauscht hatte und wusste, dass Winnetou und sein Vater Gold holen wollten. Sie waren also in höchster Gefahr. *Ich musste möglichst schnell hinter den Buschkleppern her.* Dann *hörte ich mehrere Schüsse fallen. Einige Augenblicke darauf erscholl ein Schrei.* Jetzt *war ich am Rand der Lichtung. Fast in der Mitte lagen Intschu tschuna und seine Tochter. Links von mir standen zwei Kerle, von Bäumen geschützt, mit angelegten Gewehren.* Rechts versuchte einer, Winnetou zu umgehen. Ich schoss die beiden hinter dem Baum nieder. *Dann sprang ich hinter dem dritten her.* Er *floh in den Wald hinein. Es war Santer. Es war nicht möglich, ihn einzuholen. Deshalb kehrte ich* zu Winnetou zurück. Intschu tschuna war tot, Nscho-tschi öffnete kurz die Augen, bevor auch sie starb. Ich blieb noch einige Zeit bei meinem Blutsbruder, dann vereinbarten wir, dass ich mit zehn Apatschen die Fährte Santers aufnehmen sollte, während ihm die anderen Krieger helfen würden, die Bestattungsvorbereitungen zu treffen. In unserem Lager herrschte Entsetzen, als ich die Nachricht vom Tode Intschu tschunas und seiner Tochter brachte. *Kurze Zeit später brachen* wir auf und entdeckten *die Fährte Santers,* der wir folgten, bis es dunkel wurde.

Samstag, 8. Dezember 1860:

Zur Mittagszeit wendete sich die Spur *mehr südlich. Hawkens vermutete, dass sich Santer zu den Kiowas flüchten wollte.* Kurz vor Abend entdeckten wir drüben am jenseitigen Ufer ein Lager der Kiowas. *Wir banden unsere Pferde an und setzten uns nieder, um den Anbruch der Dunkelheit zu erwarten.* Hier nahm ich einen Späher der Kiowas gefangen. Sam Hawkens wollte allein das Indianerlager beschleichen. Ich folgte ihm jedoch, gelangte über das Flussbett, *legte mich nieder, kroch vorwärts* und konnte sogar die Kiowas, die sich mit Santer unterhielten, belauschen. Da bemerkte ich, dass man Sam gefangen hatte. Ich sprang unter die Indianer, fasste Sam beim Arm und riss ihn mit mir fort. Aber plötzlich war er weg und wurde wieder ergriffen. Als wir uns später nochmals dem Lager näherten, waren die Kiowas verschwunden.

Sonntag, 9. Dezember 1860:

Als der Tag zu dämmern begann, sahen wir, dass die Spur der Kiowas in südöstliche Richtung ging. Ich hatte gestern Abend ihr Gespräch belauscht und wusste, dass sie zum Nugget Tsil unterwegs waren, *Santer des Goldes wegen und die Kiowas, um Winnetou zu fangen.* Wir konnten jetzt auf dem kürzesten Weg zurückreiten.

Montag, 10. Dezember 1860:

Deshalb kamen *wir schon kurz nach Mittag vor der Schlucht an. Wir ließen die Pferde und den Gefangenen unter der Obhut eines Apatschen unten im Tal und stiegen empor.* Dort sahen wir, *wie fleißig die zwanzig Apatschen gewesen waren, um das Begräbnis ihres Häuptlings und seiner Tochter vorzubereiten. Ich erfuhr, dass das Begräbnis am nächsten Tag stattfinden sollte.*

Dienstag, 11. Dezember 1860:

Während des Begräbnisses durfte Winnetou dem großen Schmerz über den Tod seines Vaters und seiner Schwester noch Ausdruck geben. Gleich nach dem Begräbnis befahl er den Apatschen, sich zum Aufbruch bereitzumachen und die Pferde aus dem Tal heraufzuholen. Winnetous Plan war, die Kiowas in *eine enge Felsschlucht* zu locken, *die einem schmalen Canon* glich. *Er brachte uns nordwärts von der Blöße in den Wald hinein, der in einer ziemlich steilen Senkung niederfiel.* Dann erreichten wir *eine hohe, senkrechte Felsmauer. Sie war durch eine schmale Schlucht gespalten. Der Ausdruck ‚Falle' passte gut auf den engen Durchgang, durch den wir nun kamen.* Es wurde schon langsam dunkel, als sich unsere beiden Gruppen trennten und Stellung bezogen. Da bemerkte ich, dass wir belauscht worden waren, wahrscheinlich von Santer selbst. *Ich musste ihm unbedingt nach, trotz der Dunkelheit. Er konnte nur zu den Kiowas zurück.* Ich war früher bei ihnen als er und konnte dadurch hören, was er mit ihnen besprach. Er kannte unseren Plan und wusste, dass wir uns geteilt hatten, um die Kiowas in der Falle festzusetzen. Nun wollten sie den Spieß umdrehen, erst unsere Gruppe überfallen und dann am Morgen Winnetou überrumpeln. Ich eilte zurück und führte meine Leute in der Dunkelheit zu Winnetou, der völlig überrascht von unserem Auftauchen war. *Wir holten unsere Pferde und folgten ihm in die Prärie hinaus.*

Mittwoch, 12. Dezember 1860:

Als es hell geworden war, beobachteten wir *die Schlucht. Es regte sich nichts da drüben. Als wir dann die Prärie südlich vom Nugget Tsil erreichten,* sahen wir eine Fährte. *Die Kiowas waren also fort,* wahrscheinlich auf dem Weg zu ihrem Dorf. *Nun folgten wir ihrer neuen Fährte. Wir befanden uns zwischen dem Canadian und dem Quellgebiet des nördlichen Red-River-Armes.*

Freitag, 14. Dezember 1860:

Am nächsten Morgen erreichten wir den Nordarm des Red River, dem wir noch einen zweiten Tag abwärts folgten. Im Winkel zwischen dem Salt Fork und dem Red-River-Nordarm *lag das Kiowa-Dorf, dessen Häuptling Tangua war.* Wir ritten einen weiten Bogen und hofften, *nicht entdeckt zu werden. Aus weiteren Vorsichtsgründen benutzten wir dazu die Nacht.*

Samstag, 15. Dezember 1860:

Als Winnetou und ich auf Kundschaft wollten, *erblickten wir zwei Reiter.* Es waren Händler, die *aus dem Dorf der Kiowas* kamen. Von ihnen erfuhren wir, *wo Hawkens steckte und auch wo Santer untergebracht war.* Wir verlegten unser Lager sicherheitshalber auf eine Insel etwas abwärts mitten im Fluss. *Als es dunkel geworden war,* brachen Winnetou und ich auf, um zum Dorf der Kiowas zu gehen. Dort trennten wir uns: Winnetou wollte sich an Santer heranmachen und ich hoffte, den auf einer Insel gefangenen Sam Hawkens befreien zu können. Doch dort befand sich auch ein Sohn des Häuptlings, Pida, der ‚Hirsch', der gerade mit Sam sprach. *Er wurde durch ein lautes Geschrei unterbrochen. Sie hatten Winnetou gesehen, aber noch nicht erwischt.* Ich konnte Hawkens heute nicht befreien, dafür aber den Sohn des Häuptlings niederschlagen und mit dem Bewusstlosen in seinem Kanu stromabwärts fahren. Das Kanu stieß ich später in den Fluss. *Es begann zu regnen, und zwar so heftig, dass es mir unmöglich war, die Uferstelle zu finden, die unserer Insel gegenüberlag.*

Sonntag, 16. Dezember 1860:

Der Regen hörte auf und der Tag begann zu grauen. Ich fand die Uferstelle und Winnetou half mir, meinen Gefangenen auf die Insel zu bringen. Wir planten, ihn gegen Sam Hawkens und gegen Santer auszutauschen. Unverhofft kam ein Kanu an uns vorbei: Es war Santer, der in Eile flussabwärts fuhr. Da hielt es Winnetou nicht mehr bei uns und er glaubte, mir *unten an der Mündung des Rio Boxo* eine *Nachricht* hinterlassen zu können. Dann ritt er mit seinen Apatschen fort, um Santer zu verfolgen. Mit dem *Kanu, worin ich Pida entführt hatte, ruderte* ich *flussaufwärts,* dem Kiowa-Dorf entgegen. Dort presste ich Sam Hawkens von Tangua mit dem Versprechen los, seinen Sohn Pida und den anderen Gefangenen freizulassen. Ich fuhr mit Sam im Kanu zurück zu unserer Insel, während uns zwei andere Kanus mit vier unbewaffneten Kiowas folgten, denen wir die beiden Gefangenen übergaben. *Dann stiegen wir auf unsere Pferde und lenkten sie zur linken Seite des Flusses hinüber. Es galt, in dieser Nacht einen tüchtigen Ritt zu tun.*

Freitag, 4. Januar 1861:[1]

Als sich Winnetou von mir getrennt und ich Sam Hawkens befreit hatte, *gelangten* wir *nach einem wahren Gewaltritt an die Einmündung des Süd-Arms in den Red River*, trafen aber keinen von Winnetous Apatschen an. Uns blieb nichts anderes übrig, als uns direkt nach St. Louis zu wenden, wo *wir nach langem Ritt* heute Abend ankamen. Von Mr. Henry, den ich sofort aufsuchte, erfuhr ich, dass Winnetou hier gewesen war, aber Santer noch nicht hatte einholen können. Er wollte ihm nach New Orleans folgen.

[1] 04.01.1861-31.07.1861: Karl Mays Ges. Werke Band 8, *Winnetou II*, Kapitel 1

Mr. Henry erzählte mir auch, dass im November vergangenen Jahres ein neuer Präsident gewählt worden war, nämlich der Republikaner Abraham Lincoln. Daraufhin sei, wie vorher angekündigt, der Staat South Carolina aus der Union ausgetreten und weitere Staaten des Unteren Südens wollten folgen. Wie es schien, brachen die Vereinigten Staaten von Amerika auseinander, und Mr. Henry prophezeite, wenn das geschehe, käme es bestimmt zu einem Bürgerkrieg.

Samstag, 5. Januar 1861:

Mit Sam Hawkens war ich im Vermessungsbüro der *Atlantic and Pacific Company*, um die Messgeräte und die Zeichnungen abzuliefern und meinen vereinbarten Lohn abzuholen.

Samstag, 12. Januar 1861:

Die Hälfte der Summe, die den Lohn meiner Arbeit bildete, schickte ich nach Hause und den größeren Teil der anderen Hälfte hinterlegte ich auf einer Bank als Rücklage. Ich hatte den Atem der Savanne getrunken, doch nicht lange genug, um ihrer Lockungen überdrüssig geworden zu sein, denn am nächsten Tag wollte ich wieder ins Indianerland aufbrechen.

Dienstag, 30. Juli 1861:

Ich verwendete die Wintermonate zu Sprachstudien bei verschiedenen Indianerstämmen, die den Apatschen freundlich gesinnt waren. Im Frühling wechselte ich dann über das Felsengebirge hinüber und besuchte die Mormonenstadt am Großen Salzsee. Es lockte *mich dann, noch weiter nach Norden in die Gegend des Yellowstone-Sees zu reiten. Ich hatte dort oben ein gefährliches Erlebnis mit den Sioux-Ogellallah zu bestehen*: Ich *stand auf einem Felsen, und sie konnten* mich *mit ihren Kugeln nicht erreichen. Da trat* ich *hervor und erbot* mich, *mit dreien von ihnen zu kämpfen, sie mit dem Tomahawk und* ich *ohne Waffe.* Ich habe *sie alle drei mit der Faust erschlagen, darunter Pethaschitscha* (‚Böses Feuer'), *den stärksten Mann des Stammes.*[1] – *Hierauf überstieg ich abermals das Felsengebirge und wendete mich nach Süden.*

[1] Bericht von Wohkadeh in: Karl Mays Gesammelte Werke Band 35, *Unter Geiern*, die Erzählung ‚Der Sohn des Bärenjägers', Kapitel 3

In Fort Sill erfuhr ich vom Colonel Olmers, dem Kommandanten des Forts[1], dass am 12. April zwischen den Nord- und den Südstaaten Krieg ausgebrochen sei. Doch der werde sicher bald vorbei sein, denn der Präsident habe 75.000 Freiwillige für 90 Tage einberufen, die es den Rebellen schon zeigen würden, wer der Herr im Hause Amerika sei. Hier in Fort Sill lernte ich den *Engländer Emery Bothwell* kennen, der sich mir auf meinem weiteren Ritt anschloss.

Im Apatschen-Pueblo wurden wir mit Jubel empfangen. Zu meiner großen Freude war Winnetou anwesend, der schon vor Monaten, leider ergebnislos, von der Verfolgung Santers zurückgekehrt war. Wir verlebten vier Wochen bei den *Apatschen, dann aber machte sich der Gedanke an die Heimat mit aller Macht in mir geltend. Auch Bothwell verlangte nach Hause. Ich* nahm *von Winnetou Abschied, voraussichtlich für längere Zeit.* Unterwegs verabschiedete ich mich von Emery Bothwell mit der Zusicherung, ihn drei Monate später in Nordafrika, in Algier, wiederzutreffen.

Da ich St. Louis an diesem Tag nicht mehr erreichen konnte, machte ich in Jefferson City letzte Station. Ich hatte gehört, dass Mutter Thick in der Firestreet 15 ein Boarding-house besitzen sollte, wo man auch vorzüglich essen konnte. Die Tische waren ungefähr zur Hälfte von Kavalleristen der Nordstaaten-Armee besetzt[2], während an den anderen Zivilisten saßen. Es waren auch einige Prärieläufer darunter und einer wusste, dass ich Old Shatterhand war. Natürlich wollte sich jeder zu mir setzen. Doch ich bat darum, allein zu essen, und verzog mich dann in meine Stube. Vermutlich wurde noch über mich geredet, denn meine Abenteuer hatten sich bei vielen herumgesprochen.

[1] Karl Mays Gesammelte Werke Band 35, *Unter Geiern*, die Erzählung ‚Der Geist des Llano Estacado'. Old Shatterhand in Kapitel 5: *„Ich war vor längeren Jahren einmal in Fort Sill, als Colonel Olmers dort kommandierte."*

[2] Karl Mays Gesammelte Werke Band 23, *Auf fremden Pfaden*, die Erzählung ‚Ein Blizzard'. Der Kommandant von Fort Hillock zu Old Shatterhand: *„Ich habe Euch bei Mutter Thick in Jefferson-City gesehen…"*

Mittwoch, 31. Juli 1861:

Am frühen Morgen verließ ich Jefferson City und als ich heute wieder in St. Louis ankam, war mein erster Gang zu Mr. Henry. Nachdem ich ihm gründlich über meine Erlebnisse berichtet hatte, *öffnete* er *seinen Gewehrschrank, nahm den ersten fertigen Henrystutzen heraus, erklärte mir den Bau und Gebrauch der Waffe* und schenkte ihn mir.

Donnerstag, 1. August 1861:

Heute Morgen war ich auf der Bank und hob mein restliches gespartes Geld ab. Morgen werde ich die Reise in die Heimat antreten.

2. ERSTE ORIENT-REISE (1861-1862)[1]

Sonntag, 27. Oktober 1861:

Emery Bothwell und ich *hatten uns das Versprechen gegeben, uns wiederzusehen. Die Begegnung sollte in Afrika stattfinden. Dass wir uns für Algier entschieden, geschah nicht ohne Grund,* denn hier *lebte ein Verwandter von ihm namens Latréaumont,* der *Leiter eines Handelshauses* war. *Bei ihm wollten wir uns treffen.* Dort erfuhr ich, dass Emery Bothwell die Familie verlassen hatte, um deren Sohn zu suchen. Dieser hatte eine hauseigene Karawane begleitet, die aber von der ‚Gum', einer Raubkarawane, überfallen worden war und sich in deren Gewalt befand. Die Wüstenräuber hatten einen Boten geschickt und Lösegeld verlangt, das Latréaumont auch bezahlte, jedoch ohne den Sohn freizubekommen. *Als der zweite Bote kam, war Bothwell eben eingetroffen. Er ließ die verlangte Ware abgehen, folgte aber heimlich nach.* Vor zwei Wochen kam eine Nachricht, ich solle *ihm nach meiner Ankunft sofort* nachkommen. Der Bote, der diese Nachricht brachte, würde mich zu ihm bringen. Er hieß Hassan Ben Abulfeda und war *ein Araber vom Stamm der Kababisch.* Ich beschloss, schon am nächsten Morgen abzureisen. Doch noch am selben Abend traf wieder ein Abgesandter der Wüstenräuber ein, der nochmals Lösegeld verlangte. Ich schlug ihn nieder und bat Latréaumont, ihn der Polizei zu übergeben. Unter den Dienern des Hauses befand sich auch ein Deutscher namens Josef Korndörfer aus dem fränkischen Staffelstein, der mich als Diener in die Wüste begleiten wollte.

Montag, 28. Oktober 1861:

Wie vorher bestimmt, war ich mit Hassan und Korndörfer von Algier abgereist. Wir hatten *bis Batna die Steppenpost benützt,* mit der wir eine halsbrecherische Fahrt hinter uns hatten. Hier *dingte ich einen Beduinen, mich und meine zwei Begleiter auf Pferden über das Auresgebirge* zu schaffen.

[1] Karl Mays Gesammelte Werke Band 10, *Sand des Verderbens,* die Erzählung ‚Die Gum'

Dienstag, 29. Oktober 1861:

Schon zwölf Stunden saßen wir im Sattel und ritten zwischen *Felswänden und Abgründen, in deren unterster Tiefe das Auge das graugelbe Wasser eines reißenden Bergstroms erblickte. Es war der Wed al Kantara, in dessen Fluten Jules Gérard, der kühne Löwenjäger, seinen Tod gefunden hatte. Dann ging der Ritt weiter nach dem Pass von Kantara,* bis wir zur *Karawanserei El Kantara* kamen, *wo wir für die Nacht Einkehr hielten.* In dieser Nacht – es war Dienstag auf Mittwoch – schoss ich in der Nähe der Karawanserei zwei Panther, die dem Wirt schon einige Schafe gerissen hatten.

Mittwoch, 30. Oktober 1861:

Nachdem wir am Morgen die Karawanserei verlassen hatten, befanden wir *uns bald inmitten der Schluchten und Steinklüfte des Auresgebirges, dessen Längsrichtung wir bis gegen Abend einhielten, um dann über seinen Kamm in die Sahara hinabzusteigen. An seinem Fuß lag das Zeltdorf, das Ziel unserer heutigen Wanderung. Wir* erwarben *drei Reit- und ebenso viele Packkamele nebst allen Gegenständen und Vorräten, die zur* weiteren *Reise* notwendig *waren.*

Donnerstag, 31. Oktober 1861:

Am Morgen folgten wir dem Fuß des Gebirges, um die Karawanenstraße aufzusuchen. Es war ein heißer Tag, und wir befanden uns noch immer auf den Ausläufern des Gebirges. Da *erblickte ich eine Reihe von Zelten, zwischen denen zahlreiche Pferde und Kamele lagen.* Wir kamen zu dem Duar, wo wir erfuhren, dass fast alle Männer auf Löwenjagd seien. Ich ließ mir den Weg zu ihnen zeigen und kam gerade recht, als ein Mann niedergerissen wurde, denn ich erschoss den Löwen und der Mann war gerettet. Als Dank dafür schenkte dieser mir *ein Bischarinhedschîn* (Kamel), *wie es in der ganzen Sahel kein zweites* gab, und überreichte mir noch *ein eigentümlich geformtes Korallenstück. Seine scharfen, dunklen Augen hatten ein eigentümliches Licht. Ich hätte diesem Mann nie mein Vertrauen schenken können. Um ihn nicht zu erzürnen, musste ich das Tier annehmen.* Als ich in der Satteldecke die Buchstaben A.L. eingestickt sah, wusste ich, dass der Besitzer zur Gum, also zu jener Raubkarawane gehörte, die Renaud Latréaumont entführt hatte. Ich verabschiedete mich von den Bewohnern des Duars und ritt mit meinen beiden Begleitern weiter.

Freitag, 22. November 1861:

Seit unserem letzten Abenteuer waren mehrere Wochen vergangen. Wir waren noch immer nur drei Genossen und verfügten über eine hinreichende Anzahl Packkamele, um die Lasten verteilen zu können. Wir *konnten sicher sein, das Bab el Ghud,* wo wir Emery Bothwell zu treffen hofften, *nach drei guten Tagesmärschen zu erreichen.* Auf unserem Ritt durch die Sahara sah ich nach und nach drei kleine Sandberge, unter denen die Leichen dreier Araber und ihrer Kamele vergraben waren. Die Toten hatten alle einen Schuss in die Stirn erhalten, und zwar genau über der Nasenwurzel. Das konnte nur Emery Bothwell gewesen sein, denn *ich kannte diesen Meisterschuss.* Eine Strecke weiter begegneten wir einem Mann, der von Emery Bothwell gesandt worden war, um uns zu suchen. Wir ritten mit ihm.

Samstag, 23. November 1861:

Gegen Mittag trafen wir auf die Spur einer Karawane. Wir nahmen an, *dass sich die Karawane verirrt haben müsse, denn hier gab es für mehrere Tagesreisen nicht so viel Wasser, um ein einziges Pferd zu erhalten.* Der Tebu, unser neuer Führer, meinte, dass die Karawane bewusst in die Irre geführt worden sei, um sie zu überfallen. Wir beschlossen, der Karawane zu helfen. *Endlich erblickten wir* sie *vor uns zwischen den Dünen.* Die Reiter baten uns um Wasser. *Ich gab jedem nur so viel zu trinken, dass mein Schlauch für alle reichte. Übrigens bemerkte ich sowohl bei* dem Karawanenführer *als auch bei dem* obersten der Kamelreiter *die verräterischen Buchstaben A.L., die mir das Übrige erklärten.* Als ich dem Karawanenführer das Korallenstück zeigte, glaubte er, ich sei ein Angehöriger der Gum, und er erklärte mir, dass heute Nacht die Karawane überfallen werden sollte, die er statt zur Oase Ghat in die Richtung zur wasserlosen Bab el Ghut geleitet habe. Und dass die Gum als Zufluchtsort ein Kaßr, eine alte Römerburg, besaß und wie der Weg dorthin führte. Da *kamen im raschesten Lauf vier Reiter hinter uns her, und ich erkannte* denjenigen, *der mir sein* Reitkamel *geschenkt hatte, und den Boten, der in Algier von uns gefangen genommen worden war. Ihm musste es auf irgendeine Weise geglückt sein, seine Freiheit zu erlangen.* Es kam zu einer bewaffneten Auseinandersetzung, in deren Verlauf ich beide erschießen musste und die beiden anderen von meinen Begleitern getötet wurden. Der Karawanenführer und sein Kumpan wurden gefesselt. Dann zog unsere Karawane weiter, obwohl wir wussten, dass die Gum in der Nähe war. Aber auch Emery Bothwell, den sie den Räuberwürger nannten, befand sich im Umkreis der Gum. Inzwischen ertönten in der Nähe Schüsse und ich erkannte an dem Knall des Gewehres, dass es sich um Emerys Kentuckybüchse handelte, womit er weitere Mitglieder der Gum eliminierte. Auch ich konnte drei Mitglieder der Gum erschießen. *Dann standen wir, die wir uns in den Staaten das Wort gegeben hatten, uns in Afrika wiederzutreffen, voreinander im Innern der Sahara.* Die Begrüßung war kurz, aber herzlich. *Ich erzählte ihm in Kürze das Wissenswerte. Ein kurzer Meinungsaustausch brachte uns zu dem Entschluss, die Räuber zwischen zwei Feuer zu nehmen,* was auch gelang. Doch dem Hedschân Bei und einigen seiner Männer gelang die Flucht.

Sonntag, 24. November 1861:

Die Zeit bis zum Morgen verging ohne Störung. Dann brachen wir auf. Wüstenreisende finden manchmal eine Stelle, an der es Wasser unter dem Sand gibt. *Einen solchen Brunnen fanden wir. Unsere Tiere konnten sich erfrischen. Wir erreichten das Bab el Ghud kurze Zeit nach Einbruch der Dunkelheit.*

Montag, 25. November 1861:

Am Morgen suchten wir das Bab el Hadschar auf. Es trug seinen Namen ‚Tor der Steine' mit vollem Recht, durch das wir unseren Weg nach El Kaßr suchen mussten, von dem ich annahm, dass dort Renaud Latréaumont gefangen gehalten wurde. Wir kamen an eine Schlucht *und gelangten nun in einen Felsen-*

kessel. Oben sahen wir El Kaßr liegen. Emery und ich wollten einen Weg hinauf erkunden und kamen an *einen schmalen, tiefen Spalt,* wo *eine verborgene Treppe zu Höhe führen* musste. *Wir entdeckten* dann *eine niedrige, türähnliche Öffnung im Felsen* und sahen auch menschliche Schädel und Knochen liegen: die Richtstätte von Hedschân Beis Gefangenen. Oben am Kaßr *aber fanden wir den Eingang verschlossen. Wir stiegen wieder abwärts und ich bestieg mein Bischarin, und Josef nahm ein Mehari von Emery. Dann ging es in Eile den Weg zurück, den wir gekommen waren, und wir ritten nun in gerader Richtung auf das Schloss zu. Die Sonne tauchte soeben hinter den westlichen Himmelsrand hinab, als wir den hohen, offenen Eingang erreichten,* wo *hinter seinen Seitenpfeilern vier Männer hervortraten und uns ihre langen Flinten entgegenstreckten.* Obwohl ich das Korallenstück zeigte, traten sie uns feindlich entgegen und wir mussten sie niederschießen. Wir machten noch einen Gefangenen, von dem wir erfuhren, dass nur diese fünf Männer die Bewacher des Kaßr waren. Unsere Leute stiegen nun alle die steinernen Stufen herauf und der Gefangene musste das Steintor öffnen. Als alle oben waren, führte der Gefangene Emery und mich in ein Gewölbe. *Darin lag auf dem harten, bloßen Boden, von Stricken festgehalten, eine menschliche Gestalt:* Renaud Latréaumont. *Ein paar rasche Messerschnitte lösten die Bande.* Wir ließen nun *unsere Tiere herbeiholen* und *saßen bis in die späte Nacht hinein über der Erzählung der Leiden und Freuden, die wir hinter uns hatten.*

Dienstag, 26. November 1861:

Als ich mich am Morgen erhob und in den Hof trat, sah ich *unten über die Ebene eine Reihe von Arabern* kommen. *Wir brauchten nicht lange zu warten.* Sie traten *unbesorgt in den Hof* und *alle Gewehre krachten.* Der Hedschân Bei aber war noch nicht oben, er stand noch mit zwei Männern unten bei den Kamelen *und winkte* diesen, *ihm zu folgen. Sie schritten auf den Treppenaufgang zu. Der Bei trat mit seinen beiden Begleitern aus der Pforte in den Hof.* Während sich Emery den Bei packte, hatten meine Kugeln seine beiden

Begleiter niedergestreckt. Der Pehlewân Bei – der Räuberwürger Emery Bothwell – packte den Hedschân Bei – den Karawanenwürger –, *trug ihn zur Mauer und schleuderte den Mörder hinab in die Tiefe, wo die Gebeine der Gemordeten lagen. Die Gum war bis auf den letzten Mann vernichtet.*

Freitag, 13. Dezember 1861:

Vierzehn Tage später hatten wir die Serir durchschritten und ein wunderbar liebliches Bild breitete sich vor uns aus. Es war die Oase Ghat, wohin wir die Karawane *glücklich brachten. Mit ihr trennte sich nach einem mehrtägigen Aufenthalt auch der Tebu von uns.*

Mitte Januar 1862:

Und wieder mehrere Wochen später hielten wir unseren Einzug in Algier, wo wir von der glücklichen Familie Latréaumont mit unendlicher Freude empfangen wurden.

Ende Januar 1862:

Für Latréaumont und die Seinen war der Abschied von uns recht schwer. Der Staffelsteiner wollte mich nicht verlassen. Er ging mit mir und Emery, der mir zu Liebe seinen ursprünglichen Reiseplan änderte, nach Deutschland, um wieder einmal den ‚laufigen' Trank seiner Heimat zu kosten.

3. ERSTE OSTASIEN-REISE (1862-1863)[1]

Dienstag, 27. Mai 1862:

Gestern Abend kam ich hier in Hamburg an und heute Morgen war ich gleich bei mehreren Schifffahrtslinien und habe mich nach einer Fahrt in die ostasiatischen Gewässer erkundigt. Ich hatte Glück: Morgen früh kann ich auf einem Frachtschiff mitfahren. Normalerweise ist so ein Schiff für Passagiere nicht eingerichtet, aber in letzter Zeit hat man dort einige Kajüten etwas umgerüstet, sodass auch eine geringe Anzahl an Privatpersonen befördert werden kann, wenn sie nicht allzu große Ansprüche stellen. Man bot mir auch an, als Ersatz einzuspringen, wenn einer der Matrosen durch Krankheit einige Tage ausfallen sollte. Dafür würde mir dann eine Heuer ausgezahlt, deren Höhe pro Tag ich aber noch nicht weiß. Das wäre gar nicht schlecht, denn dadurch würde ich mir mein Reisegeld etwas auffrischen.

Montag, 30. März 1863:

Ich bin nach einer über zehnmonatigen Reise wieder glücklich in der Heimat angekommen. Wir waren auf dem Hinweg um das Kap der Guten Hoffnung gefahren, wo ein Matrose von starkem Fieber erfasst wurde und ich für einige Tage einspringen musste. Insgesamt waren wir drei Personen, die die Reise in die asiatischen Gewässer mitmachten: ein Geschäftsmann, der auf Ceylon aussteigen wollte, ein Forscher, der ebenfalls Ceylon als Ziel angab, und ich, der aus reiner Abenteuerlust diese Reise machte. Beide hatten mir unterwegs diese Insel so ans Herz gelegt, dass ich beschloss, Ceylon vielleicht doch noch zu besuchen. In Karatschi, als erster Stadt in Indien, wo der Dampfer anlegte, bevor er nach Südosten zur westlichen

[1] Diese erste Ostasien-Reise ergibt sich aus Bemerkungen in Karl Mays Gesammelte Werke Band 11, *Am Stillen Ozean*, Erzählung ‚Im Zeichen des Drachen', Kapitel 1: „*...dass ich während meines Aufenthaltes auf Sumatra und Malakka...* Und: „*Ich habe ... mit dem fürchterlichen Katamorin der Ostinder den Indus und Ganges befahren...*". Also muss der Erzähler vor ‚Im Zeichen des Drachen' schon einmal in Ostasien gewesen sein.

Küste abbog, verließ ich das Schiff. Indien bildet keine politische Einheit, sondern ist nur ein geografischer Name; man versteht darunter die Halbinsel Vorderindien mit ihren der britischen Krone untergebenen Ländern. Karatschi, wo ich von Bord ging, entwickelt sich immer mehr als Handelsplatz, auch wenn große Überseeschiffe noch keinen Hafen vorfinden; man benutzt die vorgelagerte Insel Kiamari als Anlegestelle. Über Haiderabad, das auf einer Felsplatte liegt, ging es mit einem Katamorin den Indus hinauf ins Pandschab-Gebiet, dem Land der fünf Ströme, einer großen Ebene mit steinlosem, sandigem Lehmboden. Die Tierwelt im Pandschab ist sehr reichhaltig. Vorher gelang es mir noch, einen Engländer aus einer misslichen Lage zu befreien. Er stellte sich als Lord David Percy vor, ‚ungeratener' Sohn des Earl von Forfax[1]. Mit ihm durchstreifte ich die Ebenen des Pandschab und wir konnten, teilweise unter Lebensgefahr, jeder einen jener Tiger schießen, die man Könige der indischen Tierwelt nennt.[2] Wir beschlossen, bis Kalkutta zusammenzubleiben, was wir auch taten, und wir konnten so manches Abenteuer miteinander erleben. Vom Pandschab-Gebiet aus gelangten wir hinüber nach Delhi, einst Residenz der Großmoguln, am rechten Ufer der Dschamna mit berühmten alten Bauten und Ruinen. Schon früher hieß Delhi die Stadt der sieben Burgen. Das jetzige Delhi wurde im 17. Jahrhundert erbaut und ist auf drei Seiten mit einer starken Mauer umgeben. Die vierte Seite begrenzt die Dschamna, ein rechter Nebenfluss des Ganges. Von alters her war die Dschamna ein heiliger Fluss, dessen Wasser reinigende Kraft besaß, was jetzt noch von den Hindus geglaubt wird. Auch diesen Fluss ging es mit Booten hinunter, oft unterbrochen durch

[1] Karl Mays Gesammelte Werke Band 10, *Sand des Verderbens*, Erzählung ‚Der Krumir', Kapitel 1. Lord David Percy zum Ich-Erzähler (später erst Kara Ben Nemsi): *„Werde mich Euch wieder anschließen müssen, wie da drüben in old East India."*

[2] GW Band 10, ‚Der Krumir', Kapitel 3. Der Ich-Erzähler über Lord David Percy: *Wir hatten miteinander auf Ceylon den Elefanten und in Indien den Tiger gejagt...*

gewaltige Stromschnellen bis zu dessen Zusammentreffen mit dem Ganges. Hier machten wir Station in Allahabad. Allahabad, was übersetzt Gottesstadt heißt, hat als Wallfahrtsort unter dem Namen Prajâga (Opferstätte) schon in der altindischen Zeit existiert. Ab hier dominiert der Ganges, der Hauptstrom Vorderindiens, obwohl er kürzer ist als der Indus und der Brahmaputra. Man bezeichnet ihn auch als den heiligen Fluss, an dessen linkem Ufer Benares liegt, die heilige Stadt der Hindus und uralter Mittelpunkt der brahmanischen Kultur und Religion. Am Ende dieses riesigen Flusses liegt in dessen Delta die Stadt Kalkutta, Sitz des englischen Vizekönigs in Indien. Die Stadt zerfällt in die ‚weiße Stadt' im Süden mit Amtsgebäuden und Wohnungen der Reichen und der Europäer und in die ‚schwarze Stadt' im Norden und Osten mit engen, krummen und schmutzigen Gassen und den ärmeren bis ärmsten Eingeborenen, meist Bengalen. Viele europäische Dampfschiffe legen hier an, doch keines fuhr hinunter nach Ceylon. Ich machte aber einen bengalischen Küstenfahrer ausfindig, der an der Ostküste entlang bis nach Madras fuhr und der mich mitnehmen wollte. Lord Percy war davon so begeistert, dass er sich sofort anschloss. Wir dümpelten mit diesem bengalischen Handelsfahrer an der Ostküste von Vorderindien entlang, legten an vielen kleinen Hafenstädtchen an, kamen dann an die Koromandel-Küste, die sich zwischen Point Calimere und der Kistna-Mündung hinzieht und in deren Mitte wir nach gut drei Wochen in Madras anlegten. Die Einheimischen nennen Madras auch Tschennapattam. Madras ist Sitz des englischen Gouverneurs und eines anglikanischen Bischofs. Den Kern bildet die Schwarze Stadt, an die sich Fort St. George anschließt. Das Klima soll im Sommer für Europäer sehr gefährlich sein, doch ich hatte nicht vor, länger hierzubleiben, denn ich hoffte, eine Weiterfahrt nach Ceylon zu finden. Mein bisheriger Weggefährte Lord Percy wollte sich erst von mir trennen, um sich quer durch das Land über Bangalore zu den West-Ghats und dann hinauf bis nach Bombay durchzuschlagen, überlegte es sich aber dann anders. Ein französischer Frachter, der Zwischenstation an den französischen Städten der Koromandel-Küste machen wollte, nahm uns mit. Zuerst legten wir in Pondichery und zwei Tage später in Karikal an, beides Kolonialgebiete der Franzosen an der vorderindischen Südostküste. Dann schlängelte er sich durch die Palkstraße, eine durch Felsenriffe nicht ungefährliche Meeresenge zwischen der indischen Südküste und Ceylon, und dann durch den Golf von Manaar, bis wir dann in Kolombo, der Hauptstadt von Ceylon, anlegten. Wir befanden uns nun auf Sinhala Dvipa, der Löweninsel, wie sie von den Einheimischen genannt wurde. Von Kolombo aus gingen wir in das Innere der Insel nach Kandi, der ehemaligen Hauptstadt des alten Königreichs, wo in dem berühmten Tempel ein Zahn des Buddha aufbewahrt werden soll. Natürlich schlossen wir uns auch einer Elefantenjagd an.[1] Wir schlugen dann den Weg nach Süden ein bis Point de Galle, wo ich sofort einen Frachtdampfer erwischte, der auch Padang auf Sumatra anfuhr, das ich mir als nächstes Ziel ausersehen hatte. Lord Percy aber wartete auf eine Fahrgelegenheit hinauf nach Madras, um seine geplante Reise durch Indien zu vollenden. Wir hofften, uns irgendwo auf Reisen einmal wiederzutreffen.

Während meines Aufenthaltes auf Sumatra und Malakka hatte ich *mir das eigentliche Malaiisch, das durch die ganze australische Inselwelt Verkehrssprache ist, ein wenig angeeignet. Das Kawi, die malaiische Priester- und Schriftsprache,* verstand *ich nicht; dafür aber glaubte ich, dass ich mich* wahrscheinlich *auch den Bewohnern der Tahiti- und Marquese-Inseln in ihrer Mundart verständlich machen* könnte, wenn ich diese Inseln einmal aufsuchen würde. Ich glaube, *dass man sich leichter in eine fremde Sprache findet, wenn man während seiner Schülerzeit einen guten Grund gelegt hat. Bei der Bekehrung der westmalaiischen Volksstämme zum Mohammedismus hat ihre Sprache viel von dem Arabischen aufgenommen und wird noch jetzt mit wesentlich arabischen Buchstaben geschrieben. Da ich*

[1] Vgl. Fußnote 2 auf S. 38

das Arabische verstehe, so hat mir ein Zurechtfinden im Malaiischen nicht viel Mühe gemacht.[1]

Im März hatte ich das Glück, in Singapur einen holländischen Frachter anzutreffen, der zurück nach Amsterdam fuhr. Ich stand vor der Wahl, entweder meine Reise im malaiischen Archipel fortzusetzen oder nach Hause zu fahren. Da meine Reisekasse ziemlich dünn geworden war, entschloss ich mich für die Heimreise, zumal sie mich nichts kostete, da ich mich als Hilfskraft mit zwar geringer Bezahlung, aber dafür mit voller Verpflegung, anheuern ließ. Wir hatten eine stürmische Rückfahrt durch den Indischen Ozean, nach dem Kap der Guten Hoffnung gab es im Atlantik zwar auch noch starken Wind, doch einen echten Sturm erlebten wir nicht mehr. Nun bin ich wieder zu Hause angelangt und werde in den nächsten Tagen versuchen, meine Erlebnisse zu Papier zu bringen.

[1] Karl Mays Gesammelte Werke Band 11, *Am Stillen Ozean*, Erzählung ‚Im Zeichen des Drachen', Kapitel 1

4. RUSSLAND-REISE (1863)

Sonntag, 24. Mai 1863:

Ich bin jetzt in Wien und habe mir vorgenommen, mit dem Schiff die Donau bis zur Mündung ins Schwarze Meer hinabzufahren. Dort werde ich sehen, wie ich weiterkomme. Ich habe vor, über das Schwarze Meer nach Transkaukasien zu gehen, wo ich mir gerne einmal das Kloster Etschmiadzin ansehen möchte, von dem ich schon so viel gehört habe. Von dort aus würde ich gerne bis ans Kaspische Meer reisen oder, falls das mit zu großen Umständen verbunden ist, irgendwie sonst nach Norden zu gelangen suchen, denn ich möchte gerne den Don oder die Wolga kennen lernen und dann meine Reise nach Moskau fortsetzen. *Ich hatte* nämlich *in Dresden die Bekanntschaft eines russischen Offiziers gemacht, der sich Iwan Semenoff nannte. Wir hatten uns beim Billard getroffen. Er war ein ausgezeichneter Spieler und ein höchst ehrenwerter Mann. Wir waren Freunde geworden und ich hatte versprechen müssen, ihn oder wenigstens seine Mutter zu besuchen, wenn ich einmal nach Moskau kommen sollte.*[1]

Montag, 15. Juni 1863:

Es hat auf den Tag genau drei Wochen gedauert, bis ich hier in Tultscha, der großen Hafenstadt im Donaudelta, angekommen bin. Da bis hierher die Hochseeschiffe aus dem Schwarzen Meer kommen, hoffe ich, dass ich eine Gelegenheit zur Weiterfahrt finde. Es war eine erlebnisreiche Reise mit Hindernissen, teils auf dem Fluss, teils zu Land, da die Donau noch nicht überall schiffbar ist, etwas abenteuerlich, aber schön. Ich kann mir vorstellen, dass dann, wenn sich einmal alle Staaten, durch die dieser zweitgrößte Strom Europas fließt, einig sind und ein durchgehender Schiffsverkehr auf der Donau möglich gemacht wird, diese Reise auch für weniger abenteuerempfindliche Leute ein Vergnügen wird. Zu viele staatliche Interessen sind momentan noch zu berücksichtigen.

[1] Karl Mays Ges. Werke Band 11, Erzählung ‚Im Zeichen des Drachen', Kapitel 13

Montag, 22. Juni 1863:

Heute bin ich in Batum, der Hauptstadt von Russisch-Kaukasien, angekommen. Batum liegt an einer Bai, die den besten Ankerplatz im östlichen Schwarzen Meer bieten soll, und ist der Haupthandelshafen Transkaukasiens und gleichzeitig auch Kriegshafen. Die Einwohnerzahl könnte über 5.000 betragen. Nun suche ich von hier aus eine Gelegenheit, um in die Gegend von Eriwan zu kommen, von wo etwa zwanzig Kilometer westlich das Kloster Etschmiadzin liegt.

Dienstag, 30. Juni 1863:

Ich hatte schon einiges von dem berühmten armenischen Kloster gehört, das seltene Schätze besitzen soll. Ursprünglich stand hier die uralte Stadt Wagharschabad, die im Jahre 302 von König Tiritades gegründet worden war. 524 erbaute der Patriarch Narses das Kloster, das mit seiner hohen Mauer und seinen acht Türmen einer Festung ähnlicher sieht als einem Kloster der armenischen Kirche. Ich war in einer Herberge in der Nähe des Klosters untergekommen, in einer Gegend, die noch zum alten Wagharschabad gehörte. Vier Mal war ich insgesamt im Kloster Etschmiadzin,[1] um mir die kostbaren Reliquien anzusehen und um mich mit den Mönchen zu unterhalten. Man kann daran glauben oder nicht, wenn man hört, welche Kostbarkeiten hier angeblich aufbewahrt werden: Das bedeutendste Stück soll die Lanze sein, mit der Christus am Kreuz durchbohrt wurde; dann sieht man ein Stück der Arche Noah und die rechte Hand des heiligen Gregor. Wer die heilige Hripsime war, von der ein Stück ihres Schädels hier aufbewahrt wird, weiß ich nicht. Weitaus mehr noch interessierte mich die Bibliothek, in der sehr seltene Werke, wie zum Beispiel alte Bibelhandschriften, aufbewahrt werden, an die ich aber nur herankam, nachdem ich mit maßgebenden Mönchen darüber ins Gespräch gekommen war. Nach

[1] Karl Mays Gesammelte Werke Band 23, *Auf fremden Pfaden*, Erzählung ‚Der Händler von Serdescht': *„Ja. Ich war viermal in Etschmiadzin und habe während meines Aufenthaltes dort im Dorfe Wagharschabad gewohnt."*

einigen Tagen, als ich meinen Wissensdurst genügend gestillt und auch die beiden Filialklöster von Etschmiadzin, nämlich Kaiane und Hripsime, kurz besucht hatte, setzte ich meine Reise nach Zentral-Russland fort.

Sonntag, 26. Juli 1863:

Vom Kloster Etschmiadzin war ich wieder zurückgereist nach Batum, wo ich bei meiner Ankunft noch am gleichen Tag ein Schiff erreichte, das mich über das Schwarze Meer durch die Meerenge von Kertsch im Osten der Halbinsel Krim und durch das Asowsche Meer nach Taganrog brachte. Die Hafenstadt Taganrog liegt auf einer Landzunge am Asowschen Meer. Sie war 1698 von Zar Peter I. gegründet und vor wenigen Jahren (1855) von einer englisch-französischen Flottille zerstört worden und befindet sich jetzt noch im Wiederaufbau. Nicht sehr weit davon fließt der Don, in mehrere Arme verzweigt, ins Asowsche Meer. Nördlich davon liegt das Gebiet der Donischen Kosaken, die als großes Reitervolk bekannt sind und die ich nicht näher beschreiben muss. Mich interessierte besonders ihre Reitkunst und ich muss sagen: Alle Achtung! Selbst die fast unübertroffenen indianischen Prärievölker Nordamerikas könnten noch einiges von den Kosaken lernen. Natürlich musste ich auch ein Kosakenpferd zwischen meine Schenkel nehmen. Mit einem Dampfer fuhr ich dann den Don so weit hinauf, bis dahin, wo er sich etwa auf sechzig Kilometer der Wolga nähert. Hier stieg ich aus und erreichte in östlicher Richtung die Kreisstadt Zarizyn an der Wolga. Nach dem Städtchen Sarepta, das südlich von Zarizyn liegt und 1765 von den deutschen Herrnhutern gegründet wurde, kam ich leider nicht, denn ich hatte Gelegenheit, mit einem Dampfer die Wolga aufwärtszufahren; mein nächstes Ziel war ja eigentlich Moskau.

Mittwoch, 29. Juli 1863:[1]

Das freundliche, an der Wolga liegende Subzow lag hinter mir, und die Troika, deren ich mich bediente, flog auf der Straße nach

[1] 29.07.1863-07.08.1863: Karl Mays Gesammelte Werke Band 11, *Am Stillen Ozean*, Erzählung ‚Im Reiche des Drachen', Kapitel 13

Moskau hin. Als wir an einem Gasthaus vorbeikamen, hielten wir an und legten eine Reisepause ein. Auf meine Frage, wem das Pferd gehöre, das neben der Tür stand, antwortete mir der Wirt, dass der Besitzer ein Rittmeister von Semenoff sei, der nach dem Flüsschen gegangen sei. Vielleicht war es mein Dresdener Bekannter und ich konnte ihn hier treffen. *Ich folgte dem schmalen Pfad, der sich durch die Wiese schlängelte, bis in die Büsche, zwischen denen er sich bald verlief.* Als ich ein höhnisches Lachen hörte, blieb ich stehen. *Es mussten da zwei Personen beisammen sein, die höchstens zwanzig Schritte vor mir standen. Auf einem kleinen Umweg durch die Sträucher gelangte ich in ihren Rücken.* Den Rittmeister kannte ich nicht, und der andere Mann musste erst kürzlich einem russischen Gefängnis entwischt sein, wie ich vernahm. Irgendwie kam er mir bekannt vor. Beide planten irgendein Verbrechen. Sie wollten sich heute Abend nochmals mit einer Frau namens Wanda in einem Garten bei den Eichen treffen. *Ich hatte zwei Verbrecher belauscht. Diese Angelegenheit* ging mich *etwas an, da der Offizier den Namen meines Freundes trug.*

In Moskau stieg ich im Hotel Petershof ab. *Die Familie Semenoff wohnte in derselben Straße. Ich schickte meine Karte hin, und kaum war der Bote wieder zurück, so hörte ich eilige Schritte und Iwan trat ein.* Natürlich musste ich in seinem Haus, einem Palast, wohnen und er stellte mich dann sofort seiner Mutter vor. Später lud er mich zum Billardspiel ein, an dem auch die Gesellschafterin seiner Mutter teilnehmen würde. *Ich stand am Fenster. Unten lenkte ein Reiter nach dem Tor. Es war der Dragonerrittmeister, den ich belauscht hatte.* Er hieß Kasimir und war der Vetter von Iwan, doch der wollte von diesem nicht viel wissen. Da trat die Gesellschafterin ein, *Fräulein Wanda Smirnoff. Es war Schreck, der sie so fürchterlich erbleichen ließ, als sie mich erblickte. Die ‚stille, ernste, fromme' Gesellschafterin war Adele Treskow, eine ‚alte Bekannte'.*

Meine Bekanntschaft mit Adele ‚von' Treskow lag schon einige Zeit zurück. Ich lernte sie in einem Bahnhof im Ruhrgebiet kennen, wo sie ebenso wie ich den Zug nach Düsseldorf verpasst hatte. Da wir noch lange Zeit bis zur Abfahrt des nächsten Zuges hatten, suchten wir ein Kaffeehaus auf, wo wir beide Klavier spielten. Dort gesellte sich ein Mann zu uns, der sich als ‚Assessor Max Lannerfeld' vorstellte und die ‚Sängerin Adele von Treskow' von Berlin her kannte. Außerdem war noch ein reicher Viehhändler aus Köln da. Obwohl ich kein Spieler bin, ließ ich mich auf ein Kartenspiel mit finanziellem Einsatz ein. *Ich aber wusste sofort, woran ich war; ich hatte es mit Gaunern zu tun.* Ich *gewann einige Male und verlor dann einmal. So hielt ich fest, bis vierzig Taler lagen. Da griff ich in die Tasche und zog drei Fünfzigtalernoten heraus. Das war mein Reisegeld, im Augenblick mein ganzes Vermögen.* Ich sagte, dass ich diese Summe zusätzlich setzen würde, wenn ich jetzt gewänne. Und ich gewann. Dann strich ich das Geld ein. Es kam zu einem Wortgefecht, wobei sie verrieten, dass sie mich absichtlich hatten gewinnen lassen, um dann meinen erhöhten Einsatz zu kassieren. Ich verließ den Raum und meldete dem Wirt, dass verbotenes ‚Kümmelblättchen' gespielt worden war. Als einige Kellner in das Zimmer traten, war das Trio durch das Fenster entflohen. – *Es war einige Monate später. Ich war wieder daheim in Dresden* und gerade unverhofft von einer Reise zurückgekommen. *Ich muss bemerken, dass ich mich damals für kurze Zeit als Redakteur hatte anstellen lassen.* Mein Zimmer befand sich an meiner Arbeitsstelle. Da sah ich im Setzersaal noch Licht und hörte auch das Geräusch einer Handpresse. Als ich in den Raum trat, stand vor mir der *‚Herr Assessor Max Lannerfeld'. Er hatte sich Passmuster gedruckt, die trotz der Unzulänglichkeit der alten Presse scharf ausgefallen waren. Die Polizei erschien und bemächtigte sich des Gefangenen. Die Untersuchung ergab, dass der Herr Assessor ein polnischer Schriftsetzer war, der längere Zeit in Berlin gearbeitet hatte. Später war er mit seiner Freundin, einer geborenen Polin, auf Reisen gegangen. Die ‚Sängerin' wurde nicht aufgefunden. Der Herr Assessor wurde zu einer längeren Haft verurteilt.*[1]

Zurück nach Moskau: Iwan Semenoff *führte mich* später *in den Garten.* Dabei konnte ich feststellen, dass dies der Ort

[1] Karl Mays Ges. Werke Band 11, Erzählung ‚Im Zeichen des Drachen', Kapitel 12

war, wo das vereinbarte Stelldichein der beiden Verbrecher stattfinden sollte. Iwan befand sich an diesem Abend mit seiner Mutter im Theater. Noch vor Mitternacht *begab ich mich leise in den Garten. Es mochte drei Viertel nach zwölf sein, als ich leichte Schritte vernahm, und wirklich erkannte ich in der Nahenden die Gesellschafterin. Kaum eine Minute später erschien eine männliche Gestalt. Seit ich diese Wanda erkannt hatte, wusste ich auch, wer er war: der frühere angebliche Assessor.* Sie unterhielten sich über mich, konnten dann aber nicht weitersprechen, *denn der Rittmeister kam.* Ich erlauschte, dass man am folgenden Tag, wenn Iwan mit seiner Mutter das Haus verlassen hatte, einen Juwelier mit seinen kostbarsten Stücken in die Villa bestellt habe, um ihn auszurauben und dann mit der Beute zu verschwinden.

Donnerstag, 30. Juli 1863:

Am Morgen war es mein erstes, Iwan davon Mitteilung zu machen. Er erstarrte vor Erstaunen. Dann eilten wir auf das Polizeiamt. *Iwan kannte einen der höheren Polizeibeamten, zu dem ich ihn begleitete. Dieser hörte unserem Bericht aufmerksam zu und nickte dann.* Er kannte den Assessor, einen Polen *namens Mieloslaw, ein höchst gefährlicher Mensch, der kürzlich erst aus dem Gefängnis entsprungen* war. Mit mehreren verkleideten Polizeibeamten kehrten wir zu Iwans Palast zurück und beobachteten ihn unbemerkt. *Eine Viertelstunde verging; da kam eine Droschke herbei und hielt vor dem Gittertor. Ein einzelner Herr stieg aus; er trug einen winzigen Koffer.* Es war *der Juwelier Schikawiersky.* Kurze Zeit darauf verschwanden die verkleideten Polizisten *im Eingang des Palastes.* Wir gingen mit hinein und drangen mit den Polizisten in die Räume. *Im Zimmer stand der frühere Schriftsetzer in der Livree des Hauses; etwas weiter vor ihm befand sich* Wanda, als *Baroneska* verkleidet. *In der Hand hielt sie bereits den kleinen Koffer. Auf dem Stuhl lag mehr, als er saß, der Juwelier. Er war gewürgt worden.* Die Steine, die geraubt werden sollten, hatten einen Wert von mehreren hunderttausend Rubel. Mieloslaw *wurde gefesselt. Ebenso erging es seiner Gehilfin.*

Freitag, 31. Juli 1863:

Am Nachmittag kam die Kunde, dass der Rittmeister in der hochflutigen Moskwa ertrunken sei.

Mittwoch, 7. August 1863:

Ich blieb mehrere Tage Gast von Iwan Semenoff und seiner Mutter. Er zeigte mir die Schönheiten Moskaus, die ich allein nie in dieser großen Weltstadt gefunden hätte. Besonders der Kreml hatte es mir angetan. An der Beerdigung des Rittmeisters nahm ich nicht teil. Mieloslaw *wurde mit seiner Gehilfin auf Lebenszeit nach Sibirien verbannt.* Heute ist der Tag des Abschieds von Moskau und den gastfreundlichen Semenoffs. Ich werde über Minsk und Warschau in meine Heimat zurückkehren.

5. ZWEITE NORDAMERIKA-REISE (1863-1865)

Montag, 28. September 1863:

Ich hatte geglaubt, meine Reiselust sei vorerst gestillt. Doch irgendwie hielt es mich nicht zu Hause. Nachdem ich die Wüste Sahara, Indien und die Sunda-Inseln kennengelernt hatte und in Russland gewesen war, zog es mich wieder in die Prärien Nordamerikas. Auch wollte ich Winnetou wiedersehen.

Frühjahr 1864:

Allerdings herrschte in den Vereinigten Staaten immer noch Bürgerkrieg. Die Eisenbahnverbindungen nach Westen waren deshalb stark eingeschränkt, aber irgendwie klappte es doch und auf Umwegen kam ich endlich in St. Louis an, wo ich sofort Mr. Henry, den Büchsenmacher, aufsuchte. Ihm musste ich von meinen Erlebnissen berichten und vor allem davon, wie sich der Henrystutzen bewährt hatte. Ich blieb einige Tage hier, um mich für den Westen zu rüsten. Danach, es war etwa Mitte Dezember 1863, verließ ich St. Louis und ging hinunter an den Rio Pecos, wo ich Winnetou traf, der mit mir einige befreundete Indianerstämme besuchte und die Prärien durchstreifte. Natürlich hatte er mir wieder Hatatitla anvertraut, der mich trotz mehrjähriger Abwesenheit sofort erkannte. Ich lernte nicht nur einige andere Indianerstämme kennen, sondern traf auch etliche Westmänner, deren Namen ich zwar kannte, die ich aber noch nie gesehen hatte. Wir kamen in Arizona auch in eine Gegend, die vielleicht nur von wenigen Indianern, aber noch nie von einem Weißen betreten worden war. Dort erlegten wir einen Grizzly auf einer Platte über einer Höhle in der Nähe eines Sees in einem tiefen Talkessel; Winnetou bezeichnete die Platte als ‚Fels des Bären' und den See als ‚Dunkles Wasser'.[1]

Unser gefährlichstes Abenteuer hatten wir zu bestehen, als wir Gott sei Dank ohne unsere beiden Pferde Hatatitla und

[1] Karl Mays Gesammelte Werke Band 9, *Winnetou III*, Kapitel 7. Hier heißt es in Winnetous Testament: *...zum Deklil-to, wo du einst mit ihm gewesen bist.*

Iltschi unterwegs waren. *Wir kamen von der Sierra Guadalupe herunter und wollten über die öden Staked Plains nach Fort Griffin hinüber. Auf halbem Weg trafen wir mit vier Personen zusammen, die von Fort Davis kamen und hinauf nach Fort Dodge wollten. Die vier Leute waren dem Tod geradezu in die Arme gelaufen. Als wir sie fanden, lagen sie fast verschmachtet im Sand, und ihren Pferden ging es ebenso. Sie baten uns, sie in nördlicher Richtung durch die Wüste zu bringen. Infolgedessen wichen wir von unserem eigenen Weg ab und ritten nach Norden.* Als wir eine Trinkstelle *erreichten, war sie fast ausgetrocknet. Dürstend ritten wir weiter. Wir ließen uns von unseren Pferden fortschleppen und schon am nächsten Tag konnten sie uns kaum noch tragen.* Als die Pferde zu schwach wurden, *erstachen wir eins und tranken das Blut. Am nächsten Tag erstachen wir die übrigen. Ihr Blut hatte uns bis dahin am Leben gehalten,* doch wir waren alle am Ende unserer Kräfte. *Da gellte plötzlich ein Geheul um uns her* und wir wurden von vierzehn Komantschen überfallen und gebunden. Wir waren *vor Ermattung halb tot. Die Roten fütterten uns und gaben uns zu trinken. Als wir uns so weit erholt hatten, wurden wir fortgeschafft* zu einem Baum. *Dort sollten wir verbrannt werden.* Zuerst kamen unsere vier Begleiter dran. *Man band* sie an den Stamm fest *und brannte dann ein Feuer an.* Wir mussten zusehen, wie sie verbrannten. *Das Zusehen war schrecklich, aber das Zuhören war noch entsetzlicher.* Als man Winnetou und mir die Handfesseln löste, um uns als Nächste gemeinsam an den Baum zu binden, konnten wir uns befreien. Wir entrissen den Roten die Silberbüchse und den Bärentöter und eilten zu den Pferden der Komantschen. Sie waren so verblüfft, dass sie gar nicht daran dachten, auf uns zu schießen. Erst als sie uns verfolgten, schossen wir vier von ihnen nieder, sodass sich die anderen etwas zurückzogen. *Dadurch gewannen wir Zeit, uns die besten Pferde auszusuchen und davonzureiten.* Jetzt waren wir die Jäger und die Komantschen, die vier unserer Kameraden getötet hatten, die Verfolgten. Wir konnten diese rächen und alle Komantschen bis auf einen erschießen, darunter auch deren Häuptling ‚Starke

Hand'. *Wir begruben sie mit allem, was ihnen gehörte. Aber was sie uns geraubt hatten, das nahmen wir ihnen ab, darunter auch meinen Henrystutzen. Mowa-kituh,* die ‚Starke Hand', *musste, weil er Häuptling war, ein würdiges Grab erhalten; das tat Winnetou nicht anders. Es gab im Todestal eine Felsspalte, in die wir ihn gelegt haben, die Waffen in der Hand, den Medizinbeutel umgehängt.*[1]

Wir erlebten noch einige Abenteuer und die Nachrichten davon verbreiteten sich in Windeseile, denn obwohl ich noch ziemlich neu im Westen war, schienen Winnetou und Old Shatterhand in aller Munde zu sein. Wir waren – wie man bei uns zu sagen pflegt – bekannt wie bunte Hunde.

Samstag, 25. Juni 1864:[2]

Ich befand *mich mit Winnetou bei den Navajos. Sie lagerten zwischen den Höhen der Agua Grande genannten Gegend und wollten von da aus nach dem Colorado hinab.* Da *brachten unsere roten Wachen zwei fremde Indianer, die sie unter sehr verdächtigen Umständen aufgegriffen hatten.* Wir mussten wissen, woher die beiden Indianer kamen und ob sie Kundschafter irgendeines Stammes waren. *Der Apatsche, ich und ein junger, aber sehr erprobter Krieger ritten fort, um den Aufenthalt der Gegner zu entdecken. Erst am Abend erreichten wir ein Wässerchen, wo sie gestern Rast gemacht hatten.* Aus versteckten Farbtöpfchen ersahen wir, *dass sie Pah-Utahs waren und sich auf dem Kriegspfad befanden.*

Sonntag, 26. Juni 1864:

Es war gegen Mittag, als uns *drei Reiter* entgegenkamen. Zwei davon kannten wir: Es waren Dick Hammerdull und Pitt Holbers. Der dritte Reiter hieß Fletcher und war immerzu am Fluchen. Wegen seiner Flüche *hatte er den Namen Old Cursing-Dry erhalten.* Sie erzählten uns, dass ihre Gruppe, als Dick und Pitt auf der Jagd waren, von den Pah-Utahs überfallen wurde und nur Fletcher entkommen konnte. Sie sahen, dass ihre acht Gefährten gefangen und zwei Indianer

[1] Karl Mays Gesammelte Werke Band 22, *Satan und Ischariot*, Kapitel 3

[2] 25.06.1864-29.06.1864: Karl Mays Gesammelte Werke Band 23, *Auf fremden Pfaden*, Erzählung ‚Der Flucher'

tot waren. Winnetou nannte Fletcher den Mörder der beiden Indianer. Dieser aber antwortete: *„Ich will erblinden und zerschmettert werden, wenn ich der Mörder bin!"* Wir wollten die Gefangenen befreien, unter denen sich auch Fletchers Sohn befand, und mussten dazu die Hilfe der Navajos herbeiholen. Winnetou schickte deshalb den uns begleitenden jungen Krieger mit der Nachricht zu seinem Stamm zurück und beschrieb genau den Ort, wo wir auf sie treffen würden, um die Pah-Utahs in eine Falle zu locken.

Montag, 27. Juni 1864:

Gegen Morgen des anderen Tages kamen wir in der Nähe der Pah-Utahs an. Winnetou ging zur Erkundung. Nach einem Streit schlug ich Fletcher nieder und er wurde gebunden. Dann kam Winnetou zurück. Er hatte erlauscht, dass unter den Toten der Sohn des Häuptlings ‚Großer Mokassin' war. Er war, wie einer der Indianer beobachtet hatte, von Fletcher erschossen worden. Man bereitete die Bestattung der Toten vor und wollte anschließend aus Rache die gefangenen Weißen töten. Um die Gefangenen zu befreien, mussten wir die zweihundertsechzig Pah-Utahs von diesen weglocken. Wir nahmen den Häuptling gefangen und zündeten das Grabmal an, worauf alle Pah-Utahs dorthin eilten. Dadurch konnten wir die Gefangenen befreien und zu einem Floß bringen, mit dem Winnetou den Rio San Juan flussabwärts fuhr. Zu viert ritten wir mit dem gefesselten Fletcher zu unserem vereinbarten Ziel.

Dienstag, 28. Juni 1864:

Wir folgten dem Fluss und kamen am Spätnachmittag an die Felswände, *zwischen denen der Rio San Juan verschwand. Das war der Cañon, in dem wir die Pah-Utahs fangen wollten.* Wir wussten, dass die Navajos bereits angekommen waren, und so konnten wir die Pah-Utahs in den Cañon locken, was auch gelang. Sie saßen in der Falle und konnten weder vorwärts noch zurück. Als sie merkten, dass ein Entkommen aus dem Cañon unmöglich war, waren sie so einsichtig, sich auf Verhandlungen mit uns einzulassen und dafür den Mörder des Häuptlingssohnes ausgeliefert zu bekommen. Da entriss

Fletcher dem Häuptling ‚Großer Mokassin' die Pistole, die nur mit Pulver geladen war, *hielt sie sich an die Schläfe und drückte ab,* erhielt dabei aber von diesem einen Stoß, sodass der Schuss abgelenkt wurde und ihm in beide Augen ging. Er war blind. – In der Nacht wurde ich wach und erfuhr, *dass Old Cursing-Dry entflohen sei.* Sein Sohn war auch verschwunden. *Einer der Außenposten* hatte *zwei Männer gesehen, die miteinander auf dem Pferd saßen. Er* hatte *sie angerufen und, als sie nicht antworteten, zweimal auf sie geschossen.* Kurz darauf kam ein reiterloses Pferd ins Lager gelaufen. *Es war das Pferd des jungen Fletcher.*

Mittwoch, 29. Juni 1864:

Als der Tag zu grauen begann, machten wir uns auf die Suche. Wir brauchten gar nicht weit zu gehen, bis wir den Sohn liegen sahen, *tot und kalt. Die Kugel* des Außenpostens *war ihm von hinten in die Brust gedrungen.* Das Pferd *war mit dem Alten weitergelaufen* und hatte ihn an *einer Felswand, die wohl dreißig Meter tief nach dem Fluss abwärts ging, abgeworfen.* Wir holten ihn herauf. Seine Lästerung *„Ich will erblinden und zerschmettert werden!"* war wortwörtlich eingetroffen. Als er erfuhr, dass sein Sohn tot sei, brach er sichtlich erschüttert zusammen. Endlich gestand er seine Tat, die beiden Pah-Utah-Indianer erschossen zu haben, und flehte um Gottes Barmherzigkeit. Dann starb er.

Donnerstag, 30. Juni 1864:

Wir hatten uns noch im Laufe des gestrigen Tages von den Navajos und den Pah-Utahs, die gemeinsam die Friedenspfeife geraucht hatten, getrennt und waren nach Norden weitergeritten. Dick Hammerdull und Pitt Holbers schlossen sich uns an. Ihre vier Gefährten aber ritten mit den Navajos zurück. Vor uns lag noch ein weiter Weg vom unteren Grenzgebiet der Territorien Utah und Colorado bis hinauf nach Wyoming.

Donnerstag, 28. Juli 1864:[1]

Vor drei Jahren war ich *droben am Yellowstone von den Sioux-*

[1] 28.07.1864-06.08.1864: Karl Mays Gesammelte Werke Band 48, *Das Zauberwasser*, Erzählung ‚Die Söhne des Upsaroka'

Ogellallah überfallen worden und musste mit drei Indianern kämpfen, um mein Leben zu retten. Nun wollte ich mit Winnetou nochmals hinauf zum Yellowstone, um die Gräber der von mir getöteten Sioux zu besuchen. *Unsere kleine Gesellschaft bestand aus vier Personen: Winnetou, dem lustigen Dick Hammerdull, seinem wortkargen Freund Pitt Holbers und mir.* Danach hatten wir einen *uns befreundeten* Stamm der *Schoschonen besucht und waren von ihrem Häuptling und einigen hervorragenden Kriegern bis an die Mündung des Gooseberry Creek in den Bighorn River begleitet worden. Hier mussten die Schoschonen umkehren, weil jenseits des Bighorn das Gebiet der Upsarokas, der Krähen-Indianer, begann, mit denen sie in Todfeindschaft lebten.* Zuvor hatten sie uns zu einer Bisonjagd im Herbst eingeladen, was wir auch angenommen hatten, vorausgesetzt, dass uns nichts dazwischenkäme. *Als sie sich von uns getrennt hatten, setzten wir unseren Ritt in östlicher Richtung fort.* Dick Hammerdull und Pitt Holbers wollten *über die Bighorn Mountains nach dem Powder River und dann nach den Black Hills. Nördlich der Richtung, in der wir ritten, hatten die uns feindlich gesinnten Upsarokas ihre Jagdgebiete, und bis in die südlich von uns gelegene Rattlesnake Range waren die Sioux-Ogellallah vorgedrungen, unsere alten Gegner, die einen unversöhnlichen Hass gegen uns hegten. Wir befanden uns also zwischen zwei Völkerschaften, mit denen wir jede Begegnung möglichst zu vermeiden hatten. Noch hatten wir uns nicht weit vom Bighorn River entfernt, als wir* auf eine Spur von etwa zweihundert Upsaroka-Indianer trafen, die sich auf einem Kriegszug befanden. Die Fährte stammte von gestern früh. Gegen Abend sahen wir zwei Pferdespuren und trafen bald auf eine Indianer-Squaw, die hinter ihren beiden vierzehn- und fünfzehnjährigen Söhnen her war, die heimlich ihrem Vater, dem Häuptling dieses Upsaroka-Stammes, folgen wollten. Nach einiger Zeit erblickten wir ein Lager der Sioux-Ogellallah. Als es dunkel war, beschlichen Winnetou und ich das Lager. Der Unterhäuptling ‚Langer Leib' saß mit einem Weißen etwas abseits, neben ihnen lagen die Upsaroka-Buben gefesselt im Gras. Der ältere der beiden sagte zu dem Weißen, dass dieser

Folder heiße und seinem Vater einst Pferde gestohlen hätte. Der Weiße öffnete den Fellsack und zeigte ihnen die giftigen Klapperschlangen, die sich darin befanden. Da sprang neben uns die Indianer-Squaw aus den Büschen und warf sich über ihre Kinder. Der Unterhäuptling wollte Späher aussenden, um das Pferd der Squaw zu finden. Wir mussten schnellstens unseren jetzigen Lagerplatz verlassen und *nahmen natürlich das Pferd der Squaw mit.* Als wir uns nach Mitternacht wieder zum Lager der Sioux schlichen, waren sie nicht mehr da. *Sie hatten also ihren Kriegszug fortgesetzt. Wir bestiegen unsere Pferde* und ritten ihnen nach.

Freitag, 29. Juli 1864:

Vorsichtig folgten wir der Fährte. Dann entdeckten wir die Sioux. *Sie ritten auf eine steile Höhe zu.* Beide Anführer ritten allein, *und zwar eine bedeutende Strecke hinter den anderen her.* Die Squaw und ihre Söhne waren nicht dabei. Wir beschlossen, uns die beiden Anführer zu schnappen. Es gelang Winnetou und mir, sie von den Pferden zu holen und sie zu fesseln. Obwohl sie uns nichts verraten wollten, ahnten wir, dass die Squaw mit ihren beiden Kindern irgendwo beim letzten Lager zurückgelassen worden war. Wir fanden dort das Loch, in das man die drei Indianer zusammen mit den Klapperschlangen geworfen hatte, und waren erstaunt, oben am Rand den älteren Upsaroka-Knaben zu sehen; ebenso zwei skalpierte Sioux-Leichen. Er erzählte uns, dass seine Mutter ihre Handfesseln durchgebissen und dann die Klapperschlangen so lange gewürgt hätte, bis sie tot waren. Nun lag sie im Fieber. Die beiden Sioux hatten sich von der Grube entfernt, sodass es den Knaben gelungen war, den Rand des Lochs zu erklimmen. Als einer der beiden Sioux zurückkam, lehnte er sein Gewehr an einen Baumstamm und blickte in die Grube hinab. Da nahm der Älteste das Gewehr und schoss ihn nieder. Als auch der zweite Sioux zurückkam, wurde er das Opfer des jüngeren Bruders. Sie skalpierten ihre besiegten Gegner. Dadurch wurden die beiden jungen Burschen Krieger ihres Stammes. *Wir mussten* für die Squaw *unbedingt frisches Wundkraut haben. Während wir noch danach suchten,* kamen die Upsarokas. Ich schickte den Häuptling in den Wald hinein. Nach einiger Zeit *kehrte er zurück. Er trat zu uns mit den Worten: „Old Shatterhand und Winnetou haben bewiesen, dass sie unsere Brüder sind, denn sie haben ihr Leben für meine Squaw und meine Söhne gewagt, und meine Söhne sind durch sie zu Kriegern geworden."* Der Upsaroka-Häuptling ‚Schwarze Schlange' war damit einverstanden, dem gefangenen Unterhäuptling der Sioux, ‚Langer Leib', das Leben zu schenken und ihn mit seinen Kriegern ohne Kampf nach Hause ziehen zu lassen. Der Indianer-Agent Folder aber sollte am Marterpfahl sterben. ‚Schwarze Schlange' bestand unbedingt darauf, mit ihm in ihr Dorf zu reiten, was wir nicht abschlagen konnten.

Donnerstag, 4. August 1864:

Die Upsaroka boten, als wir ihr Wigwam erreicht hatten, alles Mögliche auf, um uns zu beweisen, dass sie es mit der Pfeife des Friedens ernst und aufrichtig gemeint hatten. Das einzige Ereignis, an dem wir uns nicht beteiligten, war die Hinrichtung Folders am Marterpfahl. Einer der größten Indianerquäler büßte da seine Schandtaten.

Samstag, 6. August 1864:

Die Squaw konnte schon nach einigen Tagen das Zelt verlassen und war nach einer Woche so gesund wie je. Wir verabschiedeten uns von den Upsarokas, deren Gastfreundschaft wir über eine Woche genossen hatten, und setzten unseren unterbrochenen Ritt weiter fort.

Mittwoch, 10. August 1864:[1]

Wir hatten uns vor einigen Tagen von den Upsarokas verabschiedet und Dick Hammerdull und Pitt Holbers noch eine Strecke weit begleitet, weil beide die Black Hills zum Ziel hatten.

Der Weg von Winnetou und mir war nach Süden gerichtet, dem North Platte River zu, an dessen Ufer wir aufwärtsreiten wollten. Wir waren seit drei Tagen wieder allein unterwegs und befanden uns etwa auf der Höhe des Blutsees,

[1] 10.08.1864-22.08.1864: Karl Mays Gesammelte Werke Band 35, *Unter Geiern,* Erzählung ‚Der Sohn des Bärenjägers'

der nicht aus Wasser, sondern aus tiefem Sand bestand und so genannt wurde, weil *hier einmal eine Schar Schoschonen von Weißen niedergemetzelt worden war.* Hier stießen wir auf eine recht neue Querspur, die auf einen größeren Reitertrupp schließen ließ. Winnetou wollte unbedingt wissen, wer da in unserer unmittelbaren Umgebung ritt, und wir machten uns als Treffpunkt eine markante Tanne aus. Auf dem Weg zu unserem Treffpunkt bemerkte ich, dass zwei Reiter meiner Spur folgten. Ich versteckte mich und erkannte in den beiden den Dicken Jemmy und den Hobble-Frank, obwohl ich sie vorher noch nie gesehen hatte. Sie erzählten mir, dass ihre Kameraden, der Lange Davy, Martin Baumann, der Indianer Wohkadeh und der Neger Bob, in einer Schlucht auf sie warten würden. Zusammen seien sie auf dem Weg nach dem Yellowstone, um den Bärenjäger Baumann, den Vater von Martin Baumann, zu befreien, der mit einigen Gefährten am Devils Head in die Hände der Ogellallah-Indianer gefallen sei, welche planten, *ihn am Grab des ‚Bösen Feuers' zu töten.* Vor einiger Zeit erst war ich mit Winnetou an diesem Grab gewesen. Ich versprach den beiden, mit Winnetou ihren Lagerplatz aufzusuchen, den sie mir eingehend beschrieben hatten. Als sie sich von mir entfernt hatten, um zu ihren Kameraden zu reiten, kam ein Trupp Schoschonen-Indianer an, die ihre Spur entdeckten und verfolgten. Kurz danach tauchte Winnetou an unserem vereinbarten Treffpunkt auf, und auch die Schoschonen kehrten mit zwei Gefangenen zurück: Hobble-Frank und dem Dicken Jemmy. Winnetou hatte *den Ort entdeckt, wo die Krieger der Schoschonen ihr Lager aufgeschlagen* hatten. Es war ein anderer Stamm als der, den ich mit Winnetou besucht hatte, bevor wir die Upsaroka-Squaw und ihre beiden Söhne retten konnten. Mit Winnetou ritt ich nun zur Schlucht, wo die vier anderen auf ihre beiden Kameraden warteten, die ja nun gefangen waren. Wir erzählten ihnen, was geschehen war, und noch am selben Abend brachen wir in Richtung des Schoschonen-Lagers auf, um die beiden zu befreien. Es gelang uns, einen der Wächter des Lagers unschädlich zu machen und den Häuptling ‚Tapferer

Büffel‘ in seinem Zelt zu überwältigen und fortzuschaffen. Ich konnte den ‚Tapferen Büffel‘ überzeugen, dass wir keinerlei feindliche Absichten gegen seinen Stamm hegten. Wir rauchten zusammen die Pfeife des Friedens und er wollte mit seinen Kriegern mit uns ziehen, um den Bärenjäger aus den Händen der Ogellallah-Sioux zu befreien.

Donnerstag, 11. August 1864:

Wie eine lange, dünne Schlange wand sich der Zug der Schoschonen durch die Blue Grass Prairie. Unterwegs sahen wir Zeichen der Ogellallah, die jedoch Wohkadeh galten, der ihnen nachfolgen sollte. Doch Wohkadeh, der eigentlich ein Mandan-Indianer war und als Kind zu den Ogellallah gezwungen wurde, hatte ohne ihr Wissen vor einigen Tagen deren Stamm verlassen, um Martin Baumann zu sagen, dass sein Vater gefangen sei, und nun befand er sich bei uns, um uns zu helfen. Später folgten wir der Spur der Ogellallah nicht mehr, denn ich kannte einen kürzeren Weg, der uns zu dem *Grab* führte, das *am Feuerlochfluss* lag. *Gegen Abend* erreichten wir *einen Wasserlauf,* an dem wir lagerten. Als wir später am Lagerfeuer saßen und von unseren Erlebnissen sprachen, sah ich im Gebüsch Augen leuchten. Winnetou machte mit seiner Silberbüchse einen Knie- und ich mit dem Henrystutzen einen Hüftschuss in die Büsche. Dort fanden wir zwei tote Indianer, denen wir durch die Stirn geschossen hatten. Danach brachen wir sofort auf *und der nächtliche Ritt begann.* Die beiden Toten hatten wir auf Ersatzpferde gebunden.

Freitag, 12. August 1864:

So ging es stundenlang fort, und als der Tag endlich zu grauen begann, öffnete sich vor uns *ein steiler Pass, der zwischen hohe, dunkel bewaldete Berge hineinführte.* Hier hielten wir an und stiegen ab. *Die beiden Leichen wurden von den Pferden genommen und auf die Erde gelegt.* Wohkadeh glaubte, dass es wahrscheinlich Upsaroka-Indianer seien. Er erzählte uns eine Begebenheit, die sich erst vor einigen Tagen zugetragen hatte, als Ogellallah einige Upsarokas beim Baden überrascht und ihnen ihre Medizin und einige Kleidungsstücke abgenommen hatten. Wahrscheinlich waren sie den Ogellallah nachgeritten, um sich zu rächen und um ihre Medizin wiederzuholen. Wir bestatteten die beiden Toten. Dann fingen wir die restlichen Upsarokas ab, rauchten die Friedenspfeife mit ihnen und ich sagte ihnen, dass sie ihre Medizin zurückbekommen würden, wenn sie mit uns ritten.

Samstag, 20. August 1964:

Wir waren *über den Pelican- und den Yellowstonefluss herübergekommen,* wollten *morgen Vormittag über den Bridge Creek und dann westlich zum Feuerlochfluss reiten. Dort arbeitete der Geiser, der von den Indianern ‚Höllenmaul' genannt wird, und in seiner Nähe lag das Häuptlingsgrab. Es waren noch volle drei Tage bis zum Vollmond, und* ich *war der Überzeugung, dass die Sioux-Ogellallah unmöglich bereits hier sein könnten.*

Sonntag, 21. August 1864:

Als wir am Morgen aufbrechen wollten, fehlten fünf Freunde: Martin Baumann, Wohkadeh, Hobble-Frank, der Dicke Jemmy und der Lange Davy. Bob, der Neger, hatte mitbekommen, dass sie den Sioux-Ogellallah entgegenreiten wollten. Ich vereinbarte mit Winnetou, dass er mit den Schoschonen *den Ritt fortsetzen und mich am ‚Maul der Hölle' erwarten* solle. Mit den fünfzehn Upsarokas und mit fünfzehn Schoschonen aber wollte ich die Ausreißer suchen. Gegen Mittag fand ich an einem Basaltfelsen einen Pelzfetzen, den *der Dicke Jemmy* sicher als *Merkmal zurückgelassen* hatte. Es war ein langer Ritt, *schließlich brach der Abend herein* und wir mussten Halt machen.

Montag, 22. August 1864:

Die Spuren der Ogellallah waren heute noch zu lesen. So kam es, dass wir *die Höhe erreichten, ohne auf ein Hindernis zu treffen.* Hier *hörten* wir *ein eigentümliches, dumpf brausendes Geräusch, das bald von einem schrillen Pfeifen unterbrochen wurde. Jetzt senkte sich das Gelände abwärts. Deshalb stiegen* wir *ab und gingen zu Fuß, die Tiere hinter uns herführend. Viele Meilen lang und stellenweise zwei und sogar drei Meter breit, enthält es Hunderte von Geisern und heißen Quellen. Nahe am*

Rande des Schlammvulkans lagerten die Ogellallah. Ganz in der Nähe gab es mehrere zentnerschwere Steine. Dort saßen die Gefangenen. Ich *nahm das Fernrohr aus der Satteltasche und richtete es auf die Sioux.* Wohkadeh stand bei dem Häuptling, und Martin Baumann wurde herbeigeführt. Ich *hatte aufmerksam jede Bewegung der Ogellallah beobachtet* und sah, *wie Wohkadeh und Martin zum Schlammvulkan geschleppt wurden. Die* anderen Gefangenen *wurden auf ihre Pferde gehoben und festgeschnallt.* Da war höchste Eile geboten. Ich schickte die Schoschonen und die Upsarokas *unter den Bäumen dort hinab, wo der Wald bis an den Fluss* ging, dort sollten sie übersetzen, jenseits im Galopp hinaufjagen und sich mit lautem Geheul auf die Ogellallah stürzen. Als Bob hörte, dass Martin Baumann wahrscheinlich in den siedenden Schlamm geworfen werden sollte, rannte er los. Ich ergriff meinen *weittragenden Bärentöter. Da hob der Häuptling den Arm. Zweimal blitzte der Bärentöter schnell hintereinander auf* und die beiden Indianer, die Wohkadeh und Martin in den Krater hinablassen sollten, stürzten tödlich getroffen zu Boden. Dort oben schien große Bestürzung zu herrschen. Von unten sah ich, wie *sich Bob auch schon auf sie* warf, *mit der Keule um sich schlagend wie ein Herkules.* Die Ogellallah schienen die heranreitenden Schoschonen und Upsarokas zu sehen und *jede Besonnenheit* zu verlieren, denn sie *stürzten zu ihren Pferden.* Die Pferde, auf denen die Gefangenen festgebunden waren, waren nicht mehr aufzuhalten. Ich sah noch, wie der Häuptling sich als Letzter auf sein Pferd schwang. *Er drängte sein Pferd an Baumann heran. Ein rascher Griff und er jagte davon, flussaufwärts, Baumanns Pferd und seinen Reiter mit sich fortreißend.* Ich konnte erkennen, wie Bob die Fesseln von Martin und Wohkadeh durchschnitt und dann auch die des Hobble-Frank. *Frank warf sich vom Pferd, riss einem der beiden von* mir *erschossenen Sioux den Tomahawk aus dem Gürtel und jagte davon, dem feindlichen Häuptling nach.* Ich ritt dem Sioux-Häuptling und unseren Männern hinterher. Frank hatte sich hinter dem Häuptling aufs Pferd geschwungen, doch dann ging dieses mit beiden Reitern in den Fluss.

Der Ogellallah verschwand und Frank mit ihm. Es fand ein erbittertes Ringen unter Wasser statt. Als Frank *an der Oberfläche erschien, hatte er den besiegten Feind bei den Haaren gefasst und kam langsam ans Ufer geschwommen.* Winnetou hatte mit den Schoschonen und den Upsarokas die Ogellallah in der Schlucht eingeschlossen, wo sich die Gräber der von mir vor drei Jahren getöteten Sioux befanden. Nun begaben wir uns alle dorthin. Durch eine plötzlich eintretende Erderuption gab es einiges Durcheinander, wobei dem Sioux-Häuptling die Flucht gelang. Martin Baumann eilte ihm hinterher und holte ihn bei einem stufenartigen Felsvorsprung ein. Wir sahen *die beiden auf Tod und Leben miteinander ringen.* In einer Kampfpause verlor *der Rote das Gleichgewicht, griff mit beiden Händen in die Luft, glitt aus, stürzte von dem Felsen herab und in das unten gähnende Schlammloch hinein, dessen grauenvoller Rachen ihn sofort verschlang. Das hatten alle gesehen, die sich im Talkessel befanden.* Wir mussten mit den Ogellallah verhandeln, denn ihren Tod wollten wir nicht. *Das war ein kühner Gang,* doch *bald kehrten* ich *und Winnetou zurück, an der Spitze der Ogellallah, die in einer langen Einzelreihe folgten.* Die Weißen, die Schoschonen und die Upsarokas kamen überein, mit den Sioux Frieden zu schließen. *Alle geraubten Medizinen wurden den Upsarokas zurückgegeben. Nun wurden die beiden von* mir *erschossenen Sioux herbeigeholt und in der Nähe des Häuptlings begraben. Der Tag wurde mit ernsten Leichenfeierlichkeiten verbracht, und dann verließ man das ungesunde Tal, um den Wald aufzusuchen, wo man sich von den Anstrengungen der letzten Zeit erholen wollte. Als am Abend die Lagerfeuer brannten,* saßen *Freunde und Feinde versöhnt beieinander, um sich befriedigt über die jüngsten Abenteuer zu unterhalten.*

Dienstag, 23. August 1864:

Am Tag darauf trennten wir uns: Die drei Indianerstämme, die Upsarokas, die Schoschonen und die Sioux-Ogellallah, kehrten zu ihren Dörfern zurück. Auch Winnetou verließ uns, um zu seinen Mescalero-Apatschen heimzukehren, die westlich des Llano Estacado an einem Nebenarm des

Rio Pecos ihre Pueblos hatten; und wir verabredeten, uns dort am Rande des Llano Estacado wiederzutreffen. Die Reisegruppe, der sich der Bärenjäger Baumann angeschlossen hatte, zog weiter. Wir anderen, Hobble-Frank, Bob, der Dicke Jemmy, der Lange Davy, Wohkadeh und ich, ritten mit Vater und Sohn Baumann zu deren Farm, wo wir einige Zeit bleiben wollten.

Samstag, 10. September 1864:

Heute zog es Jemmy, Davy und mich weiter. Bob wollte nicht länger bleiben, denn er war noch immer auf der Suche nach seiner Mutter und wollte sich uns anschließen. Auch Hobble-Frank ritt mit uns. Nur Wohkadeh, der eine innige Freundschaft mit Martin Baumann geschlossen hat, blieb dort zurück.

Mittwoch, 28. September 1864:[1]

Unser Weg führte in südliche Richtung. Als wir einige Tagesritte vom Llano Estacado entfernt waren, trennte ich mich von den vieren: zuerst von Frank und Bob und einen Tag später von Jemmy und Davy, die noch an den Washita River wollten. In knapp einer Woche planten wir uns am Rande des Llano Estacado in Helmers' Home wiederzutreffen. Ich ritt nach Fort Sill, um meinen Munitionsvorrat zu ergänzen, der langsam zur Neige ging. *Ich war vor* drei *Jahren* schon *einmal in Fort Sill* gewesen, *als Colonel Olmers* noch *dort kommandierte.* Kurz bevor ich im Fort ankam, war auch sein Nachfolger, Colonel Blaine, *abberufen und durch Major Owens ersetzt worden.*

Dienstag, 4. Oktober 1864:

Ich hatte mich nicht lange im Fort Sill aufgehalten. Nachdem ich meinen Munitionsvorrat ergänzt und mich auch noch mit einigen anderen Kleinigkeiten versehen hatte, setzte ich meinen Ritt in Richtung Helmers' Home fort, das ich heute noch zu erreichen gedachte. Es war um die Mittagszeit, als ich dort ankam. Hobble-Frank saß mit zwei Männern, es waren der Wirt John Helmers und der Juggle Fred, der auf eine Reisegruppe wartete, vor dem Haus auf der Bank und

[1] 28.09.1864-08.10.1864: Karl Mays Gesammelte Werke Band 35, *Unter Geiern*, Erzählung ‚Der Geist des Llano Estacado'

sie begrüßten mich herzlich. *Indessen kam freudestrahlend der Neger Bob herbei. Nun saßen* wir *beisammen, um die Ereignisse des gestrigen Tages zu besprechen.* Besonders vom Schuss in die Stirn eines Verbrechers durch den geheimnisvollen Bloody-Fox, den Hobble-Frank auf höchstens fünfzehn oder sechzehn Jahre schätzte, wurde mir ausführlich erzählt. Und weiter, dass ein angeblicher Mormonenmissionar, der sich Tobias Preisegott Burton nannte und dem niemand traute, plötzlich verschwunden wäre. Da gesellte sich ein angeblicher Kavallerie-Offizier der US-Streitkräfte zu uns, der vor mir angekommen war und sich bis jetzt auf seinem Zimmer befunden hatte. Er kam mir bekannt vor und ich erinnerte mich, dass er Stewart hieß und *in Las Animas wegen eines Überfalls auf einen Bahnzug in Untersuchungshaft gewesen* war. Deshalb glaubte ich ihm auch nicht, dass er Kavallerie-Offizier sei, dessen ‚Truppen' bei Fort Sill stünden und die *dieser Tage hier eintreffen* würden. Ich bezeichnete ihn als einen Lügner. Da verschwand er in seinem Zimmer und wir unterhielten uns *noch kurze Zeit über diesen Vorfall und* kamen *dann wieder auf den Llano Estacado zu sprechen*, wohin ich wahrscheinlich am nächsten Tag aufbrechen wollte. Von Bob erfuhren wir einige Zeit später, dass sich der angebliche Offizier aus dem Staub gemacht hatte. Ich hielt ihn für einen der ‚Llanogeier', die Reisegruppen in dieser Wüste überfielen, ausraubten und ermordeten. Deshalb musste ich unbedingt wissen, wohin er geritten war. Frank und Fred begleiteten mich und wir *folgten der Spur des Verdächtigen.* Wir kamen in eine Gegend, deren Vegetation immer dünner wurde, und trafen dort auf den Dicken Jemmy und den Langen Davy mit einem jungen Indianer. Es war Eisenherz, *der Sohn meines Freundes Tevua-schohe* (Feuersturm), *des Häuptlings der Komantschen, mit dem ich die Pfeife des Friedens* geraucht hatte. ‚Llanogeier' hatten ihn gestern ermordet, und die drei waren jetzt hinter den Mördern her. Wir beschlossen, die Verbrecher zu jagen, zumal sie nicht nur eine Auswanderergruppe überfallen wollten, sondern auch den Trupp, den Juggle-Fred durch den Llano führen sollte und der sich stattdessen den

Auswanderern angeschlossen hatte. Ich wollte zurückreiten, um Bob zu holen und *für Lebensmittel und auch für einen kleinen Wasservorrat zu sorgen.* Kaum war ich in Helmers' Home angelangt, brach ein Tornado herein. John Helmer versorgte mich mit dem nötigen Vorrat, und als der Tornado weggezogen und *hart an Helmers' Home vorübergegangen* war, brach ich mit Bob auf.

Mittwoch, 5. Oktober 1864:

Mitternacht war schon einige Zeit vorüber, als ich wieder bei den fünfen eintraf. Der Tornado hatte sie Gott sei Dank verschont. Sie erzählten mir, dass ein Schattenbild am Himmel erschienen sei, in dem sie den *Geist des Llano Estacado* zu sehen glaubten. Kurz bevor ich ankam, *bildete* eine *fremdartige Lichterscheinung einen gewaltigen Halbkreis am südlichen Himmel. Da, wo der Bogen dieses Halbkreises links auf dem Himmelsrand lag, tauchte jetzt plötzlich die Gestalt eines riesigen Reiters auf. Das Pferd war schwarz, der Reiter weiß. Er hatte die Gestalt eines Büffels. Man sah ganz deutlich den Kopf mit den beiden Hörnern, den Nacken mit der struppigen, halblangen Mähne, die hinterherflatterte.* Die Gestalt *verschwand so plötzlich, wie sie erschienen war,* und der Lichtschein verblasste wieder. Als ich mich noch mit meinen Kameraden unterhielt, *wurde er plötzlich wieder heller und lief wie an einer Funken sprühenden Lunte immer weiter nach Westen. Ganz links, da, wo das Bild begann, kam ein Reiter aus dem Dunkel hervor, derselbe* von *vorhin, mit einem Büffelfell bekleidet, aber in verkehrter Stellung, mit dem Kopf nach unten. Da ließ sich ein zweiter Reiter sehen, der dem ersten nachjagte. Hinter der letzterwähnten Gestalt folgten jetzt noch fünf oder sechs Reiter. Gewiss* war *der vorderste Reiter der sogenannte Geist des Llano Estacado,* der *von den anderen verfolgt* wurde. Wir mussten ihm zu Hilfe kommen, weshalb wir den Gestalten entgegenritten. Nach etwa zwanzig Minuten sahen wir mehrere dunkle Punkte auf uns zukommen, die sich gegen den feurigen Hintergrund abzeichneten. Wir stiegen von den Pferden und duckten uns in einer Sandmulde. Der erste *Reiter trug den Schädel eines weißen Büffels auf dem Kopf, von wo das zottige*

Fell weit über die Kruppe des Pferdes herunterhing. Sein Gesicht steckte so tief im Schädel, dass es nicht zu erkennen war. Ich rief ihm zu, dass ich Old Shatterhand sei und ihn beschützen wolle. Er bedankte sich, ritt aber weiter. Als die zweite Gestalt herankam, holte ich sie mit dem Lasso aus dem Sattel. Die anderen ‚Llanogeier' wurden von meinen Kameraden durch Schüsse auseinandergetrieben. Es war Stewart, der ‚Kavallerie-Offizier', den ich gefangen hatte, und Eisenherz erkannte in ihm den Mann, der seinem *Vater in den Leib geschossen* hatte, *woran der Häuptling gestorben* war. Eisenherz wollte mit ihm kämpfen, wobei beide nur mit einem Messer bewaffnet auf ihren Pferden davonritten. Nach einiger Zeit kam Eisenherz *zurück, das Pferd seines Feindes am Zügel führend. An seinem Gürtel hing ein frischer Skalp.* Danach richteten wir uns für ein kurzes Nachtlager ein.

Freitag, 7. Oktober 1864:

Wir waren seit zwei Tagen nach Süden durch den Llano Estacado unterwegs. Wir folgten *einer tief in den weichen Sand getretenen Fährte, und zwar der Spur der Wüstengeier, die vor der Karawane herritten, um die Pfähle auszureißen und in* falscher Richtung *wieder in den Sand zu stecken.* Da tauchte vor uns ein Reiter auf, *ein einzelner Mann.* Es war Bloody-Fox, ein *kaum dem Knabenalter* entwachsener *Jüngling.* Er bat uns *um schnelle Hilfe für einen Zug von Auswanderern, meist Deutschen, die höchstwahrscheinlich noch heute Nacht von den ‚Geiern' überfallen werden* sollten. Während wir weiter ritten, erzählte er uns, dass er auf über dreißig ‚Geier' gestoßen sei, wovon er zwei erschossen habe. Er gestand mir, dass er der ‚Avenging-ghost', der ‚Geist des Llano Estacado' sei und uns später mit in sein ‚Geisternest' nehmen wolle, das er bisher immer geheim gehalten habe. *Eben als die Sonne unterging, erreichten* wir *die Wagenfährte, der* wir *nun gerade nach Süden* folgten. *Als* wir *ungefähr eine Stunde geritten* waren, erblickten wir im Mondlicht eine Wagenburg. *Man hatte die Wagen so zusammengeschoben, dass kein Reiter hindurchkonnte.* Ein *Mann kam herbei* und *lehnte sich über die Deichsel.* Es war Tobias Preisegott Burton, der angebliche Mormonenmissionar.

Er floh aus der Wagenburg und wir ließen ihn reiten, denn eine Verfolgung in der Nacht war fast aussichtslos. Der Anführer der Auswanderer, die alle Deutsche waren, erzählte uns, dass sie wahrscheinlich von ihrem Führer, jenem angeblichen Mormonen, in die Irre geleitet worden seien und kein Wasser mehr für sich und die Zugochsen gehabt hätten, weil ihre Wasserfässer angebohrt wurden. Nach kurzer Zeit stand ein Reitertrupp vor der Wagenburg. Zu meinem Erstaunen war es Winnetou mit Vater und Sohn Baumann, die ihn auf seine Einladung hin bei den Mescaleros besucht hatten, sowie vier fremde Männer und zwanzig Komantschen. Die Wagenburg *wurde erweitert, und die Komantschen verteilten ihr Fleisch und auch das Wasser, das sie mit sich führten, unter die Auswanderer.* Winnetou erzählte mir, dass er, als er mit den beiden Baumanns durch den Llano Estacado geritten war, vier Westmänner und zwei Mexikaner getroffen hatte und die Komantschen zu ihnen gestoßen seien. Die beiden Mexikaner waren geflohen, als sie von den Komantschen als ‚Llanogeier' enttarnt wurden. Daraufhin ritt man ihnen nach und stieß dabei auf das Lager der ‚Geier', in dem sich aber niemand mehr befand, doch man war deren Spuren gefolgt und hatte *nach Einbruch des Abends den Platz, wo die Wüstengeier lagerten,* entdeckt. Sie machten einen Bogen um das Lager der ‚Geier' und folgten im spärlichen Mondlicht Burtons Spur zurück, bis sie an die Wagenburg kamen. Wir beschlossen, dass Bloody-Fox *sofort mit zehn Komantschen* zu seinem ‚Geisternest' *aufbrechen* sollte, *um die* ‚Geier', die wir dort hintreiben wollten, *in Empfang zu nehmen. Dann herrschte tiefe Ruhe rundumher.*

Samstag, 8. Oktober 1964:

So verging die Nacht. Langsam wurde es heller, und nun sahen wir *die Pfahlmänner zu Pferd* im Galopp herankommen. *Über dreißig Schüsse krachten. Die Schar der Angreifer bildete augenblicklich einen wirren Haufen. Tote und Verwundete stürzten von den Pferden. Die herrenlos gewordenen Tiere rannten weiter. Die anderen wurden von ihren Reitern zurückgerissen und jagten fliehend nach Süden. Ihrer waren freilich kaum noch über zehn. Ein Teil der Verfolger, mit Winnetou an der Spitze, ritt ostwärts, um dann nach Süden einzulenken und den Fliehenden den Weg dorthin zu verlegen, damit sie gezwungen seien, zwischen den beiden Kaktusfeldern einzubiegen.* Ich eilte mit den anderen *im Trab nach Süden, hinter den Wüstenräubern her.* Nur Davy und Jemmy ritten eilig nach Südwesten, wo sie eine Kaktusfläche in Brand stecken sollten. *Jahrelang hatten die papierdürren Kaktusreste dagelegen. Das gab einen Stoff wie Zunder. Die aufsteigende Hitze erzeugte einen Luftstrom, der immer stärker wurde und sich gar zum Wind erhob. Die Luft war glühend heiß; der Sand schien zu brennen. Droben begannen Blitze durch die Wolken zu zucken. Einzelne Tropfen fielen, dann mehr und immer mehr. Und jetzt regnete es wirklich, stärker, immer stärker, bis es schließlich goss wie bei einem tropischen Gewitter.* Ich war überzeugt, dass die Auswanderer *alle verfügbaren Gefäße* herbeiholten, *um sie sich füllen zu lassen,* und *die fast verschmachteten Ochsen* wieder Leben bekamen. Von den gejagten ,Geiern' waren nur noch drei übrig, von denen zwei an Eisenherz vorübermussten. *Er erkannte sie, die bei der Ermordung seines Vaters beteiligt gewesen waren. Zwei Schüsse, und sie stürzten von den Pferden. Indessen jagte Bloody-Fox den Anführer Burton vor sich her bis vor die Hütte.* Dort *brach das Pferd des Räubers zusammen und Burton flog aus dem Sattel. Seine Augen blickten starr und gläsern, er hatte sich den Hals gebrochen. Bloody-Fox aber hatte in dem Toten den Mörder seiner Eltern erkannt. Jetzt kamen auch* wir *herbeigestürmt, während Fox sein Pferd bestieg und zurückritt,* um sein zuvor verlorenes *Büffelfell aufzunehmen und es wieder über Kopf und Schulter zu hängen. Alle, außer* mir, *waren ungemein erstaunt, als sie Bloody-Fox nunmehr in dem weißen Fell erblickten* und in ihm den sagenhaften Geist des Llano erkannten. Auch Bob war mit in das ,Geisternest' gekommen. Da kam eine Schwarze auf ihn zu, die ,Haushälterin' von Bloody-Fox, und sprach mit ihm. Dann fielen sich beide in die Arme, denn es stellte sich heraus, dass Bob ihr Sohn war, der als Sklavenkind von Tennessee nach Kentucky verkauft worden war. Hier hatte er endlich seine Mutter

Sanna wiedergefunden, die er immer gesucht hatte. *Die Geier waren besiegt, und* die Auswanderer wurden herbeigeholt. *Bloody-Fox war der Held des Tages. Er musste seinen seltsamen Lebenslauf ausführlich erzählen,* und er sprach *den festen Entschluss aus, für immer hierzubleiben, um den Llano von den ‚Geiern' rein zu halten. Sanna und Bob erklärten, ihn nicht verlassen zu wollen.*

Sonntag, 16. Oktober 1864:

Die Komantschen und die vier anderen Männer brachen schon nach zwei Tagen auf. Wir anderen aber blieben gut eine Woche als Gast bei Bloody-Fox. Hobble-Frank wollte mit den beiden Baumanns wieder zum Haus des ‚Bärenjägers'; der Dicke Jemmy und der Lange Davy hatten andere Pläne. Die Auswanderer wollten nach Arizona hinüber. Winnetou und ich würden sie bis an den Rio Pecos begleiten,[1] dann wollten wir nochmals hinauf zu den Schoschonen, die uns im Sommer zur Herbstbüffeljagd eingeladen hatten. Als wir uns von Bloody-Fox verabschiedeten, mussten wir ihm versprechen, ihn unbedingt zu besuchen, falls wir wieder in den Llano Estacado kämen.

Dienstag, 29. November 1864:

Bei den Schoschonen waren wir auch *mit Amos Sannel, einem alten biederen Pelzjäger zusammen gewesen*, der ein ganz seltenes Gewehr aus der Werkstatt von ‚Ralling, Shelbyville, Tenn.' besaß. *Er hatte in die beiden Backen des Schlosses Blumen ätzen lassen, deren Staubfäden rechts am Lauf ein A und links ein S bildeten.*[2]

Dienstag, 31. Januar 1865:[3]

Danach war ich mit Winnetou *über das Gebirge und trotz der späten Jahreszeit quer durch ganz Wyoming bis nach Fort Niobrara in Nebraska geritten, wo uns der Winter überraschte.*

[1] Karl Mays Gesammelte Werke Band 14, *Old Surehand I*, Kapitel 3: *Wir begleiteten sie* (die Auswanderer) *bis an den Pecos. Sie gingen nach Arizona hinüber, wo sie ruhig von der Oase erzählen konnten…*

[2] Karl Mays Gesammelte Werke Band 24, *Weihnacht*, Kapitel 8

[3] 31.01.1865-20.02.1865: Karl Mays Gesammelte Werke Band 23, *Auf fremden Pfaden*, Erzählung ‚Ein Blizzard'

In Fort Niobrara wurden wir leider vollständig eingeschneit, und wir sahen uns gezwungen, den ganzen Dezember und Januar in dieser Einsamkeit zu bleiben. Es gab *nur zwei Personen, mit denen wir uns zuweilen unterhielten. Das waren die Brüder Burning aus Moberly in Missouri, die in den Black Hills glücklich nach Gold gegraben hatten und sich jetzt mit dem Ertrag ihrer schweren Arbeit auf dem Heimweg befanden. Außerdem hatte sich noch allerhand Volk im Fort zusammengefunden, lauter zweifelhafte Existenzen, mit denen die Burnings nicht verkehrten. Am rohesten betrugen sich zwei Kerls, die Grinder und Slack hießen. Das ständige Wort Grinders war „Ich will gleich erblinden", während sein Kumpan die Lästerung „Gott soll mich wahnsinnig machen" im Munde führte. Zu erwähnen sind noch zwei Indianer, die der Schneesturm nach dem Fort getrieben hatte. Sie behaupteten, dem Stamm der Caddo anzugehören, waren aber wahrscheinlich Ausgestoßene, die nicht einmal Waffen hatten, denn sie waren von den Sioux ausgeraubt worden. Sie wollten nach Kansas hinunter und schnitzten sich Pfeile und Bogen, um nicht unterwegs hungern zu müssen.*

Dienstag, 7. Februar 1865:

Anfang Februar trat plötzlich milde Witterung mit Tauwetter und dann Regen ein. Der Schnee verschwand, und wir konnten nun daran denken, unseren Ritt fortzusetzen. Zuerst brachen die beiden Indianer auf, zu Fuß natürlich. Zwei Tage später ritten die Brüder Burning fort, denen am nächsten Tag Grinder und Slack folgten.

Mittwoch, 8. Februar 1865:

Als erfahrene Westmänner warteten wir noch einen Tag, um zu erfahren, ob die milde Witterung beständig sei; dann brachen auch wir auf. In dem weichen Boden sahen wir ganz deutlich die Spuren derer, die Fort Niobrara vor uns verlassen hatten. Sie alle schienen ohne Ausnahme, so wie auch wir, nach Fort Hillock zu wollen.

Sonntag, 12. Februar 1865:

Die Spuren hielten sich beisammen, und wir folgten ihnen über den Loup-Fork hinüber. Von da aus konnte man Fort Hillock nach einem kurzen Tagesritt erreichen. Da es aber jetzt schon über Mittag war, konnten wir nicht vor morgen Vormittag dort eintreffen. Diese Nacht verbrachten *wir am Gebüsch eines kleinen Nebenflüsschens des Loup-Fork.*

Montag, 13. Februar 1865:

Sobald es im Osten nur einigermaßen zu grauen begann, saßen wir auf und ritten weiter. Wir ritten einem Buschwerk zu, um dessen Ecke die Spuren bogen. Da lagen die Burnings bei der Asche eines ausgegangenen Feuers in einer großen Blutlache. Wir durften uns nicht bei den Leichen aufhalten, sondern wir mussten den Mördern folgen, die ihren *Opfern Gold und Gewehre abgenommen hatten und dann mit den zwei erbeuteten Pferden fortgeritten waren.* Es konnten nur Grinder und Slack gewesen sein, die diese Bluttat vollbracht hatten. Ihre Fährte führte *genau in Richtung auf Fort Hillock* zu. *Nach vielleicht einer halben Stunde sahen wir, dass die Reiter angehalten hatten. Von dieser Stelle an teilte sich die eine vierpferdige Spur in zwei zweipferdige Fährten. Die Mörder hatten die armen Roten hier eingeholt und ihnen die Pferde geschenkt, um den Verdacht von sich ab* und *auf sie zu lenken. Darum hatten sie ihre Opfer auch nicht erschossen, sondern erstochen, weil die Caddo-Indianer keine Gewehre, sondern nur Pfeile, Bogen und Messer besaßen. Während wir hierauf weiterjagten, sahen* wir *am Horizont vor uns eine Reiterschar auftauchen, die uns entgegenkam.* Es waren Kavalleristen, die *in ihrer Mitte die beiden Caddo-Indianer* gefesselt mit sich führten. Ich erläuterte dem kommandierenden Offizier die Situation und erklärte die beiden Indianer für unschuldig. Er schien mir zu glauben, denn *er wählte sechs Mann aus, die mit den mitgebrachten Spaten zum Ausheben von Gräbern weiterreiten mussten; dann nahm er* uns *mit den beiden Gefesselten in die Mitte, um nach dem Fort zurückzukehren.* Der Kommandant des Forts erkannte mich sofort, doch ich bat ihn, meinen Namen *der Sioux wegen* nicht zu nennen. Er hatte mich gesehen, als ich 1861 vor meiner Rückkehr nach St. Louis bei Mutter Thick in Jefferson City eingekehrt war. Als wir mit dem Kommandanten allein waren, erzählte ich ihm ausführlich, was wir den Mord an den beiden Goldgräbern betreffend festgestellt hatten. Als Grinder und Slack eintrafen, wurden sie von den Soldaten in Gewahrsam genommen. Später *wurden die Mitglieder des Gerichthofes zusammengerufen, der aus den Offizieren und drei Unteroffizieren bestand. Winnetou und ich hatten als Zeugen beizuwohnen und auch die Caddo-Indianer mussten erscheinen.* Es gelang nicht, *die Verbrecher zum Eingeständnis ihrer Tat zu bringen.* Deshalb wurde vereinbart, dass sie sich mit Winnetou und mir auf einen Messerzweikampf in einem dunkeln Schuppen einlassen würden. *Da wurde es ganz plötzlich außerordentlich kalt, so kalt, dass es durch Mark und Bein zu gehen schien, und kurz darauf begann ein hohles, dumpfes Brausen pausenlos über das Dach zu gehen.* Es war ein *Blizzard,* wie *der furchtbare Schneesturm im Westen des Mississippi* heißt. *Der Boden zitterte unter uns; der Schuppen prasselte; er neigte sich nach rechts, nach links, worauf der hintere Teil krachend zusammenbrach. Und* jetzt *trat die Ruhe ebenso plötzlich ein, wie der Sturm plötzlich gekommen war. Unter den Trümmern der eingestürzten Schuppenhälfte arbeitete sich eine Gestalt hervor, die mit lautem Gebrüll von dannen lief; es war Slack. Grinder* lag *zwischen zerbrochenen Brettern unter einem Balken, der ihm fast die Brust eindrückte. Ein Brett war mit der scharfen Kante quer über sein Gesicht gefallen und hatte ihm beide Augen ausgeschlagen. Wir suchten nach dem verschwundenen Slack* und fanden ihn wahnsinnig an der Plankenumzäunung. *Grinder blind und Slack wahnsinnig. Ganz so, wie sie es in ihrem Unglauben und ihrer Frechheit von Gott gefordert hatten!*

Dienstag, 14. Februar 1865:

Sonderbarerweise trat nach dem schlimmen Tag wieder mildes Wetter ein, das uns die Fortsetzung unseres Ritts erlaubte. Grinder und Slack blieben als Schwerverletzte auf dem Fort zurück. Der Kommandant versprach uns, den Angehörigen der ermordeten Brüder Burning *die acht Beutel* Gold *mit dem vollen Inhalt* zuzustellen.

Montag, 20. Februar 1865:

Die beiden Caddo-Indianer konnten uns begleiten. Wir brachten sie an den vereinigten Platte-Fluss, wo sie von uns schieden, uns ihrer immerwährenden Dankbarkeit dafür versichernd, dass wir sie vom unverdienten Tod des Erhängens gerettet hatten. Mit Winnetou ritt ich weiter, denn wir wollten hinunter zu den Mescalero-Apatschen an den Rio Pecos.

April 1865:

Unser Ritt nach Süden zu den Mescaleros führte uns durch den Llano Estacado, wo wir zuerst in Helmer's Home Station machten und dann mehrere Tage in der Wüsten-Oase bei Bloody-Fox blieben. Bob und seiner Mutter ging es prächtig und beide waren glücklich, sich gefunden zu haben. Beim Abschied mussten wir versprechen, immer wieder zur Oase zu kommen, wenn wir durch den Llano kämen. Ohne Zwischenfälle erreichten wir das Pueblo am Rio Pecos, wo ich noch einige Zeit bleiben wollte, bevor ich in meine Heimat aufbrach.

Mittwoch, 24. Mai 1865:

Heute am späten Nachmittag bin ich in Galveston angekommen. Der Bürgerkrieg ist zu Ende und die Verhältnisse im ehemaligen konföderierten Staat Texas beginnen sich zu normalisieren. Ursprünglich wollte ich nach New Orleans, weil ich hoffte, von dort aus am ehesten ein Schiff nach Europa zu finden. Doch der Weg hatte mich hinunter an den texanischen Teil des Golfs von Mexiko geführt und so versuchte ich erst einmal hier mein Glück. Mein Pferd hatte ich auf dem Festland in einem Mietsstall untergebracht. Es war nicht mein treuer Hatatitla, sondern ein Falbe, den ich von den Mescaleros mitgebracht hatte. Ich schlenderte auf den Hafen der Stadt zu, von der ich wusste, dass der Seeräuber Lafitte hier ehemals eine Niederlassung hatte, die aber 1821 von Lieutenant Kearny zerstört worden war. Die heutige Stadt Galveston wurde 1837 gegründet und ich schätze sie jetzt auf mehr als zehntausend Einwohner. Sie liegt auf der lang gestreckten Küsteninsel am Eingang in die Bay von Galveston und war bis zum Beginn des Bürgerkrieges die wichtigste Seestadt von Texas. Im Hafen sah ich neben den US-Kriegsschiffen eine flotte Bark am Kai liegen. Mich interessierte dieses Segelschiff, das bestimmt nicht für alle Ewigkeit hier liegen würde, und deshalb begab ich mich dorthin. Als ich über das Fallreep zum Schiff wollte, wurde ich von einem Maat angesprochen. Ich fragte höflich, was das für ein Schiff wäre, worauf er sagte, dass dies ein nordamerikanischer Frachtensegler sei, der dem Kapitän Frick Turnerstick gehöre. Als ich wissen wollte, ob dieser an Bord sei, erhielt ich zur Antwort, er befinde sich bei der militärischen Hafenverwaltung, um eine Auslaufgenehmigung zu erhalten. Das war Musik in meinen Ohren. Ich machte mich auf und traf den Kapitän tatsächlich beim Hafenkommandanten, zu dem ich hingeführt worden war. Natürlich musste ich mich vorher ausweisen und meinen Wunsch vortragen. Ich erfuhr, dass Turnerstick in einer guten Stunde den Hafen verlassen wollte, bevor es zu dunkel wurde. Selbstverständlich würde er mich mitnehmen, wenn ich mich innerhalb dieser Frist auf seinem Schiff einfände. Ich eilte deshalb zurück zum Mietstall, um meinen Lasso und die Sachen zu holen, die ich in meiner Satteltasche untergebracht hatte. Den Falben samt Sattel konnte ich gegen ‚Greenback'-Dollars, wie man das US-Papiergeld nannte, verkaufen. Kaum war ich an Bord, so wurden auch schon die Anker gelichtet. Da ich der Besatzung im Weg war, durfte ich mir das Auslaufmanöver nicht mit ansehen und musste in meiner Kajüte verschwinden. Für mich war jedenfalls die Hauptsache, dass ich mich auf dem Weg in die Heimat befand.

6. ERSTE SÜDAMERIKA-REISE (1865)

Donnerstag, 25. Mai 1865:[1]

Als ich heute Morgen meine Kajüte verließ, glitt unser Schiff bei strahlendem Sonnenschein durch den Golf von Mexiko. Die Ernüchterung kam etwas später beim Frühstück mit Kapitän Frick Turnerstick: Als ich ihn fragte, welchen Hafen wir in Nordamerika anlaufen würden, antwortete er mir lachend, dass er eben erst New York verlassen hätte, einen kleinen Umweg nach Galveston gemacht habe, um einen Teil seiner Fracht abzuladen und neue aufzunehmen, und wir uns jetzt auf der Fahrt nach Buenos Aires in den La-Plata-Staaten befänden. Mir blieb das Frühstück fast im Halse stecken. Wir hatten gestern Abend beide versäumt, uns gegenseitig zu informieren, wohin wir eigentlich wollten. Nach dem ersten Schock fand ich mich damit ab, dieses Schicksal nicht mehr wenden zu können.

Freitag, 16. Juni 1865:

Kapitän Frick Turnerstick, ein echter friesischer Seebär, hatte lange Jahre im Dienst eines New Yorker Reeders gestanden und deshalb seinen allerdings seltsamen deutschen Namen Drechslerstock in das englische Turnerstick verwandelt. Er hatte sich gar manche amerikanische Gewohnheit angeeignet, war aber im Grunde dennoch ein Deutscher vom reinsten Wasser geblieben. Inzwischen hatte er sich selbständig gemacht und war sein eigener Reeder. *Er war in allen Meeren bekannt als ein tüchtiger, kühner, gewandter und erfahrener Schiffsführer, der außerdem die höchst lobenswerte Eigenschaft besaß, dass er sich stets bemühte, seinen Untergebenen mehr ein freundlich besorgter Vater als ein strenger Vorgesetzter zu sein. Darum hatte er stets nur zuverlässige und tüchtige Mannen an Bord, die ihn liebten und achteten.*[2] – Das alles erfuhr ich im Laufe unserer

[1] Karl Mays Gesammelte Werke Band 11, *Am Stillen Ozean*, Kapitel 2: *...Kapitän Frick Turnerstick, mit dessen Bark ich vor einiger Zeit von Galveston nach Buenos Aires gefahren war.*

[2] Karl Mays Gesammelte Werke Band 40, *Der blaurote Methusalem*, Kapitel 2

Fahrt durch die Karibik und in den südlichen Atlantik. Und ich kann sagen, dass wir beide ganz gute Freunde wurden. Turnersticks Bark, die den trefflichen Namen ‚The Wind' trug, flog bei kräftiger Brise nur so über das Wasser. Selbst bei Seiten- oder Gegenwind verstand es die Mannschaft, das Schiff auf gutem Kurs zu halten. – Als wir am Kap Polonio vorbei und an Montevideo vorüber in die meerbusenartige Mündung des Rio de la Plata kamen, strich uns von dort ein warmer Spätherbstwind entgegen. Noch im Laufe dieses Tages warfen wir an der Boca de Riachuelo y Ensenada unseren Anker, denn Buenos Aires hat keinen eigentlichen Hafen, sondern nur eine Reede, die überdies häufigen Windstößen ausgesetzt ist. Turnerstick und ich gingen zur Hafenbehörde; er um sein Schiff anzumelden, damit er einen Teil seiner Ladung löschen konnte, und ich, um mich als Durchgangsreisender auszuweisen.

Sonntag, 18. Juni 1865:

Turnerstick bestand darauf, dass ich mir kein neues Quartier suche, sondern die Zeit, bis ich ein Schiff nach Europa fände, auf seiner Bark bliebe. Natürlich nahm ich sein Angebot dankend an.

Buenos Aires war Hauptstadt der Provinz gleichen Namens, die zur Argentinischen Konföderation gehörte, und lag am rechten Ufer des hier über 75 Kilometer breiten, aber seichten La-Plata-Flusses. Die Stadt war recht hübsch gebaut, in regelmäßige Vierecke eingeteilt, hatte breite, sich rechtwinklig schneidende Straßen mit einstöckigen Häusern und wurde durch eine Zitadelle und mehrere Forts verteidigt. Sie war 1535 von Pedro de Mendoza gegründet, doch schon 1539 von Indios zerstört und dann 1580 neu aufgebaut worden. Ab 1630 war sie Bischofssitz, von 1776 bis 1816 Hauptstadt des Vizekönigreichs La Plata, dann der Vereinigten Staaten des Rio de la Plata und seit 1862 die der Argentinischen Konföderation.

Ich hatte mich laufend erkundigt, wann ein Schiff nach Europa in See stechen würde, doch es bestand vorerst keine Aussicht. Turnerstick hatte inzwischen einen Teil seiner

Ladung gelöscht und eine kleinere aufgenommen, die für Kapstadt in Südafrika bestimmt war. Seine Restladung musste er um das Kap der Guten Hoffnung nach Indien bringen. Er fragte mich, ob ich mit ihm fahren wolle, doch ich lehnte ab, da es mich nach Hause zog.

Mittwoch, 21. Juni 1865:

Am Sonntagabend verließ ich die mir inzwischen so vertraute Bark und bezog ein Quartier in der Nähe der Reede. Der Abschied von dem lieben Frick Turnerstick, den ich ins Herz geschlossen hatte, und seiner Mannschaft fiel mir nicht leicht, aber irgendwann musste es ja so weit sein. Als ich am Montagmorgen zur Boca de Riachuelo y Ensenada blickte, war der Platz leer, an dem ‚The Wind' geankert hatte. Irgendwie fühlte ich mich jetzt ein bisschen einsam. Meine tägliche Nachfrage nach einem Schiff gen Europa schien vergebens zu sein, obwohl laufend welche hier ein- und ausliefen, doch ihre Ziele lagen alle woanders. In der letzten Nacht, als ich einmal wach wurde und nicht gleich wieder einschlafen konnte, kam mir der Gedanke: Warum eigentlich nach Hause fahren, wo ich doch schon einmal hier in Südamerika war? Ich könnte ja quer durch den Kontinent reisen, die Pampa und die Kordilleren kennenlernen, um dann von Chile aus die Heimat zu erreichen. Im Grunde brauchte ich nur ein gutes Pferd und eine einigermaßen brauchbare Landkarte.

Montag, 25. September 1865:

Es war schon Frühjahr auf dieser südlichen Erdhalbkugel, als ich endlich die Hafenstadt Valparaiso in Chile erreichte. Über dreizehn anstrengende Wochen lagen hinter mir. Am 27. Juni war ich in Buenos Aires aufgebrochen. Es war schon gegen Ende des südamerikanischen Herbstes und ein gewagtes Unterfangen, in den bevorstehenden Winter hineinzureiten, zumal mir das Land vollkommen fremd war. Ein robustes, ausdauerndes Pferd brachte mich hinaus in das weite Hinterland der Hauptstadt, in die Pampa, was in der Indiosprache ungefähr mit ‚baumlose Ebene' zu übersetzen ist. Es ist ein fruchtbares Land, meist Weiden, auf denen es riesige Viehherden, Rinder, Pferde und Schafe, gibt. Ich sah oft Gauchos, berittene Hirten, die große Herden durch die Weidegebiete trieben. Sie gehörten meistens zu einer ‚Estanzia', einem Herrensitz der Großgrundbesitzer. Die wenigen Kleinstädte, durch die ich kam, zeigten in ihrer Anlage oft ein Viereckmuster mit einer baumumsäumten ‚Plaza', mit Kirchen und Verwaltungsgebäuden. Nahe dem Rio Salado wurde die Gegend hügeliger und die ersten Ausläufer der Kordilleren tauchten schon mit weißen Spitzen im Norden auf. Bei Mendoza begannen die sogenannten Trocken-Anden, ein Gebiet, das ursprünglich von Chile her erschlossen worden war und erst 1776 zum Vizekönigreich La Plata kam. Beim Übergang über die Kordilleren war man in der Nähe der höchsten Gipfel, die teilweise bis an die siebentausend Meter reichten. Es war ein anstrengender Ritt mitten im Winter, doch glücklicherweise mussten keine hohen Pässe überwunden werden, denn die Anden sind so von Tälern durchzogen, dass manche Flüsse, die nach Osten fließen, im Westteil des Gebirges entspringen und umgekehrt. Im Großen und Ganzen war es doch eine recht strapaziöse Reise für mich. Ich war zwar ermüdet, aber innerlich sehr zufrieden, als ich mich der Hafenstadt Valparaiso näherte, die an der Valparaiso-Bai des Stillen Ozeans und am Fuß und auf den Abhängen einer kahlen Hügelkette liegt. Gerne hätte ich bei meiner Reise noch einen Abstecher zur Hauptstadt Santiago gemacht, aber das wäre doch ein zu bedeutender Umweg gewesen. Mein treues Pferd, das mich redlich quer durch den Kontinent getragen hatte, konnte ich natürlich auf meinem weiteren Weg nicht mitnehmen. Deshalb suchte ich einen Pferdehändler auf, der mir wesentlich mehr für das Tier bezahlte, als es mich in Argentinien gekostet hatte. Hier in Valparaiso, dem bedeutendsten See- und Handelsplatz an der südamerikanischen Westküste, hoffte ich, eine Fahrgelegenheit nach Europa zu finden, egal ob um Kap Hoorn oder quer durch den Stillen Ozean. Die Hauptsache war, meine finanziellen Mittel reichten aus, die Schiffspassage zu bezahlen.

7. ZWEITE OSTASIEN-REISE (1865-1866)

Freitag, 10. November 1865:[1]

Wir hatten mit unserem guten Dreimaster ‚Poseidon' vor nunmehr sechs Wochen Valparaiso verlassen, um nach Hongkong zu segeln. Ungefähr auf der Höhe von Ducir und Elisabeth schlug der Passat in einen Orkan um, wie ich ihn von solcher Stärke und Unwiderstehlichkeit während meiner vielen Fahrten noch niemals erlebt hatte. Jetzt lag unser Dreimaster gestrandet draußen zwischen den verräterischen Korallenklippen. Ich war auf dem Schiff der einzige Fahrgast gewesen, mit dem sich der sonst sehr schweigsame Kapitän Roberts *unterhalten hatte.* Er nahm mich auch mit, als ihm unser Wächter von der Anhöhe zurief, dass ein Segel in Sicht sei. Durch das Fernrohr sah ich eine malaiische Praue auf unsere Insel zukommen, die von weiteren fünfzehn Booten verfolgt wurde. Wir eilten hinunter, teilten unsere Mannschaft in zwei Abteilungen, denn wir wussten nicht, wie sich die Dinge entwickeln würden. Das erste Boot fuhr durch den Korallenring *in das ruhige Wasser der Bucht. Der Verfolgte zog sein Boot halb aus dem Wasser, hing sich den Köcher über, nahm den Bogen zur Hand und griff dann nach seiner Flinte.* Ich machte mich bemerkbar und kam mit ihm in ein kurzes Gespräch, wobei er mir erzählte, dass er *Potomba* heiße, in *Papetee der Hauptstadt von Tahiti* wohne, *ein Ehri, ein Fürst des Landes* sei und von seinem Schwiegervater verfolgt werde, der ihn töten wolle, weil er, Potomba, ein Christ sei. *Soeben versuchte das erste Boot seiner Verfolger die Einfahrt durch den engen Kanal.* Da zeigten sich alle Matrosen. Als die Verfolger sahen, *dass die Insel von einer ganzen Truppe europäisch gekleideter Männer besetzt war, zogen sie schleunigst die Segel wieder auf und ruderten von dannen.* Um Hilfe herbeizuholen, wollte mich Potomba in seinem kleinen Boot mit nach Tahiti nehmen, das wir vielleicht in zwei Tagen erreichen würden.

[1] 10.11.1865-27.02.1866: GW Band 11, *Am Stillen Ozean*, Erzählung ‚Im Zeichen des Drachen'

Sonntag, 12. November 1865:

Wir langten nach zwei Tagen in Tahiti an. Jetzt nun lag die herrliche Insel vor uns und Papetee hob sich immer mehr hervor. Im Hafen *lag eine Reihe von Seeschiffen, die durch die breitere Einfahrt Zugang gefunden hatten. Der Bau des einen kam mir bekannt vor. Droben in den Wanten hing ein Mann, nämlich der sehr wackere und ehrenwerte Kapitän Frick Turnerstick.* Er versprach mir, die gestrandete Mannschaft der ‚Poseidon' zu holen, sobald er morgen früh mit der Ebbe auslaufen konnte. Dann fuhren wir an Land, wo Potomba von seinem Bruder Potai hörte, dass sein Schwiegervater – der Heiden-Priester Anoui – Potombas Frau Pareyma, entführt hatte, da dieser die Hochzeit seiner Tochter mit einem Christen nicht anerkannte. Dabei hatte er Potombas Mutter erstochen. Pareyma sollte heute noch in Tamai auf der Insel Eimeo mit Matemba, dem Todfeind Potombas, verheiratet werden. Die beiden Brüder wollten auf Turnersticks Schiff Tahiti verlassen und nach Samoa gehen, nachdem alles Hab und Gut verkauft worden war. Doch zuvor wollte Potomba noch auf die Nachbarinsel, um seine Frau wiederzuholen. Ich informierte Kapitän Turnerstick von allem und stieg mit dem Ehri in ein Boot, das wohl vier Personen fassen konnte. *Er hisste das Segel und wir flogen über das ruhige Wasser und nahmen dann Kurs auf Eimeo. Wir erreichten eine Brotfruchtpflanzung, die uns gute Deckung gewährte. Vor einem durch seine Größe auffallenden Haus stand ein mit Blumen geschmückter Altar* mit *zwei Götzenbildern, an dem vermutlich die Trauungsfeierlichkeit vor sich gehen sollte.* Ich schlich mich an das Haus heran. *Wenn das junge Weib, das ich da erblickte, wirklich Pareyma war, so konnte ich die Liebe begreifen, die Potomba für sie hegte.* Sie erschrak zuerst, als ich sie ansprach und ihr sagte, dass Potomba in der Nähe sei und sie retten wollte. Sie solle nur alles tun, was ihr Vater wolle. Als *auf der anderen Seite des Hauses ein Tamtam* erscholl, kehrte ich zu Potomba zurück. Pareyma wurde zum Altar geleitet, an dem ihr Vater Anoui die Zeremonie beginnen wollte. Diese war in vollem Gange, *als sich Potomba durch die Menge der Zuhörer drängte und vor dem Altar erschien. Mit einem raschen Sprung stand er auf dem Altar* und zerstörte die Götzenbilder. Wir rannten zum Boot, fuhren weg und landeten später erneut auf Eimeo, in Alfaraeita, wo *wir bis zu der bald hereinbrechenden Dunkelheit* blieben. Dann brachen wir auf. *Der Ehri hatte sich vorher eine beträchtliche Menge Fische gekauft und sie mit ins Boot genommen.* Wir ruderten hinaus auf See und er warf nach und nach die Fische ins Wasser, *bis sich mehr als ein halbes Dutzend Haie um unser Boot tummelte.* Nun warteten wir auf die Hochzeitsflotte, die von Eimeo nach Tahiti hinüberfahren würde.

Montag, 13. November 1865:

Mitternacht war wohl schon vorüber, als wir die beleuchteten Boote bemerkten; im ersten *saßen drei Personen: Matemba, Anoui und Pareyma.* Wir erreichten es rasch und Potomba rief Pareyma, zu uns zu kommen. *Die Gerufene erhob sich und schnellte über den Ausleger zu uns ins Boot. Der Ehri empfing sie mit dem linken Arm und ließ sie niedergleiten, dann bog er sich über Bord und zerschnitt mit zwei raschen Zügen die Baststricke, die den Ausleger des Hochzeitsbootes mit den Querstangen verbanden. Das Boot kenterte, Matemba und der Priester stürzten ins Wasser und wurden augenblicklich von den Haien verschlungen. Die wütenden Insassen der Prauen versuchten uns einzuholen. Es gelang ihnen nicht. In fünf Minuten hatten wir den ‚Wind' erreicht, der sein Fallreep niederließ. Am Morgen stachen wir in See.*

Samstag, 18. November 1865:

Fünf Tage später befand sich Kapitän Roberts mit seinen Marsgasten und allem geretteten Gut bei uns an Bord, dann segelte der ‚Wind' nach Nord bei West, um die Samoa-Inseln zu erreichen.

Freitag, 5. Januar 1866:

Nachdem wir Potomba, den Ehri von Tahiti, seine liebliche Pareyma, seinen Bruder Potai und den Diener Ombi auf der Samoa-Insel Upolu abgesetzt und den Kapitän Roberts vom ‚Poseidon' mit seinen Marsgasten da gelandet hatten, waren wir einige Tage vor Anker geblieben und dann nach den Marianen gegangen, von wo aus wir nach den Bonin-Inseln segelten. Wir *hatten sie aber noch nicht erreicht, als der Kapitän plötzlich einige Striche mehr nach Südwest abfallen ließ.* Ein Taifun war im Anzug und da ich einen solchen einmal ‚hautnah' erleben wollte, ließ ich mich am Mast festbinden. *Ich hatte noch niemals einen solchen Aufruhr der Naturkräfte erlebt und erwartete alle Sekunden, von meinem Haltpunkt losgerissen und in die kochende See geschleudert zu werden.* Jetzt legte der Taifun mit doppelter Kraft los. *Ein blendender Blitzschlag zuckte nieder, es erfolgte ein Donnerschlag, unter dem die See erkrachte und die Erde zu bersten schien und dann wühlte sich der Taifun ins Wasser. Wir wurden vom Wogenstrudel gepackt und um unsere eigene Achse gedreht. Ein entsetzliches Krachen und Prasseln und Schmettern, dann schwiegen die Lüfte so* urplötzlich, *und nur das Branden der Wogen gegen unsere Planken ließ sich vernehmen.* Der Fockmast war gebrochen, *das Schiff lag nach Starbord hinüber,* weshalb die Taue sofort gekappt werden mussten. *Auf dem Deck sah es fürchterlich aus.* Und es war Wasser im Raum. *Bereits nach zwei Minuten* waren die Pumpen im Einsatz, *während der Schiffzimmermann das Leck aufzufinden und zu verstopfen suchte.* Wir mussten den nächsten Hafen anlaufen, um die Taifun-Schäden zu beheben. Das würde bestimmt einige Tage in Anspruch nehmen. *Gegen Abend sahen wir die Peel-Insel, die südlichste der drei großen Bonin-Inseln, auf der auch der Haupthafen liegt, vor uns auftauchen, und eine halbe Stunde später gingen wir in Port Lloyd vor Anker.*

Samstag, 6. Januar 1866:

Am andern Morgen gab es sehr viel auf unserem braven ‚The Wind' zu schaffen. Das Leck konnte nur von außen vollständig beseitigt werden, und da auf Peel-Island von einem Dock keine Rede war, so waren Taucherarbeiten erforderlich. Am Nachmittag ging ich mit Turnerstick auf Ziegenjagd in die Berge. Dabei konnten wir einen Chinesen retten, dessen Dschunke vom Taifun zerstört worden war. Die ganze Besatzung war umgekommen, nur ihn allein hatten die hohen Wellen über eine Felsklippe an einen Binnensee unter einer steilen Felswand gespült. Ohne uns wäre er nie gefunden worden. Er hieß Kong-ni und stammte aus Kanton.

Samstag, 20. Januar 1866:
Der Taifun hatte das ganze Gebäude des Schiffes arg zusammengerüttelt. Um nur die Hauptschäden wiederherzustellen, bedurften wir eines Aufenthaltes in Port Lloyd von zwei Wochen. Dann endlich gingen wir in See nach Kanton, wo die Hauptausbesserungen bewerkstelligt werden sollten.

Dienstag, 30. Januar 1866:
Die Granitfelsen der Insel, auf denen Hongkong erbaut ist, stiegen vor uns empor. Die uns begegnenden Fahrzeuge waren längst immer zahlreicher geworden, und als wir die Landspitze erreichten, hinter der Viktoria liegt, sahen wir im wahrsten Sinn des Wortes Tausende von Dschunken um uns her, teils mit Fischerei und teils mit Küstenhandel beschäftigt. Wir gingen in voller Takelung vor Anker. Kong-ni entpuppte sich als Mandarin und er wollte mir den Weg ebnen, dass ich als ‚angenommener Chinese' jederzeit durch das Land reisen konnte, ohne in Lebensgefahr zu geraten. Als er uns für sechs Tage verließ, hängte er mir eine Kette um, die mich vor den Flusspiraten schützen sollte.

Mittwoch, 31. Januar 1866:
Am frühen Morgen holte mich Turnerstick aus der Koje. Er hatte ein Lohnboot gemietet, das uns zuerst nach Hongkong bringen sollte, der Niederlassung der Engländer. *Wir spazierten miteinander durch die Straßen der chinesischen Stadt.* Nachdem wir etwas Geld gewechselt hatten, wollte Turnerstick weiter, und zwar mit dem gemieteten Boot bis hinauf nach Kanton. *Eine Viertelstunde später trieben wir in unserem Bambuskahn mit der Flut stromauf.* Unterwegs wollten wir eine von vier Pagoden besuchen. Der Pagodenwärter zeigte uns das Heiligtum, dann spielte ich auf zwei chinesischen Instrumenten unsere westliche Musik, die die Zuhörer zu begeistern schien. Als wir weiterwollten, warnte uns der Pagodenwärter vor den ‚Drachen', den Flusspiraten. Wir wurden tatsächlich überfallen und zu einem Gebäude geschleppt, konnten aber nicht nur uns selbst, sondern auch eine holländische Köchin befreien, die mit ihrer portugiesischen Herrin verwechselt worden war. Bei unserem Fluchtversuch verfolgte

man uns. Es kam am Ufer zu einem mächtigen Handgemenge und wir konnten uns nur erwehren, indem wir zu den Revolvern griffen und schossen. *Die Drachenmänner waren verschwunden* und mit ihnen auch unser Boot.

Donnerstag, 1. Februar 1866:

Am Morgen *kam eine holländische Pinasse heran, die stromabwärts segelte. Das traf sich glücklich.* Ihr gaben wir unsere ‚Meisje' mit, während wir beide ja weiter stromaufwärts wollten. *Und wirklich kam bereits nach kurzer Zeit eine kleine englische Privatjacht den Fluss heraufgedampft.* Der Kapitän versprach, mit uns die Drachenmänner hochzunehmen, und wir durchsuchten die ganze Tempelanlage, fanden aber keinen einzigen mehr; sie waren alle ausgeflogen. *Wir bestiegen die Jacht und dampften stromaufwärts. Sie legte in der Nähe der englischen Faktorei an. Wir ließen uns ans Land rudern.* In der Menschenmenge, die uns umgab, *geriet meine Kleidung in Unordnung, und das Lung-yin-Zeichen kam zwischen zwei Knopflöchern zum Vorschein.* Ein Mann sah es. Er gehörte zu den Flussdrachen und sollte alle Genossen, die er traf, um Mitternacht in die ‚Herberge zu den zehntausend Herrschern' bestellen. Turnerstick, der trotz meiner Warnung in die verbotene Innenstadt wollte, ließ sich nicht halten. Wir kamen an eine Opiumkneipe, wo wir in eine Schlägerei gerieten, bis die Polizei kam und uns mit in den Gemeindepalast nahm. Ich musste dem Richter von unserem gestrigen Abenteuer mit den Flussdrachen erzählen, und als er unsere Namen hörte, sagte er, dass ihm sein Neffe Kong-ni von uns erzählt habe. Er versprach mir, heute Nacht die ‚Herberge zu den zehntausend Herrschern' aufzusuchen und die Drachenmänner zu verhaften. Wir beide aber sollten morgen früh zu Kong-ni nach Li-ting gehen, wo sich meiner Kenntnis nach auch das Oberhaupt der Flussdrachen aufhielt.

Freitag, 2. Februar 1866:

Wir frühstückten mit dem Richter. *Er überreichte mir ein Empfehlungsschreiben, das ich seinem Bruder Phy-ming-tsu übergeben sollte. Bis nach Li-ting war es im Palankin* (Tragsessel) *eine Tagesreise. Das Gefolge bestand aus mehr als dreißig Menschen. Eben als die Sonne unterging, sahen wir Li-ting vor uns liegen. Es war eine kleine Stadt, deren Häuser aber sehr weit auseinanderlagen. Vor dem Ort sah ich ein stattliches Bauwerk, dem man es anmerkte, dass es der Sommersitz eines chinesischen Großen war. Unser Zug trabte* weiter, einem *burgähnlichen Gebäude zu, vor dessen Tor er anhielt.* Wir wurden von Kong-ni und seinem Vater empfangen. *Ich zog das Schreiben seines Bruders hervor und übergab es ihm.* Dann wurden uns unsere Räumlichkeiten angewiesen. Anschließend sollten wir mit dem Hausherrn zu Abend essen. Später konnte ich im Garten ein Gespräch zwischen Kong-nis Vater und einem anderen Chinesen belauschen. Im Laufe des Gespräches stellte ich fest, dass der andere der ‚Kiang-lu' war, der Anführer der Flussdrachen.

Samstag, 3. Februar 1866:

Am Morgen sagte man uns, dass wir heute zu einem einflussreichen Freund kommen sollten. Ich konnte mich noch ein wenig umsehen und wollte erkunden, wovon ich gestern Abend gehört hatte, *denn an der Drachenschlucht,* die erwähnt worden war, *hing vielleicht mein Schicksal; ich musste sie finden.* Als ich sie ausfindig gemacht hatte, stellte ich fest, dass dort eine Frau in einer Senke gefangen gehalten wurde, der ich mein Taschenmesser hinunterwarf. Als ich zum Haus zurückkehrte, wartete man bereits auf mich. *Wir bestiegen die Tragsessel und gelangten durch die Stadt nach dem Landhaus, das wir bei unserer Ankunft bemerkt hatten.* Man zeigte uns den Garten und Pferde, von denen ich ein wildes, *kaschgaraner*[1] *Rassepferd* zuritt. Ein Gespräch mit der Tochter des Hauses führte zu einem Eklat. Man nahm mich und Turnerstick gefangen und brachte uns in die Drachenschlucht, wo wir von einem Erker aus in das Loch hinabgelassen wurden. Dort sollten wir elendig verschmachten. Ein Glück, dass ich am Morgen der Gefangenen – es war die Frau des Kiang-lu, der sie loswerden wollte, weil sie Christin geworden

[1] Kaschgar (Kaxgar): Stadt und gleichnamiger Regierungsbezirk im äußersten Nordwesten Chinas; hauptsächlich von Uiguren, einem Turkvolk, besiedelt

war – mein Messer zugeworfen hatte. Dadurch konnten wir uns schnell von unseren Fesseln befreien und sahen unsere Rettung darin, dass wir versuchten, die Kaminwand hochzuklettern. *Geräuschlos erreichten wir* den *Rand des Kamins. Der Kiang-lu stand mit dem Rücken gegen uns, ganz allein oben auf der Plattform;* er *fuhr herum und erblickte uns. Er stand am Rand der Plattform. Dorthin durfte er den Kampf nicht tragen lassen, deshalb sprang er mir mit einem Satz entgegen. Er rannte mit der Brust gegen meine vorgestreckten Fäuste und taumelte zurück. In diesem Augenblick holte Turnerstick aus und versetzte ihm mit seiner eisernen Faust einen Schlag vor den Kopf und der Kiang-lu stürzte rückwärts über die Felskante hinunter in den Abgrund. Ein dumpfer Ton drang herauf: der Körper des gefürchteten Strompiraten war unten aufgeschlagen und zerschellt.* Wir holten die Frau herauf und brachten sie zu dem Landhaus. Dort hatte sich ihre Tochter Kuing mit dem Sohn des Bürgermeisters heimlich getroffen. Ihm sagten wir, dass Kuing und ihrer Mutter vielleicht Gefahr drohe, aber er meinte, sein Vater sei mächtig genug, sie zu beschützen. In den Räumen des Kiang-lu fanden wir unsere Waffen und alles, was man uns abgenommen hatte. Dann mussten wir fliehen. *Wir eilten nach der Hofseite des Gebäudes* und sprangen hinunter. *Ich öffnete den Stall und zog* zwei Pferde heraus und wir entkamen in die Nacht.

Montag, 5. Februar 1866:

Bereits am Nachmittag ritten wir in Kanton ein und am anderen Abend, also heute, *befanden wir uns mit unseren zwei Pferden an Bord des ‚The Wind'.*

Donnerstag, 15. Februar 1866:

Wir besuchten nach unserer Rückkehr aus Kanton *darauf in Makao das ‚tapfere Meisje', deren Herrschaft uns davon überzeugte, von einer Anzeige gegen die chinesischen Flusspiraten abzusehen. Der Konsul, an den wir uns dann wendeten, war derselben Ansicht. Wir verzichteten also darauf, über Kong-ni etwas Näheres zu erfahren, und lichteten die Anker, sobald ‚The Wind' ausgebessert worden war und neue Ladung genommen hatte.*

Mittwoch, 21. Februar 1866:

Turnerstick segelte als sein eigener Reeder nordwärts in die den Ausländern offenen Hafenplätze an, bis wir in der Bai von I-mo-tung Anker warfen. Von hier aus wollte Turnerstick hinüber nach den Riu-kiu-Inseln und Japan, wozu ich keine Lust hatte, denn ich gedachte ein wenig landeinwärts zu gehen. Bis über den Chingan hinauf nach der Gobi war es nicht sehr weit, und da ich im Besitz von Papieren war, mit deren Hilfe ich für einen Chinesen gelten konnte, so entschied ich mich am Ende doch, mich von dem alten, wackeren Freund zu trennen, um wenigstens für einige Tage Wüstenluft zu atmen. Ich brachte also meine wenigen Habseligkeiten in Tien-tsin unter. Dann begab ich mich nach einer Herberge, wo ich zwei Männer traf. Einer von ihnen, er hieß Schangü, erbot sich, mein Führer ins Landesinnere zu sein. *Ich versorgte mich noch mit Verschiedenem, was mir fehlte, suchte mir dann eins der Pferde aus und war nun zum Aufbruch bereit.*

Sonntag, 25. Februar 1866:

Ich hatte bereits in meinen Knabenjahren von dem ‚Wunderwerk' der chinesischen Mauer Schilderungen gelesen. Leider aber sah ich mich enttäuscht, als wir sie nach einigen Tagen erreichten, denn was ich von ihr erblickte, war nur ein wüster Schutthaufen, von dem aus einzelne Seitenstreifen noch hier und dort in der Ferne verliefen. Ich lernte sie gerade an einer Stelle kennen, wo sie aufgehört hat, als Mauer zu dienen. Gegen Abend machten wir bei einer Herde Halt, die aus Pferden, Ochsen, Eseln und Schafen bestand und von Hirten getrieben wurde, die unter dem Befehl eines Lamas standen. Wir erzählten, dass wir nach Bogdy-ola wollten, wo ein ‚Heiliger' in einer Höhle wohnte. Der Lama, der ein Schabi, also Schüler eines buddhistischen Klosters war, wollte dem ‚Heiligen' den Erlös aus dem Verkauf der Herde bringen, damit dieser dort ein Kloster bauen konnte.

Montag, 26. Februar 1866:

Wir kamen dadurch ins Erzählen über unsere Religionen und *die Sterne stiegen höher und höher; das Feuer verlöschte, es wurde kalt, endlich graute der Morgen* und wir verabschiedeten uns von dem Schabi. *Je mehr wir uns dem Wohnort des großen Heiligen näherten, desto reger wurde der Verkehr. Reiter auf Pferden, zuweilen auch bereits auf baktrischen*[1] *Kamelen, begegneten uns oder eilten von rechts und links derselben Richtung entgegen. Der Schabi hatte* uns *erzählt, dass acht Russen bereits seit langer Zeit Schüler des großen Heiligen* seien, *und ich muss sagen, dass ich begierig auf die Bekanntschaft dieser Russen war. Es war mir nicht möglich, zu glauben, dass acht Christen eines solchen geistigen Rückschritts fähig sein könnten. Endlich erreichten wir Bogdy-ola. Es war nichts als ein großes und sehr weitläufiges Zeltlager. Schon von Weitem konnte ich die ‚Padma' des Heiligen erkennen. Der Berg stieg nach der Ebene zu fast senkrecht empor und trug hoch oben in der Nähe des Gipfels eine Höhle. Von der Höhle hingen zwei Seile herab, die den einzigen Weg bildeten, zum Heiligen zu gelangen. Übrigens war das Leben und Treiben des Ortes kein rein religiöses. Es hatten sich chinesische Krämer und Geldwechsler eingefunden.*

Nachdem wir uns von dem Ritt ein wenig ausgeruht hatten, traten wir in ein Teezelt, das so überfüllt von Menschen war, wie man es auf deutschen Jahrmärkten zu sehen bekommt. Hinter uns saßen zwei Russen, die Polnisch sprachen. Wie ich hörte, mussten sie entsprungene Häftlinge sein, die sich als angebliche Schüler des Heiligen ausgaben, ihn jedoch berauben wollten. Da fiel auch der Name Mieloslaw, der mir so bekannt vorkam. Als wir außerhalb des Zeltes waren, sah ich ihn, *es war der Schriftsetzer und Assessor Max Lannerfeld,* der Falschspieler aus dem Ruhrgebiet, der Passfälscher aus Dresden und Juwelenräuber aus Moskau, der nach Sibirien verbannt worden war.[2] Auch er erkannte mich und tauchte *in der Menge der umherstehenden Menschen* unter. Wir konnten ihn nicht mehr finden.

Es war längst Abend geworden. Da erscholl ein schriller Schrei, wie hoch aus der Luft, den man im ganzen Lager hören konnte.

[1] Baktrien: zentralasiatische Region, die vom Norden Afghanistans zu den südlichen Gebieten Tadschikistans, Usbekistans und Turkmenistans reicht. Gemeint ist hier also das zweihöckrige asiatische Kamel in Unterscheidung zum einhöckrigen Dromedar.

[2] Russland-Reise (1863): 29.07.1863-07.08.1863, Seite 44-48

Vom heiligen Berg her ertönte ein entsetzlicher Lärm. Jetzt ging auch ich hinaus nach dem Berg. Ich konnte nicht bis an die Seile kommen, aber ich hörte, dass der Heilige einen Menschen aus der Höhle gestürzt habe, der ihn berauben wollte. Ein anderer wusste bereits, dass der Herabgestürzte einer der Russen sei. Der Sturz aus solcher Höhe hatte seinen Leib vollständig zerschmettert. Kaum eine Minute später kam eine neue Kunde. Es waren sieben Pferde gestohlen, und es fehlten die sieben anderen Russen. Im Nu zerteilte sich die Menge. Alles eilte daher nach den Gäulen, und ich nahm mir die Zeit, den Toten zu betrachten. Ich erkannte ihn beim Schein der kleinen Argolflamme, die angezündet wurde. Es war der Assessor.

Dienstag, 27. Februar 1866:

Am anderen Tag kehrten nach und nach die Reiter zurück. Hier und da brachte einer eins der geraubten Pferde; von den Räubern aber sprach keiner ein Wort; ich wenigstens konnte nicht erfahren, was mit ihnen geschehen war.

Sonntag, 1. April 1866:

Ich wartete noch einige Tage und setzte dann meine Reise zur Gobi, die von den Chinesen Schamo (Sandmeer) genannt wird, fort. Die Gobi ist das östliche Becken des Hanhai in der südlichen Mongolei, eine meist gewellte Wüstensteppe zwischen dem Altai-, Tien-schan- und dem Chinganggebirge. Bergzüge bis zu 2.100 Meter durchkreuzen die Wüstensteppe, hier im Osten sind sie teilweise bis zu 1.200 Meter hoch und die kesselartigen Vertiefungen zwischen den Gebirgszügen sinken bis zu 600 Meter Meereshöhe. Die meiste Fauna bildet die auch bei uns bekannte Erika und die drahtartige Dirissu der Mongolen, während Hasen, Füchse und Wölfe, kleine Nagetiere, wilde Bullen und Antilopen anzutreffen sind. Die Bevölkerung des Südens und des Ostens sind sesshafte Chinesen, die von Jahr zu Jahr die Steppe immer mehr einengen. Die Gobi wird im Osten von der Karawanenstraße Kichata-Kalgan durchschnitten. Die ersten Nachrichten über dieses Gebiet brachte der Jesuit Gerbillon, der zwischen 1688 und 1698 acht Missionsreisen in der Gobi unternahm. Nun hatte ich drei Wüsten auf drei verschiedenen Erdteilen kennengelernt: die Sahara in Afrika, den Llano Estacado in Amerika und die Gobi in Asien. Drei Wochen später befand ich mich wieder in Tien-tsin und gelangte von da nach Taku am Golf von Tschili. Ich musste einige Tage warten, bis ein Schiff in südlichere Gefilde abging, und war vor einigen Tagen in Kalkutta gelandet.

Dienstag, 3. April 1866:

Da ich kein Schiff fand, das in absehbarer Zeit nach Europa ging, fahre ich seit heute Morgen mit einem Dampfer nach New York.

8. DRITTE NORDAMERIKA-REISE (1866-1867)

Mittwoch, 9. Mai 1866:[1]

Ich war von Valparaiso über die Südseeinseln und China nach Ostindien gekommen, als der bedauerliche Tiefstand meiner Reisekasse mich zwang, den heimatlichen Gestaden zuzustreben. Da indes in absehbarer Zeit kein Schiff nach Deutschland in See ging, entschloss ich mich rasch und fuhr von Kalkutta aus *mit dem nächsten Dampfer nach New York. Dort würde ich schon Mittel und Wege finden, die es mir ermöglichten, heimzukommen. Um das Kap der Guten Hoffnung gelangte ich nach fünf Wochen an mein vorläufiges Ziel und stieg in New York an Land.*

Sonntag, 13. Mai 1866:

Ich setzte mich hin und brachte meine Erlebnisse meiner letzten Reise zu Papier. Sie fanden sofort Aufnahme in der Sonntagsbeilage der ‚New Yorker Staatszeitung', die schon damals das größte deutsche Blatt in den Staaten war, und ich durfte hoffen, auf diese Weise die zur Heimfahrt nötigen Mittel in kürzester Zeit zusammenzubringen.

Montag, 14. Mai 1866:

Da machte ich auf der Redaktion des Blattes die Bekanntschaft des sehr ehrenwerten Mr. Josy Tailor, des Leiters eines berühmten Privatdetektiv-Unternehmens. Als er hörte, wer ich war, bot er mir an, in seine Dienste zu treten. Ich sagte auf der Stelle zu.

Dienstag 29. Mai 1866:

Heute Morgen *ließ mich Tailor in sein Arbeitszimmer kommen, wo ein älterer, sorgenvoll dreinschauender Herr saß.* Es war der Bankier Ohlert. Dessen Sohn William hatte sich in den Kopf gesetzt, Dichter zu werden, und zeigte dabei Anzeichen von Wahnsinn. *Vor Kurzem hatte der Vater einen Arzt kennengelernt, der eine Privatanstalt für Geisteskranke gründen* wollte. Doch plötzlich war der Arzt zusammen mit dem jungen Ohlert verschwunden. Jetzt erst stellte sich heraus, dass dieser ein Schwindler war und sich Gibson nannte. Diesen

[1] 09.05.1866-Mitte Dezember 1866: Karl Mays Gesammelte Werke Band 8, *Winnetou II*, Kapitel 2-11

Gibson hatte ich schon einmal im Auge gehabt und anhand einer Fotografie erkannte ihn der Bankier als den angeblichen Irrenarzt. Ich erhielt den Auftrag mit den nötigen Vollmachten und Anweisungen, Ohlert junior wieder nach Hause zu bringen. Bekannt war, dass schon jemand Geld in Cincinnatti abgehoben hatte.

Dienstag, 5. Juni 1866:

In Cincinnati fragte ich bei der betreffenden Bank nach und erfuhr, dass William Ohlert persönlich mit einem Begleiter dort erschienen war.

Mittwoch, 6. Juni 1866:

Von da an ging es nach Louisville, wo ich in Erfahrung brachte, dass die beiden Fahrkarten nach St. Louis genommen hatten.

Samstag, 9. Juni 1866:

Ich reiste ihnen nach und fand aber erst nach längerem Suchen ihre Spur. Hierbei war mir mein alter Mr. Henry behilflich, den ich selbstverständlich sofort aufsuchte. Er erklärte sich gern bereit, meine beiden Gewehre, die mir bei der Verfolgung hinderlich waren, bis zu meiner Rückkehr von New Orleans aufzubewahren. Ohlert und Gibson waren nämlich auf einem Mississippidampfer nach New Orleans gefahren, und ich musste ihnen dorthin folgen.

Montag, 18. Juni 1866:

Nun war ich in New Orleans und hatte alle Geschäftshäuser, die mir Ohlert senior genannt hatte, aufgesucht und sie gewarnt. Bei zwei Banken hatten sie Geld abgehoben. In einer deutschen Bierstube kam ich mit einem Mann ins Gespräch, der sich als Old Death vorstellte. Ich hatte schon von ihm gehört und seine Gestalt und sein ganzes Aussehen gaben seinem Namen Recht. Ich sagte ihm natürlich nicht, dass ich Old Shatterhand war, weshalb er mich wie ein Greenhorn behandelte. Als er die Gaststube verlassen hatte, *wurde die Tür geöffnet, und herein trat Gibson.* Er musste mich gesehen haben, denn er verschwand sofort wieder. Bis ich hinter ihm herkonnte, verging zwar nur eine kurze Zeit, doch sah ich ihn bereits *hinter einer dichten Menschenmenge* verschwinden.

Er spielte tatsächlich Katz und Maus mit mir und ich stand da wie ein begossener Pudel.

Dienstag, 19. Juni 1866:

Im Laufe des Tages *kam ich wieder zu der deutschen Bierstube.* Ich griff nach der *in New Orleans erscheinenden ‚Deutsche Zeitung', und das erste, was mir auffiel, war ein Gedicht,* das unterzeichnet war mit ‚W. O.'; das musste William Ohlert sein. In der Geschäftsstelle dieser Zeitung erfuhr ich, wo Ohlert wohnte. Seine Pensionswirtin erzählte mir, dass Ohlert und sein Sekretär, womit sicher Gibson gemeint war, gestern noch mit dem Schiff über Galveston nach Quintana gefahren seien. Im Hafen fand ich ein Schiff, das am Mittag ebenfalls nach Galveston fuhr.

Samstag, 23. Juni 1866:

In Galveston war kein Schiff nach Quintana zu finden, sondern nur eines, das *über dieses Ziel hinaus, nach Matagorda, am Ausfluss des östlichen Colorado,* fuhr. *Doch wurde mir versichert, von dort aus schnell nach Quintana zurückzukommen. Das veranlasste mich, dieses Schiff zu benutzen.*

Montag, 25. Juni 1866:

In Matagorda *hörte ich, dass erst nach zwei Tagen ein Schoner nach* Quintana *fahren würde.* Ich fand Unterkunft in einem Gasthaus. *Dann schlenderte ich langsam die Gasse hinab* und rannte an einer Ecke mit einem Mann zusammen: Old Death. Wir gingen zusammen *an diesem Junitag in eine kleine Kneipe, wo es Flaschenbier* gab. *Wir waren die einzigen Gäste.* Von Old Death erfuhr ich so nebenbei, dass Gibson und Ohlert ebenfalls nach Matagorda gefahren und jetzt mit einem Dampfboot auf dem Weg nach Austin seien. Er war bereit, sie mit mir zu verfolgen. Da kamen einige Rowdies mit sogenannten Bluthunden in das Lokal und führten sich entsprechend auf. Sie suchten Streit, und als sie einen dieser Bluthunde auf mich hetzten, packte ich diesen *bei den Hinterläufen und schleuderte ihn gegen die Mauer, dass der Schädel zerbrach.* Old Death hielt die Rowdies mit seinen Revolvern in Schach. Da trat ein neuer Gast ein, ein Indianer,

Winnetou! *Er beachtete mich nicht, obwohl er mich gesehen hatte. Er musste einen Grund dazu haben.* Als einer der Rowdies auch mit ihm Streit anfangen wollte, packte er ihn und warf ihn zum Fenster hinaus. Dann bezahlte er mit einem Nugget und verließ den Raum. Auch wir verließen das Lokal und Old Death ging mit mir einkaufen, denn wir mussten wahrscheinlich ins Texanische hinein, weshalb ich die entsprechende Kleidung und auch Waffen brauchte, denn meine beiden Gewehre befanden sich ja in St. Louis. Danach, Old Death durfte das nur nicht bemerken, suchte ich Winnetou auf. Er befand sich genau dort, wo ich ihn vermutet hatte. Wir hatten uns viel zu erzählen und dann sagte er mir, dass er in geheimer Mission für Benito Juarez unterwegs sei, der von den Franzosen aus Mexiko vertrieben worden war und jetzt sein Land wieder zurückerobern wollte. Er werde auf demselben Schiff wie wir fahren, wir sollten aber *nicht miteinander sprechen. Ich nahm Abschied von ihm, hoffentlich nur für kurze Zeit.*

Dienstag, 26. Juni 1866:

Am anderen Morgen ritten *wir hinaus zur Raft, wo das Dampfboot wartete.* Auch die Rowdies waren da. Winnetou kam mit seinem Prachthengst Iltschi an Bord. *In Columbus* kamen *fünfzehn bis zwanzig Betrunkene* dazu, die *von den Rowdies mit stürmischer Freude bewillkommnet wurden.* Es schienen alte Sezessionisten zu sein, die sich mit den Rowdies zusammenrotteten, uns Spione nannten und uns einem Lynchgericht unterwerfen wollten. Der Kapitän griff zu einem Trick, um die Bande loszuwerden. Sie fielen darauf herein und sprangen tatsächlich über Bord ins Wasser. Dann dampften wir weiter.

Als unser Dampfer in La Grange anlangte, war es Abend geworden, und er würde erst am nächsten Morgen wieder weiterfahren. Wir stiegen aus und sahen, dass Winnetou fortritt. Zur Übernachtung wurde uns ein Mr. Lange empfohlen, den wir *um diese Zeit gewöhnlich im Wirtshaus* antreffen würden. Dort trafen wir ihn auch zusammen mit seinem Sohn Georg, und es stellte sich heraus, dass dieser einst bei der Schlacht am Pea Ridge oben in Arkansas von Old Death aus der Gefangenschaft der Südstaatler befreit worden war. Von Lange erfuhren wir auch, dass er Ohlert und Gibson bei Señor Cortesio getroffen habe und dass beide abgereist seien, *um zum Rio Grande zu gehen.* Lange hatte nämlich sein Haus an Señor Cortesio verkauft und wollte mit seinem Sohn zu seiner Tochter nach Mexiko ziehen. An diesem Abend war im selben Gasthaus ein Treffen des Ku-Klux-Klan, einer illegalen terroristischen Vereinigung von Südstaatlern, deren *Aufgabe* es *war, mit allen Mitteln, auch den unerlaubtesten und verbrecherischsten, gegen die nach Beendigung des Bürgerkriegs eingetretene Ordnung anzukämpfen.* Zu ihnen gesellten sich noch im Laufe dieses Abends jene Strolche, die unser Kapitän hatte ans Land schwimmen lassen und die auf gestohlenen Pferden hier ankamen. Bevor uns diese im Nebenzimmer entdeckten, verschwanden wir durch das Fenster und suchten Señor Cortesio auf, um von diesem Pferde zu kaufen. Da dieser uns für Anhänger von Benito Juarez hielt, erhielten wir von ihm nicht nur ein Empfehlungsschreiben, sondern auch je zwei Pässe, *der eine in französischer, der andere in spanischer Sprache.* Außerdem beschrieb er uns den genauen Reiseweg, den Gibson und Ohlert zu nehmen beabsichtigten.

Von Lange erfuhren wir, dass er einige Freunde erwartete, weil die Kukluxer heute Nacht La Grange unsicher machen wollten. In einer Nacht-und-Nebel-Aktion konnten die verschiedenen Anschläge des Ku-Klux-Klan verhindert und die gesamte Bande gefangen werden. In der eiligst einberufenen nächtlichen Gerichtsverhandlung wurde beschlossen, den Kukluxern *Haar und die Bärte abzuscheren* und *die Verurteilten zum Steamer zu schaffen, der nach Matagorda weiterfährt.* Danach wurde in der Gastwirtschaft von La Grange gefeiert bis zum nächsten Morgen. Beim Tanzen stürzte Old Death so schwer, dass er sich eine Quetschung an der Hüfte zuzog.

Mittwoch, 27. Juni 1866:

Wir beschlossen, heute einen Ruhetag einzulegen, und beim Mittagessen sagte uns Mr. Lange, dass er und sein Sohn *mit uns reisen* wollten, *da sein Weg vorläufig der gleiche sei.* Señor Cortesio bat uns, seinen schwarzen Diener Hektor mitzunehmen, der eine wichtige Nachricht nach Chihuahua bringen und eine schriftliche Antwort wieder mit zurücknehmen sollte.

Freitag, 6. Juli 1866:

Neun Tage später befanden wir uns im südlichen Texas. *Old Death hatte volle drei Tage gebraucht, sich von der Verletzung zu erholen. Nun hatten wir in sechs Tagen fast zweihundert englische Meilen zurückgelegt. Wir ritten nach Südwest* und trafen dabei auf einen *Dragonersergeanten mit fünf Leuten.* Er sagte uns, dass die Komantschen und Apatschen das Kriegsbeil ausgegraben hätten, weil Erstere ein Lager der Letzteren überfielen. Bei einem Treffen zwischen beiden Indianerstämmen auf Fort Inge wären zwei der drei erschienenen Apatschen-Häuptlingen von fünf Komantschen-Häuptlingen und zwanzig Kriegern in einem aufkommenden Streit niedergestochen worden. Der dritte Apatschen-Häuptling konnte verwundet auf seinem Pferd fliehen. Kurz nachdem die Komantschen das Fort verlassen hätten, sei Winnetou aufgetaucht. Als man ihn festnehmen wollte, habe er einige Soldaten über den Haufen geritten und sei verschwunden. Dann trennten wir uns von den Kavalleristen. Am Rio Leona entdeckten wir Pferdespuren. An verschiedenen Zeichen sahen wir, dass es Winnetou und der verwundete Apatsche gewesen sein mussten. Da es langsam dunkel wurde, lagerten wir. Hier erwischte Old Death einen Komantschen, den er kannte. Dieser erzählte uns, *dass sämtliche Krieger der Komantschen ihre Zelte verlassen haben, um sich die Skalpe* der Apatschen zu holen. Sein Stamm mit hundert Kriegern lagerte etwa eine Stunde entfernt am Ufer dieses Flusses, angeführt vom ‚Großen Bären', dem Sohn des ‚Weißen Biber', einem Freund von Old Death. Obwohl es stockdunkel war, ritten wir mit dem Indianer zu dessen Lager.

Samstag, 7. Juli 1866:

Wir verließen am nächsten Morgen die Komantschen wieder. Am Nachmittag erreichten wir die Estanzia del Caballero, die einer Festung glich. Hier wohnte ein Freund von Old Death, *ein echter Mexikaner von unverfälschter spanischer Abkunft*, namens *Don Atanasio.* Von ihm erfuhren wir, dass Ohlert und Gibson zusammen mit den Juarez-Anhängern hier gewesen und *höchstens erst drei Stunden* fort waren. Gibson hatte auch den verwundeten Apatschen-Häuptling gesehen, den Winnetou hierher gebracht hatte, bevor er weitergeritten war, um die Apatschen vor einem Angriff der Komantschen zu warnen. Als ich ein Bad im Elm Creek nahm, sah ich auf der anderen Seite des kleinen Flusses *eine lange Schlange von Reitern kommen, einer hinter dem anderen: Indianer. Als wir auf die* obere *Plattform* der Estanzia *gelangten, schwang sich bereits der erste Indianer über den Rand. Ihm folgte ein zweiter, dritter, vierter. Es waren Komantschen. Sie hatten mit Hilfe* von jungen Baumstämmchen *die Außenmauer und dann auch die drei Plattformen erstiegen. Der Caballero trat ihnen einige Schritte entgegen und fragte, was die roten Männer bei* ihm wollten. Der Anführer der Komantschen sagte ihm, dass *in diesem Haus ein Häuptling der Apatschen versteckt* sei. Sie hatten das von Gibson erfahren. Ich schaffte den Apatschen unbemerkt durch eine versteckte Tür aus dem Haus hinunter an den Fluss. Dafür belegten die Frau und die Tochter des Caballero dessen Zimmer. *Über eine Stunde dauerte es, bis die Indianer ihre Hausdurchsuchung beendet hatten. Endlich waren sie überzeugt, dass sich der Gesuchte nicht auf der Estanzia befand.* Da es langsam dunkel wurde, wollten die Komantschen die Nacht hier verbringen und am nächsten Morgen wieder zurückreiten. Wir wollten sie begleiten, weil wir hofften, Ohlert und Gibson noch bei der Hauptschar anzutreffen. Der alte Apatschen-Häuptling musste noch eine Nacht außerhalb der Estanzia verbringen.

Sonntag, 8. Juli 1866:

Wir verließen mit den Komantschen die Estanzia. *Der Rio Grande,* den wir überqueren mussten, *war hier sehr breit, er hatte aber wenig Wasser. Kurz nach Mittag* änderte *die Fährte plötzlich ihre Richtung.* Hier war *die Fährte zweier Reiter auf die Roten* gestoßen. *Wir ritten* auch *in dieser Richtung weiter bis zum Abend.*

Montag, 9. Juli 1866:
Um die Mittagszeit wendete sich die Fährte mehr nach Westen, und wir sahen in dieser Richtung nackte Berge vor uns aufsteigen: die Bolson de Mapimi. Wir erreichten die Berge und *gelangten,* als es dunkel wurde, *in eine lange, schmale Schlucht, und als sie sich öffnete, sahen wir wohl gegen zehn Feuer brennen. Es schien ein runder Talkessel zu sein, den wir vor uns hatten. Die Höhen stiegen rundum steil an, ein Umstand, den die Komantschen offenbar als günstig für ihre Sicherheit betrachteten. Der ‚Weiße Biber' stand auf und* begrüßte Old Death. Dann rauchten wir mit ihm die Friedenspfeife. Gibson und Ohlert befanden sich mit den von Señor Cortesio ausgestatteten Soldaten noch bei den Komantschen. Die zwei Reiter, die gestern den Komantschen-Stamm zur Richtungsänderung bewogen hatten, schienen keine Topias zu sein, wie sie vorgaben, sondern Apatschen, die die Komantschen in eine Falle geführt hatten. Als Old Death den ‚Weißen Biber' davon überzeugte, dass der Talkessel ein Hinterhalt sein könnte, kamen auch bei diesem Zweifel auf. Da *erklang von der Höhe des Felsens das ängstliche Kreischen eines kleinen Vogels und gleich darauf der gierige Schrei einer Eule. Als ob er damit spielen wollte, ergriff Gibson einen Ast und stieß damit ins Feuer, dass es einmal kurz und scharf aufflackerte. Er wollte es eben zum zweiten Mal tun, da aber tat Old Death einen Sprung auf ihn* und *riss ihm den Ast aus der Hand.* Es dauerte nicht lange, da *erzitterte die Luft von dem vielstimmigen Kriegsgeheul der Apatschen. Jetzt drangen die Apatschen auf die Komantschen ein.* Als Winnetou erkannte, *dass eine viel zu große Übermacht gegen ihn stand,* zog er seine Apatschen zurück. *Ich wunderte mich darüber, dass er ganz gegen seine Gewohnheit nicht vorher Umschau gehalten hatte, um die Feinde zu zählen. Der Grund dafür wurde mir aber bald bekannt.* Die Juarez-Anhänger waren mit Ohlert und Gibson verschwunden. Einer von ihnen, der verwundet zurückgeblieben war, gestand uns, dass Gibson *so oft ins Feuer schlagen* sollte, *wie es hundert Komantschen waren.* Dass Old Death Gibson daran gehindert hatte, *noch viermal in sein Feuer zu stöbern,* hatte *die Apatschen veranlasst,*

uns jetzt schon zu überfallen, obwohl Winnetou nur hundert Apatschen bei sich hatte. *Da ertönte jenseits des Tales eine laute Stimme. Dort stand Winnetou mit angeschlagenem Gewehr. Die beiden Läufe blitzten nacheinander auf. Der ‚Weiße Biber' stürzte getroffen nieder und neben ihm einer seiner Unterhäuptlinge.* Als die Komantschen aus dem Talkessel wollten, wurden sie von den Apatschen blutig zurückgeschlagen. Old Death gab ihnen den Rat, mit den Apatschen Frieden zu schließen, was aber rundweg abgelehnt wurde. Da wir Weiße vollkommen allein saßen, war es Winnetou möglich, sich an uns heranzuschleichen und mit uns zu sprechen. Er riet uns, auf die Pferde zu steigen und zum Ausgang zu reiten, dort würden uns die Apatschen in Sicherheit bringen, was wir dann auch taten. *Mehrere Apatschen* nahmen *unsere Tiere in Empfang, als wir abgestiegen waren. Winnetou geleitete uns in die Enge, die aus dem Tal führte.* Als mich Winnetou fragend ansah, *stand ich vom Feuer auf und streckte ihm beide Hände entgegen. Wir umarmten uns.* Dann sagte Winnetou zu Old Death: *„Es ist mein weißer Bruder Old Shatterhand." Wir überließen ihn seinem Erstaunen, denn Winnetou hatte mir zu erzählen.* Als ich mich nach Gibson und Ohlert erkundigte, sagte er mir, dass beide mit den anderen Weißen *schon lange nach Chihuahua zu den Truppen von Juarez* unterwegs seien. Da kam die Meldung, dass die Komantschen ihre Feuer gelöscht hätten und vom Lagerplatz fort seien. Wir nahmen eine Position oberhalb des Talkessels ein, während Winnetou zu seinen Kriegern eilte. Kurz *darauf krachten Schüsse. Der Kampf war ausgebrochen,* doch *er währte nicht lange. Wir hörten, dass sich die Eingeschlossenen in wilder Flucht zurückzogen.*

Dienstag, 10. Juli 1866:

Aus dem morgendlichen *Nebelmeer tauchte ein Reiter auf und viele, viele andere folgten. Alle diese Krieger* gehörten *einem der Apatschen-Stämme* an, *mit denen ich noch nicht in Berührung gekommen war.* Sie verteilten sich oberhalb des Talkessels, wo sie mit ihren Gewehren alle dort befindlichen Feinde erreichen konnten. Die Komantschen schienen unrettbar verloren, doch Winnetou schlug ihnen vor, dass sie *für jeden* getöteten Apatschen *fünf, für jeden Gemarterten aber zehn Pferde geben sollten. Ferner* sollten *sie so viele junge Mädchen ausliefern, wie sie Frauen und Töchter* der Apatschen entführt hätten. *Dazu* verlange man *auch die Kinder zurück, die sie* mitgenommen hatten. Die Komantschen gingen jedoch nicht darauf ein. Winnetou begab sich oben an den Rand des Talkessels, um zu den Komantschen zu sprechen. Als aber der neue Häuptling des Gegners auf ihn schoss, erhoben sich rundum vierhundert Apatschen und feuerten in die Menge. *„Es wird sich ein großes Klagen erheben in den Zelten der Komantschen, denn keiner ihrer Krieger kehrt zurück."* Alle waren getötet worden. *Ich war froh, diesen entsetzlichen Ort verlassen zu können,* und *eine halbe Stunde* später nahmen wir die Verfolgung Gibsons auf. *Winnetou nahm noch zehn gutberittene Apatschen mit. Es war gegen Abend, als wir bei der* Laguna de Santa Maria *anlangten.*

Mittwoch, 11. Juli 1866:

Am Mittag hatten wir ein schlimmes Gewirr von Cañons hinter uns und ritten im Galopp über eine grasige Ebene. Da stießen wir auf eine Spur von über zehn Reitern. Winnetou behauptete, es sei die gesuchte. Dieser Trupp hatte *einen Vorsprung von wenigstens sechs Stunden. Gegen Abend stieß von Süden her eine neue Fährte zu der bisherigen,* von *dreißig bis vierzig* Reitern. Es schienen Indianer zu sein. Bald erreichten wir *die Stelle, wo die Roten die Schar der Weißen eingeholt hatten.* Gemeinsam waren sie dann weitergeritten. Wir kamen an einen Bach, *und mitten im Bach erblickten wir nun einen unbedeckten menschlichen Kopf, der aus dem Wasser ragte.* Hinter ihm im Wasser lag ein Spaten, denn der Eingegrabene war ein Gambusino, ein Goldsucher, der *stets Hacke und Spaten bei* sich hatte. Wir gruben ihn aus und sahen, dass er gefesselt war. Als er sich etwas erholt hatte, erzählte er uns, dass er Tadeo Sandia hieß und zusammen mit einem gewissen Fred Harton in einer Bonanza tätig gewesen war. Als Old Death den Namen Fred Harton hörte, wollte er nähere Einzelheiten wissen. Da berichtete Sandia, Fred Harton sei ein Kaufmann gewesen, der von seinem gewissenlosen Bruder Eduard um sein ganzes Vermögen gebracht wurde, das dieser verjubelte und danach verschwand. Dieser liederliche Bruder sei später *ein sehr glücklicher Goldsucher gewesen.* Deshalb sei Fred Harton auch unter die Goldgräber gegangen, da er hoffte, so seinen Bruder wiederzutreffen. Angestellt waren er und Harton bei einem gewissen Davis in Chihuahua. Es stellte sich heraus, dass Uhlmann, der Schwiegersohn von Lange, dem Schmied aus La Grange, eben bei diesem Señor Davis als Bergwerksdirektor angestellt war und bald Teilhaber werden sollte. Tadeo Sandia kannte auch Langes Tochter Agnes. Beide, Sandia und Harton, hatten hier an dem Bach geschlafen, als sie von Chimarra-Indianern umzingelt wurden. Als die Weißen, die sich bei den Indianern befanden, herausbekamen, dass beide Goldsucher waren, gruben sie Sandia in den Bach ein und nahmen Harton mit, der sie zur Bonanza von Davis führen sollte. Bis zur Bonanza sei es *ein tüchtiger Tagesritt, sodass sie morgen Abend dort* ankämen, *wenn Harton nicht einen Umweg* mache. Da es langsam Nacht wurde, beschlossen wir hierzubleiben, denn wir mussten für morgen *gut ausgeruht sein und unsere Pferde auch.*

Mir wollte die erwartete Ruhe nicht kommen. Als wir drei Stunden gelegen hatten, bemerkte ich, dass Old Death aufstand und fortging. *Da erhob ich mich und ging ihm nach.* Ich merkte, dass er etwas auf dem Herzen hatte, und nach einiger Zeit erzählte er mir, dass er eigentlich Eduard Harton hieß und der undankbare Bruder von Fred Harton sei, dessen ganzes Vermögen er verjubelt habe. Nun wolle er Frieden mit ihm schließen, wenn er ihn treffen würde. Sollte ihm aber vorher etwas zustoßen, solle dieser seinen Sattel aufschneiden und alles an sich nehmen, was sich darin befände. Kurz danach kehrte ich *langsam zum Lager zurück und legte mich nieder.*

Donnerstag, 12. Juli 1866:

Ein Apatsche nahm Tadeo Sandia *hinter sich aufs Pferd; dann brachen wir auf. Gegen Mittag* stellte *der Gambusino Sandia* fest, dass Harton *einen Umweg eingeschlagen* hatte. Auf einer grasbewachsenen Hochebene sahen wir die Fährte von über vierzig Reitern, die etwa eine Stunde alt war. *Jetzt wurden die Sporen eingesetzt, und wir flogen über die Ebene dahin, freilich in ganz anderer Richtung, als die Chimarras geritten waren. Harton hatte sie nicht zum Eingang der Bonanza geführt, sondern zur hintersten Kante des Tals. Leider aber brach jetzt die Dunkelheit mit großer Schnelligkeit herein. Deshalb stiegen wir auch ab und gingen zu Fuß. Wir sahen in der Dunkelheit eine Gestalt zwischen uns und den Felsen dahinhuschen. Nach kurzer Zeit bemerkten wir einen unbestimmten Lichtschimmer, den Schein von Lampen, der durch die* Decken eines Zeltes *drang. Stimmen ertönten. Wir vier,* Sandia, Old Death, Winnetou und ich, *waren voran. Man erkannte von außen, an welcher Stelle sich der Eingang befand. Old Death trat als erster ein.* Da *fiel ein Schuss. Ich sah, wie sich der Scout mit beiden Händen an den Rahmen des Vorhangs krampfte, und sah zugleich mehrere Gewehre auf den Eingang gerichtet. Der Alte konnte sich nicht mehr aufrecht halten; er glitt zu Boden. „Schießt nicht!", schrie ich auf. „Wir sind Freunde, Deutsche!"* Als die Leute des Lagers begriffen, dass wir keine Feinde, sondern Freunde waren, *traten* auch *die beiden Langes ein, mit ihnen Sandia. Old Death war tot, gerade durchs Herz geschossen.* Harton musste mir sagen, wie er entkommen sei. Außerdem galt es *die nötigen Vorbereitungen* zu treffen. *So standen jetzt mehr als fünfzig Mann bereit, die Feinde zu erwarten, denen wir an Zahl gleich, an Waffen aber weit überlegen waren. Da kam einer der Leute, die wir vorgeschickt hatten. Er brachte zwei Weiße, die Señor Uhlmann ihre Aufwartung machen wollten.* Dieser saß allein im Zelt, denn ich hatte *mich mit den Langes, Winnetou und Harton in das Nebenabteil des Zeltes* zurückgezogen. *Da sah ich Gibson mit William Ohlert eintreten.* Als sie saßen, trat ich *aus meinem Versteck hervor; Harton folgte mir. Bei unserem Anblick fuhr Gibson auf. Ohlert saß wie gewöhnlich teilnahmslos da. Gibson aber fasste sich schnell.* Er *hatte sein Gewehr in der Hand und holte zum Kolbenhieb aus.* Als ich ihn abwehrte, ging der Hieb *zur Seite, der Kolben sauste nieder und traf den Kopf Ohlerts, der zusammenbrach. Im nächsten Augenblick drängten sich einige Arbeiter von hinten ins Zelt. Sie richteten ihre Gewehre auf Gibson. Ein Krach, und er stürzte, durch den Kopf getroffen, tot zu Boden. Als wäre der Schuss ein Zeichen gewesen, so erhob sich unweit des Zeltes wildes Indianergeheul. Als ich hinauskam,* war *das Gefecht schon entschieden. Die Feinde waren anders empfangen worden, als sie gedacht hatten. Die meisten von ihnen lagen tot oder verwundet am Boden. Die anderen flohen dem Ausgang zu.*

Harton *hatte noch keine Ahnung, wer auf unserer Seite der einzige Tote des heutigen Abends war. Ich ging mit ihm hinaus ins Tal und teilte ihm mit, was er erfahren musste. Fred Harton weinte wie ein Kind. Er hatte seinen Bruder trotz allem stets geliebt, hatte ihm alles vergeben. Ich musste ihm alles erzählen, von meinem ersten Zusammentreffen mit dem Scout bis zum letzten Augenblick, da den Reuigen die Kugel traf, die nicht für ihn bestimmt war.* Erst nach mehr als einer Stunde gingen wir zum Zelt zurück.

Freitag, 13. Juli 1866:

Am anderen Morgen wurde Old Deaths Sattel herbeigeholt und aufgeschnitten. *Wir fanden eine Brieftasche. Der Tote hinterließ seinem Bruder Bankanweisungen in bedeutender Höhe, und, was die Hauptsache war, die ausführliche Beschreibung und den peinlich genau bezeichneten Plan einer Stelle in der Sonora, wo Old Death eine vielverheißende Bonanza entdeckt hatte.* Wir begruben Old Death und *errichteten ihm ein Grabmal mit einem Kreuz aus silberhaltigem Erz. Sein Bruder trat aus dem Dienst Uhlmanns, um sich in Chihuahua einige Zeit auszuruhen. Groß war das Glück, das Uhlmann und seine Frau über die Ankunft ihrer beiden Verwandten empfanden. Sie waren liebe, gastfreundliche Leute, denen dieses Glück zu gönnen war. – Ohlert lebte zwar, aber er wollte nicht aus seiner Betäubung erwachen.* Ich wollte so lange warten, *bis es* sein *Zustand erlaubte, ihn nach Chihuahua in die Pflege eines tüchtigen Arztes zu geben.*

Samstag, 14. Juli 1866:

Winnetou beschloss, mit seinen zehn Apatschen heimzureiten, denn seiner harrten nach Abschluss des Kampfes mit den Koman-

tschen noch die Verhandlungen, die zwischen beiden Stämmen den Frieden sichern sollten. Auch der Neger Hektor reiste ab.

Samstag, 15. September 1866:

Und zwei Monate später saß ich bei dem guten Ordensmann Benito von der Bruderschaft El bueno Pastor in Chihuahua. Ihm, dem berühmten Arzt der nördlichen Provinzen, hatte ich meinen Kranken gebracht, und es war ihm gelungen, ihn völlig herzustellen. Es war, als sei mit dem Kolbenhieb in Ohlert die unglückliche Zwangsvorstellung, ein wahnsinniger Dichter zu sein, erschlagen worden. Er war munter und wohlauf und sehnte sich nach seinem Vater. Er wusste noch nicht, dass ich meinen Auftraggeber erwartete. Ich hatte ihm nämlich einen Bericht geschickt *und darauf die Nachricht erhalten, dass der Vater selbst kommen werde, seinen Sohn abzuholen. Nebenbei hatte ich bei Mr. Josy Tailor um meine Entlassung gebeten. Heute saßen wir nun wieder beisammen: der Pater, Ohlert, Harton und ich. Da ließ der Diener einen Herrn herein, bei dessen Anblick William einen Freudenschrei ausstieß:* Es war sein Vater, der Bankier Ohlert aus New York. Da gingen *wir anderen still hinaus.*

Ohlert brachte mir von Josy Tailor die erbetene Entlassung und den Gehaltsrest, dem der Bankier eine ansehnliche Sondervergütung beifügte.

Sonntag, 16. September 1866:

Jetzt hätte ich eigentlich mehr als genügend Mittel gehabt, um meine ursprüngliche Absicht, heimzukehren, endlich auszuführen. Aber ich sah ein neues Abenteuer winken, vor dem der Gedanke an die Heimat verblasste. Ich gab Fred Harton meine Zustimmung, ihn zu begleiten.

Mitte Dezember 1866:

Es kam auch jetzt wieder so, wie schon oft auf meinen Reisen: Ich blieb länger von zu Hause fort, als anfänglich mein Plan gewesen war. Es ist zu sagen, dass wir, allerdings unter großen Beschwerden und Gefahren, so glücklich waren, die von Old Death entdeckte Bonanza aufzufinden.

Bei meinen weiteren Streifzügen durch die Sonora, das nordöstliche Gebiet Mexikos, lernte ich einen Südamerikaner aus den La-Plata-Staaten kennen, der sich Pena nannte. *Wir hatten uns einander angeschlossen, hatten Freud und Leid miteinander geteilt und mancherlei Abenteuer miteinander gemeinsam bestanden*[1]. Ich musste ihm bei unserer Trennung versprechen, ihn in Tucuman zu besuchen, falls ich einmal nach Argentinien kommen sollte.

Samstag, 2. Februar 1867:

Nicht ganz ungefährlich gestaltete sich mein Weg nach St. Louis zu Mr. Henry, wo ich meinen Bärentöter und den Henrystutzen abholen wollte. Ich hielt mich kurz am Rio Pecos bei den Mescaleros auf, ritt dann durch den Llano Estacado zur Oase von Bloody-Fox. Danach ging es weiter nach Nordost, wo ich teilweise die Bahn benutzen konnte, bis ich bei Mr. Henry in St. Louis war, bei dem ich heute ankam. Er hatte sich ja vor mehr als einem halben Jahr bereit erklärt, *meine beiden Gewehre, die allzu auffällig und mir daher bei der Verfolgung* von Gibson und Ohlert *hinderlich waren, bis zu meiner* mutmaßlichen *Rückkehr von New Orleans aufzubewahren. Hätte ich* damals *freilich geahnt, welch unerwünschte Ausdehnung die Verfolgung annehmen würde, so hätte ich die Gewehre mitgenommen.* Ich musste Mr. Henry versprechen, mich einige Zeit bei ihm von meinen Strapazen zu erholen, bis ich wieder nach Deutschland zurückkehren würde, was ich auch gerne tat.

Donnerstag, 21. März 1867:

Ich hatte mir vorgenommen, mich auf dem Weg nach New York ein wenig in den Oststaaten umzusehen, da ich hier, außer bei meiner ersten Nordamerika-Reise, fast kaum etwas von der Landschaft und von den Städten gesehen hatte. Bis auf eine Begebenheit, die mich leicht das Leben hätte kosten können, ist nicht viel davon zu berichten. Dieses eine Ereignis geschah, als ich einen Abstecher zum Kanawha machte, einem Nebenfluss des Ohio in West Virginia. Dort wurde ich Zeuge, wie ein Ölbohrturm explodierte

[1] Karl Mays Gesammelte Werke Band 13, *In den Kordilleren*, Kapitel 2: *Ich war diesem Mann vor einiger Zeit in Mexiko begegnet.*

und die in der Nähe stehenden Arbeiter mit in den Tod riss. Ich werde dieses furchtbare Ereignis nie vergessen, denn ich war in unmittelbarer Nähe, aber doch glücklicherweise noch so weit entfernt, dass ich mit dem Schrecken davonkam. Wann und wie das meterhoch senkrecht in der Luft stehende lodernde Feuer gelöscht wurde, erfuhr ich nicht mehr, denn da war ich schon aus dem Kanawhatal heraus. Ich setzte danach meine Reise über die Industriestadt Pittsburg und über Philadelphia, wo ich mich etwas länger aufhielt, fort. In New York besuchte ich als erstes das Bankhaus Ohlert, wo ich von Vater und Sohn Ohlert freudig begrüßt wurde. William Ohlert hatte sich in der kurzen Zeit, in der er offiziell als Juniorchef im Bankhaus tätig war, gut eingearbeitet, wie mir sein Vater bestätigte. Selbstverständlich wurde ich eingeladen, während meines New Yorker Aufenthalts in ihrem Haus zu wohnen und mich so zu fühlen, als ob ich hier daheim wäre. Nach kurzem Zögern nahm ich das Angebot dankend an und fühlte mich dort die ganze Zeit recht wohl. Ich nahm dann auch noch Verbindung zur ‚New Yorker Staatszeitung' auf, die die Berichte meiner letzten Erlebnisse freudig annahm, denn solche Artikel bekam sie nicht jeden Tag. Natürlich nannte ich darin William Ohlert nicht bei seinem richtigen Namen, sondern veränderte die Angelegenheit etwas, sodass niemand auf den Gedanken kommen konnte, dass damit ein Angehöriger des Bankhauses Ohlert gemeint sei. In zwei Tagen wird ein Dampfer den New Yorker Hafen in Richtung Hamburg verlassen, auf dem mir Mr. Ohlert, obwohl ich das nicht wollte, eine Kabine erster Klasse gebucht hat. So nobel werde ich wohl nie wieder auf einem Schiff die Heimreise antreten. Ich hoffe, bis spätestens Ende dieses Monats wieder zu Hause anzukommen.

9. ROM-REISE (1867)[1]

Sonntag, 12. Mai 1867:

Ich habe mich ganz kurzfristig entschlossen, eine Rom-Reise anzutreten, und morgen früh werde ich abreisen. Wenn ich Glück habe, werde ich Papst Pius IX. sehen, der seit über zwanzig Jahren das Oberhaupt der katholischen Christen und nun schon 76 Jahre alt ist.

Pfingstsonntag, 9. Juni 1867:

Im Petersdom habe ich am Pfingstgottesdienst teilgenommen, einem feierlichen Pontifikalamt, das der Heilige Vater zusammen mit den in Rom anwesenden Kardinälen zelebrierte. Zu einer Audienz wurde ich leider nicht zugelassen.

Dienstag, 25. Juni 1867:

Heute bin ich von meiner eindrucksvollen Rom-Reise zurückgekommen. Es waren wunderschöne Tage, die ich dort verlebte. Ich habe die Heilige Stadt, die seit der Rückkehr von Papst Pius IX. aus dem Exil von Gaeta mit Hilfe der Franzosen wieder zum Kirchenstaat gehört, reichlich genossen. Nicht nur die wichtigsten christlichen Kirchen und Katakomben habe ich besucht, sondern bin auch regelrecht in den antiken Stätten herumgekrochen und habe die alte römische Zeit an mir vorüberziehen lassen.

[1] Karl Mays Gesammelte Werke Band 5, *Durch das Land der Skipetaren*. In Kapitel 12 sagt Kara Ben Nemsi zur Bulgarin Anka: *„Nun, ich war in Rom und habe den Baba mukkades (Heiliger Vater) gesehen, umgeben von den Kadnalalar (Kardinäle).“*

10. ZWEITE ORIENT-REISE (1867)

Freitag, 19. Juli 1867:

Ich bin heute wieder auf der Reise in den Süden. Über Genua und Monaco, das durch seine Spielbank[1] weltbekannt ist, will ich nach Marseille weiterreisen. Von hier werde ich nach Algier übersetzen und mich von dort aus über die Grenze nach Tunesien begeben.

Dienstag, 13. August 1867:[2]

Es war erst neun Uhr vormittags, und doch brannte die afrikanische Sonne schon stechend auf das vor uns liegende Tal herab. Wir kamen aus der Provinz Constantine, hatten gestern zwischen Dschebel Frima und Dschebel el Maallega die tunesische Grenze überschritten und waren dann quer durch das Wadi Melis gegangen. Wir wollten bis zum Abend Seraïa Bent erreichen. Mein Diener Achmed es Sallah war lange Zeit in Algier gewesen, stammte aber aus der Gegend, wo wir hinwollten, und war daher für mich der ideale Führer. Er hatte seine Heimat verlassen, da er arm war und Mochallah, die Tochter des Scheiks der Uëlad Sedira, liebte, die ihm dieser jedoch verweigerte. Er hatte in Algier viele Franken und Piaster verdient und nun konnte er dem Scheik bezahlen, was dieser für seine Tochter gefordert hatte.

Bei einer Gazellenjagd lernte ich den Obersten der Leibgarde des Herrschers von Tunis kennen, der als ‚Krüger Bei' bekannt und ein ehemaliger Bierbrauer aus Brandenburg war. Als ich ihn auf Deutsch ansprach, war er erst verblüfft, dann aber hocherfreut, dass er in mir einen Deutschen vor sich hatte. Und dann tauchte noch eine weitere Überraschung auf: *Lord David Percy, der eigentümliche Sohn des Earl von Forfax,* mein ehemaliger Reisegefährte in Indien.[3] Beide wollten nach Seraïa Bent, um von Scheik Ali en Nurabi einige prächtige Pferde zu kaufen. Von den Reitern des Stammes

[1] Karl Mays Gesammelte Werke Band 48, *Das Zauberwasser,* in der Erzählung ‚Auferstehung'. Vater Degraciado fragt: *„Ist Ihnen der Name Monaco bekannt?"* – Antwort: *„Ja. Ich bin sogar einmal dort gewesen."*

[2] 13.08.1867-22.08.1867: GW Band 10, *Sand des Verderbens,* Erzählung ‚Der Krumir'

[3] Erste Ostasien-Reise (1862-1863), Seite 38

wurden wir mit einer Fantasia begrüßt und vom Scheik zum Essen eingeladen. Wir machten ihm die geschossenen Gazellen zum Geschenk. Seine beiden Söhne waren mit einigen jungen Leuten unterwegs, um einen Überfall durch die Beni Hamema auf eine Karawane zu verhindern. Dann besichtigten wir die Pferde des Stammes. In der Herde befanden sich eine prachtvolle milchweiße Stute und ein noch kostbareres Bischarîn-Hedschîn. Während der Besichtigung kamen die beiden Söhne des Scheiks mit einem Gefangenen: Sâdis, der Krumir, der einen aus dem Stamm getötet und zwei andere verwundet hatte. Kaum waren wir im Lager, da stellte sich der Krumir hinter die Tochter des Scheiks und rief: *„Ich bin der Beschützte!"* Die Versammlung der Ältesten beriet über das weitere Schicksal des Krumir. Achmed bat mich, ‚Schmiere' zu stehen, damit er sich heimlich mit der Tochter des Scheiks treffen konnte. Als ich das Liebespaar bewachte, sah ich eine verdächtige Gestalt. Es war der Krumir. Doch ich wurde von einigen anderen Personen niedergeschlagen, die mich fesselten und knebelten. Als ich aus der Bewusstlosigkeit erwachte, konnte ich aus ihrem Gespräch ihr weiteres Vorhaben hören. Sie wollten die Tochter des Scheiks entführen, das Bischarîn-Hedschîn und die weiße Stute stehlen. Trotz der Fesseln konnte ich einen meiner beiden Revolver erreichen und sechs Schüsse abgeben, sodass das ganze Duar geweckt wurde. Achmed hatte inzwischen einen der Hamema-Beduinen erschossen und einen zweiten verwundet, als sie auch meinen Hengst stehlen wollten. Es wurde beschlossen, dass ich mit Achmed, Lord Percy, dem Scheik und sechzig Beduinen die Verfolgung aufnehmen sollte, während hundertfünfzig Stammesangehörige unter der Leitung des Scheiksohnes der erwarteten Karawane entgegenreiten würden.

Mittwoch, 14. August 1867:

Krüger Bei, *der Anführer der tunesischen Heerscharen konnte sich unserer Unternehmung nicht anschließen. Er kehrte mit seinen Begleitern nach el Bordsch zurück, wobei er eine große Strecke mit den Uëlad Sedira reiten konnte, die der Kâfila entgegengingen.* Er nannte mich seinen Freund und mahnte, ich solle nicht vergessen, ihn in Tunis zu besuchen. *Dann brachen wir auf, die einen nach Norden und wir anderen nach Süden.* Wir ritten in Richtung des Bah Abida, den der Krumir übersteigen wollte. Später entdeckten wir, dass die Räuber sich getrennt hatten. Es waren vier verschiedene Spuren entstanden und *es dauerte lange, bis ich endlich die gesuchten Hufeindrücke fand,* die ich dem Krumir zuordnen konnte. Er schien mit der Tochter des Scheiks allein weiterzureiten. *Nun aber ging es mit verdoppelter Eile auf der neu entdeckten Fährte weiter.* Wir erreichten den Bah Abida nach dem Nachmittagsgebet und waren bei Sonnenuntergang auf seinem Gipfel.

Donnerstag, 15. August 1867:

Obwohl die Verfolgten der Spur nach nur zwei Stunden vor uns waren, mussten wir nach einigen Stunden feststellen, dass wir ihnen nicht näher gekommen waren, weil sie bessere Pferde besaßen. Deshalb trennten wir uns von unserem Trupp *und wir vier*, Achmed, Lord Percy, der Scheik und ich, *ließen unsere Tiere doppelt ausgreifen.* Nach stundenlangem Ritt *sah ich weiße und farbige Punkte, die sich bewegten.* Durch mein Fernrohr erkannte ich *ein Kamel mit einer Atuscha und sieben Reiter, der eine von ihnen auf* einer *Milchstute.* Als wir ihnen näher gekommen waren, blickte sich der Krumir um *und erkannte, dass wir ihn einholen würden. Er ließ nur einen kurzen Augenblick halten, dann stob der Trupp auseinander, der Krumir geradeaus, das Hedschîn nach rechts und die anderen Reiter nach links.* Ich eilte dem Krumir nach und hatte ihn beinahe erreicht, als er nach links abbog auf ein Beduinenlager zu. Der Krumir war gerettet, denn es waren Bekannte von ihm, die mich mit hundert Gewehren in Schach hielten. Da schwang ich mich vom Pferd und sprang auf zwei Frauen zu, die aus einem Zelt getreten waren. *„Ich bin unter dem Schutz der Frauen!“, rief ich laut und huschte in das Zelt hinein.* Die jüngere hieß Dschumeila und war die Nichte des Scheiks. Die Versammlung der Ältesten sah neben dem Krumir und mir auch den Scheik und den Engländer, die auch gefangen waren, als freie Menschen an, die das Lager jederzeit verlassen könnten, sprachen aber die geraubte Tochter des Scheiks dem Krumir zu. Mir gestand Scheik Mohammed er Rahman, dass ein Löwe schon einige Männer der Mescheer getötet und Kamele, Rinder und Schafe gerissen habe. Nun sei auch noch ein schwarzer Panther hinzugekommen. Da erbot ich mich, zusammen mit Lord Percy diese Raubtiere zu schießen. Ich ordnete an, wie die Herden der Pferde, Kamele, Rinder und Schafe in der Nacht zu stehen hätten, und machte mich zusammen mit Lord Percy *ungefähr anderthalb Stunden vor Mitternacht* auf, um unsere getrennten Positionen einzunehmen. Es verging eine lange Zeit, dann *ein scharfes Prasseln und Krachen von Knochen, ein Schuss und noch einer, dann war es wieder still.* Auf meinen Zuruf antwortete Lord Percy, dass er nicht wisse, ob er den Löwen richtig getroffen habe. Und dann waren plötzlich zwei Panther neben mir. Dem einen schoss ich ins rechte Auge, *der Panther war tot.* Für den anderen brauchte ich zwei Schüsse. Wir sahen die Blutspur des angeschossenen Löwen und wollten morgen seinen Weg verfolgen. Von den beiden Pantherfellen schenkte ich eines dem Scheik, das andere seiner Nichte Dschumeila.

Freitag, 16. August 1867:

Am nächsten Morgen brachen wir mit zweihundert Beduinen auf, um das Lager des Löwen zu finden, dessen Blutspur wir nachgingen. In einem Gebüsch fanden wir den toten Löwen, die Löwin mit ihren Jungen war weitergezogen zu einem Talkessel, wo wir sie stellten. Zwei meiner Schüsse trafen sie tödlich. Als wir wieder im Duar ankamen, war der Krumir fort und hatte Mochallah mitgenommen, *in südlicher Richtung nach dem Dschebel Tiuasch zu.* Und auch seine Kumpane, die Hamema-Beduinen, waren verschwunden. Wir nahmen die Verfolgung auf, doch es gelang uns nicht, *die Räuber noch am ersten Tag zu erreichen.*

Samstag, 17. August 1867:

Wir näherten uns jenen wenig besuchten Ländereien, in denen die Grenze zwischen Algerien und Tunesien strittig ist. So erreichten wir um die Mittagszeit die Berge von Schania, von denen man in das Gebiet der Schotts herabblicken kann. Auch heute holten wir den Krumir nicht ein.

Sonntag, 18. August 1867:

Wir kamen an eine Stelle, an der *der Krumir mit seiner Gefangenen die Nacht zugebracht* hatte. *Gegen Mittag, blitzte es am fernen Himmelsrand hell und kristallisch auf; das war der Schott Rharsa.* Wir sahen zwei Pferde, einen Falben und einen Schimmel: Mochallah und der Krumir. *Auch er musste uns erkennen,* denn er flog *mit beiden Pferden davon. Wir näherten uns dem glänzenden Spiegel des Schotts immer mehr.* Ich holte den Krumir mit meinem Lasso aus dem Sattel, doch er schwang sich hinter Mochallah auf deren Pferd *und lenkte es auf die hell erklingende Salzdecke hinaus, ich hinter ihm her.* Und Achmed folgte mir. *Der Boden dröhnte, wankte, knirschte und prasselte. Der Tod flog mit uns, vor, neben, unter uns.* Als der Krumir merkte, dass sein Pferd an Kraft verlor, weil es die doppelte Last zu tragen hatte, wollte er Mochallah herunterstoßen, doch die klammerte sich an ihm fest. Er aber schlug sie herunter, *das flüssige Salz gab nach, sie sank. Doch in diesem Augenblick schoss mein Pferd an ihr vorüber, ich beugte mich tief hinab und fasste sie am Oberarm* und zog sie hoch. *Da endlich bemerkte ich einen dunklen Streifen,* das war fester Boden, doch wir mussten springen, um auf ihm zu landen. Der Krumir war noch vor uns. *Mein Rappe flog wie ein Vogel über den breiten, tief sumpfigen Rand hinweg, der die Salzkruste vom festen Boden trennte, und gleich hinter mir landete auch Achmed glücklich.* Der Krumir aber lag regungslos im Sand. Seine *ermüdete Stute war zu kurz gesprungen, und der aus dem Sattel geschleuderte Krumir hatte, mit dem Kopf zuerst aufschlagend, den Hals gebrochen.* Wir banden den Toten auf sein Pferd, während Achmed Mochallah mit auf das seine nahm. Dann ritten wir unseren Gefährten entgegen. Später versenkten wir den Leib des Krumir unter die Salzkruste des Schotts Rharsa.

Donnerstag, 22. August 1867:

Wir blieben bis heute bei den Uëlad Mescheer, dann trennten wir uns von dem gastlichen Beduinen-Stamm. Achmed und Mochallah ritten mit ihrem Vater, dem Scheik Ali en Nurabi, zu den Uëlad Sedira zurück. Ich aber wollte über Sfax in meine Heimat, und Lord Percy, der mich noch ein Stück begleiten würde, wollte hinüber nach Algerien.

Dienstag, 10. September 1867:

In Sfax war in absehbarer Zeit kein Schiff nach Europa zu erwarten. Deshalb entschloss ich mich, mit einem Dampfer nach Tunis zu fahren, wo ich auf einen besseren Anschluss hoffen konnte. Hier machte ich mein Versprechen, Krüger Bei einmal in Tunis zu besuchen, schneller wahr als vorher gedacht. Draußen in Bardo, wo der ‚Herr der Heerscharen' seinen Sitz hatte, lernte ich auch seinen Adjutanten Selim kennen, der *aber nur der alte ‚Sallam' genannt* wurde. Krüger Bei freute sich riesig über mein unerwartetes Auftauchen. Natürlich musste ich ihn ausführlich über unser Abenteuer mit dem Krumir und dessen Ausgang informieren. Ich musste in seinem Haus Quartier nehmen und er wollte mich unbedingt länger hier behalten. Weil ich aber nach Hause wollte, erkundigte ich mich in Goletta, dem Hafen von Tunis, wann ein Schiff nach Marseille, Neapel oder Genua fahren würde, doch man konnte mir keinen konkreten Termin nennen.

Mittwoch, 11. September 1867:

Schon am frühen Morgen sah ich einen Frachtdampfer im Hafen liegen. Ich eilte hin, um mich nach dessen weiterem Reiseziel zu erkundigen. Doch nicht ein europäischer Hafen war sein nächstes Ziel, sondern Stambul in der Türkei. Am kommenden Tag, nachdem ein Teil der Fracht gelöscht und andere aufgenommen sei, werde das unter englischer Flagge fahrende Schiff wieder abdampfen. Enttäuscht kehrte ich zurück zu Krüger Bei. Sicher saß ich hier noch einige Tage fest, ohne in Richtung Heimat zu kommen. Dann aber kam mir die Idee: Warum nicht nach Stambul fahren? Ich hatte ja schon immer vor, eine Reise dorthin zu machen. Nun bot sich mir unverhofft die Gelegenheit dazu; warum sollte ich sie nicht nutzen, zumal ich ja einen

Teil des Reisewegs sparen konnte? Bevor ich mein Quartier kündigte, nahm ich mit dem Kapitän des englischen Frachtdampfers Kontakt auf und dieser erklärte sich bereit, mich nach Stambul mitzunehmen. Ich solle spätestens heute Abend an Bord sein, denn schon beim ersten Morgengrauen wolle er ablegen.

Ende September 1867:

Der englische Frachter, auf dem ich mich mit Kurs auf Stambul befand, fuhr zwischen dem griechischen Festland und der Insel Kandia (Kreta) in das Ägäische Meer hinein und an den vielen größeren und kleineren Inseln vorbei, die größtenteils zu Griechenland gehörten, bevor wir den langen, engen Schlauch der Dardanellen passierten, um dann in das breitere Marmarameer einzufahren. Dahinter lag der Bosporus, der zum Schwarzen Meer hinführt. Der Kapitän erklärte mir, dass der Bosporus ungefähr siebenundzwanzig Kilometer lang sei und seine größte Breite etwa knapp zwei Kilometer betrage. Vom Schwarzen Meer her herrschte eine starke Strömung vor und jetzt im Herbst drückte ein starker Nordwind herein. Schließlich tauchte am südlichen Ende des Bosporus die Haupt- und Residenzstadt des Osmanischen Reiches, Konstantinopel, vor uns auf, von den Türken Istanbul, Stambul oder Ber-i-Veadet (Pforte des Glücks), von den türkischen Slaven auch Zarigrad (Kaiserburg) genannt. Nachdem unser Schiff in das Goldene Horn eingefahren war, legte es am nördlichen Ufer beim Stadtteil Galata an, wo der Handel und Verkehr von Konstantinopel seinen eigentlichen Brennpunkt hat.

An den Hafendämmen lagen die Dampfer und Segler aller seefahrenden Völker, und auf den glitzernden Wogen wiegten sich die seltsam gebauten türkischen Gondeln und Kähne, zwischen denen bisweilen schlankgeflügelte Seemöwen übers Wasser hinschossen, als wollten sie in spielerischem Übermut ihre Fluggeschicklichkeit erproben und beweisen.[1]

Ich suchte mir in Pera ein europäisch eingerichtetes Quartier. *Pera ist der Stadtteil von Konstantinopel, der vorzugs-*

[1] Karl Mays Gesammelte Werke Band 61, *Der Derwisch*, Kapitel 1

weise von Europäern, ihren Gesandten und Konsuln bewohnt wird. Ich wollte mir hauptsächlich die auf dem europäischen Festland liegende geschichtsträchtige Stadt und vielleicht noch ein oder zwei ihrer Stadtteile, wie Pera und Galata, ansehen. Das auf der asiatischen Seite gelegene Skutari interessierte mich weniger. Die eigentliche Kernstadt südlich des Goldenen Horns ist teilweise mit Ringmauern umgeben, von denen die innere mit den hohen Türmen noch ziemlich gut erhalten ist. Mehrere Tore durchbrechen diese Ringmauern, davon allein fünfzehn nach dem Goldenen Horn zu.

Dienstag, 15. Oktober 1867:

Mein erstes Ziel war die Hagia Sofia, heute Moschee und ehemals christliche Kirche, ein Musterbau byzantinischen Stils. Die unter dem osmanischen Herrscher Soliman dem Großen erbaute Moschee gleichen Namens wurde der Hagia Sofia nachgebildet und wird als die schönste gerühmt. Sieben Minaretts hat die Moschee Achmeds I. Übrigens gibt es noch viele christliche Kirchen und einige jüdische Synagogen. Der Serai, die verlassene Residenz der ehemaligen Sultane, liegt auf der Spitze des Dreiecks zum Bosporus und Goldenen Horn und ist von einer Mauer umgeben. Dort befinden sich Paläste, Moscheen und die Wohnungen der Sultanswitwen und der alten Palastdiener. Beeindruckt war ich von dem Großen Basar mit seinen langen, in verschiedene Richtungen verlaufenden Bogengängen, worin sich ein normaler Europäer gänzlich verirren kann. Die eigentliche Stadt ist fast dreieckig auf sieben Hügeln gebaut und besteht aus einem Gewirr von engen, winkeligen und stinkenden Gässchen mit meist elenden, fensterlosen Hütten, teils unterbrochen durch einen freien Platz oder ein größeres Gebäude. Ganz anders sieht es in Pera oder in Galata aus, denn beide Stadtteile sind doch mehr europäisch geprägt. Besonders imposant ist der fünfundvierzig Meter hohe und runde Turm in Galata, der als Signalpunkt dient und eine herrliche Aussicht über Konstantinopel und die Vorstädte bietet.

Während ich mich hauptsächlich darauf beschränkte, die Stadt am Bosporus kennenzulernen, wurde ich Zeuge, wie ein *Gefangener fortgeschafft wurde.*[1] Ich erinnere mich deshalb so genau an diese Begebenheit, weil dieser Mann schöne und feine, aber *in ihrem Missklang doch so teuflische Züge*[2] hatte. Sein Blick, als wir uns nur einen kurzen Moment Auge in Auge gegenüberstanden, war *forschend, scharf, stechend* und *förmlich durchbohrend.*

Kurz nach dieser Begegnung konnte ich einem türkischen Offizier namens Osman einen nicht unbeträchtlichen Dienst erweisen und es stellte sich dabei heraus, dass dieser früher Adolf Farkas hieß und ein ehemaliger ungarischer Offizier war. Wir wurden sozusagen Freunde und tranken gemeinsam so manche Tasse Kaffee und rauchten manchen Tschibuk miteinander.[3] Er war es auch, der mir über einen Kammerdiener einen Ferman mit der Unterschrift des Sultans, einer sogenannten Tughra, besorgte. *Der Ferman ist der höchste Pass. Er enthält oben zwischen den kalligraphischen Schnörkeln die Titel des Padischah. Es wird darin den Behörden alle mögliche Rücksicht auf die Wünsche des Reisenden anbefohlen. Auch sind allerlei für den Inhaber vorteilhafte Bestimmungen in diesem Pergament zu lesen, zum Beispiel, zu welchem Preis er Pferde, Begleiter und Führer und anderes haben kann.*[4] Damit war ich für spätere Reisen in den Orient bestens gerüstet.

Samstag, 9. November 1867:

Anfang November hatte ich das Glück, ein deutsches Dampfschiff im Hafen von Galata zu erwischen, das mich mit nach Hamburg nahm. Heute bin ich wieder glücklich in Dresden angekommen.

[1] Karl Mays Gesammelte Werke Band 1, *Durch die Wüste*, Bemerkung in Kapitel 6

[2] Ebenda, in Kapitel 4 über Abrahim Mamur

[3] Karl Mays Gesammelte Werke Band 27, *Bei den Trümmern von Babylon*, Kapitel 7

[4] Karl Mays Gesammelte Werke Band 4, *In den Schluchten des Balkan*, Kapitel 9

11. NORDLAND-REISE (1867-1868)[1]

Mitte Dezember 1867:

Anfang Dezember schnürte ich wieder mein Bündel und verabschiedete mich in der Hoffnung, in einigen Wochen wieder zurück zu sein. In Rostock fand ich einen Frachtdampfer, der mich zum schwedischen Hafen Salmis brachte. Salmis ist der Seehafen der Stadt Haparanda, das von den Schweden Län Norbotten genannt wird. Von hier aus sind es nur wenige Kilometer bis hinüber zur russischen Grenzstadt Tornea, die zum finnischen Gouvernement Uleaborg gehört und an der Mündung des Torne-Elf in den Bottnischen Meerbusen liegt. Hier erwischte ich glücklicherweise ein Rentiergespann, das mich hinauf nach Rovaniemi ins finnische Lappland brachte. Dort am nördlichen Polarkreis ist es um diese Jahreszeit nur zwei Stunden am Tag hell. Es herrscht ‚Kaamos', die Polarnacht, was auch gleichzeitig Ruhe, Stille und Friede bedeutet.

Hier traf ich auf dem Markt Vater Pent, das Oberhaupt einer Samenfamilie, die er wie ein Patriarch beherrschte. Er nahm mich mit und ich fand bei seiner sehr gastlichen Familie freundliche Aufnahme und war sofort in den Sippenverband mit eingeschlossen.

März 1868:

Es war der kälteste Winter, den ich je erlebte. Und ein *Nordlicht, wie ich es in dieser Pracht und Herrlichkeit noch niemals beobachtet hatte.* Ich nahm an einer Bärenjagd teil und es gelang mir, einige Geldbeutel wiederzufinden, die Vater Pent gestohlen worden waren, worauf dieser sein Amulett, seinen Talisman, in das Feuer warf. Zuvor sagte er zu mir: *„Nie hat man hier solche Waffen gesehen, wie die deinigen sind. Ein jeder Dieb wird sich vor dir fürchten. Auch bist du in fernen, wilden Ländern gewesen, wo du gelernt hast, die Spur eines Flüchtlings zu lesen, wie wir es nicht vermögen. Du selbst hast uns erzählt von den bösen Indianern, denen ihr gefolgt seid über Berg und*

[1] Karl Mays Gesammelte Werke Band 23, *Auf fremden Pfaden*, Erzählung ‚Der Talisman'

Tal, um ihnen die Felle wieder abzunehmen, die sie euch gestohlen hatten."

Ich blieb noch einige Zeit bei der gastlichen Lappenfamilie, doch irgendwann musste ich wieder fort. In Salmis hatte ich noch zwei Tage zu warten, bis ein Schiff nach Stockholm ablegte. Von dort aus gelangte ich nach Rostock und im März 1868 war ich wieder zu Hause.

12. VIERTE NORDAMERIKA-REISE (1868-1869)

Donnerstag, 26. März 1868:

Als ich mich in Hamburg nach einer Überfahrt in die USA erkundigte, erfuhr ich, dass schon morgen ein Dampfschiff nach New Orleans abgehen werde, und erhielt glücklicherweise noch einen Platz.

Montag, 20. April 1868:

In New Orleans war ich zuletzt im Jahre 1866, als ich den Sohn des Bankiers Ohlert aus New York suchte und dort Old Death kennenlernte. Diesmal wollte ich, bevor ich mich in die ‚dark and bloody grounds' begab, den Mississippi hinauf, etwa bis Vicksburg, und von da aus nach Westen. Also fuhr ich mit einem Mississippi-Steamer hinauf bis Baton Rouge, wo ich *auf das Dampfboot nach Natchez warten musste. Am Landeplatz saßen zwei Bettler. Ihre Gesichter kamen mir bekannt vor. Dem einen fehlten beide Augen. Der andere hielt mir seinen Hut hin. Als ich ein Silberstück hineinwarf, wusste ich, wen ich vor mir hatte:* Es waren Grinder und Slack. *Die Mörder der* beiden Goldgräber-Brüder *hatten* nach dem Blizzard *auf Fort Hillock doch nicht ihre Strafe gefunden, aber ihre jetzige Lage war jedenfalls noch schlimmer als der Tod.*[1]

Donnerstag, 28. Mai 1868:[2]

Ich hatte zuletzt mit Winnetou und einer Schar seiner Apatschen in der Sierra Blanca gejagt. Wir wollten dann zu den Navajos hinüber. *Es kam aber nicht dazu,* denn auf Wunsch Winnetous begleitete ich einen kalifornischen Geldtransport nach Fort Scott. *Von Fort Scott* solle ich *nordwärts zu der westlich vom Missouri gelegenen Gravel-Prärie reiten, wo er wieder mit mir zusammentreffen werde, denn er wolle seinen alten, berühmten Freund Old Firehand besuchen, der sich jetzt in jener Gegend aufhalte.* Ich ritt *erst über den Kansas und dann über den Nebraska, durch das Gebiet der Sioux. Meiner Berechnung*

[1] Zweite Nordamerika-Reise (1864-1865): 13. Februar 1865, Seite 70f.

[2] 28.05.1868-07.10.1868: Karl Mays Gesammelte Werke Band 8, *Winnetou II*, Kapitel 12-20

nach musste ich mich jetzt in der Nähe einer *Ölniederlassung befinden,* die *New Venango hieß und in einer jener Schluchten lag, die gewöhnlich von einem Flüsschen durchzogen sind. Schon gab ich es auf, dieses Ziel heute noch zu erreichen, da bemerkte ich* seitwärts *zwei Reiter, die gerade auf mich* zuhielten. Einer der beiden war noch ein Knabe von vielleicht dreizehn Jahren. Er hieß Harry und er erzählte mir, dass er von seinem Bruder komme, der in Omaha wohnte, und sein Begleiter, der Forster hieß, sei nicht nur der Vater seiner Schwägerin, sondern auch der Besitzer der Ölquelle in New Venango. Harry glaubte nicht, dass Winnetou, den er übrigens sehr gut zu kennen schien, mir mein Pferd geschenkt hatte. Nachdem ich im Store eingekauft und auch meinen Munitionsvorrat ergänzt hatte, war es dunkel geworden. Ich erlauschte unabsichtlich ein Gespräch zwischen Forster und Harry, der dem Jungen erklärte, dass er Öl in die Landschaft ablaufen lasse, um es knapper und damit teurer zu machen. Welch ein sträflicher Leichtsinn, *denn in diesem Augenblick dröhnte ein Donnerschlag, als sei die Erde mitten unter uns auseinander geborsten.* Ich sah da, *wo der Bohrturm in Betrieb gewesen war, einen glühenden Feuerstrahl senkrecht in die Höhe steigen. Ich kannte diese furchtbare Erscheinung, denn ich hatte sie im Kanawhatal in ihrer ganzen Schrecklichkeit gesehen.*[1] *Mich weiter um niemand kümmernd, riss ich Harry in meine Arme und saß im nächsten Augenblick mit ihm im Sattel. Und in rasendem Lauf trug uns Hatatitla stromabwärts* durch *das immer rascher vorwärtsschreitende Feuermeer.* Dass wir diesem Inferno über den Fluss entrinnen konnten, grenzte schon an ein Wunder. Als Harry, der bewusstlos geworden war, wieder zu sich kam, nannte er mich einen Feigling, weil ich die anderen aus dem Tal nicht auch noch gerettet hätte. Er riss sich von mir los und in meiner Hand blieb ein Ring zurück. Ich sah ihn nicht mehr und konnte ihm deshalb auch nicht folgen. Ich beschloss, *die Nacht hierzubleiben und den Anbruch des Morgens zu erwarten.*

[1] Dritte Nordamerika-Reise (1866-1867): 21. März 1867, Seite 104f.

Freitag, 29. Mai 1868:

Das Tageslicht milderte den blendenden Schein der Flammen. Außer einem kleinen Häuschen oberhalb des Tales war alles verschwunden. Vor diesem Häuschen *standen einige Menschen, bei denen ich Harry gewahrte.* Als ich zu ihnen wollte, trat man mir mit Waffen entgegen, bezeichnete mich als Mordbrenner und schoss auf mich, doch ohne zu treffen. Deshalb blieb mir nichts anderes übrig, als diese Gegend zu verlassen.

Samstag, 30. Mai 1868:

Am nächsten Tag erreichte ich eine Mulde in der Gravel-Prärie, wo ich mich mit Winnetou treffen wollte.

Samstag, 6. Juni 1868:

Ich musste aber eine ganze Woche auf ihn warten. Es tummelten sich da mehrere Trupps von Sioux in der Gegend herum. *Als Winnetou kam und ich ihm die Anwesenheit der Roten meldete, war er einverstanden, sogleich weiterzureiten. Ich freute mich sehr darauf, den berühmten Old Firehand endlich kennenzulernen. Der Weg zu ihm war nicht ungefährlich.*

Sonntag, 7. Juni 1868:

Das merkten wir schon am nächsten Tag, als wir auf die Fährte von Indianern *trafen.* Wir vermuteten, dass der Haupttrupp hier in der Nähe lagerte, weshalb *ich die Gegend nach den Indianern absuchen* wollte, während Winnetou bei den Pferden blieb. Ich kam bald zu deren Lager, wo sich *ungefähr hundert Mann* befanden, *sämtlich mit den Kriegsfarben bemalt.* Mir gelang es, zwei Häuptlinge, von denen einer Parranoh vom Stamme der Poncas war, bei ihrem Gespräch zu belauschen, und ich erfuhr, dass sie Fort Niobrara überfallen wollten. *Ich hatte genug gehört* und zog mich geräuschlos zurück. Doch *da warf sich ein riesiger schwarzer Schatten auf mich. Himmel, hatte der Kerl Kraft.* Wir rangen stillschweigend miteinander, doch ich konnte mich noch so anstrengen, dieser Mensch schien unbezwingbar. Dabei verlor ich mein Messer und in einer Kampfpause zog ich mich etwas von ihm weg. Als ich mich wieder auf meinen Gegner stürzen wollte, war er verschwunden. Da ich vorher gerade noch seinen Bart berührt hatte, wusste ich, dass es kein Indianer, sondern ein Weißer war. *Mein Bowiemesser war fort, mein Gegner hatte es wohl auf der Suche nach seinem eigenen gefunden und an sich genommen.* Mit Winnetou ritt ich dann eine große Strecke weit, bis wir unser Nachtlager aufschlugen. Jetzt erzählte ich ihm, was ich erlebt hatte, und war ganz überrascht, als er sagte, dass er mit Parranoh, dem weißen Häuptling der Poncas, noch eine Abrechnung habe. Da er nicht mehr darüber erzählte, fragte ich auch nicht, denn *wenn es an der Zeit war, würde er sein Schweigen schon brechen.*

Montag, 8. Juni 1868:

Am nächsten Morgen ritten wir zum Fort Niobrara, um die Besatzung vor dem Überfall durch die Poncas zu warnen. Winnetou und ich waren schon einmal vor Jahren hier in diesem Fort gewesen,[1] das ich jetzt allein aufsuchte. Der Fortkommandant war ein anderer als damals vor über drei Jahren. Er hatte Besuch, den ich sofort erkannte, obwohl ich ihn noch niemals in meinem Leben gesehen hatte: Es war Old Firehand und er hatte, zu meiner Überraschung, neben seinem eigenen auch mein Bowiemesser in seinem Gürtel stecken. *Jetzt brauchte ich mich freilich nicht mehr zu wundern, dass es mir nicht gelungen war, den Mann zu überwältigen, der gestern im Dunkel der Nacht mit mir gekämpft hatte.* Ich berichtete dem Kommandanten vom geplanten Überfall der Poncas, doch war er schon von Old Firehand darüber informiert worden. Nachdem ich sagte, dass auch Winnetou in der Gegend sei, hatte der Kommandant keine Bedenken mehr, mit seinen dreißig Mann Besatzung das Fort gegen hundert Indianer zu verteidigen. Und Old Firehand erriet nun, dass ich Old Shatterhand war, war jedoch ganz erstaunt, zu erfahren, dass ich zudem derjenige war, mit dem er gestern Abend gerungen hatte. Nachdem auch Winnetou herbeigeholt worden war, wurde Lagebesprechung gehalten. Obwohl die Indianer ihre Angriffe meist gegen Morgengrauen vornehmen, *stand die ganze Besatzung schon von Mitternacht an hinter den Palisaden bereit.*

[1] Zweite Nordamerika-Reise (1864-1865): 31. Januar 1865, Seite 68f.

Dienstag, 9. Juni 1868:

Die Morgendämmerung brach endlich mit einem leichten Nebel an. Kurz darauf griffen die Poncas an, wurden jedoch mit einer Feuersalve empfangen. Nach der zweiten Salve brausten zehn Kavalleristen hinaus, die die Roten in die Flucht schlugen. Doch Parranoh zwang sie zur Umkehr, und da Winnetou, Old Firehand und ich ebenfalls auf den Kampfplatz gestürmt waren, wurden wir in Zweikämpfe verwickelt. *Jetzt erblickte ich Parranoh im Haufen der Indianer und bemühte mich, an ihn zu kommen. Mir ausweichend, kam er in die Nähe des Apatschen,* der sich auf ihn stürzen wollte, doch Old Firehand drängte Winnetou ab und schrie, dass ‚Tim Finnetey' ihm gehöre. *Vor Schrecken starr stand Parranoh, als er seinen eigentlichen Namen rufen hörte,* doch dann stürmte er *wie von der Sehne geschnellt davon.* Bevor Winnetou und Old Firehand ihm folgen konnten, war ich ihm schon auf den Fersen und bei einem Zusammenprall fuhr *ihm mein Messer bis an den Griff in den Leib. Ich nahm kein Zeichen des Lebens mehr an ihm wahr.* Da war auch schon Winnetou heran, der ganz gegen seine Gewohnheit Parranoh *mit drei Schnitten die Kopfhaut vom Schädel* löste. *Wie grimmig musste der sonst so menschenfreundliche Apatsche diesen Tim Finnetey hassen, dass er ihm die Kopfhaut nahm.* Dann eilten wir zurück und konnten gerade noch den verwundeten Old Firehand aus einer misslichen Lage befreien. *Der Kampf war vorüber, und die Besatzung beschäftigte sich bereits damit, die Toten zusammenzutragen und die Verwundeten ins Fort zu schleppen.* Später kamen auch noch die Reiter zurück, die die fliehenden Indianer verfolgt hatten.

Mittwoch, 10. Juni 1868:

Am nächsten Tag wurden die roten Indsmen begraben. Vorher hatte man noch die nähere und weitere Umgebung abgesucht und dabei eine überraschende Entdeckung gemacht: Der Platz, wo ich Parranoh zur Strecke gebracht hatte, war leer. Der vereitelte Überfall *war durch Eilboten sofort nach Fort Randall gemeldet worden.*

Dienstag, 16. Juni 1868:

Nach sechs Tagen traf von dort eine Verstärkung von zwanzig Mann ein. Sie brachten den Befehl ihres Colonels mit, die Gefangenen nach Fort Randall zu schicken, wo sie abgeurteilt werden sollten. Auch jetzt erfuhr ich nichts über die Beziehung von Winnetou und Old Firehand zu Parranoh.

Mittwoch, 24. Juni 1868:

Die Genesung Old Firehands war schneller fortgeschritten, als wir erwartet hatten, und so waren wir nach verhältnismäßig kurzer Zeit aufgebrochen, um durch das Land der kriegerischen Dakotas bis an den Mankizita vorzudringen, an dessen Ufer Old Firehand seine ‚Festung' hatte. Als wir am heutigen Abend am Lagerfeuer saßen, bemerkte Old Firehand den Ring an meinem Finger, den Harry mir nach dem Ölbrand in New Venango unfreiwillig zurückgelassen hatte. Ich musste ihm dieses Abenteuer erzählen und er fieberte direkt mit. Er kannte Harry, kannte Emery Forster, der wahrscheinlich bei dem Ölbrand ums Leben gekommen war, und er kannte Harrys Bruder in Omaha. Aber er sagte mir nicht, dass er selbst Harrys Vater war, wie ich aus seiner ganzen Aufregung annehmen musste.

Donnerstag, 25. Juni 1868:

Am nächsten Morgen *schlugen* wir *die Richtung zur Festung ein.* Winnetou und Old Firehand schienen enger miteinander verbunden zu sein, als ich bisher annehmen konnte. Doch Winnetou hatte mit mir nie darüber gesprochen. Ich erfuhr jetzt nur, dass Winnetou und Old Firehand vor Jahren dieselbe Frau geliebt hatten, die sich jedoch für den Weißen entschieden hatte und deren beider Sohn Harry war. Mit der hereinbrechenden Dämmerung kamen wir in die Nähe der ‚Festung'. Hier traf ich zu meiner Überraschung auf meinen alten Lehrmeister Sam Hawkens, der zusammen mit Dick Stone und Will Parker zur Mannschaft Old Firehands gehörte. Durch den engen Zugang des ‚Wassertors' gelangte man in Old Firehands ‚Festung'. Das Felsental schien von oben herab unbezwingbar zu sein. Nachdem ich mich umgesehen hatte, steuerte ich auf eine etwas höher liegende

Hütte zu, wo ich unverhofft auf Harry traf, der mich fast feindlich empfing. Abends am Lagerfeuer betrachtete er mich jedoch mit anderen Blicken, *wie es mir schien*. Später sprach er sich mit mir aus, entschuldigte sich für sein Verhalten in New Venango und wies mir seine eigene Felshöhle als Wohnung an.

Freitag, 26. Juni 1868:

Am Morgen ging ich mit Harry und Sam Hawkens zum Bee Fork, um die aufgestellten Fallen zu prüfen. Durch das Verhalten der Biber wurden wir auf zwei Ponca-Indianer aufmerksam gemacht, die durch die Gegend schlichen. Es schienen Kundschafter auf dem Kriegspfad zu sein. Was wollten diese hier? Waren sie uns wegen ihrer Niederlage bei Fort Niobrara auf den Fersen? Sam Hawkens musste Old Firehand sofort warnen, während Harry und ich *uns nach der Hauptschar der Roten umschauen* wollten, *damit wir deren Stärke genau kennenlernen und unsere Maßnahmen danach richten* konnten. Wir mussten wohl eine Stunde lang gehen, bis wir eine andere Spur entdeckten, die in Richtung ‚Festung' ging. Als wir dann Brandgeruch wahrnahmen, schlich ich mich allein weiter, um die Poncas zu zählen, doch ich erlebte eine böse Überraschung: In ihrer Mitte saß *der weiße Häuptling Parranoh oder Tim Finnetey* und *von seinem Kopf hing die prächtige Skalplocke herab, während Winnetou sie ihm doch genommen und nicht eine Minute lang aus seinem Gürtel gebracht hatte. War der Schurke denn leibhaftig von den Toten auferstanden?* Um nicht entdeckt zu werden, kehrte ich zu Harry zurück und wir verfolgten die zuletzt entdeckte Spur, stießen dabei auf Sam Hawkens, der die beiden Indianer beobachtet hatte. Dann kehrten wir ins Lager zurück. Zusätzlich zur Wache, die die nötigen Vorbereitungen zur Verteidigung treffen musste, verließ ich mit dem Kleeblatt, Old Firehand und Winnetou die ‚Festung', um das Lager der Poncas aufzusuchen. Wir waren nicht weit davon entfernt, als wir auf Parranoh und einige seiner Krieger stießen, mit denen es einen heftigen, lautlosen Kampf gab. Ich hatte Parranoh unter mir und konnte ihn unschädlich machen, während die anderen Gegner ebenfalls niedergemacht wurden. Winnetou riet uns, sofort in die ‚Festung' zurückzukehren, da wahrscheinlich die anderen Poncas dort einfallen würden. Den bewusstlosen Parranoh aber nahmen wir mit ins Lager. Die Vorbereitungen gegen den zu erwartenden Überfall nahmen den Nachmittag und den Abend voll in Anspruch.

Samstag, 27. Juni 1868:

Es war früh am anderen Tag. Unsere Kundschafter hatten noch einen zweiten Lagerplatz der Roten entdeckt und es waren mehr, *als wir angenommen hatten, und so war unsere Lage heikel,* denn wir zählten insgesamt nur vierundzwanzig Mann. Deshalb wurden Dick Stone und Will Parker losgeschickt, um Verstärkung von Fort Randall herbeizuholen.

Ich war auf den Felsen gestiegen, wo ich am vorgestrigen Abend Harry wiedergefunden hatte, der mir jetzt nachgekommen war. Er erzählte mir, dass sein Vater, Old Firehand, einst Oberförster in Deutschland gewesen und in den Strudel politischer Gärung geraten sei, weshalb er mit Frau und Sohn nach Amerika flüchtete. Seine Frau starb auf der Überfahrt. Er ging als Jäger in den Westen und ließ seinen Sohn im Osten bei einer Familie zurück. *Da führte ihn ein Jagdzug hinauf an den Quicourt, mitten unter die Stämme der Assiniboins, und dort traf er zum ersten Mal mit Winnetou zusammen, der mit Intschu tschuna von Wyoming kam, um sich am oberen Mississippi den heiligen Ton für die Kalumets seines Stammes zu holen.* Beide, Old Firehand und Winnetou, verliebten sich in Ribanna, die Tochter des Häuptlings der Assiniboins. Sie zog Old Firehand vor, *obgleich er viel älter war.* Trotzdem blieben Old Firehand und Winnetou Freunde. *Als Winnetou zur Zeit des Frühlings zurückkehrte, fand er Ribanna als Mutter.* Harry war erst einige Tage alt. Die *Jahre vergingen und* Harry *wuchs heran.* Da nahm ihn sein Vater mit in den Osten zum älteren Sohn. Als sie zurückkamen, hatte Tim Finnetey zusammen mit den Schwarzfuß-Indianern das Lager der Assiniboins, deren Krieger auf der Jagd waren, überfallen und alle Frauen und Kinder, darunter Ribanna mit ihrer kleinen Tochter, verschleppt. Winnetou, der gerade die Assiniboins besuchen wollte, folgte Old Firehand, Harry und den Kriegern auf der Suche nach den Räubern, die hier am Bee Fork gestellt wurden. Es kam zum Kampf, doch die Assiniboins unterlagen und wurden niedergemacht. Harry fand seine Mutter Ribanna und sein kleines Schwesterchen, von Tim Finnetey erschossen, tot auf dem Schlachtfeld. Nach Tagen kamen Winnetou und Old Firehand verwundet zu Harry zurück, der sich in der Nähe des Kampfplatzes versteckt hatte. Und seit dieser Zeit suchten sie Tim Finnetey, der jetzt als Parranoh weißer Häuptling der Poncas war. Während Harry und ich wieder hinunter in den Talkessel stiegen, gingen mir verschiedene Gedanken durch den Kopf: Harry war jetzt um die dreizehn Jahre alt. Er hatte Winnetou als den jüngsten Bewerber um Ribanna bezeichnet, er sei *fast noch ein Knabe gewesen.* Das müsste etwa um 1854 gewesen sein. Winnetou wäre damals gerade erst vierzehn Jahre alt gewesen, denn wie ich wusste, war er 1840 geboren. Wir hatten eigentlich nie Geheimnisse voreinander, doch seine große Liebe zu Ribanna verschloss er in seinem Herzen selbst vor mir, seinem Blutsbruder.

Im Lager hatte man einen Pfahl errichtet und Parranoh daran gebunden, um Gericht über ihn zu halten. Man beschloss, ihn dort hinzurichten, wo er Ribanna und ihr Töchterchen ermordet hatte: drunten am Bee Fork, außerhalb der ‚Festung'. Dass man sich dabei wegen der Anwesenheit der Poncas in nutzlose Gefahr begab und dadurch auch unser Aufenthaltsort verraten wurde, ignorierte man vollkommen. *Ich konnte mich des Gedankens nicht erwehren, dass uns dadurch Unheil entstehen müsse.* Natürlich würde ich nicht an der Urteilsvollstreckung teilnehmen. Doch meine Sorge trieb mich hinterher, denn ich hatte Indianerspuren entdeckt, die den unsrigen folgten. An einem freien Platz, wo sicher das Urteil über Parranoh vollstreckt werden sollte, standen unsere Leute und rundum unter den Büschen lagen versteckt die Ponca-Krieger. *Hier war keine Zeit mehr zu verlieren. Ich nahm den Henrystutzen an die Wange und drückte ab.*

Nach kurzer Verblüffung *gellte der Kampfruf der Indianer fast hinter jedem Strauch hervor.* Bevor Harry seine Pistole auf Parranoh abschießen konnte, wurde er von einem der Poncas daran gehindert, die sofort ihren Häuptling befreiten. Obwohl viele in das Kampfgeschehen verwickelt wurden, gelang den meisten die Flucht. Mit Harry und Sam Hawkens kam ich in der Nähe unseres Lagereingangs an, der von Indianern belagert wurde. Fast gleichzeitig mit uns trafen auch Old Firehand, Winnetou und zwei der Jäger hier ein. Wir rollten nun von hinten die Linie der Belagerer auf, von denen einigen noch die Flucht gelang. Endlich gelangten wir durch das Wassertor in das Innere des Talkessels und waren damit vorerst in Sicherheit. Da Old Firehand bestätigt hatte, dass über die steilen Felswände kein Indianer ins Lager gelangen konnte, musste also der schmale Schluchteingang besonders gut verteidigt werden, falls der Gegner einen Angriff wagen sollte.

Die Nacht lag still und ruhig über dem Tal, doch ich konnte nicht einschlafen. Ich suchte deshalb Hatatitla auf, der *im dunklen Hintergrund des Kessels* weidete. Durch sein Schnauben aufmerksam geworden, bemerkte ich *mehrere Gestalten, die sich von dem dunklen Felsen lösten und herabstiegen.* Weil ich kein Gewehr bei mir hatte, konnte ich den Vordermann nicht abschießen. Da *fiel vorn am Wassertor ein Schuss, dem bald mehrere folgten.* Ein Scheinangriff, um von der Felswand abzulenken. Mit meinem Revolver gab ich Schüsse auf die dunklen Gestalten ab, schwang mich auf meinen Hatatitla und ritt in die Mitte des Lagers. Uns blieben zur Rettung nur die Höhlen um den Talkessel als letzter Zufluchtsort. Doch daran wurden wir gehindert, denn die Indianer waren schneller die Felswand heruntergekommen und mir gefolgt, als ich angenommen hatte. *Es war ein wilder, grauenvoller Kampf, wie ihn sich die Einbildungskraft kaum auszumalen vermag.* Old Firehand, der wie ein Fels in der Brandung stand, wurde durch einen Schuss Parranohs getroffen *und brach dann lautlos zusammen.* Ich fühlte *einen schmetternden Schlag auf den Kopf und verlor das Bewusstsein.*

Sonntag, 28. Juni 1868:
Als ich erwachte, war es dunkel und still um mich. Ich lag in einer der Höhlen und war gefesselt. Gleich darauf bemerkte ich jemanden neben mir, es war Sam Hawkens. Von ihm erfuhr ich, dass außer ihm, Winnetou, Harry und mir alle ausgelöscht seien. Doch Sam besaß noch sein Messer, mit dem wir unsere Fesseln zerschnitten. Als ich den Fellvorhang beiseiteschob, sah ich nicht nur unsere Pferde vor dem Talausgang stehen, sondern auch Parranoh, der gerade die Anweisung gab, Winnetou und Harry an den Marterpfahl zu führen. Nun war Eile geboten. *Mit weiten, aber leisen Sprüngen schnellten wir hinter den Indianern her,* überwältigten diese und schnitten den beiden Gefangenen die Fesseln durch, bewaffneten uns notdürftig und eilten zu den Pferden. Harry zog ich hinter mir in den Sattel. *Wütendes Geheul erfüllte die Luft, Schüsse krachten, Pfeile schwirrten um uns.* Ich *kann unmöglich sagen, wie ich durch den engen, gewundenen Pass ins Freie kam. Da fiel hinter uns ein Schuss. Als ich mich umblickte, sah ich Parranoh auf seinem Mustang dicht hinter mir.* Nach einer kurzen, aber wilden Verfolgungsjagd schoss Winnetou Parranoh aus dem Sattel und im selben Augenblick spaltete der von mir geworfene Tomahawk den Schädel des weißen Häuptlings. Parranoh hatte alle meine Waffen umhängen, die ich jetzt wieder in Besitz nahm. Dann hatten uns die verfolgenden Poncas fast erreicht und wir ritten weiter. Plötzlich flog ein *ansehnlicher Reitertrupp vom Waldsaum her zwischen uns und die Verfolger herein, schwenkte gegen die Roten um und stürmte ihnen im gestreckten Galopp entgegen. Es handelte sich um eine Abteilung Dragoner aus Fort Randall.* Bei ihnen befanden sich auch Will Parker und Dick Stone. Dann ging es zur ‚Festung' zurück. An der Zugangsschlucht aber saß Sam Hawkens und schoss die ankommenden Poncas aus dem Sattel, sodass diese nicht mehr in die Festung eindringen konnten. Im Talkessel angekommen, eilten Harry und Winnetou zur Leiche Old Firehands. Doch zu aller Erstaunen war dieser gar nicht tot, er hatte bloß *eine sehr schwere und mit großem Blutverlust verbundene Verwundung. Gegen Mittag*

stellten sich die Dragoner wieder ein. Sie hatten die Poncas zu Paaren getrieben und dabei keinen Mann eingebüßt.

Mittwoch, 1. Juli 1868:

Um die *Pferde ausruhen zu lassen, blieb der Trupp drei Tage im Tal. Während dieser Zeit wurden die Toten beerdigt, dann lud man uns ein, Old Firehand, sobald er die Reise aushalten könne, in das Fort Randall zu bringen, wo er leidliche Pflege und vor allem sachgemäße ärztliche Behandlung finden werde. Wir sagten gern zu.*

Donnerstag, 1. Oktober 1868:

Drei Monate später war Old Firehand zwar gerettet, aber immer noch sehr schwach, sodass wir ihn bisher nicht nach Fort Randall hatten schaffen können. *Es war vorauszusehen, dass sich Old Firehand selbst nach seiner Genesung noch lange werde schonen müssen. Deshalb hatte er sich entschlossen, sobald er die Reise unternehmen könnte, nach Osten zu seinem älteren Sohn zu gehen und Harry mitzunehmen.* Die Fellvorräte, die sich hier angesammelt hatten, konnten nicht für immer hier liegen, sondern mussten verkauft werden. Durch die Soldaten hatten wir erfahren, *dass sich drüben am Cedar Creek ein Pedlar* (Händler) *aufhielt, der alles Mögliche aufkaufte* und *die Waren auch mit barem Geld bezahlte.*

Samstag, 3. Oktober 1868:

Winnetou und ich *machten uns* deshalb *auf den Weg und kamen schon am zweiten Tag an den Cedar Creek. Wo nun den Pedlar finden?* Es gab in der Nähe ein Blockhaus, in dem ein weißer Ansiedler wohnte, bei dem wollten wir uns erkundigen. Erst als er tatsächlich wusste, wer wir waren, ließ er uns in seine Hütte, denn er befürchtete, von den Okananda-Sioux überfallen zu werden, die momentan in dieser Gegend ihr Unwesen trieben. Ein Gehilfe des Pedlars sollte heute Abend zurückkommen. An ihn könnten wir uns dann wegen des Verkaufs der Felle wenden. Als dieser eintraf, wurde ich das Gefühl nicht los, dass man ihm nicht ganz trauen könne, zumal er angeblich nicht wusste, wo sich Mr. Braddon, der Pedlar, momentan aufhielt. Da wir nicht in der

Hütte schlafen wollten, legten Winnetou und ich uns hinaus zu unseren Pferden. Nachts wurden wir beide wach und sahen, dass einige Gestalten auf das Blockhaus zukrochen. Wir konnten uns eine schnappen. Es war der Häuptling der Okananda-Sioux selbst, für uns ein guter Fang. Durch Verhandlungen erreichten wir, dass die Indianer abzogen, ohne sich am Besitzer der Blockhütte zu vergreifen, der sich ohne ihre Erlaubnis hier niedergelassen hatte. Rollins, der Gehilfe des Pedlars, aber wollte ihnen nachgehen, um zu sehen, ob sie wirklich die Gegend verlassen würden.

Sonntag, 4. Oktober 1868:

Am Morgen ritten wir mit Rollins vom Blockhaus fort, um ihn zu Old Firehand zu führen, wo er sich die Felle ansehen wollte. Unterwegs trafen wir auf drei Fußgänger, die sich auf Stöcke stützten und angaben, von den Okananda-Sioux überfallen worden und jetzt nach Fort Randall unterwegs zu sein. Sie schlossen sich uns an. Und da mein Misstrauen gegen Rollins wieder aufgekommen war und Winnetou zudem die Meinung hegte, die drei angeblich von den Indianern Überfallenen schauspielerten nur, waren wir beide doppelt vorsichtig. Als es dunkel wurde und auch noch zu regnen anfing, lagerten wir nicht draußen auf der Prärie, sondern in einem nahe gelegenen Wäldchen. Winnetou schien plötzlich etwas zu bemerken, denn er setzte zu einem ‚Knieschuss' an, legte sein Gewehr dann aber wieder ab und wollte nun die Pferde inspizieren gehen. Es dauerte fast eine halbe Stunde, bis er zurückkam. Zu spät bemerkte ich, dass sich ein völlig Fremder Winnetous Saltillodecke übergehängt hatte. Er schlug mich mit dem Gewehrkolben besinnungslos.

Montag, 5. Oktober 1868:

Als ich wieder zu mir kam, graute bereits der Morgen. Ich war gefesselt. Da vernahm ich eine Stimme, die ich kannte: Es war die Stimme von Santer, dem Mörder von Intschu tschuna und Nscho-tschi, dem Vater und der Schwester Winnetous. Winnetou, den man krummgeschlossen hatte, und ich befanden uns in einer sehr misslichen Lage, denn von Santer hatten wir beide keine Gnade zu erwarten, zumal dieser ja wusste, dass Winnetou immer hinter ihm her sein würde, um seinen Vater und seine Schwester zu rächen. Uns konnte nur eine List helfen, wir mussten Santers Habgier nach Gold und Reichtum wecken, um ihm vielleicht dadurch zu entkommen. Santer war der Pedlar, den wir gesucht hatten, und die drei hilfsbedürftigen Fußgänger waren seine Gehilfen, während Rollins angeblich nicht zu ihm gehörte und gestern Abend entkommen war. Als wir beide dann allein zusammenlagen, sprachen wir heimlich über den Goldschatz, den Winnetou angeblich nur eine Tagesreise von hier versteckt hatte, denn wir ahnten, dass Santer unser Gespräch belauschen würde. Seine Gier nach Reichtum und Gold schien momentan größer zu sein als die, uns zu töten, denn wir würden ihm ja sowieso wieder in die Hände fallen. Dann wurden die drei Helfer von Santer losgeschickt, die Umgegend nach Rollins abzusuchen und ihn zu fangen. Und sie brachten ihn tatsächlich nach einiger Zeit herbei. Santer und Rollins spielten ihre Rollen so, als ob sie gute Bekannte seien, die sich nach langer Zeit wieder einmal sahen. Sie taten schließlich so, als ob Rollins es durch seine Fürsprache fertig brächte, dass wir später mit allem, was wir besaßen, freigelassen werden sollten. Santer ritt mit den anderen fort und Rollins sollte uns am Abend befreien, sodass wir in der Nacht Santer nicht mehr folgen konnten. Als uns Rollins dann die Fesseln abnahm, ritten wir mit ihm in der Dunkelheit in Richtung der ‚Festung'.

Dienstag, 6. Oktober 1868:

Am Morgen wurde eine kurze Rast gemacht und gegen Mittag wieder. Dann schnappten wir uns Rollins und banden ihn an einen Baum. *Später, nach der Überwältigung Santers, wollten wir ihn hier abholen.* Wir ritten etwas seitwärts zurück, denn wir wollten nun Santer abfangen, der uns bestimmt auf unserer Spur folgte. *Es war noch anderthalb Stunden Tag, und bis dahin musste er uns eingeholt haben.* Als wir etwas später in der Ferne einen Reiter sahen, der in die Richtung ritt, aus der wir Santer erwarteten, ahnten wir nichts Gutes.

Ich ritt zurück und stellte fest, dass jemand Rollins befreit hatte und dass dieser Jemand, der Fußspur nach, kein anderer als Sam Hawkens gewesen sein konnte. Ich jagte zu Winnetou zurück und wir ritten nun auf unserer alten Fährte so weit, bis wir auf eine Spur von vier Reitern trafen, die mit einem anderen Reiter zusammengetroffen waren und eine andere Richtung eingeschlagen hatten. In *der hereinbrechenden Dunkelheit* mussten wir die Verfolgung aufgeben und ritten stattdessen zur ‚Festung', wo wir ankamen, als der Mond aufging. Da sich der Zustand von Old Firehand etwas verschlechtert hatte, bat mich Winnetou, hierzubleiben und nicht mit ihm Santer zu jagen, denn ich würde hier jetzt notwendiger gebraucht.

Mittwoch, 7. Oktober 1868:

Noch schien der Morgenstern hell, da ritten wir miteinander hinaus in den Wald, und gerade als es tagte, hielten wir an der Stelle, wo wir vor der neuen Fährte Santers umgekehrt waren. Ein Druck seiner Hände für mich, ein lauter, gellender Zuruf an seinen Rappen, und er jagte davon, dass sein langes, herrliches Haar wie eine Mähne hinter ihm herwehte.

Mittwoch, 28. Oktober 1868:

Ich war in das Lager von Old Firehand zurückgekehrt. Einige Tage später erfuhren wir von den Soldaten, die die Verbindung zwischen Fort Randall und der ‚Festung' aufrecht hielten, dass einige Jäger und Fallensteller einer Pelzhandelsgesellschaft im Fort angekommen waren und sich dort einige Zeit von den Strapazen der Jagd erholen wollten. Sie wären vermutlich bereit, Old Firehands Bestand aufzukaufen. Daraufhin ritt Sam Hawkens mit Dick Stone und Will Parker hinüber ins Fort, um die Abholung der Felle zu organisieren. Als alles zu Old Firehands Zufriedenheit erledigt war, konnte man an eine Abreise nach Osten denken, zumal sich sein Zustand rasch gebessert hatte. Gemeinsam ritten wir nach Fort Randall, wo wir uns vom ‚Kleeblatt' verabschiedeten, das nach Westen zu den Black Hills wollte.

Im Fort ging ich zum Store, *um meine Munition zu ergänzen, und fand* hier *eine Gesellschaft von Männern,* die um einen ‚Old Shatterhand' *saßen und mit Begierde seinen Flunkereien lauschten. Ich fragte ihn, ob er wirklich Old Shatterhand sei, und als er die Frage bejahte, erklärte ich, dass ich der einzige Mann sei, der das Recht besitzt, diesen Namen zu führen. Da er mich hierauf einen Lügner nannte, führte ich den Beweis, dass ich die Wahrheit gesagt hatte: Ich gab ihm die Faust an den Kopf.* Wie ich erfuhr, war er *ein aus Iowa gebürtiger Fallensteller namens Stoke.*[1]

Ich begleitete Old Firehand und Harry bis nach Omaha, wo sich Firehand bei seinem älteren Sohn erholen wollte. Eigentlich war es meine Absicht, in die Heimat zurückzukehren: doch wohin mit meinem Hatatitla? Da es hier oben bald Winter wurde, gedachte ich mir ein entsprechendes Quartier zu suchen. Mir fiel der Bärenjäger Baumann ein, dem ich ja versprochen hatte, irgendwann bei einer meiner Nordamerika-Reisen einmal wieder vorbeizukommen. Deshalb lenkte ich Hatatitla nach Westen zu.

Ende Februar 1869:

Der Winter brach kurzfristig herein. Ich hatte es gerade noch rechtzeitig zum Haus des Bärenjägers geschafft, das an einem Nebenflüsschen des South Fork of Cheyenne ganz im Osten Wyomings lag. Martin Baumann war seit Kurzem verheiratet. Seine Frau Anna Maria stammte aus einer deutschen Einwandererfamilie, die sich hier in der Nähe niedergelassen hatte. Auch Wohkadeh, der junge Mandan-Indianer, hatte sich inzwischen eine Frau genommen und wohnte jetzt bei den Upsarokas. Hobble-Frank, der sich viel bei den Baumanns sehen ließ, war noch unterwegs. Es würde sicher Frühjahr werden, bis er hier wieder auftauchte.

Montag, 8. März 1869:

Als es Frühjahr wurde, hielt ich es nicht mehr aus. Ich versprach den Baumanns, bald wieder vorbeizukommen;

[1] Karl Mays Gesammelte Werke Band 26, *Der Löwe der Blutrache,* Kapitel 1

vielleicht wäre bis dahin ja auch der Hobble-Frank eingetroffen. Meinen Hatatitla ließ ich bei ihnen zurück, weil ich ihn etwas schonen wollte, und nahm mir ein anderes Pferd. Unterwegs stieß ich auf einen Trupp Fallensteller, bei denen ich eine Nacht lagerte. Sie wollten in das obere Missouri-Gebiet, kannten aber die Gegend nicht. Ich ließ mich breitschlagen und sagte ihnen als Führer zu, nannte ihnen aber meinen Jagdnamen nicht. Wir hatten erst einige Tage unser Lager im Dakota-Territorium aufgeschlagen, als wir plötzlich im Morgengrauen von Ogellallah-Indianern überfallen wurden, wobei alle Fallensteller niedergemacht und skalpiert wurden. Ich hatte versucht, meinen Kameraden beizustehen, und viele der Angreifer abgewehrt, wobei mancher verwundet wurde oder gar sein Leben lassen musste. Als die Ogellallah erkannten, wer ich war, versuchten sie meiner habhaft zu werden. Gegen so viele Gegner war ich machtlos. Man nahm mich gefangen und schleppte mich ins Dorf der Ogellallah. Dort stellte man mich vor die Wahl, entweder die Tochter des Häuptlings Ma-ti-ru zu heiraten oder am Marterpfahl zu sterben. Natürlich ließ ich mich nicht auf eine solche Zwangsheirat ein. Auch die Tochter des Häuptlings, mit der ich mich heimlich aussprechen konnte, wollte mich nicht zum Mann, denn es gab bereits einen jungen Krieger, den sie gerne geheiratet hätte. Um mir und damit auch sich selbst zu helfen, lockerte sie meine Handfesseln so, dass es nicht auffiel, ich mich aber jederzeit freimachen konnte. In der Nacht darauf, als alles außer den beiden Wächtern vor meinem Zelt schlief, machte ich meine Hände frei, löste die Bande von meinen Füßen, lockerte die hintere Zeltwand und schlich mich unbemerkt zum Zelt des Häuptlings, wo ich meine Waffen wusste. Ich kam unbemerkt in sein Zelt und konnte ihn, während er noch schlief, bewusstlos schlagen. Die beiden Frauen, Mutter und Tochter, musste ich natürlich fesseln und ihnen, der Tochter aber nur zum Schein, einen Knebel in den Mund schieben. Dann fesselte ich auch den Häuptling, suchte meine Waffen und sonstige Sachen zusammen, die man mir abgenommen hatte, und schlich mich unbemerkt wieder aus dem Zelt. An dem Tag, als wir hier ankamen, hatte ich genau gesehen, wohin das Pferd des Häuptlings geschafft wurde, und ich hoffte, es dort noch zu finden. Tatsächlich entdeckte ich es etwas abseits der Herde und konnte auf ihm entfliehen.[1]

Freitag, 11. Juni 1869:

Als ich wieder bei den Baumanns eintraf, war der Hobble-Frank aufgetaucht und hatte zwei alte Bekannte mitgebracht, nämlich den Dicken Jemmy und den Langen Davy. Eigentlich wollte ich jetzt bald hinunter an den Rio Pecos, um zu sehen, ob Winnetou von der Verfolgung Santers zurück sei, und um meinen Hatatitla bei ihm zu lassen. Doch man bat mich, noch einige Zeit zu bleiben, was ich auch nicht bereute. Wir besuchten Wohkadeh bei den Upsarokas, worüber dieser sich herzlich freute. So ging die Zeit dahin, bis ich es wiederum nicht mehr aushielt. Ich wollte unbedingt nach Süden zu den Apatschen. Hobble-Frank, der Dicke Jemmy und der Lange Davy wollten an den Colorado River. Das war mir lieb, denn nun war ich bis hinunter ins New-Mexico-Territorium nicht ganz allein auf mich gestellt. Wir konnten ein großes Stück miteinander reiten, obwohl es ein Umweg für mich war, bevor ich mich dann von ihnen trennen musste. Ursprünglich hatte ich vor, noch an den Silbersee zu reiten, der nicht allzu weit von unserer Route im Nordosten von Utah lag, denn ich kannte nähere Einzelheiten von einem Goldschatz, den es dort geben sollte. Doch ich kam wieder davon ab, denn was konnte mich das interessieren. Am nächsten Tag sollte der Aufbruch sein.

Mittwoch, 30. Juni 1869:[2]

Wir waren in Wyoming zum North Platte River geritten und über Fort Laramie nach Cheyenne gekommen, einem Städtchen, das erst 1867 entstanden war und an der Union-

[1] Karl Mays Gesammelte Werke Band 9, *Winnetou III*, Kapitel 2

[2] 30.06.1869-19.07.1869: Karl Mays Gesammelte Werke Band 36, *Der Schatz im Silbersee*, Kapitel 11-15

Pacific-Eisenbahn-Linie lag. Wir hätten nun ohne Weiteres mit der Bahn weiterfahren können, doch wir zogen einen Ritt durch die Natur vor und erreichten bald darauf das Colorado-Territorium, wo wir die Richtung nach Denver einschlugen. Die ‚Queen City of the Plains', wie man Denver auch nannte, war die Hauptstadt dieses Territoriums, etwa 25 Kilometer von den beginnenden Rocky Mountains entfernt. Die Stadt war, obwohl erst 1857 gegründet, schon mächtig im Aufblühen begriffen. Von Denver aus waren wir dann *im Westen des Staates Colorado* angekommen, *da, wo sich nördlich des Gunnison River die Mountains erheben*, und hatten, *obgleich es noch nicht weit über Mittag war, heute doch schon eine bedeutende Strecke zurückgelegt.* Ich rechnete mir aus, dass wir am Abend am Elk Creek übernachten würden. Dann würde für uns die Trennung kommen. Meine drei Begleiter wollten *zunächst in die Elk Mountains* und *dann zu den Book Mountains hinüber,* während ich nach Süden abbiegen würde, um zwischen den San Juan Mountains und dem San Luis Park den Rio Grande entlang nach New Mexico in das Gebiet des Rio Pecos zu kommen. Da stießen wir auf einen Trupp Soldaten, die uns vor den Utah-Indianern warnten, welche das Kriegsbeil ausgegraben hatten. Natürlich waren wieder Weiße daran schuld, *nämlich eine Gesellschaft von weißen Goldsuchern,* die in ein Utah-Lager eingebrochen waren, um Pferde zu rauben, wobei viele Indianer und anschließend bei deren Rachefeldzug alle Räuber bis auf sechs getötet wurden. Nun schien hier in der Gegend der Teufel los zu sein. Wir dankten den Soldaten für die Warnung und ritten weiter. Nach etwa einer halben Stunde erreichten wir ein dicht mit Bäumen und Sträuchern bewachsenes Waldstück, wo wir in einer Lichtung lagerten und unser verspätetes Mittagsmahl hielten. Da kamen auf unserer Spur zwei Weiße angeritten, zwei der Pferdediebe, die ich mit zwei Faustschlägen unschädlich machte. Kaum war das geschehen, wurden wir auch schon von Indianern umzingelt. Es waren Yampa-Utahs mit ihrem Häuptling ‚Großer Wolf', die uns als Feinde ansahen, weil sie uns mit den beiden Mördern angetroffen hatten. Durch meine Überredungskunst und durch des Häuptlings Angst vor meinem ‚Zaubergewehr', dem Henrystutzen, erreichte ich, dass wir mit ihm und seinen zweihundert Kriegern in das Utah-Lager reiten konnten, um uns dort der Beratung der Ältesten zu unterwerfen. Die beiden Pferdediebe und Mörder aber wurden als Gefangene mitgenommen, um am Marterpfahl zu sterben.

Donnerstag, 1. Juli 1869:

Am nächsten Morgen wurden die zwei weißen Mörder, die sich jedoch in den Augen der Indianer wie ‚Memmen' zeigten, von Bluthunden zerrissen. Und einer dieser Bluthunde stürzte sich auch auf mich. Er hätte mich zerfleischt, wenn ich ihn nicht beim Zusammenprall abgefangen und mit meinem bekannten Faustschlag niedergestreckt hätte. *Nun begann in indianischer Weise die entscheidende Sitzung* über unser Schicksal. Dann kam das Urteil: Obwohl wir als Weiße in den Augen dieser Indianer unser Dasein verwirkt hatten, sollten wir nicht am Marterpfahl sterben, sondern unser Leben in verschiedenen Zweikämpfen verteidigen. Der ‚Große Wolf' suchte drei Krieger aus: Der ‚Rote Fisch' sollte mit dem klapperdürren Langen Davy um die Wette schwimmen; der ‚Große Fuß', *dessen Muskeln wie Wülste hervortraten*, gegen den Dicken Jemmy mit dem Messer kämpfen; und der ‚Springende Hirsch' mit dem Hobble-Frank, der auf einem Bein etwas lahmte, um die Wette rennen. Mit mir würde Häuptling ‚Großer Wolf' selbst kämpfen, und zwar mit Messer und Tomahawk. Durch einen Trick, den ich beim Losen anwandte, konnte der Lange Davy bei seinem Wettkampf mit der Strömung schwimmen, während sein Gegner dagegen ankämpfen musste. Es gab ein Heulen, als feststand, dass Davy schneller war als der ‚Rote Fisch'. Der Dicke Jemmy hebelte seinen viel größeren Gegner über den Rücken aus und hätte den ‚Großen Fuß' ohne Weiteres erstechen können. Der Hobble-Frank schickte den bereits fast siegreichen ‚Springenden Hirsch' durch eine List auf eine falsche und weitere Strecke und gewann das Rennen. Und auch ich besiegte den ‚Großen Wolf', der bewusstlos zu Boden ging, nachdem ich ihm *den Griff des Bowiemessers auf die Herzgrube* geschlagen hatte. Während sich die Roten um ihren Häuptling scharten, gingen wir zu unserem Zelt, nahmen unsere Waffen und bestiegen die Pferde. Durch die Zelte gedeckt, bemerkte man unser Fortreiten zu spät. Natürlich würde man uns verfolgen, weshalb wir versuchten, auf steiniges Gelände zu kommen, damit unsere Spuren nicht so schnell entdeckt wurden. Noch waren wir nicht weit genug vom Utah-Lager entfernt, da trafen wir gänzlich unverhofft und unerwartet auf zwei alte Freunde, die unsere Zweikämpfe aus der Ferne beobachtet hatten, nämlich auf Winnetou und Old Firehand, die mit etwa vierzig Jägern und Rafters auf dem Weg hinauf zum Silbersee waren, um eine Mine auszubeuten. Bei ihnen befanden sich die Westmänner Gunstick-Uncle, Humply-Bill und Tante Droll mit dem etwa sechzehnjährigen Fred Engel, ein Ingenieur namens Patterson mit seiner Tochter Ellen sowie ein Lord Castlepool aus Old England. Wir vereinbarten, dass wir bis zum Night Cañon weiterreiten sollten, während Winnetou und Old Firehand mit ihren Leuten den uns verfolgenden Utahs nachritten, sodass wir sie in dem Cañon einschließen konnten. Wir erreichten unser Ziel und durchritten den Cañon, der am Ende so eng war, dass ein Mann allein zahlreiche Verfolger in Schach halten konnte. Als die Utahs endlich ankamen und sie auf meine Warnung hin nicht halten blieben, wurden sie von uns eingeschlossen und mussten sich gefangen geben. Nach ihrer Entwaffnung *wurde der Weiterritt angetreten. Winnetou und Old Firehand hielten sich mit* mir *an der Spitze der Schar.* Hinter uns ritt der Hobble-Frank neben Tante Droll. Ich hörte aus ihrem Gespräch, wie beide verwundert feststellten, dass sie miteinander verwandt waren und als Kinder zusammen gespielt hatten. Im Laufe unseres Ritts erreichten wir einen *größeren und viel breiteren Cañon*, in dem wir lagern wollten, weil es langsam Abend wurde. *Winnetou, Old Firehand und* ich *waren bereit,* die Roten *freizugeben.* Mit der Friedenspfeife wurde zwischen den Utahs und uns ein Freundschaftspakt geschlossen. Danach verließen uns die Indianer und ritten in

Richtung Night Cañon zurück. Winnetou aber folgte ihnen heimlich, um zu sehen, ob sie wirklich die Gegend verließen, was sie auch taten. Dass sie dann doch umgekehrt waren, merkten wir erst später.

Winnetou, Old Firehand und ich saßen nachher noch ein wenig am Lagerfeuer zusammen. Winnetou erzählte mir nur ganz kurz von der Verfolgung Santers, dessen Spur er schon bald verloren hatte, wodurch er sein Vorhaben aufgeben musste. Ich konnte jetzt erst Old Firehand fragen, wie er seine Verwundung aus dem vergangenen Herbst überstanden habe. In Omaha bei seinem Sohn war er in gute Pflege geraten und seine robuste Natur hatte die Wunden so gut heilen lassen, dass er sich schon im Frühjahr nach Osten gewandt hatte, um einen Ingenieur ausfindig zu machen, der dabei helfen würde, eine ihm bekannte Silbermine auszubeuten. Der Begleiter von Tante Droll, der junge Fred Engel, hatte Anspruch auf einen dort am Silbersee befindlichen Goldschatz. Der Plan dazu befand sich aber jetzt im Besitz eines als ‚Roter Cornel' bekannten Schurken, den sie mitsamt seinen Tramps verfolgten. Wahrscheinlich kannten die beiden am See lebenden Tonkawa-Indianer, ‚Großer und Kleiner Bär' ebenfalls dieses Eldorado. Auch mir war ja bekannt, dass ein Goldschatz dort zu heben sei.

Wir lagen fast alle noch im ersten Schlaf, als wir von mehreren hundert Indianern angegriffen wurden. Es waren die Utahs, die uns trotz der mit ihrem Häuptling gerauchten Friedenspfeife erneut überfallen hatten. Wir verließen gefesselt unser Lager und mussten lange laufen, bis wir zu einem Sammellager der Utahs kamen. Dort wurden wir an das Lagerfeuer der versammelten Häuptlinge geführt, zu denen sich jetzt auch der ‚Große Wolf' setzte, der uns gefangen genommen hatte. Nanap neav, ein uralter Indianer, verhöhnte Winnetou so sehr, dass dieser ihn ansprang, wobei der Häuptling unglücklich stürzte und mit zertrümmerter Hirnschale tot liegenblieb. Dann wurden auch unsere Füße gefesselt und man legte uns unter Bäume, wo wir von mehreren Indianern bewacht wurden. *Eine Flucht schien unmöglich.* Als die meisten Indianer zu schlafen schienen, bemühte ich mich, meine Fesseln zu lösen, was mir bei einer Hand schon bald gelang. Da schob sich eine Gestalt neben mich und blieb stocksteif neben mir liegen, das konnte nur der Hobble-Frank sein, den ich nebst Tante Droll inzwischen vermisst hatte. Er schob mir langsam etwas zu: meinen Henrystutzen, den ich verloren glaubte. Mit Hilfe seines Messers konnten wir unsere Fesseln durchschneiden. *Dann ging* meine *Weisung leise von Mund zu Mund, dass alle zu den Häuptlingen eilen sollten, sobald* ich das Zeichen gab. *Der ‚Große Wolf' hatte sich soeben zu seinen Kriegern begeben. Allein die drei übrigen Häuptlinge saßen noch immer beratend an ihrem Feuer. Einige Sekunden später waren sie entwaffnet und gebunden* und wir griffen nach unseren in der Nähe liegenden Gewehren. Wir würden die drei Häuptlinge als Geiseln mit uns nehmen und sie im Tal der Hirsche wieder freilassen, *wenn die Utahs auf alle Feindseligkeiten verzichteten,* was wiederum mit der Friedenspfeife besiegelt werden sollte.

Freitag, 2. Juli 1869:

Nun wurden unsere *Pferde und* die *der Geiseln gebracht. Das war, als gerade der Tag zu grauen begann.* Dann setzten wir uns in Bewegung. Wir kamen durch eine grandiose Landschaft, bis wir das Tal des Grand River erreichten. An einer Furt überquerten wir den Fluss und sahen eine breite Spur, die von Weißen herrühren musste. Winnetou und Old Firehand vermuteten, dass es der Cornel mit den Tramps sei. Wir folgten der Fährte bis zu einer felsigen Stelle, wo wir abbiegen konnten, um auf einem nur uns bekannten, sehr steilen Pfad in das Hirschtal zu gelangen. Die Sonne war schon am Untergehen, als wir in das Tal hinabstiegen, einen riesigen Kessel mit Freiflächen und Bäumen, unter denen mehrere andere Utah-Stämme lagerten. Winnetou, Old Firehand und ich schlichen hinzu und konnten nochmals zwei Häuptlinge, die gerade das Lager verlassen hatten, gefangen nehmen und in unser Lager bringen. Als wir wieder in der Nähe der Roten waren, entdeckten wir die Leichen der Tramps, die in die Hände der Utahs gefallen waren. Kurz darauf erschienen weitere Utahs: Es war der ‚Große Wolf' mit seinen Kriegern, die uns verfolgt hatten. Wir drei waren auf Bäume geklettert, um nicht entdeckt zu werden. Während die Utahs noch miteinander sprachen, erschollen vom anderen Ende des Tales mehrere Schreie, dann stürzten sich Navajo-Indianer auf die Utahs und es entwickelte sich ein furchtbarer und blutiger Kampf zwischen den verfeindeten Stämmen, wobei jedoch die Navajos in Unterzahl waren und wieder weichen mussten. Alle Utahs machten sich an die Verfolgung und nur ein Häuptling blieb im Lager zurück. Wir beschlossen, ihn mit uns zu nehmen, doch da kam auch schon der Hobble-Frank, schlug ihn nieder und schleppte ihn mit sich fort. Wir folgten ihm und erlebten, dass er noch einen zweiten Indianer niederschlug. Zusammen begaben wir uns mit den beiden Gefangenen in unser Versteck. *Die Utahs kehrten zurück, und zwar als Sieger.* Winnetou schlich nochmals hin und erfuhr, dass sie drei Häuptlinge vermissten und noch in der Nacht ihre Toten begraben wollten. Anschließend gedachten sie, anstatt uns einzufangen, erst ihre Häuptlinge zu befreien, von denen sie annahmen, dass sie sich in den Händen der Navajos befänden.

Samstag, 3. Juli 1869:

Am Morgen sahen wir die Utahs abziehen. Wir gingen zu deren Lager, wo sie die Tramps tot und skalpiert zurückgelassen hatten. Beim Cornel fanden wir die geraubte Zeichnung nicht, und *wenn sie nicht von den Utahs zurückzuerlangen war, musste man sich auf* mein *Wissen um das Versteck der sagenhaften Schätze verlassen. Dann* ritten wir, *geführt von Winnetou, auf einem Schleichweg dem Silbersee zu.*

Dienstag, 6. Juli 1869:

Nach einigen Tagen näherten wir uns dem Ziel unseres beschwerlichen Ritts. Als wir in dem Felsenkessel ankamen, wo Old Firehand eine Ader gefunden hatte, zeigte er dem Ingenieur Patterson ein Stück Silber, der sofort die Reinheit dieses Edelmetalls bestätigte. Hier musste ein ungeheurer

Reichtum verborgen sein, dessen Fund Old Firehand mit allen teilen wollte, die sich ihm angeschlossen hatten. Doch bevor wir uns weiter damit beschäftigten, mussten wir erst für unsere Sicherheit sorgen, denn die Navajos und hinter ihnen die verfolgenden Utahs konnten recht bald auftauchen. Deshalb ritten wir weiter, denn der Silbersee lag noch zwei Stunden von uns entfernt. *Noch* hatten wir *den Silbersee nicht erreicht, als* wir auf Timbabatschen-Indianer trafen. Mit ihnen ritt dann unser gesamter Trupp weiter *und bald sah man Wasser schimmern. Der Silbersee war erreicht. In der Mitte des Sees lag eine grüne Insel mit einem seltsamen Luftziegelbau. Auf dem Grasstreifen standen mehrere Hütten, in deren Nähe einige Kanus am Ufer angebunden waren. In und bei den Hütten lagen Indianer.* Timbabatschen. Dann kamen auch der ‚Große und der Kleine Bär' und begrüßten uns. Auch der Häuptling der Timbabatschen, ‚Langes Ohr', kam herbei, *ein finsterer Gesell mit langen Beinen und Armen, die ihm etwas Orang-Utan-Ähnliches gaben.* Er hatte einst Tante Droll Gewehr und Kugelbeutel gestohlen, die ihm dieser jetzt wieder abnahm, dann aber doch schenkte. Um vor den Utahs sicher zu sein, schickte Old Firehand *Frank, Droll, Davy, Jemmy, Bill und Uncle* mit fünfzig Indianern hinunter an die schmalste Stelle des Cañons. Bald kam ein Bote von ihnen und unterrichtete uns, dass man weiter hinuntergezogen sei, um den bedrohten Navajos gegen einen vierfach stärkeren Feind zu helfen. Damit wir unsere Geiseln, die gefangenen Utah-Häuptlinge, in Sicherheit wussten, wurden sie auf die Insel im See gebracht und dort in einen kellerartigen Raum geschafft. Ich unterhielt mich mit dem ‚Großen Bären' über die Insel, den Schatz, der vermutlich darunter lag, und über die Vorrichtung, mittels derer man den See ablaufen lassen konnte. Dann mussten wir alle hinunter, denn unsere Leute unten am Cañon schienen in arger Bedrängnis zu sein. Wir wehrten den Ansturm der Utahs ab, wobei es eine Menge Tote auf deren Seite gab. Sie erhielten die Erlaubnis, ihre Toten abzuholen, ohne dass wir schießen würden. Dann trafen Winnetou, Old Firehand und ich uns mit vier Utah-Häuptlingen zwischen den Fronten und zeigten ihnen die Wampuns der anderen drei Häuptlinge, von denen sie angenommen hatten, sie befänden sich in den Händen der Navajos. Wir bestanden auf sofortigen Frieden, die Häuptlinge aber wollten zuerst mit ihren Leuten darüber beraten. *Es begann zu dämmern und wurde bald Nacht.* Old Firehand, der etwa eine Stunde später die Wachen inspizierte, stellte fest, dass ‚Langes Ohr' von seinem Posten verschwunden war und die Utahs zum Silbersee führte. Winnetou ging auf Kundschaft und informierte uns, dass die Utahs am Eingang des Cañons ein Loch geöffnet hätten. Da wusste der ‚Große Bär', dass sie durch einen Geheimgang zur Insel im Silbersee vordringen wollten. Er erklärte Winnetou, was dieser auf sein Zeichen hin tun sollte. Auf der Insel zündete er ein Feuer an, worauf *da drüben ein kurzes, hohles Rollen zu hören* war, *dann das Zischen des Wassers, und nun ein Krachen, als ob ein Haus einstürze.* Auf dem See entstand ein Strudel und das Wasser floss in den Gang, in dem sich die Utahs befanden. Mich *überfiel ein Grausen,* denn *das bedeutete den Tod von weit über hundert Menschen.* Wir gingen in den Keller des Hauses und hörten *da unten ein Geräusch, und dann* sahen wir *einen Roten mit einer Fackel auftauchen. Es war das ‚Lange Ohr',* der einzige Mensch, der sich aus diesem Inferno retten konnte. Statt ihn wegen seines Verrats zu töten, zwang der ‚Große Bär' das ‚Lange Ohr', das den Timbabatschen gehörende Gebiet an Old Firehand abzutreten.

Mittwoch, 7. Juli 1869:

Als es Tag wurde, ging ich zu den Utahs, die nicht mit in den Gang eingedrungen waren, und sagte ihnen, was geschehen war und dass auch die Navajos mit zweihundert Mann eingetroffen seien. Sie hatten also gar keine Chance mehr, etwas gegen uns zu unternehmen. Mit den von uns gefangenen Häuptlingen wurde ein Friedensvertrag ausgehandelt. *Die Gefangenen wurden freigegeben, und alle, Utahs, Navajos und Timbabatschen, verpflichteten sich, den Bleichgesichtern, die im Felsenkessel wohnen und arbeiten wollten, Freundschaft zu erweisen und allen Vorschub zu leisten.*

Donnerstag, 8. Juli 1869:

Am nächsten Morgen schlug die Trennungsstunde. Die Utahs zogen nord- und die Navajos südwärts. Auch die Timbabatschen kehrten in ihre Dörfer heim. Das ,Lange Ohr' versprach, wegen des Verkaufs des Felsenkessels Beratung zu halten und dann das Ergebnis mitzuteilen.

Sonntag, 11. Juli 1869:

Er kehrte schon am dritten Tag zurück und berichtete, dass die Versammlung darauf eingegangen sei.

Montag, 19. Juli 1869:

Zunächst ritt Old Firehand mit dem ,Großen Bären' und dem ,Langen Ohr' nach Salt Lake City, wo der Kauf in Ordnung gebracht wurde. Winnetou und ich aber verabschiedeten uns von allen und verließen ebenfalls das Camp.

Montag, 26. Juli 1869:

Wir ritten nach Ogden, wo Winnetou und ich Abschied nahmen, ohne jedoch einen Zeitpunkt für ein weiteres Treffen zu vereinbaren. Ich bestieg die Pacific-Atlantic-Bahn nach Osten, während Winnetou meinen Hatatitla an sich nahm, um den weiten Weg zu den Apatschen anzutreten. Ich wollte mit der Eisenbahn bis Omaha fahren und dann auf einem Flussboot den Missouri hinunter bis nach St. Louis.

Freitag, 30. Juli 1869:

In St. Louis erwartete mich eine traurige Nachricht. Als ich das Haus von Mr. Henry aufsuchte, wurde mir von einer fremden Frau geöffnet. Ihre Familie war erst vor ein paar Wochen hier eingezogen und hatte das Haus von der Stadt gekauft. Was mit dem Vorbesitzer geschehen war, konnte sie mir nicht sagen. Ich ging daraufhin zu jener Familie, die mich damals bei meinem ersten Aufenthalt in den Vereinigten Staaten als Hauslehrer engagiert hatte und von der aus ich damals mit Sam Hawkens als Vermesser bei der Eisenbahn in den Westen gegangen war. Man erzählte mir, dass Mr. Henry vor einigen Monaten überraschend gestorben sei. Niemand habe gewusst, dass er krank war. Als er sich, wie sonst üblich, nicht mehr hatte sehen lassen, seien sie in sein Haus gegangen und hätten ihn tot im Bett gefunden. Er müsse da schon einige Tage gelegen haben. Da er keine Verwandten hatte und auch kein Testament vorhanden war, fiel sein gesamter Besitz in die Hände der Stadt. Was aus seiner Werkstatt geworden war, in der er seinen ‚Henrystutzen' gefertigt hatte, wussten sie nicht. Wir besuchten sein Grab auf dem Zentralfriedhof. Auf einem rohen Holzkreuz standen nur sein Name und das Todesjahr. Ein Vaterunser und ein Ave Maria waren der letzte Gruß, den ich ihm nachschicken konnte. Das also war mein Abschied von Mr. Henry, dem ich so viel zu verdanken hatte.

Mittwoch, 11. August 1869:

Ich musste noch einige Tage bei der Familie bleiben. Von hier aus machte ich einen Abstecher *nach Moberly in Missouri. Dort erkundigte ich mich nach den Familien der Brüder Burning. Ich sagte nicht, wer ich war, und begnügte mich damit zu erfahren, dass der Kapitän* von Fort Hillock *den Anverwandten die acht Beutel mit dem vollen Inhalt übermittelt hatte.*[1]

Montag, 16. August 1869:

In New York erkundigte ich mich nach einer Fahrgelegenheit nach Europa, vornehmlich nach Deutschland. Ein Schiff von Hapag Lloyd sollte am Montagmorgen, also heute in aller Frühe abdampfen. Vorher war ich, wie inzwischen schon bei mehreren Aufenthalten in New York, noch bei der deutschsprachigen ‚New Yorker Staatszeitung' gewesen, und man war dort froh, wieder einige meiner Reiseerlebnisse drucken zu können. Da ich aber erst kurz vor der Abfahrt mit dem Artikel fertig werden konnte, vereinbarte ich, mein Honorar beim nächsten Aufenthalt in New York abzuholen. Ich hatte die ganze Nacht von Sonntag auf Montag zu schreiben. Dann steckte ich das Manuskript in einen Umschlag und ließ es bei der Redaktion abliefern. Inzwischen aber hatte ich mich zum Hafen fahren lassen, und seit zwei Stunden liegt New York bereits hinter uns. Ich hoffe, in etwa zehn Tagen wieder zu Hause zu sein.

[1] Zweite Nordamerika-Reise (1864-1865): 14. Februar 1865, Seite 71

13. SÜDAFRIKA-REISE (1870)[1]

Donnerstag, 17. Februar 1870:

Am 8. Februar war ich schon wieder von zu Hause aufgebrochen. Jetzt befand ich mich auf einem Schiff von Rotterdam nach Kapstadt. – *Ich hatte auf einer Reise durch die niederländische Provinz Zeeland eine Familie van Helmers kennengelernt und dort trotz ihrer Armut eine herzliche Gastfreundlichkeit gefunden. Ich erfuhr, dass ein Großohm des Hausvaters nach dem Kap der Guten Hoffnung übergesiedelt sei. Man hatte mit ihm und seinem Sohn lange in brieflicher Verbindung gestanden, bis der Sohn mit so vielen anderen Boeren vor den andringenden Engländern über das Drachengebirge gestiegen war, um sich in der jetzigen Kolonie Transvaal ein neues Heimwesen zu gründen. Seit dieser Zeit hatten die Nachrichten aufgehört, doch gedachte die Familie ihrer Verwandten in lebhafter Anhänglichkeit, und als ich meine Absicht, nach Kapland zu gehen, verlauten ließ, wurde ich mit der Bitte bestürmt, dort womöglich eine Erkundigung nach den Verschollenen einzuziehen. Für den Fall, dass es mir gelingen sollte, diese ausfindig zu machen, wurde mir ein Brief anvertraut, und ich verließ Holland mit dem Wunsch, auf diese Weise den guten Leuten für ihre an mir bewiesene Freundlichkeit dankbar sein zu können.*

Mittwoch, 6. April 1870:

In Kapstadt angekommen, hatte ich mich einige Zeit dort aufgehalten, war dann nach Nord und West gewandert und besuchte nun das Transvaal-Gebiet, obgleich die damaligen Zustände dort nichts weniger als einladend genannt werden konnten. Reisen hierzulande werden gewöhnlich auf Ochsenwagen vorgenommen, doch hatte ich mich aus alter Gewohnheit und um schneller vorwärts zu kommen, beritten gemacht. Neben mir ritt Quimbo, ein Basutokaffer, den ich mir als Führer gemietet hatte. Unterwegs trafen wir auf einen anderen Reiter, der Kees Uys hieß und *der Sohn des berühmten Boerenführers* war, *der*

[1] Karl Mays Gesammelte Werke Band 23, *Auf fremden Pfaden*, Erzählung ‚Das Kaffergrab'

im Verein mit Portgieter und Pretorius die berühmte Schlacht bei Pieter-Maritzburg gegen die Kaffern gewonnen hatte! Er ritt mit mir zur Farm von Jan van Helmers, dem Enkel und Sohn jener Boeren, die ich suchte, die jedoch schon beide tot waren. Ich übergab der Mutter von Jan Helmers den Brief aus Holland. Sie war überglücklich, wieder etwas von den Angehörigen ihres toten Mannes zu erfahren. Außer ihrem Sohn lebte noch dessen Adoptivschwester Mietje, die zugleich seine Braut war, mit auf der Farm. Jan van Helmers selbst war nicht zu Hause, sondern bei einem Boerentreffen. Kees Uys wollte auch dorthin, um Sikukuni, dem Anführer der Zulukaffern, das Handwerk zu legen, der, angestiftet von den Engländern, laufend holländische Ansiedler überfiel. Ich hätte sofort mit ihm reiten können, doch da Jans Mutter krank war, wollte ich ihr erst helfen. Im Laufe des Tages konnte ich einen Anschlag einiger Zulus unter ihrem Anführer Sikukuni auf die Farm verhindern und den Geheimbrief eines Engländers entziffern. Deshalb musste ich schon am folgenden Tag die Farm früh wieder verlassen, um die Versammlung der Boeren davon in Kenntnis zu setzen.

Donnerstag, 7. April 1870:

Ich machte mich mit Quimbo zu den Raffbergen auf, wo die Versammlung der Boeren stattfand. Angeblich würden wir zwei Tage dorthin brauchen.

Freitag, 8. April 1870:

Es war *noch sehr früh am Tage.* Ich fand nicht nur Spuren, sondern auch *einen Trupp von vollständig gerüsteten Zulukaffern; ich zählte vierundzwanzig. In der Mitte saß Sikukuni.* Ich sah noch weitere Spuren und folgte ihnen. Inzwischen hatte Quimbo den Engländer gefasst, dessen geheime Botschaft ich vorgestern gefunden und entziffert hatte. Wir nahmen ihn als Gefangenen mit zu den Raffbergen, wo wir die Boeren erreichten. Unter ihnen befand sich auch *Somi, der vertriebene Bruder Sikukunis* und frühere Anführer der Zulus. Und ich lernte Jan van Helmers kennen. Ich machte die Boeren mit dem Geheimplan der Engländer vertraut, und sie erfuhren, dass ein Transport mit Waffen an die Zulus unterwegs war, den sie abfangen wollten. Zuerst aber sollte Sikukuni mit seinen Zulus am nächsten Morgen angegriffen werden. Doch Jan van Helmers machte sich noch am Abend allein auf, um sich an Sikukuni für den Überfall auf seine Farm zu rächen. Wir kamen ihm gerade noch rechtzeitig zu Hilfe, konnten aber nicht verhindern, dass viele Zulus entkamen, mit ihnen Sikukuni. Jetzt waren sie auf dem Weg zu Jans Farm, um diese erneut zu überfallen. Jan und ich ritten voraus, um sie aufzuhalten. Noch in der Nacht kam Quimbo nach und schloss sich uns an.

Samstag, 9. April 1870:

Die ganze Nacht ging es vorwärts, bis der Morgen graute und die Pferde sich etwas ausruhen mussten. Gegen Mittag wurde nochmals Rast gemacht, und als wir später zur Abenddämmerung anhielten, befanden wir uns bereits in der Nähe der Farm. Es gelang uns, zusammen mit dem im Haus verschanzten Nachbarn und mit Jans Leoparden und einem wilden Strauß die Zulus abzuschlagen, von denen nur zwei entkamen, darunter auch Sikukuni.

Sonntag, 10. April 1870:

Ich war am anderen Morgen auf der Suche nach Sikukunis Spur, die *in gerader Richtung nach dem Kleipass* führte, doch er *hatte jetzt bereits einen zu großen Vorsprung, um ihn einzuholen.* Unterwegs stieß ich auf einige Boeren, die zu Jan van Helmers wollten; und auch die anderen Boeren von den Raffbergen trafen mit Somi in der Farm ein. In Mietje erkannte Somi seine Tochter, von der er geglaubt hatte, dass sie schon sechzehn Jahre tot sei. Wir beschlossen, noch im Laufe des Abends loszureiten, um den in dem Geheimschreiben für übermorgen angekündigten Waffentransport am Attersberg abzufangen.

Montag, 11. April 1870:

Am anderen Abend kamen wir dort an. Mitten in der Nacht weckte Somi Jan und mich und führte uns aus dem Lager an eine Stelle, wo er unter einem Stein Diamanten versteckt hatte. Mir schenkte er einen als Dank dafür, dass ich seine Tochter vor Sikukuni gerettet hatte. Auf dem Rückweg zum Lager sahen wir unter uns in einer Schlucht *um ein Feuer sechzehn Zulus und drei Weiße* sitzen, die wir belauschen konnten. Wir erfuhren, wo die Waffen ankommen sollten und dass *beinahe zwölftausend Zulus einem Boerenheer, das höchstens dreitausend Männer zählte*, gegenüberstehen würden. Und wir hörten aus dem Mund eines englischen Leutnants das Allerwichtigste: „*Die Zulus stehen am Kerspass, und die Groote-Kloof befindet sich in der Nähe des Kleipasses. Sobald wir von den Holländern angegriffen werden, lassen wir uns scheinbar schlagen und ziehen uns flüchtig nach dem Kerspass hin. Während sich unsere Hauptmacht hinter uns im Tal der Zwarte-Rivier versteckt, zieht sich eine Truppe in die Groote-Kloof zurück, steigt hinten darin empor und besetzt den Aufstieg. Der Feind ist ihr gefolgt, befindet sich im Kessel, dessen Eingang sofort von dem herbeieilenden Zuluheer besetzt wird, und muss sich ergeben.*“ Wir eilten zurück in unser Lager und umstellten mit unseren Leuten die Engländer, die gefangen genommen wurden, während die Boeren alle Zulukaffern erschossen.

Dienstag, 12. April 1870:

Wir wussten *jetzt sicher, dass der Transport noch nicht angekommen war. Erst gegen Mittag erreichten die Erwarteten den Fuß des Berges.* Quimbo lockte alle Reiter dieses Zuges, den *englischen Anführer* mit dem gesamten *Hottentotten-Jägerregiment zu Pferde, die man Cape mounted rifles nannte,* von den Wagen weg. Die Boeren erschossen alle Hottentotten. Dann bemächtigten wir uns der Wagen. *Es waren ihrer fünfzehn, jeder von acht Ochsen gezogen. Sie enthielten außer, allerdings veralteten, Gewehren einen großen Vorrat an Blei, Pulver und Patronen.* Nun musste *der Transport seinen Weg über den Kleipass nehmen* und *das Boerenheer jenseits des Gebirges so schleunigst wie möglich über den heimtückischen Plan der Feinde in Kenntnis gesetzt werden.*

Mittwoch, 13. April 1870:

Man unterstellte mir zweihundert Boeren, mit denen ich die Groote-Kloof besetzen sollte. *Wir fanden die Groote-Kloof ganz so, wie sie beschrieben* worden war, *und entdeckten auch den Aufstieg. Von der Höhe aus, wo jeder seinen Posten angewiesen erhielt, konnte man das Zwarte-Rivier-Tal in zwei Stunden erreichen.*

Donnerstag, 21. April 1870:

Jetzt konnten wir nichts anderes tun, als warten. Natürlich blieben wir mit der Hauptmacht in Verbindung und erfuhren endlich nach einer vollen Woche, dass der Angriff nun vor sich gehen sollte.

Samstag, 23. April 1870:

Zwei Tage später kehrten die von mir ausgesandten Vorposten zurück und meldeten, dass die Kaffern im Anzug seien. Wir klommen zur Höhe, wo wir vom Rand den Kessel mit unseren Kugeln bestreichen konnten. Als die Kaffern in dem Kessel eintrafen, *wurden sie von unseren Büchsen empfangen. Die arme, von den Engländern aufgehetzte Schar, die wohl aus zwei Regimentern zu je fünfzehnhundert Mann bestand, war dem Tod geweiht. Im Verlauf von nicht ganz einer Stunde war die schreckliche Arbeit getan; und noch heute wird die Groote-Kloof danach das Kafferngrab genannt.* Mit meinen Leuten eilte ich nun *im Geschwindmarsch nach der Zwarte-Rivier.* Dort waren die angreifenden Zulus *zwischen zwei Feuer* geraten, *und es schien ihnen das gleiche Schicksal ihrer Genossen in der Kloof bereitet zu sein.* Somi stellte sich ganz allein den Zulus entgegen und sprach zu den Leuten. *Sein Wagnis gelang.* Sie machten nun *Front gegen die Ihrigen, denn* sie merkten, dass bei Sikukuni der sichere Tod, *bei Somi Leben und Rettung* war. Jan van Helmers stürzte sich ins Getümmel und überwältigte Sikukuni. Jetzt ging *ein Regiment nach dem anderen zu Somi über und streckte die Waffen, und noch vor Einbruch der Dunkelheit standen wir als Sieger auf dem Platz.*

Mitte Juni 1870:

Bevor ich die Heimreise antrat, verkaufte ich *den geschenkten Diamanten in Kapstadt und* erhielt *dadurch die Mittel für weitere Reisen. Auf* meinem *Schreibtisch steht* jetzt *unter anderen Raritäten eine Schnupfdose, die einst Quimbo trug und* die er mir *beim Abschied überreichte.*

14. FÜNFTE NORDAMERIKA-REISE (1870)

Dienstag, 17. August 1870

Nachdem ich schon vor einigen Jahren unverhofft und ungeplant nach Buenos Aires gekommen war und ganz spontan die Kordilleren überquert hatte, wollte ich mir ein anderes Gebiet in Südamerika ansehen, nämlich den Gran Chaco, und dabei auch mein Versprechen einlösen, Señor Pena in Tucuman zu besuchen, den ich 1866 in der Sonora kennengelernt hatte.[1] Der direkte Weg wäre eigentlich von Hamburg nach Buenos Aires gewesen, aber ich wollte zuerst nach New York, denn dort hatte ich ja noch einige Honorare zu kassieren. Also benutze ich die erstbeste Fahrgelegenheit dorthin.

Dienstag, 6. September 1870

Nach meiner Ankunft in New York suchte ich zuerst die Redaktion der ‚New Yorker Staatszeitung' auf, wo ich einen schönen Batzen an Honoraren in Empfang nehmen konnte, denn in der Hoffnung, dass man mir weitere Artikel meiner Reise-Abenteuer abnehmen würde, hatte ich einige neue Manuskripte mitgebracht, die mir auch sofort honoriert wurden. Zwischendurch suchte ich den ehrenwerten Mr. Josy Taylor, den Leiter des Privatdetektiv-Unternehmens, auf, für den ich damals William Ohlert aufgestöbert hatte.[2] Als ich ihn fragte, wo ich am besten mein Geld für die La-Plata-Staaten eintauschen könnte, empfahl er mir William Goodwin, den *Leiter eines New Yorker Handelshauses,* dessen *Teilhaber die Zweigstelle dieses Geschäftes in Montevideo führte. Ich hatte die Gelegenheit, dem Yankee einen nicht unwichtigen Dienst zu leisten, und von ihm dafür das Versprechen erhalten, dass er mich seinem Teilhaber auf das beste empfehlen werde.* Ich zahlte bei diesem Handelshaus meine Dollars ein und erhielt dafür neben einem Schreiben, das ich in Montevideo abgeben sollte, einen *Wechsel, dessen Betrag mein Reisegeld bildete* und der *von dem Teilhaber eingelöst werden*

[1] Dritte Nordamerika-Reise (1866-1867): Mitte Dezember 1866, Seite 103f.

[2] Dritte Nordamerika-Reise (1866-1867), Seite 90-105

sollte.[1] Der Leiter des Handelshauses empfahl mir auch noch ein Schiff, das in wenigen Tagen den Hafen verlassen und direkt nach Montevideo fahren würde. Seit heute Morgen bin ich also mit der ‚Sea-gull' unterwegs von New York nach Montevideo in den La-Plata-Staaten von Südamerika.

[1] Karl Mays Gesammelte Werke Band 12, *Am Rio de la Plata*, Kapitel 1

15. ZWEITE SÜDAMERIKA-REISE (1870-1871)

Dienstag, 4. Oktober 1870:[1]

Ich war erst am Vormittag in Montevideo mit der ‚Sea-gull' aus New York *angekommen* und in einem Hotel abgestiegen. Ich wollte mir gerade die Stadt ansehen, als mich ein Herr namens Esquilo Anibal Andaro aufsuchte, der mich mit einem Oberst Latorre verwechselte und ‚meine Truppen' mit Spencer-Gewehren versorgen wollte. Als ich ihn auf die Verwechslung hinwies, drohte er, mit mir noch abzurechnen. Durch ein Missgeschick fiel mir das Empfehlungsschreiben des New Yorker Geschäftsmannes zur Erde und das Siegel zerbrach. Da der Brief schon offen war, schaute ich auch hinein und war erstaunt, welche ‚Empfehlung' ich über mich las. Ich sollte dem Bandenführer Lopez Jordan, der seinen eigenen Stiefvater, den früheren General und Präsidenten Urquiza, hatte ermorden lassen, Verträge überbringen, also *eine der Hauptrollen beim Zustandekommen eines Aufruhrs spielen.* Ich reparierte das Siegel und machte *mich auf den Weg zu dem Empfänger, der Tupido hieß.* Dieser fertigte gerade einen Teesammler ab, und als der an mir vorüberging, flüsterte ich ihm zu, draußen auf mich zu warten. Senior Tupido las das ‚Empfehlungsschreiben' seines New Yorker Kompagnons und lud mich für den Abend zum Essen ein. Vorher hatte er mir noch den Sichtwechsel gegen Bargeld eingelöst. Draußen wartete der Teesammler auf mich und wir gingen in eine *Confiteria.* Er hieß Mauricio Monteso. Ich borgte ihm das Geld, das er Tupido schuldete. Später hatte ich noch einen Anschlag auf mein Leben abzuwehren, bevor ich der Einladung von Señor Tupido nachkam. Dort konnte ich durch einen von mir herbeigeführten Umstand das ‚Empfehlungsschreiben' an Lopez Jordan lesen und trennte mich im Streit von Tupido. Danach sollte ich von einem Mädchen, das angeblich meine Hilfe brauchte, in eine Falle gelockt werden, wovor mich aber der Teesammler Monteso und seine Kameraden bewahrten. In einer Gaststätte erzählte

[1] 04.10.1870-18.10.1870: Karl Mays Ges. Werke Band 12, *Am Rio de la Plata*

er mir dann die Geschichte von einem Pater, der vor seinem Tode dem berühmten Sendador, einem Freund Montesos, die Lage eines geheimen Inka-Schatzes mitgeteilt habe. Diese Stelle war aber nur durch die Entzifferung einer Zeichnung und eines Kipus zu erfahren, die der Sendador besaß. Unter Kipus versteht man Schnurenbündel, die von den Inkas geknüpft wurden und eine Art ‚Schrift' darstellen, mit der ich mich schon beschäftigt hatte. Mir kamen irgendwie Zweifel an der Ehrlichkeit des Sendadors, den man im Gran Chaco treffen wollte, und sagte das auch Monteso. Ich vereinbarte mit Monteso, dass ich mit ihm in die Pampa und auch in den Gran Chaco reiten würde. Man wollte mich am nächsten Tag in der Frühe am Hotel abholen.

Mittwoch, 5. Oktober 1870:

Ich hatte die Kleidung angezogen, die ich auch in den Prärien Nordamerikas trug, was aber hier in Uruguay für meine neuen Reisegefährten wie ein Faschingskostüm wirkte. Als mir Monteso sagte, dass noch ein Polizeibeamter namens Carrera mitreiten würde, wurde ich misstrauisch. Außerhalb der Stadt stieß er zu uns. An einem Bach kippte bei rasender Fahrt die Postkutsche um, mit der unsere Yerbateros um die Wette geritten waren. Eine Señora, die ich aus der Kutsche zog, jammerte fürchterlich wegen ihres neuen Huts. Da zwei Räder der Kutsche gebrochen waren, war an eine Weiterfahrt nicht zu denken. Mir blieb nichts anderes übrig, als die Señora hinter mir aufsitzen zu lassen, denn sie musste unbedingt heute Abend zu Hause sein, weil sie *eine Tertulia* geben würde, *zu der die Vornehmsten der Stadt eingeladen* waren. Unseren ‚Polizeikommissar' erkannte sie als ihren ehemaligen Lehrling Mateo, der in die Kasse gegriffen hatte und nun erschrocken Reißaus nahm. Als wir dann in ihrem Heimatstädtchen San José ankamen, musste ich in ihrem Haus Quartier nehmen. Ihr Sohn, Rittmeister unter General Latorre, und sein Vater wollten mich unbedingt für die ‚weiße' Partei gewinnen, was ich aber rundweg ablehnte. *Im Salon war eine zahlreiche Gesellschaft von Damen und Herren versammelt,* aber auf mich machten sie keinen Eindruck.

Später, als ich in meinem Zimmer war, schob ich den Riegel vor die Tür *und schlief ohne Unterbrechung bis zum Morgen.*

Donnerstag, 6. Oktober 1870:

Ich hatte das Gefühl, dass in der Nacht jemand in meinem Zimmer gewesen war, doch es fehlte mir nichts und auch einen gefundenen rot-seidenen Faden fand ich nicht verdächtig. Monteso informierte mich dann, dass der angebliche Polizeikommissar gestern Abend hier herumgeschlichen sei. Am Abend kamen wir ohne Zwischenfall in der Poststation am Rio Perdido an. In der Nacht erwischten wir unseren ‚Kommissar', doch wir wussten nicht, was er noch bei uns wollte, denn als Dieb kam er nicht in Frage. Wir ließen ihn deshalb wieder laufen.

Freitag. 7. Oktober 1870:

Im Laufe des Tages kamen wir in die Nähe des Rio Negro und zu einer sehr reichen Estanzia, an der Monteso Teilhaber war. Sie wurde von seinem Bruder bewirtschaftet, der sich aber momentan nicht zu Hause befand. Als wir beim Abendessen saßen, wurde ein Offizier gemeldet, der Pferde kaufen wollte und fünf Untergebene bei sich hatte. Mir gefiel er nicht, irgendetwas machte mich misstrauisch.

Samstag, 8. Oktober 1870:

Am Morgen hörte ich unbeabsichtigt Teile eines Gesprächs zwischen zweien dieser ‚Soldaten', was mich noch misstrauischer machte. Mit Monteso, dem Leutnant und vier seiner Untergebenen ritt ich zu den Pferden, die sie kaufen wollten. Dass der fünfte Soldat fehlte, beachtete weder Monteso noch ich. Wir ritten von einem Weideplatz zum anderen und entfernten uns immer weiter von der Estanzia. Plötzlich wurden wir von über fünfzig Uniformierten umzingelt, die mehr Räubern als Soldaten ähnelten. Der Trupp keilte uns in der Mitte so ein, dass wir aus dem dichten Haufen nicht mehr herauskonnten. Unten am Rio Negro kam uns der ‚Kommissar' entgegen. An den Bäumen am Fluss wurden wir vor ein Militärgericht gestellt. Die Richter waren ein Major Cadera und drei Offiziere. Man bezichtigte uns des Mordversuchs, des Aufruhrs und des Landesverrats und wir sollten überführt, erschossen oder im Wasser ersäuft werden. Als man in meinem Jagdrock Papiere entdeckte, die der ‚Kommissar' mir wahrscheinlich in San José nachts in meinem Zimmer eingenäht hatte, wusste ich, dass ich mich jetzt in Lebensgefahr befand. Das ‚Gericht' entschied, dass ich erschossen werden sollte, und Cadera führte mich an den Baum, wo er meine Hände fesseln und die Augen verbinden wollte. Doch ich entriss ihm meine ganzen Sachen, die er an sich genommen hatte, nahm ihn beim Kragen und sprang mit ihm in den neben uns fließenden Rio Negro. Da ich ein guter Taucher war, kam ich unbemerkt am gegenüberliegenden Ufer an und konnte mich hinter einem Strauch im Wasser verstecken. Drüben sprangen alle auf die Pferde, mit denen sie über den Fluss schwammen, um mich wieder zu fangen. Ich konnte mich jedoch ihren Blicken entziehen und wieder ins Wasser gehen. Der Major saß auf meinem Pferd, von dem ich ihn herunterholte. Ich versuchte wieder in Richtung Estanzia zu reiten, doch da kamen von der Flussseite her meine ersten Verfolger und jagten mich den Rio Negro entlang. Da sah ich unverhofft vor mir ein Rancho, an dem ich noch vor meinen Häschern ankam. Ich wurde sofort eingelassen, als ich sagte, dass ich ein Fremder sei, ein Deutscher. Frater Hilario, der sich den Soldaten als Bruder Jaguar entgegenstellte, hielt diese allein schon durch seinen Namen in Schach. Der Bruder musste eine unheimliche Macht besitzen, denn er erreichte, dass Monteso frei wurde und die Soldaten abzogen. Ich erfuhr, dass der Ranchero ein Schweizer war, während seine Frau aus Thüringen stammte, und dass sie noch einen sterbenden Onkel im Haus liegen hatten. Ich musste erzählen, was ich in den wenigen Tagen erlebt hatte. Später führte mich Bruder Jaguar zu dem sterbenden Onkel, der mit mir reden wolle, weil ich ein Landsmann von ihm sei. Ihn bedrückte etwas. Endlich gestand er, dass er beobachtet hatte, wie der Sendador oben in den Kordilleren einen Pater umbrachte, und dass er, um sein Leben zu retten, diesem gegenüber einen Zwangseid ablegte, den ich unter diesen Umständen aber als hinfällig ansah. Weil ich noch über Nacht hierbleiben sollte, ritt Monteso allein fort, um seine Angehörigen auf der Estanzia über unser zwangsweises Ausbleiben zu informieren. Da Bruder Jaguar das gleiche Ziel wie ich hatte, wollten wir die Reise gemeinsam machen. Gegen Mitternacht starb der kranke Onkel.

Sonntag, 9. Oktober 1870:

Bruder Jaguar und ich ritten am Morgen zur Estanzia, wollten aber zur Beisetzung des verstorbenen Onkels wieder zurückkehren. Wir trafen zwar jetzt Montesos Bruder an, er selbst aber war noch nicht eingetroffen. Wir vermuteten, dass er wieder von den Soldaten gefangen genommen worden war. Da kam ein Bote der Rebellen mit einem Brief von Monteso, in dem er bat, 10.000 Bolivianos an den Überbringer zu zahlen, da es ihm und seinem ebenfalls gefangenen Neffen José, dem Sohn des Estanzieros, sonst schlecht erginge. Der Estanziero tat so, als ob er nicht genügend Geld im Hause hätte und sich den Rest von einem Nachbarn borgen müsste, was etwa drei Stunden dauern könne. Inzwischen ritt der Bote fort und ich konnte ihn und seine Kumpane belauschen. Ich erfuhr, dass man die Entführten zur Krokodil-Insel geschafft hatte. Nachdem wir den Boten und seine Komplizen festgenommen hatten, brachen wir auf: *der Estanziero, der Frater, ich und die fünf Yerbateros.* Wir ritten zuerst zum Rancho, das auf unserem Weg lag, und begruben am Abend meinen verstorbenen Landsmann. Danach ging es weiter über den Rio Negro. *Der Mond schien so hell, dass der nächtliche Ritt keinerlei Beschwerden brachte.*

Montag, 10. Oktober 1870:

Bei Anbruch des Tages hatten wir eine bedeutende Strecke zurückgelegt. Da sahen wir eine Meierei, die von den Freischärlern überfallen und niedergebrannt worden war. Auch alle Pferde und Rinder waren mitgenommen worden. Dann ritten wir weiter. Die Spur der argentinischen Freischärler führte in Richtung des Uruguay-Flusses. Diesen würden wir wahrscheinlich gegen Abend erreichen. Da aber von uns niemand wusste, wo die Krokodil-Insel lag, wollte Bruder Jaguar erst einen Indianer namens Pedro Ainas danach fragen, der es wissen musste. Von diesem erfuhren wir, dass sich die Gesuchten auf der Alligatoren-Halbinsel befanden, wo die Freischärler auch noch zwei Fremde und acht Flößer mit deren Floß in ihre Gewalt gebracht hatten. Ich schlich auf diese Halbinsel, konnte mir den Major Cadera schnappen und zwei Gefangene befreien, die ich alle mit zu meinen Gefährten brachte. Mein Erstaunen war groß, als ich sah, wen ich da befreit hatte: *Es war mein alter Kapitän Frick Turnerstick, der schnurrige Seebär* mit seinem deutschen Steuermann. Ihr Schiff lag in Buenos Aires und sie hatten ins Land hineingewollt, um neue Geschäftsbeziehungen anzuknüpfen. Ich nahm dem gefangenen Major das Geld ab, das er bei sich hatte, und schickte zwei Yerbateros damit zur abgebrannten Meierei, um es dort abzuliefern. Außerdem sollten sie die dortigen Gauchos hierher holen, damit diese ihre gestohlenen Pferde zurücktreiben konnten. Während Bruder Jaguar mit den Bolamännern verhandelte, gelang es mir, Monteso und seinen Neffen zu befreien. Morgen früh wollten wir den Major im Tausch gegen die Pferde freilassen und seine ganze Bande sollte sich mit ihm dann sofort auf dem Floß über den Uruguay-Fluss auf argentinisches Gebiet absetzen.

Dienstag, 11. Oktober 1870:

Am Morgen kamen die zwei Yerbateros mit dem Sohn des Rancheros und den Gauchos zurück, um die Pferde abzuholen. Die Freischärler gaben die gestohlenen Tiere heraus und der Besitzer zog mit ihnen ab. Wir ließen nun auch den Major frei, der mir spätere Rache androhte. Wir sahen, wie die Soldaten das Floß bestiegen und es dann am jenseitigen Ufer des Uruguay alle wieder verließen, worauf es flussabwärts davontrieb. Dass die Flößer aber nach der Flusskrümmung nochmals ans Ufer gingen, die Freischärler erneut aufluden und sie wieder auf unserer Uferseite absetzten, merkten wir erst, als wir wieder in ihre Hände gerieten. Wir wurden auf ein flussabwärts gehendes Floß geschafft, mit dem die Truppen zum argentinischen Ufer übersetzten. Dort wurden wir auf Pferde gebunden und zu einem Camp gebracht, das als *Castillo del Libertador* bezeichnet wurde. Nach einem verwegenen Handstreich stellte ich mich Lopez Jordan, dem Oberbefehlshaber der Rebellen, als der erwartete Bote von William Goodwin in New York und von Señor Tupido in Montevideo vor. Wolle Lopez Jordan wirklich von mir Waffen und Munition geliefert haben, so müsse er alles tun, was ich verlangte. Bevor ich ihm aber diese ‚ausliefern' könne, müsse ein Bevollmächtigter mit uns nach Buenos Aires reisen, wo sich die Waffen angeblich auf Turnersticks Bark ‚The Wind' befanden. Der Bevollmächtigte sollte Major Cadera sein, der mit uns und einigen Soldaten auf einem Floß den Rio Uruguay hinunter nach Buenos Aires fahren sollte. Dann wurde uns ein gemeinsamer Raum angewiesen, in dem wir auch unsere Pferde unterbringen konnten. Wir wurden von einem Rittmeister betreut, der bei den Verhandlungen mit anwesend war. Dieser vertraute mir an, dass er sich von Lopez Jordan trennen werde, weil er bei diesem einer falschen Sache nachgelaufen sei.

Mittwoch, 12. Oktober 1870:

Mitten in der Nacht wurde ich durch den Rittmeister *geweckt.* Er unterrichtete mich über die falschen Pläne Jordans und wollte ihn dann mit uns verlassen. Am Morgen kam Lopez Jordan nochmals zu uns, instruierte mich über die Vollmachten des Majors und verabschiedete sich. Mit dem Major und seiner Begleitung ritten wir zum Fluss. Unterwegs trafen wir auf zwei Reiter. Es waren Boten von Señor Tupido aus Montevideo, die zu Lopez Jordan wollten. Das war fatal für uns, denn damit war mein falsches Spiel, das ich mit Jordan getrieben hatte, verraten. Wir mussten uns beeilen, um an den Fluss zu kommen, und hofften auch rasch ein Floß anzutreffen, denn sonst würden wir um unser Leben kämpfen müssen. Wir fanden dann stromaufwärts eines, das uns mitnehmen wollte. Ich bestach die Flößer, und als sich meine Gefährten sowie der Rittmeister und der Major auf dem Floß befanden, fuhren die Schiffer los und ließen die Soldaten am Ufer stehen. Ich betrachtete den Major als meinen Gefangenen. Kaum waren wir mitten in der Strömung des Flusses, da sah ich auch schon Lopez Jordan mit einem ansehnlichen Trupp Reiter daherkommen, die uns jedoch nichts mehr anhaben konnten. *Wir waren ihnen glücklich entronnen.* Gegen Mittag setzten wir Major Cadera auf einer *schwimmenden Insel aus. Mochte er sehen, wie er mit ihr das Ufer erreichte.* Den Estanziero und seinen Sohn setzten wir kurze Zeit später auf der linken Flussseite ab, *weil beide nach Hause wollten.*

Montag, 17. Oktober 1870:

Wir waren glücklich in Buenos Aires angekommen und *hielten an unserem ursprünglichen Plan, in den Gran Chaco zu gehen, fest* und nahmen auch Turnerstick und seinen Steuermann mit. Von Buenos Aires aus wollten wir in die Provinz Corrientes und fuhren deshalb mit einem Dampfschiff den Rio Paraná hinauf. Unterwegs fielen mir ein junger Indianer namens Gomez und seine alte Mutter auf; ebenso ein Weißer, in dem ich einen Offizier vermutete. Ich erregte seine Aufmerksamkeit, als ich mit zwei schnellen Schüssen zwei Alligatoren schoss. Da kam plötzlich ein gewaltiger Sturm auf, ein Pampero, der unser Schiff arg beutelte. Zu allem Unglück rammte es noch ein Floß, dessen Stämme sich so in unseren Bug bohrten, dass es zu sinken drohte. Wir mussten alle an Land schwimmen; die alte Indianerin setzte ich auf mein Pferd, das sie ans Ufer brachte. Hier halfen wir mit unseren Lassos, andere Passagiere aus dem Wasser zu ziehen. Das Schiff saß auf Grund und erst übermorgen würde ein anderes vorbeikommen, um die gestrandeten Passagiere mitzunehmen. Der junge Indianer riet uns, mit ihm auf einen nahe gelegenen Rancho zu kommen, der einem Verwandten von ihm gehöre. Der Offizier bat mich, ihn und seinen Diener mitzunehmen. Unterwegs stellte er sich als Rudolf Alsina vor, ein bekannter argentinischer Oberst, der Lopez Jordan von Norden her angreifen wollte. *Als wir den Rancho erblickten, war die Sonne dem Untergang nahe.* Leider hatte der Verwandte des Indianers, der Antonio Gomarra hieß, seinen Rancho an den jetzigen Besitzer verkauft, doch wir konnten dort in einem Schuppen übernachten. Wir versprachen Oberst Alsina, mit ihm nach Palmar zu reiten, anstatt zum Schiff zurückzukehren. In der Nacht sollten wir von vierhundert Rebellen des Lopez Jordan überrumpelt werden, konnten jedoch rechtzeitig entweichen. Dabei geriet der frühere Besitzer des Ranchos, Antonio Gomarra, der jetzt Oberleutnant bei Jordans Truppen war, in unsere Gewalt. Wir konnten uns mit genügend Pferden versorgen und dann ging unser Ritt bei Mondschein in nordöstliche Richtung. Während wir lagerten und ich Wache hatte, unterhielt ich mich mit Antonio Gomarra. Als er mir erzählte, dass sein Bruder oben in den bolivianischen Anden an der Pampa de las Salinas von einem Bergführer ermordet worden sei, dachte ich unwillkürlich an den Sendador, was ich ihm auch sagte. Da ich in Erwägung zog, mit ihm hinauf in diese Berge zu gehen, sagte er sich von Lopez Jordan los, zumal er dessen Truppen gegen gutes Geld nur als Führer gedient habe. Und er würde seine ehemaligen Kameraden in die Sümpfe locken, weshalb Oberst Alsina seine Truppen herbeiziehen wollte, die in der Nähe standen. Wir brachen deshalb sofort unser Nachtlager ab und ritten los.

Dienstag, 18. Oktober 1870:[1]

Die Soldaten, die uns hierher gefolgt waren, hatten wir in einen Sumpf gelockt und sie waren unrettbar verloren, denn sie wurden hinten und vorne von Alsinas Leuten in die Zange genommen, sodass sie sich nur noch ergeben konnten, um ihr Leben zu retten. Als alle entwaffnet waren, *brachen wir auf, um der Stadt Palmar entgegenzureiten.*

In Palmar wurden die gegnerischen Offiziere im Stadthaus eingeschlossen und deren Soldaten in mehrere Korrals gesperrt. Gegen Abend verabschiedete sich Gomez, der Indianer, weil er mit seiner Mutter sofort in seine Heimat müsse, um seine Stammesgenossen vor einer drohenden Vertreibung zu warnen. Es seien schon Siedler mit Ochsen und Wagen

[1] 18.10.1870-26.01.1871: Karl Mays Gesammelte Werke Band 13, *In den Kordilleren*

unterwegs, um sich auf ihrem Stammesgebiet niederzulassen. Sie hatten auch einen Führer angeworben: Geronimo Sabuco, der Sendador. Und da wir ja auch Interesse an dem Sendador hatten, wollten wir mit ihm reiten. Bis zu seinem Heimatdorf waren es ungefähr zehn Tage.

Mittwoch, 19. Oktober 1870:

Am Morgen war Gomez mit seiner Mutter bereits fort. Meine Gefährten waren bereit, mir in die Heimat von Gomez zu folgen. Der Oberst und der Stadtkommandant versorgten uns mit allem, was nötig war. Sie beschafften uns mit Bootsleuten besetzte Kähne, mit denen wir den Rio Corrientes hinunterfuhren. Nach vier Stunden kamen wir in den Rio Paraná und fuhren dann in ein westliches Flüsschen so weit ein, bis wir die Sümpfe hinter uns hatten. Am Abend machten wir am Ufer Halt.

Donnerstag, 20. Oktober 1870:

Als *das Flüsschen um die Mittagszeit so schmal und so seicht wurde, dass wir nicht weiterfahren* konnten, verabschiedeten wir die Bootsleute und setzten unsere Reise zu Pferd fort. Wir ritten bis Mitternacht, dann erst lagerten wir.

Freitag, 21. Oktober 1870:

Wir *brachen bereits bei Morgengrauen wieder auf* und machten auch heute *erst spät am Abend Halt.*

Samstag, 22. Oktober 1870:

Wir befanden uns nun bereits in dem berüchtigten Gran Chaco. Während die Tage schon sehr warm waren, brachten uns die Nächte eine fast winterliche Kälte.

Sonntag, 30. Oktober 1870:

Wir waren *acht Tage lang fast immer gerade nach Westen* geritten, hatten aber dabei *zehn gute Tagesritte geschafft.* Da trafen wir auf eine Spur von zwei Pferden, die von heute stammte, und an einer Lagune auf Spuren von Wagen. Im Laufe des Tages kamen wir an ihren Lagerplatz von letzter Nacht. Mich machte stutzig, dass eine Person von diesem Lager weggegangen und wieder zurückgekommen war. *Leider wurde es bald Nacht, und so mussten wir lagern.*

Montag, 31. Oktober 1870:

Wir stellten fest, dass die Wagen-Karawane die letzte Nacht nicht gerastet hatte, sondern weitergefahren war. Das war sehr auffällig und musste triftige Gründe haben. Da kam uns ein Reiter entgegen, der uns gesucht hatte und von uns Hilfe erhoffte. Wir waren beide sehr überrascht, als wir uns ansahen: Der Reiter war Señor Pena, den ich vor Jahren in Mexiko kennengelernt hatte und den ich eigentlich in Tucuman aufsuchen wollte.[1] Es stellte sich heraus, dass er ein Deutscher war und eigentlich Kummer hieß. Er hatte den Sendador und Gomez belauscht, die darüber sprachen, dass der Siedlertreck, wie vorher schon andere, von den Indianern überfallen werden sollte. Als Beute sollten sie alles bekommen, was die Siedler bei sich hatten, außer dem Schmuck und dem Geld, das der Sendador für sich haben wollte. Die Männer des Trecks wollte er auf die Krokodil-Insel locken, wo er sie allein lassen würde, während die Indianer sich des Wagenzuges mit Frauen und Kindern bemächtigen sollten, den er vorher zu einem Christus-Kreuz führen würde. Antonio Gomarra kannte dieses Kreuz und unser Ritt ging in diese Richtung. An den Spuren erkannten wir, dass die Ochsenwagen westwärts gefahren waren, während Fußspuren nach Norden gingen, wahrscheinlich zur Insel der Krokodile. Wir folgten ihnen und konnten tatsächlich die Männer dort befreien. Dann folgten wir dem Wagenzug und überholten diesen sogar. In der Nähe des Kreuzes angekommen, ging ich mit Gomarra auf Kundschaft, denn dort befand sich ein ehemaliges Kloster, das jetzt nur noch eine Ruine war. In einem Kellergewölbe hatten sich die Indianer versteckt. Während Gomarra unsere Gefährten herbeiholte, konnte ich Gomez gefangen nehmen und ihn zu seinen Leuten zurückschicken, mit der Botschaft, dass sie eingeschlossen seien und nur mit dem Leben davonkämen, wenn sie mit den Siedlern Frieden schlössen. Es dauerte nicht lange, so kam der Wagenzug an und bald darauf näherte sich uns der Sendador, der sich mit Gomez treffen wollte. Wir nahmen ihn fest. Fast

[1] Dritte Nordamerika-Reise (1866-1867), Mitte Dezember 1866, Seite 103f.

alle wollten seinen Tod, doch das durfte nicht sein, denn ich wollte doch mit ihm hinauf zur Pampa de las Salinas, um die Zeichnungen und die Kipus zu entziffern. Als sich seine größten Widersacher zum Wagenzug begaben, löste ich ihm die Handfesseln, damit er später entfliehen konnte, und vereinbarte einen Treffpunkt mit ihm. Als man ihn zur Aburteilung zu den Wagen schaffen wollte und ihm dazu die Fußfesseln löste, entsprang er in die Dunkelheit und konnte auch nicht mehr eingefangen werden. Gomez und den Häuptlingen gaben wir den Rat, mit den Siedlern Frieden zu schließen. Dann begaben wir uns hinunter zum Wagenzug, wo wir die Nacht verbrachten.

Dienstag, 1. November 1870:

Am Morgen kamen die Indianer ins Lager und es wurde zwischen ihnen und den Siedlern *ein Schutz- und Trutzbündnis* abgeschlossen. Mit meinen Gefährten kam ich überein, *den Sendador einstweilen zu schonen, um mit ihm nach der Pampa de las Salinas* zu gehen, nur Gomarra gab erst nach einer Auseinandersetzung nach. Als wir am Spätnachmittag an die Stelle kamen, die ich mit dem Sendador ausgemacht hatte, fanden wir nur einen Zettel mit dem Vermerk, dass wir seiner Spur noch zwei Tagesreisen folgen sollten.

Mittwoch, 2. November 1870:

Vom Morgen an folgten wir der Spur des Sendadors, bis wir sie am Abend nicht mehr erkennen konnten.

Donnerstag, 3. November 1870:

Heute wollte uns der Sendador treffen, weshalb wir nach Ende des zweiten Tages unser Nachtlager auf einer freien Lichtung aufschlugen. In der Nacht kam der Sendador in unser Lager, um sich mit mir zu besprechen, wurde aber von Gomarra angegriffen, weshalb er es uns wieder verließ. Etwas später wurden wir von Indianern, die er unterwegs getroffen hatte, überfallen und gerieten alle in ihre Gefangenschaft. Mir wurde der Hut über die Augen gezogen, sodass ich nicht sah, wohin wir ritten.

Freitag, 4. November 1870:

Am Abend wurde ich an einen Baum gebunden und man nahm mir den Hut ab, sodass ich wieder sehen konnte. Rund zwanzig Indianer lagerten mit dem Sendador um ein Feuer. Als alle schliefen, wurde ich von Señor Pena losgeschnitten, konnte meine Waffen ergreifen und ihm folgen. Wir rannten kurz durch den Wald und weit hinaus auf die freie Pampa, *während im Wald die Indianer brüllten.* Wir gingen in die Richtung zu unserem alten Lager, wo wir überfallen worden waren. Da begann es in Strömen zu regnen.

Samstag, 5. November 1870:

Gegen Morgen hörte der Regen auf. In unserem alten Lager fanden wir niemanden mehr vor und der Regen hatte alle Spuren verwischt. Am Abend waren wir so müde, *dass wir uns da niederlegten, wo wir gerade standen.*

Sonntag, 6. November 1870:

Schon um Mitternacht brachen wir wieder auf. Wir kehrten an die Stelle zurück, wo mich Pena befreit hatte, fanden aber ebenfalls keine Spuren mehr. Ich hatte gehofft, dass sich der Sendador nach meiner Flucht zu unseren Gefährten begeben würde. Deshalb schlug ich vor, die Richtung zur Pampa de las Salinas einzuschlagen, wohin der Sendador sicher kommen würde.

Mittwoch, 9. November 1870:

Zwei Tage waren seit unserm Aufbruch vergangen. Der dritte Tag hatte begonnen und wir wanderten durch eine der wildesten Gegenden des Gran Chaco. Kurz vor einem Waldrand trafen wir auf die Spuren von vielleicht fünfzig Indianern, denen wir nachgingen. Zu ihnen kamen dann noch zwei Männer, ein Weißer, den Pena nicht kannte, und der Häuptling dieser Mbocovis-Indianer, der El Venenoso hieß. Mit ihnen brachen die Indianer wieder auf und wir folgten ihnen. Am Abend konnte Pena den Häuptling und den Weißen belauschen, ich verstand ihre Sprache leider nicht. Sie wollten morgen Abend die Toba-Indianer überfallen, die an der Laguna de Carapa wohnten, um an die großen Schätze ihres weißen Häuptlings zu kommen, den sie ‚den alten Desierto' nannten. Die Tobas, ein im Grunde sehr friedliches, aber doch wehrhaftes Volk, befänden sich momentan auf einem Kriegszug gegen die Chiriguanos und es seien nur wenige Männer anwesend. Da wir ungefähr acht Stunden zu gehen hätten, könnten wir morgen früh bei ihnen sein, um sie zu warnen. Aus Penas weiterer Erzählung schloss ich, dass der Weiße der Schwiegersohn des Sendador sein könnte.

Donnerstag, 10. November 1870:

Am Morgen kamen wir an die Lagune. Hier stießen wir auf einen riesigen Findling von etwa dreißig mal dreißig Metern, *dessen Seite lotrecht wohl an die vierzig Meter emporstieg.* Wie mochte der wohl von den Anden hierher ins Flachland gekommen sein? Wir nahmen an, dass das die Wohnung des alten Desiertos sei. An einem nahen Baum hochsteigend, entdeckten wir oben im Felsen eine versteckte Tür, durch die wir eindrangen. Der alte Desierto wollte anfangs nicht glauben, dass ein Überfall geplant sei, doch nachdem sich herausstellte, dass auch er ein Deutscher war, gab es kein Misstrauen mehr. Wir lernten auch seine ‚Nichte' kennen. Sie hieß Unica, bezeichnete sich als die ‚Herrscherin der Tobas' und schien ihrem Verlobten nachzutrauern, der sie anscheinend verlassen hatte. Dann besprachen wir den Überfall der Mbocovis und was dagegen zu tun war. Nachdem wir das Gelände, das Dorf und die zurückgebliebenen Krieger der Tobas gesehen hatten, entwarf ich einen Schlachtplan. Wir wollten den Gegner auf eine Insel locken und dort festnehmen. Deswegen würden Pena und ich als ‚ehemalige Gefangene' der Tobas zu den Mbocovis gehen und sie herführen. Wie ich vermutet hatte, beobachtete der ‚Schwiegersohn' das Gelände, und als wir von den Tobas ‚fortgejagt' wurden, war er sofort hinter uns her, um uns für seine Zwecke zu gewinnen, was wir ja beabsichtigt hatten. Er sagte uns auch, dass der Sendador mit einigen hundert Mbocovis folgen würde, und führte uns dann zu den Indianern. Pena tat so, als würde er ihre Sprache nicht verstehen, wobei er erfuhr, dass wir nach dem Sieg ermordet werden sollten und dass sie einen Gefangenen namens Horno hätten, für den sie ursprünglich vom Desierto Lösegeld erpressen wollten. Wir mussten sie zu der Insel führen und konnten sie dort alle wie vorgesehen überwältigen.

Freitag, 11. November 1870:

Am Morgen sagte uns der Desierto, dass er dem Sendador, wie von mir empfohlen, Kundschafter entgegengeschickt hatte. Wir ließen uns den ‚Schwiegersohn' vorführen und erzwangen von ihm die Aussage, wo sich der als Geisel gefangene Adolf Horn befand, der verschollene Verlobte von Unica. Der Desierto glaubte von sich, er sei ein Mörder, da er im deutsch-dänischen Krieg einen dänischen Offizier erstochen habe. Seit Jahren schon sandte er Geld an dessen Angehörige, damit diese versorgt seien. Pena aber konnte ihm beweisen, dass dieser Offizier nur verwundet worden war und noch lebte, weil er dessen liederlichen Sohn vor Jahren auf den Antillen getroffen habe. Im Laufe des Vormittags kamen die Krieger der Tobas siegreich von ihrem Feldzug gegen die Chiriguanos zurück. Kurz darauf meldeten uns die zurückkehrenden Kundschafter, dass die Mbocovis mit dem Sendador bald kommen würden. Als sie an der Stelle warteten, wo die bereits gefangenen Mbocovis gelagert hatten, umstellten wir sie mit den Tobas, um sie, wenn es hell wurde, zur Aufgabe zu zwingen. Der Sendador entkam uns jedoch in der Dunkelheit.

Samstag, 12. November 1870:

Am Morgen sperrten wir alle Mbocovis durch eine List in ein Kellergewölbe. Da ich annahm, dass uns der Sendador beobachtet hatte, musste ich wissen, in welche Richtung er gegangen war. Ich stellte fest, dass sein Ziel die Pampa de las Salinas sein könnte, wobei er über die Laguna de los bambús kommen musste, wo sich Adolf Horn und noch zwei andere Gefangene der Mbocovis befanden. Da er aber zu Fuß war, mussten wir zu Pferd eher dort sein als er, obwohl wir erst am folgenden Tag aufbrechen würden. Der Desierto, der eigentlich Alfred Herbst hieß, wollte mit Unica nach Deutschland, um für immer dort zu bleiben, weshalb er mich auf meiner Heimreise dorthin begleiten wollte. Wir vereinbarten, von der Pampa de las Salinas nach Tucuman zu kommen, wo Señor Pena seine Wohnung hatte, der sich ebenfalls überlegte, mit zurück nach Deutschland zu gehen.

Sonntag, 13. November 1870:

Am Morgen brachen wir mit dem Desierto und sechzig gut bewaffneten Tobas auf, um zur Laguna de los bambús zu reiten, wohin wir ungefähr drei Tage brauchen würden. Über das weitere Schicksal der gefangenen Mbocovis wollte der Desierto erst entscheiden, wenn er wieder zurück war.

Montag, 14. November 1870:

Der zweite Tag verlief wie der erste, nur dass wir mehr durch Wüste als durch Wald und Savanne kamen.

Dienstag, 15. November 1870:

Wir trafen auf einen alten, ausgestoßenen Mbocovi, der uns alles erzählte, was wir wissen wollten. Am Abend lagerten wir im Wald in der Nähe des rechteckigen Dorfes der Mbocovis, noch vor der Laguna de los bambús. Als alle unsere Leute schliefen, schlich ich mich weg, denn ich wollte zur Insel, wo nicht nur die drei uns bekannten Männer gefangen gehalten wurden, sondern sich auch meine früheren Gefährten mit dem Bruder Jaguar und Monteso befanden. Ich schlich ans Ufer, fand das Boot, das mir der Alte beschrieben hatte, ruderte zur Insel, die von drei Roten bewacht wurde, und kam unbemerkt bei den Gefangenen an. Sie hatten nicht fliehen können, weil es rundum von Krokodilen wimmelte. Wir mussten zweimal fahren, um alle ans rettende Ufer zu bringen. Mir gelang es noch, ihre Wächter unschädlich zu machen, die wir ebenfalls mit ans Ufer nahmen. Am Waldrand ließ ich die Befreiten lagern, um die Tobas zu holen, sagte aber dem Desierto und Pena nicht, was sie erwartete. Wie waren diese erstaunt, als sie Adolf Horn und die anderen hier sahen. Bis zum Anbruch des Tages gab es natürlich viel zu erzählen.

Mittwoch, 16. November 1870:

Als das Licht des Mondes blasser wurde, stiegen wir auf unsere Pferde, um das Dorf zu umstellen. Nach einigen Schüssen auf die anstürmenden Mbocovi-Krieger, sandten sie einen Unterhändler. Dieser erfuhr von uns, dass alle ihre auf dem Kriegszug befindlichen Stammesgenossen von den Tobas gefangen genommen worden waren und dass wir ihr Dorf niederbrennen würden, falls sie sich nicht nach unseren Wünschen richteten. Als sie sahen, dass wir auch ihre Gefangenen befreit hatten, gaben sie ihre Waffen ab. In der Hütte des Sendadors fanden wir Unmengen von gestapelten Waren, die wir als Beute den Tobas überließen. Auch das geraubte Geld meiner Gefährten wurde gefunden. *Dann verabschiedeten wir uns von den Tobas* und vom Desierto, *um den beschwerlichen Ritt nach der Pampa de las Salinas anzutreten. Es war kurz nach Mittag, als wir aufbrachen, von zehn Roten begleitet.*

Samstag, 17. Dezember 1870:

Über einen Monat befanden wir uns seit unserem Aufbruch von der Laguna de los bambús schon unterwegs. Wir waren nun oben in den bolivianischen Anden. *Vor drei Tagen waren wir von einem Toba-Stamm geschieden, bei dem wir eine Nacht geruht hatten. Eine Abteilung dieser Roten war in die Berge gegangen, um dort in der Nähe der Pampa de las Salinas Chinchillas zu jagen. Pena kannte jeden einzelnen Berg, jedes Tal, jede Felsplatte. Er versicherte uns, dass wir morgen die Salzkruste der Pampa de las Salinas erblicken würden.* Bevor wir an einen kleinen See kamen, an dem wir lagern wollten, nahm ich einen Aymara-Indianer fest, der mit fünf Stammesgenossen für den Sendador auf der Jagd war. Als ihm Bruder Jaguar klarmachte, dass der Sendador ein Mörder sei, vertraute er uns an, dass dieser am Salzsee mit sechzig Chiriguanos lagerte und Posten gegen uns ausgesetzt habe. Zwei dieser Beobachter, die unsere Ankunft melden sollten, überrumpelten wir im Schlaf.

Sonntag, 18. Dezember 1870:

Am Morgen stießen wir auf die Tobas, die in den Bergen auf Chinchilla-Jagd waren. Sie schlossen sich uns an. Unterwegs fingen wir noch zwei Chiriguanos ab, die unsere beiden gefesselten Beobachter ablösen sollten. Dann lag unter uns die Ebene mit der Pampa de las Salinas und wir sahen den Sendador mit den restlichen Chiriguanos *eingekeilt zwischen Fels und Wasser* lagern. Von dort aus ging ein schmaler Pfad nach oben, dahin, wo deren Pferde standen. Der uns führende Aymara-Indianer aber kannte noch einen anderen Weg und brachte mich zusammen mit zwanzig Tobas von unserer Seite aus hinauf. Alle anderen mussten hier unten warten. Wir konnten die beiden Pferdewächter unschädlich machen. Hier oben sah ich auch die Stelle, wo Gomarra seinen ermordeten Bruder begraben hatte. *Ich trat bis an den Rand des Felsens vor und blickte hinab.* Etwas abseits von den Roten saß der Sendador an den Felsen gelehnt. Ein kleiner Saumpfad führte hinunter zu ihm und ich postierte meine Tobas etwas weiter unten, damit niemand heraufkonnte. Dann kehrte ich mit dem Aymara zu unseren Gefährten zurück. Als wir dann gemeinsam weiterritten, wurden wir vom Sendador bemerkt und seine Indianer griffen zu Pfeil, Bogen und Lanzen. Mir gelang es, den Sendador zu verwunden und die Chiriguanos so in die Enge zu treiben, dass sie weder vor noch zurück konnten. Nun wollte der Sendador mit mir verhandeln und ich ließ mich darauf ein. Wir trennten uns aber ohne Ergebnis, weil er nicht aufgab. Dem Häuptling der Chiriguanos versprachen wir freien Abzug, wenn sie uns den Sendador ausliefern würden, was auch geschah. Wir traten zu einer Gerichtsversammlung zusammen und alle, außer mir und dem Bruder Jaguar, waren für seinen sofortigen Tod. Wenn er uns aber die Kipus und die Zeichnungen der Goldader der Inkas aushändigte, sollte er die Chance haben, ohne Waffen und Lebensmittel zu verschwinden, bevor ihm eine Viertelstunde später Gomarra folgen durfte. Wir gaben ihm eine Stunde Zeit zur Überlegung und gingen hinunter, wo die Kipus vergraben waren, sahen aber, dass die Stelle aufgewühlt war. Auf dem Salzsee lag eine zerbrochene leere Flasche, die die Kipus enthalten hatte. Der Sendador musste sie in seine Kleider eingenäht haben. Als wir zu unserem Lager zurückkamen, wollte Gomarra den Sendador gerade von einer Felsplatte hinunterstürzen. Bevor wir eingreifen konnten, stieß Gomarra seinen Todfeind hinunter, doch der zog ihn mit sich in den Abgrund. Gomarra lag unten zerschmettert, der Sendador hing an der Felswand und lebte noch. An zusammengebundenen Lassos ließ ich mich hinab und es gelang mir tatsächlich unter Lebensgefahr, den Sendador heraufzuholen, der an einem Wurzelstück hängen geblieben war. Wir fanden zwar die eingenähten Kipus, aber keine Pläne. Diese hatte angeblich ein Rächer in Besitz, der jederzeit auftauchen werde. Von den Chiriguanos erfuhren wir, dass es sich dabei um den Sohn des Sendador handelte, der auch bald kam und überwältigt wurde. Doch es gelang ihm, uns die Kipus zu entreißen und damit zu fliehen. Ich setzte ihm nach; als er keinen anderen Ausweg mehr sah, rannte er auf die Salzdecke zu. Da holte ich mein Pferd und schnitt ihm den Weg zur gegenüberliegenden Seite ab, worauf er die Richtung änderte. Wenn ich ihn lebend fangen wollte, musste ich auf das Salz, das mir nicht ganz unbekannt war, denn ich war schon auf einem tunesischen Schott geritten.[1] Gerade als er einbrach und im Salz versinken wollte, erwischte ich ihn mit meinem Lasso, zog ihn damit heraus und aufs Pferd herauf und erreichte mit ihm glücklich das Ufer. Kipus und Zeichnung aber waren im Salzwasser versunken und verloren. Der Sohn bedankte sich für seine Rettung und der Vater, der unendliche Todesangst um seinen Sohn ausgestanden hatte, weil er von oben alles hatte mit ansehen müssen, verfiel in eine solche Reue über seine bisherigen Taten, wie ich es noch kaum erlebt habe. Sein Sohn versprach ihm, die zusammengeraubten Schätze den rechtmäßigen Besitzern zurückzugeben. Als der Sendador gestorben war, hielten wir die Totenwache.

Montag, 19. Dezember 1870:

Am anderen Morgen wurden die Toten der Chiriguanos begraben. Geronimo Sabuco aber, den Sendador, bestatteten wir, wie er es gewünscht hatte, neben Antonio Gomarra und

[1] Zweite Orient-Reise (1867), 18. August 1867, Seite 111

dessen von ihm ermordeten Bruder Juan Gomarra. *Dann verließen wir die Pampa de las Salinas.*

Donnerstag, 26. Januar 1871:

In Tucuman trafen wir den alten Desierto, der jetzt wieder jung geworden zu sein schien, mit Unica und ihrem Adolfo Horno. Monteso verabschiedete sich da mit seinen Yerbateros von uns, um seinem Beruf wieder nachzugehen.

Donnerstag, 16. März 1871:

Ich bin wieder wohlbehalten in meiner Heimat angekommen. Begleitet wurde ich bis in den Hamburger Hafen nicht nur vom alten Desierto, Unica und Adolf Horn, sondern auch von ‚Señor Pena', der seinen alten deutschen Namen Kummer wieder angenommen hat und seine künftigen Jahre ruhig und ohne Abenteuer in Deutschland verbringen will. Ich musste allen versprechen, sie später in Mitteldeutschland, wo sie sich niederlassen wollen, zu besuchen.

16. DRITTE ORIENT-REISE (1871-1872)

Sonntag, 16. April 1871:

Heute ist der Tag, an dem die Verfassung des neuen Deutschen Reiches in Kraft tritt. Ich will morgen nach Marseille reisen, um eine größere Orientreise anzutreten. Da es nicht ganz einfach ist, nach diesem Krieg dorthin zu gelangen, habe ich mir die entsprechenden Ausnahmegenehmigungen verschafft. Ich hoffe, ohne Schwierigkeiten über Marseille nach Algier zu gelangen, obwohl dort in der Kabylei im französischen Generalgouvernement Algerien ein Bauernaufstand gegen die Kolonialmacht Frankreich ausgebrochen ist, wie ich aus der gestrigen Tageszeitung entnommen habe. Meine Sachen sind gepackt, morgen früh werde ich mit der Bahn die Reise nach Frankreich antreten.

Donnerstag, 27. April 1871:[1]

In Algier lernte ich kurz einen gewissen Hadschi Halef Omar kennen, der meinen richtigen Namen mit Kara Ben Nemsi ins Arabische übersetzte.

Dienstag, 13. Juni 1871:

In der Wüste Sahara gelangte ich zu einem Beduinen-Stamm, bei dem ich Halef wiedertraf. Nach einigen teils lebensgefährlichen Erlebnissen folgte mir Halef als Diener und ‚Beschützer' nach Algier, wo wir ebenfalls noch einige Abenteuer zu bestehen hatten. Sein vollständiger Name ist Hadschi Halef Omar Ben Hadschi Abul Abbas Ibn Hadschi Dawuhd al Gossarah.

Montag, 26. Juni 1871:[2]

Hadschi Halef Omar und ich hatten unseren Ritt in Algier begonnen. Zuletzt waren wir vom Dschebel Aures und Dra el Haua gekommen und *in das Wadi Tarfaui eingebogen,* wo wir nach etwa einer Stunde eine Leiche fanden. Es handelte sich um einen Franzosen namens Paul Galingré. Aus herum-

[1] 27.04.1871-13.06.1871: Nähere Einzelheiten in dem Buch *Hadschi Halef Omar* von Jörg Kastner, Karl-May-Verlag, Bamberg 2010

[2] 26.06.1871-28.06.1871: Karl Mays Gesammelte Werke Band 1, *Durch die Wüste,* Kapitel 1-3

liegenden Zeitungsausschnitten erfuhren wir, dass ein Armenier namens Hamd el Amasat wahrscheinlich in Algerien den französischen Kaufmann Galingré ermordet hatte. Der Tote hier schien sein Sohn zu sein. Nachdem wir den Franzosen begraben hatten, ritten wir im schnellen Galopp weiter und trafen an einer Wasserstelle auf die zwei Männer, deren Spur wir gefolgt waren. Wir ließen die Mörder – einer von ihnen war Hamd el Amasat – jedoch weiterreiten, denn wir waren nicht ihre Richter.

Dienstag, 27. Juni 1871:

Wir ritten nach Kris, *von wo ein Pfad über den Schott* el Dscherid *nach Fernassa auf der gegenüberliegenden Halbinsel Nifsaua führt.* Halef kannte den alten Schott-Führer Sadek, der uns auch selbst hinüberführen wollte, weil sein Sohn Omar schon auf dem Salzsee unterwegs war. An der schlimmsten Stelle des Schotts wurde Sadek von Hamd el Amasat erschossen, der mit einem anderen Führer vor uns ritt. Neben Sadek verschwanden auch unsere Pferde im Salz. Wir beide hatten damit zu kämpfen, nicht auch noch darin zu versinken, und konnten uns um die Mörder vor uns nicht kümmern. Als kurz vor Abend Sadeks Sohn Omar über den Schott zurückkam, schwur er feierlich, weder seinen Bart zu schneiden noch eine Moschee zu besuchen, bevor er nicht seinen Vater gerächt habe. Dann führte er uns die ganze Nacht hindurch über den Schott el Dscherid.

Mittwoch, 28. Juni 1871:

Am Morgen betraten wir das Ufer der Halbinsel Nifsaua. Omar Ben Sadek erfuhr, dass die Mörder zur großen Oase Kbilli weitergeritten waren. Dort trafen wir beim türkischen Wekil Hamd el Amasat, der sich jetzt Abu en Naßr nannte, doch er konnte uns entkommen. Omar Ben Sadek verließ uns, um dem Mörder seines Vaters zu folgen. Ich ließ *mir für die verloren gegangenen Tiere einen Ersatz schaffen, mit dem wir durchaus zufrieden sein konnten. So waren wir vorzüglich beritten, als wir Kbilli verließen, um die Reise durch die Regentschaft Tripolis und über die Oase Kufarah nach Ägypten fortzusetzen.*

Mittwoch, 5. Juli 1871:[1]

Südlich des Schotts hatte ich einen Führer *gemietet, der uns zu den Homra-Beduinen bringen sollte.* In einer Steppe kamen uns mehrere Reiter vom Stamme der El Homra entgegengesprengt. Bei ihrem Scheik befand sich ein Offizier, mein Freund Krüger Bei.[2] Er war hier, um für seinen Herrscher, Mohammed es Sadok Pascha von Tunis, eine neue, junge Frau zu holen, die ein Tuareg verkaufen wollte. Als wir im Duar der Beduinen ankamen, sah ich kurz dieses schöne Mädchen, bevor es von ihrem ‚Verkäufer' zurück ins Zelt gejagt wurde. Später bat mich Haluja, die Begleiterin des Mädchens, sie beide zu retten. Das Mädchen, es hieß Hiluja, war die Schwester der ‚Khanum der Wüste'. Auf der Reise zu ihr waren sie von Tuaregs überfallen und ihre Begleiter ermordet worden und sollten nun an Krüger Bei verkauft werden. Wir planten, Hiluja dadurch zu befreien, dass sie zum Schein mit Krüger Bei vermählt, aber danach gleich wieder von ihm geschieden wurde. Doch unsere List wurde mit größerer List geschlagen, indem man bei der Scheinhochzeit Hiluja mit Haluja vertauschte.

Donnerstag, 6. Juli 1871:

Zwei Stunden vor Morgengrauen wurde ich unsanft von Halef geweckt. Dieser hatte den Tuareg beim Pferdediebstahl überrascht. Ich weckte das Lager und wir stellten fest, dass der Tuareg mit einigen Helfern Hiluja entführt hatte. Da wir vermuteten, dass sie in Richtung Tripolis geritten waren, wollten wir sie auf unseren schnellen Reitkamelen überholen. Am Dschebel Dahar stellten wir die Entführer und befreiten Hiluja. Um Mitternacht trafen wir wieder im Duar der El Homra ein.

Freitag, 7. Juli 1871:

Hiluja bestürmte mich, sie auf unserem weiteren Ritt, der über die Oase Kufarah führen sollte, mitzunehmen, da dies auch der Weg zu ihrer Schwester sei. Ich ließ mich breitschlagen und sagte zu.

[1] 05.07.1871-14.09.1871: Karl Mays Gesammelte Werke Band 60, *Allah il Allah*, Kapitel 1-7

[2] Zweite Orientreise (1867): 13. und 14. August 1867, Seite 107-109

Sonntag, 9. Juli 1871:

So kam es, dass wir, als wir nach zwei Tagen das Duar der El Hombra verließen, im ganzen fünf Personen zählten, den Führer eingeschlossen.

Donnerstag, 27. Juli 1871:

In Mursuk, dem Hauptort der Provinz Fezzan, hatten wir unseren bisherigen Führer entlassen, da seine Kenntnisse der Gegend nicht weiter reichten; wir hatten uns nach einem anderen Khabir umsehen müssen. Bald fanden wir einen jungen *Tedetu, der uns als zuverlässig empfohlen worden war.*

Donnerstag, 17. August 1871:

Wir hatten die Wahl auch nicht zu bereuen gehabt, denn nach drei Wochen waren wir gesund und wohlbehalten in die erste der Kufarah-Oasen eingezogen.

Sonntag, 20. August 1871:

Unsere Tiere hatten sich in Kufarah, wo wir einige Tage geblieben waren, gut erholt, sodass wir hoffen durften, sie würden bis zu den Beni Sallah aushalten.

Donnerstag, 24. August 1871:

Wir hatten seit vier Tagen Kebabo, die östlichste der Oasen der Landschaft Kufarah hinter uns. Einen Führer *hatten wir diesmal nicht bei uns, denn wir hatten keinen bekommen,* weil wir nicht den gewöhnlichen Karawanenweg einschlagen, sondern quer durch die Wüste wollten. *Der letzte Teil war sehr anstrengend gewesen; wir* waren in eine Felsenwüste geritten *und wir durften froh sein,* dass *wir überhaupt vorwärtskamen. Als wir am Abend des vierten Reisetages unser Lager bereiteten,* hofften wir, am nächsten Abend bei den Beni Sallah zu sein. In der Nacht heulte ein heißer Wind über uns hinweg.

Freitag, 25. August 1871:

Am nächsten Morgen brachten wir nach zweistündiger Wanderung die Felsenwüste *endlich hinter uns,* und wir gelangten in die flachen Dünen der gewellten Sandwüste. Hier entdeckten wir eine von Sand fast vollständig bedeckte Karawane, die in der Nacht vom Wüstensturm überrascht worden war. Außer einem bewusstlosen Beduinen waren alle tot. Die

Ladung der Kamele bestand aus englischen Gewehren und Munition, welche für die Beni Suef bestimmt waren. Als der Ohnmächtige seine Augen öffnete und Hiluja sah, glaubte er Badija, die Schwester Hilujas, vor sich zu haben. Wir machten ein Lager in dieser Sonnenhitze, denn an einen Weiterritt war momentan nicht zu denken. Der junge Beni Sallah hieß Hilal und war auf dem Rückweg zu seinem Stamm gewesen, als er einer Karawane begegnet und als vermeintlicher Feind niedergeschlagen worden war. Er wollte unbedingt sofort zu seinem Dorf, weil sich am Samstagabend im Rat der Ältesten entscheiden würde, ob die Beni Sallah zum Khediven von Ägypten halten würden oder zu dessen Gegnern, die einen Aufstand planten. *Es mochte ungefähr zwei Uhr früh sein*, als wir uns zum Aufbruch rüsteten.

Samstag, 26. August 1871:

Auf unserem Ritt zu den Beni Sallah schien es mir, als ob sich Hilal und Hiluja näherkämen. Es war schon dunkel, als wir in das Duar einritten, gerade als die Versammlung der Ältesten zusammengerufen wurde. Hilal brachte uns durch einen geheimen Eingang in die Behausung von Badija, der ‚Khanum der Wüste' und Schwester von Hiluja. Sie war Witwe und sollte heute Abend Falehd, ihrem Schwager, zugesprochen werden. Bei der Frage des Mueddins, wer sich in einem Kampf gegen Falehd stellen würde, um die Khanum für sich zu gewinnen, meldeten sich Hilal, sein Bruder Tarik und ich.

Sonntag, 27. August 1871:

Bevor am Mittag der Zweikampf mit Felahd stattfand, unternahm ich mit Halef noch einen Ritt in die Wüste, wo wir auf die Krieger der Beni Abbas mit ihrem Scheik, dem Vater von Badija und Hiluja, trafen, die zu den Beni Sallah wollten. Um die Mittagszeit kamen alle zum Kampfplatz draußen vor dem Lager. Der Zweikampf mit Felahd begann und ich besiegte ihn. Das Volk jubelte mir zu, da Felahd bei ihnen unbeliebt war. Mit diesem Sieg sollte ich Scheik der Beni Sallah werden und gleichzeitig auch Badija heiraten, was ich natürlich nicht vorhatte. Ich musste Tarik in diese Position bringen, indem ich diesen zum Zweikampf forderte. Durch einen Trick von mir wurde Tarik Sieger und konnte damit nicht nur Scheik werden, sondern auch seine angebetete Badija heiraten. Falehd, der von den Ältesten aus dem Stamm ausgestoßen wurde und das Lager verlassen musste, schwor allen blutige Rache. Am Abend trat der Rat der Ältesten zusammen und sie entschieden sich für den Khediven und damit für den Frieden. Noch vor Mitternacht zog die Karawane unter der Führung Hilals los, um die Gewehre, die der Sandsturm verschüttet hatte, zu holen.

Montag, 28. August 1871:

Ich machte die Khanum darauf aufmerksam, dass die Beni Suef ja die Waffen erwarteten, die Hilal gerade holen wollte, und vermutete, dass dieser Stamm der Waffenkarawane entgegengeritten sei. Wenn das zutraf, dann waren die Beni Sallah in Gefahr. Während Tarik Unterstützung von weiteren Beni Sallah holen wollte, begann ich mit Halef und zwei Beduinen einen Kundschafterritt. Dabei erreichten wir gegen Abend das ‚Bett der Steine', wo die Beni Suef ihr Lager aufgeschlagen hatten, und konnten ihren Kriegsplan erlauschen. Danach ritten wir zurück.

Dienstag, 29. August 1871:

Als wir am Morgen wieder bei den Beni Sallah ankamen, waren schon andere Stammesteile hier eingetroffen. Ich ritt mit einem Trupp auf Eilkamelen Hilal entgegen, dessen müde Tiere nicht so schnell vorwärtskamen. Wir konnten die englischen Gewehre und eine Kiste Munition so rechtzeitig ins Lager bringen, dass die Krieger noch mit deren Umgang vertraut gemacht werden konnten. Nach Mitternacht machte sich Hilal mit seinen Kriegern auf Kundschaft, um rechtzeitig die Ankunft des Feindes zu melden; die anderen achthundert schlossen dort, wo wir den Gegner erwarteten, hinter den Dünen einen Halbkreis.

Mittwoch, 30. August 1871:

Im Osten begann das Blau des Himmels sich zu entfärben, als die Beni Suef ankamen. Ich stellte mich auf und warnte sie vor einem weiteren Vormarsch, doch sie rannten alle in die blutigen Salven der Beni Sallah. Ihr Scheik war sofort tot. Wer nach der dritten Salve nicht gefallen war, wandte sich zur Flucht. Während sich Tarik an die Verfolgung machte, wollte ich in das Duar zurück, um frische Kamele zu holen. Dort herrschte große Aufregung, denn Felahd war in das Lager eingebrochen, um Badija oder Hiluja zu entführen, war aber von Hilal gestellt und von der Plattform geworfen worden. Nun lag er zerschmettert da. Es war noch früh am Morgen, als wir zum Ritt in das Duar der Beni Suef aufbrachen. Wir wollten früher dort sein als deren flüchtenden Krieger und ritten deshalb den ganzen Tag und die ganze Nacht hindurch.

Donnerstag, 31. August 1871:

In der Morgendämmerung sahen wir die Oase der Beni Suef vor uns liegen. Wir umstellten das Dorf. Hilal und ich trugen unsere Forderungen den Ältesten vor und nahmen alle männlichen Bewohner fest. Dann konnte ich noch einen Sklaven befreien, dem ich die Freiheit schenkte. Als die flüchtenden Beni Suef, verfolgt von Tarik und seinen Leuten, hier an ihrem Dorf ankamen, wurden sie entwaffnet. Die Versammlung der anwesenden Beni Sallah beschloss, den Beni Suef nur so viel an Kriegsbeute zu nehmen, dass diese nicht verhungern mussten.

Donnerstag, 14. September 1871:

Wir blieben noch einige Tage bei den Beni Sallah, dann verabschiedeten wir uns von ihnen. Besonders von Badija und Hiluja. Tarik und Hilal gaben uns noch ein großes Stück Geleit. *Nordostwärts ging unser Weg. Dann lagen sie vor uns, die Riesen einer längst entschwundenen Zeit: die drei Pyramiden* von Giseh.

Mittwoch, 4. Oktober 1871:[1]

Wir waren über Tripolis und Kufarah nach Ägypten gekommen, hatten Kairo besucht, waren den Nil hinaufgefahren und hatten uns schließlich in Kertassi eine Wohnung genommen. Ich hatte auf der Nilfahrt einigen Schiffern aus meinem kleinen Medikamentenvorrat geholfen, was zur Folge hatte, dass ich

[1] 04.10.1871-16.04.1872: GW Band 1, *Durch die Wüste*, Kapitel 4-20

überall als ‚Arzt' bekannt geworden war. Deshalb kam ein Diener von Abrahim Mamur zu uns, um mich zu seinem Herrn zu holen, dessen Frau Güzela sehr krank sei. Wir ruderten etwa eine Stunde nilaufwärts, um zu einem von einer Mauer umschlossenen Haus zu kommen. Der Hausherr, Abrahim Mamur, hatte einen stechend scharfen Blick und er kam mir irgendwie bekannt vor. Ich sollte seine ‚todkranke' Frau untersuchen, ohne sie zu sehen, was natürlich so nicht möglich war. Als ich sie verschleiert dann doch durch ein Gitter zu sehen bekam, flüsterte sie mir in einem unbemerkten Augenblick zu: *„Rette Senitza!"* Da wusste ich, dass sie mit Gewalt hier festgehalten wurde und dass ich sie retten würde. Mit dem Ruderboot ging es wieder nach Kertassi, wo eine Dahabije am Ufer lag, deren Kapitän ich vor einiger Zeit in Kufarah kennengelernt hatte: Hassan, den ‚Vater der Schiffsführer'. Sein Schiff war hier repariert worden und er wollte morgen nilabwärts nach Kairo fahren. Da *kam mir ein Gedanke*, den ich ihm vortragen wollte, wenn er mich heute Abend besuchen würde. Sein bisheriger Fahrgast wohnte im selben Haus wie ich. Dessen Diener war ein Deutscher aus Jüterbog in Preußen. Und von ihm erfuhr ich, dass sein Herr aus Konstantinopel stammte, Isla Ben Maflei hieß und auf der Suche nach seiner geraubten Braut war, die Senitza hieß. Am Abend, als ich mit Hassan und Isla zusammensaß, schmiedeten wir einen Befreiungsplan.

Donnerstag, 5. Oktober 1871:

Am Nachmittag kam das Boot wieder, um mich zu Abrahim Mamur zu fahren. An dessen Haus angekommen, beobachtete ich alles, was mir von Nutzen sein konnte. Als ich mit Senitza zusammentraf, erkannte sie Islas Ring, den er mir mitgegeben hatte. Ich sagte in ihrer Gegenwart zu Abrahim Mamur, dass sie bereits morgen gesund sein werde. *Dann ging es wieder zurück nach Kertassi.* Am Abend ruderten Maflei und ich, Halef und Mafleis Diener zum Haus der Gefangenen. Durch einen Kanal schwamm ich bis in den Hof hinein und musste dann noch ein blechernes Siebgitter zertrümmern, um weiterzukommen. Ich holte Isla herbei und mit Hilfe einer Leiter konnte Senitza, die mich erwartet hatte, aus ihrem Zimmer heruntersteigen. Obwohl Abrahim Mamur ihre Flucht bemerkte und uns verfolgte, erreichten wir unseren Kahn und fuhren davon.

Freitag, 6. Oktober 1871:

Während wir wegfuhren, sahen wir einen Sandal, einen Schnellsegler, ankommen, und wir vermuteten, dass ihn Abrahim Mamur anhalten werde, um mit ihm die Verfolgung aufzunehmen. Doch das würde einige Zeit dauern. Wir aber erreichten Hassans Dahabije, die sofort ablegte und *uns nun abwärtstrug.* Kurze Zeit später bemerkten wir allerdings, dass der Sandal uns einholen würde. Dann fuhren beide Schiffe in einen Katarakt. In den Stromschnellen wurde der Sandal an einen Felsen geworfen und ein Mann ging über Bord, den wir aber in unser Boot ziehen konnten. Es war Abrahim Mamur. Mafleis Diener, der Preuße aus Jüterbog, erkannte ihn sofort und entsann sich, dass dieser früher in Konstantinopel wegen Geheimnisverrats verurteilt worden war und eigentlich Dawuhd Arafim hieß. Jetzt erinnerte ich mich auch, dass ich ihn auf meiner zweiten Orient-Reise dort nach seiner Verurteilung gesehen hatte. Maflei erzählte mir, dass Senitza eine Christin aus Montenegro sei und vom Vater ihrer Freundin, der Barut el Amasat hieß, an Abrahim Mamur verkauft worden war. Der nächste Hafen war Assuan, wo wir schon von der Polizei erwartet wurden. Hier kam es zu einer Gerichtsverhandlung, bei der wir wegen Entführung verurteilt werden sollten, woraus aber natürlich nichts wurde. Am Nachmittag war der Sandal und mit ihm Abrahim Mamur verschwunden und auch wir setzten unsere Fahrt in Richtung Kairo unbehelligt fort.

Samstag, 14. Oktober 1871:

In Kairo war es mir gelungen, einem ägyptischen einflussreichen Beamten namens Ben Musa Effendi *einen kleinen Dienst zu erweisen. Er wollte sich mir erkenntlich zeigen und bat mich, einen Wunsch auszusprechen, dessen Erfüllung in seiner Macht stünde. Und da ich bisher auf meiner Reise genug Gelegenheit gehabt hatte, die Wirkung eines Bujrultus*[1] *zu beobachten, so sprach ich eine diesbezügliche Bitte aus. Bereits am folgenden Tag hatte ich das gewünschte Papier in Händen.* Zudem bot er mir an, jedes Mal in seinem Haus zu wohnen, wenn ich mich in Kairo befände.

Sonntag, 22. Oktober 1871:

Um an das Rote Meer zu gelangen, hatte ich nicht den gewöhnlichen Weg von Kairo nach Suez eingeschlagen. Dort, wo ich mit Halef ankam, legte kein Schiff an. Wir mussten deshalb etwa drei Stunden nach Süden reiten. In einer Bucht lag ein Sambuk, eine jener Barken, die das Rote Meer befahren. Es war ein Zollschiff, und nur meinem neuen Bujrultu hatte ich es zu verdanken, dass uns der Oberzolleinnehmer mitnehmen wollte. Da es langsam Nacht wurde, würde der Sambuk erst am nächsten Morgen ablegen. Wir wollten diese Nacht auf dem Schiff schlafen. Doch kurz nach dem islamischen Nachtgebet legte ein kleines Floß mit einem Derwisch am Schiff an, der sich genau nach der Fahrt und nach den Passagieren erkundigte und dann auf seinem Floß weiterfuhr.

Montag, 23. Oktober 1871:

Am Morgen wurde der Anker gehoben, die Segel gesetzt *und der Sambuk steuerte südöstlich.* Kurz darauf sahen wir ein Boot mit zwei Männern und zwei verschleierten Frauen, die an Bord genommen wurden, weil sie mitfahren wollten. Halef hatte beobachtet, dass eine der verschleierten Frauen einen Vollbart trug, was uns verdächtig vorkam. *Der Abend dämmerte bereits, als wir in einer kleinen Bucht vor Anker gingen.* In der Nacht wurde das Zollschiff überfallen und ich wurde niedergeschlagen.

Dienstag, 24. Oktober 1871:

Als ich erwachte, war ich an Händen und Füßen gefesselt, und es dauerte etwas, bis ich mich erinnern konnte. Später wurde ich an Deck geführt und sah, dass ich mich wahrscheinlich auf einem Piratenschiff befand. Der Kapitän war Abu Seïf, der ‚Vater des Säbels', ein berüchtigter Pirat des Roten Meeres. Nach einem Wortgefecht forderte er mich zu

[1] Vom türkischen Sultan ausgestellter Reisepass

einem Säbelduell, bei dem ich ihm seine Waffe aus der Hand schlagen konnte, womit er besiegt war. Nun sollte ich ihm in nächster Zeit die europäische Fechtkunst beibringen und erst gegen die Freilassung seines gefangenen Bruders entlassen werden. Halef war verwundet worden und hatte angeblich auch noch ein Bein gebrochen, doch ich durfte ihn nicht sehen und nicht pflegen, sondern wurde am Abend wieder eingesperrt.

Freitag, 27. Oktober 1871:

So vergingen drei Tage. In der Nacht darauf gerieten wir in einen Orkan. Da hörte ich in der Kabine ein Geräusch vor meiner Tür. Es war Halef, der seinen Beinbruch nur vorgetäuscht hatte und mich in der nächsten Nacht befreien wollte.

Samstag, 28. Oktober 1871:

Ich durfte wieder an Deck und Abu Seïf sagte mir, dass er für zwei Tage fortgehe, ich in dieser Zeit aber gebunden in meiner Kabine bleiben müsse. Nach Mitternacht kam endlich Halef wieder zu mir und befreite mich, nachdem er den Wächter unschädlich gemacht hatte, den wir jetzt in meine Kabine sperrten. Die gesamte übrige Schiffsbesatzung lag auf Deck, betäubt vom Opiumrauchen, weshalb es uns gelang, unsere Waffen aus der Kapitänskajüte zu holen und mit einem Satz an Land zu springen, ohne dass wir bemerkt wurden. Wir schlugen den Weg nach Süden, nach Dschidda ein, das sicher nicht allzu weit entfernt lag, da auch Abu Seïf zu Fuß gegangen war.

Sonntag, 29. Oktober 1871:

Endlich graute der Tag, und der Marsch ging leichter und schneller vor sich. Bald sahen wir *die Minarehs einer Stadt vor uns, die mit einer hohen Mauer umgeben war.* Da Halef nun schon vor Dschidda war, wollte er auch nach Mekka hinüber, damit er endlich ein richtiger ‚Hadschi' wurde. Ich versprach ihm, in Dschidda auf ihn zu warten. Wir nahmen in einem Privathaus Quartier. *Im Laufe des Nachmittags ging ich, um mir die Stadt anzusehen.* Im Hafen traf ich zu meinem Erstaunen einen Österreicher aus Triest, der Martin Albani hieß.

Montag, 30. Oktober 1871:

Am Morgen kam Albani in unsere Wohnung und lud Halef und mich zu einem Kamelritt um Dschidda herum ein. Wir ritten hinaus in die Wüste, wo wir auf einen einzelnen Reiter, einen Beduinen stießen, der sich als Frau entpuppte, die Amscha hieß. Als sie erfuhr, dass Halef nach Mekka pilgern wollte, fragte sie ihn, ob er verheiratet sei. Dann ritt sie mit uns zu den ‚Ausgestoßenen' vom Stamm der Ateïbeh-Beduinen. Im Lager fragte mich Scheik Malek, ob Halef seine Enkelin Hanneh zum Schein heiraten, mit ihr nach Mekka pilgern und sie dann wieder freigeben, also sich von ihr scheiden lassen würde, da sein Stamm als ‚Verfluchte' nicht die Heilige Stadt betreten durfte. Nachdem Halef die etwa fünfzehnjährige Hanneh gesehen und zugestimmt hatte, erzählte uns Scheik Malek, dass Abu Seïf einst seine Tochter Amscha entführt und zu seinem Weib gemacht habe und dass Hanneh dessen Tochter sei. Amscha konnte später mit ihrer Tochter fliehen, und als Malek in Mekka unverhofft auf Abu Seïf stieß und mit ihm in ein Handgemenge geriet, wurde ihm und seinem Stamm der Besuch der heiligen Orte verboten und der ganze Stamm verflucht und ausgestoßen. Nachdem wir nach Dschidda zurückgekommen waren, verabschiedete ich mich von Albani, besorgte Tinte und Papier und ritt mit den vor den Toren der Stadt wartenden Ateïbeh zu deren Stamm, um über Nacht dort zu bleiben. Noch am Abend wurde Halef mit Hanneh durch Scheik Malek vermählt, was auf dem mitgebrachten Papier bestätigt und besiegelt wurde. Nach der Rückkehr aus Mekka würde Halef seine Schein-Ehefrau wieder freigeben. Es folgte eine kleine, bescheidene Feier.

Dienstag, 31. Oktober 1871:

Mein Schlaf war so fest, dass mich erst ein lautes Kamelgetrappel weckte. Die Ateïbeh waren in der Nacht zur Bucht geritten, hatten Abu Seïfs Schiff gefunden, die Besatzung getötet, das Schiff ausgeraubt und angezündet. Später wollten sie an den Euphrat ziehen und die Beni Schammar bitten, sie in ihrem Stamm aufzunehmen. Das konnte erst geschehen, wenn

Halef mit Hanneh aus Mekka zurück war. Deshalb wurden die Zelte abgebrochen und der ganze Stamm zog in Richtung Mekka. *Um möglichst wenig Begegnung zu haben, machte der Scheik einen Umweg. Er erlaubte keine Ruhepause, bis der Abend hereinbrach.* In einem Talkessel wurden die Zelte errichtet. Die Ateïbeh verteilten die gemachte Beute, und als ich keinen Anteil davon haben wollte, gaben sie es Halef, der damit zu einem wohlhabenden Mann wurde.

Mittwoch, 1. November 1871:

Am anderen Morgen ritt Halef als würdiger Ehemann mit seinem Weib von dannen. Mit ihm ritt eine Strecke weit ein Krieger, der die Straße zwischen Mekka und Dschidda beobachten sollte.

Donnerstag, 2. November 1871:

In der Früh wollte ich einen kleinen Streifzug machen und Amscha begleitete mich dabei. *Als wir die Schlucht verlassen hatten, schlug ich die Richtung nach Mekka ein.* Amscha schien meinen Wunsch zu kennen, denn sie gab mir Ratschläge, wie ich mich in Mekka zu verhalten habe, ohne als Christ aufzufallen. Sie wollte an einer bestimmten Stelle auf mich warten. Eine halbe Stunde später sah ich Mekka vor mir liegen und *gelangte glücklich in die Stadt.* Ich *trat zwischen den Säulen hindurch. Jetzt befand ich mich in der Nähe der Kanzel,* sah die Kaaba und holte mir Wasser aus dem heiligen Brunnen Sem Sem. Und dann sah ich Abu Seïf und er mich. Sein Schrei „Ein Giaur, ein Ungläubiger!“ und das daraufhin erfolgte tausendfältige Geheul der Pilger veranlasste mich zur sofortigen Flucht. Ein Kamel in meiner Nähe war *zum Glück nicht gefesselt.* Obwohl auf mich geschossen wurde, befand ich mich *in weniger als drei Minuten außerhalb der Stadt,* verfolgt von unzähligen Reitern. Doch nur einer konnte mir folgen: Abu Seïf. Amscha kam mir entgegen und trennte sich wieder von mir, nachdem wir unsere Gewehre gewechselt, die wir vorher getauscht hatten. Sie wollte Abu Seïf zwischen sich und mich bringen, was dieser nicht bemerkte, da meine Begegnung mit ihr hinter einem Hügel stattgefunden hatte.

So ging es wohl gegen drei Viertelstunden fort, bis ich endlich die offene Wüste gewann. Da tauchte noch ein Verfolger auf, doch der entpuppte sich als Halef, der ein ausgezeichnetes Hedschîn ritt. Jetzt hielt ich an und erschoss Abu Seïfs Pferd, das seinen Reiter unter sich begrub. Auch Halef kam herbei und erzählte, weshalb er jetzt hier war und dass er Hanneh zu den Ateïbeh geschickt habe. Da die anderen Verfolger bald auftauchen würden, banden wir Abu Seïf auf ein Kamel und suchten eine zerklüftete Gegend auf, wo es eine Höhle gab, die Amscha bekannt war. *So vergingen die letzten Tagesstunden, und die Nacht brach herein.*

Freitag, 3. November 1871:

Im Laufe des Morgens kam Scheik Malek mit den Kriegern der Ateïbeh hier an und am Nachmittag sollte über Abu Seïf Gericht gehalten werden. In der Zwischenzeit gestand mir Halef, dass er Hanneh gerne als Frau behalten würde, und auch sie wollte sich nicht mehr von ihm trennen. Dann verurteilten die Ateïbeh Abu Seïf zum Tode, doch der konnte plötzlich entkommen. Alle eilten ihm nach, nur ich blieb sitzen. *Nach und nach kehrten* die *Männer zurück. Sie hatten den Vater des Säbels nicht laufen sehen und auch seine Spur nicht bemerkt. Später kam Halef, zuletzt aber kehrte Amscha zurück.* Da Abu Seïf nicht gefunden worden war, setzte der Scheik eine Belohnung für dessen Ergreifung aus. Da meldete sich Halef und erzählte, dass er Abu Seïf aufgefunden, mit ihm gekämpft und ihn getötet habe. Als Belohnung erbat sich Halef, in den Stamm der Ateïbeh aufgenommen zu werden und seine angetraute Hanneh als Ehefrau behalten zu dürfen. Und es war keiner glücklicher als er, dass seine Bitte angenommen wurde.

Samstag, 16. März 1872:

Inzwischen war eine längere Zeit vergangen. *Ich war mit den Ateïbeh bis in die Wüste Ed Dahna gezogen, da ich es nach meiner Flucht aus Mekka nicht wagen konnte, mich im Westen des Landes sehen zu lassen. Die Nähe von Maskat verlockte mich, diese Stadt zu besuchen.* Hier lernte ich Sir David Lindsay kennen, einen schrulligen Engländer, der mit dem Dampfboot hinauf nach Bagdad wollte und mich einlud, mit ihm zu fahren. *Das war ein Anerbieten, wie es mir nicht gelegener kommen konnte. Leider ließ er mich nicht noch einmal zu den Ateïbeh zurück. Ein Bote musste meine Sachen holen und Halef benachrichtigen, wohin ich reisen werde. Als der Mann zurückkehrte, erzählte er mir, Halef wolle mit noch einem Ateïbeh zu Land zu den Schammar-Arabern reisen, um mit ihnen über die Einverleibung der Ateïbeh zu verhandeln. Er werde mich schon zu treffen wissen. Wir fuhren den Persischen Golf hinauf, sahen uns Basra und Bagdad an und gelangten nachher, den Tigris aufwärtsdampfend, an die Stelle, wo wir heute anlegten.* Die Nacht brach bereits herein, als wir alles ausluden, was wir für unsere weitere Reise brauchten, auch unsere vier Pferde, denn das Dampfboot *sollte mit Tagesanbruch nach Bagdad zurückkehren.* Mit Lindsay, der sich in den Kopf gesetzt hatte ‚Fowlingbulls' auszugraben, und seinen zwei Dienern, die uns begleiten sollten, schlief ich an Land.

Sonntag, 17. März 1872:

Ich wurde von Lindsay geweckt, weil unsere Pferde gestohlen worden waren, und zwar von sechs Männern, wie ich aus den Spuren ersah. Lindsay und ich folgten ihnen, denn *wir befanden uns in der Zeit des Frühjahrs* und im Gras *war die Spur deutlich zu erkennen.* Uns gelang es, den Dieben unsere Pferde wieder abzunehmen, mussten aber deren Tiere erschießen. Auf unserem weiteren Ritt *kamen Reiter auf uns zugesprengt.* Es waren Beduinen *vom Stamm der Haddedihn, der zu dem großen Volk der Schammar gehört.* Ihr Scheik hieß Mohammed Emin und sie wollten uns zu ihren Zelten begleiten. Nach dem Gastmahl erfuhr ich, dass Mohammed Emins Sohn, Amad el Ghandur, vom Statthalter in Mossul gefangen gehalten wurde, nur weil es andere Beduinenstämme auf die Herden der Haddedihn abgesehen hatten und den Stamm vernichten wollten. Er bot mir einen herrlichen Rappen, der auf den Namen ‚Rih' hörte, als Geschenk an, wenn ich für die Haddedihn auf Kundschaft gegen die Feinde ihres Stammes ginge, gegen die Obeïde, die Abu Hammed und die Dschowari. Ich sagte zu und schlief in der Nacht zwischen den Beinen ‚meines' Rih, damit er lernte, wer sein neuer Herr war.

Montag, 18. März 1872:

Nach dem Frühmahl bestieg ich den Rappen, um meinen Kundschafterritt zu beginnen. Ich wollte zuerst die Dschowari-Beduinen aufsuchen, die vermutlich oberhalb von Tekrit am Tigris ihr Lager hatten. *Der Tag verging ohne irgendein Abenteuer.*

Dienstag, 19. März 1872:

Ich *erwachte durch das warnende Schnauben meines Pferdes.* Es kamen fünf Beduinen auf mich zugeritten; im Laufe eines Gesprächs erfuhr ich von ihnen, dass sie zum Stamm der Abu Mohammed gehörten und mit den Alabeïde befreundet waren, mit den Dschowari jedoch in Feindschaft lebten. Sie luden mich als Gast ein und ich ritt mit ihnen. Die Abu Mohammed hatten ihr jetziges Weidegebiet auf der östlichen Seite des Tigris, wohin wir übersetzten und wo ich herzlich aufgenommen wurde. Von ihnen erfuhr ich, dass die Dschowari sich mit den Abu Hammed am kommenden Samstag vereinigen wollten und am darauffolgenden Montag mit den Obeïde, um dann gemeinsam gegen die Weideplätze der Haddedihn zu ziehen. Ich konnte sie dazu gewinnen, sich zusammen mit den Alabeïde den Haddedihn anzuschließen, um gegen die gemeinsamen Feinde stark genug zu sein. Bis wir einen geeigneten Schlachtplan entworfen hatten, war es Abend geworden, sodass ich bei den Abu Mohammed übernachtete.

Mittwoch, 20. März 1872:

Am anderen Morgen aber wurde ich beizeiten wieder an das Ufer gesetzt und ritt den Weg zurück, den ich gekommen war. Ich entschloss mich, mir die Gegend anzusehen, wohin wir unsere Feinde locken wollten. *Die Sonne war beinahe bis zum Himmelsrand niedergesunken, als ich zwei Reiter bemerkte,* die mir gar nicht gefielen, als sie mit mir sprachen. Als ich mich von ihnen abwendete, erhielt ich eine Wurfkeule an den Kopf, sodass ich leicht betäubt aus dem Sattel glitt. Sie banden mich und schleppten mich zu ihren Zelten. Hier erkannte mich ein junger Mann, und zwar war er einer von denen, die vor vier Tagen unsere Pferde gestohlen hatten. Dann wurde ich vor ein Gericht gestellt, dessen Vorsitz Zedar Ben Huli, Scheik der Abu Hammed, übernommen hatte. Ohne Urteil wurde ich in ein Zelt gebracht. In der Nacht ließ sich das laute Brüllen eines Löwen hören und alle Menschen in diesem Zeltdorf zitterten vor Angst. Ich erbot mich, den Löwen zu töten, und man gab mir den Bärentöter und ein Messer. Mit zwei Schüssen konnte ich ihn erlegen, ohne dass ich in Gefahr geriet.

Donnerstag, 21. März 1872:

Sobald aber der Schimmer des Tages den Körper des Löwen einigermaßen erkennen ließ, machte ich mich daran, ihn aus der Haut zu schälen. Mit dem Fell schritt ich zu dem *kleinen Zeltlager der räuberischen Abu Hammed.* Während die meisten Männer zu dem Löwen stürmten, um sich sein Fleisch zu holen, schritt ich zum Zelt des Scheiks, bemächtigte mich meiner anderen abgenommenen Waffen, hielt den Scheik und die anderen zehn oder zwölf zurückgebliebenen Männer mit dem Henrystutzen in Schach, schwang mich auf meinen Rappen und ritt davon. Die Verfolger blieben zurück, nachdem ich einigen Reitern die Pferde erschossen hatte. Dann besichtigte ich das Gelände an den Khanuke-Bergen und ritt schließlich in Richtung der Haddedihn.

Freitag, 22. März 1872:

Am anderen Mittag kam ich wieder dort an. Vor der Versammlung der Stammesältesten schenkte ich Scheik Mohammed Emin das Löwenfell und berichtete dann von meinem Kundschafterritt. Sie waren begeistert davon, dass ihnen die Abu Mohammed und die Alabeïde helfen wollten, den Feind zu besiegen. Ich machte sie mit meinem Schlachtplan bekannt, der ihre vollste Zustimmung fand. Da die Haddedihn ja keine Kämpfer in europäischem Sinn waren, musste ich sie vorher mit dieser Kampftaktik bekannt machen und führte deshalb eine Musterung durch. Schon am Nachmittag hielt ich Übungen mit einem Teil von ihnen ab.

Samstag, 23. März 1872:

Am anderen Morgen nahm ich die übrigen vor. Gegen Abend hörten wir, dass die Verbindung mit den Abu Mohammed hergestellt sei. Schon war es beinahe dunkel, als ich nochmals den Rapphengst bestieg, um einen Schnellritt in die Steppe zu machen. Ich war noch nicht weit gelangt, so kamen mir zwei Reiter entgegen. Der eine von ihnen war Hadschi Halef Omar, der andere hieß Fehim. Beide kamen als Abgesandte der Ateïbeh, die am Euphrat lagerten und zu den Haddedihn wollten. Mohammed Emin begrüßte sie und Fehim ritt zurück, um sechzig Krieger der Ateïbeh als Verstärkung zu holen. Im Moment waren *achthundert Mann beisammen, die letzten würden morgen früh kommen.*

Sonntag, 24. März 1872:

Am anderen Mittag waren wir vollzählig. Am Spätnachmittag begann die Truppenübung. Noch während der Übung kam das letzte Glied unserer Postenkette herbeigeritten und meldete, dass sich die Dschowari gestern mit den Abu Hammed vereinigt hätten. Bald kam auch schon der nächste Außenposten mit dem Bericht, *dass morgen zur Mittagszeit die Obeïde übersetzen wollten, um die Abu Hammed und die Dschowari zu treffen.* Ich gab entsprechende Anweisungen und die Boten ritten wieder zurück. Am Abend traf unverhofft Scheik Malek mit seinen Ateïbeh im Lager ein. Sie waren nicht am Euphrat geblieben, sondern kurz nach Halef aufgebrochen, als sie erfuhren, wo die Haddedihn ihre Weidegründe hatten. Nach dem Abendessen wurden die Krieger der Ateïbeh feierlich in den Stamm der Haddedihn aufgenommen. *Eine halbe Stunde später setzten sich die Haddedihn in Bewegung,* um ihre Gegner im Kampf zu stellen.

Montag, 25. März 1872:

Wir erreichten ohne Störung den langgezogenen Dschebel Deradsch. Die Krieger, die als Schützen ausersehen waren, stiegen ab. Mit den Abu Mohammed blieben wir weiterhin durch Postenketten verbunden. *Mohammed Emin* führte *seine Reiterei ins Tal* und die Fußtruppen besetzten die Seitenhöhen. Mit hundert Mann wollte ich eine Flucht des Gegners nach

Norden hin verhindern. Dann erstieg ich mit meinem Rih den höchsten Punkt des Gebirgszuges, von wo aus ich fast alles überblicken konnte. Die Gegner näherten sich und *die Stunde der Entscheidung nahte.* Zufällig entdeckte ich eine kleine Schar der Obeïde, die auf einem anderen Weg in das Tal kamen, und nahm sie mit ihrem Scheik Esla Ben Mahem und einem griechischen Dolmetscher gefangen. Dieser hieß Alexandros Koletis und ich traute ihm nicht. Esla Ben Mahem war bereit, seine Leute zur Aufgabe zu bewegen, denn inzwischen war der Gefechtslärm zu uns gedrungen, und ich gab ihm alle seine Waffen zurück, weil ich einen Ehrenmann in ihm sah. Da kam Halef angeritten und meldete, dass der Kampf zu Ende sei und alle Feinde gefangen seien. Wir ritten nun zum Schlachtfeld und die Verhandlung der Sieger über die Besiegten begann. Ich konnte die Scheiks der Abu Mohammed, der Alabeïde und der Haddedihn davon überzeugen, dass man den besiegten Gegnern nur die Waffen und ihre Pferde nahm, ihre Herden aber teilweise beließ, damit diese für lange Zeit einen Tribut an die Sieger zahlen konnten. *Bis zum Abend sahen sich die drei besiegten Scheiks gezwungen, auf alle Forderungen der Sieger einzugehen.*

Dienstag, 26. März 1872:

Am anderen Vormittag brachen wir auf. Ich hatte mich bereit erklärt, das Siegesgut bei den Abu Hammed abzuholen. Unser Nachtlager schlugen wir am Tigris auf.

Mittwoch, 27. März 1872:

Mit Tagesgrauen brachen wir wieder auf. Ich konnte in Erfahrung bringen, dass die Abu Hammed sechs Weideplätze hatten, die sich teils auf Inseln befanden. Auf einer der Inseln in der Nähe des Dorfes aber wurden Gefangene gehalten, die bis zu den Köpfen in die Erde eingegraben waren. Es waren Jesidi, sogenannte Teufelsanbeter, die ihre Dörfer nördlich von Mossul hatten. Sie waren Gefangene des Scheiks Zedar Ben Huli, der für sie Lösegeld erpressen wollte, sie aber dann doch töten würde, um nicht verraten zu werden.

Nachdem wir alle Beutetiere zusammengetrieben und die Gefangenen in Sänften auf Kamelen untergebracht hatten, verließen wir das Dorf der Abu Hammed, wo es, von wenigen Ausnahmen abgesehen, nur grausame Menschen zu geben schien, mit denen man kein Mitleid zu haben brauchte. *Unser Rückweg ging wegen der Tiere viel langsamer vonstatten als die Hinreise.*

Donnerstag, 28. März 1872:

Am anderen Morgen ging ich zu den drei Befreiten, die alle gut Arabisch sprachen. Sie hießen Pali, Selek und Melaf, stammten aus Baadri, waren als Boten ihres Stammes unterwegs, um dem Statthalter von Bagdad eine Botschaft zu bringen, und waren dabei von den Abu Hammed überfallen worden. Am Nachmittag kamen wir im Wadi Deradsch an. Alle Scheiks, auch die gefangenen, waren dabei, als die Jesidi von den Kamelen stiegen. Zedar Ben Huli war erschrocken, doch alle anderen wandten sich von ihm ab, als ich ihnen erzählte, was dieser mit seinen Gefangenen gemacht hatte. Zedar Ben Huli schoss auf David Lindsay, wurde aber von dessen Diener Bill erschossen. Selek, einer der Jesidi, berichtete Mohammed Emin von einem Gefangenen, den ein Trupp Arnauten vor sechs Wochen nach Amadije schaffen sollte. Das war das erste Lebenszeichen, das er von seinem gefangenen Sohn Amad el Ghandur erhielt.

Freitag, 12. April 1872:

Die Streitigkeiten mit den Feinden der Haddedihn, der Abu Mohammed und der Alabeïde *waren völlig geschlichtet worden. Die drei* feindlichen *Stämme hatten sich unterwerfen und Geiseln bei den Siegern zurücklassen müssen.* Mohammed Emin, Halef und ich waren nun unterwegs, um Amad el Ghandur mit List aus Amadije zu befreien. Sir David Lindsay war bei den Haddedihn geblieben und erhielt den Griechen Koletis als Dolmetscher. Während wir uns vorerst von dem Scheik trennten, ritten Halef und ich nach Mossul hinein, um mit dem Statthalter Schekib Halil Pascha zu sprechen. Er ließ mich mit einer Sänfte abholen und wollte allerhand von mir wissen. Um an ein besonderes Reisedokument für die Außenfestung Amadije zu kommen, bereitete ich ihm zwanzig Flaschen Wein, einen ‚Spritzwein', aus Zucker und Rosinen, aus Essig und Wasser sowie mit kohlensaurem Natron und Weinsteinsäure aus seiner Palastapotheke. Er war ganz begeistert davon und ließ drei Schreiben anfertigen, eines davon an den Befehlshaber der Festung Amadije, mit der Anweisung, mich so zu behandeln wie ihn selbst. Als er einmal aus dem Zimmer war, sah ich mir die auf seinem Tisch liegenden Landkarten an und glaubte Folgendes zu erkennen: *Die in Kujundschik versammelten Truppen standen bereit, über die Teufelsanbeter herzufallen.* Der Statthalter wollte mir morgen *fünf Arnauten und fünf Baschi Bosuks* zu unserer Sicherheit mitgeben.

Samstag, 13. April 1872:

Schekib Halil Pascha hielt Wort. Am Morgen standen zehn Mann mit einem Buluk Emini (Quartiermacher) vor unserer Tür. Der Buluk Emini hieß Ifra und ritt einen Esel, der nur das zu machen schien, was er in seinem Eselhirn hatte. Wir waren schon einige Zeit geritten, *als uns ein Trupp von fünfzig Arnauten entgegenkam.* Als Gefangenen hatten sie Mohammed Emin in ihrer Mitte. Während ich mich noch mit dem Anführer der Arnauten unterhielt und keiner auf den Scheik achtete, gelang diesem die Flucht. Wir taten, als ob wir ihn verfolgten. An dem von uns zuvor vereinbarten Punkt trafen wir uns wieder. Von den Soldaten war nichts mehr zu sehen. Wir hielten uns abseits des normalen Reisewegs und erreichten nach weiteren drei Stunden das Dorf Baadri, wo *der Wohnplatz des geistlichen Oberhauptes der Teufelsanbeter sowie des weltlichen Oberhauptes des Stammes war.* Ein Jesidi geleitete uns zum Dorfoberhaupt, der sich zu unserem Staunen mit dem Buluk Emini herumstritt. Ali Bei, der Stammesfürst, war sehr über unseren Besuch erfreut, da ich ja drei seiner Stammesgenossen aus der Gefangenschaft der Abu Hammed befreit hatte. Wir wurden eingeladen, am großen Fest der Jesidi, der Teufelsanbeter, teilzunehmen, das in drei Tagen stattfinden sollte. Ich konnte ihn aufklären, dass der Statthalter von Mossul sie in Scheik Adi, dem großen jesidischen Wallfahrtsort, am Tage ihres Festes von Soldaten überfallen lassen wollte. Schließlich kam noch Pir Kamek dazu, ein alter Mann und berühmter Heiliger der Jesidi, dessen Frau und zwei Söhne von dem türkischen Oberst Omar Amed ermordet worden waren. Ali Bei lud uns ein, bei ihm zu wohnen, und in meinem Zimmer fand ich ein Buch von Pir Kamek. Es *enthielt eine ansehnliche Sammlung von arabisch geschriebenen Wörtern und Redewendungen in mehreren kurdischen Mundarten* und konnte mir sehr hilfreich werden, meinen kurdischen Wortschatz zu erweitern. Später wurde Ali Bei berichtet, dass die Türken im Norden Truppen zusammenzogen, woraufhin er beschloss, alle Frauen, Kinder und Tiere in einem Seitental verstecken zu lassen, wohin Selek sie führen sollte.

Sonntag, 14. April 1872:

Schon am Morgen kamen Pilger an, *die teils in Baadri blieben, teils aber nach Scheik Adi weiterzogen.* Nach dem Frühstück ritt ich mit Jussuf, dem Sohn Seleks, in das Tal Idis, den Zufluchtsort für die Frauen, Kinder und das Vieh. Danach kehrten wir wieder nach Baadri zurück. Inzwischen waren weitere Nachrichten über die Bewegungen der Türken um das Gebiet der Jesidi eingetroffen und auch darüber, wann deren Überfall stattfinden sollte.

Montag, 15. April 1872:

Auch der nächste Tag verging bei dieser Beschäftigung. Pilger kamen fortwährend, bald einzeln, bald in Familien und bald in größeren Trupps.

Dienstag, 16. April 1872:

Es war *am dritten Tag, dem ersten des Festes.* Als ich mich etwas abseits vom allgemeinen Trubel am Bach frisch machte, entdeckte ich einen verdächtigen Mann, den ich mit zu Ali Bei nahm und den mir der Buluk Emini als den Stabsoffizier Nassyr Aga bezeichnete. Statt ihn als Spion zu verurteilen, veranlasste ich seine Freilassung, denn dadurch mussten die türkischen Soldaten annehmen, dass die Jesidi nichts von dem geplanten Überfall ahnten. Dann ritten wir nach Scheik

Adi, dem Wallfahrtsort der Jesidi. *Wir hatten das Grabmal noch nicht erreicht, da kam uns Mir Scheik Khan,* das geistliche Oberhaupt *der Jesidi, entgegen.* Mit ihm gingen wir in das Grabmal des von den Jesidi verehrten Heiligen Scheik Adi hinein. Lange Reihen von Pilgern kamen in das Heiligtum. *Draußen vor den Mauern hatte sich ein regelrechter Jahrmarkt entfaltet.* Auch Pir Kamek kam hinzu und hielt *eine Ansprache an die Versammelten.* Danach folgte das Ritual mit den Opfertieren, deren Fleisch an die Bedürftigen und Armen verteilt wurde. Mit Ali Bei ritt ich zum Anführer der Badinan-Kurden, Hussein Aga, der den Jesidi gegen die Türken beistehen wollte. *Dann ritten wir den Weg zurück, den wir gekommen waren.*

Als wir wieder in Scheik Adi ankamen[1], informierte Ali Bei die Pilger über den bevorstehenden Angriff der Türken. Es war Abend geworden und die Feierlichkeiten begannen bei strahlendem Lichterglanz. Nach der langen Zeremonie stieg ich auf den Berg und schaute mir das Ganze von oben an. Da bemerkte ich am Berghang Lichter. Es waren die türkischen Angreifer, die unbemerkt und ohne Vorwarnung an Scheik Adi herangekommen waren. Mit achtzig Reitern umzingelten wir das Lager, nahmen alle fünfundvierzig Türken ohne Blutvergießen gefangen und schafften sie nach Scheik Adi. Die Kanonen wurden kurz davor in Stellung gebracht und von Jesidis besetzt, die die Kleidung der türkischen Kanoniere anzogen. Da meldeten uns auch schon Boten, dass die Türken nun im Anmarsch seien. Ali Bei brachte seine Kämpfer an den Berghängen in Stellung, die Angreifer aber sollten hier in Scheik Adi in die Falle gehen. Außer Halef und mir schien sich niemand mehr hier zu befinden.

Mittwoch, 17. April 1872:

Der Tag begann zu grauen, der Himmel lichtete sich. Ein Kanonenschuss verriet uns den Anmarsch der Türken, die kurz darauf von zwei Seiten in Scheik Adi einmarschierten. *Es*

[1] 16.04.1872-18.05.1872: Karl Mays Gesammelte Werke Band 2, *Durchs wilde Kurdistan*

waren vielleicht zweihundert Arnauten mit ihrem Regimentskommandeur Miralai Omar Amed, an dessen Seite der oberste Richter von Mossul. Zwei Kanonenschüsse ertönten, deren Kartätschen die Reihen der Arnauten in Unordnung brachten. Nachdem auch die Reiterei im Kanonenhagel blutige Opfer bringen musste, wollte Omar Amed verhandeln, nahm jedoch den Unterhändler Ali Beis gefangen und ließ ihn erschießen. Da kam Pir Kamek und zündete den Reisighaufen an, der am Vortag errichtet worden war. Dann packte er Omar Amed, den Mörder seiner Frau und seiner Kinder, und sprang mit ihm in den brennenden Scheiterhaufen hinein. *Sie verschwanden* beide *in der lodernden Glut, die über ihnen zusammenschlug.* Die Jesidi kamen vom Berghang herunter und schlossen die Türken so vollständig ein, dass keiner mehr lebend das Tal hätte verlassen können. Man kam überein, dass sich die Türken so lange als Gefangene bei den Jesidi fühlen müssten, bis der Statthalter von Mossul persönlich mit Ali Bei verhandelt habe. Aus dem Scheiterhaufen wurde die verkohlte Leiche Pir Kameks geborgen, der im Tal Idis seine letzte Ruhestätte finden sollte. Die Leichenreste des Miralei übergab man den Türken. Da es ziemlich spät war, wurde die Bestattung Pir Kameks für den nächsten Tag angesetzt, denn es musste ja noch sein Grabmal gebaut werden.

Donnerstag, 18. April 1872:

Und am Morgen kehrte Pali zurück, der als Bote in Mossul beim Statthalter gewesen war. Dieser wollte sich mit Ali Bei morgen am vorgeschlagenen Ort treffen. Am Abend wurde Pir Kamek im Tal Idis feierlich beigesetzt.

Freitag, 19. April 1872:

Nach jener Flammennacht im Tal Idis war Ali Bei nach Dscherraije geritten, um sich mit dem Statthalter von Mossul zu treffen. Durch Kundschafter hatte er jedoch erfahren, dass gegen Scheik Adi türkische Truppen vorgehen wollten. Kurzerhand machte Ali Bei den Statthalter zu seinem Gefangenen und erreichte dadurch den Abzug der Soldaten und eine friedliche Lösung des Problems.

Samstag, 11. Mai 1872:

Scheik Mohammed Emin hatte sich *in den Bergen von Kaloni den Fuß vertreten,* sodass wir erst drei Wochen später in Richtung Amadije weiterreiten konnten. *Mein Abschied von den Jesidi war herzlich.* Wir waren nun wieder zu viert: Halef, Mohammed Emin, der Buluk Emini und ich. Die Nacht brach bereits herein, als wir das Kurdendorf Spinduri ereichten, wo wir übernachten wollten. Hier trafen wir zu unserer Verwunderung Sir David Lindsay, der es bei den Haddedihn nicht mehr ausgehalten hatte und uns nachgeritten war. Weil ich der Tochter des Ortsvorstehers eine Glaskette schenkte, erhielt ich von ihm ein Gegengeschenk: Dojan! *Es war einer jener kostbaren gelbgrauen, außergewöhnlich großen und starken Windhunde.* Er war *als Hund ebenso wertvoll wie mein Rappe als Pferd.* Für seinen Schwiegersohn, den Bei von Gumri, gab uns der Ortsvorsteher noch ein Geschenk mit.

Sonntag, 12. Mai 1872:

Hinter Spinduri gab es einen sehr beschwerlichen, kaum reitbaren Weg, der uns zu den Bergen des Kara Dagh emporführte. Dann ging der Weg bergab in das Tal von Amadije hinunter, das wir am Nachmittag erreichten. Dort ließen wir uns zu dem Stadtkommandanten führen, der aber nicht anwesend war. Wir nahmen Quartier bei Selim Aga, dem Befehlshaber der hiesigen Arnauten, und seiner alten Haushälterin Mersinah, die das Zepter zu führen schien. Der Garten des Hauses stieß an das Gefängnis, was mir sehr recht war. Mersinah versorgte die Gefangenen täglich mit Essen und ich versprach ihr, sie einmal zu begleiten. Als ich mit Sir David Lindsay, der sich für stumm ausgeben musste, zu Ismaïl Bei, dem Stadtkommandanten von Amadije eingeladen wurde, gaben wir ihm zuerst ein monetäres Gastgeschenk, denn alle Soldaten waren seit elf Monaten ohne Sold geblieben. In seinem Vorzimmer lernten wir einen Kurden kennen, einen Abgesandten des Bei von Gumri, den ich in meine Wohnung einlud. Ismaïl Bei *war wirklich ein Schwachkopf und ganz unfähig für sein Amt,* wie ich im Lauf eines Gesprächs mit ihm feststellte. Danach sprach ich in meiner Wohnung mit Dohub, dem Kurden, der wegen zwei gefangener Stammesgenossen zum Stadtkommandanten gekommen war. Ich hoffte, dass sie durch meine schriftliche Fürsprache freigelassen würden. Er erzählte mir, dass Ismaïl Bei sehr geldgierig sei und alle Stadt- und Landbewohner finanziell aussauge. Ein *Bewohner von Amadije, dessen Tochter krank* war, bat mich, ihm zu helfen, denn ich sei doch ein Hekim, ein Arzt. Die sechzehnjährige Schakara hatte Tollkirschen gegessen und ich konnte ihr ein Brechmittel verabreichen, das wohl ihr Leben rettete. Dabei traf ich auch ihre Urgroßmutter, die eine Christin zu sein schien. Als ich zurückkam, befanden sich die freigelassenen Kurden in meiner Wohnung, um kurz darauf nach Gumri zu reiten. Beim Stadtkommandanten war eine große Gesellschaft versammelt. Ismaïl Bei musste ich heimlich versprechen, ihm gegen seine ‚Krankheit' eine Arznei zu besorgen, einen berauschenden Wein, von dem aber niemand etwas wissen durfte. Danach führte mich Selim Aga, mein Hauswirt, zu einem Juden, bei dem es richtigen Wein gab. Selim war schon etwas betrunken, als er mit mir – in Wirklichkeit aber ich mit ihm – das Gefängnis inspizieren wollte. Alle Gefängniswärter waren ausgeflogen, wahrscheinlich irgendwo in ein Kaffeehaus. Selim Aga aber schlief wegen seines Rausches ein. Dadurch konnte ich unbemerkt die Zelle von Amad el Ghandur aufsuchen und mit ihm sprechen. Noch in der Nacht kamen Mohammed Emin und ich an das Gefängnisfenster im Garten unseres Hauses. Amad el Ghandur sprach mit seinem Vater und erhielt ein Paket mit Essen.

Montag, 13. Mai 1872:

Am anderen Morgen besuchte ich zunächst das erkrankte Mädchen. Als ich wieder zu Hause war, kam Selek, der Jesidi, der mir eine Nachricht und Briefe von Ali Bei brachte. Ich erfuhr, dass der Statthalter von Mossul abgesetzt worden sei, weil er Staatsgelder und den Sold für die Soldaten unterschlagen hatte, und dass der Richter von Mossul entflohen war und sich wahrscheinlich auf dem Weg nach Amadije befand. Dieser konnte uns sehr gefährlich werden. Ich instruierte

Mohammed Emin, sich für die Flucht bereitzuhalten und durch Halef Kleider für Amad el Ghandur kaufen zu lassen, da ich jetzt mit Mersinah zum Gefängnis gehen sollte. Mersinah verteilte Mehlbrühe an die Gefangenen, die einzige Mahlzeit, die diese am Tag erhielten. Danach ritt ich mit Halef und Lindsay hinaus vor die Stadt, um ein Versteck für Amad zu suchen. Lindsay fand eine hohle Eiche, die wir so ausbauten, dass es Amad el Ghandur für einige Zeit hier aushalten konnte, ohne entdeckt zu werden. Halef musste sich den Weg genau einprägen, denn er sollte den Gefangenen nach seiner Befreiung hierher bringen. Als ich wieder beim Kommandanten war, kam ein Bote, der ein Schreiben des Heeresrichters überbrachte, worin dieser befahl, den Richter von Mossul sowie den gefangenen Araber, womit er Amad el Ghandur meinte, sofort nach Mossul zu überstellen. Da musste heute Nacht noch etwas geschehen, denn nun eilte die Zeit. Ich ließ durch Halef zwölf Flaschen Wein besorgen, die dieser dann dem Kommandanten bringen sollte, denn der wartete schon auf seine ‚Medizin'. Dann ging ich mit Selim Aga wieder zu dem Juden, um ‚Arznei' zu trinken, denn ich brauchte heute Nacht noch seinen Gefängnisschlüssel. Da der Stadtkommandant persönlich die ganze Nacht den inzwischen eingekerkerten Richter selbst bewachen wollte, gingen wir zu dritt zum Gefängnis. Beide waren so betrunken, dass sie das Schlüsselloch nicht fanden, weshalb ich öffnen musste. Natürlich verschloss ich die Tür nicht mehr. Die Gefängniswächter wurden in ihrer Schlafkammer eingeschlossen und der ehemalige Richter aus Mossul in die Wärterstube geführt, wo ihm sein Geld abgenommen werden sollte. Absichtlich gab ich dem Kommandanten dort einen Stoß, sodass ihm die Lampe aus der Hand fiel und verlöschte. Bis wieder Licht beschafft werden konnte, holte ich Amad el Ghandur aus seiner Zelle, führte ihn aus dem Gefängnis und zeigte ihm den Weg zu unserer Wohnung. Nachdem der Richter von Mossul wieder in seine Zelle gesperrt worden war, gingen wir drei nach Hause. Während Amad el Ghandur mit Halef das Baumversteck aufsuchte, nahm ich seine

Gefängniskleidung, zerriss sie, ging zu einem nahe der Stadt gelegenen Abgrund und verteilte die Stofffetzen dort so, dass man glauben konnte, der Gefangene sei in der Nacht dort hinuntergestürzt.

Dienstag, 14. Mai 1872:

Ich erwachte nicht von selbst, sondern Selim Aga *weckte mich.* Der Kommandant hatte Amads Flucht entdeckt und verdächtigte nun Selim, nicht aufgepasst zu haben. Doch der verwies darauf, dass der Kommandant ja selbst den Gefängnisschlüssel in Gewahrsam gehabt hatte. Man wusste keine Lösung. Arnauten, die losgeschickt wurden, um den Entflohenen zu suchen, fanden die Kleiderfetzen am Abgrund und man glaubte fest daran, dass Amad tödlich abgestürzt war. Ich suchte Schakara auf, die jetzt wieder fast vollkommen genesen war. Ihre Urgroßmutter, die Marah Durimeh hieß, stand reisefertig da und bedankte sich noch einmal bei mir. Als ich ihr sagte, dass unser Ritt wahrscheinlich nach Osten gehe, meinte sie, ich solle mich nach dem Ruh 'i kulyan, dem Geist der Höhle, erkundigen, wenn ich dort in Not oder Gefahr käme. *Das war eine geheimnisvolle Mitteilung, die aber so abenteuerlich klang, dass ich wenig Wert auf sie legte.* Inzwischen schien dem Stadtkommandanten gedämmert zu haben, dass ich mit dem Verschwinden des Gefangenen zu tun haben könnte. Daher wollte er mich nun in das Gefängnis sperren, was ihm aber misslang. Dann verließen wir Amadije, holten Amad el Ghandur aus seinem Baumversteck und ritten in die Newdascht-Ebene hinunter, wo wir das Herrschaftsgebiet der Türken hinter uns ließen. *Der Abend dunkelte herein,* als wir an *das kleine Dorf Tiah* kamen, *wo wir zu übernachten dachten.* Da man es auf unsere Pferde abgesehen hatte, verbrachten wir eine beschwerliche Nacht in einem Haus mit ummauertem Hof, wobei Dojan einen Kurden totbiss, als dieser in das Haus eindringen wollte.

Mittwoch, 15. Mai 1872:

Als der Tag zu grauen begann, ließen die Kurden den Toten abholen. Da sie nur die Vorderseite des Hauses beachteten, weil es rückwärts keinen Ausgang gab, rissen wir eine Lücke in die Hofmauer und ritten unbehelligt aus dem ungastlichen Dorf davon, ohne die Verfolger zu bemerken. Weil wir den Weg nach Gumri nicht genau kannten, ritten wir wohl einen Umweg. Inzwischen hatten sich unsere Verfolger von dort schon Verstärkung geholt. Dohub aber, der ja durch uns in Amadije die beiden Gefangenen freibekommen hatte, half uns aus dieser misslichen Lage und brachte uns zum Bei von Gumri, dessen Gäste wir sein sollten. Kadir Bei war wirklich erfreut uns zu sehen und seine Frau wollte möglichst viel über ihren Vater in Spinduri erfahren. Am nächsten Tag sollte es zu einer Bärenjagd gehen.

Donnerstag, 16. Mai 1872:

Nach dem Frühstück ritten wir zum Dorf Mia, in dessen Nähe zwei Bärenfamilien hausten. Als wir beim ersten Bärenlager ankamen, trieben einige Kurden mit Hunden die Raubtiere zu uns heraus und Sir David Lindsay erlegte sie mit meinem Bärentöter. Das rief große Verwunderung bei den Kurden hervor, denn sie jagen diese Tiere nur mit Spießen, weil ihre Gewehrkugeln angeblich zu schwach dafür sind. Ein junger Bär wurde lebend gefangen, um mit nach Gumri genommen zu werden. Dann ritten wir zum zweiten Bärenlager. Als ich dabei mit dem Engländer etwas zurückblieb, wurden wir von Nestorianern, die sich selbst Chaldäer nennen, gefangen genommen. Diese nahmen auch unsere Waffen an sich, konnten aber nicht damit umgehen. Ich sollte sie ihnen erklären und erhielt dazu den Henrystutzen, ein Messer und einen Revolver. Nun konnte uns nichts mehr passieren, im Handumdrehen waren wir wieder frei. Wir versprachen ihnen aber, mit in ihr Dorf zu kommen. So ritten wir nach Lisan, dessen Melik – das Stammesoberhaupt – noch dem Bei von Gumri nachjagte. Wir wurden in ein Haus geführt, das dem Bruder des Meliks gehörte, der einst Priester werden wollte. Als er uns beide in ein Zimmer einsperrte, zertrümmerten wir die Tür, gingen aus dem Haus und ritten trotz des Widerstands wieder fort. Nach langem Ritt gelangten wir zurück an die Stelle, wo wir gefangen genommen worden waren. Als wir weiter der Spur des Beis von Gumri folgten, gerieten wir abermals in die Gewalt der Nestorianer, die uns nun zu ihrem Melik führten. Dort lagerten etwa sechshundert Krieger und *dort saßen* auch *der Bei von Gumri, Amad el Ghandur und Halef nebst einigen Kurden unbewaffnet und rings von Wärtern umgeben.* Der Melik wusste, wer ich war, denn Marah Durimeh hatte ihm von mir erzählt, und deshalb sollte ich sein Gast sein. Der Bei von Gumri aber sollte getötet werden. Das konnte ich nicht zulassen. Mit meiner Hilfe konnten die Gefangenen vorerst entfliehen, wurden aber fast alle bald wieder eingefangen. Kadir Bei hoffte, dass Mohammed Emin, der nicht gefangen worden war, nach Gumri geritten sei, um Hilfe zu holen. Am Haus seines Bruders angekommen, sagte uns der Melik, dass wir keine Gefangenen, sondern seine Gäste seien. Trotzdem schlugen wir unser Nachtlager im Freien auf, denn wir wollten sicherheitshalber nicht im Gebäude schlafen. Als wir gerade beim Abendessen saßen, schoss der Bruder des Meliks vom Dach herunter auf uns, doch ich hatte es rechtzeitig bemerkt, zurückgeschossen und seinen Arm zerschmettert. Nach Ansicht des Meliks waren wir dadurch der Blutrache verfallen, sollten alle Waffen abgeben und nun doch seine Gefangenen sein. Bevor uns die Nestorianer ergreifen konnten, nahm ich den Melik als Geisel. Ich ließ ihn aber wieder frei, als er versprach, dass wir tatsächlich seine Gäste sein sollten, den Bei von Gumri eingeschlossen, und unsere Waffen behalten durften. *Ich traute dem Melik durchaus, wenigstens für heute, aber Vorsicht war keinesfalls überflüssig, und so musste stets einer von uns die Augen offen halten.*

Freitag, 17. Mai 1872:

Die Nacht verging ohne Störung, und am Morgen ritten wir wieder gen Lisan. Kurz davor kam uns ein wahrer Goliath entgegengeritten: Nedschir Bei, das Oberhaupt von Schohrd. Auf einer gebrechlichen Brücke überquerten wir den Großen Sab und erreichten Lisan, wo wir diesmal im Haus des Melik wohnten. Seine Frau hatte von dem Mädchen in Amadije gehört, das ich gesund gemacht hatte. Ihre Schwiegermutter war eine Freundin von Marah Durimeh. Diese erzählte mir von den Morden, die die Vorfahren Kadir Beis an den Chaldäern verübt hatten, von denen damals nur wenige überlebten. Wegen der Taten seiner Vorfahren wollte man jetzt Kadir Bei zur Rechenschaft ziehen. Als ich mit dem Melik sprechen wollte, stellte sich mir Nedschir Bei in den Weg und wollte mich zusammenschlagen, doch er erhielt meinen Jagdhieb, sodass er zusammenbrach und liegenblieb. Da ich mich frei bewegen konnte, aber einen Aufseher akzeptieren musste, ließ ich mir von diesem Lisan zeigen. Da wurde die Ankunft von vielen hundert Kurden gemeldet, die Mohammed Emin herbeigeholt hatte, um den Bei von Gumri und uns herauszuhauen. Ich gab dem Melik den Rat, mit ihnen zu verhandeln. Halef und ich begleiteten ihn zu den Verhandlungen mit den Kurden, die sich schwieriger gestalteten, als ich gedacht hatte. Schließlich wurden wir doch einigermaßen einig und ich ritt zusammen mit Mohammed Emin zum Melik zurück. Unterwegs wurde mein Pferd – oder vielmehr Halefs Pferd, denn ich hatte ihm meinen Rih vorher anvertraut – unter mir weggeschossen. Ich wurde überwältigt und über den Großen Sab zu einer Hütte in einer Schlucht gebracht, wo ich von einer alten Frau bewacht werden sollte. Sie hieß Madana, was übersetzt ‚Petersilie' bedeutet. Auch hier half mir der Name Marah Durimeh. Eine ihrer Vertrauten, Ingdscha, die Tochter des Nedschir Bei, wollte mich um Mitternacht zum Ruh 'i kulyan führen. Da tauchte unerwartet Halef mit Dojan auf, der meine Spur gefunden hatte. Von Ingdscha erfuhr ich, dass ihr Vater zu verschiedenen Dörfern der Chaldäer geschickt hatte, um sie gegen die Kurden aufzuwiegeln, die man morgen früh überfallen wollte, denn Nedschir Bei wollte keinen Waffenstillstand und keinen Frieden. Halef musste das dem Melik und dem Bei von Gumri sagen, damit Nedschir Bei das Handwerk gelegt wurde. Zwei Stunden vor Mitternacht brach ich mit Ingdscha zum Geist der Höhle auf. Weil sich der ‚Geist' nicht meldete, rief ich nach Marah Durimeh, denn ich ahnte, wer dieser Geist in Wirklichkeit war. Sie kam dann zu mir und ich erzählte ihr vom bevorstehenden Kampf der Chaldäer mit den Kurden. Danach sagte sie mir, ich solle nach Lisan zurückkehren und noch in der Nacht den Melik, Kadir Bei und den Raïs von Schohrd zum Ruh 'i kulyan schicken. Morgen würde ich Marah Durimeh wiedersehen und mit ihr sprechen können. Unterwegs traf ich auf Nedschir Bei und es kam zum Kampf, wobei ich ihn besiegte und mit nach Lisan nahm. Der Melik und Kadir Bei waren sofort bereit, zum Ruh 'i kulyan zu gehen; Nesdschir Bei, der sich weigerte, wurde auf ein Pferd gebunden, das ihn hinauftragen sollte. Während alle drei in der Höhle verschwanden, wartete ich draußen über eine Stunde auf sie. Marah Durimeh musste eine große Gewalt über die Herrscher dieser Gebiete haben, denn als sie aus der Höhle herauskamen, reichte mir Nedschir Bei die Hand und entschuldigte sich für alles. Vor Lisan trennte sich Nedschir Bei von uns, um alle von ihm herbeigerufenen Krieger wieder nach Hause zu schicken, denn es herrschte von nun an Friede. Auf Wunsch des Melik holte Kadir Bei seine Kurden nach Lisan, denn sie sollten Gäste der Chaldäer sein.

Samstag, 18. Mai 1872:

Der Tag war bereits angebrochen, als ich mich niederlegte, *um einige Stunden zu schlafen.* Im Laufe des Vormittags kamen Ingdscha und die ‚Petersilie' nach Lisan. Und etwas später tauchte auch Marah Durimeh auf, mit der ich mich auf eine Wiese setzte und die mir allerlei Geheimnisvolles aus ihrem Leben erzählte. Im Laufe des Tages verabschiedeten sich die Kurden und ritten nach Gumri zurück; am Abend gab mir Marah Durimeh ein Amulett, das ich aber erst öffnen durfte, wenn ich einmal Rettung brauchen sollte.

Samstag, 1. Juni 1872:[1]

Wir hatten am Sab den Entschluss gefasst, den Fluss entlang bis zu den Schirwani- und dann den Sebari-Kurden zu reiten.

[1] 01.06.1872-16.11.1872: Karl Mays Gesammelte Werke Band 3, *Von Bagdad nach Stambul*

Wir kamen glücklich bis zum Akrafluss, stießen aber hier bei der Bergbevölkerung auf eine zu hartnäckige Feindseligkeit, dass wir uns nach verschiedenen schlimmen Erfahrungen nach Osten wenden mussten. Wir überschritten den Sab nördlich des Gara Surgh und sahen uns genötigt, vorläufig noch weiter nach Osten zu halten, dann südwestlich abzubiegen, um irgendwo den Tigris zu erreichen. So gelangten wir nach längerer Zeit und mancherlei Anstrengungen und Entbehrungen glücklich in das nördliche Zagrosgebirge. Zwischendurch war Sir David Lindsay von einem Fieber befallen worden und auf seiner Nase hatte sich eine Aleppobeule gebildet. *Es war Abend und wir lagerten am Rand eines Tschinarwaldes,* als Halef zwei Augen unter einem Baum sah. Ich schnappte mir den Mann, der sich als Turkmene vom Stamm der Bejat ausgab, von denen um die zweihundert Krieger in der Nähe lagerten, deren Khan uns zu sich einlud. Wir waren seine Gäste und er kannte unsere Namen, die ihm ein Anführer der Abu Hammed genannt hatte, welche durch meine Hilfe von den Haddedihn besiegt worden waren. Der Khan erzählte uns, dass sie nach Sinna ziehen wollten, weil sie von dem mächtigen Stamm der Dschiaf eingeladen seien. Wir wollten bis Sinna mit den Bejat reiten, weil wir in größerer Gemeinschaft sicherer waren, als wenn wir allein durch dieses Gebiet zogen. Bevor ich einschlief, gewahrte ich noch, *dass sich vier Männer von den Bejat zu Pferd setzten und fortritten.*

Sonntag, 2. Juni 1872:

Im Laufe des Tages stellte ich fest, dass wir eine ganz andere Richtung eingeschlagen hatten, als uns der Khan gesagt hatte. Doch dieser meinte, dass es nur eine Vorsichtsmaßnahme sei. *Am Abend mussten wir eine hohlwegähnliche Vertiefung durchreiten.* Hier stießen wir auf einen einzelnen Reiter vom Stamm der Bebbeh-Kurden, den der Khan gefangen nehmen wollte, der jedoch schnell wieder wegritt. Da der Khan befürchtete, dass sie es büßen müssten, wenn der Kurde entkäme, ritt ich ihm nach, fing ihn mit dem Lasso und brachte ihn zu den Bejat zurück, die ihn in Gewahrsam nahmen. Als es dunkel wurde, kamen wir an eine Stelle, die zwar nicht zum Lagern für alle geeignet war, sehr wohl aber einigen als Versteck dienen konnte. Die vier Kundschafter, die am Abend vorher weggeritten waren, befanden sich jetzt auch hier. Es blieben nur vierzig Bejat-Krieger am Ort, die anderen sollten woanders nächtigen. Wir beschlossen, uns morgen von den Bejat zu trennen, da uns ihre Art nicht mehr gefiel. Der Khan ließ mich nicht zu dem gefangenen Bebbeh, der sich bei der Gruppe der außerhalb lagernden Bejat befand. Mitten in der Nacht weckte mich ein Bejat und meinte, ich solle den Bebbeh-Kurden wieder einfangen, der ihnen entsprungen sei. Ich erfuhr, dass nur noch wenige Krieger anwesend waren; wohin die anderen mitten in der Nacht gegangen waren, sagte er mir nicht. Ich befürchtete eine Schurkerei und erzwang von ihm das Geständnis, dass man gekommen war, um die Bebbeh-Kurden zu überfallen und auszurauben. Ich ließ deshalb alle anwesenden Bejat entwaffnen und bewachen. Inzwischen hatte Lindsay noch einen zweiten Ausgang aus unserem Versteck entdeckt, der wohl niemandem sonst bekannt war.

Montag, 3. Juni 1872:

Als es langsam hell wurde, meldete Halef, der den Eingang bewachte, er habe viele Reiter gesehen. Das waren die Bejat, die die Herden der Bebbeh-Kurden mit sich führten. Als der Khan erfuhr, dass der Gefangene entflohen war, tobte er wie ein Berserker. Noch während ich dann mit ihm sprach, wurden wir von den Bebbeh-Kurden überfallen, da niemand den Eingang bewacht hatte. Der ehemals gefangene Bebbeh stürzte sich mit einem gewundenen afghanischen Dolch auf mich, doch ich konnte mich seiner erwehren. Es war Scheik Gasâl Gaboga selbst, einer der tapfersten Kurden, wie ich gehört hatte. Ich schlug ihn nieder, entriss ihm den Dolch und rief meinen Gefährten zu, durch den gestern entdeckten hinteren Ausgang zu fliehen. Draußen angekommen, sahen wir eine riesige Menge Bebbeh-Kurden, die die Bejat einschlossen. Diese mussten nun froh sein, wenn sie mit dem nackten Leben davonkamen. Doch man entdeckte auch uns und wir wurden von den Bebbeh verfolgt. Den schnellsten sechs Verfolgern schossen wir die Pferde weg und konnten so die weiteren von uns abschütteln. Am späten Nachmittag kamen wir zu einer Köhlerhütte. Den Köhler, er hieß Allo, konnten wir als Führer gewinnen und wir übernachteten bei ihm und seinem riesigen Hund.

Dienstag, 4. Juni 1872:

Wir begannen diesen Tagesmarsch mit erneutem Vertrauen auf unser gutes Glück. Unser Führer leitete uns nach Süd, später *schlugen wir eine östliche Richtung ein. Am Abend übernachteten wir am Ufer eines kleinen Baches.*

Mittwoch, 5. Juni 1872:

Am nächsten Morgen kaufte ich für Allo ein Pferd mit Sattel und Zaumzeug. *Am Nachmittag gelangten wir in die Nähe von Bane. Dann ging es nach Süden.* Bevor wir über den nächsten Pass ritten, wollten wir übernachten.

Donnerstag, 6. Juni 1872:

Die Nacht verlief ohne Störung, und bei Tagesgrauen ritten wir bereits in den Anfang des Passes ein. Es war nahe an Mittag, als wir ein Quertal durchschneiden mussten. Da packte Dojan einen Mann, der angeblich zu den Dschiaf wollte. Wir ließen ihn wieder laufen. Erst danach fiel Allo ein, dass er den Mann kannte: Es war ein Bruder des Bebbeh-Scheiks Gasâl Gaboga. Unser Ritt ging bergauf, bergab, bald zwischen Felsen hindurch, bald durch sumpfiges Land. *So gelangten wir am Nachmittag in ein schmales Tal, das nur in seiner Mitte einen wiesenähnlichen Streifen zeigte,* der beiderseits von Bäumen eingefasst war. *In der Ferne erhob sich in bläulicher Färbung ein großer Berg,* an dem wir links vorbeimussten, wie Allo uns sagte. Plötzlich krachten viele Schüsse und über fünfzig Reiter wollten uns umzingeln. Die Pferde meiner Kameraden lagen alle am Boden, nur ich saß noch auf meinem Rih. Da kam Gasâl Gaboga mit einer Keule auf mich zu, Dojan sprang ihn an und die Keule traf Rih, der mit mir durchging. *Für meine Freunde* konnte ich momentan *nichts tun, sie waren entweder tot oder gefangen.* Ich ritt zu dem bereits erwähnten Berg und traf dort zu meinem Erstaunen Allo.

Er kannte sich in der Gegend gut aus. Und als es dunkel wurde, traf auch Lindsay hier ein.

Freitag, 7. Juni 1872:

Am frühen Morgen konnte ich einen Rehbock schießen, dessen Fleisch wir über einem Feuer brieten. *Während des Essens kamen wir zu dem Entschluss, noch bis Mittag zu warten, dann aber nachzuforschen, wie es mit den Bebbeh stände.* Wie wir noch sprachen, kam Halef heran; er besaß alle seine Waffen, die beiden Haddedihn aber waren gefangen. Daraufhin ging ich mit Halef auf Kundschaft und es gelang mir, Mohammed Emin und Amad el Ghandur zu befreien. Zusammen mit Halef eilten wir zu den Pferden der Bebbeh. Während Dojan den Wächter in Schach hielt, suchten wir uns die sechs besten Pferde heraus und jagten die anderen in den Wald. Als wir danach alle unser Versteck am Fuß des hohen Berges verließen, konnte ich einen Verfolger abfangen: Es war der angebliche Dschiaf und Bruder des Scheiks Gasâl Gaboga. Wir entwaffneten ihn, nahmen ihn zwischen uns *und sein Pferd jagte mit den unsrigen in vollem Lauf dahin. Da ergab er sich in sein Schicksal.* Jetzt fiel mir ein, dass ich Dojan vergessen hatte, der den Pferdewächter immer noch bei der Kehle hatte, doch ich konnte nicht mehr zurück. *Am Abend machten wir Halt und nun erst wurde der Bebbeh gefesselt.* Als über ihn Gericht gehalten wurde und die beiden Haddedihn ihn zum Tode verurteilen wollten, stellte ich mich diesen entgegen und löste dem Bebbeh die Fesseln, nachdem er mir versprochen hatte nicht zu fliehen. Da er, was wir nicht wussten, auch Arabisch sprach, hatte er alles verstanden, was zwischen uns vorgefallen war. Er nannte mich von nun an seinen Freund und Bruder.

Samstag, 8. Juni 1872:

Am anderen Morgen blieb der Bebbeh bei uns, um seine Stammesgenossen davon zu überzeugen, dass wir keine Feinde seines Stammes seien. Ich vertraute ihm. Er ritt seinen Leuten entgegen und kam bald darauf zusammen mit Gasâl Gaboga zurück. Gasâl Gaboga drohte wieder mit unserer Vernichtung, während sein Bruder sich auf unsere Seite schlug.

Da kam Dojan angesaust, verfolgt von den Bebbeh. Als die Reiter uns entgegenstürmten, schossen wir ihre Pferde nieder und hätten, um uns zu retten, auch keine Menschen schonen können, doch sie zogen sich rasch wieder zurück. Musafir, der Bruder des Scheiks, ging zu ihnen, um über Frieden zu verhandeln. Ich sagte ihm, dass wir Gasâl Gaboga als Geisel mitnehmen und sofort töten würden, wenn sie uns weiterhin folgten. Wir verabschiedeten uns in Freundschaft und die Bebbeh zogen sich nach Norden zurück. Auch wir setzten unseren Weg nach Süden fort. *Ich merkte es den Gefährten an, dass mein Verhalten während der letzten Tage nicht ihren Beifall hatte.*

Sonntag, 9. Juni 1872:

Mohammed Emin warf mir vor, ich hätte alle Macht an mich gerissen und Bestimmungen getroffen, ohne sie zu fragen. Da legte ich kurzerhand alle Befugnisse, die man mir vor dem Antritt unserer Reise gegeben hatte, in die Hand Mohammed Emins. Er sollte nun unser Anführer sein, was er auch annahm. Als ich mich dagegen wehrte, dass Gasâl Gaboga jetzt erschossen werden sollte, warf mir Mohammed Emin vor, ein Undankbarer zu sein, dem er seinen besten Rappen geschenkt habe. Auf diesen Vorwurf hin blieb mir meiner Ehre zuliebe nichts anderes übrig, als ihm Rih zurückzugeben, was nun wiederum Mohammed Emin keinesfalls haben wollte. *Amad el Ghandur hatte den Rappen bestiegen und führte sein bisher gerittenes Pferd am Halfter. Jetzt war es für mich unmöglich geworden, Rih zurückzunehmen.* Um mich womöglich doch noch umzustimmen, zerschnitt Mohammed Emin die Fesseln Gasâl Gabogas, der im Galopp davonritt. Das war die größte Unbedachtsamkeit, die er begehen konnte, denn Gasâl Gaboga sann ja weiterhin auf Rache und holte jetzt bestimmt seine Kurden herbei, um uns zu überfallen. Wir hätten ihn erst freilassen dürfen, wenn wir in Sicherheit waren. Schlimm war zudem, dass die beiden Haddedihn in seiner Gegenwart über unseren weiteren Reiseweg gesprochen hatten. Wir mussten uns daher mehr nach Osten halten, um vor den Bebbeh sicher zu sein.

Die Abendmahlzeit wurde unter drückendem Schweigen verzehrt, und dann legten wir uns zur Ruhe.

Montag, 10. Juni 1872:

Am anderen Morgen setzten wir unseren Weg fort. Noch vor Mittag lagen die Höhen des Zagros vor uns. Bei unserem Weiterritt stießen wir auf ein steinernes Haus, wo uns Dschibrail Mamrasch willkommen hieß. Hier konnten wir auch übernachten. Die Pferde waren in dem von einer hohen Mauer umschlossenen Hof sicher. Dschibrail Mamrasch erzählte uns noch, ein räuberischer Stamm der Bilba sei aus Persien in die Gegend heraufgezogen, doch im Notfall könne man in einem Versteck am naheliegenden See Seribah unterkommen.

Dienstag, 11. Juni 1872:

Ungestört genossen wir die Gastfreundschaft. Als wir am anderen Tag wieder aufbrachen, riet uns Dschibrail Mamrasch, nicht weiter nach Osten zu reiten, da wir dort auf die räuberischen Bilba stoßen könnten. Er hielt es für das Beste, den Dijala aufzusuchen und an dessen Ufer entlang die südliche Ebene zu gewinnen. Ich hatte nicht recht Lust, diesem Rat zu folgen, denn ich dachte an die Bebbeh, auf die wir stoßen konnten, wenn sie uns verfolgten. Aber dieser Plan fand so sehr das Wohlgefallen der beiden Haddedihn, dass ich mich stillschweigend fügte.

Mittwoch, 12. Juni 1872:[1]

Am folgenden Tag erreichten wir den Dijala, der hinunter nach Bagdad führt. Wir ließen uns an seinem Ufer nieder, um Mittagsrast zu halten. Ich war weggegangen, um vielleicht ein Wild zu schießen, als ich mehrere Schüsse hörte. Am Lagerplatz waren nur Lindsay, Halef und Allo, die beiden Haddedihn waren nicht da. Ich befürchtete ein Unglück und wir galoppierten dorthin, von wo die Schüsse gekommen waren. Auf dem Kampfplatz *lagen einige Kamele im Gras und in ihrer Nähe weideten mehrere Pferde.* Ich sah einen Tachtirewân und *sechs bis acht fremde Gestalten, die sich gegen eine Überzahl*

[1] Dieses Datum wird im „Anhang" des *Schut* als Todestag von Mohammed Emin genannt.

von Kurden verteidigten. Neben Amad el Ghandur *lag Mohammed Emin regungslos am Boden.* Dann hörte ich noch die Stimme von Gasâl Gaboga, bevor dieser von Halef niedergeschossen wurde. Mitten im Kampf verlor ich das Bewusstsein und im Traum kämpfte ich gegen Riesen und Ungeheuer. Als ich wieder erwachte, hörte ich, dass alle mehr oder weniger verletzt waren, Mohammed Emin aber tot. Und bei uns befand sich eine persische Familie, Schiiten von vornehmem Rang, die nach Kerbela wollten, um das Grab Husseins zu besuchen. Der Mann hieß Hassan Ardschir-Mirza, und schien eine hochgestellte Persönlichkeit zu sein. Auch seine Diener waren alle verletzt, die Kurden aber waren unter blutigen Verlusten abgezogen. Ein Soran-Kurde, der hier in der Nähe seine Hütte hatte und ein Todfeind der Bebbeh war, blieb an diesem Abend bei uns.

Donnerstag, 13. Juni 1872:

Als ich am anderen Morgen erwachte, hielt Amad el Ghandur *noch immer Totenwache bei seinem Vater.* Der Soran-Kurde wusste oben in der Nähe seiner Hütte eine Stelle, die sich als Grabstelle für den Scheik der Haddedihn eignen würde. Dort fanden wir auch einen geeigneten Platz, wo wir für einige Zeit ein gemeinsames Lager aufschlagen konnten. Wir errichteten nicht nur eine Hütte für Ardschir-Mirzas Ehefrau und deren Schwester, sondern bauten auch ein würdiges Grabmal für Mohammed Emin, den wir am Abend bei Sonnenuntergang beisetzten. *Das war ein seltenes Begräbnis. Ein Christ, zwei Sunniten und ein Schiit hatten am Grab des Toten gesprochen, ohne dass Mohammed einen Blitz niederfallen ließ.*

Freitag, 14. Juni 1872:

Am nächsten Morgen war Amad el Ghandur verschwunden und hatte Rih dagelassen. Er hatte sich aufgemacht, den Tod seines Vaters an den Bebbeh-Kurden zu rächen, und wir hatten ihn nicht davon abhalten können. Der Soran-Kurde und Allo waren mit ihm gegangen. Ardschir-Mirza bat uns, ihn nach Bagdad zu begleiten, wenn wir alle wieder gesund und bei Kräften seien.

Samstag, 15. Juni 1872:

Ardschir-Mirza erzählte mir, dass sein Vater *eines gewaltsamen Todes* gestorben sei, *weil er einem anderen im Weg gestanden* hätte, und er habe seinen Vater gerächt. Nun sei er auf der Flucht, habe seine Wertsachen aber noch vorher durch einen Vertrauten *über die Grenze des persischen Reiches* bringen lassen. Außerdem wolle er seinen Vater auf dessen Wunsch hin am Todestag des Kalifen Ali in Nedschef begraben, weshalb er sich der *dorthin ziehenden Totenkarawane anschließen* werde. Ich versprach Ardschir-Mirza, ihn nach Bagdad zu begleiten, wo er auch seine Kamele mit den Wertsachen finden würde. Wir wurden bei diesem Gespräch von Saduk, einem seiner Diener, belauscht, der aber stumm war, weil ihm Mirzas Vater einst wegen eines Vergehens die Zunge hatte abschneiden lassen. Die Erklärungen Ardschir-Mirzas verrieten mir, dass Saduk nicht ganz unschuldig am Tode seines Vaters und anderer Personen in dessen Umfeld war. Etwas später beobachtete ich ihn, wie er am Ufer des Dijala verschiedene Zeichen hinterlegte, die zu unserem Lager hinwiesen. Ich bemächtigte mich des Stummen, doch Mirza wollte meinem Verdacht, dass dieser Diener ihn zu verderben plane, nicht glauben. Ich ging mit ihm die Strecke ab, die seine Karawane bisher genommen hatte, und wir fanden viele Zeichen, mit denen Saduk die Richtung markiert hatte. Dabei mussten wir uns vor einem Trupp persischer Milizionäre verstecken, von denen Mirza annahm, dass sie sich seiner Person bemächtigen wollten, weil sich unter ihnen auch ein Neffe Saduks befand. Wir konnten ihr Gespräch belauschen. Sie lagerten nur unweit von unserem eigenen Platz, was sehr gefährlich für uns werden konnte. Deshalb legte ich falsche Zeichen aus, um sie von uns abzulenken. Mehr würde ich morgen mit David Lindsay vollbringen.

Sonntag, 16. Juni 1872:

Beim ersten Tagesgrauen weckte ich den Engländer. Wir legten den persischen Milizen falsche Wegweiser, denen sie ganz ahnungslos folgten, und nach einigen Stunden ließ ich eine schriftliche Anweisung über die weitere Richtung zurück.

Durch mein Fernrohr sah ich, dass sie brav unserer falschen Spur folgten. *Erst kurz nach Mittag machte ich ein Zeichen und dann gegen Abend wieder eins,* um *die Perser nach rechts,* nach Westen, *abzulenken.* Dann *hielten wir unsere verdiente Nachtruhe.*

Montag, 17. Juni 1872:

Am anderen Morgen befestigte ich ein zweites Pergamentstück, das angab, dass der Weg nun lange Zeit nach Sonnenuntergang führen werde. Im Lauf des Vormittags ließ ich ein drittes zurück mit der Nachricht, *dass Hassan Ardschir-Mirza misstrauisch geworden sei. Dann zu Mittag brachte ich das vierte Pergamentstück an,* in dem ich Ortschaften angab, wohin Ardschir-Mirza reisen wolle, denn *das Zeichengeben sei mir* (also Saduk, der zu sein, ich ja vorgab) *fortan unmöglich. Wir kehrten um,* wobei wir einen anderen Weg einschlugen und erreichten *den Dijala noch lange vor Abend. Wir ritten noch eine Strecke aufwärts, bis uns die Nacht zwang, Halt zu machen.*

Dienstag, 18. Juni 1872:

Am Morgen brachen wir auf und langten bereits am Mittag bei unserem Lager an. Hier erfuhren wir, dass Saduk entflohen war. Ich fand jenen Diener heraus, der Saduk einst Freundschaft geschworen und darum seine Fesseln durchschnitten hatte. Mirza behielt ihn aber weiterhin in seinen Diensten. Wir mussten nun ein anderes Lager aufsuchen, da wir nicht wussten, ob Saduk die persischen Miliz-Soldaten erreicht hatte und sie zurückführen würde. Jenseits des Dijala *fanden wir gegen Abend eine verlassene Hütte an einer Felswand* mit weiter Fernsicht. Ardschir-Mirza bat mich, nach Ghadhim bei Bagdad zu reiten, dort seine ganze Ware samt Kamelen zu verkaufen und die Diener zu entlassen. Er traute nach den bisherigen Erlebnissen Mirza Selim, einem alten und vermeintlich treuen Weggefährten, der sein Vermögen dorthin gebracht hatte, nicht mehr.

Montag, 24. Juni 1872:

Wir blieben noch fünf Tage an dieser Stelle und brachen erst auf, nachdem wir die feste Überzeugung erlangt hatten, dass die Kräfte sämtlicher Begleiter wiederhergestellt seien.

Sonntag, 30. Juni 1872:

Der Ritt durch die Berge ging glücklich vonstatten und auch die Ebene wurde zurückgelegt, ohne dass wir eine feindliche Begegnung mit Arabern hatten. Hinter Khan Beni Sad, vier Wegstunden nordöstlich von Bagdad, machten wir an einem Kanal Halt.

Montag, 1. Juli 1872:

Ardschir-Mirza gab mir einen Brief an Mirza Selim mit, der mich als Bevollmächtigten auswies. Während Halef zum Schutz des Lagers zurückblieb, ritt ich mit Sir David Lindsay und einem Diener los und wir *erreichten nach drei Stunden die dritte Krümmung des Tigris oberhalb Bagdads, in der Ghadhim jenseits des Flusses liegt. Ghadhim besitzt eine Pferdebahn, die ihren Ausgangspunkt am Arsenal in Bagdad hat. Es war um die Mittagszeit und im Juli, und wir hatten sicher über vierzig Grad im Schatten. In einer der engen Gassen begegnete uns ein Mann in reicher, persischer Kleidung,* der uns nicht an sich vorüberlassen wollte, obwohl genug Platz war. *Der Perser zog seine Kamelpeitsche,* doch meine Faust beförderte ihn von seinem Sattel auf die Erde. Unser Diener erkannte in ihm Mirza Selim, den Vertrauten von Ardschir-Mirza, der uns nun mit in seine Wohnung nehmen musste. Er gefiel mir nicht und ich hätte nie das Vertrauen in ihn gehabt wie Ardschir-Mirza; er benahm sich dessen Dienern gegenüber rücksichtslos wie ein Pascha. Auch mir gegenüber verhielt er sich in dem Haus, das er angemietet hatte, so unverschämt, dass ich mich zum Gehen wandte, ohne ihm Ardschir-Mirzas Brief zu geben. Es kam zu einigen kleineren Handgreiflichkeiten, schließlich las er den Brief doch, aber *der Inhalt der Zuschrift schien ihm unbegreiflich zu sein.* Er weigerte sich, der Anweisung von Ardschir-Mirza zu folgen und mir dessen Eigentum anzuvertrauen. Da zwang ich ihn, mit mir zu Ardschir-Mirza zurückzureiten, wo wir nach etwa zwei Stunden ankamen. Nach einer Unterredung zwischen beiden gab mir Hassan Ardschir-Mirza ein Verzeichnis aller Dinge, die ich veräußern sollte. Er wollte noch wissen, wann er nach Nedschef aufbrechen musste. *Heute* war nach moslemischer

Zeitrechnung der *sechste, und am 15.* war dort *das Fest. Vier Tage* musste *man haben, um von Bagdad nach Nedschef zu gelangen, und einen Tag vorher möchte man dort sein, also* war *der zehnte dieses Monats der geeignete Tag* zur Abreise. Deshalb würde ich ihm in Bagdad ein geeignetes Quartier suchen. Mit Halef und den Schätzen, die Ardschir-Mirza mir noch mitgab, um sie zu veräußern, ritt ich nach Bagdad zurück. Sir David Lindsay war so reich, dass er mir alle Gegenstände abkaufte, die Hassan Ardschir-Mirza veräußern wollte. Lindsay war Millionär, *aber es gehörte auch für einen Millionär Überlegung dazu, eine solche Summe auf einmal und nur für eine Liebhaberei auszugeben.* Anschließend fuhren wir beide mit der Pferdebahn nach Bagdad hinein. Dort kauften wir uns neue Kleider und *für Halef einen Anzug,* den wir *einem jungen Araber zum Tragen* anvertrauten, und anschließend gingen wir zum Barbier. Dieser junge Araber wusste eine Wohnung, in der wir Ardschir-Mirza und seinen Anhang unterbringen konnten. Der Besitzer des Hauses war gebürtiger Pole und früherer Offizier in türkischen Diensten. Sein unheimlich dicker Diener benahm sich seinem Herrn gegenüber meiner Ansicht nach sehr unverschämt, was diesen aber nicht zu stören schien. Mit der gemieteten Wohnung war ich zufrieden.

Dienstag, 2. Juli 1872:

Am anderen Abend zogen wir ein. Hassan Ardschir-Mirza hatte *seine Leute abgelohnt und nur Selim blieb in seiner Nähe. An Stelle der Diener trat der Araber, der uns gestern geführt hatte.*

Freitag, 5. Juli 1872:

Heute näherte sich der Stadt Bagdad die Todeskarawane mit den stinkenden und verwesten Leichen der verstorbenen Schiiten, die in Kerbela oder Nedschef begraben werden sollten. Ich wollte mit Lindsay und Halef *dieses eigenartige Schauspiel* einmal sehen. *Die Leichenkarawane darf jetzt nur die nördliche Grenze des Stadtbezirkes berühren, um dann auf der oberen Schiffbrücke über den Tigris zu gehen. Und dort war es, wo wir sie trafen. Ein unerträglicher Pesthauch wehte uns entgegen.* Wir hielten diesen Gestank nicht lange aus. *Zu Hause erfuhr ich von Hassan Ardschir-Mirza, dass er sich der Karawane nicht anschließen, sondern erst morgen folgen werde.* Auch Mirza Selim, dem ich immer mehr misstraute, hatte sich angeblich die Karawane ansehen wollen und war um Mitternacht noch immer nicht daheim. Da führte mich Halef, der eine interessante Beobachtung gemacht hatte, zu einem Friedhof, wo mehrere Männer lagerten. Wir wurden entdeckt, hielten sie aber mit Pistolenschüssen von uns ab und gingen zurück zu unserer Wohnung. Ich nahm an, dass es die persischen Miliztruppen waren, die Ardschir-Mirza verfolgt hatten, doch dieser nahm unsere Warnung nicht ernst.

Samstag, 6. Juli 1872:

Am Morgen kam Lindsay mit vier Landsleuten an, die ihm bei seinen Ausgrabungen helfen wollten. *Nachmittags, als die größte Tageshitze vorüber war, brachen wir auf, um Bagdad zu verlassen. Ich fühlte mich körperlich sehr müde und geistig niedergeschlagen, ohne dass ich dafür eine Ursache hätte angeben können. Trotz der Hitze überlief es mich kalt. Wir konnten die Spuren der Todeskarawane erkennen* und *die Ausdünstung der Särge* riechen. *Ich schlug* deshalb *Hassan Ardschir-Mirza vor, den Karawanenweg zu verlassen, aber er ging nicht darauf ein.* Am Abend war ich *sehr müde und fühlte einen dumpfen, bohrenden Schmerz im Kopf.*

Sonntag, 7. Juli 1872:

In der Frühe hatte ich eine kurze Auseinandersetzung mit Mirza Selim. Ardschir-Mirza schien ihm wieder volles Vertrauen zu schenken. *Am Vormittag sahen wir die lange Linie der Karawane,* deren Düfte immer unerträglicher wurden. Wir umritten die Todeskarawane und hielten Mittagsrast, *um die größte Tageshitze vorübergehen zu lassen. Die Sonne neigte sich dem Untergang, als wir den Birs Nimrud aufsteigen sahen. Wir machten am Fuß der Ruine Halt.* Ich *wickelte mich in meine Decke und versuchte einzuschlafen.* Mich schüttelte *ein starker Frost, der mit fliegender Hitze wechselte.*

Montag, 8. Juli 1872:

Gegen Mittag brach Ardschir-Mirza nach Nedschef auf. Wir blickten der kleinen Schar nach, *solange sie zu sehen war.* Auch Lindsay zog mit seinen Leuten ab, um ‚Fowling-bulls' auszugraben, *und ich schloss die Augen.* Da tauchten drei Perser auf, von denen wir zu spät erkannten, dass sie zu Ardschir-Mirzas Verfolgern gehörten, dem sie jetzt nachritten. Wir folgten ihnen ebenfalls, denn Ardschir-Mirza war jetzt in Todesgefahr. Doch ich konnte plötzlich nicht mehr weiter und musste mich übergeben. Da wurde mir klar, dass ich mich mit der Pest infiziert hatte. Halef wollte mich trotz meiner Bitte nicht verlassen und ich versuchte weiterzureiten. *Nach langer, langer Zeit erreichten wir endlich die Karawane, aber ich bemerkte die Gesuchten nicht.* Wir ritten etwas abseits und dann entdeckten wir sie: Hassan Ardschir-Mirza, seine Frau, deren Schwester und die Dienerin lagen tot im Wüstensand – ermordet. Da brach ich zusammen. Als ich wieder zu mir kam, wollten wir die Toten begraben, doch der Untergrund war zu hart. Wir luden sie auf unsere Pferde und taumelten mehr, als dass wir gingen, zum Turm zurück, wo wir nach Stunden spätabends ankamen.

Dienstag, 9. Juli 1872:

Ich wusste, dass ich die Pest hatte und wohl bald sterben würde. Halef war zum Kanal geritten, wo er Lindsay und seine Leute vermutete, fand aber nur noch eine Hacke. Dann versuchte er, für mich Wasser aufzutreiben. Als er weg war, tauchten die Mörder von Ardschir-Mirza und seiner Familie auf, um mich zu berauben. Doch sie flohen, als sie sahen, dass ich ein Pestkranker war. Halef, der tatsächlich Wasser gefunden hatte, begrub dann die Toten. Später zwang ich mich mit Mühe in den Sattel und wir kamen nach über einer Stunde an einen Bach, wo wir lagerten. Es war eine fürchterliche Nacht für mich.

Mittwoch, 10. Juli 1872:

Am Morgen *fühlte ich mich etwas leichter. Gegen Abend ließ das Fieber nach, und auch in der Geschwulst verminderte sich der Schmerz.*

Donnerstag, 11. Juli 1872:

Nun fing Halef an, *über Kopfweh, Schwindel und Frost zu klagen, und einige Stunden später sprach er irre.* Jetzt war es an mir, ihn zu pflegen, obwohl ich selbst noch der Pflege bedurft hätte.

Sonntag, 21. Juli 1872:

Auch Halef wurde gerettet, doch war er noch am zehnten Tag seiner Krankheit so schwach, dass ich ihn bei jeder Gelegenheit heben musste. Meinen ersten Ausgang machte ich zum Grab der Perser. Da tauchte ein *Trupp von acht Reitern mit einigen Falken und einer Koppel Hunde* bei mir auf. Von ihnen erfuhr ich, dass Lindsay und seine Leute getötet worden seien. Als mir einer von ihnen meine Gewehre abnehmen wollte, sprang ihn Dojan an. Um mich der Hundemeute zu erwehren, erschoss ich einige davon. Daraufhin töteten die Reiter meinen Dojan. *Ich hatte das Gefühl, als wäre mir ein Freund an der Seite erschossen worden.* Halef, der die Schüsse gehört hatte, kam auf meinem Rih angeritten. Als die Bande sah, dass er von der Pest befallen war, rissen sie aus. Wir kehrten langsam an den Bach zurück, wo unser Lager war.

Samstag, 27. Juli 1872:

Noch sechs Tage hatten wir *am Bach liegen müssen, bis Halef so weit gekräftigt war, dass wir nach Bagdad zurückkehren konnten.*

Sonntag, 4. August 1872:

Wir hatten *nochmals mit allem Fleiß und der größten Sorgfalt am Kanal bei Anane nach Lindsay oder Spuren von ihm gesucht, ohne das Mindeste zu finden. Nach Bagdad gekommen, erfuhren wir von dem Polen, dass er den Engländer weder gesehen noch von ihm gehört habe, und so erstattete ich in der Vertretung Englands Anzeige. Es wurden mir die schleunigsten Nachforschungen versprochen.*

Donnerstag, 15. August 1872:

Alle Nachforschungen nach Lindsay blieben vorerst ergebnislos. *Nachdem wir uns in Bagdad gehörig erholt hatten, reisten wir ab und ließen die Nachricht zurück, wo wir zu finden seien.* Unterwegs erfuhren wir, *dass die* Haddedihn *sich von ihren gewöhnlichen Weideplätzen nach Südwest gegen El Dêr am Euphrat gezogen hätten. Dort langten wir dann ohne Unterbrechung glücklich an. Unsere Ankunft erregte bei den Haddedihn Trauer und Freude zugleich. Amad el Ghandur war noch nicht angekommen* und *der Tod Mohammed Emins versetzte den ganzen Stamm in tiefste Trauer. Ganz anders war es bei Hanneh, die sich bei unserem Erscheinen jubelnd in die Arme ihres Halef warf.* Dann führte sie uns in ein Zelt, *um* uns *einen kleinen Hadschi zu zeigen, der sich während unserer Abwesenheit* erst vor einigen Tagen, nämlich am 6. August, *zur irdischen Pilgerreise eingefunden hatte.* Hanneh hatte ihm den Namen Kara Ben Halef gegeben.

Mittwoch, 16. Oktober 1872:

Wir besuchten alle die Orte, die wir bei unserem ersten Aufenthalt kennengelernt hatten, und des Abends saßen wir vor dem Zelt oder darin, um den aufmerksam lauschenden Haddedihn unsere Erlebnisse zu erzählen. Bill und Fred, die beiden Diener Lindsays, waren auch noch da, wollten aber mit mir fort, nachdem sie gehört hatten, dass der Engländer wahrscheinlich tot war. *Mein Entschluss war, mich nach Palästina zu wenden und von da zur See nach Konstantinopel. Doch wollte ich vorher erst Damaskus sehen.* Ich blieb über zwei Monate bei den Haddedihn, dann konnte man mich nicht länger halten. *Wir reisten ab.* Und Halef ließ sich nicht davon abbringen, mich nach Damaskus zu begleiten.

Mittwoch, 23. Oktober 1872:

Eine Woche später erblickten wir die Höhen des Hauran vor uns und näherten uns Damaskus. Zwei Tage vorher waren wir auf vier Kamelreiter getroffen, von denen einer Jakub Afarah hieß und sich als Onkel von Isla Ben Maflei entpuppte, mit dem ich am Nil seine Braut Senitza befreit hatte. Als er hörte, dass ich Kara Ben Nemsi war, *lud* er uns *mit herzlichen Worten ein, seine Gäste zu sein. Ganz in der Nähe* der Omaijaden-Moschee *lag die Wohnung meines Reisegefährten.* Wir erfuhren echte *morgenländliche Gastfreundschaft.* Später ging ich mit Halef aus und wir gerieten auf einen

Rummelplatz. Hier trafen wir eine Truppe männlicher und weiblicher Musikanten aus Nord-Böhmen, die in einem Zelt die Gäste unterhielten. Am Zelteingang sah ich plötzlich einen Mann stehen, den ich in unangenehmer Erinnerung hatte: *Dawuhd Arafim, der sich am Nil Abrahim Mamur hatte nennen lassen.* Er verschwand sofort. Halef und ich konnten ihn nicht mehr finden. Wir gingen zu unserer Wohnung zurück und lernten dort Schafei kennen, den Sohn des Hauses, der im väterlichen Juweliergeschäft tätig war. Man hatte dort auch einen Gehilfen angestellt, der aber ganz plötzlich krank geworden war. Am Abend war eine größere Gesellschaft geladen, der ich auf dem Klavier einige Stücke vortrug, was von den Herrschaften begeistert aufgenommen wurde.

Donnerstag, 24. Oktober 1872:

Am Morgen machte ich mit Halef im Basar einige Einkäufe und wollte dann zu Schafei in das Juweliergeschäft, das aber geschlossen war und von zwei Polizisten bewacht wurde. Zu Hause angekommen, fand ich die Bewohner in heller Aufregung. Der Gehilfe, den sie seit einiger Zeit angestellt hatten, hatte unter einem Vorwand Schafei aus dem Laden geschickt und alle Wertsachen gestohlen. Der Gehilfe war ein Verwandter namens Afrak Ben Hulam, den aber zuvor niemand persönlich gekannt hatte. Auf weitere Fragen hin vermutete ich, dass dieser Afrak in Wirklichkeit Dawuhd Arafim alias Abrahim Mamur sein könnte. Durch weitere Erkundigungen erfuhr ich, dass Dawuhd Arafim von einem Engländer als Dolmetscher angeworben worden war und mit diesem Damaskus verlassen hatte. Es war bereits Abend, als ich zurückkam. Jakub Afarah hatte sich inzwischen einen Pass besorgt und zehn Polizisten standen bereit, uns zu begleiten. *Der Vollmond war aufgegangen, als wir* aufbrachen.

Freitag, 25. Oktober 1872:

Der Tag brach an, als wir über die Hochebene von El Dschedide ritten. Bald kam uns ein Reiter entgegen, der sich als Führer des Engländers und seiner Begleiter entpuppte. Von ihm erfuhr ich zu meinem Erstaunen, dass der Engländer ‚Liseh' oder ‚Linseh' hieß. War das etwa Sir David Lindsay? Der Beschreibung nach musste er es wirklich sein. Im Laufe des Tages erfuhren wir weitere Stationen, welche die drei ansteuern wollten.

Samstag, 26. Oktober 1872:

Kaum graute der Morgen des nächsten Tages, so saßen wir wieder auf. Ich hoffte, dass wir die Gruppe in Baalbek antreffen würden, weil ich Lindsays Leidenschaft für Altertümer kannte. Am Abend trafen wir einen weiteren Führer, den Lindsay angemietet hatte und der uns berichtete, dass der Engländer Streit mit seinem Dolmetscher habe.

Sonntag, 27. Oktober 1872:

Wir erreichten Baalbek und ich nahm Bill und Fred, die beiden Diener Lindsays, mit auf das antike Trümmerfeld. Wie soll ich unser Wiedersehen beschreiben? Lindsay erzählte von seinem Dolmetscher, es war wirklich Dawuhd Arafim, der ihn hatte bestehlen und wegreiten wollen, doch Lindsay hatte sein sein Pferd unter ihm weggeschossen und in den Satteltaschen die geraubten Juwelen gefunden. Jakub Afarah bekam sein gesamtes gestohlenes Gut wieder. Jetzt hatten wir Zeit, uns unsere Erlebnisse seit der Trennung am Birs Nimrud zu erzählen. Später gingen wir alle in die Stadt zurück, um den Abend abzuwarten. Ich nahm an, dass Dawuhd Arafim alias Abrahim Mamur sich in der Nacht seinen Raub bei Lindsay wiederholen wollte, und hoffte, ihn bei den Ruinen zu fangen. Doch es kam anders: Er war schlauer, als ich dachte, und ich geriet in seine Gewalt. Er rühmte sich mir gegenüber, das Oberhaupt einer Verbrecherorganisation zu sein, die nicht nur Konstantinopel unsicher machte, sondern ihre Ausstrahlung über den ganzen Balkan hin haben sollte. Es gelang mir aber, mich zu befreien und aus dem Gewölbe und vom Ruinenfeld zu fliehen. Meine Gefährten wollten mir helfen, den Verbrecher zu fangen; nur Jakub Afarah blieb allein mit seinen wiedergefundenen Juwelen zurück. Als wir zu den Ruinen zurückkehrten, alle Ein- und Ausgänge besetzten und nach Dawuhd Arafim suchten, war dieser verschwunden.

Stattdessen hatte er Jakub Afarah überfallen und war mit dessen Schmucksachen abermals entflohen. Noch in der Nacht brachen wir zur Verfolgung auf.

Montag, 28. Oktober 1872:

Auf unserem Verfolgungsritt erfuhren wir, dass der Dieb wahrscheinlich den Weg nach Tripolis eingeschlagen hatte.

Dienstag, 29. Oktober 1872:

Als wir der Stadt Tripolis *näher kamen, sahen wir einen zierlichen Segler den Hafen verlassen.* Durch das Fernrohr sah ich Dawuhd Arafim an der Reling stehen. Vom Hafenmeister erfuhren wir, dass es ein französisches Schiff war, das nach Stambul wollte. Da aber in nächster Zeit kein weiteres nach Konstantinopel hier abging, mussten wir hinunter nach Beirut, wo wir eher eine Gelegenheit finden würden.

Mittwoch, 30. Oktober 1872:

In Beirut angekommen, erfuhren wir, dass ein amerikanischer Schoner dalag, der nach Stambul fahren wollte. Wir sprachen mit dem Kapitän und wurden mit ihm einig.

Montag, 4. November 1872:

Der französische Segler war einen Tag vor uns am Goldenen Horn in Konstantinopel angekommen. Als ich dem Kapitän erzählte, dass er einen Dieb von Tripolis mitgenommen habe, versprach er uns, sich nach dessen Quartier zu erkundigen. Jakub Afarah nahm uns mit in das Haus seines Bruders Maflei, wo auch dessen Sohn Isla mit seiner Frau Senitza wohnte, die wir damals am Nil aus den Händen von Abrahim Mamur befreit hatten. Wir konnten Islas Angebot, auch dort zu bleiben, nicht ausschlagen und wohnten nun in einem Haus in dem großen Garten. Wegen Dawuhd Arafim wollten wir vorerst keine türkische Polizei einschalten.

Donnerstag, 7. November 1872:

Bereits am dritten Tag nach unserer Ankunft kam, von dem französischen Kapitän geschickt, ein Lastenträger zu uns, der das Gepäck von Dawuhd Arafim in ein Haus in Pera getragen hatte. Dort wohnte ein Agent, der uns aber auch nicht sagen konnte, wo Arafim untergekommen war, weil er ihm keine Wohnung hatte vermitteln können. In einem Kaffeehaus traf ich unerwartet den Deutschen aus Jüterbog, den wir als Diener von Isla Ben Maflei bei Senitzas Befreiung in Ägypten kennengelernt hatten. Er hatte Dawuhd Arafim im Stadtteil Dimitri gesehen, ohne von diesem erkannt zu werden, und er kannte auch das Haus, in dem er gewesen war. Er führte mich dorthin; es war ein griechisches Wein- und Kaffeehaus, in dessen hinterster Stube Opium geraucht wurde. Der Jüterboger versprach mir, die Augen offen zu halten und mich sofort zu informieren, wenn er den Gesuchten entdecken sollte.

Freitag, 8. November 1872:

Der nächste Tag war ein Freitag, und Isla lud mich ein, ihn auf einem Spaziergang nach Pera zu begleiten. Hier besuchten wir ein Kloster der Tanzenden Derwische. Zu meiner Überraschung traf ich hier Omar Ben Sadek, dessen Vater auf dem Schott Dscherid erschossen worden war und der immer noch den Mörder verfolgte. In einem Kaffeehaus erzählte er uns seine Erlebnisse bis heute. Hamd el Amasat, den Mörder seine Vaters, hatte er nicht finden können, aber er war hier im Kloster auf einen Derwisch gestoßen, der Ali Manach Ben Barud el Amasat hieß und den er gerade hatte besuchen wollen, als er uns sah. Jetzt suchte ich den jungen Derwisch auf und erfuhr von ihm, dass er aus Skutari in Albanien stammte, von wo aus damals Senitza verkauft worden war. Danach führte mich Omar Ben Sadek zu dem Haus, wo gestern der Derwisch gewesen war und in das man nur hineingelassen wurde, wenn man „En Naßr" sagte. Genau neben diesem Gebäude lag ein Haus, das zu vermieten war. Die Zimmer waren zwar nur kellerartige Höhlen voller Schmutz und Ungeziefer, trotzdem mietete ich das Haus für zehn Piaster die Woche, die ich im Voraus bezahlte. Ich zog mit Halef und Omar dort ein, weil ich hoffte, im Nachbarhaus einiges zu erfahren, was uns in Bezug auf Dawuhd Arafim und vielleicht auch auf Hamd el Amasat weiterhelfen konnte. Sir David Lindsay, den ich nicht mitnehmen konnte, weil seine Gestalt zu auffällig gewesen wäre, war verärgert nach Pera gezogen. Der andere Nachbar, er hatte mir das Haus für den Besitzer vermietet, war ein Jude namens Baruch. Von ihm erfuhr ich einiges über das verrufene Nachbarhaus, auch, wie man unbemerkt mit einem darin befindlichen Zimmer in Verbindung treten konnte. Dorthin wurde nach etwa einer Stunde, wie wir hörten, ein Mann gebracht, der einen Lösegeld-Brief schreiben sollte, wenn er nicht umgebracht werde wollte. Als das Lösegeld eintraf, ließ man ihn trotzdem nicht frei, sondern fesselte und knebelte ihn und ließ ihn allein. Ich wusste, dass er nie wieder freikommen würde, sondern noch in dieser Nacht ermordet werden sollte. Schnell machte ich einige Bretter zwischen beiden Häusern locker, stieg hinüber und schaffte den Mann in unsere Wohnung. Es war ein Offizier, den man nebenan in die Spelunke gelockt hatte. Er holte seine Soldaten herbei, um das Nest auszuräuchern. Doch die Soldaten gingen so stümperhaft vor, dass vielen der Verbrecher die Flucht über unseren Hof gelang. Halef und ich hatten unter ihnen Abrahim Mamur erkannt, der zum Wasser des Goldenen Horns flüchtete und in das nasse Element sprang. Halefs Schuss schien ihn getroffen zu haben, denn er versank in den Fluten und tauchte nicht mehr auf. Man hatte nur wenige Gefangene gemacht, die meisten waren entflohen. Dann ließ der Offizier das Haus anzünden und alle Anwohner der Umgegend mussten flüchten, denn es brach eine Feuersbrunst aus, die das ganze Häuserviertel in Schutt und Asche legte. Den Juden und seine Frau nahmen wir mit zu Maflei, wo der Hausherr versprach, für die beiden zu sorgen. Hier war inzwischen Osko, der Vater von Senitza, angekommen, ein Montenegriner, der im ganzen Orient seine entführte Tochter gesucht hatte und erst jetzt erfuhr, dass sie gerettet und bereits verheiratet war.

Samstag, 9. November 1872:

Am nächsten Morgen sollte ich zu dem Barbier aus Jüterbog kommen, der von Abrahim Mamur niedergestochen worden war. Also war er doch nicht von Halefs Kugel getroffen worden und in den Fluten des Goldenen Horn ertrunken. Ich veranlasste, dass der schwer verletzte Jüterboger von der deutschen Gesandtschaft in ein Krankenhaus geschafft wurde. Zu Hause erfuhr ich von Isla zufällig, dass er mit einem Henri Galingré in Skutari in Geschäftsverbindung stand, dessen ganze Familiengeschichte er kannte. Ich erzählte ihm, dass ich den Mörder von Galingrés Bruder und dessen Sohn kannte. Der Neffe jenes Hamd el Amasat lebte hier in einem Derwischkloster, wo ich ihn aufsuchen wollte. Dort gab ich mich bei Ali Manach als ein Mitglied von ‚En Naßr' aus und erfuhr von ihm, dass sich sein Vater Barud el Amasat in Edirne bei dem Kaufmann Hulam und sein Onkel Hamd el Amasat in Skutari bei dem Kaufmann Galingré befand. Zudem konnte ich noch einiges über den Geheimbund und seine Mitglieder erkunden. Ich musste deshalb schnell fort zu dem griechischen Weinhändler Koletis, dessen Bruder Alexandros Koletis wir bei den Haddedihn gefangen genommen hatten und der sich jetzt hier in Stambul aufhielt. Alexandros Koletis aber war mit Abrahim Mamur zum Turm von Galata gegangen, gefolgt von Omar Ben Sadek. Dort herrschte große Aufregung, weil zwei Männer vom Turm gestürzt waren und tot unten lagen. Ich sah die Toten liegen, es waren Abrahim Mamur und Alexandros Koletis. Wo aber war Omar? Ich eilte nach Hause, wo mir Jakub Afarah erzählte, dass ihm Omar die geraubten Juwelen gebracht habe. Omar berichtete mir dann den ganzen Hergang. Es wurde beschlossen, morgen nach Edirne zu reiten, um Barud el Amasat das Handwerk zu legen. Ich suchte Sir David Lindsay auf, um ihn von unserer Reise zu informieren, auf der er uns gerne begleitet hätte. Er hatte sich aber bereits mit einem Vetter verabredet, nach Jerusalem zu fahren. Und dann traf ich noch jenen Obersten, den wir gestern Abend befreit und der das verrufene Weinlokal ausgeräuchert hatte. Zu meiner Überraschung befand sich bei ihm ein anderer Oberst, nämlich Nassyr Aga, jener türkische Offizier, den ich bei den Jesidi gefangen und wieder freigelassen hatte und der indirekt durch mich befördert worden war. *Am Abend waren wir alle vereint. Es gab ein Abschiedsmahl, bei dem sich auch Senitza einfand. Am Schluss nahm* auch *Lindsay Abschied.*

Sonntag, 10. November 1872:

Als sich die Sonne im Osten erhob, hatten Jakub Afarah, Isla Ben Maflei, Osko, Omar Ben Sadek, Halef und ich *schon beinahe Tschataldscha erreicht, durch das die Straße über Indschigis und Wisa nach Adrianopel führt.*

Donnerstag, 14. November 1872:

Wir kamen von Kirk Kilissa und aus der Ferne bot uns Adrianopel einen prächtigen Anblick. Wir kamen in das Haus von Hulam, dem Jakub und Isla den Tod seines Sohnes Afrak Ben Hulam mitteilen mussten. Barud el Amasat wohnte unter dem Namen Abd el Myrhatta bei ihm, war jedoch abwesend. Als er am Abend zurückkam, wurde er von uns festgenommen, dem Richter übergeben und ins Gefängnis gebracht.

Freitag, 15. November 1872:

Nach einer kleinen Stadtbesichtigung am Morgen wurden wir am Nachmittag zum Kadi geladen, der Gericht über Barud el Amasat hielt. Doch Barud behauptete, Dolmetscher bei der englischen Gesandtschaft zu sein, also englischer Untertan. Bis das geklärt war, musste der Richter die Verhandlung unterbrechen und der Verbrecher wurde wieder in das Gefängnis gesteckt. Während der Gerichtsverhandlung hatte ich einen Fremden bemerkt, der sich auffällig benahm und dem ich jetzt nachging, was dieser auch bemerkte. Um ihm weiter zu folgen, lieh ich mir auf dem Basar einen Mantel und Turban, wobei ich von dem Händler erfuhr, dass der von mir Verfolgte Manach el Barscha hieß, ein Armenier wäre, Steuereinnehmer in Üsküb sei und hier jetzt bei dem Gastwirt Doxati wohne, wohin er auch gerade unterwegs war. Zu Hause bei Hulam angekommen, sagte mir Osko, dass er vor dem Gefängnis wachen wolle, weil er hier niemandem traue. Halef wollte sich bei Doxati einquartieren. Am Abend besuchte ich mit den anderen ein türkisches Hamam und wir gingen anschließend noch etwas spazieren, *als uns drei Reiter entgegenkamen. Zwei ritten auf Schimmeln, der dritte hatte ein dunkles Pferd.* Ich glaubte an der Stimme des einen Barud el Amasat erkannt zu haben. Zu Hause bestätigte Osko meinen Verdacht, dass drei Mann heimlich das Gefängnis verlassen hatten. Als ich daraufhin Halef im Gasthaus Doxati aufsuchen wollte, fanden wir ihn gebunden im Pferdestall und bei ihm eine Kaftantasche, die er Manach el Barscha abgerissen hatte und in der sich ein Zettel befand, den ich aber in der Dunkelheit nicht lesen konnte. Der Richter, den wir aus dem Bett holten, stellte mit uns fest, dass Barud el Amasat mit seinem Schließer aus dem Gefängnis entflohen war. Manach el Barscha war kein Steuereinnehmer mehr, er war entlassen worden. Als wir wieder zu Hulams Haus zurück wollten, trafen wir einen Mann, der einen Arzt suchte, weil ein Deutscher aus Bayern plötzlich krank geworden sei. Ich wollte natürlich helfen und tappte in die Falle. Man überwältigte und fesselte mich. Der Derwisch Ali Manach Ben Barud el Amasat kam zu mir und zwang mich, einen Brief an den Botschafter von Persien zu schreiben, um das angebliche Lösegeld zu erhalten. Dann wurde ich in einen Teppich gewickelt und auf einem Pferdefuhrwerk abtransportiert.

Samstag, 16. November 1872:

Der Fuhrmann schien gemerkt zu haben, *was hier gespielt wurde,* denn er gab mir heimlich ein Zeichen. Ich entdeckte daraufhin ein Messer, mit dem ich meine Fesseln durchschneiden und mich dann unbemerkt von dem Wagen fallen lassen konnte. Neben dem Wagen ritten zwei Bewacher, der eine war Ali Manach Ben Barud el Amasat, auf dessen Pferd ich sprang und ihn mit zurück nach Adrianopel nahm. Im Hause Hulam war man froh, dass ich wieder auftauchte. Auch der Kadi kam dazu. Wir brachten Ali Manach in das Haus, in dem ich gestern Abend gefangen genommen worden war. Dort lauerten unbemerkt zwei Heckenschützen, die auf mich und auf den Derwisch feuerten. Glücklicherweise hatte ich die Gewehrläufe in letzter Sekunde gesehen und konnte wegspringen. Ali Manach war tot, die Kugel, die mir gegolten hatte, traf einen Polizisten tödlich. Die beiden Heckenschützen aber entkamen. Wir gingen zurück zu Hulam. Nun nahm ich mir den Zettel vor, den ich gestern Abend in dem Stall gefunden hatte. Ich konnte die Geheimschrift entziffern und sie lautete: *„Sehr eilig Nachricht nach Karanorman-Han; aber nach dem Jahrmarkt in Melnik."* Im Moment konnte ich mit dem Inhalt nichts anfangen. *Wir hatten durch* diese Ereignisse *den ganzen Vormittag eingebüßt. In zwei Stunden standen* wir *reisefertig im Hof. Wir waren vier Personen: Osko, Omar, Halef und ich.*

In dem Dorf Ortaköj wollte uns der Ortsvorsteher einen falschen Weg schicken,[1] doch ein anderer Bewohner verriet mir, dass dieser Ortsvorsteher den drei von uns Verfolgten ein anderes Pferd gegeben hatte, nämlich noch einen Schimmel, und dass ein Reiter den dreien nachritt, um ihnen eine Nachricht zu bringen. Ich musste diesen Reiter abfangen, ritt daraufhin meinen Gefährten voraus und kam zu einem Rosenzüchter, der mir empfahl in dem Dorf Koschikawak bei seinem Bruder Schimin, einem Schmied, zu übernachten. Es war schon dunkel, als ich das Haus des Schmieds erreichte, wo sich aber niemand auf mein Rufen meldete. Ich fand nur einen riesigen Hund, der erschlagen worden war. Daraufhin untersuchte ich das ganze Haus und fand im Keller den Schmied und seine Frau gefesselt unter einem Kohlenhaufen. Sie waren von Manach el Barscha und seinen zwei Kumpanen überrumpelt und eingesperrt worden. Wir fingen den Reiter ab, der die drei von uns Verfolgten warnen wollte, und sperrten ihn in den Kohlenkeller. Zuvor hatte er sich auf den Färber Boschak aus Dschnibaschlü berufen, einer größeren Ortschaft, die etwa zwei Reitstunden von Koschikawak entfernt lag. Da meine drei Gefährten bis jetzt noch nicht hier waren, legte ich mich schlafen. Zuvor hatte mir Schimin noch etwas von einer Koptscha, einer silbernen Agraffe, dem Erkennungszeichen eines Geheimbundes, erzählt.

[1] 16.11.1872-24.11.1872: Karl Mays Gesammelte Werke Band 4, *In den Schluchten des Balkan*

Sonntag, 17. November 1872:

Am nächsten Morgen waren meine Gefährten immer noch nicht eingetroffen. Es musste ihnen etwas dazwischengekommen sein. Da ich aber gerne nach Dschnibaschlü zu dem Färber Boschak wollte, erklärte sich der Schmied bereit, ihnen entgegenzureiten. Unterwegs begegnete ich einem jungen Mann, der den gleichen Weg hatte. Er hieß Ali, war Buchhändler und liebte die Tochter Boschaks, der ihn aber abgewiesen hatte. Wir trennten uns vor der Ortschaft, da er in Kabatsch wohnte, und ich versprach, ihn zu besuchen. Kurz darauf befreite ich Boschaks Frau aus einem Dornengestrüpp, in dem ich etwas entdeckte, was ich später als Trumpf ausspielen konnte. Sie nahm mich mit in das Haus des Färbers und Bäckers Boschak, doch der war nicht daheim, nur die Tochter Ikbala, die Freundin Alis. Als Boschak dann heimkam, verhandelte ich mit ihm wegen der geschmuggelten Teppiche, die draußen unter dem Dornengestrüpp verborgen lagen. Ich sagte ihm, dass er es mit Paschern und Verbrechern zu tun habe, und drohte, zum Ortsvorsteher zu gehen, um alles zu melden. Ich brachte ihn dann so weit, dass er der Heirat seiner Tochter mit dem Buchhändler zustimmte, zu dem ich dann anschließend ritt, um ihn herzuholen. Boschak bat mich, auf meinem Ritt bei dem kranken Bettler Saban vorbeizuschauen, der auf dem Weg nach Kabatsch in einer Hütte wohnte, und ihm eine Flasche Wein und Kuchen zu bringen. In der Hütte wurde ich von einigen Männern umringt und erhielt einen fürchterlichen Schlag auf den Kopf, der mich besinnungslos niedersinken ließ. Als ich wieder zu mir kam, war ich gefesselt und lag auf dem Lager des Bettlers. Draußen unterhielten sich einige Leute, darunter auch der Färber Boschak und Desilem, der Waffenschmied aus Ismilan und Schwager des geheimnisvollen Schut, wie ich hörte. Nachdem sie mich untersucht hatten, waren sie überzeugt, dass ich tot sei, und ich ließ sie in diesem Glauben, denn ich fühlte wirklich eine Lähmung der Glieder und der Augen, die sich aber dann nach und nach gab. Sie hatten mir alles abgenommen, kamen aber mit meinen Waffen nicht zurecht.

Da kam ein neuer Reiter an, dessen Stimme ich sofort erkannte: Halef. Nun war ich gerettet. Als Erkennungszeichen trug er eine Koptscha und wurde von meinen Gegnern als Gesinnungsgenosse angesehen. Halef schnitt mir meine Fesseln durch, da ich ja angeblich tot war. Und da er sich für einen Waffenkenner ausgab, musste er ihnen zeigen, wie man mit dem Henrystutzen schoss. Als er alle von dem Haus weggelockt hatte, stand ich auf und nahm meine anderen Waffen an mich, die hier lagen. Daraufhin legte Halef den Henrystutzen gegen sie an und zusammen mit Osko und Omar Ben Sadek hielt er alle in Schach. Als Halef sie zur Hütte wies, schlug der Waffenschmied Deselim ihn nieder, schwang sich auf meinen Rih und galoppierte davon. Ich sprang auf Deselims Pferd und preschte ihm nach. Halef folgte mir. Wir trieben den Pferdedieb in einer Hetzjagd durch das Dorf Kabatsch; als er über einen Bach setzen wollte, flog er aus dem Sattel und brach sich das Genick. Deselim hatte auch eine Koptscha anstecken, die ich an mich nahm. Ali, der Buchhändler, gesellte sich zu uns, wir begleiteten ihn in sein Haus und ritten dann mit ihm zur Hütte des Bettlers. Ich brachte Boschak so weit, dass er Ali seine Tochter zur Frau geben wollte. Da kam Mosklan an, der aus Schimins Keller geflohen war und den ich so schwer verletzte, dass ihn seine Kumpane zum Wundarzt bringen mussten. Schimin, der ihm gefolgt war, traf auch bei uns ein. Danach sollte im Hause Boschaks Verlobung gefeiert werden. Als ich erfuhr, dass der Bettler Saban vorausgeritten war, um in Ismilan die Angehörigen des toten Deselim gegen mich aufzuhetzen, ritt ich noch am Abend los, um ihm zuvorzukommen. Schimin, der Schmied, der einen kürzeren Weg dorthin kannte, begleitete mich. Meine drei Gefährten aber sollten mir auf einem anderen Weg nachfolgen. Es war stockfinstere Nacht und wir waren schon eine große Strecke geritten, als wir einen Reiter vor uns bemerkten: Es war tatsächlich Saban, der nach einer Handgreiflichkeit von Schimin überwältigt, gebunden und von diesem die Strecke, die wir gekommen waren, wieder zurückgeführt wurde. Ich aber ritt weiter bis zu dem Dorf Maden.

Montag, 18. November 1872:

Da Schimin und ich den Boten abgefangen hatten, brauchte ich mich jetzt nicht mehr zu beeilen, um vor ihm in Ismilan anzukommen. *Ich beschloss, mich nach Topoklu zu wenden und dort meine Gefährten zu erwarten.* Unterwegs kam ich in ein Dorf, wo ich in einem Han (Herberge) einkehren wollte, um *meinem Rappen einige Ruhe zu gönnen.* Ich kam gerade hinzu, als der Besitzer des Gasthofs, ein Armenier, eine Magd auspeitschte. Voller Zorn ging ich dazwischen. Sie hatte ihrem Herrn vorgeworfen, einem Gast, er nannte sich Madi Arnaud, eine Brieftasche gestohlen zu haben. Ich konnte diese Brieftasche an mich bringen und wollte sie dem Bestohlenen wiedergeben, der nach Ismilan weitergereist war. Die Magd verließ anschließend ihren Arbeitgeber. Meine Gefährten trafen am Nachmittag in Topoklu ein und ich ritt mit ihnen weiter. *Als wir in Ismilan ankamen, fragten wir nach dem Kaffeehaus des Waffenschmiedes Deselim. Es war gewiss nicht ungefährlich, im Haus des Mannes, der meinetwegen den Hals gebrochen hatte, abzusteigen.* Aber durch die Koptscha erhielten wir sogar zwei Zimmer. Im Garten des Kaffeehauses traf ich unerwartet auf Martin Albani, der mit uns in Medina, vor meinem Mekka-Besuch, einen Kamelritt unternommen hatte. Wir hatten uns viel zu erzählen und ich gab ihm seine gestohlene Brieftasche zurück. Von dem Bruder Deselims erfuhr ich, dass Manach el Barscha *gestern um die Mittagszeit* hier aufgebrochen war. Als ich ihn nach dem Weg zum Schut fragte, beschrieb er ihn mir bis Shiganzy, wo ich den Fleischer Tschurak nach der Schluchthütte fragen sollte. Unser nächstes Ziel war Melnik, das wir in zwei oder drei Tagen erreichen würden.

Dienstag, 19. November 1872:

Wir ritten an der Arda hin. Da Albani einen störrischen Esel ritt und noch zwei Gepäckesel dabei hatte, kamen wir nur langsam vorwärts. *Wollten wir die gerade Richtung nach Melnik einhalten,* hätten wir über *die höchsten Kämme des Kruschowa Dagh* gemusst. Deshalb *bogen wir nördlich ab. Am Abend waren wir in Kara Bulak, wo wir übernachteten.*

Mittwoch, 20. November 1872:

Dann wandten wir uns wieder südwestlich. Gegen Mittag waren wir auf einer Hochfläche, die sich steil zum Tal der Dospad Dere hinabsenkte. Hier lag die Leiche einer Frau, und zwar in kniender Stellung, mit der Stirn an einen Altar *gelehnt: eine Christin. Die Frau war wohl dreißig Jahre alt.* In einem Turm in dem nahen Ort wohnten ihr Mann, ein ehemaliger Hauptmann, und ihre zwei Knaben, die sie schon seit Tagen vermisst hatten. Wir mussten hier übernachten und der Hauptmann, ein Moslem, wollte von mir viel über das Christentum hören. *Ich blieb mit ihm die ganze Nacht bis früh beisammen.*

Donnerstag, 21. November 1872:

Dann setzten wir unseren Ritt fort und kamen gegen Abend nach Nevrekup, das früher wegen seiner Eisenminen bekannt war.

Freitag, 22. November 1872:

Um die Mittagszeit erreichten wir endlich Melnik. Der Jahrmarkt hatte begonnen, und der Zudrang der Fremden war bedeutend. Ein Mann, der auf unsere Koptscha deutete, brachte uns zu einem Fuhrmann, der uns aufnehmen wollte. Albani hatte schon vorher eine Unterkunft gefunden. Der Fuhrmann gefiel mir nicht und er fragte uns so aus, als ob er schon von uns gehört hätte. *Als ich mir Melnik und den Jahrmarkt* ansehen wollte, *bot er mir seine Begleitung an,* die ich *nicht zurückweisen konnte. In der Stadt herrschte ein überaus reges Leben, aber mit einem deutschen Jahrmarkt ist so ein Markt doch nicht zu vergleichen.* Der Fuhrmann zeigte mir das Haus des Fruchthändlers Glawa, bei dem Manach el Barscha und seine Begleiter abgestiegen sein sollten. Wieder in dem Haus des Fuhrmanns eingetroffen, zeigte Rih ein auffälliges Benehmen. Man hatte ihm eine Stecknadel am Hufrand ins Fleisch getrieben, um uns damit am Weiterritt zu hindern. Eine alte Frau warnte uns und meinte, wir sollten *dieses Haus und diese Stadt noch heute Abend* verlassen, weil uns Gefahr von dem Fruchthändler Glawa drohe, dessen Grundstück von hinten an den Pferdestall angrenzte. Zwei Männer –

darunter ein Bettler –, die heute Vormittag hier angekommen seien, hätten uns angekündigt. Ob der Bettler Saban war? Dann musste dieser dem Schmied entkommen sein. Die alte Frau wollte uns später weiter informieren. Als Omar und Osko von ihrem Spaziergang durch die Stadt zurückkamen, berichteten sie, dass sie beim Haus des Fruchthändlers den Bruder von Deselim gesehen hätten. Da wir vielleicht noch in dieser Nacht Melnik verlassen mussten, ließ ich Omar und Osko Lebensmittelvorräte für uns einkaufen. Nach Einbruch der Dunkelheit ging ich wieder in den Pferdestall, wo sich bald darauf auch die alte Frau einstellte, die mir erzählte, dass Manach el Barscha und seine zwei Begleiter nach dem Erscheinen des Bettlers sofort Melnik verlassen hätten, sie wusste aber nicht wohin. Heute Abend wollten sich unsere Gegner bei dem Fruchthändler in einem Erkerzimmer treffen. Sie half mir in einen Taubenschlag, der sich über dem Erker befand, wo ich die Bande belauschen konnte. Etwas später versammelten sich unten sechs Männer: der Fruchthändler Glawa, der Fuhrmann, Deselims Bruder, der verletzte Bettler und zwei andere, die ich nicht kannte. Ich erfuhr, dass Manach el Barscha zur Ruine von Ostromdscha wollte. Bevor ich hörte, was mit uns geschehen sollte, kam Halef in den Taubenschlag gekrochen. Plötzlich musste er niesen. Das hielten die morschen Stangen nicht aus und Halef stürzte *mit der Hälfte des Taubenschlags* hinab. *Unten entstand ein Höllenlärm.* Ich zog mich schnell zurück, eilte hinunter, befreite Halef aus den Händen unserer Gegner und riegelte sie ein. Inzwischen hatten Omar und Osko unsere Pferde bereit gehalten und bald darauf *lag Melnik hinter uns. Von Martin Albani konnte ich mich leider nicht verabschieden.* Wir blieben nicht auf der geraden Straße, sondern bogen auf einen Feldweg ein. Mit einer Fähre setzten wir noch in der Nacht über ein Flüsschen. Dabei bemerkte ich, dass Rih etwas lahmte. Da kamen wir mitten im freien Feld an einer Hütte vorüber, in der Rinder geschlachtet wurden. Wegen unserer Koptscha wurden wir für Mitglieder des Geheimbundes gehalten. Rih erhielt eine Salbe, die wirklich helfen sollte. *Halef schlief mit mir bei unseren Pferden im Freien, während Osko und Omar die Hütte vorzogen.*

Samstag, 23. November 1872:

Wir hatten nur zwei Stunden geschlafen, als wir geweckt wurden, weil jetzt die Büffel geschlachtet werden sollten. Wir ritten weiter *und noch vor Mittag waren wir am linken Ufer der Strumnitza.* Hinter Tekirlik schliefen wir bei einem Ziegelbrenner und konnten einen angeblichen ‚Vampir' dingfest machen; in Wahrheit ein ungarischer Knecht, der als Geist der verstorbenen Tochter den Eltern Angst und Schrecken eingeflößt hatte.

Sonntag, 24. November 1872:

Wir erreichten *erst nach Mittag das Dorf Dabila, unsere letzte Rast vor Ostromdscha.* Dort stiegen wir in einem Han ab. Ibarek, der Wirt, war in der Nacht von Manach el Barscha und seinen beiden Kumpanen bestohlen worden. Es kamen noch zwei weitere Reiter hier an, und zwar die zwei, die ich vom Taubenschlag herunter gesehen hatte, deren Namen ich aber nicht wusste. Ich konnte sie belauschen und erfuhr, dass sie in Ostromdscha vom alten Mübarek durch ein Losungswort erfahren würden, wie sie zu der dortigen Ruine kämen. Auf einem Nebenweg und somit unbemerkt von den beiden ritten wir mit dem Wirt nach Ostromdscha. Unterwegs erzählte er mir vom alten Mübarek, der schon über fünfhundert Jahre alt sein sollte und bei den Einheimischen als Heiliger galt. Ich war da etwas anderer Meinung. Vor Ostromdscha legte sich Halef mit einem Polizisten an, was wahrscheinlich nicht ohne Folgen bleiben würde. Dort begegnete uns als erster Busra, ein Bettler, der mich mit einem hasserfüllten Blick ansah. Er lag *mit zusammengekrümmtem Rücken auf der Seite, neben sich die beiden Krücken.* Bei den ersten Häusern Ostromdschas lernte ich die Witwe Nebatja kennen, die Heilpflanzen sammelte. Ich gab ihr etwas Geld, damit sie sich eine bessere Behausung suchen und Nahrung für sich und ihre Kinder kaufen konnte. Als wir im Gasthaus, das dem Schwager Ibareks gehörte, etwas aßen, kamen einige Polizisten, um uns zu verhaften. Wir ritten ohne sie zum

Richter, spielten uns dort als ‚Herren' auf, versprachen aber, uns nicht der ‚Gerichtsverhandlung' zu entziehen. Dass auch Busra, der Bettler, dort anwesend war und mich aus hasserfüllten Augen ansah, machte mich stutzig. Ich erfuhr, dass er anschließend hinauf zum Mübarek ging. Halef und ich folgten ihm unauffällig, bis wir an eine Stelle kamen, wo sich der Bettler in einem Gebüsch in den Mübarek verwandelte, der jetzt hinunter in die Stadt ging. Wir nutzten die Gelegenheit, uns die Wohnung des Mübarek anzusehen. Dort trafen wir auf Manach el Barscha und seine beiden Kumpane, nahmen sie gefangen und fesselten sie. Es wurde langsam Abend, als wir zum Gericht kamen, wo der Richter und seine Beisitzer versammelt waren.

Dort war auch schon eine große Volksmenge zusammengelaufen.[1] An der Richterbank saß auch der Mübarek als Schreiber. Halef sollte zu einer Bastonade verurteilt werden, doch vorher schnappte ich mir den Mübarek, holte seine verborgenen Krücken unter seinem Kaftan hervor und bewies der Versammlung, dass er ein Schwindler und Betrüger war, der sich vom ‚heiligen' Mübarek in den Bettler Busra verwandelte, wenn er unbeobachtet war. Die Stimmung unter dem Volk drehte sich auf unsere Seite. Ich ließ den Mübarek binden und zeigte dem Richter meinen Bujrultu und meinen Ferman, die mich über ihn stellten, da ich mich damit unter dem ‚Schatten des Großherrn' befand. Zudem glaubte ich, dass er ein Verbündeter des Mübarek war. Dann zwang ich den Richter, mit den Polizisten, dem Mübarek und uns hinauf zur Ruine zu gehen, wo die drei gefangenen Verbrecher gefesselt waren. Fast alle Einwohner von Ostromdscha folgten uns trotz der Dunkelheit mit hinauf. *Die drei Gefesselten lagen noch so da, wie wir sie verlassen hatten.* Sie wurden hinunter ins Gefängnis gebracht und dort eingeschlossen. In der Nacht wurde ich von Nebatja geweckt, die beim Pflanzensammeln gesehen hatte, wie der Richter mit den Gefangenen und mit Pferden hinauf zur Ruine

[1] 24.11.1872-28.11.1872: Karl Mays Gesammelte Werke Band 5, *Durch das Land der Skipetaren*

gegangen sei. Wir eilten ebenfalls dorthin, doch die Verbrecher konnten entkommen und die Hütte des Mübareks ging in Flammen auf. Der Richter, der für die Flucht vom Mübarek Geld erhalten hatte, wurde vom ‚Staatsanwalt' zusammen mit zwei der Polizisten ins Gefängnis gesperrt.

Montag, 25. November 1872:

Am Morgen besorgte ich mir aus der Apotheke Haarfärbemittel für mich sowie Quecksilber und Wismut, um damit Kugeln herzustellen, die in der Luft zerplatzten. Ich hatte nämlich dem Staatsanwalt gestern Nacht erzählt, dass wir alle vier gegen Kugelschuss gefeit seien, ja alle Kugeln wieder zurückkommen und den Schützen selbst treffen würden, wenn wir vorher nicht gefragt würden, ob man auf uns schießen dürfe. Es konnte uns nicht schaden, wenn das jedermann sah. Nun musste ich nur noch die ‚Gewehrkugeln' herstellen, mit denen auf uns geschossen werden sollte. Wir konnten die versammelte Menge tatsächlich täuschen und fingen sogar die auf uns abgeschossenen Kugeln mit der Hand auf. Ich hatte in Erfahrung gebracht, dass uns die beiden ‚Aladschy' auflauern wollten, von denen es hieß, sie seien *die schlimmsten Skipetaren, die es gibt; zwei Brüder von riesiger Gestalt, deren Kugeln niemals fehlgehen, deren Messer stets die Stelle treffen, nach der sie gerichtet sind* und deren *Heiduckenbeile entsetzliche Waffen sein* sollten. Bestimmt würde sie ein Bote über uns informieren. Ich ließ mir anschließend die Haare schneiden, kaufte mir eine Brille mit dunklen Gläsern, ein paar lange Strümpfe und ein grünes Turbantuch, verabschiedete mich von den Wirtsleuten und ritt mit Halef vor die Stadt, wo ich meine Haare hell färbte und mich umzog. Danach ritt ich alleine los, denn ich wollte die Aladschy täuschen. Meine Gefährten sollten erst gegen Mittag nachkommen. Nach längerer Zeit kam ich zu einem Weiler und wurde von den beiden Aladschy, die Sandar und Bybar hießen, angehalten, um bei ihnen Platz zu nehmen. Sie hielten mich für einen frommen Moslem, denn ich hatte ja um meinen Fes ein grünes Band gebunden und stimmte mit der Beschreibung, die sie von mir hatten, überhaupt nicht überein, zumal ich auch noch Halefs Pferd ritt. Als ich mit ihnen fortritt, gab mir der Wirt ein verstecktes Warnzeichen. Da mir die Aladschy angegeben hatten, wo sie uns überfallen wollten, befestigte ich unbemerkt ein paar Zeilen an einem Baum, damit meine drei Gefährten wussten, wie sie sich verhalten sollten. Nachdem wir im Hinterhalt lagen und Omar und Osko einzeln vorbeigeritten waren, kam Halef auf meinem Rih wie ein Sturmwind angesaust. Jetzt machte ich die beiden Aladschy unschädlich, indem ich Sandar an einen Baum schleuderte und Bybar niederschlug, und ritt meinen Gefährten nach, die in einiger Entfernung auf mich warteten. Auf unserem Weiterritt sprachen wir vor Radowitsch gerade mit einem alten Korbflechter, als dessen Sohn zurückkam, der den verletzten Mübarek und die drei anderen nach Taschköj geführt hatte und ohne Trinkgeld umkehren musste. Außerdem hätten sie seinem Schwager Schükrü ein Pferd gestohlen. Abid, der junge Korbflechter, bot sich uns nun als Führer an und begleitete uns nach Radowitsch. Dort musste ich meinen Fuß eingipsen, den ich im Kampf mit den beiden Aladschy verrenkt hatte.

Dienstag, 26. November 1872:

Mit Abid verließen wir Radowitsch in Richtung Karbinzy. Gegen drei Uhr am Nachmittag kamen wir in Shiganzy an, wo wir in einem Gasthof einkehrten. Der Wirt war gleichzeitig Ortsvorsteher und ich klärte ihn über den Mübarek und dessen Kumpane, über die Aladschy und über den Fleischer Tschurak auf. Obwohl die Koptscha nicht mehr gelten sollte, wollte Tschurak mich in einer Sänfte zur Schluchthütte tragen lassen, da diese nicht zu Pferd erreichbar sei. Dort in der Schluchthütte würde ich den Schut treffen. Auf dem Weg dorthin stieg Misstrauen in mir auf, denn wir sollten unsere Waffen abgeben, was ich aber verweigerte. In der Hütte saß der Schut: *Er trug einen langen schwarzen Kaftan und hatte das Gesicht mit Ruß geschwärzt.* Nach kurzem Gespräch fiel die eisenbeschlagene Tür hinter uns zu und wurde verriegelt und der ‚Schut' – in Wirklichkeit war es der Mübarek – wurde an einem Seil durch das Dach gezogen. Wir waren gefangen. *Das alles war so schnell geschehen, dass es unmöglich verhindert werden konnte.* Da es durch die Tür keinen Ausweg gab, nahmen wir uns die hohe Decke mit der Ausstiegsluke vor. Als ich merkte, dass zwei Mann auf dieser Bretterluke saßen, gab ich zwei Schüsse mit dem Bärentöter ab, wobei ich den Fleischer Tschurak tödlich traf. Es gelang uns, auf das Dach zu steigen, und ich erreichte an einem Seil die Außenseite der Hütte, wo ich unsere Belagerer sogar belauschen konnte. Sie wollten fort, um uns auf dem Rückweg zu überfallen. Falls das nicht gelang, wollten sie einen gewissen Suef auf uns ansetzen. Wir gelangten trotz Hinterhalt nach Shiganzy. Am Abend kam noch ein Fremder an, ein Schneider, der nach Üsküb wollte. Zuerst glaubte ich, es sei dieser Suef, der uns in die Hände der Gauner liefern sollte, aber Afrit hatte ein so ehrliches Gesicht, dass ich beschloss, mit ihm zu reiten.

Mittwoch, 27. November 1872:

Am Morgen vor unserem Wegritt warnte mich der Gastwirt vor Hajdar, dem Bruder des toten Fleischers, der uns wegen der Blutrache verfolgen werde. Auf dem Weg nach Jersselü blieb ich etwas zurück, um den Bluträcher abzuwarten und ihm zu folgen. Er traf sich mit Manach el Barscha und dessen Kumpanen und ich konnte sie belauschen, wobei ich erfuhr, was Hajdar mit mir vorhatte. Als ich zurück bei meinen Kameraden war und mit Afrit sprach, erkannte ich, dass er doch jener Suef war, der uns ins Verderben locken sollte. Ich konnte Hajdar überlisten und gefangen nehmen, gab ihm aber später seine Freiheit wieder; und weil sein Tschakan, sein Kampfbeil, in meinem Gürtel steckte, ruhte seine Blutrache. Wir wollten in Kilisseli übernachten, wo Afrit uns ein schlossartiges Gebäude empfahl, dessen Besitzer Murad Habulam hieß und ein Bruder von Manach el Barscha war, wie ich später erfuhr. Er wies uns in das Erdgeschoss eines Turmes zur Übernachtung ein. Wir wären schon durch das Nachtessen vergiftet worden, wenn uns Janik, ein bulgarischer Knecht, nicht vorher gewarnt hätte.

Seine Braut Anka hatte ihm den entsprechenden Tipp gegeben. Auf dem Gelände befand sich ein Getreideschober, in dem sich am Abend während eines aufziehenden Gewitters unsere Feinde trafen: Murad Habulam, Manach el Barscha, Barud el Amasat, der verwundete Mübarek, Hajdar, die beiden Aladschy und Suef oder Afrit, wie er sich bei uns nannte. Ich konnte sie belauschen und erfuhr, was sie heute Nacht gegen uns vorhatten. Nur Hajdar weigerte sich, mitzumachen und verließ die saubere Gesellschaft, die später über eine Leiter von außen auf den Turm steigen und uns von oben herab überfallen und töten wollte. Deshalb verschlossen wir die Turmluke von innen, sodass man sie von oben nicht öffnen konnte, und Janik besorgte uns noch eine Feuerspritze und einen langen Schlauch, den wir nach oben auf den Turm legten. Letzterer besaß nämlich eine steinerne Balustrade, sodass das Wasser nicht abfließen konnte. Als sich unsere Gegner alle, außer dem verwundeten Mübarek, oben auf dem Turm befanden, nahmen wir ihnen die Leiter weg, sodass sie nicht mehr herunterkonnten. Sie standen nicht nur im Regen, sondern die Plattform des Turmes wurde auch noch mit Spritzwasser gefüllt; so sollten sie die ganze Nacht in der Kälte und im Wasser stehen müssen.

Donnerstag, 28. November 1872:

Unsere Widersacher konnten sich allerdings später am Wasserschlauch vom Turm abseilen und entkommen. Nachdem Suef und Habulam von uns bestraft worden waren, verließen wir mit Janik und Anka das Schloss. In Guriler erfuhren wir, dass die fünf, die wir verfolgten, nach Rumelia abgebogen seien. Hier trennten wir uns von Janik und Anka, die ja nach Üsküb mussten. Vor Rumelia sahen wir Suef, der seine Kumpane vor uns warnen wollte, doch er konnte nicht an uns vorbei. Hinter Rumelia lag der Wardar, dessen Wasser nach dem mächtigen Regen heute Nacht gewaltig angestiegen und über das Ufer getreten war. *Jenseits des Flusses bemerkten wir den Eisenbahnbau. Eine Brücke* hinüber *gab es nicht, sondern eine Fähre* sowie eine Kahnverbindung, die von Suef und einer Frau benutzt wurde. In der Mitte des Flusses war eine gewaltige Strömung. Der Kahn konnte seine Richtung nicht mehr halten, er prallte auf unsere Fähre und die Frau *verschwand in den schmutzig dicken Fluten.* Und ich auch, denn ich war hinterhergesprungen, um sie zu retten, was mir nach einer riesigen Kraftanstrengung auch gelang. Die Bahnarbeiter zogen uns dann ans rettende Ufer. Wir ließen Suef wegreiten, der mit seinem Pferd schwimmend das Land erreichte, denn wir würden ihm auf seiner Spur folgen. Während meine Kleider trockneten, waren wir Gäste des Bahnaufsehers, dessen Frau ich vor dem Ertrinken bewahrt hatte. Hier erfuhr ich zum ersten Mal Genaueres über einen Perser, von dem ich vermutete, dass er der Schut sein könnte. Er kam öfter zu einem Gastwirt nach Treska-Konak, dessen Nachbar der Vater des Bahnaufsehers war und zu dem uns sein Schwager Israd hinführen sollte.

Als es Nacht wurde[1], hatten wir noch etwa eine Stunde bis zum Fluss zu reiten, wo der Treska-Konak lag, in dem unsere Feinde absteigen wollten. Die Eltern des Bahnaufsehers nahmen uns gastlich auf. Durch einen unüberlegten Einsatz von Halef wurden unsere Widersacher zwar aus dem Treska-Konak vertrieben, wir wussten allerdings, dass sie nun zu dem Köhler Scharka wollten. Außerdem konnte ich noch einiges erlauschen, was für uns wichtig war – vor allem dies, dass der Perser Kara Nirwan tatsächlich der Schut war.

Freitag, 29. November 1872:

Dschemal, der Gastwirt vom Treska-Konak, wollte uns zu einer Juwelenhöhle führen, in deren Nähe der angeblich ‚friedliche' Köhler Scharka wohnte. Er versuchte natürlich uns in eine Falle zu locken, ohne zu ahnen, dass ich über alles längst Bescheid wusste. Über Glogovik kamen wir gegen Abend in die Nähe der Hütte des Kohlenhändlers Junak, eines Komplizen des Köhlers Scharka, wo wir eine Bärenspur entdeckten. Der Bär hatte in der letzten Nacht das Pferd von Junak gerissen. Bei Junak fanden wir auch den schwer

[1] 28.11.1872-07.12.1872: Karl Mays Gesammelte Werke Band 6, *Der Schut*

verletzten Mübarek, den seine Kumpane zurückgelassen hatten. Während Omar und Osko bei den Pferden wachten, gingen Halef und ich zu einer günstigen Stelle, um den Bären zu erwarten. Halef konnte ihm eine Kugel verpassen, doch erst zwei meiner Messerstiche brachten dem riesigen Tier den Tod. Danach erst sahen wir, dass er den Mübarek getötet hatte, der in seinem Fieberwahn aus dem Haus gelaufen war. Wir beerdigten ihn abseits des Hauses. Das Fell des Bären erhielt Halef und das Fleisch Junak, nachdem ich mir ein Fettstück davon abgeschnitten hatte. Wir schliefen im Freien, und als ich Wache hatte, schlich ich mich an das Haus, wo ich Dschemal, Junak und dessen Frau belauschen konnte.

Samstag, 30. November 1872:

Im Laufe des Vormittags kamen wir zur Teufelsschlucht, wo wir ermordet werden sollten. Da ich aber erlauscht hatte, wie man zu dem Hinterhalt gelangen konnte, stieg ich mit Halef einen schmalen Felsensteig empor, während Osko und Omar mit Dschemal unten warteten. Oben konnten wir nacheinander zuerst Suef und dann die beiden Aladschy unschädlich machen. Als wir zu deren anderen Komplizen kamen, trat Barud el Amasat erschrocken zurück, wodurch er Manach el Barscha so aus dem Gleichgewicht brachte, dass dieser den Felsen hinabstürzte und zerschmettert unten auf dem Weg liegen blieb. Alle anderen, auch Junak und Dschemal, banden wir oben an Bäumen fest. Vor der Köhlerhütte ging ich erst einmal allein auf Kundschaft und konnte dabei den Köhler und einen Fremden belauschen. Ich erfuhr, dass der Schut in Rugova wohnte, dass der Kaufmann Galingré aus Skutari dort gefangen gehalten wurde und dass sich Sir David Lindsay ebenfalls in Rugova befand, von dem Fremden morgen Abend aber als Gefangener hierher gebracht werden sollte. Als ich zu meinen Gefährten zurückkam, fehlte Osko. Er war zurückgeeilt, hatte Barud el Amasat losgebunden und mit ihm auf Leben und Tod gekämpft: Barud el Amasat lag ebenso zerschmettert wie Manach el Barscha unten auf dem Weg. Osko hatte seinen Racheschwur gegen den Entführer seiner Tochter Senitza erfüllt. Dann ritten wir zum Köhler, dessen Besuch aus Rugova noch anwesend war. Er wollte uns in die Höhle locken, in der wir, wie wir wussten, ersticken sollten. Natürlich weigerten wir uns, und während Omar und Osko die beiden bewachten, suchten Halef und ich auf einem anderen Weg, nämlich über eine ausgehöhlte Eiche, die Höhle auf. Hier sollte morgen Abend Sir David Lindsay eingesperrt werden. Bevor wir wegritten, sagte ich den beiden Gaunern noch, dass sie die Aladschy und ihre anderen Kumpane losbinden könnten. Wir ritten eine Schleife, sodass wir wieder an einem Punkt ankamen, von wo aus wir die Köhlerhütte beobachten konnten. Später sahen wir den Fremden mit den beiden Aladschy in Richtung Kolastschin reiten, die anderen folgten dem Köhler.

Sonntag, 1. Dezember 1872:

Nach dem Mittag ritt ich allein fort, um einen Ort ausfindig zu machen, wo wir des Abends unsere Pferde sicher unterbringen konnten, denn wenn der Engländer eintraf, *mussten wir uns in der Nähe befinden, um ihm Hilfe zu bringen.* Am Abend suchten wir die gefundene Stelle auf. Mit Halef schlich ich mich in die Nähe der Köhlerhütte. Bald darauf wurden Lindsay und sein Dolmetscher gebracht und ich bekam schnell mit, dass es dieser wirklich ehrlich mit dem Engländer meinte. Sie wurden beide in die Höhle geschafft, von uns aber über die hohle Eiche gleich wieder befreit. Dann umstellten wir die Bande, nahmen alle fest und sperrten sie in die Höhle, aus der sie mit eigener Kraft nicht entweichen konnten, da wir die Strickleiter aus der hohlen Eiche verbrannt hatten. Einige Tage Todesangst konnten den Mördern nicht schaden, bis wir jemanden zu ihrer Befreiung herschickten. In der Köhlerhütte fanden wir nicht nur ein riesiges Waffenarsenal, sondern auch eine alte, wertvolle Rüstung mit dem entsprechenden kostbaren Kampfwerkzeug. Wir erfuhren, dass der Besitzer Stojko hieß und ein Skipetar war, den der Schut in Rugova gefangen hielt. Und wir fanden mehrere angekohlte Totenschädel von ermordeten Opfern. Beim Abendessen erzählte uns Lindsay, wie er von Stambul nach Rugova gekommen war. Dorthin wollten wir morgen früh aufbrechen. Marko, jener Gefolgsmann des Schuts, der Lindsay hierher geschafft hatte, verriet uns, wo in Rugova der alte Karaul (Wachtturm) lag, in dem sich noch einige weitere Gefangene befanden, und wie man in den dorthinein führenden Stollen kam. Der Dolmetscher von David Lindsay wollte hierbleiben und auf die Gefangenen aufpassen.

Montag, 2. Dezember 1872:

Wir brachen sehr früh auf. In Kolastschin erfuhren wir, dass die Aladschy uns unterwegs auflauern würden, und doch gerieten wir ganz unvermutet in den Hinterhalt. Da ich meine Schusswaffen verloren hatte, musste ich mich mit dem Säbel und dem Tschakan gegen die Streitäxte der beiden Aladschy wehren. Ich konnte Sandar das Bein zerschmettern und mit dem Säbel Bybars Hand mitsamt seinem Tschakan abtrennen. Mit vereinten Kräften gelang es uns dann, unsere Gegner abzuwehren und unschädlich zu machen. Ich schenkte Osko und Omar die beiden gescheckten Pferde der Aladschy, worüber sie sich sehr freuten. Inzwischen war Halef nach Kolastschin zurückgeritten, um die verletzten Räuber abholen zu lassen. Bevor die Leute aus dem Dorf ankamen, waren wir schon weitergeritten. Halef war traurig, dass ich die beiden Pferde Osko und Omar geschenkt hatte, doch ich versprach ihm, dass er bei unserer Trennung Rih als Geschenk erhalten würde, da ich diesen ja nicht mit in meine Heimat nehmen konnte, und machte ihn damit zum glücklichsten Menschen. Kurz vor Rugova trafen wir einen Einwohner dieses Dorfes und fragten ihn nach einer Unterkunft. Er nannte uns den Han des Persers Kara Nirwan und den Han des Kolami, die zwar keine direkten Feinde seien, einander aber auch nicht mochten. Es stellte sich heraus, dass er selbst dieser Kolami war, und ich beschloss, bei ihm zu wohnen, denn er konnte mir eine große Hilfe dabei sein, den Schut unschädlich zu machen. Als wir in Rugova einritten, bemerkte ich auf dem Hauptplatz einen Menschen, der bei unserem Anblick sichtlich erschrak: Kara Nirwan, der Schut. Lindsay legte sich sogleich mit diesem an, worauf der Ortsvorsteher den

Engländer verhaften wollte, zumal der Schut falsche Anschuldigungen gegen uns gemacht hatte. Ich sprang ihm bei und bezichtigte nun Kara Nirwan, der gefürchtete Schut zu sein. Eine Menschenmenge umgab uns und der Schut wusste sich dadurch im Vorteil. Meinen Beweis, dass er durch den Karaul in einen alten, unterirdischen Stollen gelangen konnte, wollte Kara Nirwan dadurch widerlegen, dass er alle Männer von Rugova dorthin führte. Da ich befürchtete, er würde vorher in den unterirdischen Gang einsteigen und seine Gefangenen verschwinden lassen, fuhr ich mit Kolami auf einem Kahn über den Drin-Fluss an eine bewachsene Felswand, wo sich ein unbekannter Eingang zum Stollen befand, in den wir eindrangen. Gerade als wir die Gefangenen entdeckt hatten, kam der Schut bei uns an und wandte sich sofort zur Flucht in Richtung Drin. Dort stürzte er sich in die Fluten und ich hinterher. Am Ufer konnte ich ihn dingfest machen und wir schafften ihn in Kolamis Gasthof. Alle Dorfbewohner kamen angelaufen und wollten hören, was geschehen war, wir aber ließen nur den Ortsvorsteher und die Dorfältesten herein. Nachdem wir sie darüber aufgeklärt hatten, warum wir den Schut suchten und welche Schandtaten er auf sich geladen hatte, schenkte man uns Glauben und war bereit, den allseits bekannten Verbrecher, von dem niemand geahnt hatte, dass es Kara Nirwan war, dem Gericht zu überantworten. Dann fuhren wir mit Kähnen zu dem Stollen und befreiten Stojko und Galingré aus ihren Verliesen. Durch ein Versehen brannte einer der Dorfältesten dabei eine Zündschnur an, die der Schut gelegt hatte; es gab eine Explosion und ein Teil des unterirdischen Gangs stürzte zusammen mit dem alten Wehrturm ein. Danach begaben wir uns zum Haus des Schuts, dem Karanirwan-Han, der ziemlich weit außerhalb des Dorfes lag und aus mehreren Gebäuden rechts und links der Straße bestand. Im eigentlichen Gasthaus traf ich auf die Frau des Schuts sowie auf deren Mutter und Schwester. Die übrigen Gebäude bestanden aus Stallungen, Vorratsräumen und anderen Räumlichkeiten. Als ich mit Lindsay, Galingré und dem Schut dessen

Kontor aufsuchte, wurden wir dort überfallen und Kara Nirwan konnte mit Hilfe seiner Knechte entkommen. Halef, den ich hinterherschickte, sah, in welche Richtung er flüchtete. Während Stojko seinen Weg zum Köhler nahm, um seinen dort ermordeten Sohn zu rächen, ritten wir anderen nach Westen, da wir annehmen mussten, dass der Schut der Familie des Kaufmanns Galingré entgegenreiten würde. Hamd el Amasat, der Galingré dem Schut ausgeliefert und dessen Familie zum Verkauf des gesamten Vermögens in Skutari veranlasst hatte, war mit ihr hierher unterwegs. Da wir erfahren hatten, dass der Schut im Nevera-Han auf sie warten wollte, falls diese noch nicht da waren, verbrachten wir die ganze Nacht im Sattel.

Dienstag, 3. Dezember 1872:

Bei Tagesgrauen sahen wir den Nevera-Han vor uns, gleichzeitig aber auch eine von hier wegführende Wagenspur, die erst etwa eine halbe Stunde alt war. Im Han erfuhren wir, dass es ein Wagen mit Galingrés Frau, Tochter und Schwiegersohn war, begleitet von Hamd el Amasat und dem Schut. Sofort jagten wir hinterher. Als uns die beiden Verbrecher sahen, rissen sie in getrennte Richtungen aus. Wer außer Omar Hamd el Amasat folgte, wusste ich nicht, denn ich eilte hinter dem Schut her. Er besaß zwar auch ein sehr gutes Pferd, aber gegen Rih hatte er keine Chance. Es war ein fürchterlicher Ritt hier in dem felsigen Gebirge. Eben als ich den Schut mit dem Lasso fangen wollte, tat sich vor mir eine breite Felsspalte auf, über die ich mit meinem Rih gerade noch so hinüberkam – der Schut aber schaffte diesen Sprung nicht: Ross und Reiter stürzten in eine tiefe Schlucht und prallten unten zerschellt auf. Das war das Ende des Schut, der gefürchtete Verbrecher war tot. Unterdessen hatten die anderen Hamd el Amasat gejagt, der jetzt an eben jene Felsspalte kam, wo der Schut hinabgestürzt war. Ich konnte an einer schmaleren Stelle wieder hinüberspringen und ihn mit dem Lasso aus dem Sattel holen. Wir trafen uns alle beim Wagen der Familie Galingré, mit dem wir dann zum Nevera-Han zurückkehrten. Dort erfuhr Hamd el Amasat, dass wir ihn gesucht hatten wegen des Mordes an Galingrés Bruder in Algerien, an dessen Sohn Paul in der Wüste Sahara und an Omars Vater, den er auf dem Schott Dscherid erschossen hatte. Omar Ben Sadek hatte damals Rache geschworen und war seit dieser Zeit hinter dem Mörder seines Vaters her gewesen. Jetzt aber wollte er keinen Mord an einem Wehrlosen begehen, sondern es kam zum Zweikampf zwischen den beiden. Während Hamd el Amasat Omar erwürgen wollte, drückte ihm dieser mit beiden Daumen die Augen ein: Hamd el Amasat war blind für sein ganzes Leben, Omar hatte auf andere Art seine Rache vollendet. Dann trennten wir uns: Galingré fuhr mit seiner Familie nach Osten, denn er wollte in Üsküb ein neues Handelsgeschäft gründen; wir anderen ritten nach Westen und kamen im Laufe des Tages noch in Skutari an, wo wir uns erst einmal in zivilisierte Menschen verwandelten. *Sir David schickte sofort einen Eilboten nach Antivari, um dem Kapitän seinen neuen Reiseplan mitzuteilen,* denn Lindsay hatte mich überzeugt, nicht gleich in meine Heimat zu reisen, sondern mit ihm noch nach Jerusalem zu fahren, was von Halef und Omar mit Begeisterung aufgenommen wurde.

Donnerstag, 5. Dezember 1872:

Osko blieb einen Tag lang da; dann verabschiedete er sich von uns, um hinauf nach Rieka zu reiten, wo er früher gewohnt hatte. Wir gaben ihm eine Strecke weit das Geleit. Der Bote, den Lindsay geschickt hatte, *meldete, der Kapitän liege an der Riva von Antivari, zu jeder Stunde bereit, uns aufzunehmen.*

Freitag, 6. Dezember 1872:

Da uns nichts hier in Skutari hielt, brachen wir am nächsten Morgen zeitig auf. Die Stadt Antivari wurde von uns nicht berührt, da wir gleich nach Riva wollten. Die folgende Nacht blieben wir im Wirtshaus.

Samstag, 7. Dezember 1872:

Am anderen Morgen schifften wir uns mit den Pferden ein und dann entschwand die Küste des Skipetarenlandes bald unseren Blicken.

Donnerstag, 12. Dezember 1872:[1]

Die Reise verlief ohne Zwischenfall. Nach fünf Tagen ging unsere Dampfjacht in Bulak, dem Hafen von Kairo, vor Anker. Der Aufenthalt in el Kahira sollte voraussichtlich nur kurze Zeit währen, höchstens zwei Tage. Solange brauchte der Lord, um seine Geldangelegenheiten zu regeln. Indes der Lord seine Geschäfte besorgte und Omar Ben Sadek sich in das Gewühl der Straßen stürzte, suchte ich mit Halef die Orte auf, um *die Erinnerungen an unseren ersten Aufenthalt in dieser Stadt wieder aufzufrischen, der nun schon länger als ein Jahr hinter uns lag.* Am Nachmittag saß ich mit Halef in einem Kaffeehaus, als uns zwei Personen auffielen, die von Arnauten belästigt und beleidigt wurden: *Es waren Hilal und Hiluja,* mit denen wir *vor mehr als einem Jahr beisammen gewesen* waren. Als Hilal mit den Arnauten am Abend einen Zweikampf austragen sollte, wollten diese ihn aus dem Hinterhalt erschießen, doch dank dem unverhofften Eingreifen von Sir David Lindsay wurde das verhindert. Anschließend verlebten wir *mit Hilal und Hiluja zusammen einen vergnügten Abend auf dem Schiff.*

Freitag, 13. Dezember 1872:

Am nächsten Morgen dampfte unsere Jacht aus dem Hafen von Bulak. Noch lange sahen wir die schlanken Gestalten der beiden Wüstenkinder, mit denen ich wahrscheinlich nie wieder zusammentreffen würde.

Sonntag, 15. Dezember 1872:

Die Fahrt nach Jaffa im Heiligen Land war kurz und ohne besondere Erlebnisse. In Jaffa bestiegen wir zum ersten Mal wieder unsere Pferde, und ich genoss das Vergnügen eines kurzen Rittes auf meinem Rih. Es war für lange Zeit das letzte Mal. Nur allzu bald tauchten die Mauern Jerusalems vor uns auf.

Montag, 23. Dezember 1872:

In der Heiligen Stadt blieben wir acht Tage, die viel zu schnell vergingen. Brauche ich zu sagen, dass mir der Abschied von meinem

[1] 12.12.1872-23.12.1872: Karl Mays Gesammelte Werke Band 60, *Allah il Allah,* Kapitel 8

Rih naheging? Noch mehr natürlich die Trennung von meinem Halef, der mir ans Herz gewachsen war. Omar Ben Sadek hatte seinen Schecken bestiegen und Halef meinen Rih. Oben auf der Höhe des Ölbergs drückte er mir zum Abschied *fast weinend die Hand.* Dann gingen wir auseinander. Wir hofften alle, dass wir uns irgendwann einmal wiedersehen würden.

Dienstag, 24. Dezember 1872:

Zur Christmette am Heiligen Abend war ich in der Geburtskirche in Bethlehem. So etwas kann man sicher nur einmal erleben, denn wann ist man schon am Geburtstag Christi an dieser Stätte!

Nachtrag 1873:[1]

Zwei Monate nach meiner Heimkehr langte ein Schreiben bei mir an. Ich hatte Halef vor unserem Abschied in Jerusalem einen Briefumschlag mit meiner Anschrift gegeben. Der Brief war unterschrieben mit: *Hadschi Halef Omar Ben Hadschi Abul Abbas Ibn Hadschi Dawuhd al Gossarah.*

[1] Karl Mays Gesammelte Werke Band 6, *Der Schut,* Ende des 12. Kapitels

17. VIERTE ORIENT-REISE (1873)

Freitag, 7. Februar 1873:[1]

Kaum war ich von meiner letzten großen Orient-Reise zurück, da erreichte mich ein Schreiben von Kapitän Frick Turnerstick, worin er mich aufforderte, mit ihm von Antwerpen aus über Marseille nach Tunis zu fahren. *Es war mir Herzensbedürfnis, den braven Gefährten wiederzusehen. Ich beschloss also, der Einladung zu folgen, packte meine Sachen und* war *noch vor der angegebenen Zeit in Antwerpen. Am dritten Tag traf Turnerstick dort ein.* Sein *neues Barkschiff ‚The Courser‘* hatte er *sich nach seinen eigenen Angaben bauen lassen. Die schon vorher bestellte Fracht war bald an Bord genommen, und dann ging es die Westerschelde hinab, in die Nordsee hinein und dem Kanal entgegen. Wir hatten ununterbrochen guten Wind, machten eine außergewöhnlich schnelle Fahrt und legten zwei volle Tage früher, als Turnerstick vorhergesagt hatte, am Port de la Joliette von Marseille an.*

Montag, 10. Februar 1873:

Während sich der Kapitän hier zunächst seinen Pflichten widmen musste, wanderte ich in der Stadt umher, um die Sehenswürdigkeiten in Augenschein zu nehmen. Dann, als Turnerstick Zeit gewonnen hatte, besuchten wir miteinander den Zoologischen Garten. Als wir auf einer Bank saßen, hörten wir, wie ein Moslem mit seinem Dolmetscher über das Christentum lästerte und ein Holzkreuz umwarf, das hier im Park aufgestellt war. Wir schnappten uns beide und übergaben sie dem Gartendirektor, der zwanzig Franken Strafe forderte und beide wieder laufen ließ. Später, als wir zu unserem Schiff gingen, bemerkten wir, dass sie uns folgten. Wir aber mieteten ein Boot und ließen uns nach dem zwei Kilometer von der Küste entfernten Schloss If rudern, das Schauplatz von Dumas Roman ‚Der Graf von Monte Christo‘ war. Als wir dann zurückfuhren, wurde von einem anderen Boot auf uns geschossen. Es war der Araber vom Zoologischen Garten, auf

[1] 07.02.1873-07.03.1873: Karl Mays Gesammelte Werke Band 10, *Sand des Verderbens*, Erzählung ‚Christus oder Mohammed‘

den Turnerstick jetzt zuhielt und dessen Boot er rammte, sodass der Mann ins Wasser stürzte. Trotz Suchens fanden wir ihn nicht und mussten annehmen, dass er ertrunken war. In der Nähe unseres Schiffes sahen wir, wie ein Mann in nassen Kleidern das Fallreep einer Brigg mit dem Namen ‚Le Vent' emporstieg. Ob das unser ‚Ertrunkener' war?

Donnerstag, 13. Februar 1873:

Wir waren auf der Fahrt durch das Mittelmeer in Richtung Tunis. Am Abend zogen dunkle Wolken auf. Und in der Nacht tobte ein fürchterlicher Sturm, der das Schiff aus den Angeln zu heben drohte.

Freitag, 14. Februar 1873:

Doch der Tag war da, und als ich an Deck kam, war am Himmel keine Wolke mehr und die See war ruhig. Zwei Stunden später *meldete der Mann am Ausguck,* dass ein Wrack in Sicht sei. Als wir uns im großen Ruderboot dem Wrack näherten, erkannten wir, dass es die Brigg ‚Le Vent' war, und wir konnten noch drei Männer retten, darunter auch den Moslem, der auf uns geschossen hatte. Kurz *vor Abend hatten wir Kap Carthago umsegelt und den Hafen von Goletta, dem Vorort von Tunis, vor uns. Bald darauf ließen wir im Handelshafen die Anker fallen.* Bevor der Gerettete vom Schiff ging, lästerte er nochmals über das Christentum und drohte, uns zu zermalmen, wenn wir wieder vor seine Augen kämen.

Samstag, 15. Februar 1873:

Da Turnerstick seinen Geschäften nachkommen musste, verließ ich sein Schiff und begab mich nach Tunis. Ich musste natürlich meinen Freund Krüger Bei, den Herrn der Heerscharen, besuchen. Doch leider erfuhr ich, dass er im Auftrag seines Herrschers Mohammed es Sadok Pascha, dem Bei von Tunis, unterwegs war und sich für längere Zeit nicht in Bardo befand. Man konnte mir auch nicht sagen, wann er wieder zurück sei.

Donnerstag, 20. Februar 1873:

Gestern Abend hatte mir Turnerstick mitgeteilt, dass er übermorgen mit einem Dampfer nach Sfax fahren wolle, um sich nach einem neuen Absatzmarkt zu erkundigen. Für morgen seien wir von dem Buchhalter eines Handelsherren in das Haus seines Schwagers eingeladen worden, der Abd el Fadl hieß.

Freitag, 21. Februar 1873:

Am anderen Morgen kam der Buchhalter an Bord, um uns abzuholen. Sein Schwager sei zwar verreist, aber das sei nicht schlimm. Turnerstick ließ sich im Haus alle Räume des Harems zeigen, während ich allein in einem Zimmer blieb. Dort kam ein Knabe von etwa sechs Jahren zu mir. Seine Mutter sagte mir, dass sie gerne eine Christin werden würde, es aber wegen ihres Mannes, der ein strenger Moslem sei, nicht dürfe. Er war *Henker, Gerichtsvollzieher, Vollstrecker der Befehle des Herrschers,* des Beis von Tunis. Gerade, als wir das Anwesen wieder verlassen wollten, kam der Hausherr, kam Abd el Fadl an. *Es war unser Feind, der Muslim, der auf mich geschossen hatte.* Als er ein Messer zog, zog auch ich meinen Revolver, und da er merkte, dass er gegen uns nichts ausrichten konnte, ließ er uns gehen.

Sonntag, 23. Februar 1873:

Wir waren *mit dem Dampfer von Tunis nach Sfax gefahren.* Hier würde Turnerstick gute Geschäfte machen und neue Ladung aufnehmen. Weil das alles einige Tage in Anspruch nahm, *beschloss ich, mich anderweitig zu unterhalten und die nahen, merkwürdigen Karkaneh-Inseln zu besuchen. Mandi, der bedeutendste Handelsmann der Stadt, ein Malteser, stellte mir sein Segelboot und einige Leute zur Verfügung.*

Freitag, 28. Februar 1873:

Ich blieb volle vier Tage dort und kehrte erst am Abend des fünften zurück. Ein Diener sagte mir, dass ich Mandi, seinen Herrn, im Garten finden würde, wohin ich mich auch begab. Dort traf ich unerwartet auf den Knaben aus Tunis und auf seine Mutter, die mir sagte, dass sie sich zusammen mit ihrem Mann auf dem Weg nach Keïruan befänden und morgen früh von hier abreisen würden. Um nicht von dem Dschellâd, dem Henker, gesehen zu werden, verließ ich das

Haus des Geschäftsmanns und begab mich zu Turnerstick. Dieser wollte morgen *einen Ausflug machen, zwanzig Stunden weit zu Pferd,* zu den Ruinen *el Dschem* und zur *Maghârat er-ra'd,* der *Höhle des Donners. Wollten wir die Höhle und die berühmten Ruinen besuchen, so hatten wir denselben Weg, den der Henker reiten musste.*

Samstag, 1. März 1873:

Am nächsten Morgen waren wir zeitig reisefertig, wollten aber *dem Henker einen Vorsprung lassen.* Wir *machten uns drei Stunden später auf den Weg.* Als wir ihn und seine Familie vor uns sahen, umritten wir ihn in weitem Bogen. *Nach einiger Zeit kam mir die Luft eigentümlich vor.* Ein Salzsturm war im Anzug und wir gaben unseren Pferden die Sporen, um noch rechtzeitig die rettende Höhle zu erreichen. Als wir endlich dort waren, drangen wir bis ans hintere Ende in sie ein. Da kam auch der Henker mit Frau und Kind und den Kameltreibern in die Höhle herein. *Die Gesellschaft nahm in der vorderen Höhle Platz.* Ich hörte den Henker wieder über den christlichen Glauben lästern, doch *das Wort blieb ihm im Munde stecken, denn vor dem Eingang erschien ein Tier, das Schutz in der Höhle suchte, nämlich ein riesiger schwarzer Panther. Kaum waren ihm die Augen frei vom Salz geworden, so tat er einen Sprung auf das eine Kamel und riss ihm die Gurgel auf* und begann *seinen Raub zu verzehren.* Durch eine Hyäne gestört, *ließ das gewaltige Tier ein Gebrüll ertönen, dass die Wände zu zittern schienen.* Die Mutter erschrak und *öffnete unwillkürlich die Arme. Das Kind rollte von ihrem Schoß herab und zu dem Panther hin.* Als die Mutter ihren Arm nach dem Kind ausstreckte, zog der Panther *mit der Vorderpranke den Knaben näher zu sich heran.* Da begannen Vater und Mutter laut zu beten, er rief Mohammed an, sie Jesus Christus. Der Henker versprach in seiner Angst und Not, *an den zu glauben, der Rettung bringt.* Seine Frau forderte ihn auf, mit ihr das ‚Vaterunser' zu beten, und auch das Kind hatte diese Aufforderung gehört. *Also beteten alle drei Stimmen.* Als der Panther *neben sich die klare Stimme des Knäbleins hörte, hob er sich in sitzende Stellung empor.* Da *krachte mein Schuss, den das Gewölbe hundertfach wiedergab.* Der Panther war tödlich getroffen, *streckte dann die Glieder und verendete.* Als der Henker merkte, wer seinen Sohn durch den Schuss gerettet hatte, trat er zu mir. *Der erst so abstoßende Mann umarmte mich und sein Weib reichte mir die Hand. Der Eindruck, den die Errettung seines Kindes auf den Henker gemacht hatte, schien nachhaltig zu sein, denn er erklärte, auf seine Reise nach Keïruan verzichten und lieber nach Sfax umkehren zu wollen. Wir brachen auf und gelangten gegen Abend nach Sfax zurück.*

Sonntag, 2. März 1873:

Abd el Fadl *kehrte mit mir und Turnerstick auf dessen Schiff nach Tunis zurück, und ich beobachtete während der Überfahrt, dass er sein Weib mit einer Zartheit und Aufmerksamkeit behandelte, die seinem früheren Wesen ferngelegen hatte.*

Freitag, 7. März 1873:

Turnerstick nahm in Tunis Fracht ein. Während dieser Zeit, die das Laden in Anspruch nahm, wohnten wir bei dem Henker, mit dessen Frau wir wie mit einer Europäerin verkehren durften. Ich schenkte ihm eine in arabischer Sprache gedruckte Bibel, aus der ich ihm vorlesen musste. Als wir dann heute *am Tag unserer Abreise von* seiner Frau *und* seinem Sohn *Abschied genommen hatten, begleitete er uns bis an Bord.*

Dienstag, 18. März 1873:

Heute am späten Nachmittag war ich glücklich wieder zu Hause angekommen. Da ich beim letzten Abschied mit Winnetou besprochen hatte, wann ich wiederkommen würde, konnte ich mich nicht lange in der Heimat aufhalten, sondern musste schon bald für meine nächste Reise nach Nordamerika rüsten.

Nachtrag:

Von Abd el Fadl habe ich einige Zeit später einen Brief erhalten, in dem er mir mitteilte, dass er sich zum Christentum bekehrt habe und die Heilige Taufe empfangen werde.

18. SECHSTE NORDAMERIKA-REISE (1873-1874)

April-Juni 1873:

Seit Anfang April 1873 war ich wieder in den Vereinigten Staaten. Mit der Eisenbahn war ich so weit wie möglich nach Westen gefahren und von der Endstation aus zu Pferd weitergezogen.

Freitag, 27. Juni 1873:

Als ich einige Zeit später bei den Mescaleros am Rio Pecos eintraf, war Winnetou zu den Black Hills aufgebrochen, wohin auch ich mich daher wandte. Nachdem ich zu ihm gestoßen war, ging es zum Côteau du Missouri, einem meist dürren und flusslosen Tafelland mit einer durchschnittlichen Höhe von etwa 600 Metern. Der Côteau reicht von Dakota bis nach Kanada und ist gleichzeitig auch Wasserscheide zwischen dem Missouri und dem Hudson-Bay-Becken.

Wir mussten uns hoch oben im Norden an dem sogenannten Côteau trennen und wollten uns vier Monate später unten in New Mexico *in der Sierra Madre treffen.* Zwischendurch wollte ich mal wieder an den Großen Salzsee. Ich musste dabei über Fort Unitah westlich des Green River, wo ich mich auch mit etwas Munition versorgen wollte. Dass sich dieses Fort zu einer kleinen Spielhölle entwickelt hatte, hörte ich gleich nach meiner Ankunft. Hier hatte sich vor vier Tagen folgendes zugetragen: Ein Offizier, den ich von früher her kannte, war gegen einen vermutlichen Berufsspieler angetreten. Der fremde Spieler, dessen Namen ich nicht erfuhr, *hatte sich eine schöne Summe zusammengespielt, als den Offizier der Teufel ritt, anzunehmen,* dass der andere *ein Falschspieler wäre. Es kam zu einem Streit.* Der angebliche Falschspieler *sollte den Gewinn herausgeben, schoss aber den Offizier über den Haufen und machte sich davon. Zwei Soldaten, die das Geschrei hörten und ihn draußen anhalten wollten, bekamen auch ihre Kugeln, dass sie umfielen wie Hölzer. Er rannte aus dem Fort, nahm eines der dort grasenden Pferde und machte sich aus dem Staub. Vier Tage lang war man hinter* dem Falschspieler und Mörder *her, ohne ihn zu finden.* Die Frau des toten Offiziers, der auch drei Kinder hinterließ, bat mich eindringlich, den Mörder zu finden. Ich sagte zu und versuchte sofort seine Fährte zu finden, was auch durch glückliche Umstände gelang. Ich konnte ihn bis Fort Edwards jagen und ihn dem dortigen Befehlshaber übergeben. Das Militärgericht verurteilte ihn zum Tod durch den Strang, doch er *entkam noch in der letzten Nacht im Anzug des Soldaten, der ihn zu bewachen* und den er erwürgt hatte.[1] Nach dieser Verfolgung bis Fort Edwards war es nun Zeit, zur Sierra Madre zu reiten, wo ich Winnetou treffen wollte.

Freitag, 4. Juli 1873:[2]

Wir hatten als Treffpunkt die Lebenseiche am Clearbrook vereinbart, doch Winnetou kam nicht, dafür entdeckte ich eine Nachricht von ihm: *„Mein Bruder komme schnell zu Bloody-Fox, den die Komantschen überfallen wollen.“* Natürlich machte ich mich sofort auf den Weg. Bei meinem Ritt kam ich zu einem Lager der US-Kavallerie, wo auch zehn Zivilisten lagerten, die nach Texas wollten. Ich schloss mich an und zwei von ihnen, Josua Hawley und Ralph Webster, lernte ich etwas näher kennen.

Samstag, 5. Juli 1873:

Vom Lagerplatz der Truppen ging unser Weg nach dem Gebiet des Rio Pecos. Als wir heute unser Abendlager aufgeschlagen hatten, kam ein Fremder dazu: Es war Old Wabble, ein bekannter Westmann, der ehemalige ‚König der Cowboys‘. Er war heute früh zusammen mit dem nicht minder berühmten Old Surehand von Komantschen überfallen worden. Während er entkommen konnte, wurde Old Surehand gefangen. Ich konnte zwei Indianer, die Old Wabble verfolgten, belauschen und überwältigen, gab sie jedoch wieder frei.

Sonntag, 6. Juli 1873:

Eine Stunde vor Abend kamen wir in die Nähe des Blauen Wassers, wo Old Surehand gefangen gehalten wurde. Ich konnte mich bis an das Lagerfeuer von Vupa-Umugi, dem Häuptling der Naiini-Komantschen, heranschleichen und

[1] Karl Mays Gesammelte Werke Band 20, *Die Felsenburg*, Kapitel 2

[2] 02.07.1873-18.07.1873: Karl Mays Gesammelte Werke Band 14, *Old Surehand I*

vieles hören, was uns später wichtig war. Wir wollten noch heute Old Surehand befreien, den man auf einer Insel gefangen hielt, zu der ich mich sogleich begab. Die zwei Wächter betäubte ich mit meinem Faustschlag, dann schnitt ich Old Surehand los, doch da kam die Wachablösung, die das Lager laut schreiend informierte. Wir sprangen ins Wasser und schwammen dem Ufer zu. Von den Komantschen, die uns verfolgten, war einer knapp hinter uns, den ich aber besiegen konnte: Es war Vupa-Umugi selbst, den wir als Geisel mit in unser Lager nahmen.

Montag, 7. Juli 1873:

Wir gaben Vupa-Umugi wieder frei, nachdem Old Surehand alles zurückerhalten hatte, was ihm abgenommen worden war. Wir ritten dann so, dass die Roten glauben mussten, wir würden zu unserem alten Ausgangspunkt zurückkehren. Sie wussten ja nicht, dass auch wir zu Bloody-Fox wollten, den sie zu überfallen planten. Während Hawley und Webster bei uns blieben, trennten sich die anderen acht von uns, um in Richtung El Paso zu reiten. Nach einigen Stunden trafen wir auf eine Fährte von sechs Pferden, vermutlich Späher der Komantschen, die genau auf ein Wäldchen zulief, in dem ich einen Boten Winnetous vermutete. Tatsächlich war dieser Apatsche bereits in die Hände der Feinde geraten, aber wir befreiten ihn. Unglücklicherweise tötete er dann die Komantschen, bevor wir Näheres von ihnen erfahren konnten. Doch er wusste immerhin, dass Bob, der bei Bloody-Fox im Llano Estacado wohnte, von den Komantschen gefangen und in das Hasental geschafft worden war, wo diese ihr Zeltlager hatten. Natürlich wollte ich sogleich dorthin, um Bob herauszuholen.

Dienstag, 8. Juli 1873:

Am nächsten Morgen ritten Hawley und Webster mit dem Apatschen zum ‚Regenberg', wo sie auf Old Wabble und mich warten sollten. *Es war ungefähr zwei Stunden vor der Dämmerung, als wir in die Nähe* des Hasentales *kamen,* und *ich ging kundschaften. Bald erblickte ich die ersten Zelte.* Da traf ich auf eine Indianerin, die meiner Ansicht nach nicht ganz richtig im Kopf war. Sie nannte sich Tibo wete elen und ihren Mann Tibo taka und redete zudem noch von einem Wawa Derrick, doch ich verstand nicht, was sie alles erzählte. Sie zeigte mir das Zelt des Häuptlings Vupa-Umugi und auch jenes, in dem Bob gefangen gehalten wurde. Spät am Abend konnten wir die beiden einzigen Krieger betäuben und fesseln. Dann befreiten wir Bob, holten uns die Medizin Vupa-Umugis, die vor dem Zelt des Häuptlings hing, und ich suchte mir noch ein edles Komantschen-Pferd aus der Herde.

Mittwoch, 9. Juli 1873:

Unser nächstes Ziel war der ‚Regenberg', an dem dreihundert Apatschen auf uns warteten. Doch wir konnten nicht den direkten Weg dorthin einschlagen, denn dann hätten die Komantschen unsere Spur entdeckt. Wir mussten einen Umweg machen. Außerdem galt es zu erfahren, ob Häuptling Nale-Masiuv schon mit Vupa-Umugi zusammengetroffen war. Gegen Abend stießen wir auf eine Fährte, von der ich vermutete, dass sie von Eisenherz stammte, der die Komantschen zu Bloody-Fox führen sollte, weil er schon in dessen Oase gewesen war.[1] Ich konnte vier Krieger belauschen, wobei ich erfuhr, dass Nale-Masiuv mit seinen Indianern von den Soldaten am Mistake-Canon angegriffen worden war und die roten Krieger hatten fliehen müssen. Nale-Masiuv wollte die Kavalleristen nun *nach dem öden Llano Estacado* locken. *Es war um Mitternacht, als wir* den ‚Regenberg' *vor uns auftauchen sahen, und bald langten wir im Lager der Apatschen an.*

Donnerstag, 10. Juli 1873:

Am nächsten Morgen, als die Sonne aufging, waren wir schon fern von dem ‚Regenberg'. Als die Sonne sank, machten wir mitten in der Wüste halt. Der Schlaf in der kühlen Wüstennacht tat uns wohl.

Freitag, 11. Juli 1873:

Am Nachmittag war es glühend heiß. Ich war der Einzige, der den Weg kannte. Als wir aber an dem gesuchten Kaktus-

[1] Zweite Nordamerika-Reise (1864-1865): 8. Oktober 1864, Seite 66-68

feld angekommen waren, fand ich den Eingang nicht, denn Bloody-Fox hatte ihn inzwischen verlegt. Ich ließ alle lagern und ritt allein mit Bob über den neuen zickzackförmigen Kaktuspfad. In der Oase trafen wir nicht nur Bobs Mutter Sana, sondern auch Winnetou. Kurz darauf kam auch Bloody-Fox, der um die Kaktushecke geritten war, um nach uns Ausschau zu halten. Er brachte unsere Gefährten mit in das Wüstenparadies herein. Am Abend hielten wir Kriegsrat.

Samstag, 12. Juli 1873:

Mit dem größten Teil der Apatschen ritten wir nach Westen in Richtung ‚Hundert Bäume', woher Eisenherz mit seinen Komantschen kommen musste. Wir nahmen ihn und seine Krieger gefangen. Winnetou steckte jetzt mit fünfzig Apatschen die von Eisenherz aufgestellten Wegweiser-Pfähle in eine andere Richtung, um damit die Komantschen irrezuleiten. Wir anderen aber brachten die Gefangenen in die Nähe der Oase. Noch in der Nacht ritt ich mit Old Surehand, Old Wabble und sechzig Apatschen zu den ‚Hundert Bäumen', wo wir mit Hilfe der Soldaten Nale-Masiuv und seine Krieger fangen wollten. Unterwegs zerstritt ich mich allerdings so mit Old Wabble, dass ich von ihm nichts mehr wissen wollte.

Sonntag, 13. Juli 1873:

In der Nähe der ‚Hundert Bäume' verzogen wir uns in ein Sandtal, um dort zu übernachten. Oberhalb dieses Tales konnten wir die Naiini-Komantschen unter Vupa-Umugi beobachten. Als es dunkel wurde, ging ich mit Old Surehand fort, um den Gegner zu belauschen. Zu unserem Schrecken stellten wir da fest, dass man Old Wabble als Gefangenen brachte. Doch dieser erzählte den Komantschen, er sei Kundschafter der Soldaten. Von uns wisse er nichts, da er sich schon lange von uns getrennt hätte. Man schien ihm zu glauben.

Montag, 14. Juli 1873:

Nachdem Vupa-Umugi mit seinen Kriegern fort war, *tauchten im Westen sechs Reiter auf,* die Vorhut der Kavalleristen. Old Surehand und ich ritten ihnen entgegen. Der kommandierende Offizier war sehr erstaunt, als wir uns zu erkennen gaben, denn bei unserer ersten Begegnung hatte ich mich für einen Gräberforscher ausgegeben. Wir erläuterten ihm die ganze Situation und er beschloss, mit uns gemeinsam die Komantschen zu besiegen. Um Nale-Masiuvs Schar zogen unsere fünfzig Apatschen unter Old Surehand einen Halbkreis, während ich mit den Reitersoldaten den anderen Halbkreis um sie schloss. Sie saßen in der Falle. Die Komantschen mussten sich ergeben und alle Waffen abliefern, wenn sie nicht vernichtet werden wollten. Die Soldaten entschlossen sich, nicht in den Llano Estacado zu reiten. Die gefangenen Komantschen wollten sie mitnehmen bis hinüber über den Rio Pecos. Wir waren froh darüber und ritten den Naiini-Komantschen hinterher. Als uns ihre Nachhut kommen sah, ritt sie schnell dem Haupttrupp nach, um zu melden, dass die erwarteten ‚Soldaten' hinter ihnen her seien. Wir aber schwenkten um und ritten zur Oase, wo wir die Nacht verbrachten.

Dienstag, 15. Juli 1873:

Früh ritten wir wieder von dort fort und folgten den Komantschen abermals, *ohne uns ihnen aber so weit zu nähern, dass sie uns erkennen konnten.* Wir trafen dann wieder auf Winnetou, der die Pfähle, denen die Komantschen folgten, bis in das Kaktusfeld hinein gesteckt hatte.

Mittwoch, 16. Juli 1873:

Am Morgen sahen wir sie in das Kaktusfeld einreiten und darin verschwinden. Wir warteten lange, bis sie zurückkamen, und umstellten sie dann mit unseren Apatschen. Winnetou und ich verhandelten mit Vupa-Umugi und mit dem Unterhäuptling Apanatschka. Beide weigerten sich zu glauben, dass Nale-Masiuvs Krieger Gefangene der Kavallerie-Soldaten waren und dass Eisenherz sich in unserer Gewalt befand, wodurch Winnetou mit seinen Apatschen die Pfähle in eine falsche Richtung hatte stecken können. Vupa-Umugi wollte sich nicht ergeben und kehrte mit Apanatschka, der einen guten und ehrlichen Eindruck auf uns beide gemacht hatte, zu den Komantschen zurück. Ich umritt das

Kaktusfeld, um zu sehen, ob die Krieger hier durchbrechen konnten. Auf dem Rückweg zu unseren Leuten stieß ich auf acht Reiter, vier Weiße und vier Rote. Von ihnen waren nur zwei interessant, nämlich Mba, der Häuptling der Chickasaws, und ein Weißer, der sich rühmte, General Douglas zu heißen, mir aber von seiner ganzen Art her nicht gefiel. Sie ritten mit zu unseren Apatschen. Mir fiel auf, dass der General Old Surehand zu kennen schien, dieser aber umgekehrt nicht ihn. Mit seiner Medizin, die ich im Hasental mitgenommen hatte, konnte ich Vupa-Umugi schließlich zur Aufgabe zwingen. Nur Apanatschka wollte sein Leben nicht geschenkt haben, sondern seine Freiheit durch einen Zweikampf erringen. Von Old Wabble wollte keiner mehr etwas wissen, weshalb er die Gesellschaft des angeblichen Generals suchte, mit dem er sich recht gut zu verstehen schien. Alle Komantschen lieferten ihre Waffen ab und wurden dann gefesselt, außer Apanatschka, der zu einem Zweikampf mit Old Surehand antrat. Mir fiel dabei die Ähnlichkeit zwischen den beiden auf, die auf Leben und Tod so lange miteinander kämpften, bis sie zu gleicher Zeit bewusstlos umfielen. Als sie wieder zu sich kamen, erhielt Apanatschka seine Waffen zurück und wir wollten die Friedenspfeife mit ihm rauchen. Es stellte sich heraus, dass der Medizinmann des Stammes sein Vater war. Seine Mutter, die nicht ganz richtig im Kopfe schien, hatte ich bereits im Hasental kennengelernt. Wir wollten den Abend und die Nacht durchreiten, um wieder zur Oase zu kommen.

Donnerstag, 17. Juli 1873:

Wir erreichten *die grüne Wüsteninsel erst zwei Stunden nach Mittag.* Die gefangenen Komantschen blieben außerhalb der Kaktusinsel; sie wurden von den Apatschen versorgt und bewacht. Den General mussten wir, obwohl mir das gar nicht passte, mit in die Oase nehmen, da er von Old Wabble dazu eingeladen worden war, ohne dass dieser die Zustimmung von Bloody-Fox eingeholt hatte. Seine anderen Begleiter, die drei Weißen und die vier Chickasaws, aber blieben außerhalb. Winnetou und ich hatten noch einiges zu regeln, da für so viele fremde Krieger nicht genug Proviant zur Verfügung stand, weshalb die Apatschen und Komantschen schon morgen die Oase verlassen mussten. Gegen Abend, als wir beide ins Innere der Oase kamen, setzten wir uns zu den anderen vor das Haus von Bloody-Fox. Der General war gerade am Erzählen, erwähnte dabei den Namen Dan Etters und ließ, wie ich bemerkte, Old Surehand nicht aus den Augen. Dieser wurde auf einmal sehr aufgeregt und erkundigte sich näher nach jenem Etters, den der General erst vor vier Tagen unten in Fort Terret getroffen haben wollte. Als ich allein mit Old Surehand war, machte ich ihn darauf aufmerksam, dass der General bewusst diesen Namen gesagt hatte, um ihn auf eine wahrscheinlich falsche Spur zu lenken. Auch Apanatschka kannte den Mann, der früher oft beim Medizinmann im Hasental gewesen war. Old Surehand wollte sofort losreiten, um nach Dan Etters zu suchen, doch da Apanatschka und ich ihn begleiten wollten, war das nicht vor morgen früh möglich. Nachdem wir den General dabei erwischt hatten, wie er sich an meinem Henrystutzen und Winnetous Silberbüchse zu schaffen machte, nahmen wir ihm die Gewehre weg und hingen sie in der Stube an die Wand. Der General und Old Wabble füllten ihre Wasserschläuche, sodass wir annehmen konnten, beide würden morgen in der Frühe die Oase verlassen.

Freitag, 18. Juli 1873:

Früh war ich der Erste, der erwachte. Es fiel uns nicht auf, dass der General und mit ihm Old Wabble fehlten. Außerhalb der Oase erfuhren wir von den Apatschen, dass sie schon gestern Abend, als wir schliefen, mit ihren Begleitern losgeritten seien. Als ich mich fertig machte, um mit Old Surehand und Apanatschka die Spur von Dan Etters aufzunehmen, stellte ich fest, dass unsere Gewehre nicht mehr in der Stube hingen. Von Bob erfuhren wir, dass der General in der Stube gewesen sei, als es schon dunkel war. Wir waren der Überzeugung, dass dieser unsere Gewehre gestohlen hatte. Winnetou und ich mussten ihm sofort nach. Deshalb konnte ich Old Surehand und Apanatschka nicht begleiten. Old Surehand sagte mir noch, wenn ich einmal nach Jefferson City käme, solle ich mich im Bankhaus Wallace & Co. nach ihm erkundigen, wo ich erfahren würde, wo er zu finden sei. Als wir uns auch von allen anderen verabschiedet hatten, ritten wir nach Norden, denn wir vermuteten, dass der General diese Richtung genommen hatte, und trafen auch auf seine und Old Wabbles Fährte. Wir hofften, in zwei Tagen in Helmers' Home zu sein, denn *es war vorauszusehen, dass die, die wir verfolgten, dort einkehren würden. Erst nach Mitternacht machten wir Halt.*

Samstag, 19. Juli 1873:

Weit vor Helmers' Home trafen wir auf die Chickasaw-Indianer, die auf uns warteten. Ihr Häuptling Mba hatte festgestellt, dass der General unsere Gewehre gestohlen hatte, weshalb er sich von den Weißen getrennt, ihnen aber einen seiner Leute als Führer mitgegeben hatte, der sie auf einem Umweg zu Helmers' Home führen sollte. Wir würden deshalb noch vor den Dieben dort eintreffen. Von Helmers, seiner Frau Barbara und von Hektor, dem schwarzen Faktotum, wurden wir herzlich begrüßt. Als dann der General und Old Wabble mit ihren Begleitern eintrafen, wurden sie von Helmers Knechten festgenommen und gefesselt. Den General erwartete statt der Todesstrafe für den Waffendiebstahl eine Strafe von fünfzig Hieben, die ihm Old Wabble verabreichen musste.

Sonntag, 20. Juli 1873:

Old Wabble durfte etwas früher wegreiten und erst eine Stunde später *wurde Douglas mit seinen drei weißen Begleitern über die Grenze geführt.* Helmers fand an dem Baum, an dem der General gestern angebunden gewesen war, einen Trauring. Da ihn keiner haben wollte, steckte ich *den Ring an meinen Finger. Vorher betrachtete ich ihn genau und las: E.B. 5. VIII. 1842.*

Dienstag, 22. Juli 1873:

Wir blieben noch zwei Tage in Helmers' Home, dann ritten wir mit Mba und seinen drei Chickasaw-Indianern weiter. Ich wollte hinauf nach Jefferson City, um mich im Bankhaus Wallace nach Old Surehand zu erkundigen. Winnetou, der ursprünglich zu seinen Mescaleros hatte zurückkehren wollen, entschloss sich, mich zu begleiten und mit mir nach Osten zu reisen, um die dortigen Staaten kennenzulernen. Da uns der Weg nach Jefferson City ohne größeren Umweg über das Gebiet der kleinen Chickasaw-Nation führte, würden wir mit unseren neuen Freunden dieses Stück Weg gemeinsam zurücklegen.

Freitag, 1. August 1873:

Natürlich wollten uns die Chickasaws nicht gleich ziehen lassen und so mussten wir auch hier einige Tage verweilen. Aber heute Morgen ritten wir endlich wieder los, einige Stunden begleitet vom halben Stamm dieser friedfertigen Indianer. Wir hatten vor, zuerst mehr östlich weiterzureiten, um die Grenze nach Arizona bei Fort Wayne zu überschreiten, weil ich mir die Gegend um den Pea Ridge näher ansehen wollte, wo Old Death den Sohn des Schmiedes aus La Grange aus der Gefangenschaft der Südstaatler befreit hatte.[1] Von dort aus war es ja nicht mehr weit bis zur Grenze des Staates Missouri.

Sonntag, 24. August 1873:[2]

Wir waren am Nachmittag in der Nähe von Jefferson City angekommen. *Mein Pferd und meine Gewehre hatte ich auf einer* flussabwärts *liegenden Farm gelassen, wo Winnetou meine Rückkehr erwarten wollte.* Ich war dann nach Jefferson City hineingegangen, wo ich die Firestreet aufsuchte, in der Mutter Thick ihr Boardinghouse führte. Vor Jahren war ich schon einmal für eine Nacht hier gewesen[3], hatte aber damals Mutter Thick nicht persönlich kennengelernt, weil sie krank war, was bei ihr ganz selten vorkam. *Es war Abend, als ich den mir bisher unbekannten Gastraum betrat.* Ich sage unbekannten, denn damals war er noch recht klein gewesen gegenüber dem heutigen. *Ich sah* jetzt *einen langen und ziemlich breiten Raum, der von mehreren Lampen hell erleuchtet*

[1] Dritte Nordamerika-Reise (1866-1867): Erzählung des Schmieds Lange am 26. Juni 1866, Seite 93f.

[2] 24.08.1873-27.09.1873: Karl Mays Gesammelte Werke Band 15, *Old Surehand II*

[3] Erste Nordamerika-Reise (1860-1861): 30. Juli 1861, Seite 29

war. Es standen wohl gegen zwanzig Tische da; die Hälfte davon war besetzt, und zwar von einer sehr gemischten Gesellschaft, von der ich niemand kannte. *Sie erzählten sich abenteuerliche Geschichten aus dem Wilden Westen, die sie teils vom Hörensagen kannten, teils auch selbst erlebt hatten.*[1] Ein gewisser Toby Spencer, der schon mit einem anderen Gast eine Auseinandersetzung begonnen hatte, wollte mich für einen Zug ins Goldgräberland im Park von San Luis anwerben, an dem auch ein General Douglas teilnehmen würde. Als ich absagte, kam es zu einem Handgemenge mit ihm und seinen Kumpanen, die ich jedoch alle aus dem Lokal hinauskomplimentieren konnte. *Ich sah dann, dass* Mutter Thick *nach mir gefragt wurde, doch sie konnte keine Auskunft geben.* Mutter Thick wies mir eine Stube an *und ich schlief besser, als ich vorher vermutet hatte.*

Montag, 25. August 1873:

Am nächsten Morgen sorgte ich dafür, dass mein äußerer Mensch ein besseres Aussehen erhielt, und dann suchte ich das Bankhaus Wallace & Co. auf, um mich nach Old Surehand zu erkundigen. Ich war höchst neugierig, in welchem Verhältnis er zu diesem Haus stand und welchen Bescheid man mir geben würde. Von Mr. Wallace erfuhr ich, dass Old Surehand schon vor uns nach Jefferson City gekommen und vor drei Tagen in den Park von San Luis aufgebrochen war, nachdem er in Fort Terret – wie von mir erwartet – den gesuchten Dan Etters nicht angetroffen hatte. Wir wurden in unserem Gespräch durch einen Angestellten unterbrochen, der fragte, ob er einen Scheck über fünftausend Dollar der Firma Grey & Wood in Little Rock, der gerade vorgelegt worden war, auszahlen könne, was sein Chef bestätigte. *Der Clerk entfernte sich. Nach einiger Zeit ging ein Mann an unserem Fenster vorüber; ich sah ihn und der Bankier auch: Es war der General. Ich eilte hinaus, doch er war verschwunden.* Der General hatte diesen Scheck eingelöst. Ich musste anschließend mit dem Bankier frühstücken und mit seiner Familie zu Mittag und zu Abend essen. *Es war fast neun Uhr, als ich den Rückweg zu Mutter*

[1] Karl Mays Gesammelte Werke Band 19, *Kapitän Kaiman*

Thick antrat. Dort waren für mich unverhofft Dick Hammerdull und Pitt Holbers eingetroffen, die sich mit einem Polizisten namens Treskow unterhielten, der am Vorabend die Geschichte von der ‚Miss Admiral' erzählt hatte und beide von damals kannte. Dabei entdeckte Dick Hammerdull, dass ihm ein Scheck über fünftausend Dollar, ausgestellt von Grey & Wood in Little Rock, gestohlen worden war. Ich musste sofort an den General denken, gab mich nun zu erkennen und erfuhr, dass Treskow eben hinter dem General her war, um ihn zu verhaften. Da ich wusste, dass dieser mit der Bande von Toby Spencer hinauf in den Park von San Luis wollte, wohin auch Old Surehand unterwegs war, vereinbarten wir, morgen Mittag mit dem Steamer auf dem Republican-River bis Kansas-City oder Topeka zu fahren. *Mutter Thick besorgte mir einen zuverlässigen Boten, den ich zu Winnetou schickte.*

Dienstag, 26. August 1873:

Als ich am anderen Morgen beim Kaffee saß, traf Winnetou ein. *Natürlich brachte er mein Pferd mit. Ich erzählte ihm, was geschehen war und weshalb ich ihn hatte holen lassen. Das Schiff, das uns an Bord genommen hatte, war ein schweres, plumpes Paketboot, das von der keuchenden Maschine nur langsam fortgeschleppt werden konnte.*

Sonntag, 31. August 1873:

Wir brauchten volle fünf Tage bis nach Topeka, wo wir erfuhren, dass Old Surehand vor drei Tagen hier gewesen war. *Dann ging es fort, hinaus auf die ‚rollende' Prärie, den Republican-River entlang.*

Dienstag, 2. September 1873:

Gegen Abend des zweiten Tages erreichten wir Fenners Farm, wo wir als Bekannte von Old Surehand gut aufgenommen wurden. Der Farmer erzählte uns, ihm seien gestern von Toby Spencer und seiner Bande sieben seiner besten Pferde gestohlen worden. Wir waren noch im Freien, als ein Reiter ankam. Es war Old Wabble, der uns beschimpfte und wieder fortritt. Unsere Pferde brachten wir zur Sicherheit in einem Stall unter, der von uns laufend bewacht wurde. Wir saßen in der Stube, als mich Winnetou zur Seite stieß und ein Schuss durch das Fenster fiel. Draußen konnten wir gerade noch den Diebstahl unserer Pferde verhindern. Wir hatten auch einen Gefangenen, nämlich Old Wabble, den wir über Nacht an einen Balken im Wohnhaus banden.

Mittwoch, 3. September 1873:

In der Frühe gab ich Old Wabble die Freiheit wieder, obwohl alle dagegen waren. Wir ritten noch am selben Morgen fort, denn w*ir wollten Old Surehand so schnell wie möglich einholen,* und hatten auch noch den ‚General‘ und Toby Spencer vor uns. Nach Überquerung des Republican-River bemerkten wir die Spur eines einzelnen Reiters, die zum Rand eines Wäldchens führte. Winnetou und ich schlichen uns heran und sahen Old Wabble mit Matto Schahko, dem Häuptling der Osagen. Wir erfuhren, dass die Osagen vier Farmen überfallen wollten, darunter auch Fenners Farm, die Old Wabble auskundschaften sollte. *Die Osagen waren von den Weißen bei den ihnen zukommenden Lieferungen betrogen worden* und wollten sich deshalb das Fleisch von den Farmen holen. Wir nahmen Old Wabble und Matto Schahko gefangen und Winnetou machte sich auf den Weg, um Fenner vor dem Indianerüberfall zu warnen. Wir wollten bei einer als ‚alte Frau‘ bekannten, markanten Geländeformation auf ihn warten.

Donnerstag, 4. September 1873:

Gegen Abend kehrte Winnetou zurück. *Er war gegen zwanzig Stunden unterwegs gewesen* und *hatte keinen Augenblick geschlafen.* Während Winnetou mit den anderen auf geradem Weg zu unserem Treffpunkt ‚alte Frau‘ ritt, wollte ich mit Dick Hammerdull zum ‚Regenloch‘, wo sich die Osagen versammelt hatten. Als wir am Ziel ankamen, brach gerade ein Gewitter los, sodass ich mich ungestört an die Osagen heranschleichen konnte, die eben einen sogenannten ‚Büffeltanz‘ aufführten. Dabei entdeckte ich einen Gefangenen: Apanatschka, den ich natürlich befreite. Der Büffeltanz war gerade zu Ende, als wir im dichten Regen wegritten. Die

Osagen schienen uns zu suchen, konnten uns aber nicht mehr finden. Nach etwa zwei Stunden hörte der Regen auf. Einen Kundschafter der Osagen, der uns unterwegs in die Quere kam, nahmen wir gefangen.

Freitag, 5. September 1873:

Bald wich die Nacht dem grauenden Morgen. Wir waren noch vor Winnetou an unserem vereinbarten Treffpunkt angekommen. Apanatschka erzählte mir, dass er sich auf dem Weg zu den ‚heiligen Steinbrüchen' befunden habe, als er von den Osagen gefangen genommen wurde. Da kam Winnetous Gruppe, die einen weiteren Osagen als Gefangenen mit sich führte. Ich schnitt Old Wabble, der mich mit seinem Gerede anekelte, die Fesseln durch und er musste uns zu Fuß und ohne Waffen sofort verlassen. Auch die beiden gefangenen Osagen ließen wir frei, mit der Botschaft, dass sich die Krieger in ihr Dorf zurückziehen sollten, da die weißen Farmer vor den geplanten Überfällen gewarnt worden seien. Ihr Häuptling Matto Schahko, der weiterhin unser Gefangener blieb, unterstrich unsere Forderung. Wir hielten uns westlich, um den Salomon River zu erreichen.

Samstag, 6. September 1873:

Am Nachmittag bogen wir jedoch nach Süden ab, weil wir von einem Reitertrupp erfuhren, dass vor uns eine sehr zahlreiche Bande von Tramps die Gegend unsicher machte. Wir hatten keine Lust, uns mit diesen anzulegen. *Gegen Abend* gingen wir *über den Nordarm des Salomon River, an dessen rechtem Ufer wir für die Nacht Lager machten.* Hier erzählte mir Apanatschka, *was er nach unserer Trennung im Llano Estacado erlebt hatte.* Als er sich von Old Surehand getrennt hatte, war er zu den Naiini-Komantschen zurückgekehrt, doch dort wurde ihm das Leben so schwer gemacht, dass er fortging und vom Komantschen-Stamm der Pohonim aufgenommen wurde, deren oberster Häuptling er jetzt war. Wir sprachen von seinen Eltern, die sich mit Tibo wete und Tibo taka anredeten. Zu unserem Erstaunen kannten Winnetou und Matto Schahko diese beiden. Und auch Treskow kannte als Polizist diesen Namen. Gemeinsam kamen wir schließlich darauf, dass Tibo taka eigentlich Lothaire Thibaut hieß und ein ehemaliger Gaukler und Verbrecher war. Matto Schahko erzählte uns, Thibaut und ein Offizier – bei dessen Erwähnung sich mir der Gedanke an den ‚General' aufdrängte – hätten ihren Stamm vor vielen Jahren um den Jahresertrag ihrer Pelzjagd betrogen.

Sonntag, 7. September 1873:

Auf Harbours Farm wurden wir herzlich empfangen. Es gab dort noch andere Gäste, nämlich einen Arzt mit einer kranken Frau, die wir allerdings noch nicht zu sehen bekamen. Als es dunkel wurde, saßen wir vor dem Farmhaus zusammen und das Erzählen begann. Harbour, der Farmer, erzählte uns, dass er einst von einem christlichen Pater namens Diterico aus den Händen der Navajos befreit worden war. Winnetou wusste, dass dieser Pater ein Indianer vom Stamme der Moqui war und zusammen mit seinen beiden Schwestern spurlos verschwunden sei. Der Farmer erzählte weiter, dass dieser Pater ermordet worden war, denn er hatte sein Grab gesehen am Devils-Head im Park von San Luis. Ich kam zu dem Schluss, dass Tibo wete eine dieser beiden Schwestern und dass der ermordete Pater ihr Wawa-Derrick, ihr Bruder Diterico, war. Da sah Matto Schahko ein Gesicht am Fenster und rief: „Tibo taka!" Ich sprang zur Seite und eine Gewehrkugel schlug über meinem Stuhl in die Wand. Draußen hörten wir nur noch den Hufschlag von drei Pferden. Wir vermuteten, dass der Arzt und seine kranke Patientin nur Tibo taka und Tibo wete gewesen sein konnten, die noch ein Packpferd dabei hatten. Nachts wollten uns Cheyenne-Indianer überfallen. Wir schüchterten deren Häuptling jedoch so ein, dass er zum Schluss froh war, als wir Frieden miteinander schlossen. Tibo taka, der sie aufgestachelt und sich bei dem Trupp befunden hatte, hatte sich aus dem Staub gemacht.

Montag, 8. September 1873:

Die Cheyenne *ritten um die Mitte des Vormittags fort, und als darauf eine Stunde vergangen war, brachen auch wir auf,*

Matto Schahko, der seine Waffen wiederbekommen hatte, als freier Mann.

Dienstag, 9. September 1873:

Einen Tag, nachdem wir Harbours Farm verlassen hatten, stürzte Treskows Pferd, schleifte ihn hinterher und traf ihn mit dem Huf an der Schulter, sodass er teilweise gelähmt war. *Wir konnten nicht weiterreiten.*

Mittwoch, 10. September 1873:

Doch glücklicherweise konnte er schon am nächsten Tag den Arm und das Bein trotz der entstandenen Schwellung wieder bewegen.

Freitag, 12. September 1873:

Nach weiteren zwei Tagen hatte sich die Geschwulst fast gesetzt, und die Schmerzen waren so weit gewichen, dass wir weiterreiten konnten. Wir hatten durch diesen leidigen Fall drei volle Tage eingebüßt und konnten Old Surehand vor seiner Ankunft oben im Park nicht mehr einholen. Ich vermutete, dass der Medizinmann der Naiini-Komantschen vom General aufgefordert worden war, hinauf in den San-Luis-Park zu kommen, und dass beide etwas gegen Old Surehand im Schilde führten, wovon dieser keine Ahnung hatte. In der Nähe eines Camps, wo wir unser Nachtlager aufschlagen wollten, hörten wir jemanden singen. Winnetou und ich schlichen uns heran und sahen vor uns – Winnetou! Es war jedoch Kolma Puschi, ein rätselhafter und geheimnisvoller Indianer, den man tatsächlich ganz leicht mit Winnetou verwechseln konnte. Obwohl wir ihn beide noch nie gesehen hatten, wussten wir sofort, wer er war. Wir gaben uns zu erkennen und ließen dann auch unsere Kameraden kommen. Kolma Puschi schien Apanatschka zu kennen oder ihn mit jemandem zu verwechseln. Nachts erhielt ich einen Schlag auf den Kopf, dass ich die Besinnung verlor. Als ich wieder zu mir kam, saß Old Wabble mit etwa zwanzig Tramps vor mir und meine Kameraden lagen alle, außer Kolma Puschi, gefesselt neben mir. Old Wabble hatte beim letzten Lager seine Wasserflasche vergessen, war zurückgeritten und hatte uns gesehen. In der Nacht hatte er uns mit seinen Kumpanen überfallen, die von Winnetou den Weg zu einem Goldlager erfahren wollten, bevor sie uns alle umbrachten. Als alles schlief, kam Kolma Puschi zu mir geschlichen und wir vereinbarten unsere Befreiung für die morgige Nacht.

Samstag, 13. September 1873:

Als ich am Morgen erwachte, waren die Tramps dabei, die bei uns gemachte Beute zu verteilen. Ich sollte sie dorthin führen, wo angeblich die Bonanza lag, von der Winnetou ihnen gesagt hatte, dass nur ich sie genau kennen würde. Unterwegs kreuzte Thibaut mit seiner Frau Tibo wete unseren Weg. Der ehemalige weiße Medizinmann Tibo taka, der sich von den Naiini-Komantschen getrennt hatte, hetzte Old Wabble zu solchen Ausfälligkeiten gegen Apanatschka auf, dass dieser den ehemaligen König der Cowboys über den Haufen ritt, wobei sich der Alte einen Arm brach. Obwohl Thibaut es verhindern wollte, brachte ich Tibo wete so weit, mir in ihrer unbewussten Erinnerung zu erzählen, dass ihr früherer Name Tokbela war und sie eine Schwester namens Tahua Bender hatte, deren zwei Buben Leo und Fred hießen. Meine schon länger gehegte Vermutung wurde immer mehr bestätigt; ich kam dadurch einem Geheimnis ein Stück näher. Danach verließen beide wieder unsere Gruppe und setzten ihren Weg fort. Es begann schon zu dunkeln, als wir an die Stelle kamen, die mir Kolma Puschi als Lagerplatz beschrieben hatte und an der er uns befreien wollte. Und er kam wirklich, schnitt mir die Fesseln durch und ich konnte mich und Winnetou befreien, der unseren Wächter unschädlich machte. Kolma Puschi hatte inzwischen auch Old Wabble und den Pferdewächter gefesselt. Wir suchten unsere geraubten Waffen, umstellten die Tramps und nahmen sie gefangen.

Sonntag, 14. September 1873:

Als ich geweckt wurde, war schon eine Stunde Tag. Kolma Puschi war fortgeritten, nachdem er gesagt hatte, er werde uns wiedersehen. Als dann Tibo taka mit seiner Frau unverhofft bei uns auftauchte, fesselten wir ihn. Beim Untersuchen seines Sattels entdeckten wir ein ‚sprechendes Leder', das Winnetou und ich entziffern konnten. Ich notierte mir alles und steckte das Leder zurück, damit Thibaut nicht merken sollte, dass wir seinen Reiseweg und seinen Terminplan kannten. An der Reaktion von Tibo wete stellte ich fest, *dass an ihrem Hochzeitstag ein Ereignis eingetreten war, das sie um ihren Verstand gebracht hatte.* Ihren ‚Sohn' Apanatschka aber erkannte sie nicht. Den Tramps, die uns alle hatten umbringen wollen, verabreichten wir eine tüchtige Tracht Prügel und ließen sie einfach zusammen mit Old Wabble liegen; sie würden sich schon gegenseitig losbinden. Wir hatten als Gefangene einen Umweg machen müssen, weshalb wir nun in südliche Richtung ritten. Wir nahmen zwar an, dass uns die Tramps aus Rache folgen würden, doch das ging sicher nicht so schnell. Es dunkelte bereits, als wir unseren heutigen Lagerplatz erreichten, sodass wir die Umgebung nicht mehr absuchen konnten. Als wir um das Feuer saßen, kam aus dem Gebüsch ein Schuss und im selben Augenblick antwortete Winnetou mit einem Knieschuss. Ich erhielt einen Querschläger in den Oberschenkel. Winnetou verfolgte einen Mann, der aber mit fünf anderen entkommen konnte. Aus dem Gebüsch brachte er einen Toten mit. Es war einer von Toby Spencers Rowdies. Winnetou verband meine Wunde, die leider *Wundfieber, heftige Schmerzen und eine langsame Heilung* erwarten ließ. Dann wechselten wir unseren Lagerplatz.

Montag, 15. September 1873:

Ich schlief trotz der Verletzung bis zum frühen Morgen fest. Winnetou fand die Spur von Toby Spencers Trupp. Sie führte *auch hinauf nach dem Park von San Luis. Wir folgten ihr* und ritten auf die Rocky Mountains zu. *Es war schon Nachmittag, als wir kurz vor einem Wald den Kontinentalpfad erreichten.* Uns kam ein junger Reiter entgegen, der erzählte, ein gewisser Toby Spencer und ein ‚General' mit fünf weiteren Kumpanen hätten seinen Vater, einen Hufschmied, in ihrer Gewalt. Wir versprachen Hilfe und erwischten die Bande noch im Haus, außer dem ‚General', der sich gleich aus dem Staub gemacht hatte, als er uns kommen sah. Nachdem wir den Schmied befreit hatten, wurde ein Savannengericht zusammengestellt, welches beschloss, dass der Schmied und

Spencer einen Zweikampf mit Schmiedehämmern austragen sollten. Dabei zerschlug der Schmied seinem Gegner das Schulterblatt. Von Bekannten, die mit dem zweiten Sohn des Schmieds jetzt ankamen und in die nächstgelegene Stadt wollten, wurden die Rowdies mitgenommen und nach und nach einzeln ohne Pferd freigelassen, sodass sie keinen Schaden mehr anrichten konnten. Wir blieben über Nacht und bei mir stellte sich das befürchtete Wundfieber ein.

Dienstag, 16. September 1873:
Als ich am Morgen vom Weiterreiten sprach, lehnte Winnetou ab, denn das sei in meinem Zustand zu gefährlich. Am Nachmittag kam ein neuer Trupp an: Es waren die Tramps mit Old Wabble. Der Schmied empfing sie an der Tür. Sie wollten genauso ‚bezahlen' wie die Rowdies gestern und drängten in das Haus herein, wo wir sie mit angeschlagenen Gewehren empfingen. Da ergriffen sie sogleich die Flucht.

Mittwoch, 17. September 1873:
Unser Weg führte von jetzt an stets aufwärts. Es galt für uns, so bald wie möglich den Park von San Luis zu erreichen. Wir kamen an das ‚Tal der Bären', wo wir nicht übernachten wollten, weil es da immer wieder Grizzlys gab, wir aber keine Zeit zur Jagd hatten. *Wir durchquerten es und hielten auf eine Seitenschlucht zu.* Hier sahen wir zwar auch eine Grizzlyspur, ritten aber weiter aufwärts. Wir wollten *noch vor Abend in das nächste Tal hinabkommen und dort Halt machen.* Eine Krähenschar verriet uns, dass da wohl Leute aus dem Tal heraufkamen, vermutlich Indianer, und zwar vom Stamm der Utahs. Winnetou und ich ritten voraus, um zu beobachten. Bald sahen wir zweiundfünfzig Krieger der Capote-Utahs mit ihrem Häuptling. *In ihrer Mitte ritt Old Surehand, an den Händen gefesselt.* Im Moment konnten wir gar nichts für ihn tun, *doch stand fest, dass wir alles zu seiner Befreiung* aufwenden würden. Vorerst kehrten wir zu unseren Gefährten zurück. Als es dunkel war, schlichen Winnetou und ich zum Lager der Utahs, wo wir erfuhren, dass Old Surehand im Kampf zwei ihrer Krieger getötet hatte und dafür an

zwei aufeinander folgenden Tagen im ‚Bärental' ganz allein vier Grizzlys erlegen sollte, um sein Leben zu retten. Darauf verlegten wir unser Lager hinunter ins ‚Bärental', denn wir wollten Old Surehand bei seiner aufgezwungenen Bärenjagd helfen. Nach meiner Wache konnte ich nicht gleich einschlafen und so bemerkte ich einen Grizzly. Als er sich aufrichtete, schoss ich beide Läufe meines Bärentöters auf ihn ab. Es war eine Bärin, die ich geschossen hatte. Nachdem wir ein Feuer gemacht und der Bärin das Fell abgezogen hatten, kam ein noch junger Bär herbei, den Apanatschka erstechen musste, weil er sich an Dick Hammerdull festkrallte.

Donnerstag, 18. September 1873:

Bei Tagesgrauen erwarteten wir Old Surehand, der sich sehr freute, uns und auch die anderen, besonders Apanatschka, wiederzusehen. Er erzählte uns, dass er vor vier Tagen im Schlaf von fünfzig Utahs überfallen worden war, wobei er zwei getötet hatte. Winnetou führte uns auf die Bärenspur, an der wir gestern vorübergeritten waren. Wir trafen auf den größten Grizzly, den ich je gesehen hatte. Ich lockte ihn herbei und Winnetou stach mit seinem Messer zu. Nachdem wir ihm das Fell abgezogen hatten, konnte Old Surehand noch einen weiteren Bären schießen. Bei Einbruch der Dunkelheit trugen wir die Felle in die Nähe der Utahs und Old Surehand begab sich zu ihnen. Wir aber waren alle vorher schon aus der anderen Richtung zu den Indianern geschlichen. Als der Häuptling Old Surehand trotz der vier Felle nicht freigeben wollte, überrumpelten wir die Utahs und nahmen alle gefangen.

Freitag, 19. September 1873:

Wir hatten am Morgen die dreiundfünfzig Capote-Utahs freigegeben und *ließen sie vor uns abziehen.* Sie betrachteten sich weiterhin als unsere Feinde und wollten keine Friedenspfeife mit uns rauchen. *Wir warteten bis zum Mittag, bis sie einen Vorsprung vor uns hatten. Da sahen wir dann, dass sie die Richtung genommen hatten, die auch wir einschlagen mussten.*

Samstag, 20. September 1873:

In der nächsten Nacht gab es ein Gewitter, das bis zum Morgen dauerte, und als wir dann nach den Spuren der Utahs suchten, waren sie vom Regen fortgewaschen worden.

Montag, 22. September 1873:

Old Surehand war während der beiden nächsten Tage außerordentlich schweigsam. Doch dann kamen wir ins Gespräch über Gott und das Gebet und ich machte ihm Mut, an Gott zu glauben, der ihm sicher aus seinem Schicksal heraushelfen würde, wenn er nur Vertrauen in ihn setzte. Später mussten wir *die Pferde antreiben, um noch vor Nacht den See des ‚grünen Wassers' zu erreichen.* Winnetou riet uns, kein Feuer anzuzünden, das *weit in den See hinaus* glänzen würde, denn wir hatten heute Pferdespuren gesehen. Er hatte Recht, *denn an dem nach uns gerichteten Ufer der Halbinsel leuchtete ein Feuer auf* und in einiger Entfernung noch ein weiteres. Winnetou und ich gingen auf Kundschaft und sahen, als wir uns anschlichen, *Old Wabble mit den Tramps. Er bildete nur noch ein Gerippe und* diskutierte mit jemandem. Dem Gespräch entnahmen wir, dass es der ‚General' war, der gefesselt vor ihm auf der Erde lag. Als man dem ‚General' fünfzig Hiebe mit der Rute gab, schlichen wir uns weg, um an das zweite Feuer zu gelangen. Da ging ein Trupp Indianer an uns vorüber in Richtung der Halbinsel. Winnetou wollte zu dem zweiten Feuer und schickte mich zurück ins Lager, um unsere Leute zu warnen. *Es verging eine Viertelstunde, da drang von der Halbinsel ein markerschütterndes Geheul zu uns herauf. Die Indianer hatten die Tramps überfallen.* Dann *herrschte wieder tiefe Stille.* Als Winnetou zurückkam, berichtete er uns, dass der ‚General' mit den Capote-Utahs zusammengetroffen, dann jedoch zu Old Wabble gegangen und gefangen genommen worden war, weshalb ihn die Utahs befreit hätten. Wir konnten uns nun beruhigt schlafen legen.

Dienstag, 23. September 1873:

Die Utahs waren noch nicht fort. Sie *schienen mit ihren Tomahawks einen Baum zu fällen.* Als die Roten weg waren, ritten wir hinüber zur Halbinsel und machten eine grausige Entdeckung: Alle Tramps waren tot und skalpiert, nur Old Wabble fehlte. Doch dann entdeckte ich noch etwas viel Entsetzlicheres: Man hatte eine Fichte gespalten, durch Keile den Riss erweitert und dann dorthinein den gefesselten Old Wabble geschoben und die größeren Keile wieder entfernt. *Nun steckte der unglückliche Alte in waagerechter Lage mit zusammengepresstem Unterleib in dem Spalt. Er lebte noch.* Wir keilten ihn wieder heraus und legten ihn auf die Erde. Als es mit ihm zu Ende ging, geschah doch noch das Wunder, dass der ungläubige und stets Gott lästernde ‚König der Cowboys' anfing zu beten und sein lasterhaftes Leben zu bereuen. Er starb in Gottes Frieden. Wir blieben auf der Halbinsel, um alle Leichen zu begraben. Nur Old Surehand entfernte sich unauffällig, sagte mir aber vorher Bescheid. Er wollte in vier Tagen im ‚Wald des Herzens' wieder mit uns zusammentreffen.

Mittwoch, 24. September 1873:

Am nächsten Morgen brachen wir auf, sobald der Tag zu grauen begann. Es ging vom See des grünen Wassers abwärts nach dem unten liegenden Park von San Luis. Gegen Mittag hatten wir ihn erreicht. Wir trafen auf eine Spur von mehreren Pferden. Es waren dreizehn Weiße und ein Indianer, nämlich unser Freund Kolma Puschi, den Goldsucher gefangen genommen hatten, um von ihm ein ‚Placer', ein Goldlager, zu erfahren. Wir verlangten und erreichten seine schleunigste Freilassung und ritten mit ihm zusammen weiter, die Goldsucher aber ließen wir ungeschoren zurück. Als wir einen Lagerplatz gefunden und dort gegessen hatten, wollte Kolma Puschi wieder von uns fortreiten. Da bat ich, dass ‚meine Schwester' Kolma Puschi doch hierbleiben möge! Ich wusste bereits seit dem letzten Zusammentreffen, dass Kolma Puschi kein Mann, sondern eine Frau war, nämlich Tahua, die Schwester von Wawa Derrick und von Tibo wete. Als Apanatschka den Namen Tibo wete und Wawa Derrick hörte, kam er hinzu und ich erklärte beiden, dass sie Mutter und Sohn seien, denn Apanatschka war Fred

Bender. *Wir entfernten uns, um die beiden allein zu lassen; sie durften nicht gestört werden.* Später musste ich ihnen alles sagen, was ich von ihnen bisher wusste oder geahnt hatte. Auch Tahua Emily Bender erzählte mir ihre Vergangenheit, von der Apanatschka, der jetzt Fred Bender war, überhaupt nichts wusste. Dann brachen wir auf zum Devils-head und Kolma Puschi machte unsere Führerin. Selbst als es Abend wurde, hielten wir nicht an, denn der Mond stand am Himmel und leuchtete hell. *Da sahen wir eine Fährte von der Seite herkommen, welche die gleiche Richtung nahm.* Sie stammte von drei Pferden und ich vermutete, dass es Tibo Taka und Tibo wete waren. Zudem bemerkten wir Brandgeruch. Winnetou und ich schlichen uns heran, und als wir die oben Genannten erkannten, nahmen wir sie fest. Unsere Gefährten kamen herbei und wir lagerten uns um das Feuer. Tahua wollte anfangs nicht glauben, dass das ihre Schwester Tokbela war, so gealtert war diese. Dann stellten wir sie Thibaut gegenüber, der sehr erschrak, denn er hatte geglaubt, dass er Tahua Bender zusammen mit Dan Etters am Grab von Wawa Derrick dem Tod überantwortet habe. Matto Schahko forderte einen Zweikampf mit Thibaut, weil dieser seinen Stamm einst zusammen mit dem ‚General' um den Ertrag eines ganzen Jahres gebracht und zudem einige ihrer Krieger ermordet hatte. In diesem Zweikampf erschoss Matto Schahko seinen Gegner und *wir hatten wieder ein Grab herzustellen.*

Donnerstag, 25. September 1873:

Am Morgen brachen wir ebenso zeitig wie gestern auf, sodass wir gegen Abend in der Nähe der Foam-Cascade ankamen. Kolma Puschi *ritt voran und wir folgten ihr im Indianermarsch wohl eine halbe Stunde lang, bis es so dunkel wurde, dass wir absteigen und die Pferde führen mussten. Da hörten wir vor uns das Wiehern eines Pferdes und hielten an.* Es gehörte den Capote-Utahs, die hier am Aufgang zum Devils-head lagerten. Der General war nicht dabei, dafür sahen wir einen Gefangenen: Old Surehand. In einem ‚*Schwabenstreich*' sprangen Winnetou und ich unter sie und befreiten ihn. Der

‚General‘ *war nach dem Devils-head geritten und wollte morgen am Vormittag wiederkommen.* Durch Kolma Puschis Vermittlung sagten sich die Utahs vom ‚General‘ los und zogen noch in der Nacht ab.

Freitag, 26. September 1873:

Wir warteten fast den ganzen Vormittag, ohne dass der General kam. Deshalb mussten wir ihm nach. *Es ging immer zwischen ganz engen Felsenwänden oder an Abgründen hin, Kolma Puschi als Führerin voran. Wir sahen einen Reiter, der uns entgegenkam; es war der General. Er lenkte sein Pferd um und verschwand.* Und wir hinterher, bis sich der Weg teilte. Er ritt rechts und Kolma Puschi folgte ihm zusammen mit Winnetou. Ich aber nahm den linken Pfad – und da kam er mir entgegen, doch er warf *sich vom Pferd herunter. Nun ging ein Klettern los, höher und immer höher.* Der General musste jetzt, um sich zu retten, *einen Sprung von fast einer Manneslänge* machen. *Er erreichte auch den jenseitigen Stein, aber dieser brach los und stürzte mit dem General in die Tiefe.* Wir stiegen zu unseren Gefährten hinunter, die um die herabgestürzten Steinbrocken standen, *und unter dem größten dieser* Steine, es war die Grabplatte von Wawa Derrick, *lag der General; er hatte das Bewusstsein verloren.* Als ich auf der Platte die Zeichen sah, die da eingeritzt waren, gab ich Kolma Puschi den Ehering, den ich seit Helmers' Home an meinem Finger trug: Es war der ihrige, den sie hier oben verloren und den der General an sich genommen hatte. Und Old Surehand erzählte mir, dass er durch einen Brief für den 26. September hierher bestellt worden sei, wovon er aber niemand etwas hatte sagen sollen. Ich nannte ihm seinen Namen, Leo Bender, und erklärte ihm, dass Kolma Puschi seine Mutter und Apanatschka sein Bruder sei. Ihre Freude lässt sich nicht beschreiben. Der ‚General‘ – oder vielmehr Dan Etters, denn er selbst war ja dieser geheimnisvolle Mensch – kam zu sich, fluchte nur und schrie vor Schmerz. *Wir nahmen unser Lager weit von ihm. Dort wurde nun erzählt, den Rest des Nachmittags, den Abend und die ganze Nacht hindurch. Es gab noch gar manche Frage und manches Rätsel; aber derjenige, der sie lösen und beantworten konnte, war teuflisch genug, uns alle Auskunft zu verweigern, Dan Etters nämlich.*

Samstag, 27. September 1873:

Dann brüllte und heulte und lästerte er wieder längere Zeit, bis wir am Morgen fanden, dass er gestorben war. Wir haben ihn liegen lassen, so wie er lag, und einen Steinhügel darüber gehäuft. Danach brachen wir auf und am Abend lagerten wir noch einmal gemeinsam. Am nächsten Tag wollten wir uns trennen.

Sonntag, 28. September 1873:

Dick Hammerdull und Pitt Holbers, die ihr gestohlenes Geld wiedererhalten hatten, wollten hinauf nach Denver, was auch Treskow vorhatte. Old Surehand und Apanatschka nahmen ihre Mutter Emily Bender alias Kolma Puschi und deren Schwester Ellen, die frühere Tibo wete, mit sich, um sich in Frieden irgendwo niederzulassen.

Mittwoch, 8. Oktober 1873:[1]

Ich ritt mit Winnetou, der ja ursprünglich mit mir nach Osten gewollt hatte, aber durch die Suche nach Old Surehand davon abgehalten worden war, ohne nennenswerten Aufenthalt in östliche Richtung bis nach St. Joseph am Missouri, wo er sich wieder von mir trennte, um Nuggets für unsere Reise nach Osten zu holen. Er wollte *sich nach Verlauf von zwei Wochen wieder bei mir einstellen.*

Sonntag, 12. Oktober 1873:

In *St. Joseph, wo es damals fünf Zeitungen, darunter eine deutsche, gab, kamen die Besitzer der Newspapers, um Beiträge von mir zu verlangen. Ich befriedigte sie alle binnen drei Tagen. Dann arbeitete ich für St. Louis und erbat mir die Vergütung nach Weston, wohin ich fahren wollte.*

Montag, 13. Oktober 1873:

Mein Pferd gab ich einem Farmer in Pflege und fuhr mit dem Missouriboot von St. Joseph ab. Die Waffen hatte ich gut verpackt und so konnte man mich eher für alles andere halten als

[1] 08.10.1873-13.03.1874 / Mitte Mai 1874: Karl Mays Gesammelte Werke Band 24, *Weihnacht*, Kapitel 5-17

für einen Westmann. Als ich mich in Weston nach einer guten Wohngelegenheit erkundigte, wurde ich in ein Hotel gewiesen. Der Wirt war ein Deutscher, die Wirtin eine freundliche Frau, und auch der Kellner redete mich in deutscher Sprache an. Der Kellner, er hieß Hermann Rost, wollte unbedingt nach St. Joseph fahren, um dort Old Shatterhand ein Anliegen vorzutragen, doch ich sagte ihm, dass dieser nicht mehr dort sei. Rost, der Medizin studiert hatte, wollte von uns erfahren, wie er die Kunst der indianischen Naturheilkunde lernen könne, da er von der Lehrmedizin nicht viel hielt. Dann kam ein neuer Gast dazu, den der Wirt als ‚Prayer-man', also einen Prediger, begrüßte. Dieser ‚fromme' Herr verkaufte Traktate, darunter auch ein Weihnachtsgedicht, das ich selbst in meiner Jugend verfasst hatte. *Ich war sprachlos.* Angeblich sollte dieses Gedicht ein berüchtigter Pferdedieb kurz vor seiner Hinrichtung geschrieben haben. Ich erfuhr, dass er es bei einer Frau Hiller abgeschrieben hatte, bevor er es drucken ließ, und geriet in einen handgreiflichen Streit mit ihm. Der Wirt sagte mir, wo Frau Hiller mit ihrem Sohn lebte und dass ihr Mann als Pelztierjäger unterwegs war. Ich suchte das Häuschen auf, in dem sie wohnen sollte, und traf sie auch an. Zu meiner ungeheuren Überraschung erkannte ich in ihr eine alte Bekannte aus meiner Jugendzeit. Ich hatte sie einst bei einer Wanderung mit meinem Freund Hermann Lachner, genannt ‚Carpio', entlang der böhmischen Grenze kennengelernt. Damals hatte sie noch nicht Hiller, sondern Wagner geheißen. Als ich ihr sagte, dass das Gedicht, welches der Prayer-man bei ihr abgeschrieben hatte, von mir stamme, erkannte auch sie mich wieder. Ich hatte ihr und ihrem Sohn damals unser gesamtes Reisegeld geschenkt. Nun erzählte sie mir ihr ganzes seitheriges Schicksal und auch ihr Sohn kam hinzu, der inzwischen Jura studierte. Während ich zurück zu meinem Hotel ging, zog gerade eine Jägerabteilung *mit Musik durch die Stadt und dann nach dem Platz, wo Schießübungen stattfanden.* Im Gasthaus setzte sich ein Herr namens Watter zu mir und fing ein Gespräch an. Er wollte am morgigen Wettschießen teilnehmen und prahlte gleichzeitig mit einer Goldader, die er angeblich mit seinem Kumpel Welley zusammen gefunden hatte. Tatsächlich zeigte er mir einige Nuggets und behauptete, er habe einen halben Zentner davon in seinem Zimmer versteckt. Nachdem ich ihn gewarnt hatte, wegen seines Goldes besser vorsichtiger zu sein, geriet er mit mir in Streit. Später ging ich wieder zu den Hillers, bei denen ich zum Abendessen eingeladen war, und erfuhr, dass Mr. Hiller schon länger fort sei als sonst, weshalb sie sich Sorgen um ihn machten. *Er war, wie schon so oft, im zeitigen Frühjahr aufgebrochen und bis heute nicht zurückgekehrt, obgleich er spätestens Anfang Juli* wieder hatte da sein wollen. Frau Hiller zeigte mir ein Lederstück, das ihr ein Indianer gebracht hatte, aber niemand entziffern konnte. Ich entschlüsselte das Leder, in dem stand, dass Hiller Gefangener der Kikatsas-Upsarokas sei und nur freikäme, wenn man den Indianern innerhalb von vier Monaten 365 Gewehre schickte. Jetzt gab ich mich als Old Shatterhand zu erkennen und versprach ihr, wenn Winnetou damit einverstanden wäre, ihren Mann zu suchen und wenn möglich auch zu befreien. Als ich zum Gasthof zurückkehrte, fand dort Tanzmusik statt. Bei einem Blick durchs Fenster sah ich Watter mit dem Prayer-man in vertrautem Gespräch beieinander sitzen. Ich begab mich in mein Zimmer und machte mich an meine Schreibarbeit. Da hörte ich im Zimmer nebenan, das durch eine Tür mit meinem verbunden war, jemanden sprechen. Von drüben konnte das nicht bemerkt werden, weil dort ein Schrank stand, der die Tür verbarg. Ich hörte, dass ein Schurkenstreich mit einem Finding-hole geplant wurde – vom Prayer-man und einem anderen, den ich nicht kannte.

Dienstag, 14. Oktober 1873:

Ich hatte die ganze Nacht hindurch meine Artikel geschrieben, war *aber erst um die Mittagszeit* damit fertig. Als ich dann zu Frau Hiller kam, machten sie und ihr Sohn mit mir einen Spaziergang, der auf dem Schießplatz endete. Das eigentliche Wettschießen war schon vorüber, aber trotzdem wollten sich Watter und der Prayer-man noch einmal miteinander messen und der Prayer-man gewann. Um mich zu blamieren, wollte dieser nun mit mir um die Wette schießen. Da ich selbst kein Gewehr dabei hatte, borgte er mir das seinige. Dieses Gewehr aber kannte ich, denn es hatte früher Amos Sannel gehört, mit dem ich vor einigen Jahren bei den Schoschonen auf Büffeljagd gewesen war.[1] Was war mit Sannel geschehen? Freiwillig hatte dieser doch sein Gewehr nicht weggegeben. Der Prayer-man schoss 47 Ringe mit fünf Schuss. Ich schoss bewusst einen daneben und erreichte mit vier 48 Ringe. Damit gewann ich zweihundert Dollar und eine Auseinandersetzung mit dem Prayer-man. Kaum war ich wieder im Gasthof, da kam Watter hereingestürzt und sagte, dass man sein ganzes Gold gestohlen habe und er mich verdächtige. Nachdem der Sheriff mit einem Constabler gekommen war, ergriff der Prayer-man überstürzt die Flucht. Zu gleicher Zeit kam Winnetou angeritten, mit meinem Inkognito war es damit vorbei. Nun wusste man, dass ich Old Shatterhand war. Bei der Untersuchung stellte sich heraus, dass der Prayer-man mit zwei Helfershelfern den Diebstahl begangen haben musste. In dessen Koffern entdeckte ich einige Schriftstücke, die ich an mich nahm, darunter auch eines mit der Unterschrift eines gewissen Reiter, der darin einen Mord gestand. Danach versprachen wir Frau Hiller, nach ihrem Mann zu forschen. Der Kellner Rost, welcher die indianische Naturmedizin kennenlernen wollte, erhielt von Winnetou die Erlaubnis, am nächsten Morgen mit uns zu reiten.

Mittwoch, 5. November 1873:

Es war drei Wochen später, als wir uns mitten in den Bergen im Südosten von Wyoming befanden. Es war Nachmittag, und wir hatten bis zum Lake Jone noch ungefähr zwei Stunden zu reiten. Wir befanden uns in der Zeit des sogenannten indianischen Sommers. Da stießen wir auf die Spur von fünf Weißen und folgten ihr, weil sie denselben Weg nahm, den auch wir hatten. Wir lagerten etwas abseits am Lake Jone. Und weil wir wissen mussten, wer sich da sonst noch aufhielt, schlichen

[1] Zweite Nordamerika-Reise (1864-1865), 29. November 1864, Seite 68

Winnetou und ich uns im Dunkeln an. Es waren der Prayerman und der eigentliche Anführer der Gauner namens Corner, die wir erst belauschen konnten, als sie sich allein unterhielten. Am Lagerfeuer saß noch ein dritter Kumpan namens Eggly. Mich traf fast der Schlag, als ich neben ihm meinen alten Schulfreund Carpio alias Hermann Lachner entdeckte, der zu seinem Onkel in die Vereinigten Staaten ausgewandert war und nun mit diesem hier am Lagerfeuer saß. Es war klar, dass der Onkel betrogen und später – zusammen mit Carpio – umgebracht werden sollte. Natürlich würden wir das verhindern.

Donnerstag, 6. November 1873:

Wir ritten sehr früh los, in etwas veränderter Richtung, damit die anderen unsere Spuren nicht sahen. Als wir sie dann stellten, kam es zu einem Handgemenge und wir mussten die drei Gauner fesseln, während der alte Lachner auf mich schoss und fortrannte. Wir ließen die drei liegen und nahmen meinen alten Freund Carpio mit uns fort, der sich über unser unverhofftes Wiedersehen sehr freute. Er war noch genauso zerstreut wie damals zu unserer Jugendzeit, verwechselte und verdrehte stets alles zu seinen Gunsten – immer noch der alte Wirrkopf. Winnetou, dem ich von meiner Jugendfreundschaft mit Carpio erzählte, meinte, dieser sei *nicht nur krank am Geist, sondern auch krank am Körper*, was mir auch schon aufgefallen war. Auf unserem weiteren Ritt stießen wir auf einen Indianer vom Stamm der Schoschonen, den wir gut kannten. Er war als Kundschafter unterwegs und nach einer wichtigen Mitteilung verließ er uns wieder. Die Kikatsas, ein Stamm der Krähen-Indianer, auch Upsarokas genannt, hatten nämlich das Kriegsbeil gegen die Schoschonen ausgegraben und andere Stämme, auch die Blutindianer vom Volk der Schwarzfüße, zu Hilfe gerufen. Am ‚Fleischwasser' wurden wir in der Nacht von den Blutindianern überrascht und gefangen, außer Winnetou, dem es gelang, sich mit unseren Gewehren in Sicherheit zu bringen. Corner und seine Kumpane, die ihrerseits inzwischen Gefangene der Blutindianer waren, hatten diese erst auf uns aufmerksam gemacht und hofften, dafür wieder freigelassen zu werden, was den Indianern allerdings gar nicht einzufallen schien.

Freitag, 7. November 1873:

Am anderen Morgen wurden wir auf Pferde gebunden und der Ritt ging entlang des Medicine Bowe zum Platte River. *Dann ritten wir noch bis an den Arkansas Creek und hielten dort, um Lager zu machen.*

Samstag, 8. November 1873:

Früh ging es schon bei Tagesanbruch weiter. Wir ritten nacheinander über mehrere Flüsschen *und blieben für die nächste Nacht am Crooks Creek liegen.*

Sonntag, 9. November 1873:

Von hier aus ging es bis zum Nachmittag in fast westliche Richtung weiter und wir kamen dem South Pass so nahe, dass wir an der Stelle Lager machten, wo sich der Willow Creek mit dem Sweetwater vereinigt.

Montag, 10. November 1873:

Am nächsten Tag überquerten wir den South Pass und ritten jenseits am Pacific Creek hinab. Um die Mittagszeit kamen wir in das Lager der Krähen-Indianer, wo etwa sechshundert Krieger versammelt waren. Durch einen Husarenritt und durch mein Ehrenwort, nicht zu fliehen, zog ich mir die Achtung der Kikatsas und ihres Häuptlings Yakonpi-Topa zu, der mich von meinen Fesseln befreite. Die Blutindianer entzweiten sich deshalb so mit den Kikatsas, dass sie alle das Lager verließen. Ich brachte dem Häuptling der Kikatsas meine Überlegungen vor, ob nicht vielleicht Blutindianer die sechs Krieger der Krähen getötet, die Schuld aber den Schoschonen und Hiller in die Schuhe geschoben hätten. Als ich mit Yakonpi-Topa am Abend einen Rundgang um das Lager machte, tauchte plötzlich Winnetou vor uns auf und bestätigte exakt meine Vermutungen. Er hatte es vom Häuptling der Blutindianer und einem Krieger, der bei dieser Bluttat dabei gewesen war, erlauscht. Jetzt hatten die Kikatsas die Blutrache der Schoschonen zu fürchten. Wenn Yakonpi-Topa sich mit den Schoschonen wegen der am Marterpfahl getöteten vier Krieger einigen würde, dann wolle er, Winnetou, eine friedliche Lösung des kriegerischen Konflikts herbeiführen. Damit verschwand er wieder in der Dunkelheit. Yakonpi-Topa beschloss, sofort seine ältesten Krieger zusammenzurufen, um über das zu beraten, was er von Winnetou gehört hatte.

Dienstag, 11. November 1873:

Boten waren zum Salbeifluss aufgebrochen, um Winnetous Behauptung betreffs der ermordeten Gefährten Hillers zu erkunden. Es konnte fünf bis sechs Tage dauern, bis sie wieder zurückkamen. Die Blutindianer bestanden aber darauf, dass spätestens morgen früh über mein Schicksal beraten würde, und dem Häuptling der Kikatsas blieb deshalb nichts anderes übrig, als darauf einzugehen.

Mittwoch, 12. November 1873:

Heute Morgen wurden wir wieder gefesselt, weil nun die Beratung über uns stattfand. Die Upsarokas würden für unsere Freiheit stimmen, die Blutindianer aber unseren Tod fordern. Schließlich wurde ein Zweikampf auf Leben und Tod zwischen mir und dem Häuptling der Blutindianer beschlossen, der kurz vor Sonnenuntergang stattfinden und in drei Gängen ausgetragen werden sollte: *erstens Faust- und Würgekampf am Baum, zweitens Nahkampf mit je einem Tomahawk, drittens Fernkampf mit je zwei Tomahawks.* Der erste Kampf dauerte nur wenige Sekunden, dann lag der Blutindianer bewusstlos am Boden. Auch den Tomahawk-Nahkampf entschied ich ohne Blutvergießen zu meinen Gunsten. Beim Fernkampf warf mein Gegner zweimal an mir vorbei, ich aber hätte ihn mit meinem ersten Wurf getroffen, wenn er nicht zur Seite gesprungen wäre. Direkt in seine Sprungrichtung aber hatte ich sofort nach dem ersten auch den zweiten Tomahawk geworfen, sodass er direkt in das Beil sprang, das ihn zwischen Hals und Achsel traf. Als ich nach dem Kampf Carpio suchte, der den Platz vor dem Tomahawkwerfen verlassen hatte, entdeckte ich, dass Corner und seine Genossen entflohen waren und ihn mitgenommen hatten. Eine Verfolgung war jetzt aussichtslos, denn es wurde bald Nacht. Die Entflohenen hatten neben ihren Waffen auch Munition und

Verpflegung aus dem Häuptlingszelt sowie die besten Pferde der Indianer mitgenommen. Ich wollte mit Rost und fünf Krähen-Indianern am nächsten Morgen die Verfolgung aufnehmen.

Donnerstag, 13. November 1873:

Es war um die Mittagszeit des nächsten Tages. Wir befanden uns zwischen dem Big Sandy Creek und dem Green River. Hier trafen wir auf zwei weiße Reiter, nämlich auf Amos Sannel und auf Hiller, der den Krähen-Indianern entflohen war. Die fünf Upsarokas verließen uns, um ihren Häuptling von den Neuigkeiten in Kenntnis zu setzen. Ich erfuhr unterdessen von Amos Sannel, dass ihm sein Gewehr, mit dem ich das Wettschießen in Weston gewonnen hatte, gestohlen worden war. Dass ich hauptsächlich wegen der Befreiung Hillers aus den Händen der Krähen-Indianer hierhergekommen war, sagte ich diesem noch nicht. Am Abend stieß Winnetou mit einigen Schoschonen zu uns. Hiller, der sich unbedingt an den Krähen-Indianern rächen wollte, bestieg sein Pferd und ritt von uns fort.

Freitag, 14. November 1873:

Wir folgten einer Doppelspur, der von Corner und seinen Kumpanen und der von Hiller, die nach Norden ging, obwohl er doch eigentlich zu den Schoschonen wollte. Dann kam noch eine dritte von rechts hinzu, von zwei Reitern nämlich, die etwas später auf Hiller gestoßen sein mussten und von da ab mit ihm weiterritten. Die Letzteren bogen dann von Corners Spur ab, der wir jedoch weiter folgten. Als diese *einem schmalen, aber sehr lebhaften Wasserlauf aufwärtsfolgte,* sagte mir Winnetou, er glaube das Finding-hole zu kennen, von dem ich ihm erzählt hatte, und dass es nicht den Bleichgesichtern gehöre, sondern ihm. Er verließ uns, um zu sehen, ob er Recht habe. Wir sollten solange bis an eine bestimmte Stelle reiten. Dort schlugen wir unser Lager auf und nach etwa drei Stunden kam Winnetou nach.

Samstag, 15. November 1873:

Am anderen Morgen war es sehr kalt. Auf dem weiteren Weg konnten wir nicht reiten, sondern mussten zu Fuß gehen. Als wir uns auf gleicher Höhe mit dem Finding-hole befanden, schneite es so dicht, dass wir keine fünfzig Schritte weit sehen konnten. *Wir kletterten jetzt so leise wie möglich und* sahen *dann den Platz des Finding-hole* mit Corners Gruppe. *Carpio und sein Onkel lagen, mit Riemen gebunden, an der Erde.* Bevor wir uns einschalten konnten, erschienen drei Männer, von denen wir nur Hiller erkannten. Die anderen beiden hießen Reiter und Welley. Von Welley hatten wir ursprünglich angenommen, dass er von Corner und dem Prayer-man erschossen worden wäre. Die drei hielten die Gauner in Schach und fesselten sie, doch dann schalteten wir uns ein. Es kam aber bald auch mit ihnen zum Streit, denn sie wollten unbedingt die Goldmine für sich ausbeuten, obwohl ihnen Winnetou sagte, dass er der einzige Eigentümer sei, und es ihnen auch bewies, indem er das Wasser zum Finding-hole umleitete. Wir mussten Reiter, Welley und Hiller ebenfalls fesseln, da sie das Eigentumsrecht eines Indianers nicht anerkennen wollten, und ließen sie dann durch vier Schoschonen bis hinunter zum New Fork bringen; *dort sollten sie freigegeben werden und ihre Waffen erhalten.* Carpio, der todkrank war, brachte ich hinunter zu unserem letzten Lager, das sehr geschützt lag. Am Finding-hole mussten der alte Lachner und seine drei ehemaligen Kumpane das eiskalte Wasser aus der Goldgrube entfernen. Nachts schliefen wir alle unten in unserem Lager.

Sonntag, 16. November 1873:

Am nächsten Morgen ließen wir Corner und seine drei Helfer *ihre Arbeit wieder aufnehmen. Das Wetter hatte sich geändert. Es wehte ein scharfkalter Wind.* Die Schoschonen sollten erkunden, wie viele Lebensmittel am ‚Heißen Wasser' vorhanden waren, wohin wir uns im Notfall retten konnten.

Montag, 17. November 1873:

Früh brachen die Schoschonen mit allen Pferden auf, um sie vor dem einbrechenden Winter in Sicherheit zu bringen. Heute gelangten wir auf den Grund des Hole. Unsere vier Gefangenen mussten die schlammige Erde in Decken packen, die wir heraufzogen. Die vier dort unten wussten noch nicht, was sich in diesem Schlick befand, und sie glaubten, erst nach dieser schlammigen Oberschicht auf Gold zu stoßen. *Wir ließen sie dabei und schütteten alles in das Bachbett unterhalb des Loches. Es hatte den ganzen Tag leise, aber anhaltend geschneit.*

Dienstag, 18. November 1873:

Am nächsten Morgen gab es keine einzige Flocke. Das Goldfieber wirkte heute geradeso wie gestern; die vier Männer arbeiteten ohne Unterlass, obgleich sie vor Kälte fast erstarrten.

Mittwoch, 19. November 1873:

Schon am Vormittag gab es keinen Schlick mehr. Die Arbeiter wurden heraufgeholt und gebunden. Winnetou ließ *das Wasser jetzt wieder herüberleiten. Es füllte das Loch und floss dann über den in das leere Bett geschütteten Schlick dahin* und *spülte* ihn *fort; das schwere Metall blieb liegen: Der Boden des Baches* war *drei Meter lang mit Gold bedeckt.* Winnetou sagte zu Corner, dass er sie morgen früh freilassen und ihnen das Finding-hole schenken werde, doch er warnte sie vor dem Winter. Als sie unten im Lager waren, bewacht von Sannel, gingen wir anderen drei wieder herauf und packten das pure Gold, das die Gauner nicht gesehen hatten, in Decken und brachten es auch zum Lager. Winnetou und Sannel bauten einen Schlitten, womit wir morgen alles wegschaffen wollten.

Donnerstag, 20. November 1873:

Heute früh beluden wir die Schlitten. Dann gaben wir die Gefangenen frei, nahmen aber ihre Waffen eine kleine Strecke mit, die sie dann nach einer Stunde holen konnten. *Je weiter wir abwärts kamen, desto mehr Schnee gab es. Als wir am Nachmittag das Tal des New Fork erreichten, schien der Schnee haushoch zu liegen und jedes weitere Fortkommen unmöglich.* Winnetou sagte, *dass es nun bis zum* ‚Heißen Wasser‘ *nicht mehr weit sei.* Winnetou konnte zwei Elks schießen, das gab eine Menge Fleisch. Oben im Talkessel gab es keinen Schnee, sondern einen See mit brodelnd heißem Wasser. An der hinteren Felswand schob Winnetou einige Lianengewächse auseinander und wir kamen in eine Höhle mit drei Räumen, ausgestattet mit Fellen, Brennholz und Mundvorrat: *Die Rettungsstelle der Schoschonen für den Fall, dass irgendein Krieger hier oben vom Winter überrascht* wurde. Wir beinten die zwei Elks aus und *schafften, so viel wir konnten, hinab in den Vorratsraum und ließen das Übrige notgedrungen für morgen liegen.* Winnetou hatte festgestellt, dass die anderen Bleichgesichter jenseits am Fuß des Berges ein Feuer brennen hatten, und meinte, dass sie morgen zu uns kämen. In der Nacht machten sich Grizzlys über die Reste unserer Elks her.

Freitag, 21. November 1873:

Als wir früh vorsichtig hinaus ins Freie blickten, bemerkten wir, dass unsere Gegner um das ‚Heiße Wasser' schlichen und uns suchten. Als sie uns jedoch nicht fanden, bauten sie einen Überhang an der Felswand mit Steinen so aus, dass gegen Abend daraus eine nach vorne offene Schutzhütte entstanden war.

Samstag, 22. November 1873:

Den nächsten Tag benützten sie dazu, auch die Vorderseite noch zuzubauen. Dadurch bekamen sie einen verhältnismäßig bequemen Aufenthaltsort für den Winter. Die Gruppe um Corner und die Gruppe um Hiller hatten sich wahrscheinlich unterwegs getroffen, einen Waffenstillstand beschlossen und waren unseren Spuren gefolgt. Als sie uns nicht fanden, bauten sie ihren Unterschlupf.

Samstag, 29. November 1873:

Wir hielten es eine ganze Woche aus, ohne unseren Zufluchtsort zu verlassen; dann aber beschlossen wir, uns nicht länger mehr wie Gefangene zu verhalten.

Sonntag, 30. November 1873:

Wir gingen früh hinaus; ich nahm den Bärentöter mit. Winnetou legte die Hände an den Mund und rief ihnen zu, dass auf der halben Länge des Sees die Scheidegrenze zwischen uns und ihnen liegen sollte; wer sie überschritte, würde erschossen.

Montag, 22. Dezember 1873:

Es verging Tag auf Tag, Woche auf Woche; der Dezember war schon da, und Weihnachten kam allmählich näher. Wir beschlossen, das Fest nach deutscher Weise durch einen brennenden Lichterbaum zu begehen. Drei Tage vor dem Fest stieg ich mit Rost zur Schneegrenze hinauf, um eine junge Tanne zu schneiden. Wir füllten den Tag noch damit aus, dass wir Dillen für die Lichte schnitzten und allerlei Schmuck für den Christbaum fertigten. Keiner freute sich mehr darüber als mein guter Carpio. Er hätte zu gerne mitgeholfen, aber er war zu schwach. Ob er wusste, wie nahe sein Ende war? Mitten in der Nacht *gab es plötzlich jenseits des Sees ein fürchterliches Getöse; dann war es wieder still.* Wir gingen hinüber, hörten ein Knochenbrechen und ein Grizzly erhob sich, doch Winnetou und ich erschossen ihn. Hiller steckte eingeklemmt im Schnee, Eggly war vom Grizzly getötet worden. Die anderen lagen verschüttet in der Hütte. *Wir räumten weg, was wir bewältigen konnten. Der erste, der herauskam, war der alte Lachner. Dann krochen Reiter und Welley hervor; auch sie waren unverletzt.* Corner war tot und der Prayer-man so schwer verletzt, *dass an eine Rettung nicht zu denken war.* Er gestand mir aber noch, dass Reiter kein Mörder war. Da lösten sich oben wieder Steine und fielen auf den Prayer-man, für den jetzt jede Hilfe zu spät kam.

Dienstag, 23. Dezember 1873:

Draußen begannen die Sterne zu erbleichen. Hiller, Reiter und Welley baten um Verzeihung, dass sie den Streit oben am Finding-hole provoziert hatten. Als Welley und Reiter uns später das Fell und Fleisch des Grizzly brachten, erzählte mir Reiter, dass ihm sein Vater aus Deutschland einst ein Weihnachtsgedicht geschickt habe, das er gerne an Heiligabend unter unserem Christbaum vortragen wolle.

Mittwoch, 24. Dezember 1873:

Am Morgen des Vierundzwanzigsten ertönten frohe Rufe von der Höhe herab, und wir sahen eine Schar Schoschonen kommen, wohl zwanzig Mann. Sie kamen, um uns zu holen, und hatten Schneeschuhe und alles mit, was für uns nötig war. Wir erfuhren, dass die Schoschonen mit den Upsarokas Frieden geschlossen hatten und die Mörder unter den Blutindianern am Marterpfahl hingerichtet worden waren. *Der Abend war wieder sternenklar.* Carpio wurde ins Freie getragen und *nahe beim Baum weich gebettet. Die Weißen nahmen ringsum Platz und in einem weiteren Kreis lagerten die Schoschonen, neugierig auf den Christbaum. Als alle Lichter brannten, sangen Hiller, Reiter, Rost und ich in deutscher Sprache ‚Stille Nacht, heilige Nacht'! Hierauf sprach ich einige ernste Worte. Dann bescherte Winnetou die Nuggets an Sannel, Reiter, Rost und Carpio. Wie glücklich waren die vier.* Welley erhielt von mir die Hinterlegungsscheine, die ich den Verbrechern abgenommen hatte, für die ihm und Watter geraubten Nuggets. Hiller erfuhr durch mich, dass die Kikatsas ihm seine Felle zurückgeben würden, und ich übergab ihm noch den Brief seiner Frau und einen Zeitungsausschnitt, aus dem hervorging, dass er, der damals aus seiner alten Heimat hatte fliehen müssen, längst rehabilitiert war. In seiner Todesangst vor dem Grizzly hatte Hiller wieder beten gelernt und dadurch seine ganze atheistische Meinung abgelegt. Reiter erklärte ich, dass er kein Mörder war, und gab ihm sein schriftliches Geständnis zurück, das ich dem Prayer-man abgenommen hatte. Dann trug Carpio mein Weihnachtsgedicht vor, das Hillers Frau damals im verschneiten Böhmerwald auf der Flucht gehört und das Reiters Vater, mein alter Kantor, hatte drucken lassen: *„Ich verkünde große Freude, die euch widerfahren ist, denn geboren wurde heute euer Heiland Jesus Christ!"* Die letzte der vierundzwanzig Strophen *verhauchte in einem fast unhörbaren Seufzer. Carpio war tot. Winnetou und ich* hielten *dem Toten die letzte Wache.*

Donnerstag, 25. Dezember 1873:

Früh befahl Winnetou *den Schoschonen, ein Grabmal zu errichten, das seines und Old Shatterhands Freundes würdig sei. Und am Nachmittag begruben wir Carpio in christlicher Weise.*

Ende Dezember 1873:

Am Morgen wurde aufgebrochen. Als wir das Winterlager der Schoschonen erreichten, befand sich der alte Lachner *in einem solchen Schwächezustand, dass er sich nicht länger aufrecht halten konnte. Er war der erste Kranke, den Rost in Behandlung nahm.*

Dienstag, 10. März 1874:

Wir hatten keine Lust, bis zum Frühjahr bei den Schoschonen *zu bleiben, und machten uns über die Pässe hinüber, sobald das erste, durchdringende Tauwetter es uns erlaubte. Von dem Fortschaffen der für Hiller bei den Schoschonen und bei den Kikatsas liegenden Felle konnte keine Rede sein. Es wurde ausgemacht, dass sie von den Indianern im Frühjahr nach Fort Laramie gebracht und später von weißen Beamten der Händler dort abgeholt werden sollten. Es war Anfang März, als wir in Weston einrückten. Soll ich die Freude beschreiben, die die glückliche Heimkehr Hillers dort hervorbrachte? Wenn ich auch wollte, ich könnte es nicht.*

Freitag, 13. März 1874:

Winnetou gab die Pferde in zuverlässige Pflege, und nun kam endlich unsere damals beabsichtigte Reise nach dem Osten zur Ausführung. Seine indianische Bekleidung blieb zurück, dafür kaufte er sich einen Anzug, der ihn in den Oststaaten etwas unauffälliger aussehen ließ.

Donnerstag, 9. April 1874:

Winnetou war mit mir per Bahn bis nach New York gereist. Unterwegs machten wir in einigen Städten Station, um ihm die amerikanische Zivilisation, die mit den Siedlungen im Westen nicht vergleichbar war, etwas näherzubringen. Ich merkte, dass ihm, dem Naturburschen, diese Art zu leben nicht recht behagte, doch um meinetwillen und auch um seine Neugier und seinen Wissensdurst zu befriedigen, hielt er durch. Selbstverständlich nahm er sämtliche Kosten während der Reise auf sich. Er hatte in St. Joseph genügend Dollars für sein Gold erhalten, sodass wir erst in New York wieder einen entsprechenden Laden aufsuchen mussten, der pure Goldkörner in Dollars eintauschte. Bei einer Bank, wie das im Westen der Fall war, war dies hier nicht möglich. In New York stellte ich ihm auch Mr. Ohlert senior und junior vor. Winnetou hatte William Ohlert ja noch persönlich kennengelernt, doch dieser befand sich damals, als Winnetou mit seinen zehn Apatschen aus dem Bergwerkscamp zu Friedensverhandlungen mit den Komantschen wegreiten musste, noch in tiefer Ohnmacht, aus der er erst später wieder erwachte.[1] Deshalb freute sich William Ohlert jetzt doppelt, den edlen Häuptling einmal persönlich kennenzulernen. Natürlich mussten wir während unseres Aufenthalts in New York bei der Bankiersfamilie wohnen. Winnetou aber hielt es in dieser Weltstadt nur drei Tage aus, dann wollte er wieder zurück in den Westen, denn dort war er zu Hause und dort fühlte er sich wohler als zwischen den für seine Verhältnisse riesigen Steinhäusern. Es war ein anderer Abschied auf der Bahnstation, als wir es sonst gewohnt waren, doch über kurz oder lang würden wir uns wiedersehen, obwohl wir diesmal keine Zeit und keinen Treffpunkt ausmachten. Als der Redakteur der deutschsprachigen Zeitung erfuhr, dass ich wieder in New York war, bat er mich, doch, wie schon mehrmals, für seine Leser meine letzten Abenteuer bei ihm zu veröffentlichen. Ich erfüllte ihm den Wunsch und konnte dadurch mein meistens recht karges Reisegeld etwas auffrischen. Mr. Ohlert verzichtete auf meine dringende Bitte hin denn auch darauf, mir die Überfahrt nach Deutschland zu bezahlen.

Mitte Mai 1874:

Ich hielt mich in Bremen nicht auf, denn das Geld, in das ich die Nuggets Carpios umgetauscht hatte, habe ich *ehrlich abgeliefert. Der nächste Besuch* war einige Zeit später bei Reiters Eltern. *Mein alter Kantor war ein eisgraues Männchen geworden* und teilte *mir im Vertrauen mit,* dass *sein Sohn das entsetzlich viele Geld aus Amerika geschickt hätte. Übrigens freute er sich königlich darüber, dass ich mit seinem Sohn in Gemeinschaft das große Goldloch gefunden hätte, denn nun sei ich doch wohl auch so reich wie dieser. Dass Winnetou mir nichts beschert hatte, sagte ich ihm nicht.*

[1] Dritte Nordamerika-Reise (1866-1867): 12. und 13. Juli 1866, Seite 101f.

19. DRITTE OSTASIEN-REISE (1874)

Samstag, 26. September 1874:[1]

Ich war mit einem Steamer der Peninsular- and Oriental-Company von Suez nach Ceylon gekommen und in Point de Galle gelandet. Mein Aufenthalt hier sollte nur kurz sein, denn das Ziel meiner Reise war Bombay. Verschiedene Umstände jedoch bewirkten, dass ich länger blieb. Jetzt stand ich auf dem Leuchtturm von Point de Galle. Neben mir lehnte Sir John Raffley, ein Engländer und *Besitzer eines unermesslichen Vermögens. Die Wettsucht war seine einzige Leidenschaft. Ich hatte ihn im Hotel Madras kennengelernt und mich ihm angeschlossen. Sein Regenschirm,* den er *Chair-and-umbrella-pipe* nannte und den er *als Stock, Degen, Sessel, Tabakspfeife und Fernrohr benutzen konnte, war ihm beinahe so lieb wie seine prachtvoll eingerichtete und pfeilschnelle kleine Dampfjacht, die unten im Hafen vor Anker lag.* Von hier oben aus sahen wir, wie *ein Zug eingeborener Soldaten* einen an den Händen gefesselten Singhalesen zur Hinrichtung führte. Da pfiff Sir John durch die Finger, der Singhalese schaute zu uns herauf, riss sich von seinen Bewachern los *und stürzte sich kopfüber in die Fluten des Meeres hinab.* Er hieß Kaladi und war Raffleys *früherer Diener, der beste Taucher im ganzen Bereich* und *der geschickteste Perlfischer auf den Bänken von Negombo.* Er schwamm zu unserem Leuchtturm herüber, seine Häscher mussten erst um eine Landzunge laufen, bevor sie zu uns kamen. Inzwischen war Kaladi bei uns eingetroffen und erzählte, dass er einen Chinesen erstochen habe, weil ihm dieser *Molama, die Blume und das Glück* seines *Lebens rauben* wollte. Sir Raffley schickte ihn fort, er sollte in einer Stunde im Hotel Madras sein. Mit den nun ankommenden Soldaten wurde Sir John durch sein forsches Auftreten rasch fertig. Wir beobachteten noch eine chinesische Dschunke, die den Namen ‚Haiangdze' trug, dann gingen wir beide zum Hotel Madras zurück, wo wir Kaladi erwarteten. Kaladi, der einst Sir John das

[1] 26.09.1874-18.11.1874: Karl Mays Gesammelte Werke Band 11, *Am Stillen Ozean*, Erzählung ‚Die Piraten des indischen Meeres'

Leben gerettet hatte, ließen wir im Hotel zurück und gingen zum Mudellier, zum Oberrichter der Stadt. John Raffley, der ein Neffe des Generalstatthalters war, wie ich jetzt erst erfuhr, überzeugte den Richter davon, Kaladi nicht mehr zu verfolgen. Der Mudellier überreichte ihm dann ein Schreiben, in dem Raffley zu einer Elefantenjagd eingeladen wurde, wohin er mich mitnehmen wollte.

Sonntag, 27. September 1874:

Nach dem Frühstück schickte Sir John seine Dampfjacht nach Kolombo, während wir mit Kutschen die siebzig Meilen dorthin fahren wollten. Wir wurden begleitet von dem Mudellier, von Kaladi und dessen Braut Molama. *Unsere Reise ging schnell und glücklich vonstatten. Gegen Sonnenuntergang langten wir in Kolombo an. Wir wurden von einem Abgesandten des Statthalters empfangen.* Nach dem Essen kam der Steuermann der Jacht und meldete seine Ankunft im Hafen. Er machte auch auf die Dschunke aufmerksam, die gestern Point de Galle verlassen hatte und von der er vermutete, dass der Chinese ein Kidnapper sei, denn *in der ‚schwarzen Stadt' von Point de Galle* waren *mehrere Mädchen verschwunden.* In einem Wirtshaus hatte er erfahren, dass es *ein chinesischer Seeräuber* sei, dessen *Bande auf einer verborgenen Insel wohne.* Raffley beauftragte seinen Steuermann, sich *danach umzusehen, was der Chinese* trieb.

Montag, 28. September 1874:

Am anderen Morgen setzten wir unsere Fahrt nach Kandy fort, ehemalige Hauptstadt der Insel und der Sitz der einheimischen Könige. Die Entfernung zwischen Kolombo und Kandy beträgt achtzehn Stunden. Die Straße, die von Point de Galle aus nordwärts geführt hatte, drehte sich hinter Kolombo nach Osten. Wir kamen des Abends in Kandy an. Eine zahlreiche Gesellschaft erwartete uns bereits: der Statthalter, die Spitzen der Verwaltung und das Offizierskorps.

Dienstag, 29. September 1874:

Am anderen Morgen setzte sich die Gesellschaft in der Richtung nach Kornegalle in Bewegung. Weil ein Bedarf an Arbeitselefanten bestand, wurde jetzt eine Jagd veranstaltet, zu der Sir John Raffley extra eingeladen worden war.

Mittwoch, 30. September 1874:

Am Tag nach unserer Ankunft in Kornegalle begaben wir uns nach dem etwa zwanzig Meilen von der Stadt entfernten Ort, wo der Korral aufgerichtet war. Schon seit längerer Zeit hatten einige tausend Treiber die Elefanten langsam in die Nähe des Korrals getrieben. Da der Fang auf den Abend verschoben wurde, gingen Raffley, Kaladi und ich auf Jagd. Nach einem Abenteuer mit einem Leoparden und einem Elefanten, die wir beide erlegen konnten, stießen wir auf dreizehn menschliche Fußspuren. Ich tippte auf einen *Chinesen und zwölf Singhalesen oder vielleicht gar Malaien.* Sie waren auf zwei Booten angekommen, die sie versteckt hatten. *Wir kehrten um. Der Abend brach* schon *herein,* als wir bei dem Korral ankamen. Hier stellten wir fest, dass Molama und auch Raffleys *Chair-and-umbrella-pipe* verschwunden waren. Während Kaladi seine Braut und die ‚Pipe' suchte, gingen Raffley und ich zu der Gesellschaft und *erreichten die Zuschauerbühne gerade noch zur rechten Zeit, um den Gang des Fangs von Anfang an zu verfolgen.* Es gelang, die Herde in den Korral zu locken, wo sie dann die Nacht über bewacht wurde. Als wir wieder an unserer Schlafstätte waren, kam Kaladi vollkommen zerzaust an und berichtete, dass die dreizehn, deren Spur wir gesehen hatten, Molama zusammen mit Raffleys Regenschirm und einigen anderen Mädchen entführt hatten. Wir mussten ihnen schnellstens hinterher. *Sir John war vollständig überzeugt, dass die Räuber zur Besatzung des Haiang-dze gehörten. Die Nacht war dunkel, aber mit Hilfe der Fackeln kamen wir an den Ort, wo wir die zwei Boote entdeckt hatten. Das Kanu,* das wir mitgebracht hatten, *wurde ins Wasser gesetzt und nahm alles Gepäck auf. Dann stiegen wir ein, Raffley, ich, Kaladi und zwei Ruderer, die den Lauf des Flusses genau kannten.*

Donnerstag, 1. Oktober 1874:

Als es Mittag war, befanden wir uns in Tschilah, ohne eine Spur der Räuber gefunden zu haben. Draußen im Hafen lag unsere

Dampfjacht. Der Steuermann hatte die zwei Boote gesehen, aber nicht was geladen war. Doch er wusste, dass die Dschunke nach Norden gefahren war. Zudem hatte er gehört, *dass auf der Insel Karetiwu vorgestern Abend ein unerhörter Perlenraub verübt worden* sei, und zwar von *Malaien, angeführt von einem Chinesen.* Wir vermuteten, dass der Haiang-dze nach Süden abbiegen werde, *da er im Norden wegen des Nordost-Monsuns nicht gut durch die Palkstraße gelangen* konnte. Wir schlugen den Kurs Ost-Süd-Ost ein und wollten *dann auf dem achtzigsten Längengrad kreuzen, um ihn zu erwarten. Der Nachmittag verging und der Abend mit den leuchtenden Sternen des Südens brach herein.*

Freitag, 2. Oktober 1874:

Und als wir am anderen Morgen das Deck betraten, fand es sich, dass wir Tangalle bereits hinter uns hatten. Auf der Höhe von Hambantotte begannen wir dann *zu kreuzen.* Als die Dschunke nicht auftauchte, nahmen wir an, dass sie sich mehr der Küste zugewendet hatte, und dampften deshalb nach Norden. *Mitternacht war bereits vorüber, als wir geweckt wurden.* Kaladi, der oben im Ausguck saß, rief uns zu, dass er an Land Feuer sehe. Ich turnte zu ihm hinauf und sah durch das Fernglas *eine ganze Reihe brennender Hütten und eine Menge Menschen.* Zum Strand hin *schleppten einige Männer mehrere Frauenzimmer mit sich fort.* Jetzt ging unsere Jacht *langsam und geräuschlos der Küste zu.* Vor uns lag ein Fahrzeug vor Anker: *der Haiang-dze.* In der Dunkelheit fuhren wir nahe an die Dschunke heran. Kaladi und ich schwammen hinüber und überwältigten die beiden Wächter. Dann folgten die anderen Matrosen. Nun warteten wir, bis die drei Boote der Mädchenräuber hier ankamen. Mit den Besatzungen wurden wir schnell fertig. Den gefangenen Frauen gaben wir die drei Boote, womit sie ans Ufer zu ihrem zerstörten Dorf rudern konnten. Auch die anderen eingesperrten Frauen und Mädchen waren überglücklich, dass wir sie befreit hatten. Kaladi hatte seine Molama und Sir John Raffley seinen Regenschirm wieder.

Samstag, 3. Oktober 1874:

Mit der Dschunke im Schlepptau nahm die Dampfjacht Kurs auf Point de Galle, wo wir am Nachmittag eintrafen. *Der Mudellier war soeben erst von der Elefantenjagd zurückgekehrt. Der Engländer überantwortete ihm die Gefangenen zur Bestrafung und das Schiff zur Bewahrung, bis der Statthalter selbst seinen Spruch fällen würde.* Obwohl ich eigentlich nach Bombay wollte, überredete mich Sir John Raffley, mit ihm nach Java zu fahren, was mich natürlich sehr reizte. Da ich wusste, dass ich nun Bombay von meinen Reiseplänen streichen konnte, setzte ich mich hin und schrieb an meinen treuen Hadschi Halef Omar, dass ich wahrscheinlich etwa Mitte Dezember nach Bagdad käme, um ihn bei den Haddedihn zu besuchen. Ich hoffte, dass dieser Brief rechtzeitig von Mossul abgeholt werden würde.

Sonntag, 4. Oktober 1874:

Am nächsten Morgen informierte uns der Mudellier, dass es auf der Dschunke spuke. Die das Schiff bewachenden Soldaten hätten ein Gespenst gesehen. Nach dem Frühstück *begaben wir uns nach dem Hafen und auf die Dschunke. Die gestrige Wachmannschaft war noch nicht abgelöst worden. Wir fanden also die Soldaten vor, die den ‚Geist' gesehen hatten.* Dass keiner der Gefangenen den ‚Geist' gespielt haben konnte, war uns klar, als wir nachsahen. *Als wir die Dschunke wieder verließen, waren wir geradeso klug wie vorher.*

Montag, 5. Oktober 1874:

Am Morgen ließ der Mudellier uns wieder mitteilen, dass der Geist abermals um Mitternacht erschienen sei. Unsere *Untersuchung führte* wieder *zu keinem Ergebnis.* Raffley und ich beschlossen, die Nacht auf der Dschunke zu verbringen, denn dieser Geist musste ein natürliches Wesen sein, das wir stellen wollten. *Es war abends elf Uhr, als wir an Bord gingen.* Von Land her schlug es dann von einem Kirchturm her zwölf Uhr. Mitternacht – Geisterstunde. Nach einem kleinen ‚Missverständnis' – ich hatte erst Raffley zu Boden geworfen, weil ich ihn im Dunkel für den Spuk hielt – fasste Raffley das richtige Gespenst, musste es aber wieder laufen lassen. Bevor es jedoch in einer Luke verschwand, rief es etwas in gebrochenem Holländisch. *Ich stand starr! Befand ich mich denn auf der Burensiedlung des Mynheer Jan van Helmers in Südafrika*[1] *oder auf einer chinesischen Dschunke im Hafen von Point de Galle? Das war* doch *die Stimme meines braven Basuto-Kaffern* Quimbo *gewesen.* Wir suchten ihn und fanden ihn im Ballastraum des Schiffes, eingegraben in Sand. Auf mein Rufen hin bewegte er sich nicht. Erst als ich ihm sagte, dass ich ‚das gut, lieb Deutschland' sei, kam er hervor. Er freute sich königlich über unser Wiedersehen. Nachdem er seinen riesigen Hunger gestillt hatte, erzählte er uns, dass er mit einem neuen Herrn, Mynheer Bontwerker, nach Java gefahren war, wo dieser seinen verstorbenen Bruder beerbte. Auf der Rückfahrt waren sie von chinesischen Piraten überfallen worden, sein Mynheer wurde auf einer Halbinsel gefangen gehalten und sollte Lösegeld anfordern. Quimbo aber hatte man als Schiffsjunge mit auf die Dschunke genommen. Obwohl uns Quimbo nicht sagen konnte, wo diese Halbinsel lag, nahm ich mir vor, nach seinem Mynheer zu suchen. Ich bekam jedoch heraus, dass sie Tigerbrücke hieß. Dann nahmen wir Quimbo mit in unser Hotel.

Dienstag, 6. Oktober 1874:

Heute kam der Statthalter und verkündete das Urteil über die See- und Mädchenräuber. *Und am Abend hingen sie alle nebeneinander an der Rahe.* Wir gingen zusammen nochmals an Bord der Dschunke und sahen uns die Schiffskarten an, die in der Kapitänskajüte lagen. Dabei entdeckten wir eine handgezeichnete Karte der Nikobaren, die für uns interessant war. Und Quimbo erinnerte sich jetzt, dass der Lagermeister, der auf der Insel Tillangdschong ausgestiegen war, Ta-ki hieß und dass der Befehlshaber der Tigerbrücke Ling-tao genannt wurde. Mehr war aus Quimbo nicht herauszukriegen. Am nächsten Tag wollten wir mit Raffleys Dampfjacht zu den Nikobaren starten und hofften, diese in vier Tagen zu erreichen.

[1] Südafrika-Reise (1870), Seite 146-150

Samstag, 10. Oktober 1874:

Wir hatten auf unsere Fahrt zu den Nikobaren auch Kaladi mitgenommen. *Er war lange Jahre Matrose gewesen und hatte das Indische und Chinesische Meer nach allen Richtungen befahren, kannte sämtliche indischen Inseln und hatte sich einen Sprachschatz angeeignet, der uns zustattenkommen konnte.* Bevor wir die Insel Tillangdschong in Sicht bekamen, sahen wir ein Andamanenboot mitten im Meer treiben, in dem zwei entflohene Verbrecher saßen, die ebenfalls nach Tillangdschong wollten, und zwar zu Ta-ki, dem Chinesen. Wir nahmen sie an Bord und sperrten sie unter Deck ein, wo ich sie belauschen konnte und so erfuhr, wo sich der Landeplatz von Ta-ki befand. Ich hatte vor, zusammen mit Kaladi in die Sträflingshemden zu schlüpfen und mit dem Andamanenboot zu Ta-ki zu fahren, wo wir uns als entflohene Verbrecher ausgeben würden. Wir landeten zuerst in Kamorta, lieferten die beiden Sträflinge dem Kommandanten aus und erfuhren dabei, dass man Ta-ki für einen ehrlichen Händler hielt.

Sonntag, 11. Oktober 1874:

Am Morgen dampften wir nach der Ostküste von Tillangdschong, wo Kaladi und ich in das Boot stiegen, um an Land zu rudern. Als wir in der Nähe der drei Masten waren, die unseren Zielpunkt darstellten, sahen wir zwei Männer am Ufer, die uns beobachten. Sie halfen uns zu landen. Einer von ihnen, ein hünenhafter Chinese, war Ta-ki. Wir bekamen neue Kleider und wurden mit Essen und Trinken versorgt. Da ich mich für einen arabischen Sklavenhändler ausgegeben hatte, der ein Segelschiff besessen habe, glaubte Ta-ki, dass mir Ling-tao, ihr *Admiral und oberster Gebieter* bald ein Schiff anvertrauen würde. Dabei erfuhr ich auch, wo die Tigerbrücke lag, nämlich *gegenüber der Insel Mansillar in der Tapanuli-Bai an der Südwestküste von Sumatra.* Als Ta-ki die Dampfjacht sah, die am Ufer entlangfuhr, hoffte er, dass sie an der Nordwestküste ankern würde, wo er sie heute Nacht entern wollte. *Er eilte der Nordwestspitze zu und wir folgten ihm,* bis *nach einiger Zeit die Jacht an der Westküste herauf* kam *und an der Spitze den Anker fallen* ließ. Ta-ki ließ Früchte in ein Boot laden, mit dem wir zur Jacht fuhren, um sie der Schiffsbesatzung anzubieten. Kaum waren wir an Bord, da tauchte Quimbo auf. *Ein gewaltiger Hieb* von ihm *mit der Speiche auf den Kopf des Chinesen, und der Mann brach wie ein Klotz zusammen. Der Chinese wurde an den Mast geschafft und dort* festgebunden. Wir kehrten nach Kamorta zurück, wo wir den Verbrecher ablieferten und den Behörden meldeten, dass sich auf Tillangdschong noch andere Bandenmitglieder befänden.

Montag, 12. Oktober 1874:

Als der Tag zu grauen begann, dampften wir aus dem Hafen von Kamorta hinaus und der rätselhaften Tigerbrücke entgegen.

Donnerstag, 15. Oktober 1874:

Für einen Fremden ist es nicht leicht, zwischen den Banaik-Inseln und Pula Niha hindurchzukommen, weshalb wir uns in Pulo Tupah einen Lotsen nahmen. Gegen Abend ankerten wir *an der der Bai vorliegenden Mansillar-Insel,* wo der Lotse von Bord ging. Es stellte sich heraus, dass ihn der Lord nach Ling-tao gefragt hatte, und ich vermutete, dass dieser Lotse ein Verbündeter dieses Verbrechers sein könnte, weshalb unsere Mission in Frage gestellt war.

Freitag, 16. Oktober 1874:

Schon kurz nach Tagesanbruch kam *der niederländische Hafenmeister an Bord, um sich unsere Papiere vorlegen zu lassen.* Sein Schreiber war ein Chinese, der leicht zuckte, als er Quimbo sah. Als beide von Bord waren, holte ich einen alten Fischer, der mit uns die ganze Bai abfuhr. Quimbo *sollte die Küste scharf beobachten, um die Tigerbrücke zu entdecken,* was jedoch ohne Erfolg war. Wir hielten wieder an der Mansillar-Insel. Vielleicht mussten wir von hier aus nur den nächsten Fluss hinauffahren. Der alte Fischer überließ mir sein Boot, das ich mit Quimbo bestieg. *Sobald wir in die Mündung des Flusses einbogen,* wusste Quimbo, dass wir richtig waren. Nach einiger Zeit *sah ich eine Insel im Fluss liegen,* die *durch eine Brücke mit dem linken Ufer verbunden* war, wo sich nach

Quimbos Angaben ein Bambushaus befinden sollte. Ich ruderte an der Insel vorbei und hinter einer Krümmung stiegen wir aus, um das Haus zu suchen, das wir auch fanden. Neben ihm waren *drei kleinere Gebäude* und *eine palisadenartige, runde Umzäunung,* hinter der ich einen Tiger brüllen hörte. Drei Männer traten aus der Palisadentür: *unser Lotse von gestern*, ein Malaie und ein Chinese: Es war Ling-tao, den Quimbo erkannte. Da ertönte ein Gong, die drei gingen über die Tigerbrücke zur Insel und kehrten zurück mit dem *Schreiber des Hafenbeamten. Sie brachten einen gefesselten Menschen getragen, der malaiisch gekleidet war. Er wurde nach der Umzäunung geschafft* und durch eine Tür hineingebracht. *Steckte* Mynheer *Bontwerker, den wir suchten, etwa auch da drin*? Ich schlich mich allein über die Tigerbrücke hinüber zur Insel, um diese kennenzulernen, und konnte mich gerade noch verstecken, als Ling-tao mit dem Lotsen ankam. Dabei erfuhr ich, dass sich außer den mir bereits bekannten Personen und einem Wärter sonst niemand hier befand. Der Lotse sollte unsere Jacht nach Padang schaffen, wo ihm Hi-ßen, der Bruder des Chinesen, dann weiterhelfen würde. *Der Lotse stieg in ein Boot und ruderte zurück.* Vielleicht wäre es mir gelungen, die Gefangenen schon jetzt zu befreien, aber unsere Jacht war in Gefahr, entführt zu werden, weshalb ich mit Quimbo zu ihr zurückruderte. Hier erfuhr ich, dass Sir John Raffley verschwunden war, *fort mit dem chinesischen Schreiber,* um mir zu folgen. *Jetzt wusste ich, wer der Gefesselte gewesen war.* Da kam auch schon der Lotse an, der angeblich das Schiff nach Padang bringen sollte, weil Raffley inzwischen mit dem Hafenschreiber dorthin unterwegs sei. Er wurde jedoch gefesselt und eingesperrt. Dann fuhr ich mit *vier wohlbewaffneten Ruderern* den Fluss hinauf bis zur Insel. Auf mein Gongzeichen kam Ling-tao herbei, den ich niederschlug und von den Matrosen fesseln ließ. Mit den anderen dreien verfuhren wir ebenso. Den Tiger, den ich hinter der Umzäunung wusste, erschoss ich mit dem Bärentöter. Dann befreiten wir die beiden einzigen Gefangenen, nämlich Sir Raffley und Mynheer Bontwerker. Als wir das Haus nach den geraubten Wertsachen des Holländers durchsuchten, fanden wir nichts. Von dem alten Fischer erfuhren wir, dass Ling-tao zusammen mit seinem Bruder in der Hauptstadt Padang ein großes Geldgeschäft betrieb. *Da den hiesigen Behörden nicht zu trauen war,* nahmen wir Ling-tao und seine Spießgesellen mit auf unsere Jacht, um sie *nach der Hauptstadt zu schaffen und dort dem Statthalter zu übergeben.*

Samstag, 31. Oktober 1874:

Padang, die Hauptstadt der Westküste, hatte *so geordnete Rechtsverhältnisse, dass wir über die Bestrafung des Chinesen und seiner Rotte nicht im Zweifel sein konnten. Man hatte von dort aus schon lange Zeit auf die Seeräuber gefahndet, doch war* bisher *alle Mühe vergeblich gewesen. Auch Hi-ßen, der Bruder des Chinesen, war natürlich verhaftet* und ihr gemeinsames Vermögen eingezogen worden. Dadurch bekam Mynheer Bontwerker sein geraubtes Geld wieder zurück.

Mittwoch, 18. November 1874:

Wir blieben zwei Wochen in Padang und brachten den Mynheer dann nach Kolombo, von wo aus er mit einer anderen Gelegenheit nach Kapstadt gehen wollte. Quimbo sollte für immer bei ihm bleiben und so musste ich Abschied von dem treuen Basuto-Kaffer nehmen.

Freitag, 20. November 1874:

Auch ich erwischte ein Schiff, das in den Persischen Golf fuhr. Wie ich meinen Hadschi Halef Omar kannte, kam er mir bestimmt bis Bagdad entgegen. Sir John Raffley war mir zwar ziemlich böse, dass ich ihn so rasch verließ, aber ich wusste nicht, wann ich wieder eine so schnelle Gelegenheit finden würe, von hier aus zu meinem neuen Ziel zu gelangen.

20. FÜNFTE ORIENT-REISE (1874-1875)

Sonntag, 13. Dezember 1874:[1]

In Kolombo auf Ceylon hatte ich ein Schiff bestiegen, das mich in den Persischen Golf nach Basra brachte, von wo ich auf einem Dampfer nach Bagdad gelangte. Zwischen beiden Städten fahren sieben türkische und zwei englische Dampfer hin und her. Hier hatte Hadschi Halef Omar bereits auf mich gewartet, denn *auf eine Nachricht von mir war* er *mir auf einem Floß bis Bagdad entgegengefahren.* Nun kamen wir *von Bagdad herauf und wollten meinen Freund Amad el Ghandur, den Scheik der Haddedihn, besuchen. Es war Mitte Dezember,* doch so warm wie bei uns im Juli oder August. Während der Mittagsrast sahen wir in der Ferne *zwei Reiter, die ein Lastpferd mit sich führten.* Da sie den gleichen Weg wie wir hatten, folgten wir ihren Spuren, ohne sie jedoch bis zum Abend einzuholen.

Montag, 14. Dezember 1874:

Kaum waren wir am frühen Morgen ein Stück in einem Talkessel weitergeritten, als wir den lauten Gebetsruf hörten. Wir schlichen uns heran und erblickten gegen zwanzig gut bewaffnete Schiiten mit einigen Lastkamelen, die hölzerne Särge trugen: eine sogenannte Todeskarawane. Bei ihnen befanden sich zwei Männer, die an Händen und Füßen gefesselt waren und zu Tode geschleift werden sollten. Wir erzwangen mit unseren Waffen ihre Freilassung. Die beiden bedankten sich für ihre Rettung aus höchster Not. Sie waren auf dem Weg, um Lösegeld zu den Aneïseh-Arabern zu bringen, die den Vater des einen, den Bagdader Kaufmann Wikrama, in ihrer Gewalt hatten. Da sie die gleiche Richtung wie wir hatten, schlossen sie sich uns an.

Donnerstag, 17. Dezember 1874:

Es war einige Tage später. Wir hatten Tekrit hinter uns und *waren auf Schilfflößen über den Tigris gesetzt.* Mit dem Kaufmannssohn Alam, dessen Vater ein Sonnen- und Feueranbeter,

[1] 13.12.1874-25.12.1874: Karl Mays Gesammelte Werke Band 48, *Das Zauberwasser*, Erzählung ‚Himmelslicht'

die Mutter jedoch Muslimin war, führte ich während unseres Ritts interessante Glaubensgespräche. Am Nachmittag trafen wir auf vier Reiter, die sich als Alabeïde ausgaben, mit denen die Haddedihn in Freundschaft verbunden waren. Als sie unsere Namen hörten, die ihnen Halef nannte, luden sie uns zu ihrem Stamm ein, was wir nicht abschlagen konnten. Einer ritt voraus, um uns anzumelden. Alles im Dorf schien friedlich, doch dann schlug mir unverhofft ein Krieger den Gewehrkolben gegen die Stirn. Als ich erwachte, war es dunkel und ich lag an Händen und Füßen gebunden in einem Zelt. Wir waren Gefangene der Abu Hammed, die vor einigen Jahren mit meiner Hilfe von den Haddedihn besiegt worden waren. Der Scheik der Abu Hammed war jedoch abwesend. Obwohl selbst gefesselt, gelang es Halef, meine Handriemen zu lösen. Nachdem ich alle frei gemacht hatte, überrumpelten wir den Wächter, holten unsere Sachen aus dem Zelt des Scheiks *und kamen glücklich und unbemerkt zum Lager hinaus.* Wir fanden die Pferde *und ritten so schnell davon, wie die Dunkelheit es gestattete.*

Sonntag, 20. Dezember 1874:

Nach unserem Zusammentreffen mit den Abu Hammed waren einige Tage verstrichen. Heute näherten wir uns den Weiden der Haddedihn. *Dann, kurz nach Mittag, bemerkten wir die ersten zwei Reiter,* die den Stamm alarmierten, und dann *erschien vor uns im Norden eine große, dichte Wolke von Reitern, die auf uns losstürmten.* Unter ihnen war auch Amad el Ghandur, der Sohn Mohammed Emins und jetziger Scheik der Haddedihn. *Und welche Aufregung erst im Duar, im Zeltdorf, als wir dort anlangten.* Es dauerte etwas, bis *ich Hanneh, Hadschi Halefs Frau und Kara Ben Halef gebührend begrüßen konnte. Es gab einen Festtag und gar mancher fette Hammel musste meine Ankunft mit seinem Leben bezahlen.* Amad el Ghandur versprach mir, *die Krieger aller Haddedihn-Abteilungen zusammenrufen zu lassen,* um gegen die Aneïseh-Beduinen zu ziehen, die ihre Zelte bei dem Felsen Wahsija aufgeschlagen hatten. Man stand mit ihnen in Fehde, weil sie sich an den Herden der Haddedihn vergriffen hatten.

Montag, 21. Dezember 1874:

Schon am nächsten Abend brannten draußen vor dem Lager viele Feuer, um die sich über sechshundert wohlbewaffnete Haddedihn versammelt hatten.

Dienstag, 22. Dezember 1874:

Am darauf folgenden Morgen wurde der Zug angetreten. Am Mittag kam einer der Kundschafter zurück und meldete, dass die Aneïseh, ungefähr dreihundert erwachsene Männer stark, mit ihren Frauen und Kindern, Zelten und Herden am Felsen lagerten und wahrscheinlich keine Ahnung davon hatten, dass die Haddedihn so schnell zur Rache aufbrechen würden.

Mittwoch, 23. Dezember 1874:

Am nächsten Morgen waren wir so weit gelangt, dass wir anhalten mussten, denn Alam *sollte vorangesandt werden, wenn sein Vater gerettet werden sollte. Taten wir das nicht, stand zu erwarten, dass sein Vater bei unserem Angriff ermordet wurde.* Halef und ich begleiteten ihn dabei und hofften, dass wir ein Blutvergießen bei einem Angriff der Haddedihn verhindern konnten. Da wir noch stundenlang reiten mussten, war es Abend geworden und wir lagerten unweit der Aneïseh.

Donnerstag, 24. Dezember 1874:

Am anderen Morgen ging es weiter. Da erhob sich dann bald der Felsen Wahsija aus der Ebene. An seinem Fuß lagen die Zelte der Aneïseh und um sie weideten ihre zur Hälfte zusammengeraubten Herden. Der Wahsija war eigentlich kein Berg, sondern nur ein Felsen mit einer Höhe *von wenigstens fünfzig Metern. Oben, nicht ganz auf der Höhe, öffnete sich eine Höhle, vor der ein Nadelbaum stand.* Wir wurden zu dem Scheik geführt. Dieser verlangte sofort das Lösegeld für Wikrama und ich dessen sofortige Freilassung. Da sich der Stamm feindlich gegen uns verhielt, drohte ich ihnen mit meiner ‚Zauberflinte', vor der sie höllischen Respekt hatten. Danach zogen wir uns in das Zelt zurück, bemerkten aber, *dass große Beratung gehalten wurde. Das war am Tag des heiligen Weihnachtsabends. Kurz nach Mittag kamen die Haddedihn von allen Seiten. Sie hatten einen Kreis um das Lager gebildet und zogen ihn nun enger.* Den Aneïseh war bald klar, dass jeder Widerstand sinnlos war. *Da erklang droben auf dem Felsen der helle Ton eines Glöckchens.* Ein Knabe stieg den steilen Pfad hinauf, kam jedoch bald wieder zurück. Der Einsiedler, der oben auf dem Felsen hauste, wollte *wissen, welcher Kampf hier stattfinden solle und warum. Ich riss ein Blatt aus meinem Notizbuch und schrieb die Antwort mit Bleistift nieder. Der Knabe* musste *das Blatt und den Bleistift in die Höhe tragen.* Als er wieder herunterkam und mir das Papier reichte, stand unter meinen Zeilen: *„Ehre sei Gott in der Höhe und Frieden auf Erden den Menschen, die guten Willens sind!“* Das konnte nur ein Christ geschrieben haben. *Diesem Gebot wurde Folge geleistet. Die Verhandlungen dauerten zwar bis gegen Abend, doch man wurde schließlich einig. Darauf wurde Friede zwischen den bisherigen Feinden geschlossen. Als wir dann abends bei den Feuern saßen und das Friedensmahl verzehrten, ertönte oben das Glöckchen wieder. Wir blickten hinauf. Da erschien auf der Höhe Licht um Licht um den Nadelbaum. Der Einsiedler feierte den Heiligen Abend mit einem Weihnachtsbaum. Welch ein Wunder hier im Orient, mitten unter Beduinen!*

Freitag, 25. Dezember 1874:

Ich möchte das Geheimnis gerne für mich behalten, *wen ich am anderen Morgen da oben auf dem Felsen fand und was ich von ihm erfuhr.*

Montag, 1. März 1875:

Ich verbrachte über zwei Monate bei den Haddedihn. Mit Scheik Amad el Ghandur und mit Halef besuchte ich verschiedene befreundete Beduinenstämme und mit dem kleinen Kara tollte ich im Zelt und im Freien herum, woran der kleine Kerl seine hellste Freude hatte. Dann aber zog es mich weiter. Ich hatte mir vorgenommen, nach Persien hineinzureiten, um dort Land und Leute besser kennenzulernen. Als ich das meinem Hadschi vortrug, war er gar nicht damit einverstanden, dass ich diesen Ritt allein unternehmen wollte. Er bettelte solange, bis ich ihm gestattete, mich zu begleiten. Doch machte ich diese Einwilligung von der Zusage Hannehs abhängig, denn sie und der kleine Kara waren es, die er so lange verlassen wollte. Und außerdem war diese Reise nicht ungefährlich, zumal wir durch das Gebiet der Kurden reiten mussten. Nachdem Hanneh „Ja" gesagt hatte, konnten wir unsere Reisevorbereitungen treffen. Selbstverständlich wurde mir mein treuer Rapphengst Rih überlassen und Halef suchte sich ein anderes Rassepferd aus, das den langen Ritt mitmachen sollte. Morgen früh wollten wir starten.

Freitag, 11. Juni 1875:

Wir waren unterhalb der Stelle, wo der Kleine Sab in den Tigris fließt, über den Fluss gegangen und hatten unseren Ritt über Dschumeila zum großen Bogen des Sirwan, wo dieser nach Südwesten in Richtung Bagdad abbiegt, nach Osten fortgesetzt. Wir blieben zuerst auf seiner Nordseite, setzten dann bereits auf persischem Gebiet über auf die südliche Seite und gelangten nach einigen Tagen nach Hamadan, das auf den Trümmern der alten medischen Hauptstadt Ekbatana errichtet wurde. Die Stadt liegt am Fuß des 3.600 Meter hohen Elwed in einer gut bewässerten Ebene in der persischen Provinz Irak Adschmi, umgeben von schönen Gärten und Obstpflanzungen. Hier soll sich das Grab der Ester befinden, zu dem die Juden wallfahrten. Die Stadt könnte um die 30.000 Einwohner haben, die hauptsächlich vom Handel zwischen Teheran und Bagdad leben und von der Herstellung von Seiden- und Baumwollerzeugnissen sowie dem Knüpfen von Teppichen. Es gibt auch berühmte Gerbereien und Färbereien. Wir hielten uns hier aber nicht lange auf, sondern ritten weiter in leicht südöstlicher Richtung nach Burudjird (Burudschird), einer Stadt im Hochtal des oberen Abi Dis am südwestlichen Abhang des Silachor-Gebirges. Burudjird hat um die 20.000 Einwohner und ist der Hauptort eines eigenen, von einem Prinzen verwalteten Bezirkes, der ebenfalls zur Provinz Irak Adschmi gehört. Unser nächstes Ziel, das wir über Chonsa ansteuerten, war Isfahan, die ehemalige Hauptstadt des persischen Reichs. Isfahan liegt auf einer fruchtbaren Hochebene auf der linken Seite des Sendrud und hat heute weniger als 90.000 Einwohner, zu seiner Blütezeit sollen es bis zu 700.000 gewesen sein. Wir durften uns in Isfahan nicht aufhalten, denn in der Stadt wütete eine ansteckende Krankheit, weshalb wir nur hindurchreiten konnten. Das war eigentlich schade, denn gerade Isfahan war mein Hauptziel auf dem Ritt durch Persien. Was ich von der einst blühenden und berühmten Stadt sah, waren Ruinen ehemaliger Paläste und verfallene Gebäude in engen Gassen. Ich nahm mir vor, bei einer anderen Gelegenheit wieder einmal nach Isfahan zu kommen.[1] Von hier aus schwenkten wir nach Norden, dem nächsten Ziel zu: der Hauptstadt Teheran. Doch zuvor kamen wir nach Kaschan, einer Stadt, die fast 1.100 Meter über dem Meeresspiegel liegt und mehr als 25.000 Einwohner zählt. Neben dem königlichen Palast soll es dort achtzehn größere und um die neunzig kleinere Moscheen geben. Edle Säbelklingen, Gold-, Silber- und Kupferwaren sowie ausgezeichnete Seidenstoffe und Goldbrokaten machten Kaschan bekannt. Auf unserem weiteren Ritt nach Norden überfiel mich plötzlich das Fieber und Hadschi Halef Omar pflegte mich mehrere Tage, an denen kein Weiterritt möglich war, fürsorglich wie eine Mutter ihren Sohn. Danach erwischte es ihn und es lag nun an mir, ihn ebenso zu versorgen. Da das Fieber angeblich in der Luft lag, brachen wir nach seiner Genesung unseren Ritt nach Teheran ab und wandten uns nach Westen. Ich hatte zwar vorgehabt, von Teheran aus hinauf zum Urmia-See zu reiten, um mir diesen bekannten Salzsee und die dortige Gegend auch einmal anzusehen. Doch nach unserer Krankheit war es besser, wenn wir uns auf die Heimreise machten.[2]

[1] Heinz Grill: *Die Schatten des Schah-in-Schah*, Kapitel 6: „Isfahan dagegen hatte ich bisher auf einer Reise nur flüchtig berührt, ohne indes tiefer in die Seele dieser Stadt eingedrungen zu sein."

[2] Karl Mays Gesammelte Werke Band 26, *Der Löwe der Blutrache.* Dozorca, der Pole, zu Kara Ben Nemsi: *„Du warst schon in Persien?" – „Ja", antwortete ich.*

Samstag, 12. Juni 1875:[1]

Wir kamen müde von den Anstrengungen des monatelangen Ritts, aber reich an Erfahrungen, mitten im Gebiet räuberischer Kurdenstämme über die persisch-türkische Grenze und machten in dem kleinen Ort Khoi einen kurzen Halt, um den müden Pferden einige Tage Ruhe zu gönnen. Sie waren *in den letzten Tagen vor Ermattung oft ins Stolpern geraten, und so sahen wir uns in Anbetracht des beschwerlichen Wegs, den wir bis jenseits des Tigris noch zurücklegen mussten, gezwungen, in Khoi den erwähnten Aufenthalt zu nehmen.* Bei unserer Ankunft kamen *eine ganze Menge von Menschen zusammen,* um meinen Hengst zu bestaunen, der einen unschätzbaren Wert besaß. *Der Han,* das Gasthaus, *war ein roher, mit Lehm verschmierter Steinbau.* Da unsere beiden Pferde unbedingt einige Tage Ruhe brauchten, mussten wir hier bleiben, obwohl Halef den Gastwirt als den ‚Vater aller Schweine' bezeichnete, weil er so dreckig war. In der ‚Gaststube', die mehr einem Stall ähnelte, befand sich ein Kurde, der betrunken zu sein schien. Als wir den Vorschlag machten, unsere Pferde hier hereinzunehmen, weil sie da am sichersten waren, und deshalb extra dafür bezahlen wollten, prahlte der Wirt, dass er reich sei. Er habe mehr als zehntausend Piaster hier im Haus, die dem Pascha gehörten, weil er dessen Steuereinnehmer sei. Etwas später fragte der vermeintlich betrunkene Kurde, ob ich Kara Ben Nemsi sei und Rih das Pferd, das ich bei mir hätte. Danach verschwand er auf einem Pferd des Wirts, ohne seine Flinte mitzunehmen, was mich etwas stutzig machte. *Gegen Abend machten wir einen Spaziergang vor den Ort hinaus.* Als wir zurückkamen, stellte der Wirt unter lautem Schreien fest, dass man ihm die zehntausend Piaster gestohlen habe. Der Dieb konnte nur der scheinbar betrunkene Kurde sein, denn der Wirt hatte mit ihm über das Versteck des Geldes gesprochen. Er wollte dem Dieb sofort nach, der den Weg nach Westen eingeschlagen haben sollte. Kaum hatten wir uns zum Schlafen niedergelegt, kam ein neuer Gast an, bei dem

[1] 12.06.1875-21.06.1875: Karl Mays Gesammelte Werke Band 18, *Im Lande des Mahdi III – Im Sudan*, Kapitel 6-13

die Farbe des Turbans zeigte, dass er sich zu den Nachkommen des Propheten zählte, doch fand ich sein kriegerisches *Aussehen nicht ganz* damit in Einklang. Er stellte sich als Wanderprediger Ssali Ben Aqil vor. Nachdem ihm der Hadschi auch seinen vollen Namen genannt hatte, wusste er genau, dass wir vor Jahren die Haddedihn zu einem großen Sieg geführt hatten.[1] *Dieser Prediger des Islam gefiel mir nicht.* Im Laufe des Gesprächs mit ihm stellte ich fest, dass er ein Bebbeh-Kurde sein musste, obwohl er das abstritt, *höchstwahrscheinlich sogar ein Verwandter jenes Gasâl Gaboga,* der von Halef im Kampf erschossen worden war.[2] Er redete auch von Blutrache, die man gegen mich hätte. Wir gerieten zudem noch in ein heftiges Streitgespräch über Islam und Christentum. Der Wanderprediger schlich sich in der Nacht zu meinem Lager, um mich mit einem Messer zu erstechen, was ich jedoch zu verhindern vermochte. Er konnte danach nicht verstehen, dass ich ihm nicht nur die Freiheit, sondern auch sein Messer zurückgab. *Ssali Ben Aqil raffte seine Decke zusammen und eilte zur Tür hinaus. Einige Minuten später ritt er davon. Wir mochten noch nicht zwei Stunden geschlafen haben, als uns ein Lärm weckte.* Ein Feuer war ausgebrochen! Sofort eilten wir zu der Brandstelle. Dort wurden wir plötzlich in eine Menschenmenge eingekeilt. Nachdem wir uns endlich hatten frei machen können und zum Han zurückgeeilt waren, mussten wir feststellen, dass unsere Pferde weg waren. Glücklicherweise waren wenigstens unsere Waffen noch da. Die von den Räubern gefesselte Wirtin sagte mir, es seien Kelhur-Kurden mit ihrem Scheik Schir Samurek gewesen; vorher hatten diese das Feuer gelegt, um uns abzulenken. Von dem Scheik hatte sie auch erfahren, dass Aqil – der Vater des Wanderpredigers Ssali Ben Aqil und ein Bebbeh-Kurde – die zehntausend Piaster des Wirts gestohlen habe. Die Kelhur-Kurden, die mit den Bebbeh in Blutrache lebten, hätten nicht nur ihn, sondern auch seinen Sohn gefangen und beide müssten nun sterben. Da wir schnellstens hinter den Dieben hermussten,

[1] Dritte Orientreise (1871-1872): 17.03.1872-12.04.1872, Seite 186-193

[2] Dritte Orientreise (1871-1872): 12. Juni 1872, Seite 210f.

aber keine eigenen Pferde mehr hatten, ‚liehen' wir uns vom ortsansässigen Apotheker ohne dessen Wissen und Genehmigung seine zwei Grauschimmel, die *nicht von schlechten Ahnen zu stammen* schienen.

Sonntag, 13. Juni 1875:

Wir fanden die Spuren der Räuber, die nach Norden führten. Als wir einige Stunden geritten waren, deuteten verschiedene Anzeichen darauf hin, dass wir uns in der Nähe des Kurdenlagers befanden. Ich schlich mich allein vorwärts und sah, dass man dabei war, das Lager abzubrechen. Es mochten sich vielleicht dreihundert Kelhur-Kurden hier befunden haben, die wahrscheinlich einen Raubzug beabsichtigten. Wir ließen ihnen einen angemessenen Vorsprung und folgten erst zwei Stunden vor Mittag. *Am Nachmittag lag die Südbiegung des Kleinen Sab zu unserer Rechten hinter den steilen, waldigen Höhen.* Halef vermutete, dass sie die ‚Kapelle der Toten' aufsuchen wollten, einen *Ort, den jeder Mensch meidet, mag er nun Sunnit oder Schiit, Christ oder Jude sein,* weil dort angeblich ein Geist *in der Gestalt eines riesigen Bären* erschien. Wir ritten weiter und wunderten uns, nach einiger Zeit unseren Wirt aus Khoi zu treffen, den die Kelhurs vor einer Stunde an der Kapelle fortgepeitscht hatten. Ich versprach, ihm sein verloren geglaubtes Geld wiederzuverschaffen. Er erzählte uns, wie er zu den Kurden gekommen war, obwohl er mit dem Ortsvorsteher und einigen Leuten eine andere Richtung eingeschlagen hatte. Nun sollte er Lösegeld besorgen, um seine Reisebegleiter von den Kurden freizukaufen. Wir erfuhren auch, dass Aqil und sein Sohn Ssali heute Nacht sterben sollten, indem man sie den Bären zum Fraß vorwarf. Da der Scheik der Kelhurs wusste, dass wir sie verfolgen würden, wollte er uns vor der ‚Kapelle der Toten' abfangen und ebenfalls den Bären vorwerfen. Wir übergaben dem Wirt unsere ‚geliehenen' Pferde, mit denen er nach Khoi zurückreiten und sie dem Apotheker zurückgeben konnte. Ich schlich mich an die Kurden heran und konnte ein Gespräch zwischen dem Scheik der Kelhur und Ssali Ben Aqil belauschen, der seine Hoffnung und Rettung auf mich, den Christen

Kara Ben Nemsi, setzte, den er noch in der letzten Nacht hatte erstechen wollen. Halef und ich suchten uns eine versteckte Stelle in der Nähe der ‚Kapelle der Toten', denn man brachte nun die beiden gefangenen Bebbeh-Kurden, Vater und Sohn, um sie von den Bären zerreißen zu lassen. In der Kapelle, wo beide an Pfähle gefesselt worden waren, hatte man aus einem blechernen Patronenkasten, Talg und dürren Binsen eine Art Lampe angefertigt, damit der Bär seine Opfer besser sehen konnte. *Die Sonne war längst hinter den Bergen verschwunden, und es begann zu dunkeln.* Plötzlich war ein Jungbär am Eingang zu sehen, dann kamen ein zweiter und ein dritter, da konnte auch ihre Mutter nicht weit sein. Dann kam die Bärin. *Sie war fast reinweiß bei weit über zwei Meter Länge und anderthalb Meter Schulterhöhe, ein selten großes und starkes Tier.* Ich sprang in die Kapelle, rammte der Bärin mein Messer zum Todesstoß zwischen ihre Rippen. Halef kam hinzu und zusammen erlegten wir auch die drei jungen Bären, ohne einen Schuss abzugeben. Dann konnten wir die beiden Bebbeh-Kurden losschneiden, die in ihrer Todesangst zu dem Gekreuzigten und nicht zu Allah gebetet hatten. Wir fertigten aus den beiden Balken, an denen die zwei angebunden gewesen waren, ein Kreuz, richteten die Bärin auf und lehnten sie an eine Wand. *Dann gaben wir ihr das Kreuz in die Vordertatzen und banden Kreuz und Bärin so fest an die Steine, dass sie nicht umfallen konnten.* Als das vollbracht war, suchten wir vier eine sichere Stelle auf. Dann schlich ich zum Lager der Kelhurs, denn *ich wollte unsere Pferde haben und auch den Scheik.* Ich hatte Glück und fand den schlafenden Scheik abseits seiner Kurden liegen. *Ein Faustschlag an die Schläfe, der Scheik gehörte mir. Ich nahm ihn auf die Schulter und trug ihn fort* zu unserem Lagerplatz. Nachdem ich auch noch unsere Pferde geholt und zum Lager geführt hatte, legten wir uns schlafen. Der Scheik hatte noch nicht bemerkt, dass die beiden Bebbeh-Kurden lebten und wir unsere Pferde wiederhatten.

Montag, 14. Juni 1875:

Als es langsam hell wurde, legte ich den Scheik so, dass er zur Kapelle der Toten blicken konnte. Er erschrak, *denn er sah unter der Tür* der Kapelle *den Riesenbären mit dem Kreuz in den Pranken stehen*, was er gestern Abend als unmöglich bezeichnet hatte. Als ich ihm sagte, dass ich Kara Ben Nemsi sei, und er die beiden Todgeweihten unverletzt ebenso wie die von ihm gestohlenen Pferde bei uns sah, war es fast um seinen Verstand geschehen. Nachdem er versprochen hatte, den beiden Bebbeh ihr Eigentum zurückzugeben, die gefangenen Bürger aus Khoi freizulassen und mir die gestohlenen zehntausend Piaster für den Gastwirt auszuhändigen, zerschnitt ich seine Fesseln. Vom christlichen Gedanken der Nächstenliebe und der Versöhnung so überrascht, trat der Scheik zu den Bebbeh und schwor ihnen, dass nie wieder Rache in ihm wohnen werde. *Die Todesangst und vielleicht auch mein unerwartetes Verhalten hatten ihn weich gemacht, und diese Milde des sonst so hartgesottenen, ja blutgierigen Mannes konnte nicht ohne Wirkung bleiben*, denn auch die beiden Bebbeh waren zur Versöhnung bereit. Wir wurden nicht nur von den Kelhur-Kurden friedlich und freudig aufgenommen, sondern sie, die strenggläubigen Moslems, verpflichteten sich, ein neues christliches Kreuz an der ehemaligen Kapelle zu errichten, und Ssali Ben Aqil, der Lehrer und Prediger des Islam, wollte ihnen dabei helfen. Das Fleisch und die Tatzen der Bären gaben ein vorzügliches Freundschaftsmahl für uns alle. Danach wurde das Kreuz errichtet und eingeweiht. *Wir beschlossen, noch nicht fortzuziehen, sondern den ganzen Tag und auch noch die folgende Nacht hierzubleiben.* Nach langen Gesprächen war es sehr spät, *als wir endlich zum Schlafen kamen.*

Dienstag, 15. Juni 1875:

Wir wollten die Kelhur nur bis zum Ausgang des Engtales begleiten und uns dann nach Khoi wenden, während ihre Richtung nordwärts war. Dann wurde Abschied genommen und wir ritten mit den Leuten von Khoi allein weiter. *Wie glücklich war Ali,* der Wirt, *als ich ihm sein Geld aushändigte.*

Montag, 21. Juni 1875:

Wir blieben fünf Tage in diesem Ort, dessen Bewohner uns mit Beweisen freundschaftlicher Gesinnung fast überschütteten.

Samstag, 31. Juli 1875:

Von Khoi aus waren wir entlang des kleinen Flüsschens nach Süden geritten, um an den Kleinen Sab zu kommen. Ihm folgten wir auf dem rechten Ufer in südwestlicher Richtung, bis wir dann an seiner Mündung über den Tigris setzten, um zu den Haddedihn zurückzukehren. Vor allem Halef wurde nach so langer Zeit von Hanneh und Kara mit Sehnsucht erwartet. Nachdem wir uns einigermaßen von unseren Strapazen erholt hatten, mussten wir Abend für Abend den Haddedihn von unseren Persien-Abenteuern erzählen. Wenn ich sage ‚wir', dann war es natürlich vor allem Halef, der in seiner blumenreichen Sprache den lauschenden Zuhörern zwar keine Märchen aus ‚Tausend und einer Nacht' vortrug, aber seine Schilderungen doch so ausschmückte, als ob es bisher auf der ganzen Erde keine größeren Helden gegeben hätte als uns beide. Doch nach einigen Wochen kehrte wieder Normalität in das Lager ein und in mir begann sich die Überlegung breitzumachen, entweder in die Heimat zurückzukehren oder den ursprünglich geplanten Ritt an den Urmia-See zu unternehmen. Als ich mit Halef darüber sprach, war er ganz und gar nicht dafür, dass ich schon nach Hause wollte. Eher würde er mit mir an den Urmia-See gehen, als meine Abwesenheit in Kauf zu nehmen. Er musste Hanneh von meinen Plänen erzählt haben, denn einige Tage später meinte sie, dass sie gar nichts dagegen hätte, wenn mich Halef zum Urmia-See begleiten würde, falls ich wirklich den Wunsch hegen sollte, dorthin zu reiten.

Samstag, 4. September 1875:[1]

Wir waren von Kerkuk aus, wo ich mit Halef Gast des Müteßarrif (Gouverneur) gewesen war, der uns als Beschützer einen Kawass (Polizeidiener) namens Kaßem mitgegeben hatte,

[1] 04.09.1875-18.09.1875: Karl Mays Gesammelte Werke Band 48, Das *Zauberwasser*, Erzählung ‚Das Kurdenkreuz'

nach Suleimanije gekommen, von da nach Rewandus geritten und wollten nun hinüber auf persisches Gebiet, um den Urmia-See zu erreichen. Dabei mussten wir wieder das Gebiet durchreiten, wo wir vor einigen Monaten unsere Erlebnisse mit den Kelhur-Kurden gehabt hatten.

Sonntag, 5. September 1875:

Wir hatten Rewandus am frühen Morgen verlassen und jetzt war schon Nachmittag, als *wir dem Flüsschen aufwärtsfolgten. Eben ritten wir wieder durch einen dichten Busch, als ich vor uns um Hilfe rufen hörte.* Ich ritt der Stimme nach und sah auf der Ebene eine weibliche Gestalt rennen, die von kurdischen Windhunden verfolgt wurde. Um die Frau zu retten, erschoss ich die drei Hunde. Schir Seleki, der Anführer der Mir-Mahmalli-Kurden, hatte die Bestien auf die Frau gehetzt, als diese ihre verirrte Ziege einfangen wollte. Da kam auch schon ein *Trupp Reiter, der bei unserem Anblick kurz halten blieb.* Die Frau rannte *zum Fluss, um sich ans jenseitige Ufer zu retten. Die Kurden sahen die toten Hunde liegen und kamen, die Waffen schwingend, auf uns zugesprengt.* Halef und ich schossen fünf der zwölf Pferde nieder. Ich zwang die Männer mit meinem Henrystutzen zum Rückzug, doch sie schworen mir bittere Rache. Wir aber setzten unseren Ritt nicht in der bisherigen Richtung fort, sondern gingen über den Fluss hinüber auf das Gebiet der Mir-Yussufi-Kurden, zu deren Stamm auch Fatima Marryah gehörte, die Frau, die wir gerade gerettet hatten. Dort mussten wir einen felsigen Pfad erklimmen, der an einem Felsentor aus Dornengeflecht endete. Ein massiger Kurde, fast ein Riese, ließ uns ein und wollte uns dem Malkoegund, dem Anführer und Dorfältesten, melden. Wir wurden jedoch hinterrücks von den Kurden umzingelt und ich wurde niedergeschlagen. *Als ich wieder zu mir kam,* war ich *an Händen und Füßen gefesselt.* Ebenso Halef und der Kawass des Müteßarrif. Um uns herum saßen einige Männer und der Malkoegund. Wir sollten noch am Abend hingerichtet werden, auch darum, weil ich Christ und meine beiden Gefährten Sunniten waren. Da der Malkoegund meinen Stutzen als willkommene Beute betrachtete, aber nicht damit schießen konnte, sollte ich ihm den Gebrauch erklären, weshalb er meine Hände löste und mir mein Gewehr gab. Sogleich packte ich ihn und entriss ihm sein Messer, womit wir unsere Fesseln durchschnitten. Da wir nun ihren Anführer als Geisel hatten, konnten die Kurden nichts gegen uns unternehmen. In diesem Moment sah ich Fatima Marryah, *die soeben erst durch das Felsentor gekommen war.* Sie sprach eifrig *auf den Malkoegund und seine Leute ein. Da kam der Kurde, der mich niedergeschlagen hatte, herbei,* stellte sich als Yussuf Ali vor, den Gatten von Fatima Marryah, und wollte mein Beschützer sein. Nun entschuldigte sich der Malkoegund, weil er nicht gewusst habe, dass wir eine Frau seines Stammes gerettet hatten, und bat uns, Gäste der Mir-Yussufi zu sein. Ich sollte bei Yussuf Ali wohnen, wo wir auch unser Abendessen einnehmen würden. Im Lauf des Gesprächs erfuhr ich, dass sie mit ihrem Sohn, dem einzigen Kind, großes Unglück hätten. Statt ein schiitischer Lehrer zu werden, neige Husseïn Isa mehr zum Christentum. Als Yussuf Ali weggerufen wurde, gestand mir Fatima Marryah, dass auch ihr das Christentum mehr bedeute als der Islam. Da kam Yussuf Ali zurück und brachte unverhofft seinen Sohn Husseïn Isa mit. Voller Zorn erfuhr der Vater, dass sein Sohn nun gar christlicher Priester werden und seine Eltern mit zum Patriarchen von Elkosch nehmen wollte. Als Yussuf Ali auf seinen Sohn einschlug, ging ich dazwischen und erhielt von ihm einen derben Hieb, wobei sein Daumen in meine rechte Augenhöhle glitt, sodass ich fast nichts mehr sehen konnte. Husseïn Isa hatte wahrscheinlich nach diesem Streit das Lager verlassen, denn kurz darauf baten mich seine Eltern, ihnen zu helfen, weil ihr Sohn von den gegnerischen Mir-Mahmalli-Kurden gefangen worden sei. Da seine Stammesgenossen ihn als Abtrünnigen ansahen, wollten sie mir nicht helfen, ihn zu befreien. Trotz meiner Verwundung nahm ich meinen Stutzen und verließ mit Halef das Lager. Nur mit Schwierigkeiten gelangten wir über den Fluss, um drüben *einen steilen, felsigen Uferberg* emporzuklettern. Von einem Baum aus konnten wir das feindliche Lager überblicken, wo wir etwa dreihundert Mir Mahmalli sahen. Husseïn Isa war an einen Baumstamm gefesselt. Das Lager war ähnlich aufgebaut wie das der Mir-Yussufi-Kurden. Mit unseren Messern schnitten wir uns ein Loch durch die Hecke, sodass wir ins Lager der Mir Mahmalli gelangen konnten. Wir hörten ihren Anführer Schir Seleki verkünden, Husseïn Isa müsse, da er ein Christ sei, am Kreuz sterben. Seine besorgten Eltern, die Husseïn auf eigene Faust helfen wollten, wurden ebenfalls von den Mir Mahmalli gefangen genommen. *Husseïn Isa hing am Kreuz und seine Eltern waren unten an den Stamm gefesselt.* Wir suchten brennbares Material, um die Umzäunung des Dorfs in Brand zu stecken und in dem dadurch entstehenden Durcheinander die Gefangenen zu befreien. Inzwischen betete die gefangene Familie zusammen, und zwar christliche Gebete. Sie vertrauten und hofften darauf, dass wir sie befreien würden. Unterdessen hatte Halef die Umzäunung an mehreren Stellen angezündet, sodass sie bereits auf einer großen Strecke hell loderte. *Alles heulte und rannte um Wasser.* Das war für mich der Moment zur Befreiung der Gefangenen. Während der Vater seinen Sohn hinaustrug, hielt ich die Mir Mahmalli, die uns hindern wollten, mit dem Henrystutzen in Schach. Dann rannte auch ich hinunter zum Wasser und kam glücklich die Böschung hinauf, wo ich *am Eingang des* Mir-Yussufi-Lagers *auf Halef und die drei Geretteten* stieß. Wir suchten Yussuf Alis Hütte auf und das unterbrochene Abendessen wurde zu einer Freudenmahlzeit. Nachdem sich Husseïn Isa niedergelegt hatte, musste ich seinen Eltern von der Heiligen Familie und anderen christlichen Überlieferungen erzählen. Der Vater war nun nach der glücklichen Rettung seines Sohnes entschlossen, mit ihm nach Mossul zu gehen.

Montag, 6. September 1875:

Gegen Morgen mussten wir doch schlafen gehen. Als wir erwachten, war es bereits Mittag. *Unsere Kurden waren unendlich stolz auf uns geworden, denn zwei Mutige hatten drei Gefangene mitten aus dreihundert Feinden herausgeholt.*

Freitag, 17. September 1875:

Meine Genesung schritt schneller voran, als die Husseïn Isas. Er musste länger bleiben als ich. Es stand fest, dass er die Eltern mitnehmen würde, und ich bat ihn, bei dieser Gelegenheit meinen kühnen Kawassen nach Kerkuk abzuliefern.

Samstag, 18. September 1875:

Meinen Ritt zum Urmia-See hatte ich wegen der völligen Ausheilung meines Auges und der vorgerückten Jahreszeit aufgegeben. Ich wollte nun den oberen Sab aufwärtsreiten und über das Tura-Ghara-Gebiet wieder zum Großen Sab zurückkehren. Endlich ritt ich des Morgens mit Halef ab. Sämtliche Mir Yussufi begleiteten uns eine Strecke.

Dienstag, 28. September 1875:[1]

Nördlich des Großen Sab waren wir zu den Schirwani-Kurden gestoßen und vier Tage als Gäste bei ihnen geblieben. *Melef, der Anführer der Schirwani,* hatte uns jetzt mit etwa zwanzig Stammesangehörigen ein Stück Wegs begleitet und uns einen Führer bis an den Großen Sab mitgegeben. Dieser entpuppte sich als ein Jesidi, der wusste, dass Halef und ich vor Jahren diesen sogenannten ‚Teufelsanbetern' gegen die Truppen aus Mossul beigestanden hatten.[2] Am jenseitigen Ufer angelangt, kam uns ein *Trupp von vielleicht dreißig Reitern* entgegen. Es waren Sebari-Kurden. Als sie meinen Namen hörten, geleiteten sie uns zwar als ‚Freunde' zu ihrem Lager, aber ‚Gäste' waren wir damit noch nicht. Im Lager der Sebari *standen regellos die Hütten des Dorfs. Die bedeutendste von ihnen glich einer kleinen aus Baumstämmen errichteten Festung. Auf sie ritten wir zu.* Dort führten wir unsere Pferde trotz der Proteste des Hausherrn in die Blockhütte hinein, denn nur hier waren sie in Sicherheit. In dem Raum befanden sich auch der Sohn Hamsa Mertal, die Schwiegertochter Schefaka und die Enkelin des Anführers. Schefaka fragte mich, ob sie mich beschützen solle, denn wer sich bei den Kurden unter den Schutz der Frauen begibt, ist im gan-

[1] 28.09.1875: Karl Mays Gesammelte Werke Band 48, *Das Zauberwasseer*, Erzählung ‚Schefakas Geheimnis'

[2] Dritte Orientreise (1871-1872): 16.04.1872-19.04.1872, Seite 194-196

zen Lager sicher. Ich sagte sofort zu. Daraufhin verkündete Hamsa Mertal, der Sohn des Anführers, dies den draußen versammelten Kurden und damit waren wir Gäste des gesamten Stamms. Am Abend brachte Schefaka ihre kleine Tochter zu Bett und die Kleine sagte laut ihr Nachtgebet in ihren *kindlichen Stammellauten.* Das gab es doch nicht, das war ja das gleiche Nachtgebet, das meine Großmutter früher mit mir als kleinem Jungen gebetet hatte. Was die Kleine sprach, war nicht Kurdisch, es war Deutsch! Ich fragte Schefaka, was das Kind gebetet habe. Sie sagte mir, dass es das Gebet ihres Vaters gewesen sei, der aus einem fremden Land gestammt habe. Ich bat sie, mir das Gebet vorzusagen. *Sie hob die Hände und sprach, wenn auch mit fremder Betonung fehlerhaft, aber für einen Deutschen immerhin verständlich, den Reim: „Christi Blut und Herrlichkeit ist mein Schmuck und Ehrenkleid. Damit will ich vor Gott bestehn, wann ich in den Himmel werd' eingehn. Amen!" Ich war aufgesprungen und hatte die Hände gefaltet. Hier in den wilden Bergen Kurdistans, mitten in einer Bevölkerung muslimischer Glaubenseiferer vernahm ich das erste Gebet meiner Kindheit, und zwar in meiner Muttersprache!* Als ich mich nach der Herkunft von Schefakas Vater erkundigte, der schon starb, als sie selbst noch ein kleines Kind war, konnte sie mir nur sagen, dass er aus einem fernen Land gekommen sei, und zwar aus einer Stadt, die Pre-nis (Preßnitz) hieß. Er war Soldat unter dem Müteßarrif von Mossul gewesen und dabei in die Gefangenschaft eines arabischen Stammes geraten, wo er ihre Mutter heiratete, die noch vor ihm starb. Das alles wusste sie nur von ihrem Großvater. Sie hatte auch einen Talisman umhängen, und als sie ihn mir gab, entpuppte sich dieser als ein Notenblatt mit dem Lied ‚Ännchen von Tharau'. *Ich sang ihr alle Verse dieses Liedes vor. Als ich geendet hatte, stand die ganze andere Abteilung des Hauses und auch der Platz davor voller Menschen. Niemand wagte ein Wort zu sagen. Die Macht des deutschen Liedes hatte die rauen Seelen der Kurden ergriffen, obgleich sie den Wortlaut nicht verstanden.*

Samstag, 2. Oktober 1875:[1]

Wir hatten die Sebari-Kurden in echter Freundschaft verlassen. *Heute befanden wir uns im östlichen Teil des Kara-Dagh-Gebirges und hielten auf einer kahlen Höhe, von der wir die Sonne untergehen sahen. Es war ziemlich kalt, denn wir befanden uns im Anfang Oktober. Da erklang aus der Tiefe ein Ton:* die *Silberstimme eines Glöckchens.* Dann wurde das Ave Maria in arabischer Sprache dreimal gebetet. Ich ritt hinzu. An einem großen Felsblock *kniete der Beter, ein ärmlich gekleideter Greis, den Rosenkranz in den gefalteten Händen.* Er war erfreut, als er hörte, dass ich ein Christ aus dem Abendland war, und erzählte uns, dass sein Dorf, das von Schiiten und Christen in friedlicher Eintracht bewohnt wurde, vor zwei Jahren von Akra-Kurden überfallen worden war, die vier Männer, drei Frauen und ein Mädchen als Sklaven verschleppt hatten. Die Kurden seien lange Zeit verschwunden gewesen, jetzt aber seien sie wieder in der Nähe und man wolle die acht Geraubten befreien, die *Christen durch List, die Schiiten aber durch offenen Überfall,* weshalb sich Christen und Schiiten entzweit hätten. Morgen planten die Schiiten loszuziehen, die Christen aber wollten am morgigen ersten Sonntag im Oktober das Fest des Rosenkranzes feiern. Ich versprach dem Greis, er hieß Salib und war der Dorfälteste, bei den Christen zu bleiben und zu ihnen zu predigen. Es wurde schon dunkel, als wir in dem Dorf ankamen, das zu beiden Seiten eines Bachs lag. Drüben wohnten die Schiiten und auf unserer Seite die Christen, die sich eine kleine Kirche mit Turm und Glöckchen gebaut hatten. Wir wurden herzlich begrüßt. Vor dem Platz der Kirche wurde das Abendessen mit der gesamten christlichen Dorfgemeinschaft eingenommen und danach wurde viel erzählt. Als dann der Anführer der Schiiten, Schir Ssafi, zu uns herüberkam, stritt er mit mir über Fatima, die Frau des Kalifen Ali und Mutter Hassans und Hussejns, und Maria, die ich als Mutter Gottes bezeichnete. Doch als Schir Ssafi erfuhr, dass ich Kara Ben

[1] 02.10.1875-21.10.1875: Karl Mays Gesammelte Werke Band 23, *Auf fremden Pfaden*, Erzählung ‚Maria oder Fatima'

Nemsi war, wurde er anders und bat mich, mit ihnen gegen die Kurden zu ziehen. Dennoch kam es später nochmals zu einem Streitgespräch wegen Fatima und Maria.

Sonntag, 3. Oktober 1875:

Als wir erwachten, sahen wir, dass drüben zum Aufbruch gerüstet wurde. Die christlichen Dorfbewohner begannen ihre Kirche für das Rosenkranzfest zu schmücken. Ich aber ritt mit Halef und Salib hinaus, um einen geeigneten Platz zu finden, wohin sich alle Bewohner zurückziehen konnten, denn ich befürchtete, dass die Kurden die wenigen Schiiten zurückschlagen und verfolgen würden. Am Abend feierten wir das Rosenkranzfest, allerdings ohne Priester, doch ich hielt diesen einfachen Leuten eine Predigt, die sie tief zu beeindrucken schien. Danach *folgte das Festessen und dann saßen wir noch lange, bis auch das letzte Licht und Lämpchen erlosch, in ernsten Gesprächen beisammen.*

Montag, 4. Oktober 1875:

Ich wachte *schon zeitig auf, als eben der Tag angebrochen war. Nachdem wir Proviant für wenigstens vier Tage erhalten hatten, ritten* Halef und ich *davon.* Wir folgten den Spuren der Schiiten, die uns zum Lagerplatz der Akra-Kurden führen würden. Diese hatten ursprünglich einen Tag Vorsprung, doch wir waren schneller als sie. *Als es zu dunkeln begann, sah ich noch, dass ihre Spuren von heute Mittag herrührten.*

Dienstag, 5. Oktober 1875:

Kaum graute der Morgen, so ging es weiter. Wir waren aus den Tura-Ghara-Bergen herausgekommen und befanden uns im Gebiet des Akra-Flusses. Am Mittag sahen wir die Schiiten, die vor uns lagerten und die ich beschleichen wollte. Ich erfuhr, dass das Lager der Kurden nur eine halbe Stunde entfernt und dass Schir Ssafi dorthin unterwegs war. Man wollte das Kurdenlager morgen früh überfallen, wenn alles noch schlief. Wir mussten also eher als die Schiiten dort sein und kamen auch *gegen Abend, ohne gesehen worden zu sein, in die Nähe des Kurdenlagers,* das ich, als es dunkel war, umschlich, um mich mit den Örtlichkeiten vertraut zu machen.

Mittwoch, 6. Oktober 1875:

Gegen vier Uhr morgens wurden wir wach. Ich schlich mich dorthin, wo ich *den Eingang und den größten Teil des Lagers überblicken konnte.* Nach längerer Zeit fiel ein Schuss. *Nun gab es ein wildes Kunterbunt von Schüssen, Schreien und Flüchen.* Die Schiiten befanden sich auf der Flucht, verfolgt von allen Kurden-Kriegern. *Es blieben nur die Alten, die Frauen und die Kinder daheim.* Jetzt konnten wir unbesorgt in das Lager reiten. Man gab uns die geraubten Schiiten und Christen aber erst heraus, als ich mit der Erschießung ihrer Kinder drohte. Wir suchten die besten Pferde aus, dann ritten wir davon. Da wir *vor den Akra-Kurden bei unseren Gastfreunden* eintreffen wollten, mussten wir schnell reiten, *sie also überholen und dabei einen Umweg machen. Um Mittag machten wir einen kurzen Halt. Am Abend* waren *die Geretteten so ermattet, dass sie fast von den Pferden fielen.*

Donnerstag, 7. Oktober 1875:

Gegen Mittag waren die Befreiten *leider schon so* erschöpft, *dass sie zu klagen begannen,* deshalb *musste ich sie zurücklassen. Ich beschrieb ihnen das Tal, das der alte Salib auf meinen Rat aufgesucht hatte, und jagte dann mit Halef weiter.* Da kam uns an einer Engstelle der fliehende Schir Ssafi entgegen, gefolgt von einem Kurden, dessen Pferd ich unter ihm erschoss. Wir entwaffneten den Kurden und Halef nannte ihm meinen Namen, den er kannte und darüber erschrak. Der listige Halef machte ihm weis, die Schiiten hätten das Kurdenlager nur zum Schein angegriffen, damit man sie verfolge und die Kurden so in eine Falle liefen, die ihnen die Christen gestellt hätten. Zudem seien bereits alle gefangenen Sklaven befreit worden. Da riss sich der Kurde los *und rannte fort, zurück, ohne in seinem Schrecken daran zu denken, dass wir ihn erschießen konnten. Drei Kurden kamen ins Tal gesprengt; sie sahen den Fliehenden und hielten an.* Er *sprach mit ihnen. Darauf kehrten sie um und verschwanden so schnell, wie sie gekommen waren.* Von einer Höhe aus *sahen wir sämtliche Kurden; sie galoppierten heimwärts. Wir hatten nichts mehr zu fürchten.* Als wir dann im Tal der Zurückgeblieben eintrafen, kamen auch *die befreiten Gefangenen geritten. Hatte es am Festtag des Rosenkranzes ein Festessen gegeben, so gab es heute ein noch viel größeres.* Als Halef fragte, wer nun die Gebete erhört habe, Fatima oder Marjam, *antworteten die Christen wie aus einem Mund: „Marjam!"; die Schiiten aber schwiegen.*

Donnerstag, 21. Oktober 1875:

Ich blieb noch volle vierzehn Tage da. Das jetzige Tal war leichter zu befestigen als das vorige. Wir legten dichte Verhaue an und *der Eingang wurde verbarrikadiert. Dann bauten wir Wohnungen. Nachher eine Kirche, ein wirkliches, kleines Gotteshäuschen. Als dann das Kirchlein fertig war und das Glöcklein zum ersten Mal vom kleinen Turm erklang, feierten wir abermals ein Freudenfest, das selbst auf die Muslime einen tiefen Eindruck machte.*

Sonntag, 31. Oktober 1875:

Heute kamen wir am Spätnachmittag ohne nennenswerte Hindernisse wieder bei den Haddedihn an.

Mittwoch, 17. November 1875:[1]

Meine Absicht war gewesen, von Basra aus mit dem Schiff nach Buschir in Persien zu fahren und von dort aus das berühmte Schiras zu besuchen. Hadschi Halef Omar, Omar Ben Sadek und zwei Haddedihn-Araber hatten mich *vom letzten Weideplatz der Haddedihn auf einem Kellek (Floß aus aufgeblasenen Ziegenhäuten) den Tigris herab nach Bagdad gebracht* und dann noch bis Basra begleitet. Dort befand sich momentan Mesud Ben Hadschi Sukar, der Schwager von Omar Ben Sadek, um mit einigen anderen Stammesgenossen die Kamelwolle der Haddedihn zu verkaufen. Als ich *mich nach einem abwärtssegelnden Schiff* erkundigte, erfuhr ich, *dass ich noch mehrere Tage warten müsse. Um die Zeit zu verbringen,* wollten wir morgen einen Ritt nach Alt-Basra unternehmen, *das ungefähr fünfzehn Kilometer südwestlich von Neu-Basra liegt. Da wir auf dem Kellek gekommen waren, hatten wir natürlich keine Pferde mit, doch waren jederzeit genug Mietesel zu bekommen.*

[1] 17.11.1875-15.12.1875: Band 23 GW, *Auf fremden Pfaden*, Erzählung ‚Blutrache'

Donnerstag, 18. November 1875:

Am nächsten Morgen begab sich Mesud zu dem Käufer seiner Wolle und erhielt das Geld ausbezahlt. Als er zurückkam, berichtete er, dass uns Abd el Kâhir, der Scheik der Muntefik-Araber, Pferde zur Verfügung stellen und uns auch auf unserem Ritt nach Alt-Basra begleiten werde. *Nach der angegebenen Zeit ließ sich draußen Pferdegetrappel vernehmen. Wir waren zusammen zwölf Personen, und draußen hielten ebenso viele Pferde. Dann ging es in langsamem Schritt zur Stadt hinaus. Als eine Stunde vergangen war und wir Alt-Basra noch nicht erreicht hatten, wurde ich bedenklich.* Irgendwann schwenkten wir nach rechts und bald lag das Ruinenfeld von Alt-Basra vor uns. Doch irgendwie war ich gegen Abd el Kâhir, unseren Führer, misstrauisch geworden und als wir absteigen und zu Fuß zu einem bestimmten Gebäude gehen sollten, blieben Halef und ich bei den Pferden zurück. Da ich annahm, dass wir vielleicht überfallen werden sollten, trennte ich mich von Halef, um nach Spuren zu suchen, die ich auch fand. Ich befürchtete, dass man es auf Mesud abgesehen hatte, der das ganze Geld aus dem Verkauf der Kamelwolle bei sich führte. Dann sah ich, wie Halef von Abd el Kâhir niedergeschlagen wurde, und wollte zu ihm eilen. Irgendwo ertönte Geschrei, die Mauer unter meinen Füßen gab nach – ich stürzte und wurde *von vielen Händen am Boden festgehalten,* dann fiel ich in Ohnmacht. Als ich wieder erwachte, standen Omar Ben Sadek und sieben Haddedihn um mich herum. Die Angreifer waren verschwunden. Wir eilten zu Halef, der *ohne Besinnung und mit blutendem Kopf auf der Erde* lag. *Die Pferde waren fort.* Ich erfuhr, dass man Mesud ermordet und ihm das ganze Geld abgenommen hatte. Jetzt erst merkte ich, dass ich meine Gewehre nicht mehr besaß; die Muntefik-Araber hatten sie mir abgenommen, als sie mich überfielen. Da wir keine Pferde mehr hatten, mussten wir zu Fuß nach Basra zurück, während Omar Ben Sadek bei dem ermordeten Mesud blieb. *Mittag war längst vorüber, als wir in Basra ankamen, und wir begaben uns sofort nach der Residenz des Müteßarrif.* Ich wurde zu diesem vorgelassen, und als ich ihm erzählte, dass uns Abd el Kâhir, der Scheik der Muntefik-Araber, ausgeraubt und einen Mord verübt hatte, war er sehr erstaunt, denn sein Gast, der sich bei ihm befand, war der echte Abd el Kâhir. Wir waren einem Gauner aufgesessen, dessen Helfer *auf dem Karawanenweg von hier nach Mekka* beheimatete Tamim-Araber waren. Während man mir und Halef zwei Pferde zur Verfügung stellte, um die Verbrecher sofort zu verfolgen, wollte uns Abd el Kâhir mit den Haddedihn morgen folgen, nachdem Mesud beerdigt worden war. Wir ritten nach Alt-Basra zurück, sagten Omar Ben Sadek Bescheid und folgten von dort aus den Spuren der Mörder.

Freitag, 19. November 1875:

Am nächsten Morgen kamen wir in ein Dorf, wo wir eigentlich eine Nachricht für Abd el Kâhir und die Haddedihn zurücklassen wollten. Der Dorfälteste sagte uns, wohin die von uns Verfolgten geritten waren. Somit hatte es keine Eile mehr, sie einzuholen. Obwohl ich ihm nicht recht glaubte, warteten wir auf unsere Helfer, die kurz nach Mittag kamen. Wir *ritten, bis es dunkel geworden war.* Nachts fiel ein Schuss, den Omar Ben Sadek abgefeuert hatte, und wir *fanden einen sehr gut bewaffneten Beduinen, den Omars Kugel getroffen hatte; er war tot.* Wir erkannten *in ihm einen der Räuber, die wir verfolgten.*

Samstag, 20. November 1875:

Als es hell geworden war, sahen wir die Stapfen der Menschen, die nur durch Omars Aufmerksamkeit von der Ausführung ihres Vorhabens abgehalten worden waren. Obwohl deren Spuren woandershin zeigten, folgten wir den ganzen Tag über der alten Richtung. *Gegen Abend kamen wir an* einen *Karawanenweg, wo wir während der Nacht an einem Brunnen lagerten.*

Sonntag, 21. November 1875:

Es war noch nicht Mittag, als wir einen Reitertrupp erblickten, der sich uns in einem spitzen Winkel von links herüber näherte. Es waren nur vier Mann, Hadesch-Araber, darunter ihr Scheik Humam Ben Dschihal, den Abd el Kâhir kannte. Obwohl sie etwas geheimnisvoll taten, erfuhren wir, dass die Räuber, die wir verfolgten, Männer vom Stamm der Malik Ben Handhala mit ihrem Scheik Abd el Birr waren. Statt in unserer Richtung weiterzureiten, folgten wir der Spur dieser Leute, bis es dunkel wurde. Natürlich wurden wieder Wachen ausgestellt. *Ich wurde auch heute bald wieder geweckt, und zwar abermals durch Omar Ben Sadek.* Er hatte eine Stimme gehört, es schien die eines Kindes zu sein. Zu unserem Erstaunen fanden wir tatsächlich ein Kind, das *ganz mutterseelenallein im Sand lag.* Wir nahmen es mit in unser Lager.

Montag, 22. November 1875:

Als am nächsten Morgen das Kind wach wurde, staunten wir: *Ein Araberknabe mit himmelblauen Augen!* Er mochte *vielleicht anderthalb Jahre alt* sein. Wir konnten ihn unmöglich mit uns nehmen und beschlossen deshalb, ihn im nächsten Dorf abzugeben. Das Kind fürchtete sich vor uns, nur zu Omar Ben Sadek schien es Vertrauen zu haben, und Omar schwor, dass er es seinen Eltern selbst bringen wolle, und wenn diese nicht zu finden seien, würde er es mit nach Hause zu den Haddedihn nehmen. Als wir uns im Ort nach einem verschwundenen Kind erkundigten, konnte uns niemand helfen. Ein Dorfbewohner, der gerade von einem längeren Ritt nach Hause kam, berichtete so nebenher, dass er *dabei auf Abd el Birr und seine Handhala-Araber gestoßen* sei. Als wir erzählten, warum wir Abd el Birr suchten, mit dem die Dorfbewohner nicht gerade in Freundschaft lebten, mussten wir *als Gäste im Ort bleiben.*

Dienstag, 23. November 1875:

Wir wussten nun, dass wir die Malik Ben Handhala eine halbe Tagesreise vor uns hatten und mussten uns beeilen, diesen Vorsprung einzuholen. Leider wurde uns dies durch den Knaben erschwert. Gegen Ende dieses Tages kamen wir wieder auf die Fährte der Handhala.

Mittwoch, 24. November 1875:

Am nächsten Vormittag aber führte ihre Spur nach Mawija hinüber, das an der Mekka-Straße liegt. In Mawija, wohin nur ich und Halef geritten waren, wurden wir erst gastlich vom

Dorfältesten empfangen, dann aber als verfluchte Christen beschimpft, die die Heilige Stadt Mekka entweihen wollten. *Draußen* vor dem Zelt *standen jetzt über hundert bewaffnete Männer und Burschen bereit, die Schänder der heiligen Straße zu ermorden und zu zerreißen.* Durch Halefs List gelang es, sie irre zu machen, aber dann *kamen einige Personen hinter einer Hütte hervor; ich erkannte Abd el Birr und drei von seinen Handhala.* Wir galoppierten *zum Dorf hinaus, verfolgt von einem Wutgeheul.* Als wir unsere Leute erreicht hatten, *ritten wir gerade nordwärts,* doch später *in einem weiten Bogen langsam wieder in unsere ursprüngliche Richtung. Es dunkelte bereits, als wir jenseits* des nächsten Ortes *Rakmatan ankamen. Wir versteckten uns da hinter den Felsen des Wadi Maskat es Raml, hinter dem die Esch Schiha-Wüste beginnt.* Um zu sehen, ob Abd el Birr schon hier angekommen war, schlich ich mich allein nach Rakmatan. Vor dem größten Gebäude waren mehrere Pferde angebunden und ich konnte in einen Raum blicken, in dem sich Abd el Birr mit einem anderen Mann unterhielt und von diesem erfuhr, dass sein Sohn, sein einziges Kind, von Humam Ben Dschilal geraubt worden war. Und als jetzt eine Frau, seine Frau, in den Raum trat, verfluchte und verstieß er sie mit der *gesetzlich vorgeschriebenen Scheidungsformel.* Als die Frau weinend das Haus verließ, bat ich sie, mir zu folgen, und führte sie in unser Lager zu ihrem Kind, das sie überglücklich in die Arme schloss. Wir aber spannten meinen Lasso quer über der Strecke, wo Abd el Birr mit seinen Reitern vorübermusste, und brachten sie damit zu Fall, wobei sich der Scheik das Bein brach. Ich holte den Ortsvorsteher von Rakmatan herbei. Nun gab es rührende Szenen, als die Frau mit dem Kind auftauchte und Omar Ben Sadek statt der Blutrache, die er an dem Mörder seines Schwagers Mesud verüben wollte, nur den Blutpreis verlangte. Der eigentliche Mörder, so erfuhren wir jetzt, war von Omar selbst bereits vor einigen Nächten erschossen worden. Wir lösten die Fesseln der Gefangenen und der Ortsvorsteher lud uns alle ein, *Gäste des ganzen Ortes Rakmatan zu sein. Im Hause des Scheiks angekommen, verband ich das Bein des Handhala; der Bruch war nicht kompliziert.*

Donnerstag, 25. November 1875:

Der Kranke fühlte sich am anderen Tag so wohl, dass er den Kadi kommen ließ, um sich sein Weib wieder antrauen zu lassen. Omar Ben Sadek wurde Trauzeuge und verzichtete gleichzeitig auch noch auf den Blutpreis.

Mittwoch, 15. Dezember 1875:

Wir blieben fast drei Wochen lang als Gäste in Er Rakmatan. Meine Gewehre wurden mir natürlich zurückgestellt, und ebenso bekamen die Haddedihn die Summe ersetzt, die dem toten Mesud in Kubbet el Islam abgenommen worden war.

Freitag, 24. Dezember 1875:

Heute am Nachmittag kamen wir wieder in Basra an. Es war der Tag des Heiligen Abends und meiner bemächtigte sich eine eigenartige Stimmung. Gleich nach unserer Ankunft ritt ich mit Halef zum Hafen, um mich zu erkundigen, wann ein Schiff von Basra in Richtung Buschir in Persien fahren würde. Wir waren noch nicht am Kai, da sah ich eine Bark liegen, die mir sehr bekannt vorkam. Als ich Halef auf das Schiff aufmerksam machte, meinte dieser: „Sihdi, du kannst doch nicht alle Schiffe dieser Welt kennen!“ Und doch kannte ich es, denn auf dem Bug stand in großen Lettern ‚The Courser‘ und oben an der Reling unterhielt sich der Kapitän mit einem Matrosen. Ich rief hinauf: „Ahoi, Käpt'n Turnerstick! Wohin die Fahrt?“ Er erkannte mich nicht auf den ersten Blick, aber als ich weiter mit ihm sprach, sperrte er den Mund so weit auf, dass ich befürchtete, er könnte eine Maulsperre bekommen. Dann eilte er den Laufsteg herunter, riss mich in seine Arme und schien mich erdrücken zu wollen. Halef stand sprachlos daneben. Wer hätte gedacht, dass ich Frick Turnerstick, den alten Fahrensmann und Begleiter bei einigen Abenteuern in China, Südamerika und Tunesien, hier in Basra am Heiligabend treffen würde? Natürlich mussten wir beide mit an Bord. Dort erfuhr ich, dass er morgen in aller

Frühe nach Suez und Port Said auslaufen wollte, um Kurs auf Gibraltar zu nehmen. Nach einigem Hin und Her entschloss ich mich, mit ihm zu fahren und heute Abend an Bord das Christfest mit seiner Mannschaft zu feiern, wozu er auch Halef einlud. Doch ich wollte zuerst noch Abschied von Omar Ben Sadek und den Haddedihn nehmen, weshalb ich mit Halef das Schiff verließ. Der Abschied war kurz, aber herzlich; ich packte meine wenigen Sachen zusammen und begab mich mit Halef wieder an Bord. Auch von ihm hieß es nach einigen Stunden Abschied nehmen, was uns beiden nicht leicht fiel. Halef meinte zum Schluss: „Sihdi, euer Weihnachtsfest ist etwas ganz Feierliches. Besonders die Lieder, die die Matrosen gesungen haben, und die Lesung aus eurem heiligen Buch, das ihr Bibel nennt, sind mir unter die Haut gegangen. Das war eine Feier, wie man sie bei uns nicht kennt. Ihr habt doch einen schönen Brauch am Geburtstag von Isa Ben Marjam."

Samstag, 25. Dezember 1875:

Am frühen Morgen stachen wir bei frischer Brise in See.

21. DRITTE SÜDAMERIKA-REISE (1876)

Samstag, 15. Januar 1876:

Wir schipperten auf dem Atlantik in Richtung Mittelamerika. Nachdem wir Anfang des Jahres den Suezkanal durchfahren hatten, steuerte Kapitän Frick Turnerstick Barcelona an, wo er seine Restladung zu löschen hatte, während ich mir die Stadt ein wenig ansah.[1] Als ich wieder an Bord kam, sagte mir Turnerstick, dass er seinen ursprünglichen Plan ändern müsse, Southampton in England anzufahren, wo ich dann sicher eine Fahrgelegenheit nach Deutschland gefunden hätte. Nun habe er hier in Barcelona unverhofft eine große Ladung nach Mittelamerika erhalten, die er natürlich nicht abschlagen konnte. Er überließ es mir deshalb, ob ich von hier aus nach Deutschland gelangen oder erst im englischen Gibraltar oder im spanischen Tarifa von Bord gehen wollte. Als er mir sagte, dass sein neues Ziel Mittelamerika mit den Antillen sei, bat ich ihn, mich nach Aspinwall mitzunehmen, das er zuerst anfahren würde.

Sonntag, 20. Februar 1876:

Am Vormittag bin ich in Lima, der Hauptstadt von Peru, angekommen. Ich hatte ‚The Courser' in Aspinwall verlassen und mich von Frick Turnerstick und seiner Mannschaft verabschiedet. Aspinwall ist die Hauptstadt des gleichnamigen Distrikts der südamerikanischen Republik Columbia. Die Stadt, die erst 1850 gegründet und nach dem New Yorker Kaufherrn Aspinwall benannt wurde, hat als Wahrzeichen ein Standbild von Kolumbus (span. Colon), das Napoleon III. der Stadt vor zehn Jahren geschenkt hat, weshalb Aspinwall zunehmend auch als Colon bezeichnet wird. Schon fünf Jahre nach der Gründung der Stadt wurde die Panamabahn gebaut, die 75 Kilometer lang ist und die Städte Colon und Panama miteinander verbindet. In Panama kam ich bereits am Abend des gleichen Tages an. Die Stadt liegt auf einer schmalen Landzunge am Golf von

[1] Karl Mays Gesammelte Werke Band 7, *Winnetou I*, Kapitel 9: Auf die Frage von Doña Elvira de Gonzales, ob er in Spanien gewesen sei, antwortet Old Shatterhand: „Ja."

Panama. Von hier aus wollte ich weiter nach Lima, doch da der Hafen von Panama sehr seicht ist, ankern die Postdampfer, die regelmäßig die südamerikanische Westküste anfahren, bei der 15 Kilometer entfernten Insel Tabago. Da in Panama ein ungesundes Klima herrschte, ließ ich mich schon am nächsten Tag hinausfahren und erwischte auch gleich ein Schiff, das die Hafenstadt Callao anfuhr, die nur neun Kilometer von Lima entfernt am Stillen Ozean liegt. Von hier aus wollte ich über die Kordilleren und das La-Montana-Gebiet hinüberwechseln nach Bolivien.

Freitag, 17. März 1876:[1]

Mit drei Toba-Indios war ich den Rio Madeira, den größten Nebenfluss des Amazonas-Stroms, bis nach Crato hinuntergefahren. Als wir wieder zurückfuhren, bat mich ein Señor Perdido, ihn in unserem Boot *mitzunehmen, da er hinauf in die Anden wollte. Der Name Perdido heißt auf Deutsch ‚der Verlorene‘ und dazu passte sein ganzes Verhalten.* Vor der Abfahrt hatte er zwei schwere Pakete in unser Boot geladen, deshalb hielt ich *ihn für einen ‚Comerciante‘*, einen Händler. Je näher der Mittag kam, desto heißer wurde es, weshalb wir eine schattige Stelle am Ufer ansteuerten. Nach einer etwas lauten Glaubensdiskussion mit Señor Perdido war ich der Meinung, dass eine schwere Last auf seinem Herzen liege und er anscheinend ein böses Gewissen habe.

Montag, 20. März 1876:

Während der folgenden Tage sprach er nicht mehr mit mir, er wendete sich an die Tobas, wenn er etwas zu sagen oder zu fragen hatte. Als wir nach vielen Anstrengungen die Fälle des Rio Madeira überwunden hatten, bogen wir in den Mamoré ein. *Wir waren da in einer Gegend, wo man hoffen konnte, wieder Menschen, und zwar Weiße, zu treffen.*

Dienstag, 21. März 1876:

Diese Hoffnung erfüllte sich schon am nächsten Tag. Wir trafen auf etwa zwanzig Cascarilleros, auf Rindensammler, *die uns zunächst nicht allzu freundlich begrüßten.* Als Señor Perdido

[1] 17.03.1876-16.04.1876: Karl Mays Gesammelte Werke Band 48, *Das Zauberwasser*, Erzählung ‚Auferstehung‘

hörte, dass zwei Mann von ihnen *noch heute in einem Boot nach Exaltacion aufbrechen* wollten, fragte er sie, *ob sie ihn mitnehmen wollten. Sie waren für eine angemessene Bezahlung dazu bereit.* Bevor das Boot abging, kam ein zuvor abwesender Rindensammler aus dem Urwald zurück und war ganz erstaunt, Señor Perdido zu sehen, den er aber mit dem Namen Riberto ansprach. *Perdido zuckte zusammen,* leugnete dann aber, Riberto zu heißen, obwohl sich der andere Mann ganz sicher war. Als es deswegen zu einer handfesten Streiterei zwischen den beiden kam, musste ich ihn niederschlagen. Er wurde von den Cascarilleros gepackt und ins Boot gesetzt, das dann mit ihm fortfuhr. Mir aber drohte er an, bei der nächsten Begegnung mit mir abzurechnen. Von dem Rindensammler erfuhr ich, dass Perdido-Riberto einst seinen reichen Vater bestohlen hatte, der dann Bankrott machte, worauf seine Mutter vor Gram gestorben war.

Samstag, 8. April 1876:

Vor einigen Jahren war ich mit einer Schar von Toba-Kriegern hoch oben auf der Pampa de las Salinas gewesen, wo wir mancherlei erlebt hatten.[1] *Ich wollte jetzt hinauf zu dieser Pampa, um die Stätte der damaligen Ereignisse wiederzusehen, und meine drei Tobas waren bereit, mich zu begleiten. In Cochabamba versorgten wir uns mit guten Pferden und dann ging es hinauf in die Kordilleren.* Am Vorabend des Palmsonntags erreichten wir das Gebirgsdorf Frutobamba und kamen in einer Venta, einem Gasthaus, unter, wo wir statt des uns zugewiesenen stinkigen Loches lieber im Freien übernachteten. *Ich wachte während der Nacht plötzlich auf, ich hatte etwas gehört, ohne zu wissen, was. Da klang ein eigentümlicher Laut an mein Ohr, es war wie ein Schmerzensruf.* Ein Mann stöhnte und hielt Selbstgespräche wie ein Wahnsinniger. Als er sich selbst ‚Perdido' nannte, wusste ich, wer es war. Als er dann ruhig war, schlief ich wieder ein.

Palmsonntag, 9. April 1876:

Heute wollte ich am Gottesdienst teilnehmen. Ein Wanderpater aus Cochabamba war gekommen, um die Messe

[1] Zweite Südamerika-Reise (1870-1871), 18. und 19. Dezember 1870, Seite 169-172

zu zelebrieren. Beim Mittagsmahl saßen wir mit Perdido an einem Tisch. Während eines Streitgesprächs sagte ich ihm, dass er *seine Mutter in den Tod und seinen Vater in das Elend* getrieben habe. Da kamen einige Reiter an, die mich von meiner zweiten Südamerika-Reise her kannten, weil sie mich in Tucuman gesehen hatten. Es waren Händler, die Perdido verboten, hier in diesem Ort ebenfalls Handel zu treiben, weil nur sie das Recht dazu hätten.

Montag, 10. April 1876:

Am Abend belauschte ich unbeabsichtigt zwei dieser Händler, die hinauf zur Pampa de las Salinas wollten, um den ‚roten Gambusino' zu überfallen, mich aber aus dem Weg räumen würden, wenn ich ihnen dazwischenkäme.

Dienstag, 11. April 1876:

Am anderen Morgen ritt ich mit den Toba-Indios fort, doch bald schon begann mein Pferd zu lahmen. Es hatte ein Geschwür, das ich öffnete, und ich hoffte, in vielleicht zwei Tagen weiterreiten zu können. Perdido, der uns gefolgt war, erschrak, als er uns jetzt schon sah. Ich vermutete, dass er zum Dorf zurückkehren und uns in der Nacht überfallen wollte. Deshalb suchten wir uns an einem kleinen Wäldchen eine andere Schlafstelle.

Mittwoch, 12. April 1876:

Am anderen Morgen kehrten wir an dieselbe Stelle zurück und sahen wiederum Perdido ankommen. *Er hatte uns während der Nacht nicht mehr gefunden und wunderte sich nun jedenfalls außerordentlich darüber, dass wir doch an derselben Stelle lagerten. Er ritt wie gestern vorüber. Am Abend suchten wir abermals das Wäldchen auf.*

Gründonnerstag, 13. April 1876:

Am Donnerstag früh konnten wir endlich aufbrechen, denn der Fuß des Pferdes war ziemlich geheilt. Wir befanden uns noch auf bolivianischem Gebiet. Je höher wir kamen, desto kühler wurde es. Steile Felsenberge türmten sich neben uns auf, zwischendurch führten Schluchten, die oft kaum Platz für zwei Reiter boten. Wir mussten hoch hinauf zu einem Längstal. Wenn wir diesem folgten, konnten wir dann am Ostertag jenseits zur Pampa de las Salinas hinuntersteigen.

Karfreitag, 14. April 1876:

Es war am Karfreitag gegen Abend, als wir uns nach einem Platz umschauten, der während der Nacht Schutz gegen den durchdringend kalten Wind gewährte. Da klang über uns ein Glöckchen und jemand betete in der Inkasprache das Ave Maria. Wir machten uns bemerkbar und ein anderer als der, der gebetet hatte, kam zu uns herunter. Er hatte langes, schneeweißes Haar und ich gab mich ihm als ‚Rastreador de las Salinas' zu erkennen, wobei er sofort wusste, dass ich damals hier den Sendador unschädlich gemacht hatte. Der zweite Mann war *ebenfalls ein weißhaariger Greis, aber ein Indianer.* Es war der ‚rote Gambusino', den die Comerciantes überfallen wollten. Beide nahmen uns mit in ihr Lager. Bevor wir uns schlafen legten, warnte ich noch vor den drei Händlern.

Karsamstag, 15. April 1876:

Am Morgen erfuhr ich, dass der Greis Vater Desgraciado, also der Unglückliche, genannt werden wollte. Nachdem wir nochmals vor den Händlern gewarnt hatten, fragte mich Vater Desgraciado, ob mir der Name Monaco bekannt sei. Ich konnte ihm sagen, dass ich sogar schon einmal dort gewesen war[1] und es auf meiner Rückreise nach Deutschland durchaus wieder berühren könnte. Er war ganz erfreut darüber und bat mich, für ihn etwas nachzuforschen. Dann erzählte er mir, dass er der Bankier Riberto aus Buenos Aires sei, der von seinem einzigen Sohn bestohlen worden war, welcher das gesamte Vermögen in Monaco im Casino verspielt habe. Und nach seinem Sohn sollte ich dort forschen. Daraufhin sagte ich ihm, dass ich wahrscheinlich seinen Sohn hier in Südamerika bereits getroffen hätte. Doch wir wurden unterbrochen, da sich die drei Comerciantes unten bemerkbar machten, die Perdidos Pferd bei sich führten. Wo war Perdido? Wir machten die Händler unschädlich, dann ritt ich mit dem alten Gambusino eiligst die Strecke zurück.

[1] Zweite Orient-Reise (1867), 19. Juli 1867, Seite 107

Wir fanden Perdido an einem kleinen Wasserfall, wo ihn die Comerciantes an Händen und Füßen gefesselt schon gestern Abend in ein Loch gesteckt hatten. Wir nahmen den Fiebernden mit uns und *der Gambusino musste hinauf zu Vater Desgraciado, um ihn vorzubereiten.* Als ich mit Perdido ankam, *ertönte oben ein durchdringender Schrei. Der Vater kam den Felsenweg herabgeeilt, riss Perdido an sein Herz, küsste ihn, nahm ihn dann hoch auf den Arm und stieg mit ihm hinauf zur Höhle. Es war besser, Vater und Sohn jetzt allein zu lassen.* Wir beschlossen, die Comerciantes am nächsten Tag ungestraft ziehen zu lassen, da niemand zu Schaden gekommen war.

Ostersonntag, 16. April 1876:

Am anderen Morgen war ich zeitig munter, als eben die junge Ostersonne den Osten mit purpurnen und goldenen Strahlen färbte. Für Vater und Sohn Riberto war tatsächlich Ostern geworden, das Fest der Auferstehung und eines neuen, gemeinsamen Lebens.

Mittwoch, 24. Mai 1876:

Ich blieb einige Tage hier oben im Gebirge, doch dann wollte ich weiter. Nachdem ich meine Toba-Indios entlohnt, mich von dem roten Gambusino und von Vater und Sohn Riberto verabschiedet hatte, machte ich mich auf den Weg, um die Kordilleren in Richtung Westen zu verlassen. Es war ein mühsamer Ritt, doch gestern bin ich in dem kleinen Hafenstädtchen Iquique am Pazifischen Ozean angekommen. Iquique ist wiederaufgebaut, nachdem es von einem Erdbeben am 13. August 1868 stark heimgesucht worden war. Noch vor einigen Jahren, etwa bis gegen 1850, war es nur ein kleines Fischerdörfchen, aber durch die Silbererze aus den Gruben von Huantajaya und die Salpeterausfuhr hat es inzwischen Weltbedeutung erlangt, was den Wiederaufbau nach dem Erdbeben stark beeinflusste. Hier hoffte ich, ein Schiff nach Norden bis Lima oder gar bis Panama zu finden, um mich langsam wieder der Heimat zu nähern.

Montag, 26. Juni 1876:[1]

Bei meiner Rückkehr aus Südamerika lernte ich in Bremerhaven einen jungen Mann namens Konrad Werner kennen, der mich drüben in den Staaten unter dem Namen Old Shatterhand gesehen hatte. Er hatte dort drüben Öl gefunden und war Millionär geworden. Nun wollte er zurück in seine sächsische Heimat, um nach seiner Mutter zu sehen, die dort in ärmlichen Verhältnissen lebte, und schloss sich mir auf meiner Heimreise nach Sachsen an.

Dienstag, 27. Juni 1876:

Bis Leipzig blieben wir zusammen. Dort trennten wir uns. Ich musste nach Dresden und sein Weg führte ihn über Zwickau ins Gebirge. Vor unserer Trennung aber versprach er mir, mich so bald wie möglich in Dresden aufzusuchen, um mir Nachricht von seiner Mutter zu bringen.

Freitag, 30. Juni 1876:

Er traf auch wirklich schon nach drei Tagen bei mir ein und ich erfuhr von ihm, dass seine Mutter schon vor längerer Zeit gestorben sei. *Er wohnte im besten Gasthof der sächsischen Hauptstadt.*

Sonntag, 9. Juli 1876:

Ich wurde von Konrad Werner zu einem Konzert *‚einer ungarischen Sängerin' eingeladen: Es war Martha Vogel, die zum ersten Mal und mit großem Erfolg auftrat.* Ich hatte Martha Vogel und ihren Bruder Franz bei einem Ausflug ins Erzgebirge kennengelernt. Der etwa fünfzehnjährige Franz Vogel *war musikalisch hochbegabt.* Ein mir befreundeter Musikdirektor holte ihn nach Dresden und *übernahm selber die Ausbildung.* Seine Schwester Martha, die ihn begleitete, kam als Arbeiterin in die Druckerei, in der ich während meines begrenzten Heimataufenthaltes zeitweise als Schriftleiter tätig war.

Sonntag, 30. Juli 1876:

Es gelang Konrad Werner, die Bekanntschaft von Martha Vogel zu machen; *sie gab ihre Stellung als Arbeiterin auf, und*

[1] 26.06.1876-31.07.1876: Karl Mays Gesammelte Werke Band 21, *Krüger Bei*, Kapitel 6 und Beginn von Kapitel 7

heute *vermählten sie sich. An der Hochzeitsfeier nahm ich zwar teil, doch wurde sie recht unerquicklich: Werner war betrunken, begann mit Eifersüchteleien und wurde ausfällig. Da verließ ich kurzerhand die Feier.*

Montag, 31. Juli 1876:

Schon heute, also einen Tag nach der Hochzeit, *reiste er zurück nach Amerika, begleitet von seiner jungen Frau und ihren Angehörigen. Nur Franz Vogel war zurückgeblieben, um seine Verpflichtungen dem Kapellmeister gegenüber zu erfüllen, dem er seine jetzige Laufbahn verdankte.*

22. SIEBTE NORDAMERIKA-REISE (1876-1878)

Sonntag, 1. Oktober 1876:

Das geringe Gepäck eines Weltenbummlers stand bereit und die Waffen waren im Futteral untergebracht. Am nächsten Tag sollte es wieder in die Vereinigten Staaten gehen.

Samstag, 11. November 1876:[1]

Ich hatte im Haus des Juweliers Marshall in Louisville eine mehrtägige Gastfreundschaft genossen. Die zwei Söhne des Juweliers, Allan und Bernard, *hatten mit mir einen Jagdausflug in die Cumberlandberge gemacht und mich dann am Mississippi begleitet. Beide waren prächtige Jungen, deren Gesellschaft mir behagte.* Als wir uns trennten, war mein Ziel der Yellowstone-National-Park. Dieser war durch ein Gesetz am 1. März 1872 den Bürgern der Vereinigten Staaten zum Geschenk gemacht worden. Ich war schon mehrmals dort gewesen, auch als er noch kein Nationalpark war, und es zog mich immer wieder dorthin.

Sonntag, 11. Februar 1877:

Ich befand mich auf der Flucht, zuerst vor den Sioux und jetzt vor den Ogellallah. In den letzten zwei Monaten war ich zweimal nur knapp dem Tod entronnen. Es war Winter geworden oben am Yellowstone, strenger Winter, wie ich ihn in dieser Gegend hatte erwarten müssen, wenn man sie zu so später Jahreszeit aufsucht. Doch auch der Winter mit Schnee und Eis hat seinen besonderen Reiz, den ich einmal erleben wollte. Anfangs ging alles gut, doch dann geriet ich an einen Trupp Sioux – von welchem Stamm, konnte ich nicht ermitteln –, die mich als ihren immerwährenden Feind ansahen. Mir blieb nichts anderes als die Flucht. Mein Pferd rutschte auf einer nicht sichtbaren Eisfläche aus und brach sich das Bein. Ich musste es erschießen, obwohl ich die Indianer im Nacken hatte. Zum Glück hatte ich mir rechtzeitig ein paar Schneeschuhe angefertigt, auf denen ich verhältnismäßig rasch vorwärtskam. Es war ein Gewaltmarsch bis Fort Union,

[1] 11.11.1876-03.06.1877: Karl Mays Gesammelte Werke Band 9, *Winnetou III*, Kapitel 1-10

das ich glücklicherweise nach sechs Tagen vollkommen ermattet und abgemagert erreichte. Dort wartete ich erst einmal den Winter ab. Der Schnee begann schon früh zu tauen, und als sich die ersten kleinen Frühlingsboten bemerkbar machten, wollte ich weiter. Ich hatte mir hier in Fort Union ein recht gutes Pferd kaufen können. Am Platte-River war ich auf eine *Gesellschaft von zwölf Männern* gestoßen, die *im Osten der Felsenberge nach Texas* hinabwollten. *Zur gleichen Zeit hatten die verschiedenen Stämme der Sioux ihre Lagerdörfer verlassen, weil einige ihrer Krieger von Weißen getötet worden waren und sie nun Rache nehmen wollten. Wir wussten das, fielen trotz aller Vorsicht in ihre Hände und wurden nach einem harten blutigen Kampf, wobei fünf von uns das Leben ließen, in alle Richtungen über die Prärie zerstreut.* Mich hatten sie als Old Shatterhand erkannt und deshalb die Verfolgung aufgenommen.

Freitag, 16. Februar 1877:

Ich hatte seit dem frühen Morgen eine tüchtige Strecke zurückgelegt. Jetzt fühlte ich mich einigermaßen ermüdet. Deshalb beschloss ich, Rast zu halten. Die Prärie dehnte sich, eine Bodenwelle nach der anderen bildend, in unendlicher Weite vor mir aus. Nach einiger Zeit sah ich in der Richtung, aus der ich gekommen war, einen Punkt, der sich bald als Reiter entpuppte, ein Weißer, der von vier Ogellallah verfolgt wurde. Als er nahe bei mir war, warnte ich ihn vor seinen Verfolgern, doch er lachte nur und schoss durch ein Bravurstück alle vier aus dem Sattel. Ich erfuhr, dass er Mark Jorrocks hieß, aber nur Sans-ear genannt wurde: ein berühmter Westmann, dem ich bisher noch nie begegnet war. *Er hatte vor langen Jahren bei den Navajos seine Ohren gelassen und trug daher den Namen ‚Ohne-Ohr'.* Nachdem ich ihm glaubhaft bewiesen hatte, dass ich Old Shatterhand war, war der Bann gebrochen. Er kam von Kanada herunter und wollte nach Texas und Mexiko. Da mein Weg auch nach Texas und weiter nach Kalifornien gerichtet war, wollten wir für einige Zeit zusammenbleiben. Er erzählte mir, dass einst zehn Strauchdiebe seine Frau und sein Kind ermordet hatten. Acht der Mörder hatte er bis jetzt zur Strecke gebracht und die anderen beiden würde er auch noch finden. Weil er die Ogellallah auf die Spur der vier Gefallenen lenken wollte, trennten wir uns und vereinbarten, uns an der Westbahn wiederzutreffen. Als ich dort angekommen war und *unter den Büschen nach Dürrholz für ein Lagerfeuer* suchte, fand ich den Hammer eines Schienenwärters, stieß auf eine indianische Mokassin-Spur, entdeckte Blut auf dem Bahnschotter sowie verdächtige Schleifspuren und dann einen skalpierten menschlichen Körper; es war ein Weißer. Die Fährten der Mörder *führten vom Bahndamm in die Prärie hinein.* Ich kroch ihnen nach, bis ich *etwa sechzig Pferde* sah, *alle außer zweien auf indianische Weise aufgezäumt.* Aus der Gebärdensprache, in der sich einer der indianischen Pferdewächter mit einem Weißen unterhielt, entnahm ich, dass man die Schienen der Eisenbahn aufreißen und den Zug überfallen wollte. *Ich hatte genug gesehen und kehrte unverzüglich um.* Inzwischen war Sans-ear eingetroffen. Er war meiner Meinung, dass wir den ankommenden Zug warnen mussten. Vorher wollten wir jedoch die Indianer belauschen. Als es dunkel wurde, schlichen wir uns bis zu den Indianerpferden, wo wir uns trennten. Im Indianerlager *sah ich drei Männer sitzen, die ein Gespräch zu führen schienen.* Es waren zwei Ogellallah-Häuptlinge und ein Weißer. Einer der beiden Häuptlinge war Ma-ti-ru, in dessen Gefangenschaft ich einmal vor *„acht Wintern" geraten war.*[1] Ihrem Gespräch konnte ich entnehmen, dass der Zug, den sie überfallen wollten, aus Kalifornien kam und Gold geladen hatte, das der Weiße für sich beanspruchte, während die Indianer *alles andere samt den Skalpen der Bleichgesichter* haben sollten. Nach dem Überfall würden die Ogellallah-Krieger den Weißen bis nach Mexiko begleiten, wohin dieser mit seinem Sohn wollte. Als die Indianer sich erhoben, um die Bahnschienen aufzureißen, zog ich mich zurück und traf mit Mark zusammen, der weiter nichts erfahren hatte. Während Mark die Indianer beobachtete, ritt ich eiligst westwärts und konnte nach etwa drei Meilen den Zug anhalten und

[1] Vierte Nordamerika-Reise, Montag, 8. März 1869, Seite 133-135

den Zugführer informieren. Dieser wollte sofort das Kommando zu einem dilettantischen Überfall auf die Indianer an sich reißen, obwohl er keine Ahnung davon hatte. Ich ließ ihn mitsamt den Passagieren, darunter vierzehn Bahnarbeiter und zwanzig Milizsoldaten, einfach auf der Strecke stehen und ritt zu Sans-ear zurück. Da wir zwei momentan nichts weiter ausrichten konnten, beseitigte Mark die beiden Pferdewächter, während ich einige Papiere und zwei Beutel aus der Satteltasche des weißen Strauchdiebs an mich nahm. Da kam der Zug mit seinem grellen Licht angefahren und hielt *hart an der Gleisunterbrechung.* Dann gingen die Türen *auf, die Männer schritten zum Angriff.* Doch die Indianer schossen zurück und wer von den Weißen nicht tot oder verwundet war, rannte zurück zu den Waggons. Nun belagerten die Roten regelrecht den Zug, weshalb Sans-ear und ich uns zum Eingreifen gezwungen sahen. Wir zündeten das dürre Gras an, sodass es zu einem Präriebrand kam und die Pferde der Indianer in eine Stampede ausbrachen. Die Ogellallah krochen unter die Waggons und zündeten ein Gegenfeuer an. Als sich die beiden Häuptlinge auf unsere Pferde schwingen wollten, konnte ich sie mit dem Tomahawk unschädlich machen. Da die Lokomotive unbesetzt war, schwang ich mich hinauf und setzte die Maschine in Rückwärtsgang, womit ich die darunter liegenden Roten zur Flucht zwang. Inzwischen hatte Sans-ear in dem weißen Banditen Fred Morgan erkannt, den Mörder seiner Familie, der jedoch mit den fliehenden Indsmen entkommen konnte. Mir fiel ein, dass ich ja aus dessen Satteltasche Papiere und zwei Beutel entnommen hatte, die ich jetzt öffnete. In den Beuteln waren echte Steine, Diamanten von unschätzbarem Wert. Eines der Papiere war ein Brief des Sohnes Patrick an seinen Vater, der ihn aufforderte, Mitte März an ein Ziel in der Sierra Blanca zu kommen, egal ob diesem der Streich mit den Juwelen gelungen sei oder nicht. Wir beschlossen, ebenfalls dorthin zu reiten. Nachdem die Gleise ausgebessert waren, setzte sich der Zug wieder in Bewegung und verschwand in Richtung

Osten. Wir beide aber schlugen unser Nachtlager in etwas weiterer Entfernung auf.

Samstag, 17. Februar 1877:

Als ich erwachte und mich aus der Decke wickelte, war es noch früh am Tag. Wir ritten zur Überfallstelle, konnten aber keine weiteren Spuren von Fred Morgan entdecken. Deshalb machten wir uns auf in Richtung Sierra Blanca.

Freitag, 2. März 1877

Wir waren im Llano Estacado angekommen, jener amerikanischen Wüste, die man nicht mit der Sahara gleichsetzen kann. Wäre Bloody-Fox noch in seiner Wüstenoase gewesen, hätte ich bestimmt versucht, diese Richtung einzuschlagen. Aber diese Oase gab es nicht mehr, denn sie war abgebrannt. Bloody-Fox hatte sich ganz aus dem Llano zurückgezogen, war verheiratet, wie ich vernommen hatte, und hatte Bob und seine Mutter Sana mit zu sich in den neuen Haushalt genommen. Leider war ich seit unserer letzten Begegnung, als man Winnetou und mir die Gewehre gestohlen hatte, nicht mehr mit ihm zusammengetroffen.[1]

Mittwoch, 7. März 1877:

Fünf Tage ritten wir bereits durch den Llano Estacado. Ross und Reiter waren mit ihren Kräften am Ende. *Erst heute gegen Mittag hatte ich bemerkt, dass* die gesteckten Pfähle *uns falsch führten. Da erscholl hoch über uns ein schriller, heiserer Schrei.* Unten auf der Erde *gewahrte ich drei Kojoten und einige Geier. Die Tiere saßen rund um einen Körper.* Ich erschoss zwei der Kojoten, rannte hin *und sog das Blut mit Begierde ein,* füllte dann einen Lederbecher mit dem ‚roten Nektar' und flößte es dem wie tot daliegenden Mann ein. Es war ein Schwarzer. Ich kannte ihn: Es war Cäsar, der Diener der Familie Marshall aus Louisville, bei der ich mich zur Beginn meiner siebten Nordamerika-Reise aufgehalten hatte. Wie kam er hierher? Nachdem ich auch Sans-ear mit dem Blut versorgt hatte, erfuhr ich dann von Cäsar, dass Bernard Marshall mit

[1] Sechste Nordamerika-Reise, Freitag, 18. Juli 1873, Seite 261f.

mehreren Leuten durch den Llano Estacado unterwegs war, um nach San Francisco zu reisen, wo sich Allan Marshall befand, der dort Gold aufkaufen wollte. Bernard war außerdem auf der Suche nach dem Mörder seines Vaters, denn der alte Marshall war ermordet worden und alle Schätze des Juweliers gestohlen. Als ich auf dem weiteren Weg Kaktusstauden sah, erinnerte ich mich daran, wie ich schon früher einmal im Llano ein riesiges Kaktusfeld hatte anzünden lassen, wodurch sich Wolken bildeten, die Regen mit sich brachten.[1] *Einige Minuten später flackerte ein lustiges Feuer empor. Eine halbe Stunde später brach es los* und wir versorgten uns mit dem nötigen Wasser. *Der Regen hörte ebenso plötzlich auf, wie er eingetreten war.* Wir ritten weiter und sahen bald eine Gruppe, die aus neun Männern und zehn Pferden bestand. Bernard Marshall war ganz erstaunt, mich hier zu sehen. Neben ihm bestand die Schar aus *fünf Einkäufern der Mountain-Pelzhandelsgesellschaft und drei Personen,* wahrscheinlich Händlern oder Kaufleuten. Williams, dem Anführer der Pelzhändler, jedoch traute ich nicht. Als er und ein gewisser Mercroft aus seinem Team Wache hatten, belauschte ich die beiden, wobei mir klar wurde, dass wir ermordet werden sollten, vielleicht schon in dieser Nacht. Deshalb machten wir die Pelzhändler vorher dingfest. Die drei Kaufleute waren zwar sehr überrascht, beruhigten sich aber, als ich ihnen die Sachlage schilderte.

Donnerstag, 8. März 1877:

Am Morgen bildeten wir ein Savannengericht. Wir konnten ihnen jedoch keinen direkten Mordversuch nachweisen. Trotzdem sollten sie noch zwei Tage unsere Gefangenen bleiben, bis wir den Llano Estacado hinter uns hatten. Während des Ritts berichtete mir Bernard Marshall von der Ermordung seines Vaters und dem Raub des gesamten Vermögens, wobei er einen Gehilfen seines Vaters in Verdacht hatte, der zusammen mit einem gewissen Fred Morgan verschwunden war. Mir war gestern schon ein Gedanke gekommen, und als ich jetzt Bernard die beiden Beutel mit den Diamanten

[1] Zweite Nordamerika-Reise, Samstag, 8. Oktober 1864, Seite 67

zeigte, die ich bei dem Indianerüberfall aus der Satteltasche genommen hatte, stellte er zu seiner Überraschung und Freude fest, dass es die geraubten waren. *Der Ritt wurde ohne besondere Unterbrechung bis zum Abend fortgesetzt.*

Freitag, 9. März 1877:

Am Mittag gaben wir die fünf Gefangenen frei, die *dem Rio Pecos bis zum Rio Grande folgen* wollten. Die drei Kaufleute trennten sich ebenfalls von uns, sie wollten *nach Paso del Norte.* Da wir den fünfen nicht ganz trauten, ritt ich allein hinter ihnen her. Einer von ihnen sonderte sich von den übrigen ab und ritt zu einem Buschfeld. Ich schlich mich heran und entdeckte ein Räuberlager mit siebzehn Pfahlmännern, bei denen sich jetzt auch Williams befand. Er erzählte, was er mit uns erlebt hatte, und dass der junge Patrick Morgan, der sich bei uns Mercroft genannt hatte, hinauf zum Rio Penasco wollte, um seinen Vater zu treffen. Vorher aber würde er noch die drei Kaufleute ausrauben. Uns wollten die Pfahlmänner heute Nacht überfallen. Nachdem ich genug gehört hatte, verzog ich mich wieder und ritt zu unserem Lager zurück. Sans-ear ärgerte sich gewaltig, als er hörte, wer der junge Mercroft eigentlich gewesen war, den er hatte laufen lassen. Als es dunkel wurde, ritten wir auf einem Umweg zum Lager der Pfahlmänner, um das Räubernest auszuräuchern, denn diese waren ja zu Fuß unterwegs. Hoblyn, einen der Pfahlmänner, der das Lager bewachen sollte, überwältigten wir. Er verriet uns in seiner Todesangst, dass ihr Anführer seinem ‚Leutnant' Patrick Morgan nicht mehr traute, weil dieser wahrscheinlich das Bargeldversteck ausheben würde, um dann mit seinem Vater zu verschwinden. Hoblyn war bereit, uns zu dem Versteck zu führen. Nachdem wir das ganze geraubte und vergrabene Gold, das den ermordeten Llano-Estacado-Reisenden abgenommen worden war, sowie die nötigen Vorräte an Waffen, Munition und Lebensmitteln an uns genommen und auf mehrere Packpferde geladen hatten, verjagten wir die Pferde der Buschklepper und zündeten deren Räuberlager an.

Mittwoch, 14. März 1877:[1]

Wir waren am Rio Pecos angekommen. *Wenig weiter nördlich lag Winnetous Pueblo. Gar zu gern hätte ich einen Abstecher dorthin unternommen, doch ich musste solche Gedanken von mir weisen, es galt zunächst Mark Jorrocks und Bernard Marshall beizustehen.* Dann entdeckten wir eine Spur, von der wir annahmen, dass sie von Patrick Morgan stammen könnte. Bevor wir ihr folgen konnten, sahen wir mehr als hundertfünfzig Komantschen vorüberziehen, die sich auf einem Kriegszug befanden. Ihnen folgte ein anderer Indianer, der jedoch auf unsere Spur traf: Winnetou, der Häuptling der Apatschen. Wir beide freuten uns *herzlich über dieses Zusammentreffen.* Mit ihm folgten wir den Komantschen. Unterwegs überwältigte Winnetou einen Mann, den Bernard Marshall als den Juweliergehilfen Holfers erkannte und der den Mord an Juwelier Marshall Fred Morgan in die Schuhe schob. Als er uns plötzlich entwischte, erschoss ihn Winnetou mit seiner Silberbüchse. Der Tote versank in den Fluten des Rio Pecos. Später kamen wir an einen Rastplatz der Komantschen, die jetzt zwei Weiße in ihrer Mitte hatten: Vater und Sohn Morgan. Aber noch zwei weitere Weiße tauchten auf, nämlich der Capitán der Llanogeier mit einem Kumpan namens Conchez, die von Weitem die Komantschen beobachteten, weshalb sie die beiden Morgans, die sich dort befanden, nicht erkannten. Nach einem unseligen Zusammentreffen Winnetous mit dem Capitán der Pfahlmänner, das gerade noch einmal glimpflich abgelaufen war, versuchten wir, auf den Spuren der Komantschen zu reiten. Hoblyn, der die Gegend kannte, wo der Capitán das gesamte Barvermögen versteckt hatte, führte uns in diese Richtung. *Es war ein böser Ritt, je weiter wir kamen, desto wilder wurde das Gelände, bis wir gegen Abend die Höhe des Gebirgszugs erreichten. Wir ritten jenseits hinab und fanden einen vortrefflichen Lagerplatz.*

Donnerstag, 15. März 1877:

Der Wald hörte nach und nach auf, da es an Wasser zu mangeln begann. Es gab eine Menge trockener Flussbetten, sogenannte

[1] Band 9 GW, in Kapitel 3: „…denn wir haben heute den vierzehnten März."

Cañons. *Wir folgten einem solchen in westlicher Richtung und endlich sahen wir vor uns die bewaldeten Höhen der Sierra Blanca aufsteigen.* Dort *trafen wir wieder auf zahlreiche Wasserläufe, die alle dem Rio Pecos zuströmten. Unter ihnen befand sich auch der Rio Penasco, der das von uns gesuchte Tal durchfloss. Am späten Nachmittag erreichten wir dieses Tal,* wo wir lagern wollten. Als ich mit Cäsar nach einem geeigneten Platz für unsere Pferde suchte, trafen wir auf einen Grizzly, den ich erschießen konnte.

Freitag, 16. März 1877:

Der größte Teil des nächsten Vormittags verging, ohne dass unsere Aufmerksamkeit durch etwas Besonderes in Anspruch genommen wurde. Dann sahen Mark und ich die beiden Morgans kommen. Ein lautes Geräusch ließ uns schnell in Deckung gehen. Es waren der Capitán und Conchez, die aus einer anderen Richtung kamen und die Morgans anreiten sahen. Sie gingen zum Versteck des Geldes, das sich genau da befand, wo unsere Kameraden lagerten. Wir nahmen die beiden fest und dann auch noch Fred und Patrick Morgan, als diese bei uns eintrafen. Anschließend hielten wir über die Verbrecher Gericht, wobei Winnetou den Richter machte. Er sprach Hoblyn frei und dieser erhielt seine Waffen wieder. Der Anführer der Llanogeier und sein Kumpan aber sollten im Wasser ertränkt werden und Patrick Morgan musste die Vollstreckung vornehmen. Obwohl Bernard Marshall auf sein Recht pochte, seinen Vater zumindest an Fred Morgan zu rächen, hatte Mark Jorrocks den älteren und größeren Anspruch, Rache an den beiden für die Ermordung seiner Frau und seines Sohnes zu nehmen. Ich wurde abgelenkt und ging zu meinem Pferd, das ängstlich geschnaubt hatte und nun *aufgeregt am Riemen zerrte, um sich zu befreien. Im gleichen Augenblick erscholl von der Wiese her ein entsetzliches Geheul.* Vom *Rand des Buschwerks blickte* ich *durch die Zweige. Der ganze Platz wimmelte von Indianern.* Mark, Winnetou und Bernard waren überwältigt worden. *Wo Cäsar war, konnte ich nicht feststellen.* Ich konnte im Moment nichts anderes tun, als mich in Sicherheit zu bringen, *kehrte also zu meinem Pferd zurück, band es los* und stieg mit ihm *so schnell wie möglich zur Höhe hinauf.* Ich ritt, *ohne anzuhalten, einen großen Teil des Tages immer nach Westen.* An einem Wasserlauf versuchte ich dann meine Spuren zu verbergen *und kehrte auf einem Umweg zum Ausgangspunkt meines Fluchtritts zurück.*

Samstag, 17. März 1877:

Als ich am Morgen langsam auf unseren gestrigen Lagerplatz zuging, hörte ich Cäsar rufen, der sich in einer Baumhöhle versteckt und von dort aus die Indianer beobachtet hatte, die in der Frühe mit ihren Gefangenen weggeritten waren, jedoch nicht, ohne einige Krieger zurückzulassen. Mir gelang es, einen einzelnen jungen Krieger niederzuschlagen und ihn zu Cäsar zu bringen. Dann suchte ich die Pferde der Komantschen und führte sie fort, sodass uns die restlichen Krieger nicht verfolgen oder ihren Stammesangehörigen nachreiten konnten. Ich holte Cäsar und band mit ihm den jungen Komantschen auf mein Pferd. Es stellte sich heraus, dass er Ma-ram hieß und der Sohn des Häuptlings To-kei-chun war. Als er vernahm, dass ich Old Shatterhand war, versprach er mir, nicht zu fliehen. Ich band ihn los, gab ihm seine Waffen zurück und rauchte mit ihm statt der Friedenspfeife eine Zigarre. Wir gingen zu den von mir entführten Pferden und folgten der Fährte der Komantschen, bis es Abend wurde.

Sonntag, 18. März 1977:

Die Spur, der wir nun folgten, war sehr deutlich. Am Rande der Sierra Guadalupe *teilte sich die Fährte. Die größere Anzahl der Roten hatte sich ins Gebirge gewendet, während die anderen weiter dem Pecos gefolgt waren.* Ma-ram eröffnete mir, dass die Mehrzahl der Krieger, die ins Gebirge geritten waren, das Grabmal eines Häuptlings besuchen wollten, während die anderen mit den Gefangenen zu den Wigwams der Komantschen unterwegs waren. Da diese wegen des Wassers den Fluss entlangritten, schlug ich den Weg nach Süden durch unwirtliches Gebiet ein, um eher das Lager zu erreichen. *Es war ein böser und beschwerlicher Ritt, da ich die Gegend nicht kannte und von Ma-ram keine genügende Auskunft erlangen konnte.*

Montag, 19. März 1977:

Das Unternehmen glückte aber und schon am Vormittag hatten wir die Berge überwunden und sahen eine weit gedehnte Savanne vor uns liegen. Als wir dann in der Nähe des Rio Pecos lagerten, sahen wir zwei Weiße mit vier Packpferden durch die Gegend jagen, verfolgt von einigen Indianern. Durch das Fernrohr erkannte ich die beiden Morgans, die hart an uns vorbeikommen mussten. *Ich beschloss, sie lebendig zu fangen,* weshalb ich nur ihre Reitpferde erschoss. Doch als ich mich auf die beiden Verbrecher warf, waren auch schon die verfolgenden Komantschen heran und nur durch den Zuruf Ma-rams ließen sie von mir ab. *Die beiden Reiter hatten Zeit gehabt, sich aufzuraffen und in die Büsche zu entfliehen.* Ich konnte gerade noch erfahren, dass sie in der Nacht zwei Wächter ermordet und sich der Packpferde mit den von uns den Llanogeiern abgenommenen Schätzen bemächtigt hatten. Diese vier Lastpferde waren jetzt weggerannt, hatten sich in den Rio Pecos gestürzt und waren mit ihrer Last untergegangen. Ein riesiges Vermögen war damit restlos verloren. Während die fünf Roten die Verfolgung der beiden Weißen aufnahmen, setzten wir unseren Ritt fort. Ich wusste, dass unsere gefangenen Kameraden *nur noch von fünf Indianern bewacht wurden.* Vielleicht konnten wir sie jetzt *leichter* befreien. Wir ritten ihnen nach, *bis es dunkel wurde.*

Dienstag, 20. März 1877:

Jetzt führte die Spur vom Fluss ab in die Savanne hinein. Wir kamen an *einen Platz, der von zahlreichen Pferden zerstampft war, und von hier aus führten wenigstens vierzig Hufspuren nach Süden.* Gegen Abend erreichten wir das Lagerdorf der Komantschen. Ich schickte Ma-ram zu seinem Vater To-kei-chun, um uns anzukündigen. Bald erschien ein Trupp roter Krieger mit vier Häuptlingen. Nach einigem Palaver ritt ich mit ihnen in das Lager hinein. Sie wollten beraten, ob sie mit mir die Pfeife des Friedens rauchen konnten. Bis dahin teilte man mir ein Zelt zu, in dem ich bis zur Beratung morgen früh schlafen sollte. Cäsar, der mich begleitet hatte, wurde von mir getrennt und weggebracht.

Mittwoch, 21. März 1877:

Mit einer Mischung aus List und Gewalt gelang es mir, zuerst Cäsar, dann Winnetou, Sans-ear und Bernard frei zu bekommen. Wir bekamen sechs Stunden Vorsprung, dann würde man uns verfolgen. Ich verabschiedete mich noch von Ma-ram, der mich wie einen Freund behandelte. *Als wir das Zeltdorf der Komantschen verließen, ritten wir den Nachmittag und die ganze Nacht hindurch.*

Donnerstag, 22. März 1877:

Bereits am nächsten Mittag sahen wir *die obere Sierra Guadalupe vor uns.*

Sonntag, 25. März 1877:

Auch die Sierra Guadalupe wurde überwunden, ohne dass wir eine Spur von Verfolgung bemerkten.

Samstag, 31. März 1877:

Als wir einige Tage später den Rio Grande überschritten hatten, brauchte uns wegen der Komantschen nicht mehr bange zu sein.

Donnerstag, 5. April 1877:

Wir hatten um die Mittagszeit auf der Höhe eines Passes gelagert, als Winnetou acht Indianer bemerkte, die auf uns zukamen. Sie gehörten zu jenen Komantschen, die das Häuptlingsgrab in den Bergen besucht hatten. Fred und Patrick Morgan hatten dort, nachdem sie uns entwischt waren, zwei Wächter ermordet und zwei Pferde gestohlen. Die acht Krieger waren ihnen nachgeritten, mussten aber im Gebiet der Navajos umkehren und waren nun auf dem Rückweg zu ihrem Stamm.

Sonntag, 8. April 1877:

Bei den Navajos erfuhren wir, dass sich die von uns Gesuchten *nur einige Stunden aufgehalten* und sich nach dem Weg zum Colorado erkundigt hatten. Wir blieben weiter auf ihren Spuren.

Montag, 7. Mai 1877:

Nach langem, langem Ritt befanden wir uns nun an den Ostabhängen der Sierra Nevada *auf einer weiten Ebene.* Ich konnte eine zahme Kuh mit eingebranntem Zeichen erlegen, doch es kam dabei zu einem kleinen Zwischenfall. Während wir noch beim Braten des Fleisches waren, wurden wir von einem mexikanischen Ranchero und sieben Vaqueros umzingelt, denen wir dann freiwillig mit zu deren Rancho folgten, obwohl wir ja eigentlich ‚Rinderdiebe' waren. Dort stellte sich heraus, dass die Tochter des Hauses sich in Allan Marshall verliebt hatte, als sie bei ihrer Tante in San Francisco gewesen war. Das war die erste Nachricht, die Bernard von seinem Bruder hörte. Nun waren wir als Gäste willkommen und erfuhren, dass Fred und Patrick Morgan hier auf dem Rancho gewesen waren und nach San Francisco wollten, um Allan Marshall zu treffen.

Dienstag, 8. Mai 1877:

Am anderen Morgen brachen wir auf, gefolgt von den freundlichen Wünschen aller Bewohner des Ranchos.

Donnerstag, 10. Mai 1877:

Nun *brauchten wir unseren früheren Reiseplan nicht streng einzuhalten, und als wir den Mono-See erreichten, hielten wir dort* nur eine kurze Rast.

Montag, 14. Mai 1877:

Dann ging es in raschen Tagesmärschen über die Sierra Nevada hinab nach Modesto und von dort mit der Bahn über Stockton nach San Francisco, dem Ziel unserer Reise.

Dienstag, 15. Mai 1877:

Hier suchten wir das Hotel Valladolid auf, das dem Schwager des Rancheros gehörte. Als ich mich bei einer Bedienung nach der Besitzerin des Hotels erkundigte, waren wir beide erstaunt, uns hier zu begegnen, denn sie stammte aus Deutschland und war ein Nachbarsmädchen von mir. Ihr Vater war mit ihren beiden Brüdern hinauf in das Goldland gegangen, um sein Glück zu machen. Von der Hotelbesitzerin, deren Schwester die Frau des Rancheros war, erfuhr ich, dass Allan Marshall schon vor vier Monaten hinauf in die Goldgräbergebiete von Sacramento gegangen sei, gefolgt von den beiden Morgans. Wir wollten eine Nacht hier im Hotel verbringen, um dann morgen hinauf zu den Goldminen zu gehen. Im

Laufe des Abends hörten wir die Erzählung eines Goldsuchers, dem Allan Marshall alles gefundene Gold abgekauft hatte. Seine Gruppe war aber später von Räubern überfallen worden, deren Anführer ein Mulatte (Mischling) gewesen sein sollte. Er beschrieb uns genau, wo er Allan Marshall verlassen hatte und wie wir zu ihm kommen würden.

Mittwoch, 16. Mai 1877:

Am anderen Morgen schwammen wir mit der Fähre über die Bai und stiegen an der San Francisco gegenüberliegenden Landzunge aus.

Freitag, 18. Mai 1877:

Wir folgten der Richtung, die uns der Goldsucher angedeutet hatte, erreichten am Abend des dritten Tages die Höhen von St. Johns und wandten uns dann gegen Sonnenaufgang.

Samstag, 19. Mai 1877:

Am anderen Tag ritten wir in das Tal des Sacramento hinab und gelangten am Nachmittag zum Yellow Water Ground. Von einem Spelunkenwirt erfuhren wir, dass Allan Marshall plötzlich verschwunden sei. Vorgestern schon hätten sich zwei Weiße und ein Mulatte nach ihm erkundigt, die einen Zettel an Allans Lagerplatz gefunden hatten. Sie wollten außerdem den Weg nach dem Short Rivulet Tal erklärt haben. Wir trafen auch Allans Diener Buller, der wegen Untreue entlassen worden war. Er hatte Allans Uhr gestohlen und Briefe unterschlagen, die wir ihm wieder abnahmen. Aus einem dieser Briefe erfuhren wir, dass Allan ins Short Rivulet Tal wollte, was wahrscheinlich auch die beiden Morgans wussten. Daher war Eile geboten.

Dienstag, 22. Mai 1877:

Von Chico aus wandten wir uns gegen Nordost und gelangten am vierten Tag an einen mächtigen Bergstock. Da oben lag gerade in der Mitte der Hochfläche ein See, der Schwarzauge *genannt wird.* Wir lagerten am südlichen Ufer.

Mittwoch, 23. Mai 1877:

Am Morgen brachen wir auf und gelangten bald in das Tal des Short Rivulet. Wir fanden zerstörte Zelte, aufgewühlte Placers, eingestürzte Erdhütten und überall Spuren eines heftigen Kampfes. Leichen sahen wir keine, vermuteten jedoch, dass sie von ihren Mördern in den See geworfen worden waren. Und diese konnten dann wohl nur die beiden Morgans und der Mulatte gewesen sein. Wir entdeckten die Fährte von sechzehn Reitern und vier beladenen Maultieren, der wir folgten, bis es dunkel wurde.

Donnerstag, 24. Mai 1877:

Bei Tagesgrauen ging es schon wieder weiter und am Vormittag waren wir den Verfolgten um einen Tag nähergerückt. Wir durften *hoffen,* sie *morgen einzuholen.* Doch dann teilte sich die Fährte an einem Bogen des Sacramento. Vermutlich schnitten die Maultiere mit der Goldladung unter der Aufsicht von Patrick Morgan den Flussbogen ab, *während die anderen die vorige Richtung beibehalten hatten,* um Allan Marshall zu folgen, der ihnen wahrscheinlich entkommen war. Wir machten drüben am jenseitigen Ufer unser Nachtlager.

Freitag, 25. Mai 1877:

Dann ging es am Morgen weiter ins Land hinein, immer der Fährte nach. Am Mittag war *der Trupp kaum noch fünf Meilen vor uns.* Plötzlich gab es *eine Menge von Hufeindrücken,* von *wenigstens hundert* Reitern. *Der Boden zeigte Spuren eines Kampfes. Die Reiter waren jedenfalls Indianer gewesen.* Und dann *sahen wir die Zelte eines Indianerlagers vor uns. Schoschonen!* Als wir im Lager von den Indianern begrüßt wurden, sah Bernard Marshall seinen toten Bruder Allan neben einem Zelt liegen. Der Häuptling erzählte uns, sie hätten gesehen, wie drei Reiter von zehn verfolgt wurden. Bevor sie eingreifen konnten, war Allan Marshall von einer Kugel tödlich getroffen worden. Sieben der Verfolger wurden von den Schoschonen gefangen, drei entkamen. Bei den Gefangenen war auch der Mulatte, während Fred Morgan fehlte. Deshalb nahmen wir zusammen mit dem Schoschonen-Häuptling die Verfolgung auf und am Nachmittag hatten wir sie erreicht. Während ich Fred Morgan mit dem Lasso fangen konnte, wurden seine beiden Begleiter im Kampf erschossen.

Bernard und Cäsar nahmen den Gefangenen in ihre Mitte und kehrten zum Lager der Schoschonen zurück. Wir anderen aber wollten Patrick Morgan mit den beladenen Maultieren und dem geraubten Gold abfangen. Deshalb ritten wir die ganze Nacht hindurch.

Samstag, 26. Mai 1877:

Nach einer Rast am Morgen kamen wir wieder an den Sacramento, und zwar an einer Stelle, wo ein ‚Hotel' stand. Hier kamen kurz nach uns sechs Reiter mit vier Maultieren an, *und der vorderste war kein anderer als Patrick Morgan.* Ich sah, dass die Mulis keine Last mehr trugen, sie musste irgendwo in einem Versteck abgeladen worden sein. Als sie weiterritten, wurde Patrick Morgan von Winnetou vom Pferd geholt, während der Schoschonen-Häuptling und Sans-ear die anderen erschossen. Da Patrick Morgan nicht verriet, wo das Gold abgeladen worden war, war es wahrscheinlich verloren – *deadly dust!* Mit dem Gefangenen ritten wir nun in das Schoschonen-Lager zurück, das wir gegen Abend erreichten. *Das Gericht über die Gefangenen musste also bis morgen verschoben werden.* Doch mitten in der Nacht wurde ich durch Lärm geweckt. *Die Gefangenen hatten sich auf eine auch später nicht zu erklärende Weise ihrer Fesseln entledigt, waren aus dem Zelt entkommen und hatten die Wachen überrumpeln wollen. Die Gefangenen hatten keine Waffen und die Indianer waren ihnen an Zahl zehnfach überlegen. Es dauerte keine zehn Minuten, so erscholl der Todesschrei des Letzten, der niedergemacht wurde.*

Sonntag, 27. Mai 1877:

Am anderen Morgen gab es eine traurige Feier: Allan Marshall wurde begraben.

Sonntag, 3. Juni 1877:

Wir blieben noch eine Woche da, dann kehrten wir nach San Francisco zurück.

Montag, 11. Juni 1877:[1]

Wir hatten uns in San Francisco eine Herberge in der Nähe des Hafens gesucht, wo wir auch unsere Pferde einstellen

[1] 11.06.1877-09.10.1877: Karl Mays Gesammelte Werke Band 20, *Die Felsenburg*

konnten. Bernard Marshall und Cäsar wollten nicht über Land nach Louisville zurückreisen, da ihnen der Weg zu unsicher und die Strapazen zu groß waren, sondern den Seeweg einschlagen. Sie hofften, bald ein Schiff nach Panama zu finden, von wo sie mit der Eisenbahn nach Colon fahren wollten, um von dort aus eine Passage in die Staaten zu nehmen. Winnetou und Sans-ear hielten es nicht lange in der Stadt aus, sie hatten uns bereits gestern in Richtung Arizona verlassen. Mit Winnetou hatte ich vereinbart, dass wir uns in drei Monaten am Rio Gila treffen wollten. Warum ich nicht mit den beiden ritt? Gleich nach unserer Ankunft in San Francisco hatte ich mich hingesetzt und unsere Erlebnisse zu Papier gebracht, die sogleich von einem Friscoer Blatt abgedruckt wurden. Als man dort erfuhr, wer ich war, machte man mir den Vorschlag, nach Mexiko zu reisen, wo General Jargas eine Empörung angezettelt hatte. Ich sollte als Augenzeuge vom Schauplatz berichten und ergriff mit Freude diese Gelegenheit, eine Gegend kennenzulernen, die ich sonst wohl nie zu sehen bekäme. Die Abreise sollte bereits am nächsten Tag sein, wenn alle Vorbereitungen dazu abgeschlossen waren.

Dienstag, 12. Juni 1877:

Ich reiste also nach Mexiko ab, um für die Redaktion in San Francisco über *die plötzliche Erhebung des mexikanischen Generals Jargas* vom *Schauplatz der Empörung Berichte zu schreiben.*

Mittwoch, 15. August 1877:

Der Aufstand von General Jargas wurde ziemlich schnell niedergeschlagen. Er selbst wurde gefangen genommen und erschossen. *Ich ging, nachdem mein letzter Bericht abgesandt worden war, über die Sierra Madre zurück, um Guaymas zu erreichen. Dort hoffte ich eine Schiffsgelegenheit zu finden, denn ich wollte nach dem Rio Gila, wohin ich mich mit Winnetou verabredet hatte.* Unterwegs aber brach sich mein Pferd den Vorderfuß, sodass ich es erschießen musste. Meinen Weg konnte ich nur zu Fuß fortsetzen. *Es war eine lange und anstrengende Wanderung* und ich war froh, als ich heute endlich *das Hafenstädtchen Guaymas* unter mir liegen sah. Hier kam ich in einem ‚Hotel' unter, das aber mehr einer Spelunke ähnelte. Mir war das gleich, Hauptsache, dass ich erst einmal untergebracht war, bis ich ein geeignetes Schiff fand, mit dem ich von hier fortkam. Mit in diesem ‚Hotel' wohnte auch ein Mormone namens Harry Melton, der auf ein Schiff nach Lobos wartete und den ich am Abend nur ganz kurz sah, ohne mit ihm zu sprechen.

Donnerstag, 16. August 1877:

Am nächsten Morgen sah ich den Mormonen, dessen Gesichtszüge mich an Gustave Dorés bekanntes Bildnis des Teufels erinnerten, beim Frühstück. Ich glaubte, ihn schon irgendwo einmal gesehen zu haben, wusste aber nicht wo.

Dienstag, 28. August 1877:

Auch im Verlauf der nächsten Tage, an denen ich mit dem Mormonen regelmäßig des Morgens und des Abends zusammentraf, war es mir unmöglich, mich zu besinnen.

Mittwoch, 29. August 1877:

Als er am Abend des fünfzehnten Tages ins Gasthaus kam, begann er ein Gespräch mit mir. Dabei bot er mir eine Stelle als eine Art Buchhalter auf der Hazienda del Arroyo an, weil er glaubte, ich sei nur ein armer Schreiber. Ich sollte mit ihm etwa vierzig Arbeiter mit ihren Familien aus Deutschland, die morgen auf einem Schiff hier ankommen würden, zu dieser Hazienda begleiten. An und für sich wollte ich das Angebot abschlagen, aber wie sollte ich hier von Guaymas fortkommen? *Es war mir* auch *der Gedanke gekommen, dass den Auswanderern irgendeine Gefahr drohe, und ich fühlte das Bedürfnis, diese Gefahr zu erforschen und meine Landsleute zu warnen.* Deshalb sagte ich zu.

Donnerstag, 30. August 1877:

Es war gegen Mittag, als der Mormone ins Gasthaus kam, mich abzuholen, denn das Schiff war eingetroffen. Die ersten Personen, die mir auf dem Schiff auffielen, waren Vater und Tochter, Juden, wie ich vermutete. *Die anderen Reisenden waren arme Leute. Als ich* sie *zählte, fand ich, dass es achtunddreißig*

Männer und Burschen, vierzehn Frauen und erwachsene Mädchen und elf Kinder, also im ganzen dreiundsechzig Menschen waren. Der Mormone wies mir eine Kajüte mit einem deutschen Einwanderer an, der Herkules genannt wurde und deshalb mit hier auf dem Schiff war, weil er die Jüdin, sie hieß Judith, gerne sah und sich Hoffnungen machte. Am Abend belauschte ich den Mormonen bei einer heimlichen Unterredung mit dem Kajütenwärter, den er von früher her zu kennen schien. So hörte ich, dass Melton wirklich ein falsches Spiel mit den Auswanderern trieb und dass der Vater des Kajütenwärters, der alte Weller, sich deshalb mit Indianern in Verbindung gesetzt hatte. Zu meinem Erstaunen erfuhr ich weiter, dass Melton mich als Old Shatterhand erkannt hatte, und schließlich auch, weshalb er mir so bekannt vorgekommen war: Vor Jahren hatte ich seinen Bruder, Thomas Melton, der in Fort Unitah einen Offizier erschossen hatte, bis nach Fort Edwards verfolgt, wo er verhaftet und zum Tode verurteilt worden war, jedoch in letzter Sekunde entkommen konnte.[1] Unbemerkt gelangte ich wieder in meine Koje.

Freitag, 31. August 1877:

Als ich erwachte, war der Herkules *schon munter,* doch ich erzählte ihm nicht, was ich erlauscht hatte.

Dienstag, 18. September 1877:

Lobos lag längst hinter uns. Wir ritten und fuhren nun Ures, der Hauptstadt des gleichnamigen Bezirks, entgegen. Es war gegen Abend desselben Tages, als wir den Rio Sonora erreichten, weit oberhalb der Stadt. Melton ließ aber nicht halten, sondern wir zogen noch im Dunkeln weiter zu einem Lagerplatz, der günstiger sein sollte als hier am Flussufer, was jedoch nicht der Fall war, denn es gab nur Büsche und Strauchwerk. Als alle schliefen, schlich sich Melton vom Lager fort und ich folgte ihm unauffällig. Er traf sich mit einem anderen Mormonen, in dem ich den Vater des Kajütenwärters Weller vermutete. Leider konnte ich nicht erlauschen, was sie sprachen. Bei ihnen musste sich auch ein Indianer-Häuptling

[1] Sechste Nordamerika-Reise, 27. Juni 1873, S. 254f.

befinden, jedoch war nicht zu erfahren, zu welchem Stamm er gehörte.

Mittwoch, 19. September 1877:

Am Morgen richtete ich es so ein, dass mein Pferd mit mir durchging. Ich wollte Hilfe herbeiholen, denn ich ahnte, dass die Auswanderer in großer Gefahr waren, und ritt deshalb in die Stadt Ures. Dort wurde mir von der „städtischen Behörde" jede Unterstützung verweigert. Ich besorgte mir neue Kleidung und deckte mich noch mit dem nötigen Schießpulver ein. Außerdem hatte ich mich nach dem Weg zur Hazienda del Arroyo erkundigt und dabei erfahren, dass der Besitzer, Señor Timoteo Pruchillo, ein ehrlicher Mann sei, dem nicht nur die Hazienda, sondern auch ein Quecksilberbergwerk gehörte, welches jedoch aus Mangel an Arbeitskräften aufgegeben worden war. Ich lenkte also mein Pferd in Richtung Hazienda.

Donnerstag, 20. September 1877:

Vormittags, ich ritt gerade *durch ein langes, schmales Tal,* hörte ich plötzlich Schüsse und entdeckte zwei Männer, einen Weißen und einen Roten, die eine Frau und zwei Knaben oben auf einem Felsen in Schach hielten. Sie flohen vor mir, und einen Dritten musste ich erschießen, um die Bedrohten in letzter Sekunde zu retten. Die drei waren Indianer vom Stamme der Mimbrenjos. Es waren die Tochter und die beiden Söhne, fünfzehn und siebzehn Jahre alt, des Häuplings ‚Starker Büffel', mit dem ich schon die Friedenspfeife geraucht hatte. Erschossen hatte ich den ‚Kleinen Mund', Sohn des Yuma-Häuptlings ‚Großer Mund', der vor mir geflohen war. Er hatte sich gestern Abend mit dem Mormonen Melton und dem alten Weller getroffen. Ich vermutete, dass sich außerdem eine Schar Yumas in der Gegend befand, um die Hazienda del Arroyo zu überfallen. Da ich die Bewohner warnen wollte, ritt ich mit den drei Indianer-Geschwistern dorthin, doch der Haziendero glaubte mir nicht und verwies mich mit den Indianern von seinem Hof und seinem Gebiet. Melton, der unverhofft hier eintraf, wollte das verhindern und erbot sich, als wir wegritten, uns bis zur Hazienda-Grenze zu führen – um mich dann zu ermorden, wie ich vermutete. Als es in der Dunkelheit tatsächlich so weit kam, konnte ich ihn jedoch unschädlich machen. Die beiden Mimbrenjo-Knaben holten drei Pferde von der Weide der Hazienda, sodass wir alle beritten waren. Danach ließ ich Melton, dem ich bei seiner Überwältigung beide Hände ausgerenkt hatte, wieder laufen. Der jüngere der beiden Mimbrenjos und seine Schwester ritten noch in der Nacht zu ihrem Stamm, um etwa hundert Krieger mit ihrem Häuptling hierherzuschicken, was ungefähr sechs Tage in Anspruch nehmen würde. Mit dem älteren schlug ich an der Stelle, wo ich mich mit den Mimbrenjos treffen wollte, unser Nachtlager auf.

Freitag, 21. September 1877:

Wir ritten am Morgen zum gestrigen Kampfplatz, wo die drei Mimbrenjos von den Yumas und dem Mormonen überfallen worden waren, und versuchten von dort aus Spuren zum Yuma-Lager zu finden, was uns auch gelang. Es befanden sich etwa neunzig Krieger dort, *Squaws gab es nicht.* Bei ihnen befand sich auch der junge Weller, unser ehemaliger Kajütenwärter. Als dieser wegritt, folgten wir ihm, bogen dann aber ab, um vor ihm in der Nähe der Hazienda zu sein. Bei unserer Ankunft dort dunkelte es bereits. Während der junge Mimbrenjo bei den Pferden blieb, suchte ich eine Stelle in der Nähe eines Sees auf, wo Weller vorbeikommen musste. Er kam ohne Pferd, also wollte er sich hier mit jemandem treffen. Deshalb stieg ich in das Wasser, ging vorsichtig darin weiter und hörte dann tatsächlich jemanden sprechen. Es waren Vater und Sohn Weller und ich erfuhr, dass der alte Weller die Hazienda hatte kaufen wollen, aber von dem Haziendero abgewiesen worden war. Nun sollten die Yuma-Indianer in Aktion treten, um diesen gefügig zu machen, damit der alte Weller billig an den Grundbesitz kommen konnte. Man wollte aus dem Gelände später eine Niederlassung der Mormonen hier in Mexiko schaffen. Der alte Weller wollte morgen zu den Yumas reiten, um den Zeitpunkt des Überfalls auf die Hazienda zu vereinbaren. Dann trennten sich die beiden. Ich schlich mich nun in den Innenhof der Hazienda und konnte auch den Herkules sprechen, wobei ich ihn über alles informierte, was er wissen musste, um mir und den Auswanderern, die inzwischen auf der Hazienda eingetroffen waren, zu helfen. Bevor ich mich wieder wegschlich, versorgte er mich noch mit dem nötigen Mundvorrat für einige Tage.

Samstag, 22. September 1877:

Als der junge Mimbrenjo und ich wieder in der Nähe der Yuma-Indianer angekommen waren, graute bereits der Morgen. Während er sich schlafen legen wollte, schlich ich mich an das Lager heran, konnte aber nichts Neues entdecken. Dummerweise war der Junge unterdessen auf den Gedanken verfallen, auch die Yumas zu beschleichen, wobei man ihn entdeckt hatte. Natürlich wollte ich ihm zu Hilfe kommen, doch blieb ich an einer Wurzel hängen, wurde von Gegnern überwältigt und in deren Lager geschafft. Der Jubel war groß, denn man hatte Old Shatterhand gefangen. Der junge Mimbrenjo jedoch war entkommen und auch seine Verfolgung bis zum Abend durch fast alle Lagerangehörigen blieb erfolglos. Nach dem Essen kam der alte Weller ins Lager, denn die Yumas sollten *noch vor der Morgendämmerung den Überfall* auf die Hazienda vornehmen. *Als Weller fort war, brachen die Indianer ihr Lager ab, um das Tal in der Richtung nach der Hazienda zu verlassen. Ich wurde auf ein Pferd gebunden.* Meine Hoffnung, die Bewohner der Hazienda vielleicht doch irgendwie warnen zu können, erfüllte sich nicht, da ich in großer Entfernung unter Bewachung zurückbleiben musste.

Sonntag, 23. September 1877:

Ich hörte die Angriffsschreie und danach das Siegesgeheul der Yumas, der Überfall schien geglückt zu sein. Nach drei Stunden wurde auch ich zur Hazienda geführt und sah, dass man alle Vaqueros ermordet und skalpiert hatte. Die Auswanderer aber lebten. Der Haziendero und seine Frau lagen gebunden auf der Erde. Zum Schein waren auch Melton und der alte Weller gefesselt. Die Yumas plünderten die Hazienda und trieben das gesamte Vieh zusammen. Dann zündeten sie das Haus und sämtliche umliegenden Wälder an, sodass der gesamte Besitz des Hazienderos vernichtet wurde. Die Indianer zogen mit ihrer ganzen Beute fort und nahmen mich und alle Gefangenen mit. Auf einer Lichtung wurde gelagert. Obwohl man mich in eine Decke einrollte und diese mit Riemen umband, schlief ich doch recht gut. *Ich hätte wohl bis zum Morgen geschlafen, wenn ich nicht durch eine Berührung aufgeweckt worden wäre.* Es war der junge Mimbrenjo, mit dem ich nun meine Flucht besprach, die aber nicht heute Nacht stattfinden konnte. Bevor er wieder verschwand, stieß er ein Messer neben mir so in das Gras, dass es niemand sah, ich es aber herausziehen konnte.

Montag, 24. September 1877:

Es kostete mich zwar einige Mühe, das Messer unbemerkt aus der Erde zu ziehen, doch gelang es mir noch vor dem Aufbruch. Nach etwa zwei Stunden wurden zwei Abteilungen gebildet: *Die kleinere blieb zurück, um die anderen Gefangenen zu bewachen. Die größere Abteilung, die vom Häuptling angeführt wurde, folgte den vorausgeschickten Tieren. Ich befand mich, auf ein Pferd gefesselt, bei ihr.* Am Abend wartete ich auf das verabredete Zeichen des Mimbrenjo, der sich auch bald bemerkbar machte.

Dienstag, 25. September 1877:

Wir ritten bald über grasiges, bald über ödes Land. Auch heute Nacht war an eine Flucht nicht zu denken, denn ich war wieder in die Decke eingerollt worden.

Donnerstag, 27. September 1877

Ebenso ging es am folgenden und auch am vierten Tag.

Freitag 28. September 1877:

Unser Weg führte über felsige Höhen, durch enge Täler und finstere Schluchten. Als die Herde eine saftige Wiese vor sich sah, war sie nicht mehr zu halten. Man konnte vorerst nicht weiter und wollte deshalb, obwohl es erst Mittag war, bis morgen früh hier bleiben. Während der Häuptling ‚Großer Mund' mit mir sprach, gab mir der Mimbrenjo-Knabe das verabredete Zeichen: das Quaken eines Frosches. Bevor ich in die Decke eingewickelt wurde, reichte man mir noch zu essen, wozu man mir die Hände aufband. Mit einem schnellen Schnitt hatte ich dann die Fußfessel durchtrennt. *Ich sprang empor und rannte in wilder Hast der Schlucht entgegen.* Die Wachen waren so starr, dass mir der Mimbrenjo entgegenkommen, den Henrystutzen reichen und ich nun einige meiner Verfolger niederschießen konnte. *Der wackere Mimbrenjo schoss auch. Ich machte nur unschädlich. Seine Kugel aber brachte den Tod.* Bis andere Yumas mit ihren Gewehren angerannt kamen, waren wir zu unseren bereitstehenden Pferden geeilt *und jagten fort, den Weg zurück, den wir am Vormittag gekommen waren.* Ich erwartete, dass uns die Yumas verfolgen würden, was auch geschah. Da ich erfahren hatte, dass sich Melton, der Haziendero und die Auswanderer nicht mehr bei den Yumas befanden, musste uns der Trupp, der sie bewacht hatte, bald entgegenkommen. Wir sahen sie, als wir in die tiefstehende Sonne blicken mussten, und bogen seitlich ab, um ihnen aus dem Weg zu gehen. Doch einer aus dem Trupp verfolgte uns – und zu meiner Überraschung und Freude entpuppte sich dieser Verfolger als Winnetou, mit dem ich mich eigentlich am Rio Gila treffen wollte. Nach einer kurzen Begrüßung ritten wir zurück und stießen statt auf die Yumas auf ungefähr einhundertfünfzig Mimbrenjos mit ihrem Häuptling ‚Starker Büffel'. Auch sein jüngerer Sohn war dabei. Da Winnetou zu unserem Treffpunkt am Rio Gila unterwegs war, vorher aber glücklicherweise einen Abstecher zu den Mimbrenjos machte, hatte er mir meinen Hatatitla mitgebracht, der mich freudig begrüßte. An einer Stelle, wo wir auf die uns verfolgenden Yumas warteten, stellte ich den älteren Sohn des ‚Starken Büffel', der bei meiner Flucht zwei Yumas erschossen hatte, dem Stamm als neuen Krieger vor und gab ihm den Namen Yuma-Shetar (Yuma-Töter). Als der Abend hereinbrach, ritten Winnetou und ich fort, um nach den Yumas Ausschau zu halten, die unsere Spur sicher gesehen hatten und uns nun wahrscheinlich umreiten und von hinten überfallen wollten. Wir beobachteten sie, als auch sie lagerten und zwei Kundschafter aussandten, unser Lager ausfindig zu machen. Wir fingen die beiden ab – einer von ihnen war der Häuptling ‚Großer Mund' –, holten unsere Mimbrenjo-Krieger herbei und umstellten das Lager der Yumas. Diese ergaben sich, als sie erkannten, wie aussichtslos ihre Lage war, ohne Blutvergießen.

Samstag, 29. September 1877:

Es wurde schon langsam hell, als die Yuma-Krieger ihre Waffen und alles, was sie auf der Hazienda geraubt hatten, abgaben. Darüber verging der größte Teil des Vormittags. Ich hatte vorher dem ‚Großen Mund' versprochen, ihn und seine Krieger freizulassen, wenn der Zeitpunkt gekommen wäre und mir der Häuptling von den Plänen Meltons erzählt habe. Es kam deshalb zu einer Meinungsverschiedenheit mit dem ‚Starken Büffel', dem Häuptling der Mimbrenjos. Später wurde in Richtung Hazienda aufgebrochen. Gegen Abend kamen wir in die Nähe des Lagerplatzes *der bei den Herden zurückgebliebenen Yumas.* Während der ‚Starke Büffel' mit der Hälfte seiner Leute zurückblieb, um die bereits gefangenen Yumas zu bewachen, ging ich mit Winnetou und der anderen Hälfte der Mimbrenjos los, um die Yumas bei den Herden unschädlich zu machen, was uns wiederum ohne Blutvergießen gelang. *Wir betrachteten das geraubte Vieh als Eigentum des Hazienderos, nahmen uns aber dennoch die Freiheit, einige Tiere zu schlachten, um Fleisch zu haben.* Morgen wollten wir die Herde dem Haziendero zurückbringen, wozu uns der ‚Starke Büffel' fünfzig Mimbrenjos als Helfer überließ. Vom ‚Großen Mund' erfuhr ich, dass Melton den Besitz gekauft habe, er sagte mir aber nicht, wo ich diesen finden konnte und wo sich die deutschen Auswanderer befanden. Winnetou und mir war nicht klar, weshalb Melton erst die Hazienda hatte überfallen und abbrennen lassen, um sie dann zu kaufen, obwohl sie ihm jetzt keinen Nutzen mehr bringen konnte. Nur eines wusste ich: Die Auswanderer, die der Haziendero in Deutschland angeworben hatte, waren laut Arbeitsvertrag nun Melton unterstellt. Und der hatte bestimmt eine Teufelei mit ihnen vor. Winnetou und ich würden uns auf die Suche machen und zuerst zur Hazienda reiten. Der ‚Starke Büffel' gab uns seine beiden Söhne mit, die uns möglicherweise als Boten dienen konnten. Während ein Teil der Mimbrenjos das gesamte Vieh zur Hazienda trieb und uns auch später noch zur Verfügung stehen sollte, wollte der ‚Starke Büffel' mit seinen anderen Kriegern die gefangenen Yumas in sein Dorf führen, um sie den Martertod sterben zu lassen.

Sonntag, 30. September 1877:

Auf unserem Ritt trieben wir unsere Tiere fleißig an; glaubten wir doch, dass sie sich später nach unserer Ankunft auf der Hazienda tüchtig ausruhen könnten.

Montag, 1. Oktober 1877:

Die Folge war, dass wir schon am Nachmittag des nächsten Tages die Grenze der Hazienda erreichten. Ich ritt allein in den Hof und sah einen Mann, einen Weißen. *Er trug einen langen dunklen Rock, der ihm fast das Aussehen eines Geistlichen verlieh.* Ich stellte mich als Bekannten von Melton vor und erfuhr, dass dieser mit dem Haziendero, *dem ‚früheren Besitzer', nach Ures geritten* sei, *um den Kauf gerichtlich* festzulegen. Die deutschen Auswanderer seien mit den beiden Wellers *hinauf nach der Fuente de la Roca (Felsenquelle), wo sie von den Yuma-Indianern erwartet wurden.* Als er Winnetou sah, flüchtete der Mann und wir konnten ihn nicht mehr einfangen. Der Apatsche hatte ihn ebenfalls erkannt: ein Mörder, der ‚Player' genannt wurde, Mormone und Freund von Thomas Melton. Winnetou kannte auch die Gegend an der Fuente de la Roca, weil er schon einmal dort gewesen war, konnte aber nicht enträtseln, was die Auswanderer dort sollten. Wir beschlossen, zusammen nach Ures zu reiten, um dort den Kaufvertrag zu unterbinden und Melton zu fangen, während die beiden Mimbrenjo-Knaben hierbleiben sollten, um den Player zu beobachten.

Dienstag, 2. Oktober 1877:

Der Ausdauer unserer ausgezeichneten Tiere hatten wir es zu verdanken, dass wir unser Ziel um die Mittagszeit des folgenden Tages erreichten. Wir trafen den Haziendero bei jener

„städtischen Behörde", die mir vor zwei Wochen jede Unterstützung verweigert hatte. Señor Timoteo hatte von Melton zweitausend Pesos für seine Hazienda erhalten und diesem dafür seinen gesamten Grundbesitz überschrieben. Melton war schon wieder fort, angeblich zur Hazienda. Mir gelang es endlich, den Haziendero davon zu überzeugen, dass Melton ein Betrüger sei, dem es nicht um die Hazienda, sondern um das Quecksilberbergwerk ging, das er mit Hilfe der deutschen Auswanderer ausbeuten wollte. Ich versprach Señor Timoteo, ihm bei der Rückübertragung seines Besitzes zu helfen. Zuvor mussten Winnetou und ich aber schnellstens über die Fuente de la Roca zu dem Bergwerk, das etwa fünf Tagesritte entfernt lag, um meinen Landsleuten zu helfen. Doch da wir unsere Pferde zu sehr angestrengt hatten, war es nötig, diesen bis morgen Ruhe zu gönnen. Der Haziendero ritt mit dem vermeintlich gelehrten ‚Jurisconsulto', der in Wahrheit vom Rechtswesen keine Ahnung hatte, und drei Polizisten voraus, um Melton festzunehmen. Winnetou und ich aber suchten uns außerhalb der Stadt Ures ein Nachtlager im Freien.

Mittwoch, 3. Oktober 1877:

Nun ritten wir nach der Hazienda zurück. Unser Ritt verlief, ohne dass sich dabei etwas Nennenswertes ereignete. Jetzt eilten wir nicht so sehr wie beim Ritt nach der Stadt und gönnten uns nachts die nötige Ruhe.

Donnerstag, 4. Oktober 1877:

Es war kurz vor Tagesende, als wir die Grenze der Hazienda wieder erreichten. Die beiden jungen Mimbrenjos hatten den Player im Auge behalten und führten uns nun zu einer weit entfernten Stelle, wo er schlief, weil er wohl einen größeren Ritt hinter sich gebracht und auch das Pferd gewechselt hatte. Wir nahmen ihn gefangen und banden ihn. Vor lauter Angst, dass wir ihm die Hände brechen würden, versprach er, uns nach der Fuente de la Roca und hinauf nach Almaden alto, dem Quecksilberbergwerk, zu führen. Da sich alle deutschen Auswanderer zusammen mit den Kindern bereits im Innern des Bergwerks befanden, war Eile geboten. Den jüngeren Mimbrenjo schickte ich zu seinen Stammesgenossen, die die Viehherde zur Hazienda trieben, um zu unserer Unterstützung dreißig ihrer Krieger nach Almaden alto, wohin wir sofort reiten wollten, zu holen.

Freitag, 5. Oktober 1877:

Wir befanden uns jetzt unterwegs nach dem alten Quecksilberbergwerk Almaden alto und mussten über die Fuente de la Roca kommen. Die Fuente, an der zwanzig Yumas lagerten, war zwei Tagesritte entfernt. Auf der Straße befanden sich überdies noch vier Posten zu je fünf Yumas, die eine Nachrichtenlinie bildeten. An der ersten Postenkette waren nur noch drei Yumas anwesend, zwei waren mit Meldungen unterwegs. Ihnen waren der Haziendero und die vier ‚Beamten' aus Ures in die Hände gelaufen und gefesselt worden. Wir nahmen die Indianer gefangen und banden die Weißen wegen ihres groben Undanks erneut an die Bäume. Am Abend fingen wir auch noch die beiden Boten ab, bevor sie in ihr Lager kamen. Als alles zu schlafen schien, gelang es Winnetou durch eine List zu erfahren, dass am nächsten Vormittag der Yuma-Häuptling ‚Schneller Fisch' mit fünf Kriegern kommen würde, um die gefangenen Weißen abzuholen.

Samstag, 6. Oktober 1877:

Morgens erschien der junge Mimbrenjo mit etwas über vierzig Kriegern, die die Herde hatten im Stich lassen müssen, weil sie vom ‚Großen Mund' und etwa hundert Yumas überfallen worden waren. Es war uns rätselhaft, wie der ‚Große Mund' frei werden konnte, da doch er und viele Yumas als Gefangene vom ‚Starken Büffel' zum Dorf der Mimbrenjos geschafft werden sollten. Der Junge hatte in weiser Voraussicht zwei Krieger in die Dörfer der Mimbrenjos geschickt, um zweihundert Krieger herbeizurufen. Nachdem wir die fünf Yumas abgefangen hatten, brachen wir auf und nahmen neben den gefangenen Indianern auch noch den Haziendero, den wir wieder losgebunden hatten, und seine vier Begleiter mit. Es war schon dunkel, als wir in der Nähe der Fuente de la Roca ankamen und Winnetou auf Kundschaft ging. Nach seiner Rückkehr brachten wir mit fünfundzwanzig

Mimbrenjos die vierzehn Yumas an der Quelle in unsere Gewalt, holten dann die anderen herbei und schlugen hier unser Nachtlager auf.

Sonntag, 7. Oktober 1877:

Da wir nur den Anfangsweg nach Almaden alto kannten, aber den Haziendero, dem das Gebiet gehört hatte, nicht einbinden wollten, versuchte ich durch List den Player auf unsere Seite zu ziehen, was mir auch gelang. Er machte nun unseren Führer unter der Bedingung, dass ich ihn später frei ließ, und verriet mir, wo sich der nächste Yuma-Posten befand, den wir dann aushoben.

Montag, 8. Oktober 1877:

Am nächsten Morgen ging es weiter. Der Player machte den Führer und war ehrlich gegen uns. Gegen Abend führte er uns zum nächsten Posten, der in ähnlicher Weise wie die vorigen überrumpelt wurde. Wir hatten nun nur noch einen vor uns und also noch zwei Tagesritte nach Almaden.

Dienstag, 9. Oktober 1877:

Am folgenden Morgen durchquerten wir ein breites Tal. Hier sahen wir die Spuren der fünf Wagen, von denen mir der Player gestern erzählt hatte und die neben ausreichenden Lebensmitteln auch Arbeitsmaterial nach Almaden bringen würden. Als wir uns der Wagen bemächtigt hatten und noch mit den Fuhrleuten verhandelten, kam der junge Weller angeritten, den wir einfingen. Er konnte jedoch seinen Begleiter, den wir nicht sahen, durch Schreie vor uns warnen. Der Wagenzug rollte mit uns weiter und *wir hatten in den fünf Wagenführern eine zuverlässige Unterstützung gefunden.* Der Begleiter des jungen Weller, es konnte nur sein Vater oder Melton selbst gewesen sein, war zurückgeritten und *es war uns somit nicht mehr möglich, unsere Gegner zu überraschen.* Auf einer Seitenspur, der ich mit dem Yuma-Töter folgte, fanden wir den schwer verletzten und bewusstlosen Herkules, jenen Auswanderer, der in die schöne Jüdin Judith verliebt war, und brachten ihn zu unserem Wagenzug. Als er wieder zu sich kam, stürzte er sich auf den jungen Weller, der ihn niedergeschlagen hatte, und erwürgte ihn, ohne dass wir es verhindern konnten. *Nach der Aufhebung des letzten Postens* gelangten wir *in die Gegend, wo der Pflanzenwuchs aufzuhören begann.* Der Player führte uns zu einem Platz, an dem unsere Tiere Wasser und Futter fanden und wir ein Lager errichten konnten, ohne von Almaden aus entdeckt zu werden. Später redete ich mit dem Herkules, der mir erzählte, warum sie freiwillig mit den beiden Wellers von der Hazienda fortgezogen waren. Statt wie versprochen zu einer Estanzia waren sie in ein Yuma-Lager geführt, überwältigt und nach Almaden in einen Schacht geschafft worden. Er konnte vorher entfliehen, war aber in ein Loch in einem Stollen eingebrochen. Was inzwischen mit seinen Landsleuten geschehen war, wusste er nicht, nur dass sich Judith mit Melton eingelassen hatte und nicht im Bergwerk arbeiten musste. Irgendwann war er aus dem Stollen gekrochen, um sich Nahrung zu suchen, wobei ihn die beiden Wellers gefunden hatten. Er beschrieb mir Almaden sehr genau, und auch der Player bestätigte mir nicht nur die Angaben des Herkules, sondern verriet mir noch einiges mehr, sodass ich es wagen konnte, dorthin zu gehen. Ich wollte den jüngeren der beiden Mimbrenjo-Brüder mitnehmen, denn *ich hatte zu ihm ebenso viel Vertrauen wie zu einem älteren Mimbrenjo-Krieger.*

Mittwoch, 10. Oktober 1877:[1]

Nachdem wir vielleicht vier Stunden südwärts geritten waren, lenkten wir nach Osten ein. Als die Sonne fast den Horizont erreichte, stieg vor uns in der Ferne ein Felsen auf: Almaden. Als wir nahe genug herangekommen waren, machte ich mich auf die Suche nach dem Yuma-Lager, das ich auch recht schnell fand. Ich sah Melton und Judith aus einem der Indianerzelte kommen und zum Bergwerk gehen. Danach suchten wir die Höhle, die mir der Player beschrieben hatte, entfernten die Steine davor, stiegen hinein und nahmen auch unsere Pferde mit. Mit einer Fackel gingen wir bis zum Ende der Höhle, wo sich ein tiefer Spalt befand, etwa fünf bis sechs Meter

[1] 10.10.1877-29.03.1878 / 27.06.1878: Karl Mays Gesammelte Werke Band 21, *Krüger Bei*, Kapitel 1-5 und 7

breit, der sehr, sehr tief sein musste. Nachdem wir gegessen hatten, ließ ich meinen Begleiter zurück und machte mich auf, *um die Gegend kennenzulernen.* An der nördlichen Felsenecke wartete ich, *bis der Schein der Sterne heller wurde.* Während ich noch wartete, kam ein Indianer und setzte sich nur wenige Schritte von mir auf einen Stein. Kurze Zeit darauf kam Judith zu ihm. Aus ihrem Gespräch erfuhr ich, dass der Indianer der Unterhäuptling ‚Listige Schlange' war, dass Melton Judith heiraten wollte und ihr ein Schloss in der Sonora sowie einen Palast in San Francisco versprochen hatte. ‚Listige Schlange' aber bezeichnete ihn als Betrüger und wollte selbst gerne Judith heiraten, was sie nicht direkt ablehnte, da der Indianer mit einer Goldader prahlte, die er kannte. Bevor sie auseinandergingen, verriet er ihr noch, dass der Herkules entflohen war und dass der junge Weller ihn erschlagen habe, was sie mit Erleichterung aufnahm. *Was war diese Judith für ein Geschöpf! Ich kehrte* nun *nach der Höhle zurück, zufrieden mit dem Ergebnis meines nächtlichen Schleichganges.*

Donnerstag, 11. Oktober 1877:

Am Morgen suchten wir den Stollen auf, den mir der Herkules beschrieben hatte. Wie ich vermutet hatte, lag er genau unserer Höhle, wo sich die Pferde befanden, gegenüber, nur getrennt durch den uns schon bekannten tiefen Spalt. Dass dieses Bergwerk von Weißen angelegt worden war, zeigten uns beim Durchstreifen eine Wandinschrift von 1611 und ebenso eine *flüchtig eingegrabene Inschrift, dass der Gang im Jahre 1821 durch* eine *Mauer verschlossen worden war.* Wir standen jetzt vor dieser Mauer und ich vermutetete, *dass jenseits der Mauer meine Landsleute zu finden seien. Falls ich mich nicht täuschte, konnte ich sie ohne Gefahr befreien. Es galt also, durch die Mauer zu kommen. Aber wir hatten dazu keine anderen Werkzeuge als unsere Messer. Es war eine schwere, anstrengende Arbeit, den Mörtel zwischen den Steinen herauszukratzen. Um Mitternacht waren sieben Steine ausgewuchtet und um ein Uhr konnten wir durch die Öffnung kriechen.* Bald *stießen wir auf eine Erweiterung des Ganges, eine viereckige Kammer, in* der wir einen Förderstuhl und zwei Türen erblickten. Hinter der ersten Tür, die wir öffneten, befand sich Judith, die von Melton hier eingeschlossen worden war. Von ihr erfuhr ich Einzelheiten über Meltons Wohnung. Kurze Zeit darauf kam Melton mit dem Förderkasten, den er vorher hochgezogen hatte, herunter und brachte einen Gefesselten: ‚Listige Schlange'. Er schloss ihn bei der Jüdin mit ein, die ich vorher in ihre Kammer zurückgedrängt hatte. Ich ließ Melton ungeschoren wieder nach oben fahren. Nachdem ich ‚Listige Schlange' und Judith befreit hatte und sich der Indianer freiwillig als mein Gefangener betrachtete, wollte ich auch die eingesperrten Auswanderer aus ihrem Verlies herausführen. Ich öffnete also die andere Tür und dann, nachdem ich ein Stück vorgedrungen war, eine weitere. *Eine dicke Luft drang heraus, und der Geruch war unbeschreiblich. Männer, Frauen und Kinder* lagen *bunt durcheinander. Ich wurde gepackt,* doch als man mich erkannte, *verwandelte sich der drohende Grimm in Freude.* ‚Listige Schlange' verriet mir, wo der Schlüssel versteckt war, mit dem man die Ketten der Gefangenen öffnen konnte. Ich führte sie alle aus ihrem Verlies hinüber zu unserer Höhle, wo sie vorerst in Sicherheit waren. *Es war drei oder vier Uhr geworden, also höchste Zeit, uns Meltons zu versichern. Bevor es hell wurde, mussten wir Almaden verlassen haben.* Mit zehn starken Männern und dem jungen Mimbrenjo stieg ich hinauf. Bevor wir zur Wohnung Meltons kamen, wurden die dort anwesenden Yumas gefesselt. Mit dem Mimbrenjo ging ich allein zu Meltons Wohnung. Es war kein Problem, diesen Satan in unsere Gewalt zu bringen. Wir fanden neben den Kaufunterlagen der Hazienda und den Arbeitspapieren der Auswanderer auch noch einige Briefe und Banknoten, die ich alle an mich nahm, ohne dass Melton das bemerkte. Meine zehn Begleiter schickte ich mit genügend Lebensmittelvorräten zu ihren in der Höhle wartenden Landsleuten, dann verließen wir mit dem gefesselten Melton das Felsenversteck. Damit er seine ehemaligen Gefangenen nicht sehen konnte, ließ ich sie mit dem Mimbrenjo zu unserem Lager vorangehen und folgte dann in gewissem Abstand mit Melton.

Freitag, 12. Oktober 1877:
Während wir langsam dahinschritten, begann der Tag zu grauen. Da der junge Mimbrenjo mit den Auswanderern unseren gestrigen Umweg ging, schlug ich mit Melton die gerade Richtung zu unserem Lager ein, um ihnen zuvorzukommen. Nach einiger Zeit weigerte sich Melton weiterzugehen, weil er hoffte, seine Yumas würden ihn suchen. Als aber statt der erhofften Indianer seine ehemaligen Gefangenen kamen, versuchte er zu fliehen. Er wurde jedoch von den Gepeinigten eingeholt und wäre gelyncht worden, wenn ich nicht Einhalt geboten hätte. Mit dem Yuma-Häuptling ‚Listige Schlange' kam ich überein, dass Frieden geschlossen werden sollte zwischen seinem Volk und den Mimbrenjos, dass sich die Auswanderer irgendwo sorglos niederlassen könnten, schließlich dass ich nichts gegen seine Heirat mit Judith hätte und ihm wahrscheinlich Melton überlassen würde. Der junge Mimbrenjo wurde mit dem Wampun von ‚Listige Schlange' zu den Yumas geschickt, um die ältesten Krieger zur Beratung herbeizuholen. Während wir hier auf diese warteten, nahm ich mir heimlich die Brieftasche Meltons vor. Neben den erwarteten Papieren fand ich noch dreißigtausend Dollar und einige Briefe, von denen mich aber nur einer interessierte. *Die Angabe des Datums und des Aufgabeorts fehlte,* er schien aber *erst in neuerer Zeit geschrieben worden* zu sein. Der Schreiber dieses Briefes war *„Dein Neffe Jonathan"*. Er berichtete, dass er sich als Freund an einen Millionärssohn namens Small Hunter herangemacht habe, dessen Vater aus Deutschland stammte, ursprünglich Jäger hieß, seinen Namen aber ins Englische übertragen habe. Small Hunter und er, Jonathan, seien sich zum Verwechseln ähnlich, sodass alle glaubten, sie wären Zwillingsbrüder, und beide reisten gemeinsam durch die halbe Welt. Jetzt wollten sie in den Orient, wo sein Vater Thomas Melton lebte, *„der wegen Old Shatterhand aus dem Land flüchten musste und in Nordafrika Zuflucht gesucht hat"*. Ich steckte *den Brief zu mir, während ich die anderen dem Jurisconsulto zum strafrechtlichen Gebrauch auszuhändigen gedachte.* Nach etwa zwei Stunden

kamen die fünf ältesten Yumas in unser Lager, der Mimbrenjo-Junge fehlte. Dieser trieb nämlich den alten Weller in unsere Richtung, der sich hatte aus dem Staub machen wollen, als er merkte, wie die Sache stand. Nachdem ich Weller unschädlich gemacht hatte, wurde die Beratung mit den Yumas aufgenommen, die über zwei Stunden dauerte und das bestätigte, was ich schon zuvor mit der ‚Listigen Schlange' besprochen hatte. Das Geld, das ich Melton und Weller abgenommen hatte, wollte ich an die Auswanderer verteilen, denn sie waren durch diese beiden um ihr gesamtes Hab und Gut gekommen. ‚Listige Schlange' versprach mir, die Auswanderer durch das Gebiet der Yumas zu geleiten, damit sie sich oben in Chihuahua niederlassen könnten. Danach ritten der Häuptling, der junge Mimbrenjo und ich zu unserem Lager, wo wir erst in der Dunkelheit ankamen. Dem Player und den dort gefangenen Yumas wurden die Fesseln abgenommen: Sie waren frei. Da alle wissen wollten, was in Almaden geschehen war, ließ ich den jungen Mimbrenjo unsere Abenteuer erzählen.

Samstag, 13. Oktober 1877:

Es wurde zum Aufbruch gerüstet, und als sich der Zug in Bewegung setzte, befand sich diesmal kein Gefesselter dabei. Wir kamen noch vor Abend am Yuma-Lager von Almaden an, wo wir von den Weißen wie von den Roten lebhaft bewillkommnet wurden. Gleich nach unserer Ankunft trug sich ein Ereignis zu, das von üblen Folgen begleitet war: Weller hätte beinahe den Player trotz seiner Fesseln erdrosselt, wurde aber selbst vom Herkules erwürgt. Als ihm Judiths Vater erzählte, wen seine Tochter heiraten werde, geriet der Herkules vollends außer sich. *Während es mir gelungen war, Judith zu beschützen, hatte er sich mit der Linken zwei Schüsse in die Schläfe gejagt.* Nachdem sich der Player etwas erholt hatte, sagte er mir, dass er gerne mit den Auswanderern nach Texas ginge, um ein neues Leben anzufangen. Am Abend wurde ein kleines Festmahl veranstaltet.

Sonntag, 14. Oktober 1877:

Die von den Yumas zur Verfügung gestellten Pferde wurden

mit den Gütern aus den Frachtwagen beladen und standen nun für den Transport mit den Auswanderern nach Chihuahua bereit. Der Jurisconsulto und der Haziendero wollten Ansprüche auf Herausgabe Meltons und auf die Zeugenaussagen aller Anwesenden in Ures stellen, wurden jedoch damit abgeschmettert. Von mir erhielt der Haziendero alle Papiere Meltons, die den Haziendakauf betrafen, zurück. *Weller und der* Herkules *wurden begraben. Dann stiegen wir zu Pferd und brachen auf.*

Montag, 15. Oktober 1877:

Da wir zunächst nach Chihuahua wollten, mussten wir erst einen Tag durch die Einöde reiten. Gegen Abend des ersten Tages hatten wir das Ödland überwunden und lagerten an seiner Grenze.

Dienstag, 16. Oktober 1877:

Am nächsten Tag kamen wir dann über einen schmalen Landstrich, der noch den Yumas gehörte, und dann schließlich in ein Gebiet, um das sich dieser Stamm mit den Mimbrenjos stritt. Wir erreichten den Südrand eines kleinen Sees, an dem die uns begleitenden Yumas lagern wollten. Während wir das Lager bezogen, ging Winnetou auf Kundschaft, denn wir beide hatten in der Ferne einen Reiter gesehen. Er berichtete mir dann, dass es zwei verschiedene Trupps seien, die ebenfalls zum See wollten, der eine von Norden, der andere von Osten, sich aber zurückgezogen hätten, als sie uns erblickten. Wir vermuteten, dass es der ‚Große Mund' mit seinen Yumas und der ‚Starke Büffel' mit seinen Mimbrenjos sein könnten, und beschlossen, das herauszufinden. Ich ging nach Osten, Winnetou nach Norden. Unterwegs stieß ich auf einen Kundschafter der Mimbrenjos, der zu unserem Lager wollte. Er führte mich nun zu ‚Starker Büffel', der mit zweihundert Kriegern nach Almaden unterwegs war. Dieser gestand mir, dass ihm seine gefangenen Yumas mit dem ‚Großen Mund' entflohen waren, er aber seine Krieger hinter ihnen hergeschickt habe, während er in sein Dorf geritten sei, um neue Kräfte zu holen, die er jetzt mit sich bringe. Ich berichtete ihm, was inzwischen geschehen war und dass wir mit den

Yumas Frieden geschlossen hatten. *Als ich wieder ins Lager kam, war Winnetou schon da.* Er hatte die Yumas beschlichen und war auch bei den Mimbrenjos gewesen. Während wir noch miteinander sprachen, trat ein Kundschafter des ‚Großen Mundes' zur ‚Listigen Schlange', weil er seine Stammesbrüder erkannt hatte. Da der ‚Große Mund' mit seinen Kriegern zu uns an den See kommen sollte, beschlossen wir vorerst eine Trennungslinie, denn sicher wollte er sich an uns rächen, während ‚Listige Schlange' uns seine Treue zusagte. Ich verständigte den ‚Starken Büffel', dass er mit seinen anwesenden Mimbrenjos und denen, die den Yumas gefolgt waren, den See umstellen sollte. Bei Feindseligkeiten seitens des ‚Großen Mundes' würden diese über die Yumas herfallen, sonst aber wäre Frieden einzuhalten. Nachdem alle unabhängig voneinander, Yumas und Mimbrenjos, ihre Plätze eingenommen hatten, sahen wir die beiden Yuma-Häuptlinge mit den ältesten Kriegern um ein Lagerfeuer sitzen. Dann kam die ‚Listige Schlange' zu uns, um uns zu sagen, dass Winnetou und ich sowie er und der ‚Große Mund' uns in der Mitte zwischen unseren Lagern treffen sollten. Dort kam es zwischen den beiden Yumas zu einem solchen Streit, dass ‚Listige Schlange' mit uns ging und seine Krieger aufforderte, ihm zu folgen. Da der ‚Große Mund' seine Rache an mir stillen wollte, weil ich seinen Sohn hatte erschießen müssen, um die drei Kinder des Mimbrenjo-Häuptlings zu retten, wurde von den ältesten Yuma-Kriegern vorgeschlagen, einer dieser Mimbrenjo-Jungen und ich sollten mit zwei von ihnen einen Zweikampf austragen. Ich musste gleichzeitig mit zwei Gegnern kämpfen, und zwar mit Lanzen, also zehn Lanzen gegen meine fünf. Obwohl ich scheinbar im Nachteil war, besiegte ich beide Yumas so, dass sie verwundet im Gras lagen.

Mittwoch, 17. Oktober 1877:

Im Osten begann bereits der Tag zu dämmern, als der jüngere der beiden Mimbrenjo-Knaben, der bis jetzt noch keinen Namen hatte, gegen den Yuma-Krieger ‚Schwarzer Biber' im Wasser mit dem Messer kämpfen musste. Was fast keiner für möglich gehalten hatte, trat ein: Der Yuma wurde von dem jungen Mimbrenjo unter Wasser getötet und skalpiert. Als die Yumas des ‚Großen Mundes' ihre Waffen holten, um über uns herzufallen, machte ich ihn auf den Ring aufmerksam, den hunderte Mimbrenjo-Krieger um sie gezogen hatten. Da lenkte der ‚Große Mund' ein und ich versprach ihm, Gnade walten zu lassen. Es dauerte etwas, bis der ‚Starke Büffel' dem Urteil zustimmte, den Yumas nur ihre Waffen und Pferde zu nehmen, sie jedoch am Leben zu lassen. Bevor diese weggingen, reiten konnten sie ja ohne Pferde nicht, schwor uns der ‚Große Mund' blutige Rache. Als Antwort darauf erhielt der jüngere der beiden Mimbrenjo-Brüder von mir den Namen Yuma-Skalp und wurde damit, wie schon vorher sein Bruder Yuma-Töter, als Krieger von seinen Stammesgenossen anerkannt. Danach verabschiedete sich auch ‚Listige Schlange', um mit seinen Yumas zu seinem Dorf zurückzukehren.

Freitag, 2. November 1877:

Nach einem beschwerlichen Ritt erreichten wir die Grenze von Texas, wo ich das Geld verteilte. Auch der Player bekam die Summe, die ich ihm versprochen hatte. Damit war die traurige Vergangenheit für die Auswanderer abgetan und sie konnten einer zwar einfachen, aber doch hoffnungsreichen Zukunft entgegenblicken.

Mittwoch, 27. März 1878:

Ich blieb längere Zeit bei den Auswanderern *und ritt dann mit Winnetou durch den Llano Estacado nach Neu-Mexiko und Arizona, um verschiedene Indianerstämme zu besuchen. Dann ging es durch Nevada nach Kalifornien und San Francisco, wo Winnetou den Goldstaub und die Nuggets, die wir während dieses Ritts aus seiner verborgenen ‚Sparbüchse' geholt hatten, in Geld umwandeln wollte. Unser Aufenthalt war nur auf einige Tage berechnet.*

Donnerstag, 28. März 1878:

Unsere Geschäfte in Francisco waren schnell erledigt, dann schlenderten wir durch die Stadt. Hier trafen wir ganz unverhofft auf die aus Deutschland ausgewanderte Familie Vogel und ihre Tochter Martha, die ja vor knapp zwei Jahren den Ölprinzen Konrad Werner geheiratet hatte und ihm nach Amerika gefolgt war. Sie lud uns zum Dinner in ihre Wohnung ein, die eigentlich einem riesigen Palast, einem ‚goldenen Käfig', wie ich ihn nannte, gleichkam. Als wir allein waren, fragte mich Winnetou, wo sie den Ölprinzen kennengelernt habe. Ich antwortete ihm: *„Drüben, wo er geboren wurde. Sie ist ihm vor zwanzig Monden herübergefolgt."*[1] Ihr Mann war noch nicht anwesend, angeblich war er mit seinem Partner, der Potter hieß, geschäftlich unterwegs. Von Martha erfuhr ich, dass er sich vom Ölgeschäft getrennt hatte und jetzt *Mitbesitzer einer Länderei- und Handelsbank* sei. Vater Vogel erzählte uns ganz vertraulich, seine Tochter habe sich mit ihrem Mann fast ganz auseinandergelebt, der sich um nichts mehr kümmere. Das Geschäftliche überlasse er ausschließlich seinem neuen Partner. Nach dem Abendessen trug uns Martha, die vormalige Sängerin aus Dresden, *ein deutsches Lied vor.* Da kam wutschnaubend Konrad Werner mit seinem Partner in das Esszimmer gestürmt und beschimpfte mich. Er forderte Potter auf, mich zu verprügeln. Winnetou aber sagte ihm seine Meinung. *Werner wagte kein Wort zu erwidern. Dann verließen wir den Palast, der nach meiner Ansicht dem Schicksal entgegensah, ein Haus des Elends zu werden.*

Freitag, 29. März 1878:

Am nächsten Tag ritten wir von San Francisco fort.

Freitag, 3. Mai 1878:[2]

Es war schon dunkel und *ein schwerer Sturm peitschte den dicht strömenden Regen* vor sich her. Es war wirklich kein Vergnügen, durch dieses nasse Unwetter zu reiten. Doch Winnetou wusste, dass wir bald Unterschlupf finden würden, denn hier in der Gegend befand sich eine Eisenbahnstrecke im Bau,[3] und wir hofften, bald auf das Firwood-Camp

[1] Dritte Südamerika-Reise, Montag, 31. Juli 1876, Seite 337

[2] 03.05.1878-08.05.1878: Karl Mays Gesammelte Werke Band 38, *Halbblut,* die gleichnamige Erzählung (auch bekannt als ‚Der schwarze Mustang')

[3] Bau der Santa-Fe-Strecke, die über den Raton-Pass führte (Beginn 1878)

zu stoßen. Zwei Täler kreuzten sich hier *in rechtwinkliger Richtung, nämlich das Tal des Flusses,* aus dem wir kamen, *und ein anderes, worin die im Bau begriffene Eisenbahn die Höhe des Gebirges zu ersteigen strebte.* Im Camp stand *eine dieser hier Shop genannten Buden,* die *außerordentlich lang und tief* war. *Schon von Weitem scholl* uns *ein lautes Stimmengewirr entgegen.* Wir *stiegen ab, banden* unsere *Pferde an die neben der Tür eingeschlagenen Pfähle und* traten ein. Wir schienen einiges Aufsehen zu erregen, aber das störte uns nicht. Man bot uns einen Platz an einem Tisch an, *der so nahe am Feuer stand, dass* unsere *nassen Anzüge bald trocknen konnten.* An zwei zurückgelassenen Gewehren sahen wir, dass noch andere mit hier am Tisch saßen. Als diese zurückkamen, erkannte ich in dem einen Kasimir Timpe, genannt Kas, mit dem wir früher schon einmal zusammengetroffen waren. Er machte uns auch mit seinem Vetter Hasael Timpe, genannt Has, bekannt. Der leitende Ingenieur stellte uns seinen Aufseher, seinen Verwalter und den Scout vor, einen Mestizen, der sich Yato Inta (Guter Mann) nannte. Sein Vater war ein Weißer und die Mutter angeblich eine Apatschin. Winnetou allerdings verdächtigte ihn, der Enkel des Komantschen-Häuptlings Tokvi Kava (Schwarzer Mustang) zu sein. Da uns der Ingenieur nicht zumuten wollte, hier im Schuppen bei den chinesischen Arbeitern zu schlafen, bot er uns ein Zimmer in seinem Haus an, wo wir auch unsere Waffen zurückließen, die wir ja in der Gaststube nicht brauchten. Unsere Pferde wurden in einem sicheren Schuppen untergebracht, wo auch schon die beiden Timpes ihre Tiere stehen hatten. Der Ingenieur, der nicht glauben wollte, dass sein Scout ein falsches Spiel trieb, wurde von Winnetou aufgeklärt. Er sagte ihm, dass dieser in Wirklichkeit Ik Senanda (Böse Schlange) hieß und tatsächlich der Enkel Tokvi Kavas sei. Von den Timpes erfuhren wir, dass sie um eine Erbschaft gebracht worden waren und nun nach Santa Fe wollten, um ihren betrügerischen Vetter dort zu treffen. Wir erklärten, ebenfalls nach Santa Fe zu wollen, wohin wir schon morgen aufbrechen würden, um am Abend den Alder-Spring zu erreichen. Der Scout schien beide Ohren zu spitzen, um zu hören, was wir sagten. Später betrat noch ein Indianer das Lokal und kurz darauf verließ der Mestize den Raum. Winnetou folgte ihm unauffällig durch eine Seitentür. Der Neuankömmling gab sich für einen Upsaroka-Indianer aus, deren Stämme droben in Dakota ihren Sitz hatten. Ich nannte ihn einen Lügner und sagte ihm auf den Kopf zu, ein Komantsche zu sein. Nun kamen erst der Mestize und danach auch Winnetou zurück, ohne dass der Apatsche etwas Besonderes bemerkt hatte. Nach wiederum einiger Zeit verließ der angebliche Upsaroka das Lokal. Wir saßen noch lange zusammen und erzählten, als draußen Hufschlag erklang. Das waren unsere beiden Rapphengste, die doch eigentlich im Schuppen sein sollten. Sie mussten entführt und weit weggebracht worden sein, hatten sich wieder losgerissen und waren zurückgekehrt. Spuren im Schuppen verrieten uns, dass es Indianer gewesen waren. Wir fanden deren Fährte und enteckten auch, dass sie mit zwei Chinesen zusammengetroffen waren. Als ich den Anwesenden diese Spuren zeigte und auf einen Spion innerhalb des Lagers verwies, riss der Mestize aus und verschwand aus dem Camp. Wir gingen auch der Spur der Chinesen nach und landeten vor dem Haus des Ingenieurs, wo eine Leiter unter dem Fenster unseres Zimmers lehnte. Die Chinesen hatten unsere Gewehre gestohlen und diese waren ihnen von den Indianern, es konnten nur Komantschen sein, wieder abgenommen worden. Wir wussten schnell, wer die beiden waren, die uns bestohlen hatten, und sie bestritten es auch nicht, als wir sie überführten. Ich schnitt ihnen die Zöpfe ab, was wohl die härteste Strafe und die größte Schande für einen Chinesen war. Da wir ahnten, dass die Komantschen uns am Alder-Spring, wo wir angeblich morgen Abend ankommen würden, überfallen wollten, mussten wir früher dort sein, als sie vermuteten. Der Ingenieur forderte von Rocky-Ground eine Lokomotive und einen Werkzeugwagen an, in den Winnetou und ich mit den Timpes und unseren Pferden einstiegen und der uns nach Rocky-Ground zurückbrachte. Dort angekommen, wollten wir die zuständige Lagerleitung informieren, doch da kam uns ganz unerwartet der Hobble-Frank entgegen, der sich mit Tante Droll hier in diesem Camp aufhielt. Er hatte mich zu Hause besuchen wollen, doch als er hörte, dass ich mich in den Staaten befand, war er mir mit Droll hinterhergereist. Nach einigem Erzählen kam ich auf den Grund unserer Fahrt hierher zu sprechen und der leitende Ingenieur sagte uns jede Hilfe und Unterstützung zu.

Samstag, 4. Mai 1878:

Winnetou und ich ritten mit meinen vier Landsleuten, als *es Tag geworden war, von Rocky-Ground nicht dem Ua-pesch entlang,* also jenem Berg, an dem Rocky-Ground lag, sondern wir waren *weit nach links* abgeschwenkt und hatten *den Weg hinaus in die Savanne* genommen. An der Westseite des Corner-Top lag der Alder-Spring, wir aber wollten ihn von Osten her erreichen. Wir wussten genau, wo uns die Komantschen abfangen wollten, und ritten deshalb einen größeren Bogen, damit sie unsere Spur nicht sahen. Als wir den *Berg an seinem östlichen Fuße* erreichten, *wurde ein gutes Versteck gesucht, wo sich die vier anderen mit den Pferden verbergen konnten, während Winnetou und* ich auf den Corner-Top stiegen, um die Ankunft der Komantschen zu beobachten. Drei Stunden später sahen wir sie unten eintreffen. Ich blieb hier oben, um nach dem Mestizen Ausschau zu halten, während Winnetou hinabstieg. Er wollte das Lager der Komantschen suchen, das wir von oben aus nicht sehen konnten. Als ich das Halbblut nach einiger Zeit in der Ferne kommen sah, stieg ich hinunter zu unseren Gefährten, wo sich nun auch Winnetou befand. Wir beide zogen los, um die Komantschen zu belauschen. Über eine Stunde brauchten wir, bis wir uns durch fast undurchdringliches Gestrüpp dem Lager genähert hatten und *Tokvi Kava nicht weiter als fünf Schritte vor* uns *liegen sahen.* Außer den Wachen schliefen alle Komantschen, die ja die ganze Nacht hindurch geritten waren. Unsere Gewehre, die neben dem Häuptling in eine Decke eingewickelt lagen, konnten wir uns noch nicht holen, denn er durfte nicht ahnen, dass wir in der Nähe waren.

Kurz darauf kam das Halbblut im Lager an und die Schläfer erwachten. Ik Senanda erzählte seinem Großvater Tokvi Kava, dass er vergebens auf uns warten werde, weil wir mit dem Feuerross weggefahren seien, wohin wusste er nicht. Und er machte dem Alten noch zum Vorwurf, dass er unsere Pferde gestohlen hatte, wodurch wir sicher erraten hätten, dass ein Überfall auf das Eisenbahn-Camp geplant sei. Da Tokvi Kava nun wusste, dass wir nicht mehr im Firwood-Camp waren, wollte er dieses heute Nacht noch überfallen und sich die Skalpe der Weißen und der chinesischen Arbeiter holen. Das Halbblut sollte hierbleiben und unsere Gewehre bis zu Tokvi Kavas Rückkehr nach dem Überfall bewachen. Nachdem sich der Häuptling noch mit einigen seiner Krieger beraten hatte, ritten die Komantschen fort. *Ik Senanda blieb mit den drei gestohlenen Gewehren allein zurück.* Kurz darauf waren wir wieder im Besitz unserer Waffen und der Mestize befand sich in unserer Gewalt. Wir nahmen ihn mit zu unseren Gefährten und dann ging es zurück nach Rocky-Ground, wo wir ihn in einen frisch gegrabenen Brunnen, der noch kein Wasser führte, sperrten. Der leitende Ingenieur hatte inzwischen alle seine Arbeiter in Alarmbereitschaft gesetzt, mit denen wir, nach einem kräftigen Mittagsmahl, auf einem Zug in Richtung Firwood-Camp abdampften. Nicht weit davon stiegen wir unbemerkt hinter einer Wegkrümmung aus und marschierten zum Birch-Hole, wo die Komantschen bis zum Überfall auf das Firwood-Camp warten wollten. Die Birkenschlucht war klein, hatte nur einen engen Zugang und war bis auf eine Stelle von unbesteigbaren Felsen umgeben. Für sie war es ein gutes Versteck bis zum Abend, es war aber auch die Falle, aus der wir sie nicht mehr herauslassen würden. Wir besetzten die obigen Felsränder mit den Bahnarbeitern, während wir uns gleichzeitig unten versteckten. Als die Komantschen gegen Abend in die Schlucht einritten, ließ Tokvi Kava zwei Wächter am Eingang als Wachen zurück, er selbst aber wollte die Station auskundschaften. Im Nu hatten wir ihn und die beiden Wachen unschädlich gemacht. Dann rollten wir ein mitgebrachtes Petroleumfass vor den

Schluchteingang und zündeten die auslaufende Flüssigkeit an, sodass die Schlucht hell erleuchtet wurde, jedoch niemand mehr aus ihr herauskonnte. Die Komantschen saßen in der Falle. Nachdem ich den Häuptling davon überzeugt hatte, dass ein Entkommen unmöglich und jeder Widerstand sinnlos war, stimmte er einer Entwaffnung seiner Krieger zu, die dann alle gefesselt wurden. Ich hatte Tokvi Kava versprochen, ihm und seinen Leuten das Leben zu lassen und ihnen die Freiheit wiederzugeben. Jetzt wurde er frech, schwor mir blutige Rache und spuckte mich an. Da half nur eine Strafe, an die er lange denken sollte: Wir schenkten ihnen zwar das Leben, wie ich es versprochen hatte, nahmen den Komantschen dafür alle Waffen und alle Pferde ab. Winnetou hatte noch in der Nacht am oberen Rand der Felsen einen Kopf bemerk, der jedoch gleich wieder verschwunden war.

Sonntag, 5. Mai 1878:

Am Morgen führten die mit den erbeuteten Pferden berittenen Bahnarbeiter die Komantschen hinaus in die Ebene und gaben ihnen nur gruppenweise die Freiheit. Sie mochten als Strafe für den geplanten Überfall auf die Eisenbahnstation sehen, wie sie zu Fuß in ihr Dorf zurückkamen, ohne dabei noch auf die Jagd gehen zu können; es gab ja genug Pflanzen und Kräuter, von denen sie sich ernähren konnten. Als wir wieder mit der Bahn in Rocky-Ground ankamen, erfuhren wir, dass der gefangene Mestize mit Hilfe von zwei Chinesen, die gestern Abend hier aufgetaucht waren, aus seinem Verlies hatte fliehen können. Wir vermuteten, dass er es war, den Winnetou am Felsenrand der Birkenschlucht gesehen hatte. Wir wollten uns jetzt ausruhen und schlafen, denn morgen früh würden wir zeitig aufbrechen, nämlich Winnetou und ich, Hobble-Frank und Tante Droll sowie Hasael Timpe und Kasimir Timpe, die immer noch wegen ihrer Erbschaft nach Santa Fe wollten, um ihren betrügerischen Vetter Nahum Timpe zu finden.

Mittwoch, 8. Mai 1878:

Wir waren seit zwei Tagen unterwegs. Die Komantschen wussten, *dass wir nach Santa Fe wollten; darum stand zu er-*

warten, dass sie uns auf diesem Weg auflauern würden, um sich zu rächen. Während sie zu Fuß unterwegs waren und dadurch den geradesten Weg einschlagen konnten, mussten wir Berge und Hügel umreiten, was etwas mehr Zeit kostete. *Heute früh erreichten wir ihren gestrigen Lagerplatz und sahen,* dass zwei von ihnen das Lager von etwa dreißig Weißen beschlichen hatten. *Natürlich folgten wir ihnen wieder und kamen gerade* in der Nähe der *Estrecho de Cuarzo* an, *als ein Feuer angebrannt wurde, das den Ausgang aus dem Estrecho* verwehrte. Wir nahmen an, dass sich die dreißig Weißen darin befanden und das Feuer von den Komantschen angezündet worden war. Die Indianer, die wir ja vor wenigen Tagen vollständig entwaffnet hatten, wollten dadurch zu den Waffen und den Pferden der Bleichgesichter kommen. *Wir huschten näher und dabei wurde einer* ihrer *Gefährten von mir niedergeschlagen. Er* nannte *sich Hum,* war hinter seinen Kameraden zurückgeblieben und so der Einkesselung entgangen. *Die meisten Indianer waren am Eingang der Schlucht aufgestellt und die wenigen, die mit Tokvi Kava oben auf der Felswand standen, genügten nicht, um diese vollständig zu überwachen.* Wir stiegen ebenfalls hoch *und es entspann sich ein Handgemenge* mit den Komantschen, die daraufhin flohen. *Der Häuptling* jedoch, *dem ich mich selbst entgegengestellt hatte,* wurde von mir während des Ringkampfs *in die Höhe gerissen und gleich darauf sauste er in weitem Bogen durch die Luft.* Zerschmettert blieb Tokvi Kava unten im Talkessel liegen. *Schon vorher hatten* wir *drei Lassos zusammengebunden, an denen* ich mich zu den Eingeschlossenen hinunterließ. Die Weißen, die sich von dem Halbblut in die Falle gelockt sahen, hatten kurz davor gestanden, den Indianern ihre Waffen zu übergeben. Während die Komantschen ihren toten Häuptling aus der Schlucht holten, zerrten Hobble-Frank und Tante Droll das Halbblut herein. *So bekam Ik Senanda, die ‚Böse Schlange', das ihm zudiktierte Andenken, welches in so viel Hieben bestand, dass er, als er schließlich losgelassen wurde, mit nur sehr langsamen Schritten zu seinen Komantschen zurückkehren konnte. Schon kurze Zeit später* sahen wir, *dass die Indianer sich in einer langgezogenen*

Einzellinie von dannen machten. Als wir später am Lagerfeuer zusammensaßen, stellte sich heraus, dass der von mir niedergeschlagene Hum ebenfalls Timpe hieß und der Vetter war, den die beiden anderen Timpes als Erbschleicher in Santa Fe hatten aufsuchen wollen. Dieser erzählte, dass ihr Onkel gar kein Vermögen besessen hatte, er selbst sogar von diesem um das Erbteil seines Vater gebracht worden war und dass die anderen Verwandten in Deutschland sich mit Has und Kas Timpe wegen dieser angeblichen Erbschaft nur einen Spaß gemacht hatten. Und Hum Timpe konnte alles durch einen Brief belegen.

Donnerstag, 9. Mai 1878:

Hobble-Frank und Tante Droll zogen mit den drei Timpes und der anderen Gesellschaft heute weiter, um noch etwas Wildwest-Luft zu schnuppern. Winnetou und ich aber trennten uns von ihnen, da wir hinunter zu den Mescaleros wollten.

Donnerstag, 27. Juni 1878:

Am Red Rock Creek nahmen wir *für dreißig Monate Abschied voneinander. Winnetou behielt meinen Hatatitla, und ehe wir uns trennten, wurde genau besprochen, wann und wo wir uns wieder treffen wollten.*

Montag, 29. Juli 1878:

Heute bin ich wieder in der Heimat angekommen. Ich war nur einige Tage weniger als zweiundzwanzig Monate von zu Hause fort.

23. SECHSTE ORIENT-REISE (1878-1880)

Montag, 30. September 1878:

Da ich mit Winnetou bei unserem Abschied verabredet hatte, ihn in dreißig Monaten wieder zu treffen, blieb mir genügend Zeit, eine längere Orientreise anzutreten. Diesmal wollte ich von Genua nach Tunis, um meinen alten Freund Krüger Bei, den ‚Herrn der Heerscharen', kurz zu besuchen und anschließend nach Tripolis überzusetzen. Dann würde ich weitersehen.

Mittwoch, 20. November 1878:[1]

Ich war von Tripolis nach Mursuk, der Hauptstadt der Provinz Fezzan, gekommen und bei dem reichen, jüdischen Handelsherrn Manasse Ben Aharab, an welchen ich gute Empfehlungen hatte, abgestiegen. Manasse war Witwer und hatte ein Kind, eine Tochter, die Rahel hieß. Sie mochte fünfzehn Jahre zählen und wurde wegen ihrer Schönheit *allgemein die ‚Rose von Sokna' genannt. Ich kam aus der Heimat, war vorher in Nordamerika gewesen und wollte nun tief in die Sahara hinein. Ich musste erst kurze und dann immer weitere Ausflüge unternehmen, um mich wieder an das Wüstenklima zu gewöhnen.* Dazu gab *mir Manasse Ben Aharab einen seiner Diener, namens Ali, mit. Den letzten Ausflug vor meiner endgültigen Wüstenreise wollte ich nach dem Wadi Kouhr machen, ein ziemlich weiter Ritt, der über eine Woche in Anspruch nahm.*

Freitag, 22. November 1878:

Die ersten Tage unseres Ritts verliefen ohne jede Störung. Der dritte Tag neigte sich zur Rüste; wir waren so schnell geritten, dass wir das Ziel unbedingt vor Nacht erreichen mussten. Kurz bevor wir am Wadi Kouhr ankamen, begegnete uns ein Reiter, der uns dorthin begleitete. Er gab an, ein Tedetu (Einzahl von Tibbu) zu sein, und nannte sich Tahaf. Er kannte Manasse Ben Aharab in Mursuk, den er als seinen Freund bezeichnete. Als er jedoch erfuhr, dass ich ein Christ war, war seine Freundlichkeit dahin. An der Oase angekommen, gebärdete

[1] 20.11.1878-03.02.1879: Karl Mays Gesammelte Werke Band 38, *Halbblut*, die Erzählung ‚Von Mursuk bis Kaïrwan'

sich Tahaf so, als ob er der Scheik des ganzen Lagers sei, obwohl er und seine Leute auch nur hier lagern durften. Deshalb stellte ich mich unter den Schutz der Uelad Sliman, die hier ihr Dorf hatten. Als der Scheik meinen Namen hörte, fragte er ob, ich jener Kara Ben Nemsi sei, *der über die Salzkruste des Schott Dscherid nach Kbilli geritten ist*[1], *den Krumir über den Schott gejagt*[2] und *später in der Mahâra er rad den schwarzen Panther erschossen hat, um das Kind des Dschellâd zu erretten.*[3] Nun hatte er keine Angst mehr, dass die Tibbu ihm und seinem Stamm gefährlich werden könnten. Da sich die Tibbu wie Beherrscher gebärdeten, zwang ich sie durch einige Schüsse aus meinem Henrystutzen, die Oase zu verlassen. Mit einem Krieger der Uelad Sliman ritt ich hinter ihnen her, wobei wir feststellten, dass sie eine Gruppe Menschen überfallen, drei davon getötet und einen, wahrscheinlich um Lösegeld zu fordern, mitgeschleppt hatten. Inzwischen war es dunkel geworden. An einer Wasserstelle schlichen wir uns an die Tibbu heran. Als ich merkte, dass man den Gefangenen töten wollte, sprang ich unter sie, schnappte mir Tahaf, schlug ihn bewusstlos und trug ihn zu dem Uelad Sliman, der ihn zu unseren Pferden schaffte. Ich hielt die Tibbu mit dem Henrystutzen in Schach und stellte meine Bedingungen. Der Gefangene, der am Bein verwundet war, sollte morgen früh in der Nähe des Duars gegen Tahaf ausgetauscht werden. Darauf ritten wir mit dem gefesselten Tahaf in das Dorf der Uelad Sliman zurück.

Samstag, 23. November 1878:

Am Morgen wurde der Gefangene der Tibbu zu meinen Bedingungen gegen Tahaf ausgetauscht, der den heiligen Eid geschworen hatte, nichts gegen uns und gegen die Uelad Sliman mehr zu unternehmen. Dann ritt er mit seinen Leuten nach Westen davon, denn wie ich wusste, wollten sie nach Kaïrwan. Es stellte sich heraus, dass der Befreite ein Amerikaner namens Forster war, dessen Eltern ich kannte. Er staunte

[1] Dritte Orient-Reise (1871-1872): 27. und 28. Juni 1871, Seite 174

[2] Zweite Orient-Reise (1868): 18. August 1867, Seite 111

[3] Vierte Orient-Reise (1873): 1. März 1873, Seite 252f.

ebenso, als er hörte, dass ich Old Shatterhand war. Zusammen wollten wir nach Mursuk reiten, doch in der Nacht stellte sich bei Forster das Wundfieber ein.

Samstag, 30. November 1878:

Wir blieben also eine volle Woche und verabschiedeten uns dann von den Beduinen, die uns so freundlich aufgenommen hatten.

Mittwoch, 4. Dezember 1878:

Und wieder sah ich Mursuk vor mir liegen. Wir waren fast vier Tage unterwegs gewesen. Forster schien Manasse Ben Aharab und auch Rahel, die Rose von Sokna, zu kennen, wollte aber nicht mit mir dort absteigen, sondern wieder bei dem Mameluken Alaf wohnen. Im Haus des Juden erfuhr ich, dass Rahel seit dem vergangenen Donnerstag spurlos verschwunden war. Da Forster früher bei Manasse gewohnt und sich in Rahel verliebt hatte, wurde dieser als Entführer verdächtigt und war bereits verhaftet worden. Auf meine Aussage hin kam er wieder frei. Doch dann erfuhr ich so nebenbei von Manasse, dass Tahaf, den er schon lange kannte und der einst Rahel zur Frau begehrt hatte, vor einigen Tagen hier gewesen sei. Obwohl Manasse das nicht glauben wollte, war mir klar, dass Tahaf der Entführer war und Rahel mit nach Kaïrwan genommen hatte. Forster und ich beschlossen, Rahel zu suchen.

Freitag, 6. Dezember 1878:

Am nächsten Tag verließen wir beide Mursuk. Am zweiten Tag gegen Abend trafen wir auf eine kleine Karawane, die die Tibbu gesehen hatte.

Samstag, 7. Dezember 1878:

Gerade als wir aufbrechen wollten, *sahen wir in der Richtung von Mursuk her einen Kamelreiter.* Es war ein Tedetu. Forster erschoss ihn, als dieser auf mich schießen wollte. Wir ahnten nichts Gutes und ritten *rasch nach Mursuk zurück.*

Sonntag, 8. Dezember 1878:

Dort erwartete uns eine sehr große und zugleich eine traurige Überraschung. Einer von den Tibbu war gekommen, und als er nicht erreichte, was er wollte, hatte er Manasse niedergestochen. Der Jude war inzwischen gestorben. Ein Beamter des Paschas teilte uns mit, dass *die Tochter dieses Toten nicht seine Tochter* war, und *auch keine Jüdin, sondern eine Christin.* Manasse hatte einst auf einer Straße einen Sterbenden getroffen und bei diesem ein kleines Mädchen, das angeblich die Enkelin eines berühmten französischen Kapitäns war. Statt das Kind nach Suez zu bringen, behielt Manasse es bei sich. Sie war nun seine Erbin und sollte den ‚Amerikaner', also Forster, heiraten dürfen. Der Pascha würde der Vollstrecker des Testaments sein.

Sonntag, 15. Dezember 1878:

Natürlich floss ein beträchtlicher Teil des Vermögens *in den Säckel des Paschas und in andere Taschen. Es dauerte sehr lange, bis alles geordnet war und wir abreisen konnten. Wir mussten nach Tripolis.*

Freitag, 27. Dezember 1878:

Dann, als wir in Tripolis angekommen waren, gab es noch einiges zu erledigen; das Vermögen wurde vorerst eingefroren, *da die Erbin nicht zugegen war.*

Mittwoch, 1. Januar 1879:

Wir fanden *ein schmutziges, tunesisches Fahrzeug, dessen Kapitän bereit war, uns in Susa abzusetzen,* denn auf dem Landweg hätten wir einen monatelangen Ritt bis nach Kaïrwan zurücklegen müssen.

Dienstag, 7. Januar 1879:

Die Seefahrt war außerordentlich langweilig, ging aber glücklich vorüber. Im ruinenhaften Susa kauften wir uns Pferde, *dann ging es weiter, dem Bahir Sihdi Krador zu.*

Donnerstag, 9. Januar 1879:

Der Ritt in Richtung Kaïrwan *ist wenig anregend und so waren wir froh, als wir gegen Abend des zweiten Tages die Nähe der Stadt erreichten. Die Sonne war im Untergehen und der Muezzin rief vom hohen Minareh herab.* Da wir uns für zwei ägyptische Offiziere ausgaben, die für den Khediven Pferde kaufen wollten, suchten wir ein Quartier bei der Ehrengarde, wo die dortigen Offiziere von einer ‚Rose von Mursuk' schwärmten, womit natürlich Rahel gemeint war, *die das Weib eines Tedetu werden sollte.* Sie wohnte *bei der Frau eines Molla* (Priester, Lehrer), *der ihr Unterricht im Islam erteilte.*

Freitag, 10. Januar 1879:

Am frühen Morgen führte uns der Mudir (Stadtverwalter) *nach der großen Moschee* und danach in das Haus, wo Rahel wohnte, die wir aber nicht sahen. Forster besorgte für Rahel Männerkleider und am Nachmittag kauften wir uns drei Pferde mit dem nötigen Sattelzeug draußen bei den Uelad Selaß.

Samstag, 11. Januar 1879:

Am nächsten Morgen wurden wir vom Molla, bei dem Rahel wohnte, in sein Haus eingeladen. Als Rahel Forster sah, fiel sie ihm um den Hals. Ich musste den Molla und unseren Begleiter niederschlagen und fesseln. Dann schickten wir Rahel durch das *südliche Tor, das nach den Weideplätzen der Uelad Selaß* führte. Wie beide aber gingen zu unserem Quartier, wo Forster unsere Sachen holte, während ich die Pferde sattelte. Noch vor dem Südtor sahen wir einen Menschenknäuel, darin Tahaf und Rahel. Mir gelang es, Rahel auf mein Pferd zu ziehen und zum Stadttor hinauszureiten. *Nach fünf Minuten war die Stadt hinter uns verschwunden.* Bei den Uelad Selaß holten wir uns die gekauften Pferde ab und ließen unsere alten dort.

Donnerstag, 16. Januar 1879:

Wir erreichten wohlbehalten Sfax, wo wir glücklich waren, einen Dampfer der Societa Rubattino vorzufinden, der uns mit nach Tripolis nahm.

Montag, 20. Januar 1879:

Unterwegs erzählten wir Rahel von dem Tode Manasse Ben Aharabs und dass dieser nicht ihr Vater gewesen war.

Montag, 3. Februar 1879:

Rahel hatte stets an einem Kettchen ein Amulett *um den Hals hängen gehabt. Es war ein rundum zugenähtes kleines Ledeetui. Als sie es aufschnitt, kam ein kleines Rundbild zum*

Vorschein, das einen schönen, charaktervollen Männerkopf enthielt. Auf der Rückseite stand: *„Robert Surcouf, Paris 1804"*. War das der berühmte Kapitän, dessen Enkelin sie sein sollte? – Wir trennten uns. Ich wollte nach der Sahara und Forster mit seiner Rahel hinüber nach Amerika.

Donnerstag, 3. April 1879:[1]

Nachdem ich mich in Tripolis von Rahel und Richard Forster getrennt hatte, war ich hinunter bis an den Tschad-See gekommen und befand mich nun auf dem Rückweg nach Mursuk. Am frühen Vormittag war ich auf eine Karawane gestoßen, deren Ziel Mursuk war. Man gab mir die Erlaubnis, mich mit meinem Diener Ben Sufakah der Karawane anzuschließen.

Freitag, 4. April 1879:

Die Sonne hatte ihren Tageslauf fast vollendet, und als sie den Himmelsrand berührte, kniete alles nieder, um die heilige Fâtiha zu beten. *Als das Gebet beendet war, sahen wir von Norden her einen einzelnen Kamelreiter kommen.* Er wollte sein Kamel tränken und warnte uns gleichzeitig vor feindlichen Tuaregs, die in der Oase Seghedem lagerten, wohin wir in dieser Nacht reiten wollten. Der Kamelreiter behauptete, ein Araber vom Stamm der Beni Riah zu sein und uns an der Oase Seghedem vorbei zu einer Felsengrotte führen zu können, wo wir sicher wären. Der Anführer unserer Karawane war damit einverstanden. Als der Ankömmling erfuhr, dass ich ein Christ war, beschimpfte er mich, doch ich sagte ihm, dass ich ihn für einen Tuareg hielt, der beabsichtigte, uns in eine Falle zu locken. Da versuchte er mich zu erstechen, doch meine Faust war schneller. Der Handelsherr, Abram Ben Sakir, dem die Karawane gehörte, bat mich, ihn nicht zu verlassen, denn seine Leute würden nur auf den Karawanenführer hören. Gerade als die Karawane zu ihrem nächtlichen Marsch aufbrechen wollte, kam eine Reiterschar von zwanzig Mann an, die sich als *Tibbu vom Stamm der Reschade* vorstellten. Sie hatten eine Frauensänfte dabei, was mich stutzig

[1] 03.04.1879-06.04.1879: Karl Mays Gesammelte Werke Band 10, *Sand des Verderbens*, die gleichnamige Erzählung (früherer Titel ‚Er Raml el Helakh')

machte. Als daraus die Stimme einer Frau oder eines Knaben kam, sprang der Mann, den ich als Tuareg ansah, hin und redete durch den Vorhang in die Sänfte hinein, wurde aber vom Anführer der Tibbu weggerissen. Dann überzeugte der Tuareg die Tibbu, mit zur Felsengrotte zu reiten, da der Weg, den sie einschlagen wollten, auch von Tuaregs besetzt sei. Als die Karawane zur Grotte aufbrach, ritt ich mit meinem Diener hinterher. Ich vermutete, dass in der Sänfte ein Tuaregknabe saß, der von den Tibbu geraubt worden war. Mein Diener Ben Sufakah klärte mich auf, dass es in der Gegend der Felsengrotte einen See aus Sand geben sollte, den man den ‚Sand des Verderbens' nannte und in dem schon viele Menschen und Kamele untergegangen waren.

Samstag, 5. April 1879:

Bis zum Morgengebet ging es durch sandige Wüste, dann wurde Halt gemacht. Als wir nach zwei Stunden der Ruhe wieder aufbrachen, befand sich zu unserer Linken die Wüste und rechts wuchsen immer mehr Felsengebilde empor. *Eine Stunde vor Mittag war die Hitze so groß geworden,* dass man im Schatten der Felsen lagerte. Da das eine Stelle war, die sich gut zu einem Überfall eignete, *trieb mich die Vorsicht eine Strecke hinaus in die Wüste, wo ich die Umgebung des Lagerplatzes überblicken konnte.* Falls wir überfallen würden, wollte ich vor allem den Knaben in der Sänfte an mich bringen, um ein Faustpfand in der Hand zu haben. Deshalb schlich ich mich durch eine Felsspalte an die Sänfte heran, während mein Diener die Ankunft der Tuareg melden sollte. Als Ben Sufakah Alarm schlug, liefen alle im Lager durcheinander. So konnte ich den Knaben aus der Sänfte holen. Mein Diener hatte schon unsere Kamele bereit. *Dann ritten wir, von niemandem gesehen, davon, während das Getöse des Kampfes hinter uns erscholl.* Nach etwa zwei Stunden Ritt erreichten wir eine Stelle, die *wir gegen eine Schar von Feinden leicht verteidigen* konnten, zumal *wir in dem Knaben eine Geisel besaßen, durch den wir alles erzwingen konnten, was wir wollten.* Ich konnte jetzt mit dem Knaben sprechen. Er hieß Chaloba und war der Sohn von Rhagata, dem obersten Scheik der Kelowi-Tuareg. Als die Dämmerung angebrochen war, ritt ich zu unserem letzten Lager zurück, um mit den Tuareg die Freigabe des Handelsherrn, seiner Waren und seiner Leute gegen den Sohn des Tuareg-Scheiks auszuhandeln. Als ich erreicht hatte, was ich wollte, und den Schwüren der Tuareg glaubte, ritt ich in Begleitung einiger Tuareg fort, um den Knaben zu holen, den wir nach vier Stunden seinem Vater brachten. Doch ich war zu vertrauensvoll gewesen, denn ohne Vorwarnung bekam ich *plötzlich einen Kolbenhieb auf den Kopf, der mir die Besinnung raubte.*

Sonntag, 6. April 1879:

Nach dem Morgengebet wurden *Vorbereitungen zum Weiterritt getroffen. Der Weg ging südwestlich mitten in die Wüste hinein.* Gegen Mittag hatten wir *haltgemacht, um die heißesten Stunden vorübergehen zu lassen, da kam der Scheik zu mir* und sagte mir, dass man mich im Meer des Sandes versinken lassen wollte. Als ich mich einige Zeit nach unserem Aufbruch umblickte, sah ich, dass ein Sandsturm im Anzug war. Das konnte unser Untergang sein, wahrscheinlich mein Tod, denn ich war angebunden und niemand schnitt meine Fesseln durch. *Da erfasste mich ein Grimm, der mir doppelte Kräfte verlieh. Ein Druck der angespannten Muskeln und der Strick riss entzwei.* Einem Tuareg entwand ich das Messer und schnitt meinem Diener und Abram Ben Sakir die Fesseln durch. Hinter uns *sah ich eine scheinbar von der Erde bis zum Himmel reichende dunkle Mauer, die uns bald einholen musste. Jetzt hatte mich der Sturm erreicht.* Dann waren wir auch schon am Saum eines Wa'r, wo es Gestein und große Felsbrocken gab, hinter denen ich Schutz fand. Wie lange der Sandsturm wütete, weiß ich nicht. *Aber plötzlich war es unheimlich ruhig um mich her.* Alle krochen unter dem Sand hervor, niemand kümmerte sich um mich. Ich sah den Scheik, wie er sein Tier verließ, und war im Nu dort, wo ich meine Waffen fand. Nun konnte mir nichts mehr passieren. Während ich mit dem Handelsherrn und seinen Leuten sprach, kam der Scheik der Tuareg zu uns. Als er frech werden wollte, warf ich ihn nieder und forderte alles herauszugeben, was man der Karawane abgenommen hatte. Nachdem das geschehen war, ritten die Tuareg fort, doch kurze Zeit später kamen einige mit dem Scheik zurück. Er bat mich, seinen Sohn zu retten, der mit der Sänfte auf dem Sand des Verderbens ‚schwamm'. Ich baute mir aus zwei Zelten und einigen Stangen eine Art Floß, befestige lange Riemen daran und versuchte, mit einer Art Ruder auf dem Sandsee zur Sänfte zu gelangen. Wenn es nicht klappte, waren der Knabe und ich unweigerlich verloren. Doch mit Gottes Hilfe schaffte ich es zur Sänfte und warf ein Seil um sie. Dann wurde ich von den Tuareg ans Ufer zurückgezogen, im Schlepptau die Sänfte. Der Vater war überglücklich, seinen Sohn gerettet zu sehen. Und mir gegenüber zeigte er sich als dankbarer Mensch. Ich riet ihm, in Zukunft nie wieder einen Christen zu verdammen. Dann schieden wir in Frieden.

Mittwoch, 11. Juni 1879:

In Mursuk hatte ich meinen Diener Kamil Ben Sufakah entlohnt und ihm von meinem kargen Reisegeld ein für seine Verhältnisse recht reichliches Bakschisch gegeben. Dann schloss ich mich einer Karawane an, die über die Oase Siwa nach Ägypten wollte. Dort waren wir über den Bir Haldeh im Gebiet der Uled Ali bis vor die Tore Kairos gelangt, wo wir bald ankommen sollten.

Donnerstag, 19. Juni 1879:[1]

Ich war bei meiner Ankunft im Hotel d'Orient abgestiegen, denn mein Freund, der Beamte Ben Musa Effendi, der mir vor Jahren angeboten hatte, in seinem Haus zu wohnen, wenn ich mich in Kairo befände würde, war für längere Zeit dienstlich verreist.[2] Das Hotel *sollte mir nur für heute als Wohnung dienen. Dann ging ich aus, um mich wegen einer Privatunterkunft umzusehen.* In einem Bierhaus traf ich den türkischen Geschäftsmann Murad Nassyr, der mich von

[1] 19.06.1879-26.07.1879: Karl Mays Gesammelte Werke Band 16, *Im Lande des Mahdi I – Menschenjäger*

[2] Dritte Orient-Reise (1871-1872): 14. Oktober 1871, Seite 181f.

Algier her kennen wollte. Er bot mir an, ihn nach Khartum im Sudan zu begleiten, wohin er seine Schwester Kumra ihrem Bräutigam zuführen wollte. Ich sollte bei ihm wohnen und er zeigte mir das Haus, das er gemietet hatte. Danach gingen wir wieder zu dem Bierhaus zurück. Dort kam es zu einer Auseinandersetzung mit Abd el Barak, dem Mokkadem (Oberhaupt) der hiesigen Kadirine, einer frommen Bruderschaft. Ich entriss ihm zwei Sklavengeschwister und brachte sie in meine neue Wohnung, was Murad Nassyr nicht gefiel. Da ich die beiden Sklavenkinder – der Bub hieß Pulo, seine Schwester Dschangeh – in ihre Heimat zurückbringen wollte, versprach ich dem Türken, ihn nach Khartum zu begleiten. Murads Diener Selim musste mein Gepäck aus dem Hotel hierherholen. Dann bekamen wir Besuch von der Polizei, die die Kinder zu Abd el Barak zurückbringen sollte, doch sie zog ohne die beiden wieder ab. Selim musste sich nach einem Schiff erkundigen, das am nächsten Tag den Nil aufwärtsfuhr, denn ich wollte mit den Kindern Kairo verlassen und Murad mit seiner Schwester in einigen Tagen an einem noch zu bestimmenden Ort treffen. Nach dem Abendessen legten sich alle zum Schlaf nieder, ich aber wartete auf ein Gespenst, das angeblich jeden Abend dieses Haus heimsuchte. Um Mitternacht kam es und hatte noch zwei andere dabei, die Tierstimmen nachahmten. Mir gelang es, zwei der ‚Gespenster' zu fangen, während das dritte trotz eines Faustschlags auf die Nase entkam. Es stellte sich heraus, dass das Hauptgespenst Abd el Barak, der Mokkadem, war. Ich ließ mir von ihm durch seine Unterschrift alles bestätigen, was heute hier vorgefallen war und dass er auf alle Rechte an den beiden Sudanesenkindern verzichtete. Danach konnten er und sein Kumpan gehen.

Freitag, 20. Juni 1879:

Ich verabredete mit Murad Nassyr, dass wir uns in einer Woche in Siut treffen würden. Er begleitete mich und die Kinder zum Schiff, einer Dahabijeh, die recht pünktlich um drei Uhr ablegte. Eines der Besatzungsmitglieder war unzweifelhaft das heute Nacht entflohene Gespenst. Zudem stellte ich noch fest, dass die Matrosen Mitglieder der Kadirine sein mussten. Als das Schiff schon nach wenigen Kilometern in Giseh anlegte, um über Nacht hier zu bleiben, obwohl es noch heller Tag war, wusste ich, dass man es auf mich und die von Abd el Barak unterschriebenen Papiere abgesehen hatte. Die Matrosen durften das Schiff verlassen und außer mir und den Kindern blieben nur drei Personen an Bord: der Kapitän, der Steuermann und das ‚Gespenst'. Ich konnte sie belauschen und war daher gewarnt, als ein Gaukler mir die Brieftasche stahl, in der er die Papiere des Mokkadem vermutete. Ich nahm sie wieder an mich, verscheuchte den Kerl und machte den Kapitän für den Vorfall verantwortlich. Kurz darauf kamen mehrere Männer an Bord. Einer von ihnen war der Reis Effendina, der Kapitän des Vizekönigs von Ägypten, der den Auftrag hatte, den Sklavenhandel im Sudan zu bekämpfen. Ich sollte mit ihm auf seinem Schiff weiter bis nach Siut fahren und nahm dieses Angebot an. Dann musste ich ihm erzählen, was ich in Siut wollte und was bisher, seit meinem Eintreffen in Kairo, geschehen war. Als der Reis Effendina die Dahabijeh untersuchte, ob es ein Sklaventransporter sei, verhalf ich dem Steuermann zur Flucht, da er sich vorher mir gegenüber nicht feindlich verhalten hatte. Später begab ich mich mit den beiden Kindern auf das Schiff des Reis Effendina, das den Namen ‚Esch Schahin', ‚Der Falke', trug. Mein Gepäck wurde mir später nachgebracht. Hier fanden wir unsere verdiente Nachtruhe.

Samstag, 21. Juni 1879:

Am nächsten Morgen erfuhr ich, dass der Reis Effendina *mit der Dahabijeh nach Kairo unterwegs* war, *um das Fahrzeug samt dem Reis* (Kapitän) *und seinen Leuten der Behörde zu übergegeben; zugleich hatte er die Absicht, nach dem Gaukler zu fahnden.* Doch das würde vergeblich sein, denn als am Vormittag ein Sandal an uns vorüberfuhr, sah ich den Gaukler dort an Bord stehen und zu uns herüberblicken. Der auf dem ‚Esch Schahin' befehlende Leutnant aber hatte nicht die Befugnis, dem Sandal zu folgen und den Gaukler festzunehmen.

Donnerstag, 26. Juni 1879:

Wir näherten uns Siut, meinem einstweiligen Ziel. Lange, bevor wir den Hafen erreichten, sahen wir die Stadt vor uns liegen. Der Ort hat eine Einwohnerzahl von über dreißigtausend Köpfen und ist Sitz eines Paschas und eines koptischen Bischofs. Unweit des nicht sehr entfernten Dorfes Maabdeh befindet sich eine Höhle mit Krokodilsmumien. Wir ließen am Dorf Hamra, das den Hafen von Siut bildet, den Anker fallen. Der inzwischen wieder zu uns gestoßene Reis Effendina wollte mich beim Pascha unterbringen, der aber verreist war. Daher gab er dem Haushofmeister des Paschas den nötigen Befehl dazu. Nachdem er mir eine Anschrift in Khartum gegeben hatte, verabschiedete er sich, um sofort mit seinem ‚Falken' weiter nilaufwärts zu segeln. Die beiden Kinder hatte ich in seiner Obhut gelassen; er wollte sie sicher in ihre Heimat bringen. Im Haus des Paschas konnte ich dem verletzten Sohn des Stallmeisters helfen und auch den dicken Haushofmeister von einer ‚Krankheit' befreien. Es gelang mir, einen scheinbar wilden und unbändigen Araberhengst so einzureiten, dass er anschließend so fromm wie ein Lamm war. Am nächsten Morgen sollte ich mit dem Stallmeister einen Ausritt machen. Als ich am Nachmittag einen Spaziergang nach Siut unternahm, begegnete mir Selim, *der spindeldürre Haushofmeister meines türkischen Freundes Murad Nassyr,* der ihn mir als Aufpasser nachgeschickt hatte. Da Selim, der sich in seiner Aufschneiderei als der größte Krieger der Fessarah bezeichnete, auch mit im Palast des Paschas wohnen konnte, wollte er sein Quartier in der Stadt kündigen und seinem Bekannten, den er auf dem Schiff hierher kennengelernt hatte, darüber Bescheid sagen. Am Abend gab es eine Mondfinsternis, vor der viele Angst hatten, weil sie glaubten, der Teufel hätte diese veranlasst.

Freitag, 27. Juni 1879:

Am anderen Morgen wurden nach dem Frühstück die Pferde vorgeführt. Der verabredete Ritt wurde in größerer Gesellschaft unternommen, als ich erwartet hatte. Es war ein Ritt in die Wüste. Da ich den gezähmten Araberhengst reiten durfte, zeigte ich allen, wie schnell dieser sein konnte. Man machte mich auch auf den ‚Tell es Sir' aufmerksam, den Hügel des Geheimnisses, einen hohen Sandhügel, in dem schon Menschen verschwunden seien. Ich stieg allein den Hügel empor, unter dem sich vielleicht auch Grabhöhlen befanden. Von oben sah ich, wie das Pferd des dicken Haushofmeisters im Sand einbrach, jedoch wieder hochkam, dafür aber sein Reiter in einem Loch verschwand. Es schien sich um eine vom Sand verschüttete Grabkammer oder einen Gang zu handeln. Unter größter Mühe und Anstrengung holten wir den Koloss wieder heraus. Dann ritten wir in die Stadt zurück. *Ich hatte eigentlich vorgehabt, am Nachmittag die Krokodilshöhlen von Maabdeh zu besuchen, musste es aber verschieben.*

Samstag, 28. Juni 1879:

Am nächsten Morgen war ich schon zeitig zu meinem Ausflug bereit. Neben Selim fuhr auch der Stallmeister mit mir den Nil hinab nach Maabdeh, wo wir einen Führer für die Höhlen mieteten. Unterwegs trafen wir an einem kuppelförmigen Grabmal einen Fakir, der mir einiges sagte, was mich beeindruckte, denn er schien zu wissen, wer ich war, mit wem ich umging und wer mir schaden konnte, obwohl ich ihn noch nie gesehen hatte. Sonderbar. In der Krokodilshöhle waren die Gänge so eng und so niedrig, dass sich Selim und der Stallmeister weigerten, weiterzugehen. Sie blieben zurück und ich kroch mit dem Führer allein weiter. Durch verschiedene enge Gänge und Kammern kamen wir in einer Art Halle zu den Krokodilsmumien. Der Führer schenkte mir dann ein kleines Mumienpaket, das ich mitnehmen durfte. Danach brachte er mich zu meinen Gefährten zurück. Als wir wieder in unser Boot stiegen, um stromaufwärts zu fahren, bat uns der Fakir, mitkommen zu dürfen. Auf der Fahrt zurück erzählte er mir, dass er uralte Gräber kenne, von denen ich seiner Schilderung nach vermutete, es könne sich um nicht bekannte Königsgräber handeln. Auf meine Bitte hin wollte er sie mir am nächsten Tag zeigen. Am Nachmittag kam er zu mir, um mir zu sagen, dass ich Selim, einen langen Strick und eine Fackel mit zu den Gräbern nehmen sollte, da man nur zu dritt und unter gegenseitiger Hilfe in die Grabkammern gelangen könne. Später erfuhr ich von Selim, wer sein Reisebegleiter war, der mit ihm in Siut ausgestiegen war: der Gaukler. Wir gingen zu dessen Unterkunft, um ihn zu stellen, doch er flüchtete und wir kehrten ohne Erfolg zu unserem Quartier zurück.

Sonntag, 29. Juni 1879:

Am Morgen kam Ben Wasak, unser gestriger Höhlenführer, zu mir und bat mich, in Khartum nach seinem Bruder zu forschen. Diesen hatte er vor einiger Zeit dorthin geschickt, um von dem Geschäftsmann Barjad el Amin hundertfünfzigtausend Piaster abzuholen, die Ben Wasak vor fünf Jahren diesem Kaufmann geliehen hatte. Der Kredit war auf eine Empfehlung des Fakirs zurückgegangen, und als Hafid Sichar, der Bruder, nicht mehr zurückgekommen war, hatte der Fakir in Khartum nach dessen Verbleib geforscht und erfahren, dass Hafid das Geld erhalten hatte und abgereist war. Ich versprach Ben Wasak, nach seinem Bruder zu forschen, und dieser gab mir einen Brief an den Bruder und noch einen mit einer Anschrift in Khartum mit. Obwohl der Fakir mir gestern so vertrauenswürdig vorgekommen war, war ich jetzt von einigem Zweifel geplagt. Am Nachmittag trafen wir ihn vor der Stadt. *Seltsamerweise schlug der Fakir den Weg ein, den wir vorgestern geritten waren.* Unterwegs kamen wir auf die Sklavenjagd zu sprechen und es zeigte sich, dass er einige der bedeutendsten Sklavenjäger kannte. Dabei nannte er unabsichtlich den Namen Barjad el Amin in Khartum und erzählte mir, *dass der Sklavenhändler Ibn Asl seinen besten Streich mit* dem *Bruder Ben Wasaks gespielt* habe. *Der Fakir stand jetzt als anderer Mann vor mir.* Wir schritten dem Hügel des Geheimnisses zu, wo ich Spuren entdeckte, die aber angeblich von dem Fakir selbst stammen sollten. Auf dem Hügel entfernten wir unter dem Sand eine Steinplatte und stiegen in die Grabkammern ein, der Fakir voraus. Durch einen Gang und einen Schacht gelangten wir immer weiter nach unten. Als wir in dem Schacht an zwei Stollen vorbeigestiegen waren, erscholl von oben ein höhnisches Gelächter.

Ich sah über mir zwei Gesichter: Es waren der Fakir und der Gaukler, die uns hier unten einsperrten, um uns verschmachten zu lassen. Zum Glück hatten wir unsere Fackeln. Wir kletterten den Schacht weiter hinunter und kamen zu einer kleinen Kammer, von deren Boden es – verdeckt durch eine Steinplatte – noch weiter abwärts ging. Von dort hörten wir ein Stöhnen. Wir gingen weiter abwärts und kamen in einen gemauerten Raum, *vielleicht vor Jahrtausenden ein Brunnen. An der Mauer hockte eine Gestalt.* Es war ein junger Mann von vielleicht zwanzig Jahren. Er hieß Ben Nil und war vor drei Tagen im Auftrag von Abd el Barak hier eingesperrt worden, weil er sich geweigert hatte, einen Christen zu töten. Und dieser Christ war ich. Weiter erfuhr ich, dass sein Großvater Abu en Nil hieß und jener Steuermann war, den ich auf der Dahabije hatte entfliehen lassen. Da es hier unten keinen Ausweg gab, stiegen wir hinauf in die kleine Kammer, wo ich schon vorhin eine Stelle mit losem Sand entdeckt hatte. Wir buddelten uns hindurch und stießen dabei auf einen anderen Gang, von dem aus wir uns zu jener Stelle gruben, an der vorgestern der dicke Haushofmeister eingebrochen war. Wir waren gerettet. Als ich Ben Nil herbeiholte, war Selim schon aus dem Sandloch geklettert und hatte mit lautem Geschrei den Fakir und den Gaukler vertrieben, die ich oben hatte abfangen wollen. Von Ben Nil hörte ich, dass der Fakir eigentlich Abd Asl war, der Vater des berüchtigten Sklavenjägers Ibn Asl. Ben Nil bat mich auch, mein Diener werden und mich nach Khartum begleiten zu dürfen. Ich sagte gerne zu, denn *da er die Nilgegend kannte, konnte er mir wohl von Nutzen sein.* In der Stadt Siut kaufte ich Waffen für Ben Nil und nahm ihn mit in den Palast, wo er bei mir wohnen sollte. Leider gelang es uns auch etwas später in Maabdeh nicht, die beiden Verbrecher zu fangen.

Sonntag, 20. Juli 1879:

Murad Nassyr hatte mich, Ben Nil und Selim in Siut abgeholt. Dann waren wir den Nil aufwärtsgefahren bis nach Korosko. Wir waren jetzt schon einige Tage hier in Korosko in einem Han und warteten auf Kamele, die uns auf dem

Landweg nach Abu Hammed bringen sollten, denn dieser Weg war wesentlich kürzer, weil der Nil hier eine große Schleife nach Südwesten und dann wieder nach Nordosten hinauf nach Abu Hammed machte. Heute hatte Murad Nassyr eine Überraschung für mich: Er wollte mich zum reichen Mann machen und dafür sollte ich seine jüngere Schwester heiraten, die sich nicht hier bei uns befand. Und ich sollte in seine Geschäfte einsteigen, in den Sklavenhandel. Ich lehnte natürlich beides ab und wollte in Frieden von ihm scheiden. *Jetzt zeigte sich der Türke als der Mensch von niedriger Gesinnung, wie sie zu einem Sklavenhändler passt.* Als er vorwurfsvoll daran erinnerte, mich mit Wohltaten überschüttet zu haben, warf ich ihm das Geld, das er mir gegeben hatte, vor die Füße und verließ den Raum. *Jetzt hatte ich ihm sein Geld zurückgegeben und stand nun hier im fernen Nubien ohne die Mittel zur Heimreise.* Was sollte ich tun? *Hatte ich mich mit diesem Türken entzweit, so wollte ich nun umso nachdrücklicher für den Führer in Maabdeh tätig sein, um womöglich seinen verschollenen Bruder aufzufinden.*

Montag, 21. Juli 1879:

Am nächsten Morgen traf ich den Schiffsleutnant des Reis Effendina, der den Dorfvorsteher von Korosko aufsuchen wollte. Als er wieder zurückkam, bat er mich im Auftrag des Reis Effendina, ihm bei der Auffindung eines Sklavenzugs zu helfen, der zum Roten Meer geführt werden sollte. Ich sagte sofort zu. Der Reis unterstellte mir den Leutnant und vierzig seiner Asaker (Soldaten), die draußen in der Wüste auf uns warteten. Während Murad Nassyr mit seinem Tross auf Kamelen Korosko verließ, bekam ich vom Dorfvorsteher zwei gute Reitkamele für Ben Nil und für Selim. Ich hatte mein Tier, das der Leutnant bei sich führte, nicht tränken lassen, da es Durst haben musste, wenn wir in der Wüste versteckte Brunnen entdecken wollten. *Wir bogen zunächst in die Karawanenstraße ein, die erst südwestlich führte und dann genau nach Süden bog.* Als wir nach einigen Stunden bei den Soldaten eintrafen, war der Feldwebel mit dreißig Mann und den Kamelen zum Nil geritten, um die Tiere zu tränken und genügend Wasservorrat mitzubringen. Unsere spätere Aufgabe bestand darin, *eine Strecke von wenigstens dreihundert* Kilometern *zu überwachen.* Der Weg bis zum nächsten Brunnen, dem Bir Murat, an dem auch der erwartete Sklavenzug vorüberkommen musste, lag ungefähr drei Tagesritte von hier entfernt. Ich wollte mit dem Leutnant vorausreiten, während der Feldwebel die Asaker dort in die Nähe führen sollte, konnte aber weder Ben Nil noch Selim bei den Soldaten zurücklassen. Während wir vier direkt nach Süden ritten, mussten die Soldaten sich etwas später südöstlich halten, um zum Dschebel Mundar zu kommen. Wir konnten nur am Tag reiten, da wir Spuren entdecken wollten, und hielten uns nicht auf dem normalen Karawanenweg. Ich hoffte, schon in zwei Tagen an dem genannten Brunnen zu sein.

Dienstag, 22. Juli 1879:

Mit dem Morgengrauen erwachten wir und setzten den Ritt fort. Die Sonne erfüllte *die Luft mit steigender Glut. Um die Mittagszeit war es, als atmeten wir Feuer. Und weiter ging es, immer weiter. Gegen Abend tauchte eine Hügelkette vor uns auf.* Da schien mein Kamel Wasser zu wittern und rannte zu einem kleinen Talkessel. Wir fanden unter dem Sand einen versteckten Brunnen, an dem sich Mensch und Tier laben konnten, dann deckten wir ihn wieder zu. *Mittlerweile hatte die Sonne den äußersten Rand des Gesichtskreises erreicht,* weshalb wir beschlossen, hier die Nacht zu verbringen.

Mittwoch, 23. Juli 1879:

Natürlich konnten wir zu viert am Brunnen, wo wir etwa einen halben Tag von unseren Asakern entfernt waren, keine Sklavenkarawane abfangen. Auch konnten sich die Sklavenjäger etwas weiter südlich gehalten haben, denn bis jetzt hatten wir ihre Spur noch nicht gequert. Da mein Kamel das schnellste und ausdauerndste war, ließ ich meine drei Kameraden mit den nötigen Anweisungen hier zurück und ritt allein weiter nach Süden. *Stunde um Stunde verging. Es wurde Mittag und Nachmittag, ohne dass ich eine Kamelspur zu finden vermochte. Die Sonne senkte sich tiefer und tiefer.*

Ich machte eine Ruhepause. *Als die Sonne verschwunden war, stieg ich wieder auf, um zurückzukehren. Die Sterne leuchteten hell genug, um mich meine Fährte erkennen zu lassen.*

Donnerstag, 24. Juli 1879:

Es mochte gegen neun Uhr sein, als ich die Hügelkette vor mir erblickte, wo *der verborgene Brunnen lag.* Ich sah an den Spuren, dass fünf Reiter gekommen, aber acht weggeritten waren. Waren meine Kameraden gefangen? Am Brunnen lag eine fremde Leiche, wahrscheinlich getötet von meinen Leuten. Ich musste der Fährte nach. *Anderthalb Stunden waren vergangen,* als ich die Gruppe einholte. Um meine Gefährten zu befreien, erschoss ich die Kamele der vier Gegner, entwaffnete diese und ließ sie dann zu Fuß durch die Wüste weiterlaufen. Sie schlugen die Richtung zum Bir Murat ein. Wir ritten an den Dschebel Mundar zu den Asakern und dann mit diesen in die Nähe des Bir Murat, wo, wie ich annahm, heute Abend Murad Nassyr von Norden her ebenso ankommen würde wie die Sklavenkarawane aus dem Westen. Der Bir Murat *liegt in einem Tal, das von steilen Felsen eingeschlossen wird. In der Nähe* einer *Schlucht* südlich des Brunnens *hielten wir kurz vor Sonnenuntergang.* Als ich mich in der Dunkelheit heranschlich, entdeckte ich drei Feuer, also gab es drei verschiedene Lagerplätze. Ich kroch zu dem Zelt Murad Nassyrs, denn dieser war schon angekommen. Kurz darauf kamen der falsche ‚Fakir' Abd Asl und dann noch sieben Mann auf fünf Kamelen an. Unter ihnen befanden sich die vier, die ich zu Fuß durch die Wüste geschickt hatte. Ihr Anführer hieß Malaf. So konnte ich mehr erlauschen, als ich erhofft hatte. Man hatte auf Anweisung von Ibn Asl, dem Sohn des Fakirs, ein Dorf der Fessarah-Beduinen überfallen, als alle Männer abwesend waren, hatte sechzig junge Frauen und Mädchen mitgenommen und alle anderen getötet. Die Frauen sollten als Sklavinnen nach Stambul verkauft werden. Er erzählte auch von der Begegnung mit mir. Ich erfuhr, wo sich Ibn Asl im Moment befand und dass er morgen Abend im Wadi el Berd mit der Sklavenkarawane zusammentreffen würde. Dort gab es einen geheimen Brunnen, der auch genau beschrieben wurde. Wir brachen sofort zum Wadi el Berd auf, um noch vor der Sklavenkarawane dort zu sein.

Freitag, 25. Juli 1879:

Wir befanden uns zwischen den Dünen oder vielmehr Hügeln, die zum Dschebel Schigr hinüberlaufen, und kamen erst bei Tagesanbruch heraus. Als wir im Wadi el Berd angekommen waren, sahen wir die dürren Baumreste, bei denen sich der zugedeckte Brunnen befinden sollte, und fanden ihn rasch. Nachdem wir uns mit dem nötigen Wasser versorgt hatten, zogen wir uns auf die Höhe zurück. Wir entdeckten drei Reiter, die von Süden her kamen: Abd el Barak, der Mokkadem der Kadirine aus Kairo, der Gaukler und ein gewisser Menelik, der Scheik der Monassir. Sie lagerten am Brunnen und ich konnte mich unbemerkt heranschleichen. So erfuhr ich, dass es unter den Asakern des Reis Effendina einen Verräter gab, der die Sklavenjäger über alles informierte. Dann sprang ich unter die drei hinein und machte den Mokkadem und den Gaukler unschädlich, der Scheik wurde gebunden. *Die drei Gefangenen und ihre Kamele wurden hinauf in unser Versteck gebracht.* Bevor ich die Asaker für den heutigen Abend einteilte, instruierte ich den Leutnant und den Feldwebel genau, was sie zu tun hatten. *Inzwischen war die Sonne untergegangen.* Ich lag mit dem Feldwebel und einem Askari oben, um nach der Sklavenkarawane Ausschau zu halten. *Nach einiger Zeit ging der Mond auf. Gegen zehn Uhr* sah ich *helle Gestalten an dem dunklen Hintergrund erscheinen. Das waren die Menschenjäger. Die Karawane erreichte die Tiefe des Wadis* und zog auf das Wasserloch zu. Als das Lager errichtet und das Wasserloch freigelegt war, war man enttäuscht, kaum Wasser vorzufinden. Von meinem Standpunkt aus konnte ich auch einiges hören, was unten gesprochen wurde. Ibn Asl sollte erst morgen vom Bir Murat herkommen, da er mich heute dort abfangen wollte. In der Nacht wurde die Sklavenkarawane eingeschlossen. Als diese einen Ausbruch versuchte, mussten die Asaker schießen, wobei es bei den Sklavenjägern zu einigen Verlusten kam. Inzwischen konnten der Mokkadem und der Gaukler entfliehen.

Samstag, 26. Juli 1879:

Die Nacht verging, ohne dass die Belagerten den Durchbruchsversuch wiederholten. Es blieb ihnen nichts anderes übrig, als sich uns zu ergeben, wenn sie nicht erschossen werden wollten. Nachdem alle in Ketten gelegt waren, stürmten die befreiten Sklavinnen herbei. Ich konnte mich ihrer kaum erwehren, danach versorgte ich mit Ben Nil die Verwundeten. Als Selim auftauchte und prahlte, dass er allein die Sklavenjäger gefangen hätte, lachten ihn die Fessarah-Mädchen aus und nannten ihn den größten Feigling, der deswegen aus ihrem Stamm ausgestoßen worden sei. Nun suchte ich die Spuren der beiden Geflohenen, da ich vermutete, dass der Mokkadem und der Gaukler zum Bir Murat und damit zu Ibn Asl fliehen würden. Beim Abstieg sah ich den Reis Effendina, der mit über vierzig Asakern von Berber her zu uns gekommen war. Nachdem ich ihn über alles informiert hatte, entdeckte ich oben in den Felsen ein Gesicht, das aber sofort wieder verschwand. Ich eilte mit Ben Nil nach oben. Ein Mann im weißen Burnus floh auf einem der schönsten Kamele, das ich je gesehen hatte. Wir konnten ihn trotz unserer vorzüglichen Tiere nicht mehr einholen, weshalb wir umkehrten und in das Wadi hinunterritten, wo eine Gewehrsalve erscholl. Der Reis Effendina hatte alle Sklavenjäger erschießen lassen. Als ich ihm beschrieb, wen ich verfolgt hatte, sagte er mir, dass das nur Ibn Asl gewesen sein könne. Dann verabschiedeten wir uns. Der Reis Effendina zog nach Khartum, um Ibn Asl zu fangen, und ich machte mich mit einigen Asakern auf, die befreiten Fessarah-Mädchen zu ihrem Stamm zu bringen.

Samstag, 23. August 1879:[1]

Ich hatte *dem Sklavenjäger Ibn Asl die geraubten Beduininnen abgenommen und in ihre Heimat zum Bir es Serir zurückgebracht. Nach unserem Aufbruch hatten die Fessarah uns das Geleit bis zum Ende der zweiten Tagesreise gegeben, und nun*

[1] 23.08.1879-08.10.1879: Karl Mays Gesammelte Werke Band 17, *Im Lande des Mahdi II – Der Mahdi*

wollten wir auf dem kürzesten Weg nach Khartum, wo ich meine Asaker dem Reis Effendina zu übergeben gedachte. Wir waren *einen vollen Tag eher an den Bir Atschahn* gelangt als gedacht. Ein fremder Reiter hielt ebenfalls auf diesen Brunnen zu. Er gab sich als Händler aus, aber ich traute ihm nicht, denn ich hielt ihn für einen Spion von Ibn Asl. Da ich vermutete, dass wir am Cassiawald, den wir gegen Abend erreichen würden, überfallen werden sollten, wollte ich unseren Gegnern ein Schnippchen schlagen. Nachdem ich erfahren hatte, wo wir erwartet wurden, holte ich die Asaker herbei. Wir drangen nur mit den Gewehrkolben auf die Sklavenjäger ein und hatten sie in ihrem eigenen Hinterhalt gefangen. Unter ihnen war auch Abd Asl, der Fakir, von dem ich vorher erlauscht hatte, dass sein Sohn Ibn Asl dem Reis Effendina eine Falle gestellt hatte, in die dieser hineinlaufen musste. Wir lagerten uns dann am Brunnen, um den es genügend Platz für uns alle gab. Ein Askari fand beim Holzsuchen einige Knochen, die sich als menschliche Gebeine herausstellten. Von Abdullah, den uns die Fessarah als Führer mitgegeben hatten, erfuhr ich, dass hier in der Gegend seit etwa einem Jahr ein Löwe sein Unwesen trieb. Da kam noch ein Kamelreiter bei unserem Brunnen an. Er nannte sich Mohammed Achmed oder Fakir el Fukara, also Fakir aller Fakire, und schien Abd Asl zu kennen, dem er sofort die Fesseln durchschneiden wollte. Als ich ihn daran hinderte, kam es zu einer Auseinandersetzung. Trotzdem trat er weiter großspurig auf, zumal er in mir einen verhassten Christen sah. Tatsächlich bedrohte noch am Abend ein Löwe unser Lager. Ich konnte ihn mit dem Bärentöter erlegen und dadurch das Leben von Mohammed Achmed retten. Er entschuldigte sich bei mir und nannte mich seinen Lebensretter. Danach konnte ich Abd Asl und den angeblichen Händler belauschen und erfuhr so, dass sich Ibn Asl auf der Insel Hassanieh befand, wohin er den Reis Effendina zu locken vorhatte. Außerdem wollte der Alte Mohammed Achmed in einer Sprache, von der er dachte, dass ich sie nicht verstand, eine Nachricht für seinen Sohn mit auf den Weg geben, damit dieser ihn und die gefangenen Sklavenjäger befreien konnte. Ich ließ also den Fakir el Fukara mit Abd Asl sprechen und hoffte im Stillen, dass mich Mohammed Achmed über den Inhalt informieren würde. Stattdessen verwickelte er mich in ein Glaubensgespräch und kündigte mir die Ankunft des Mahdi an, der den Islam mit dem Schwert zum Weltbeherrscher machen würde. Dann entfuhr ihm sogar, dass er selbst der Mahdi sei, auf den der Islam warte. Da er mir nicht sagte, dass er einen Auftrag an Ibn Asl hatte, musste ich den sogenannten Mahdi in Gewahrsam bei den Asakern lassen, um selbst schnellstens mit Ben Nil wegzureiten, denn der Reis Effendina befand sich in Gefahr.

Montag, 25. August 1879:

Mit unseren *vortrefflichen Kamelen machten wir den Weg vom Brunnen im Cassiawald bis zur Dschesîre Hassanieh in zwei Tagen.* Wir erreichten das Dorf Hegasi gegen Abend. Ich stellte fest, dass das Schiff des Reis Effendina noch nicht vorüber war und dass Ibn Asl einen Wachmann hier abgesetzt hatte. Indem ich mich als Sklavenkäufer ausgab, kam ich mit diesem ins Gespräch und erfuhr dabei einiges Wichtige. Idris, so hieß er, nahm uns sogar mit zu Ibn Asl, wohin wir noch eine Stunde südwärts zu reiten hatten. Wir ritten direkt in die Höhle des Löwen. Neben seinem Schiff, einem Noqer, hatte er am Ufer des Nils sein Lager inmitten einer ansehnlichen Menschenräuberbande aufgeschlagen. Nach einigem Hin und Her betrachtete er uns als seine Gäste, ja er schien sogar großes Vertrauen zu mir zu haben, denn er erzählte mir einiges aus seinem Leben und auch davon, was er mit dem verhassten Giaur anstellen würde, der ihm in sein Handwerk pfuschte. *Das war ein ungemütlicher Gedanke für mich, für den Fall, dass man entdeckte, wer ich war!* Es war schon spät, als wir auf dem Noqer schlafen gingen. Vor dem Einschlafen verriet er mir noch, dass er das Schiff des Reis Effendina in einem schwimmenden Feuermeer vernichten wollte. Mir gelang es, unbemerkt die Ölfässer, mit dessen Inhalt das Schiff des Reis Effendina verbrannt werden sollte, anzubohren, sodass alles Öl auslief.

Dienstag, 26. August 1879:

Als ich am Morgen Ben Nil alles erzählte, bemerkte ich nicht, dass wir belauscht wurden. Deshalb war ich völlig überrascht, als wir beide von den Matrosen überwältigt und gebunden wurden. Gegenüber Ibn Asl half keine List und keine Ausrede, wir blieben gefesselt. Dass die Ölfässer ausgelaufen waren, hatte man noch nicht bemerkt. Inzwischen war der Reis Effendina in Hegasi angekommen und vor Anker gegangen. Man wartete hier noch auf die Nachricht, wann er dort absegeln würde. Da wurde ein Schiff gemeldet, das stromabwärts fuhr. Es wurde von Ibn Asl zum Anlegen gezwungen, der Steuermann musste auf den Noqer umsteigen und zu meinem Schrecken erkannte ich in ihm Abu en Nil, den Großvater von Ben Nil, den man ebenfalls fesselte und neben uns legte. Er war so überrascht, dass er uns mit Namen anredete, und so erfuhr Ibn Asl, wer wir eigentlich waren. Nun war unser Leben keinen Pfifferling mehr wert. In diesem Augenblick stellte man fest, dass die Ölfässer leer waren, und Ibn Asl verließ das Schiff. Als er zurückkam, leugnete ich nicht, Kara Ben Nemsi zu sein, was ihn ganz verdutzt machte. Ein Bote meldete, dass der Reis Effendina nicht auf dem Wasser, sondern auf dem Landweg hierher unterwegs sei, weshalb Ibn Asl die Segel setzen ließ, um von hier wegzufahren. Ich schlug ihm vor, uns gegen seinen Vater und den Fakir el Fukara auszutauschen. Doch er war eher bereit, seinen Vater zu opfern, als mir die Freiheit zu geben. Wir wurden unten im Schiffsraum eingesperrt, aber Idris, der uns gestern Abend zu Ibn Asl gebracht hatte und nun unser Wächter war, versprach uns Hilfe. Gegen Mitternacht fuhren wir in einen Nebenarm des Nils ein, in einen Maijeh, den man in Amerika als einen Bayou bezeichnet hätte. Hier konnte uns der Reis unmöglich finden. Bevor Idris abgelöst wurde, verschaffte er mir ein Messer, mit dessen Hilfe wir uns befreiten und den neuen Wächter vor unserem Gefängnis überwältigten. Da sich inzwischen die gesamte Besatzung des Sklavenschiffs an Land befand, konnten wir aus der Kajüte von Ibn Asl unsere Waffen holen. Als wir hinunter in das Beiboot kletterten, wurden wir bemerkt, konnten aber glücklicherweise entkommen. Wir gelangten auf den Nil hinaus und ließen uns stromabwärts treiben.

Mittwoch, 27. August 1879:

Es war noch dunkel an diesem Morgen, als wir den ‚Falken' des Reis Effendina in Hegasi erreichten. Nachdem ich unser Erlebnis erzählt hatte, legte ich einen Plan fest, wie wir Ibn Asl fangen konnten. Dazu musste der Ortsvorsteher von Hegasi informiert werden, ein Mann Ibn Asls, der diesem alles berichten würde, was er zunächst vom Reis Effendina und später auch von mir erfuhr. Das war die Falle, in die Ibn Asl gehen musste. Während der Reis Effendina angeblich nach Khartum segelte, ritt ich mit Ben Nil in der Wüste den Asakern und den gefangenen Sklavenjägern entgegen. Gegen Abend erreichten wir sie am Brunnen Es Sâfi.

Donnerstag, 28. August 1879:

Als wir am Nachmittag in die Nähe des Dschebel Arasch Kol kamen, hielten wir an und ich informierte die Asaker, dass wir dort Ibn Asl fangen wollten. Gegen Abend begab ich mich auf Kundschaft, denn ich musste feststellen, ob und wo Ibn Asl uns am Dschebel erwartete und ob ich an der richtigen Stelle auf den Reis Effendina treffen würde. Ich traf auf den Vorposten des Reis' und erfuhr durch ihn, wo Ibn Asl lagerte. Der Reis führte mich bis an das Lager der Sklavenjäger heran und ich versuchte nun, sie zu belauschen. Dort kam gerade der Scheik el Belad, der Ortsvorsteher von Hegasi, an, der auf unsere Fährte angesetzt war, uns aber verfehlt hatte. Ich erfuhr nun, was Ibn Asl vorhatte: Er wollte mir gerade die gleiche Falle stellen, in die ich ihn gern gelockt hätte. Mit dem Reis Effendina entwickelte ich nun einen anderen Plan, der ebenso zum Erfolg führen musste. Es gelang mir zudem noch, das weiße Hedschîn Ibn Asls zu entführen. Dann führte ich die vierzig Asaker, die mir der Reis mitgegeben hatte, an die von mir vorgesehene Stelle.

Freitag, 29. August 1879:

Vor Tagesanbruch kam der Scheik mit seinen vierzig Sklavenjägern zu dem Punkt, den er am Abend zuvor genannt hatte. Wir nahmen sie ohne Blutvergießen fest. Nach etwa einer Stunde trafen die Asaker, die ich gestern unter Ben Nils Führung in der Wüste zurückgelassen hatte, mit ihren Gefangenen hier ein. Während ich meine früheren Soldaten unter genauer Anweisung zurückließ, nahm ich die vierzig neuen und ritt mit ihnen auf einem anderen Weg um das Sumpfgebiet, in dem sich viele Krokodile tummelten, zu den Leuten, bei denen sich Ibn Asl befinden musste. Als wir auf die ersten dieser Menschenjäger trafen, erfuhr ich durch List, dass Ibn Asl hier nicht anwesend war. Ich befürchtete, er könnte auf die zurückgelassenen Gefangenen gestoßen sein, weil er zu dem Scheik el Belad nicht das nötige Vertrauen gehabt und sich zu diesem hatte begeben wollen. Das war eine Panne, die ich nicht berechnet hatte. Da der Reis Effendina mit seinen Truppen im Rücken der hier befindlichen Sklavenjäger stand, ergaben diese sich nach kurzem Schusswechsel. Nun galt es keine Zeit mehr zu verlieren, wollten wir uns Ibn Asl noch schnappen. Ich ritt eiligst mit Ben Nil zu unserem alten Stützpunkt zurück, um zu retten, was noch zu retten war. Doch es war zu spät. Ibn Asl hatte zwei Kamelwächter getötet, sein weißes Hedschîn, das hier mit lagerte, bestiegen und war zurückgeritten. Ben Nil und ich folgten ihm auf unseren Kamelen, doch schien es unmöglich, ihn einzuholen. Ich konnte nur mutmaßen, dass er entweder zu seinem Schiff wollte oder auf seinem Hedschîn nach Faschodah reiten würde, wo er neue Leute rekrutieren konnte. Wir wandten uns daher wieder dem alten Schauplatz zu, wo wir die Sklavenjäger dingfest gemacht hatten, die sich jetzt alle an einer Stelle befanden. Dort hielt der Reis Effendina ein erstes Strafgericht. Mohammed Achmed, der Fakir el Fukara, bekam die Bastonade, zwanzig Hiebe auf jede Fußsohle. Dann wurde er an den Rand des Sumpfes gelegt, von wo aus er erst in einigen Tagen weggehen konnte. Abd Asl, der scheinheilige Fakir von Siut und Vater von Ibn Asl, aber fand sein Ende in den Rachen der Krokodile. Ein furchtbares Urteil, das der Reis Effendina da gefällt hatte. Von einem Unteranführer Ibn Asls erfuhr ich, dass man Hafid Sichar, den Bruder des Höhlenführers von Maabdeh, *tief im Süden an den Anführer eines wilden Stammes verkauft* hatte. Bevor wir an den Nil zurückritten, suchte ich Mohammed Achmed auf, löste ihm seine Fesseln und legte ihm einen Wasserschlauch und den nötigen Mundvorrat hin. Sein Dank dafür war ein kräftiger Rachefluch gegen mich.

Bei seinem ‚Falken' angekommen, gab mir der Reis Effendina eine schriftliche Empfehlung an den Mudir von Faschodah mit, den man den ‚Vater der Fünfhundert' nannte, weil er jedem Verbrecher fünfhundert Hiebe verpassen ließ. Während der Reis später nach Khartum segeln wollte, ritt ich mit Ben Nil nach Süden auf Faschodah zu.

Dienstag, 2. September 1879:

Gegen Abend lagerten wir am Nid en Nil an der Furt des Schattens. Da kam eine Karawane an, die fast nur aus Fußgängern bestand, davon die Hälfte Frauen und Mädchen, *die gefesselten Hände an einem langen Seil befestigt.* Sie sollten als Sklaven verkauft werden, weil der König von Takaleh Geld brauchte, wie uns ihr Anführer, ein roher und brutaler Mensch, erklärte. Natürlich hatten wir unsere wahren Namen nicht genannt, sondern uns für zwei fromme Männer aus Dscharabub ausgegeben. Nach dem Abendgebet kam ein fremder Reiter von Nordosten her, ein Baggara-Araber, der diese Sklavenkarawane gesucht hatte. Es war ein Bote von Ibn Asl, der den Anführer vor Kara Ben Nemsi warnte und ihm auftrug, die Sklaven diesmal nicht direkt nach Faschodah zu bringen und besonders einen, nämlich Hafid Sichar, gut zu bewachen. Als mich der Baggara als Kara Ben Nemsi erkennen wollte, kam es zu einer Meinungsverschiedenheit. Ben Nil und ich bestiegen unsere Kamele und ritten davon, aber nicht weit weg. In der Nacht holte ich Hafid Sichar aus dem Kreis der Sklaven heraus und konnte sogar den Baggara mit entführen. Später, bevor wir uns zur Ruhe legten, berichtete uns Hafid sein Schicksal: Der Kaufmann Barjad el Amin und Ibn Asl hatten ihm das Geld abgenommen und ihn zu den Takaleh gegeben, wo er jahrelang als Arbeiter in einem Kupferbergwerk unter der Erde eingesperrt gewesen war, bis er nun wieder zu Ibn Asl geführt werden sollte.

Mittwoch, 3. September 1879:

Bevor wir in Richtung Faschodah wegritten, beobachteten wir die Takaleh und deren Suche nach den beiden aus ihrem Lager Verschwundenen, denn sie glaubten, der Baggara hätte Hafid Sichar befreit und wäre mit ihm auf und davon. Als wir sahen, welchen Weg die Takaleh mit ihren Sklaven nahmen, ritten wir ihnen nach, aber so, dass wir mit ihnen nicht in Berührung kamen. Etwas später stießen wir auf Eselsspuren. Wir vermuteten, dass diese zu Händlern gehörten, die sich den Takaleh angeschlossen hatten. Kurz darauf sahen wir die Händler in der Wüste liegen, zwei waren erschossen, einer lebte noch. Wir nahmen ihn mit, um ihn nach Faschodah zu bringen.

Sonntag, 7. September 1879:

Wir waren von der Fährte der Takaleh abgewichen und kamen nun *am Morgen des vierten Tages bei Faschodah an. Faschodah ist ein Verbannungsort* und *der letzte befestigte Grenzposten am Weißen Nil. Wir hielten ungefähr eine Stunde vor der Stadt an einem Ort an,* um nicht von Ibn Asl, dem Mokkadem, dem Gaukler oder dem Türken Murad Nassyr gesehen zu werden, die sich wahrscheinlich alle in Faschodah befanden. Ich sandte als Boten Hafid Sichar mit dem *Empfehlungsbrief des Reis Effendina* an den Mudir von Faschodah. Nach etwa vier Stunden kam dieser ‚Vater der Fünfhundert' persönlich zu uns heraus. Nach einigen Grobheiten wurde ich mit ihm einig und sagte zu, heute noch einiges für ihn zu tun. Der gefangene Baggara, es war sogar der Scheik selbst, verriet mir alles über Ibn Asl, was ich wissen musste, weil ich ihm dafür versprach, den Mudir von einer Strafe abzuhalten. Gegen Abend brachen wir auf, um uns nach Faschodah zu begeben. Meine Gefährten sollten zum Mudir kommen, während ich als Überbringer eines Briefes zu Ibn Mulei, dem Major der Arnauten, ging, der ein Verbündeter von Ibn Asl war. Während ich mich noch mit diesem unterhielt, wurde Ben Nil als Gefangener hereingebracht und mit ihm kamen auch der Mokkadem und der Gaukler. Jetzt saßen wir in der Bredouille. Man packte uns in Bastmatten, schaffte uns an den Fluss, wo wir in einem Boot fortgebracht und zu einem Schiff gefahren wurden. Dort empfing uns Murad Nassyr, der mit jemandem sprach, wodurch wir erfuhren, dass Ibn Asl *jeden Augenblick mit den angeworbenen Dinkas* eintreffen könnte. Kumru, die Schwester Murad Nassyrs, kam uns zu Hilfe. Während sie ihren Bruder ablenkte, zerschnitt ihre Dienerin Fatma meine Fesseln. *Das tat ich dann auch mit Ben Nil.* An der Ankerkette ließen wir uns hinunter zum Wasser und gelangten zu einem Boot. Obwohl man unsere Flucht entdeckte, kamen wir ungehindert ans Ufer.

Montag, 8. September 1979:

Als der Morgen graute, hatten wir uns Faschodah so weit genähert, dass wir es liegen sahen. Da hielt ein kleines Segelboot auf uns zu und von dem Mann an Bord erfuhren wir, dass uns der Mudir suchen ließ. Dort musste ich alles erzählen, was mit uns geschehen war. Daraufhin wurde der Major der Arnauten herbeigeholt und der ‚Vater der Fünfhundert' ließ ihn totpeitschen. Als wir am Mittag Ibn Asls Schiff aufbringen wollten, war dieses seit Stunden fort und nicht mehr einzuholen.

Mittwoch, 10. September 1879:

Wir mussten bis heute warten, bis die Karawane der Takaleh mit ihren Sklaven vor Faschodah eintraf. Ich überließ dem Händler den Goldstaub, den man ihm und den beiden Getöteten abgenommen hatte, und riet ihm, so schnell wie möglich zu verschwinden, was den Zorn des Mudir auf mich zog. Die Mörder der beiden Händler ließ der Mudir jedoch so auspeitschen, dass keiner mit dem Leben davonkam. Während die übrigen Takaleh in ihre Heimat zurückkehren konnten, wollten ihre Opfer, die als Sklaven hatten verkauft werden sollen, hier in Faschodah bleiben.

Freitag, 12. September 1879:

Der Reis Effendina war wider Erwarten in Khartum und auch unterwegs aufgehalten worden. Er hatte sich so verspätet, dass er erst am sechsten Tag meines Aufenthaltes in Faschodah ankam. Dann begannen wir die Fahrt, von der wir erwarteten, dass sie uns sicher zum Ziel führen würde. Leider war der Vorsprung von sechs Tagen, den Ibn Asl vor uns hatte, nicht so leicht und schnell einzuholen, wie wir wünschten.

Samstag, 4. Oktober 1879:

Seit unserer Abfahrt von Faschodah waren drei Wochen vergangen und wir lagen am Einfluss des Rohl in den See No. Mit dabei waren auch die beiden Kinder, die ich als Sklaven in Kairo aus den Händen des Mokkadem befreit und auf dem Schiff des Reis Effendina gelassen hatte, weil dieser sie mit in ihre Heimat hatte nehmen wollen. Das konnte aber bisher nicht geschehen und so war ich jetzt wieder mit ihnen an Bord. Ich fuhr heute mit Ben Nil in einem Boot den Rohl aufwärts, um etwas Essbares zu schießen. Statt jagdbarem Wild begegnete uns unverhofft ein Boot mit einem Schwarzen. Er wollte fliehen, wurde aber durch einen Schuss davon abgehalten. Da er mir verdächtig war, nahmen wir ihn mit zu unserem ‚Falken'. Er wollte uns belügen und gab sich für einen Bongo aus, was er aber nicht sein konnte. Ich hielt ihn für einen Boten Ibn Asls, den dieser mit einer Botschaft nach Faschodah gesandt hatte. Da kamen unsere beiden Kinder herbei, erblickten den Schwarzen und nannten ihn Agadi, ihren Onkel. Nachdem er mit ihnen gesprochen hatte, gestand er, ein Bote Ibn Asls zu sein, und gab uns den Brief, den er dem Major der Arnauten in Faschodah überbringen sollte. Wir lasen ihn und eröffneten dem Mann, dass Ibn Asl seine Leute, die dieser angeworben hatte, nämlich die Dinkas, nach der Sklavenjagd gegen den Stamm der Gohk selbst als Sklaven abführen würde. Dazu sollte der Bote selbst, da er der Anführer dieser Dinkas war, ausgeschaltet und in Faschodah ermordet werden. Wir überredeten ihn, bei uns zu bleiben und uns zur Seribah (festungsartige Niederlassung) zu führen, von der aus Ibn Asl bereits zur Sklavenjagd aufgebrochen war. *Man lichtete den Anker, setzte die Segel, und dann steuerte der ‚Falke' in den Rohl hinein. Wir konnten weit sehen, und so war es uns möglich, die ganze Nacht hindurch zu fahren.*

Dienstag, 7. Oktober 1879:

Schon am Abend des vierten Tages erklärte uns Agadi, die Seribah sei so nahe, dass wir sie in einer Stunde zu erreichen vermöchten. Zur Erkundung mit einem Boot nahm ich Ben Nil, seinen Großvater und Agadi mit. Wir legten noch vor einer Mischra, einem Landeplatz, an und ich schlich mich mit Ben Nil an den Eingangsverhau heran. Doch ehe ich reagieren konnte, bekam ich etwas über den Schädel gezogen. *Als ich wieder zu mir kam, war ich mit Stricken umschnürt. Neben mir lag Ben Nil, ebenso gefesselt wie ich.* Murad Nassyr, der hier in Abwesenheit von Ibn Asl das Kommando über die zurückgebliebenen Sklavenjäger führte, ließ uns in eine Grube werfen, aus der ein Entkommen so gut wie unmöglich war. Doch der Steuermann und Agadi, der sich hier gut auskannte, waren in die Seribah geschlüpft und holten uns heraus, denn bis auf zwei Mann war die gesamte Besatzung einschließlich des Türken zum nächtlichen Fischen gegangen. Die zwei Wachen aber mussten nun in die Grube. Aus dem Tukul, einer Art runder Hütte, die der Türke mit seiner Schwester bewohnte, holten wir nicht nur unsere Waffen, sondern auch alles, was man uns abgenommen hatte. Wir zogen uns an das Schlupfloch im Zaun zurück und beobachteten die Fischfänger. Murad Nassyr, der zuerst zurückkam, wurde abgefangen. Nachdem wir nach und nach alle Sklavenjäger unschädlich gemacht und in die Grube hinabgelassen hatten, konnten wir uns als die Herren der Seribah fühlen. Dann schickte ich den Steuermann mit unserem Boot los, den Reis Effendina mit seinem Schiff hierherzuholen.

Mittwoch, 8. Oktober 1879:

Ehe der Reis Effendina eintraf, hatte ich mir den Türken vorgenommen, um noch einiges über Ibn Asl zu erfahren, was ich noch nicht wusste. In seiner Todesangst verriet er mir, wo sich der Sklavenjäger befand. Auf meine Fürsprache hin begnadigte der Reis dann nicht nur Murad Nassyr, sondern auch die Besatzung der Seribah, weil diese ihm versprachen, ihn zu Ibn Asl zu führen und von nun an für die gerechte Sache zu kämpfen. *Zur Mittagszeit lag die ganze Seribah in rauchenden Trümmern. Dann schifften wir uns ein, lichteten die Anker und segelten mit geschwellter Leinwand dem Süden zu.*

Samstag, 11. Oktober 1879:[1]

Wegen einer aufgekommenen Flaute fuhr ich mit einigen Asakern auf dem Maijeh Semkat in einem Boot voraus, um das Land zu erkunden. Der Reis folgte mit seinem ‚Falken' nach. Es war bereits gegen Abend, als wir am Ufer anlegten. An Land stießen wir auf ein Lager kriegerischer Bor, die hier Nilpferde jagten und uns feindlich empfingen, da sie uns für Sklavenjäger hielten. Erst, als ich sie vor einem wütenden Nilpferd rettete, war der Bann gebrochen. Die Bor, die zum Dinka-Volk gehören, wollten den stammverwandten Gohk helfen. Deshalb wurden uns nicht nur genügend Reitochsen zugesagt, damit wir noch vor Ibn Asl an Ort und Stelle sein konnten, sondern es wollten uns auch zweihundert Krieger begleiten.

Sonntag, 12. Oktober 1879:

Der Vormittag wurde damit zugebracht, einen Vorrat an Fleisch anzubraten, um den nötigen Reiseproviant zu haben. *Um die Mittagszeit stellte sich ein Schwarzer ein, der die Nachricht brachte, dass die Krieger mit den Ochsen* an der vereinbarten Stelle *eingetroffen seien.* Als dann der Reis Effendina eintraf und mit dem Häuptling der Bor die versammelten Krieger besichtigte, begab ich mich mit Ben Nil und dem prahlsüchtigen langen Selim, der zwei linke Hände zu besitzen schien, zum jenseitigen Ufer auf Jagd. Tatsächlich brachte der Unglücksrabe unser Boot zum Kentern und während wir am Ufer unsere nassen Waffen reinigten, wurden wir unverhofft überfallen. Es war der Gaukler, der uns mit drei oder vier Sklavenjägern überwältigte und uns zu ihrem Lager schaffte, wo sich auch der Mokkadem befand. Man baute hier für Ibn Asl eine neue Seribah auf. Es gelang mir, dem Gaukler ein

[1] 11.10.1879-27.10.1879: Karl Mays Gesammelte Werke Band 18, *Im Lande des Mahdi III – Im Sudan*, Kapitel 1-5

Messer zu entreißen, meinen Gefährten die Fesseln zu durchschneiden, den Gaukler zu packen und zu unserem Boot zu entfliehen. Man staunte in unserem Lager nicht schlecht, wen wir da mitbrachten. Der Reis Effendina fackelte nicht lange und ließ den Gaukler aufhängen. Als die Sterne schienen, fuhren wir mit dem Reis Effendina und einigen Asakern zu den Tukul der Sklavenjäger, die heute nicht mehr mit uns gerechnet hatten. Der Reis ließ sie alle erschießen. Nur den Mokkadem nahm er mit in unser Lager und ließ ihn noch etwas höher hängen als den Gaukler.

Samstag, 18. Oktober 1879:

Wir waren jetzt sechs Tage unterwegs, davon drei nur über ein Sumpfgebiet. Ohne die Bor hätten wir diesen Weg nicht machen können. Zu Mittag hörte der Sumpf auf und wir hatten wieder festes Land unter uns sowie einen Bach und einen Weiher vor uns. Danach *näherten wir uns einem kleinen Dorf der Gohk und blieben halten, um einen Boten vorauszuschicken.* Kurze Zeit darauf kamen uns die ganzen Dorfbewohner entgegen. Man gab uns einen Führer zum Dorf Wagunda mit, das von Ibn Asl überfallen werden sollte, und wir erreichten es noch am selben Tag. Nach einer überaus lebhaften Begrüßungsfeier konnten der Reis Effendina und ich das auf einem Hügel liegende und mit einer Dornenhecke umgebene Dorf besichtigen, das einer kleinen Festung glich. Ein Angriff konnte leicht abgeschlagen werden, aber eine Belagerung war nicht auszuhalten, da es hier oben kein Wasser gab. Nach meiner Berechnung aber konnte Ibn Asl erst *von heute an in zehn oder elf Tagen ankommen, eine genügend lange Zeit, ihm einen niederschmetternden Empfang zu bereiten.* Die Krieger der Bor und der Gohk wollten mich und nicht den Reis Effendina als Anführer gegen Ibn Asl.

Sonntag, 19. Oktober 1879:

Heute bemerkte ich zum ersten Mal, dass der Reis Effendina eifersüchtig auf mich war, denn er fühlte sich zurückgesetzt. *Verletztes Ehrgefühl kann leicht die beste Freundschaft in das Gegenteil verwandeln.* Mit einem jungen Gohk erkundete ich die Umgegend und *er beschrieb mir genau den Weg, den Ibn Asl von Agunda nach Wagunda einschlagen musste.* So konnte ich einen Plan entwerfen, der *Ibn Asl und alle seine Asaker ohne großes Blutvergießen in unsere Hände liefern würde.* Als wir am Abend zurückkamen und ich meine Strategie vorstellte, entschied der Reis Effendina, dass er nur einem Schlachtplan zustimmen könne, der von einem Offizier getroffen worden sei. Da ich aber keiner sei, werde jetzt nur nach seiner Meinung und seinem Befehl gehandelt. Das war stark. Er war gekränkt, dass ich bisher mehr Erfolg gegen die Sklavenjäger gehabt hatte als er. Und bei dem Plan, den er nun vortrug, war ein Entkommen Ibn Asls durchaus möglich. Doch er sah das anders, also musste er auch die Konsequenzen tragen. Dass ich als ganz gewöhnlicher Askari mitkämpfen dürfte und mir befehlen lassen sollte, war mir dann doch zu viel. Ben Nil und ich *verließen das Dorf und stiegen den Berg hinab, um uns jenseits des Sees am Waldrand schlafen zu legen.*

Montag, 20. Oktober 1879:

Ich hatte vor, aus dem Dorf Foguda, das drei Tagesmärsche von hier entfernt lag, Hilfe der dortigen Gohk herbeizuholen. Gerade als wir dorthin aufbrachen, holte uns Selim ein, der unbedingt bei mir bleiben wollte. Da er einfach nicht zurückging, mussten wir ihn mitnehmen, obwohl ich ahnte, dass wir mit diesem Unglücksraben nur Pech haben würden. Am Abend schlugen wir in einem Wald unser Nachtlager auf.

Dienstag, 21. Oktober 1879:

Wir kamen durch sumpfige Gegenden und mussten vorsichtig sein und oft von der Richtung abweichen, um gefährliche Stellen zu umgehen. Und so kam es, dass der Abend hereinbrach, ohne dass wir irgendein jagdbares Tier zu Gesicht bekommen hatten, worunter Selim mit seinem riesigen Hunger am meisten litt.

Mittwoch, 22. Oktober 1879:

Es war schon Mittag, und nach meiner Vermutung mussten wir Foguda noch vor Abend erreichen. Doch Selim hatte Hunger. *Hätte ich den Unglückseligen doch nur murren lassen, es wäre uns viel Unheil erspart geblieben.* An einem Waldrand ließen wir Selim zurück, um uns etwas Essbares zu schießen. Selim hätte nur alles verdorben. Wir schossen zwei Gänse und kehrten zurück, doch Selim war nicht mehr da. Stattdessen bekam ich einen Kolbenhieb auf den Schädel, *der mir die Besinnung raubte.* Als ich wieder zu mir kam, musste ich erkennen, dass wir uns in der Gewalt von Ibn Asl befanden. Und Selim hatte in seiner Todesangst alles ausgeplaudert, was in den letzten Tagen geschehen war. Ibn Asl wollte, bevor er nach Wagunda marschierte, vorher noch Foguda überfallen, weshalb er unverhofft hier in dieser Gegend war. Uns wurde jedem ein Gabelast um den Hals gesteckt, der durch einen Querast festgehalten wurde, den man als Gefangener selbst mit seinen Händen tragen musste. Mir wurden *noch zwei eiserne Handschellen angelegt, die durch eine kurze Kette miteinander verbunden waren.* Zudem wurde ich noch durch einen Strick mit dem Sattel Ibn Asls verbunden, hinter dessen Pferd ich herlaufen musste. Als wir gegen Abend Lager machten, waren wir in der Nähe von Foguda angekommen. Später zogen, außer unseren Wachen, die Menschjäger los, um das Dorf zu überfallen. Und bald darauf sahen wir in der Ferne den Himmel blutrot werden. Nach einigen Stunden mussten wir zu dem Dorf folgen. *Es brannte nicht mehr, es bildete nur noch einen rauchenden Aschehaufen.* Ibn Asl hatte eine große ‚Beute' an Menschen und Tieren gemacht. Er ließ alle Gefangenen ermorden, die seiner Meinung nach nicht als Sklaven infrage kamen. Allen anderen wurden *Handschellen und Gabeläste angelegt.* Während die gefangenen Sklaven und das erbeutete Vieh uns langsam nachfolgten, ritten wir mit in Richtung Wagunda. Es war wirklich kein Vergnügen, mit dem Gabelast auf einem störrischen Lastochsen reiten zu müssen.

Donnerstag, 23. Oktober 1879:

Als der Tag anbrach, fühlte ich meine Arme nicht mehr. Gegen Mittag wurde Rast gemacht, wobei mir auf einmal ganz schwach wurde und ich zusammensank. Obwohl diese Schwäche nur ganz kurz andauerte, stellte ich mich weiter so hinfällig. Das bewirkte, dass mir der Gabelast abgenommen und ich auf einen besseren Reitochsen gesetzt wurde. Ibn Asl wollte mich ja noch foltern, also durfte ich jetzt noch nicht zusammenbrechen. In der Nacht musste ich mit Ibn Asl in seinem Zelt schlafen, war aber bewegungsunfähig.

Freitag, 24. Oktober 1879:

Schon am Morgen wurde mir die Gegend immer bekannter. Ich nahm an, *dass wir am Abend in die Nähe von Wagunda gelangen würden.* Ein Kundschafter Ibn Asls, der zwei Asaker hatte belauschen können, berichtete, dass man die Sklavenjäger erst in vier oder fünf Tagen erwartete und welche Taktik der Reis Effendina anwenden wollte. Ibn Asl beschloss, nach Mitternacht das Dorf Wagunda in der gleichen Weise zu überfallen wie vorher schon Foguda. Wenn es mir nicht gelang, mich von meinen Fesseln zu befreien, sah es schlimm aus. Als es zu dunkeln begann, waren wir recht nahe bei dem Dorf angekommen und das Lager wurde aufgeschlagen. Da ja erst nach Mitternacht angegriffen werden sollte, legte man sich vorher noch ein paar Stunden nieder. Auch Ibn Asl kam in sein Zelt, um zu schlafen. Es gelang mir, an sein Wassergefäß zu kommen und meine Hände hineinzustecken, bis ich merkte, dass die linke Hand dünner wurde, wodurch ich sie aus der eisernen Handfessel ziehen konnte. Jetzt konnte ich den Gabelast abnehmen und auch meine Fußfesseln lösen. Ich tastete mich an Ibn Asl heran, *ein Fausthieb auf seine Schläfe, ein halb erstorbenes Röcheln, er war mein!* Mit dem Messer Ibn Asls schlitzte ich die Zeltwand an der Stelle auf, wo keine Wächter saßen, warf ihn mir draußen über meine Schulter und trug ihn vom Lager weg. Ich konnte ihn nicht bis in das Dorf tragen. Deshalb fesselte und knebelte ich ihn und band ihn an einen Baum. Am Rand des Dorfs angekommen, sah ich ein Liebespärchen und ließ mir Agadi herausholen. Dieser schlich mit mir zum Lager der Sklavenjäger, wo er seine Stammesgenossen weckte, um ihnen zu sagen, dass er hätte ermordet und sie selbst später auch als Sklaven verkauft werden sollen. Unterdessen schlich ich mich zu Ibn Asls Zelt zurück und konnte die beiden Wächter davor unschädlich machen. Ich befreite Ben Nil und Selim und kroch mit ihnen in das Zelt zurück. Agadi hatte seine Leute gut instruiert, sie überwältigten die dreißig Männer Ibn Asls ohne Blutvergießen. *Es entwischte kein einziger.* Dann ließ ich Ibn Asl holen, dem ein Gabelast um den Hals gelegt wurde.

Samstag, 25. Oktober 1879:

Als es licht zu werden begann, ritten wir auf den Ochsen dem Dorf zu. Allen Sklavenjägern hatte man nun Gabeläste um den Hals gegeben und sie in Ketten gelegt. Da die Bewohner von Wagunda glaubten, Ibn Asls Menschenjäger wollten das Dorf überfallen, ließ ich Selim voranreiten, denn kein anderer *passte für eine solche Aufgabe so gut wie* dieser *‚größte Held des Weltalls'*. Am Nachmittag wurden alle Sklavenjäger einschließlich Ibn Asls erschossen.

Sonntag, 26. Oktober 1879:

Da *die andere Abteilung der Sklavenjäger von Foguda in der Richtung auf Agardu zu marschierte,* um *dort mit Ibn Asl zusammenzutreffen,* setzten wir *uns schon am Morgen in Marsch, um die Gefangenen zu befreien.*

Montag, 27. Oktober 1879:

Um die Mittagszeit, stießen wir auf den Zug. Als die fünfzig dabei befindlichen Dinka *sahen, dass sich ihre Gefährten mit dem Anführer Agadi bei uns befanden, gingen sie sofort zu uns über. Die zwanzig* Männer *Ibn Asls wehrten sich bis zuletzt und wurden niedergeschossen.*

Montag, 17. November 1879:[1]

In Faschodah, wo das Sumpffieber herrschte, gab es *vor Ablauf eines Monats kein Schiff, das abwärts ging.* Der Reis Effendina *blieb nur zwei Tage da und lichtete dann die Anker, um der Ansteckung zu entgehen. Die Aussöhnung zwischen mir und* ihm *war von meiner Seite wirklich ehrlich gemeint, von der seinigen aber wenig aufrichtig gewesen.* Da er mich gerne losgehabt hätte, ging ich auf seinen Vorschlag ein, unterhalb

[1] 17.11.1879-05.02.1880: Karl Mays Gesammelte Werke Band 18, *Im Lande des Mahdi III – Im Sudan,* Kapitel 14-18

von Kuek nach Sklavenkarawanen zu suchen, da er im Stillen annahm, dass ich dort nichts finden würde. In einem Boot segelten Ben Nil und ich mit vier Asakern *bis zum Abend und darüber hinaus, denn der Mond schien hell, und der Wind hatte sich nicht gedreht.* Als das Segel zusammenfiel, lenkte ich zum Ufer.

Dienstag, 18. November 1879:

Am nächsten Mittag fanden wir auf einer Insel *eine jener schweren Gabeln, die die gefangenen Sklaven am Hals tragen müssen.* Das machte mich misstrauisch. Beim Nachforschen entdeckten Ben Nil und ich zwei Araber beim Floßbau. Als sie sich über einen neuen Marabût von Aba unterhielten, musste ich unwillkürlich an Mohammed Achmed, den Fakir el Fukara, denken, der sich mir gegenüber als zukünftigen Mahdi bezeichnet hatte. Weiterhin sprachen sie von zwei Händlern, von denen der eine Sklaven liefern, der andere diese gegen Bezahlung in drei Tagen von hier abholen wolle. Danach ruderten die beiden Floßbauer über den Nil. Dieses Geschäft würden wir selbstverständlich vermasseln.

Mittwoch, 19. November 1879:

Am anderen Morgen fuhren wir dann über, um das rechte Ufer des Flusses kennenzulernen. Da drüben erstreckte sich der Pflanzengürtel, wo wir *Anzeichen entdeckten, die uns den Karawanenweg verrieten.* Danach kehrten wir wieder zurück, um ein Versteck für unser Boot zu suchen, wo wir auch die Nacht verbrachten.

Freitag, 21. November 1879:

Am Spätnachmittag sahen wir, einen Tag früher als erwartet, die Sklavenkarawane an den Nil ziehen. Es waren zwölf Mann, die die Karawane begleiteten. Gerade als sie am Fluss anlangten, kamen von der anderen Seite zwei Männer auf dem Floß zu ihnen und wir konnten ihr Gespräch mithören, da wir uns ganz nahe bei ihnen befanden. Die sechzig Sklaven, sie gehörten zum Volk der El Homr, die sich in ganz erbärmlichem Zustand befanden, wurden in der Nacht befreit und ihre Peiniger überwältigt und gefesselt. Der Anführer dieser Sklavenkarawane war Abu Reqiq, ein bekannter und grausamer Sklavenhändler. Es gelang mir, ein Gespräch mit seinem Unteranführer zu belauschen und zu erfahren, dass Mohammed Achmed, der als Heiliger, als Mahdi, verehrt wurde, das Schiff des Reis Effendina abfangen und überfallen lassen wollte. *Zwischen unserer Fahrt stromaufwärts und dem heutigen Tag lagen Monate, und die Zeit unserer Abwesenheit war so lang, dass aus dem Fakir el Fukara inzwischen hätte ein Heiliger werden und am Ufer des Nil ein Ort entstehen können, den es damals noch nicht gegeben hatte.* Unter den Gefangenen befand sich auch Hubahr, den Abu Reqiq als Vertrauten des Heiligen bezeichnet hatte. Vielleicht konnte ich von ihm erfahren, wo der geheimnisvolle, mir bisher unbekannte Ort El Michbaja lag, der in dem Gespräch mehrfach erwähnt worden war.

Samstag, 22. November 1879:

Am Morgen wurden auch die vom gegenüberliegenden Ufer kommenden Sklavenhändler aus Chor om Karn von uns überwältigt und zu den anderen Gefangenen gebracht. Alles was sie bei sich hatten, wurde unter die El Homr, unter Ben Nil und die vier Asaker verteilt, wie es auch schon gestern geschehen war. Abends brannten wir ein großes Feuer an, um den Reis Effendina auf uns aufmerksam zu machen, falls er jetzt schon kommen sollte.

Sonntag, 23. November 1879:

Auch heute am Tag war vom Reis Effendina noch nichts zu sehen.

Dienstag, 25. November 1879:

Es vergingen zwei Nächte und zwei Tage, ohne dass sich ein Fahrzeug sehen ließ. Gegen zwei Uhr in der Nacht wurde ein Schiff gemeldet, es war der ‚Falke' des Reis Effendina. Doch er behandelte mich wie einen Untergegebenen, der nicht befolgte, was er befohlen hatte. Und als ich ihm die nötigen Widerworte gab, nahm er die vier Asaker mit auf sein Schiff und ließ mich einfach am Ufer stehen. Wie konnte sich ein Mensch aus Neid und aus Missgunst nur so wandeln, weil ich erfolgreicher war als er? Ob er meine Warnung, dass er in das Verderben segeln würde, ernst nahm? Ich hoffte es.

Mittwoch, 26. November 1879:

Am Morgen sah ich, dass er noch nicht weggefahren war, denn die Asaker hatten ihm sicher erzählt, welchen Fang wir gemacht hatten. Er kam an Land und behauptete wiederum, ich wäre sein Untergebener und hätte ihm aufs Wort zu gehorchen. Als er auch noch seine Pistole gegen mich zog, musste ich ihn niederschlagen. Er wurde gefesselt und zu den gefangenen Sklavenjägern gebracht. Es war ein gefährliches Spiel, das ich da wagte. Ich ließ den Schiffsleutnant und die beiden Steuerleute holen, erläuterte ihnen die Situation und erklärte ihnen, dass ich vorerst das Kommando über den ‚Falken' übernehmen würde, um weitere Nester der Menschenjäger auszuheben. Sie ließen sich von mir zum Schein fesseln und zum Reis Effendina bringen, den sie überzeugten, dass mein Plan der richtige sei. Der Reis schien das schließlich auch einzusehen und gab mir sogar schriftlich, dass ich das Kommando über den ‚Falken' und über seine Asaker führen sollte, bis wir in Khartum angekommen waren. Und Hubahr, der Abu Reqiq nach El Michbaja hätte führen sollen, und dem ich Leben und Freiheit versprach, verriet mir genau, wo das Versteck am Nil lag, an dem uns aufgelauert werden sollte. Nachdem ich sicher war, dass mir alle Soldaten an Bord gehorchen würden, ließ ich alle befreiten El Homr, alle gefangenen Sklavenjäger und auch alle Kamele an Bord gehen. Der Reis Effendina aber musste sich mit vier Asakern in unser seitheriges Boot setzen und mit ihm den Nil abwärts bis zur Insel Talek fahren, wo er seinen ‚Falken' wiederfinden würde. Ich ließ die Anker lichten, um den Nil hinunterzufahren, wo neue Abenteuer auf uns warteten.

Freitag, 28. November 1879:

Über die Fahrt bis Om Saf ist nichts Wichtiges zu sagen. Als wir uns etwa eine Stunde vor El Michbaja befanden, legten wir am Ufer an und tarnten unser Schiff mit grünen Zweigen. Ich informierte den Schiffsleutnant über das, was vor uns lag. Nun wollte ich mir noch einige Informationen von Hubahr einholen, doch der sprang, als man seine Fesseln löste, über Bord, um die Bewohner von El Michbaja zu warnen, was

Ben Nil mit einem Schuss verhinderte. Da ich nun nichts Näheres mehr von Hubahr erfahren konnte, wollte ich selbst in die Höhle des Löwen gehen, um auszukundschaften, was wir wissen mussten, um das Räubernest auszuheben. Das konnte ganz offen geschehen, denn wer sollte mich hier kennen. *Ich traf noch verschiedene Anordnungen,* dann stieg ich an Land *und drang in den Uferwald ein,* um *gleichlaufend mit dem Fluss abwärtszuwandern. Nach Verlauf einer guten Stunde glaubte ich, mich in der Nähe von El Michbaja zu befinden.* Da traf ich auf einen Reiter, der sehr misstrauisch war, mich aber doch zum Anführer bringen wollte. Auf dem Weg dorthin sah ich viele eingesperrte Sklaven. Der Reiter entpuppte sich selbst als der Gebieter von El Michbaja, der die ‚Faust des Heiligen' genannt wurde. Als ich Hubahr erwähnte und ihm den Siegelring von Abu Reqiq zeigte, den ich an mich genommen hatte, schien der Bann gebrochen. Ich tischte ihm ein Märchen auf, bis er mir glaubte, ich sei selbst ein Sklavenjäger. Er wollte mit mir nach dem Abendgebet in die Nähe des ‚Falken' gehen, um zu sehen, wie man an das Schiff herankam. Nach dem Gebet brachte man einen Mann, der vorgestern auf Empfehlung des Marabût hierhergekommen war, sich aber jetzt weigerte, nach dem Ritus dieser Menschen hier zu beten. *Man denke sich mein Erstaunen: Dieser Mann war Ssali Ben Aqil, der kurdische Reiseprediger, der den Mahdi suchte.*[1] Zum Glück erkannte er mich nicht. Als die ‚Faust des Heiligen' das Gespräch auf Kara Ben Nemsi brachte, erwähnte ich den Han in Khoi. Ssali Ben Aqil wusste nun, wer ich war, ließ sich aber nichts anmerken. Mir wurde das Gelände von El Michbaja gezeigt, was für mich wichtig war, doch ich bekam auch mit, dass ich nachher, wenn ich den Sklavenjägern den ‚Falken' gezeigt hätte, ermordet werden sollte. Als wir dann zum Schiff gingen, hatte die ‚Faust' fünf Mann *mitgenommen, die ich allein nicht unschädlich machen konnte.* Da musste eine List helfen, die mir auch gelang, sodass ich ungehindert an Bord des Schiffes gehen konnte, während sie zum Lager zurückgingen, um Leute zu holen,

[1] Fünfte Orient-Reise (1874-1875): 12.06.1875-21.06.Juni 1875, Seite 309-314

die den ‚Falken' mit meiner Hilfe in ihre Gewalt bringen wollten. Kurze Zeit *später standen alle waffenfähigen Männer am Ufer, um von mir nach El Michbaja geführt zu werden. Das Schiff aber stieß vom Land, um in der Mitte des Stroms Anker zu werfen.* Wir ließen dann die ‚Faust des Heiligen' mit seinen Kriegern vorbeiziehen, die den ‚Falken' erobern wollten. Danach war es leicht, in das Innere von El Michbaja zu gelangen. Es waren insgesamt nur neun Mann als Besetzung zurückgeblieben, die von uns überwältigt wurden. *Jetzt gingen wir daran, die Sklaven zu befreien, wobei ich zuerst Ssali Ben Aqil aufsuchte.* Als die Sklavenjäger unverrichteter Dinge zurückkamen, wurden alle überwältigt. *Noch während der Nacht besichtigte ich die Beute. Sie war so groß, dass sie das Entzücken der Asaker hervorrief.* Ssali Ben Aqil erzählte mir sein ganzes Schicksal, bis es heller Tag wurde.

Samstag, 29. November 1879:

Am Morgen legte der ‚Falke' in der Bucht der Halbinsel, die wir erobert hatten, an. Danach wurde die Beute verteilt, die hier in El Michbaja gemacht worden war. Es wurde jeder bedacht, der mit auf dem Schiff war. Die El Homr erhielten alle Reit- und Lastkamele, die sich hier und auf dem Schiff befanden, damit sie wieder in ihre Heimat zurückkehren konnten. Auch die hier befreiten Sklaven bekamen ihren Anteil. Dann verabschiedete ich mich von der Besatzung des ‚Falken', stieg mit Ssali Ben Aqil, Abu en Nil, Ben Nil, Hafid Sichar und Selim in die Schachtûra, einen Segler, der der ‚Faust des Heiligen' gehört hatte. Unser Ziel war Khartum, wo ich früher ankommen würde als der Reis Effendina, mit dem ich nichts mehr zu tun haben wollte.

Dienstag, 2. Dezember 1879:

Es war am frühen Vormittag, als wir in Khartum ankamen. Mit Hafid Sichar suchte ich den Kaufmann Barjad el Amin, der ihn um hundertfünfzigtausend Piaster betrogen hatte. Aber der Kaufmann war verschwunden.

Dienstag, 9. Dezember 1879:

Unter diesen vergeblichen Nachforschungen meinerseits verging eine Woche. Da traf ich zufällig auf den Reis Effendina, der inzwischen auch in Khartum angekommen war. Für ihn war ich *„Luft, ganz durchsichtige Luft"*. Dann war er verschwunden.

Mittwoch, 10. Dezember 1879:

Erst am anderen Morgen erfuhr ich kurz vor unserer Abfahrt, dass sein ‚Falke' drüben in Omdurman vor Anker lag und dass ihm, außer den Offizieren, alle Asaker *während der letzten Nacht mit Sack und Pack davongelaufen* waren.

Montag, 29. Dezember 1879:

Nach einer langen, glücklichen Fahrt legte unsere Schachtûra am Ufer von Maabdeh an. Ich ging erst allein zu Ben Wasak und erfuhr von ihm, dass er das ganze Geld von Barjad el Amin erhalten hatte, der nach großem Unglück Reue gezeigt und ihm das unterschlagene Geld zurückgegeben habe, bevor er sich im Nil ertränkte. *Ich musste ihm sagen, wo Hafid Sichar auf ihn wartete. Dann rannte er zum Haus hinaus.*

Mittwoch, 31. Dezember 1879:

Wir verlebten in Maabdeh zwei wunderschöne, glückliche Tage. Wenn Abu en Nil und sein Enkel geradewegs nach Gubatar zu ihren Verwandten wollten, mussten sie sich schon nach kurzer Fahrt von uns trennen.

Samstag, 3. Januar 1880:

Sie entschlossen sich nach Kairo zu gehen. Dort trennte sich zuerst Selim von uns. Er hatte vor, eine Barbierstube zu eröffnen. *Da konnte er seinen Kunden hunderttausend Abenteuer erzählen, die er ganz allein bestanden hatte.*

Samstag, 17. Januar 1880:

Nach einem zweiwöchigen Aufenthalt nahmen Ben Nil und sein Großvater Abschied von mir. Sie hatten sich eine Dahabijeh gekauft, *ein schmuckes, sauberes Fahrzeug,* das den schönen Namen ‚*Baraka el Fadl*' – ‚Segen der Güte' trug.

Donnerstag, 5. Februar 1880:

Mit Ssali Ben Aqil ging ich *von Alexandrien nach Jerusalem, um ihm die Heiligtümer des Christentums zu zeigen.* Dann wollten wir scheiden, *er, um über Damaskus in seine Heimat, und ich, um über Konstantinopel und durch die Donauländer in die meinige zu reisen.* So dachte ich ursprünglich. Doch dann änderte ich meinen Reiseplan und begleitete Ssali Ben Aqil nach Damaskus.

Sonntag, 15. Februar 1880:[1]

Ich hatte jetzt *die Absicht, von da aus über Aleppo, Diarbekr, Erserum und die russische Grenze zu gehen, um nach Tiflis zu gelangen. Begreiflicherweise wohnte ich in Damaskus nicht in einem Gasthaus, sondern ich war bei Jakub Afarah abgestiegen und mit großer Freude aufgenommen worden. Früher hatte ich nicht Zeit gefunden, die Umgebung von Damaskus eingehend kennenzulernen, und so strebte ich jetzt, das Versäumte nachzuholen. Ich machte täglich einen Ausflug und war bald so weit herumgekommen, dass ich nur noch den im Norden der Stadt gelegenen Dschebel Kasjun besuchen musste,* auf dem *Kain seinen Bruder Abel erschlagen haben soll.*

Mittwoch, 18. Februar 1880:

Es war noch sehr früh am Tag, als ich auf dem Dschebel Kasjun ankam. Und wen traf ich hier ganz unverhofft? Sir David Lindsay! Er wollte eigentlich zu den Haddedihn und überredete mich, ihn dorthin zu begleiten, obwohl ich ja ganz woandershin wollte.

Dienstag, 24. Februar 1880:

Zwei Tage später waren wir schon unterwegs, ganz allein, denn Führer brauchten wir nicht.

Mittwoch, 25. Februar 1880:

Wir benutzten den Weg, den ich damals von den Weideplätzen der Haddedihn nach Damaskus eingeschlagen hatte, und gingen also in der Gegend von Deïr auf Kellekflößen über den Euphrat.

Donnerstag, 26. Februar 1880:

Einen Tag später hatten wir das Gebiet der Abu Ferhan hinter uns und durften darauf rechnen, morgen oder spätestens übermorgen die Haddedihn zu sehen.

[1] 15.02.1880-05.05.1880: Karl Mays Gesammelte Werke Band 6, *Der Schut*, ‚Anhang: Mein Rih'

Freitag, 27. Februar 1880:

Am nächsten Abend machten wir auf der weiten Ebene Halt. Gegen Mitternacht hörte ich den schnellen Hufschlag von Pferden, konnte aber die Reiter nicht entdecken. Dem Schall nach zu urteilen, ritten sie ostwärts, also in der Richtung, in der wir die Haddedihn suchten.

Samstag, 28. Februar 1880:

Nachdem wir an diesem Tag *vielleicht eine Stunde geritten waren, erblickten wir zwei Reitertrupps, die aus Osten kamen.* Der größere Trupp *hielt sich nördlich* und verschwand bald. *Der zweite zählte nur zwei Personen, die auf uns zukamen.* Es waren Pferdediebe, die von den Haddedihn meinen Rih und Amad el Ghandurs Schimmelstute gestohlen hatten. Rih, der mich auch nach Jahren noch erkannte, warf seinen Reiter ab und kam sofort zu mir. Nachdem wir die beiden Abu Ferhan gebunden und sie auf unsere Kamele gesetzt hatten, ritten wir, Lindsay auf dem Schimmel und ich auf meinem Rappen, den Haddedihn entgegen, die sich auf die Verfolgung der Pferdediebe gemacht hatten. Wir trafen viele alte Bekannte, darunter Amad el Ghandur und Omar Ben Sadek, die über unser Erscheinen erstaunt waren, zumal wir die gestohlenen Pferde bei uns hatten. Hadschi Halef Omar war ganz außer sich vor Freude, als er mich sah. Auch sein Sohn Kara Ben Halef, inzwischen bald acht Jahre alt, war mit dabei. Dieser ritt einen jungen Rapphengst, Rihs Sohn, den dreijährigen Assil Ben Rih. Da inzwischen Boten ins Dorf geschickt worden waren, erwartete man dort schon unsere Ankunft. Nachdem Sir David Lindsay seine mitgebrachten Geschenke verteilt und wir ein Festmahl gegessen hatten, wurde ich von Amad el Ghandur in sein Zelt gebeten, wo sich die Ältesten des Dorfes versammelt hatten und auch Halef mit anwesend war. Man informierte mich, dass man das Grabmal von Mohammed Emin besuchen wollte, der vor acht Jahren am 12. Juni 1872 im Kampf mit Kurden gefallen war. Durch die Zeitverschiebung zwischen dem christlichen und dem islamischen Kalender würde das in diesem Jahr nach europäischer Zeitrechnung der 17. März sein. Ich versprach, mit ihnen zu reiten, was allgemeine Zustimmung fand; doch wies ich auch darauf hin, dass wir den Bebbeh-Kurden begegnen könnten, falls diese ebenfalls die Gräber ihrer dort gefallenen Krieger aufsuchten. Man bestimmte mich zum Anführer des Trupps, der aus zwanzig Haddedihn bestehen sollte.

Sonntag, 29. Februar 1880:

Halef und seine Frau Hanneh bestürmten mich, den jungen Kara Ben Halef mitzunehmen. Nach anfänglichem Zögern willigte ich ein, musste aber die Krieger der Haddedihn noch davon überzeugen, die gar nicht begeistert waren.

Montag, 1. März 1880:

Am nächsten Morgen wurde schon frühzeitig zum Aufbruch gerüstet. Es waren ohne Lindsay, mich und den Knaben zwanzig Reiter, alle aufs Beste bewaffnet. Amad el Ghandur ritt die Schimmelstute, ich meinen Rih und der Knabe Assil Ben Rih. Omar Ben Sadek saß auf dem Schecken des Aladschy. Halef hatte das nächstbeste Pferd des Stammes.

Montag, 8. März 1880:

Wir wollten erst zum Zagrosgebirge, das wir nach Verlauf einer Woche erreichten. Wir fanden den Tschinarwald, an dessen Rand wir damals lagerten, als wir mit den Bejat-Turkmenen *zusammentrafen,*[1] *und blieben die Nacht dort.*

Dienstag, 9. März 1880:

Wir ritten am nächsten Tag zu der Stelle, *wo wir von den Bebbeh unter Anführung ihres Scheiks Gasâl Gaboga überfallen worden waren. Hier blieben wir auch eine Nacht.*

Mittwoch, 10. März 1880:

Gegen Abend gelangten wir *an die kleine Hütte, in der wir Allo, den bärenhaften Köhler, gefunden hatten.*

Donnerstag, 11. März 1880:

Am folgenden Mittag erreichten wir den Berosieh-Fluss, in dessen Wasser wir damals badeten.

[1] Dritte Orient-Reise (1871-1872): 1. Juni 1872, Seite 204f.

Freitag, 12. März 1880:

Einen Tag später ging es über die Höhe von Bane und dann in den nach Süden führenden Pass hinein.

Samstag, 13. März 1880:

Vierundzwanzig Stunden darauf kamen wir in das Tal, wo die Bebbeh uns zum zweiten Mal überfallen hatten, hierauf in das Seitental, wo wir mit Musafir, dem Bruder von Gasâl Gaboga, übernachtet hatten. Nachher gelangten wir an den Lagerplatz, wo die beiden Haddedihn gegen mich gestreikt hatten.

Sonntag, 14. März 1880:

Auch an das Haus von Mahmund Manßur, des Scheiks der Dschiaf-Kurden, kamen wir wieder und stiegen da ab. Zu unserer Freude lebte der Hausmeister Dschibrail Mamrasch mit seiner Frau noch. Sie luden uns ein, bei Ihnen zu übernachten. Von ihnen erfuhren wir auch, dass die Bebbeh-Kurden jedes Jahr um diese Zeit mit etwa zehn bis zwölf Mann in dieser Gegend auftauchten.

Montag, 15. März 1880:

Gegen Mittag erreichten wir den Schamianweg, der Suleimanije mit Kermanschah verbindet, und gingen über den Tschakab Su.

Dienstag, 16. März 1880:

Am folgenden Morgen kamen wir in die Nähe des Dijala, an dessen Ufer Mohammed Emin damals gefallen war.[1] Hier stellte sich plötzlich Amad el Ghandur gegen mich und machte mich verantwortlich für den Tod seines Vaters. Am ehemaligen Kampfplatz befanden sich auch die Gräber der Bebbeh-Kurden, die damals gefallen waren. *Nun stiegen wir hinauf zur Felsenhöhe,* wo sich das Grabmal von Mohammed Emin befand. *Die eigentliche Feier* sollte *erst morgen am Todestag stattfinden.* Vier Haddedihn hatten eine Begegnung mit zwei angeblichen Soran-Kurden, die ihnen erzählten, dass die Bebbeh in diesem Jahr nicht zu den Gräbern kommen würden. Ich ging mit Halef und Kara auf Kundschaft und wir entdeckten die Bebbeh-Kurden, die von Scheik Ahmed Asad, einem Sohn Gasâl Gabogas, angeführt wurden. Ich konnte sie belauschen

[1] Dritte Orient-Reise (1871-1872): 12. Juni 1872, Seite 210f.

und später fingen Lindsay und ich einen Späher der Kurden ab. Als sich Amad el Ghandur einmischte, *krachte ein Schuss und* er *taumelte gegen den Felsen. Der Kurde entfloh.* Es zeigten sich zwei neue Gegner, von denen wir einen festhalten konnten. Es war *Musafir, der mir damals wohlgesinnte Bruder des Scheiks Gasâl Gaboga.* Von ihm erfuhren wir, dass uns die Bebbeh-Kurden mit hundertzwanzig Mann angreifen wollten. Er war mein Freund und ich ließ ihn wieder laufen, was die Haddedihn sehr ergrimmte. Ich *blieb bis zum Morgen wachend an der Felsenenge liegen.*

Mittwoch, 17. März 1880:

Auch Amad el Ghandur hatte nicht geschlafen. Seine Verwundung war jedenfalls nicht leicht. Ich *hängte den Stutzen über und stieg den Berg hinab, um zu den Kurden zu gehen.* Unterwegs traf ich Musafir, der mich erwartet hatte. Er sagte mir, dass seine Leute bereits den vermeintlich unbesteigbaren Felsenhang emporkämen, um uns zu überfallen. Ich eilte zurück und warnte die Haddedihn, doch sie glaubten mir nicht und wollten sich ihrerseits auf die Bebbeh stürzen, indem sie den Weg hinunterstürmten. Bis ich mit Omar und Lindsay folgen konnte, war der Kampf unten schon in vollem Gange. *Der Überfall* der Haddedihn *war völlig misslungen. Jene Haddedihn-Krieger, die davongekommen waren, flohen draußen über die Ebene; sie wurden von den Bebbeh verfolgt.* Ich konnte Kara Ben Halef vor Nisar Hared retten, dem zweiten Sohn von Gasâl Gaboga, indem ich diesen vom Pferd schlug. Dann eilte ich Amad el Ghandur zu Hilfe, der von Ahmed Asad verfolgt wurde. Doch Amad el Ghandur übersah einen Felsen und *das Tier blieb mit den Hinterbeinen hängen und stürzte jenseits des Felsens mit dem Reiter nieder.* Ahmed Asad gelang es, anzuhalten, abzuspringen und sein Gewehr auf mich anzulegen. *Es war mir unmöglich, anzuhalten, denn Rih setzte zum Sprung an. Der Schuss krachte, gerade als mein Rappe sprang und über den Felsen flog.* Da *traf die Kugel nicht mich, sondern mein Pferd.* Ich *wurde im weiten Bogen aus dem Sattel geschleudert, während Rih sich überschlug und jenseits des Felsens liegen blieb.* Auf Amad el Ghandurs Schimmelstute verfolgte ich Ahmed Asad, den ich auch fangen konnte. Wir hatten den Scheik der Bebbeh-Kurden und seinen Bruder als Geisel. Jetzt erst übermannte mich der Schmerz über meinen Rih, der statt meiner erschossen worden war. Da aber erhob er sich noch einmal und kam auf uns zu. *Wir sprangen ihm entgegen. Aus seiner Brust floss ein fingerstarker Blutstrahl. Dann brach er langsam zusammen, erst hinten und dann vorn. Dann noch ein letztes, verhauchendes Schnauben, ein krampfhaftes Zucken – Rih war tot! – Inzwischen hatten sich die Haddedihn, die den Bebbeh entkommen waren, bei uns eingestellt. Es fehlten zwölf Mann, sechs davon* waren *tot, die anderen gefangen. Dann kamen die Verfolger angeritten.* Ich ging mit dem Stutzen den Kurden entgegen. Mit Musafir, der die Führung übernommen hatte, vereinbarte ich, dass alle Feindseligkeiten eingestellt, die gefangenen Haddedihn freigelassen und die Bebbeh in ihre Heimat aufbrechen würden. Die beiden Söhne Gabogas würden wir vorerst als Geiseln behalten, sie aber in einigen Tagen freilassen. Als Ersatz für meinen toten Rih behielten wir die edelsten Pferde der Bebbeh. Ich kehrte *erst gegen Abend zur Felsenhöhe zurück,* denn *ich wollte allein sein und mochte nicht an der da oben stattfindenden mohammedanischen Trauerfeier teilnehmen. Als ich ankam, lag Amad el Ghandur im Fieber.* Die Schusswunde *war bös, aber nicht lebensgefährlich.* Es war für uns alle eine traurige Nacht.

Donnerstag, 18. März 1880:

Hier konnten wir nicht bleiben, aber wegen des verwundeten Scheiks auch nicht zu den Weideplätzen der Haddedihn zurückreiten. Ich schlug vor, zu Dschibrail Mamrasch zurückzukehren, in dessen Haus Amad el Ghandur die nötige Ruhe und Pflege finden konnte. Um Mittag gaben wir die beiden gefangenen Kurden frei.

Freitag, 19. März 1880:

Am anderen Tag langten wir bei Dschibrail Mamrasch an, der uns sein Haus gern zur Verfügung stellte.

Dienstag, 20. April 1880:

Erst nach vier Wochen war die Genesung so weit fortgeschritten, dass wir aufbrechen und in kurzen, langsamen Tagesmärschen heimkehren konnten.

Samstag, 1. Mai 1880:

Unser Empfang im Duar der Haddedihn *war nicht freudig. Amad el Ghandur wurde mit Vorwürfen überhäuft. Er nahm sich das sehr zu Herzen.*

Dienstag, 4. Mai 1880:

Nach drei Tagen brach der Engländer auf. Omar Ben Sadek wollte ihn mit einem Trupp Haddedihn nach Bagdad bringen.

Mittwoch, 5. Mai 1880:

Am nächsten Tag ritt auch ich fort. Die Krieger der Haddedihn gaben mir einen halben Tag lang das Ehrengeleit. Halef und sein Sohn aber ritten noch weiter mit und trennten sich erst jenseits des Euphrat von mir. Es war ein wehmütiger Abschied, denn wir wussten nicht, wann und ob wir uns jemals wiedersehen würden. Ich musste aber jetzt unbedingt nach Hause, schließlich wusste ich ja nicht, wie lange die Heimreise dauern würde. Und ich konnte, wenn ich dann endlich daheim war, schon meine nächste Reise nach Nordamerika planen.

Freitag, 4. Juni 1880:

Heute kam ich wohlbehalten zu Hause an. Mir blieb also noch genügend Muße, um mich zum verabredeten Zeitpunkt mit Winnetou zu treffen.

24. SIEBTE ORIENT-REISE (1880)

Freitag, 30. Juli 1880:[1]

Als ich mich vor zwei Jahren von Winnetou am Red Rock Creek trennte,[2] *wurde genau besprochen, wann und wo wir uns wieder treffen wollten,* und wir nahmen dann *für dreißig Monate Abschied voneinander. Einige Monate blieb ich daheim, dann ging es nach dem Orient, wo ich zwanzig Monate blieb. Nach meiner Rückkehr versteckte ich mich daheim für einige Zeit zwischen meinen Büchern und kam nur wenig unter Menschen. Wöchentlich einmal aber besuchte ich einen Gesangverein, dessen Ehrenmitglied ich war. Das war meine Erholung.*

Samstag, 31. Juli 1880:

Eines Samstags saßen wir nach der Übungsstunde beisammen, da kam der Wirt in unser Vereinszimmer und führte zwei Herren herein: Winnetou, der Apatschen-Häuptling und Franz Vogel, der frühere Schüler meines Kapellmeisters! *Wie oft hatte ich Winnetou gebeten, einmal mit mir nach Deutschland zu gehen. Dass er jetzt ganz unerwartet kam, musste einen höchst wichtigen Grund haben.* Als wir dann später bei mir zu Hause waren, erfuhr ich diesen Grund: Franz Vogel war vor vier Monaten zu seiner Schwester Martha nach San Francisco gekommen. Sein Schwager, der Ölprinz Konrad Werner, war pleite, wahrscheinlich von seinem Kompagnon betrogen. Seine Schwester Martha und er hielten die Familie mit Konzerten über Wasser. Eines Tages erhielten sie die Nachricht, dass ein Bruder seiner Mutter gestorben war und ein beträchtliches Vermögen hinterlassen hatte, das sie erben würden, wenn der verschollene Sohn des Verstorbenen sich nicht innerhalb einer bestimmten Frist meldete. Der verstorbene Onkel hieß Jäger, war Schuhmacher und Heereslieferant während des Bürgerkriegs und hatte seinen deutschen Namen von Jäger in den englischen Namen Hunter umbenannt. *Ich dachte an den Brief, den ich unter Meltons Sachen*

[1] 30.07.1880-01.09.1880: Karl Mays Gesammelte Werke Band 21, *Krüger Bei*, Kapitel 8-16

[2] Siebte Nordamerika Reise (1876-1878): 27. Juni 1878, Seite 382

gefunden hatte. Sein Neffe hatte ihn geschrieben.[1] Und Winnetou, hatte sich, als er in San Francisco die Familie Vogel traf, daran erinnert und war deshalb mit Franz Vogel zu mir nach Deutschland gekommen. Man wusste, dass sich Hunters Sohn, der den Vornamen Small trug, vor längerer Zeit in Ägypten befunden hatte, und ich vermutete, dass er von Jonathan Melton ermordet worden war. Jonathan war der Sohn von Thomas Melton, den ich einst durch die Staaten gejagt hatte[2] und der sich seit Jahren im Orient aufhalten sollte. Wir beschlossen, schon morgen mit dem Zug nach Brindisi und von dort aus mit dem Schiff nach Kairo zu fahren.

Montag, 9. August 1880:

Für Winnetou gab es *gar zu viel Unbekanntes und Unerwartetes zu sehen. In Alexandrien kaufte er sich einen arabischen Anzug, der ihn vorzüglich kleidete, ihm aber so unbequem vorkam.*

Mittwoch, 11. August 1880:

In Kairo verfügten wir uns nach dem Hotel du Nil, wo Small Hunter gewohnt hatte. Wir erfuhren, dass er vor ungefähr drei Monaten nach Tunis *abgereist sei.* Im Garten eines anderen Hotels begrüßte *ein muselmännisch gekleideter Herr im schönsten Tehua-Indianisch* erst mich mit „Old Shatterhand" und dann auch noch Winnetou: Es war Emery Bothwell, mein alter Weggefährte.[3] Zu unserem Erstaunen erfuhren wir, dass er von Alexandrien aus mit einem Small Hunter nach Tunis reisen würde, wo dieser einen Bekannten besuchen wollte, der Hauptmann bei der tunesischen Leibgarde sei, wobei ich sofort an Thomas Melton dachte.[4] Auch wir standen ja im Begriff, nach Tunis zu gehen. Da Bothwell keinen Jonathan Melton kannte, nahmen wir an, dass der jetzige Small

[1] Siebte Nordamerika-Reise (1876-1878): 12. Oktober 1877, Seite 370f.

[2] Sechste Nordamerika-Reise (1873-1874): Juni 1873, Seite 254f.

[3] Erste Nordamerika-Reise (1860-1861): 30. Juli 1861, Seite 28f.; Erste Orient-Reise (1861-1862), Seite 31-36

[4] Brief von Jonathan Melton an seinen Onkel Harry Melton; siehe dazu Fußnote 1 auf dieser Seite

Hunter eigentlich Jonathan Melton war, der wahrscheinlich den Millionenerben ermordet hatte oder ermorden lassen würde, um dessen Erbschaft zu kassieren. Wir durften nicht vorzeitig erkannt werden, weshalb ich mich ab jetzt als einen englischen Geschäftsmann ausgeben würde, und Winnetou sollte ein Somali sein.

Donnerstag, 12. August 1880:

Über unsere Fahrt nach Alexandrien ist nichts zu berichten. Wir kehrten dort im Hotel ein und dann ging Bothwell, um Hunter aufzusuchen. Wir waren diesem als Mitreisende willkommen. *Der Dampfer, den wir benützten, kam von Palästina und wollte von Alexandrien aus über Tunis und Algier nach Marseille zurück.* Auf der Fahrt nach Tunis kam ich mit Small Hunter alias Jonathan Melton ins Gespräch und konnte ihm dabei so einiges entlocken. Er bat mich, Verbindungsmann zwischen ihm und dem tunesischen Hauptmann Kalaf Ben Urik zu sein, der aus Tunis fliehen wollte. ‚Small Hunter' wollte schon vor dem Hafen von Goletta das Schiff verlassen und sich in Ghadis bei dem Pferdehändler Bu Marama verborgen halten, da er, wie ich vermutete, noch nicht wusste, was mit dem echten Small Hunter geschehen war. Winnetou, der nachts mit ‚Hunter' in einer Kajüte schlief, brachte uns mitten in der Nacht eine Brieftasche, die er diesem heimlich entwendet hatte. *Sie enthielt neben Wertpapieren und anderen Schriftstücken* auch einige Briefe. Aus dem ersten las ich, dass man den echten Small Hunter nach Tunis gelockt hatte. Im zweiten Brief erfuhr ich, dass Thomas Melton als tunesischer Hauptmann mit seiner Schwadron bei den Uled Ayar die fällige Steuer eintreiben sollte und dabei Small Hunter mitnehmen würde, um ihn verschwinden zu lassen. Er hoffte, in vier bis fünf Wochen wieder zurück zu sein. Dann wollte er mit dem falschen Hunter aus Tunis über England in die Vereinigten Staaten fliehen. Winnetou brachte die Brieftasche unbemerkt wieder zurück.

Freitag, 13. August 1880:

Auch den ganzen Tag über war Hunter völlig unbefangen gegen uns.

Samstag, 14. August 1880:

Am Morgen *näherten wir uns dem Ziel.* Am Kap Charmart *ließ der Kapitän beidrehen, um Hunter in einem Boot an Land zu schaffen; dann dampften wir weiter nach dem Hafen. Meine Gefährten ließ ich in einem Gasthaus der unteren Stadt zurück,* um meinen Freund Krüger Bei, den ‚Herrn der Heerscharen' aufzusuchen. *Darum spazierte ich hinaus nach Bardo. Jeder Schritt war mir bekannt, denn ich hatte während meiner beiden früheren Aufenthalte diesen Weg sehr oft gemacht.*[1] Krüger Beis Freude über mein Erscheinen war groß. Als er hörte, dass Winnetou und Bothwell mit nach Tunis gekommen seien, nahm er an, dass wir ihn zu einer Strafexpedition zu den Uled Ayar begleiten würden, die seine zum Einzug der Steuern dorthin gesandte Schwadron bei den Ruinen von Mudher eingekesselt hätten. Und der Hauptmann dieser Schwadron, Kalaf Ben Urik, war *wegen seiner Klugheit und Tapferkeit* sein *Liebling geworden.* Ich erfuhr auch, dass sich dieser Schwadron ein Fremder angeschlossen habe, wobei ich sofort an den echten Small Hunter denken musste. Krüger Bei behauptete, dass *Kalaf Ben Urik*, also Thomas Melton, *ein Ehrenmann* sei, auf den er *jeden Eid* schwöre. Da er *keinen Angriff auf* seinen *Liebling* duldete, konnte *ich mit einer bloßen Anklage nichts ausrichten, sondern* musste ihm erst *mit Beweisen ins Haus fallen.* Ich versprach, dass wir drei an dieser Strafexpedition teilnehmen würden, wodurch wir schneller an Thomas Melton herankamen und vielleicht noch den Mord an Small Hunter verhindern konnten. Anschließend ritt ich hinaus nach Ghadis, wo ich den falschen Small Hun-ter bei dem Pferdehändler Bu Marama aufsuchte und ihn zur Teilnahme an der morgigen Expedition überredete. Bothwell, Winnetou und ich mussten im Hause Krüger Beis übernachten und *verlebten bei dem braven Herrn der Heerscharen einen gemütlichen Abend.*

Sonntag, 15. August 1880:

Kurz vor dem Asr, dem Nachmittagsgebet, *kam der falsche Hunter geritten.* Krüger Bei verfügte, dass er sich nicht bei

[1] Zweite Orient-Reise (1867): 10. September 1867, Seite 112.; Sechste Orient-Reise (1878-1880): 30. September 1878, Seite 383

uns, sondern nur bei den Soldaten aufzuhalten hätte. *Als die Zeit des Asr nahte, sprach* Krüger Bei *selber das Gebet. Dann wurde aufgesessen und* mit drei Schwadronen *ausgerückt.* Der einzige bei der Einschließung der Schwadron entkommene Soldat machte den Führer.

Donnerstag, 19. August 1880:

Heute *erreichten wir das Gebiet der Uled Ayar. Es wurden Seitenposten ausgesandt und eine Vorhut vorausgeschickt. Zu diesen Leuten gesellte ich mich mit Winnetou und Emery.* Nach einiger Zeit trennten wir uns von ihnen, um nach Kundschaftern der Uled Ayar Ausschau zu halten. Auch wir drei teilten uns auf, um so in breiterer Linie zu reiten, und wollten uns an einem bestimmten Punkt wieder treffen. Dabei rettete ich eine in den Sand eingegrabene Frau und ihr kleines, blindes Kind, während ihr älterer Begleiter erschossen worden war. Bevor ich mit ihr aufbrechen konnte, erschienen meine beiden Begleiter. Kurz danach tauchten vierzehn Reiter auf, die zum Stamm der Uled Ayun gehörten und die Frau vor zwei Tagen eingegraben hatten, weil sie zu den Uled Ayar gehörte. Wir nahmen alle vierzehn Beduinen gefangen und schafften sie zu unserem Lager. Ich überzeugte Krüger Bei, dass die Uled Ayar wahrscheinlich ihre Steuer in Form von Tieren pro Kopf nicht zahlen konnten, weil in letzter Zeit eine Dürre in deren Gebiet ausgebrochen war. Dafür sollten sie sich das Vieh zum Bezahlen der Steuer von den Uled Ayun nehmen als Blutpreis für die vor zwei Jahren von den Ayun getöteten sechzehn Ayar-Krieger sowie für den ermordeten Greis und die eingegrabene Frau. Unter diesen Bedingungen konnte man wahrscheinlich ein friedliches Abkommen mit den Uled Ayar treffen.

Freitag, 20. August 1880:

Am nächsten Morgen zeigte mir Winnetou eine Spur, wo sich jemand aus unserem Lager mit einem Außenstehenden getroffen hatte. Wir ritten der Fährte einige Zeit nach, kehrten aber dann wieder um, da sie nicht genau in unserer Richtung verlief. In unseren Reihen schien sich ein Verräter zu befinden, den wir heute Abend zu entdecken hofften. Etwas später machte unser Führer, der den Ayar entkommene Soldat, Krüger Bei auf ein Grab in der Nähe aufmerksam. Hier war einer aus Thomas Meltons Schwadron ermordet worden. Neben dem Führer begleiteten Emery und ich Krüger Bei dorthin. Kaum waren wir an Ort und Stelle, wurden wir von einer Menge Gestalten plötzlich und unverhofft überfallen, gefesselt und weggeschleppt. Den Führer aber sahen wir unbelästigt davonreiten. Jetzt wussten wir, wer uns verraten und in die Falle gelockt hatte. Emery und ich setzten nun unsere Hoffnung auf Winnetou. Wir wurden nach einigen Stunden Ritt in einen Pass hineingeführt, dessen Wände senkrecht und glatt emporstiegen. Hier befand sich das kriegerische Beduinenlager der Uled Ayar, in dem auch die gefangenen Soldaten bewacht wurden. Wir wurden zum Zelt des Scheiks geführt, einem Greis, *dem man Vertrauen schenken* konnte. Und dann kam einer, von dem wir glaubten, er sei auch ein Gefangener, nämlich Kalaf Ben Urik, der eigentlich Thomas Melton hieß. Er war zum Gegner übergelaufen und hatte uns in die Falle gelockt. Von ihm erfuhr ich, dass sein Bruder Harry Melton in Amerika nicht von den Indianern getötet worden, sondern ihnen wieder entkommen war. Inzwischen hatte ich Winnetou, der unserer Spur gefolgt war, in der Höhe entdeckt und war gewiss, dass er uns befreien würde. Als uns Melton mitnehmen wollte, wurde er von dem Scheik in die Schranken gewiesen, von mir und von Bothwell niedergetreten und vom Scheik als Judas Ischariot bezeichnet. Nun wussten wir, was der Scheik von einem Verräter hielt. Wir wurden in getrennten Zelten gefangen gehalten, an Händen und Füßen an Pfähle gebunden. In der Nacht kam Winnetou geschlichen, befreite mich und ließ sich an meiner Stelle anbinden. Ich aber sollte fort, um die Soldaten zu holen, denn er sprach ja kein Wort Arabisch und konnte sich also nicht verständlich machen. Ich fand das Lager der Soldaten und entlarvte unseren Führer als Verräter, den ich niederschießen musste, als er fliehen wollte. Als sich Jonathan Melton einmischte, sagte ich ihm, wer ich in Wirklichkeit war und dass ich seinen Vater und seinen Onkel kannte und dass er auf die Erbschaft von Small Hunter aus war. Dann ließ ich ihn binden. Mit den drei Schwadronen zog ich nun los zu den Uled Ayar. Eine Schwadron besetzte den nördlichen Ausgang des Passes, die zweite teilte ich auf und ließ sie oberhalb auf den Felsen rechts und links Stellung nehmen, mit der dritten Schwadron zog ich zum südlichen Ausgang. Dort ließ ich *dreimal den Schrei des Geiers hören,* damit sich Winnetou unbemerkt in der Dunkelheit entfernen konnte.

Samstag, 21. August 1880:

Als es hell wurde, gelang es uns, die gefangenen Soldaten zu befreien und die Pferde der Uled Ayar wegzutreiben. Bei der anschließenden Verhandlung mit dem Scheik, der an ein Wunder glaubte, weil er mich hier frei sah, obwohl ich doch eigentlich in seinem Lager gefesselt in einem Zelt liegen sollte, wurde vereinbart, Krüger Bei und Emery Bothwell freizulassen, uns unsere Waffen zurückzugeben und mir Thomas Melton auszuliefern. Im Gegenzug versprach ich, dass wir ihm die gefangenen Uled Ayun überlassen würden, die als Blutpreis für die sechzehn getöteten Uled Ayar sechzehnhundert Kamelstuten zahlen müssten, wodurch die Ayar die fällige Kopfsteuer an den Pascha zahlen könnten. Wir gingen beide ins Lager der Uled Ayar, wo Krüger Bei diesem Vorschlag zustimmte und ihn auch der Versammlung der Ältesten vortrug. Nachdem der Friedensvertrag besiegelt war, wollte Krüger Bei Thomas Melton vor ein Kriegsgericht stellen und ihn aufhängen lassen. Das konnte ich aber vorerst verhindern, da ich von diesem noch wissen musste, wo sich der echte Small Hunter befand. Ich erfuhr jedoch vom Scheik, dass Melton – wie schon befürchtet – Hunter ermordet hatte. Gleichzeitig teilte er mir noch etwas mit, was ich vorher nicht gewusst hatte: Small Hunter hatte nicht wie jeder Mensch zehn Zehen an den Füßen, sondern zwölf. Wir gingen dann zu seinem Grab, einem einfachen Steinhügel, den Thomas Melton rasch über dem Toten aufgeschüttet hatte. Wir öffneten das Grab, untersuchten die Leiche und bestatteten sie dann anständig. Dabei sah ich, dass er wirklich zwölf Zehen hatte. Es wurde ein Schriftstück darüber und über die Lage des Grabes aufgesetzt und vom Scheik der Uled Ayar und von Krüger Bei mit einem Siegel bestätigt. Es konnte später von großer Wichtigkeit für die nachträglichen Erben sein. Nachdem mit den Uled Ayun über das Blutgeld verhandelt worden war und Boten in deren Dorf zur Abholung abgesandt waren, begann eine Friedensfeier zwischen den Beduinen und den Soldaten. In der Nacht wurden wir einmal durch Lärm geweckt, aber es schien nichts geschehen zu sein.

Sonntag, 22. August 1880:

Eben stieg der erste Schein des Tages im Osten auf, als Krüger Bei zu unserem Zelt gerannt kam und meldete, dass die beiden Meltons entflohen waren. Sie hatten einen ihrer Bewacher erstochen, und der andere, der sie wahrscheinlich befreit hatte, war mit ihnen auf den drei schnellsten Reitkamelen entflohen. Es galt sofort die Verfolgung aufzunehmen. Für uns drei, Emery, Winnetou und mich, wurden die drei besten noch vorhandenen Kamele bereitgestellt, denn wir mussten hinüber nach Hammamet, weil ich vermutete, dass die Flüchtlinge dort auf ein Schiff wollten. *Als wir das Warr hinter uns hatten und die Ebene wieder offen vor uns lag, erblickten wir in einiger Entfernung einen Menschen.* Es war der Wächter, der die Gefangenen befreit hatte und nun von ihnen hier in der Wüste ausgesetzt worden war. Der Soldat zeigte tiefe Reue und verriet uns einiges über die beiden Flüchtigen, sodass ihm Bothwell etwas Geld gab und ihn hinüber nach Algerien schickte, denn bei Krüger Bei hätte ihn wahrscheinlich die Todesstrafe erwartet. Obwohl die beiden Meltons nach Westen geritten waren, setzten wir unseren Weg in östliche Richtung fort, wo wir nach etwa zwei Stunden auf die Spuren von drei Kamelen stießen. Wir waren auf der richtigen Fährte und *folgten ihr den ganzen Tag, bis es so dunkel wurde, dass wir sie nicht mehr erkennen konnten.*

Montag, 23. August 1880:

Am nächsten Morgen wurde der Ritt fortgesetzt. Unterwegs stießen wir auf acht Beduinen, die sich als Mescheer ausgaben.

Wir folgten ihnen zu ihrem Lager und waren so unvorsichtig, uns von ihnen überrumpeln zu lassen: Es waren keine Mescheer, sondern wir waren im Lager der Uled Ayun gelandet, die den Uled Ayar den Blutpreis zahlen mussten und von den Meltons informiert worden waren, wem sie das zu verdanken hatten. Es gelang uns aber in der Nacht, uns unter einem Felsbrocken durchzugraben, wobei Winnetou beinahe erstickt und ich zermalmt worden wäre.

Dienstag, 24. August 1880:

Beim ersten Licht des Tages konnten wir aus unserem Gefängnis entkommen und uns drei der besten Pferde bemächtigen, mit denen wir aus dem Lager der Uled Ayun ritten, ohne von den erschrockenen Beduinen aufgehalten zu werden. Hinter den Ruinen von Al Khima taten wir langsamer, denn *wir mussten die Kräfte der Tiere schonen.* Zwar verfolgten uns die Uled Ayun längere Zeit, aber nachdem wir und unsere Gewehre ihnen eine kräftige Lehre erteilt hatten, blieben wir unbehelligt.

Mittwoch, 25. August 1880:

Am nächsten Tag ritten wir über Mahalute-Kasr bis zu den Zehlumruinen.

Donnerstag, 26. August 1880:

Heute ging es *über Kasr Azeït und El Menarah nach Hammamet, das wir am Abend erreichten.* Vom Hafenkapitän erfuhren wir, dass am frühen Morgen ein Kutter mit einem Hauptmann des Paschas und einem Fremden den Hafen verlassen hatte. Er würde *bei dem jetzigen Wind wohl* in drei Tagen in Tunis anlegen. Wir hofften, mit unseren Pferden in zwei Tagen dort zu sein, und verließen Hammamet noch am Abend.

Freitag, 27. August 1880:

Am nächsten Tag ritten wir dann bis nach Soliman.

Samstag, 28. August 1880:

Am Nachmittag trafen wir in Tunis ein. *Nach der Berechnung des Hafenkapitäns* von Hammamet *hätten wir uns nur einen Tag auf die Ankunft des Kutters zu gedulden gehabt.*

Dienstag, 31. August 1880:

Es vergingen fast drei volle Tage, bevor er sich im Hafen von Goletta zeigte. Es stieg kein Reisender aus. Von dem fortgejagten Schiffsjungen erfuhr ich, dass der Kutter so lange auf See gekreuzt hatte, *bis ein großer Dampfer erschien, auf den* die beiden Passagiere *stiegen, um mitzureisen.* Wie dieses Schiff hieß, wusste er nicht. Im Hotel informierte ich meine Kameraden über das Gehörte und darüber, dass morgen ein Dampfer nach Marseille abging. *Wir glaubten bestimmt, dass sich dort eine weitere Schiffsgelegenheit bieten würde.* Kurze Zeit darauf kam Krüger Bei in mein Zimmer und berichtete mir, was in den letzten Tagen geschehen war. *Da wir schon am nächsten Tag fortwollten, galt es, noch heute die Urkunden zu vervollständigen,* die die Ermordung Small Hunters betrafen. Sie wurden sogar von *Mohammed es Sadok Pascha, dem Herrscher von Tunis,* unterzeichnet, und beim Vertreter der Vereinigten Staaten erhielten wir weitere amtliche Schriftstücke. *Den Abend brachten wir im Bardo bei meinem alten Freund zu.*

Mittwoch, 1. September 1880:

Am anderen Tag traf der Dampfer ein. Krüger Bei ließ es sich nicht nehmen, uns zum Hafen zu begleiten. Dann verabschiedete er sich von uns, und das Schiff trug uns den beiden entkommenen Verbrechern nach.

25. ACHTE NORDAMERIKA-REISE (1881)

Montag, 3. Januar 1881:[1]

Inzwischen waren vier Monate vergangen. *In den ersten zwölf Wochen hatte Winnetou mit dem Tod gerungen. Wir bekamen in Marseille schnelle Gelegenheit nur nach Southampton. Wir hielten die Übelkeit, die ihn befiel, zunächst für eine Folge der Seekrankheit. In Southampton war er so schwach, dass er von Bord getragen werden musste; an eine Weiterreise war nicht zu denken. Erst in der dreizehnten Woche erklärten uns die Ärzte, das Schlimmste sei vorüber.* Inzwischen hatte ich *dem Rechtsanwalt Murphy in New Orleans gedrahtet* und ihm auch einen Brief mit dem genauen Sachverhalt geschrieben und die Verhaftung der beiden Meltons empfohlen. Von dort forderte man die Originaldokumente an, die in Tunis ausgestellt worden waren, und teilte mir gleichzeitig mit, dass die beiden Verbrecher verhaftet worden seien. Dass ich hier in Southampton in den amerikanischen Zeitungen, die ich las, nichts darüber fand, machte mich irgendwie misstrauisch, weshalb ich die Dokumente auf eine zweite Anforderung hin lieber selbst überbringen wollte. *Als Winnetous Genesung so weit fortgeschritten war,* gingen wir an Bord, gefolgt von Emery Bothwell, der uns in die Staaten begleitete. Am Heiligen Abend schwammen wir auf dem Atlantik. Selbstverständlich besuchten wir die Christmette, die ein anglikanischer Priester sehr feierlich gestaltete und an der die meisten Passagiere teilnahmen. Auch Winnetou war mit uns zu der Mitternachtsmesse gegangen und schien davon sehr beeindruckt. In der Silvesternacht wurde das neue Jahr 1881 mit großem Feuerwerk begrüßt.

Dienstag, 4. Januar 1881:

Winnetou *erholte sich so schnell, dass wir uns darüber wunderten, und als wir in New Orleans eintrafen, fühlte er sich so wohl wie je. Nachdem wir in einem Gasthaus abgestiegen waren, suchte ich den Anwalt auf.* Ich war sehr erstaunt, dass

[1] 03.01.1881-22.03.1881: Karl Mays Gesammelte Werke Band 22, *Satan und Ischariot*

er nichts von mir wusste, und er nicht weniger bestürzt, als er die Briefe seiner Kanzlei mit seiner vermeintlichen Unterschrift sah, die er nie geleistet hatte. Wir stellten fest, dass er einen Betrüger in seiner Kanzlei hatte, und zwar musste das Harry Melton gewesen sein, der sich vor eineinhalb Jahren bei ihm eingeschlichen hatte. Das Erbe war bereits an den falschen Small Hunter, also an Jonathan Melton, ausgezahlt worden, der sich angeblich nach Indien abgesetzt hatte. Der Anwalt übergab die Angelegenheit der Polizei, wo wir unsere Angaben beeiden mussten. Als ich dann die ehemalige Wohnung von Jonathan Melton aufsuchte, traf ich im selben Haus auf Judith Silberberg, die sich damals mit den Auswanderern in Harry Meltons Quecksilberbergwerk befunden, dann den Indianer-Häuptling ‚Listige Schlange' geheiratet hatte und nun Witwe war. Sie war noch genauso gefühllos wie damals.[1] Von ihr erfuhr ich, dass sie bald Small Hunter heiraten würde und mit ihm einen alten Aztekenbau am ersten Nebenfluss des kleinen Colorado beziehen wollte. Sie hatte vor, sich mit ihm in Albuquerque in New Mexico *bei einem gewissen Plener* zu treffen. Als Judith jedoch erfuhr, dass ich hinter Small Hunter her war, um ihm sein Erbteil streitig zu machen, schloss sie mich ein und verließ kurz darauf fluchtartig das Haus. Etwas später erfuhr ich, dass sie mit der Eisenbahn auf einem Umweg über Vicksburg und dann über Shreveport nach Gainesville unterwegs war. Ich hatte nun die Spur, die wir suchten und schnellstens aufnehmen würden. Innerhalb von zwei Stunden saßen auch wir in der Eisenbahn *und rollten auf der rechten Seite des Mississippi und dann des Red River Shreveport entgegen.*

Mittwoch, 5. Januar 1881:

Bei Tagesanbruch erreichten wir Shreveport. Hier kam auch der Zug aus Vicksburg an und Judith Silberberg stieg in den unsrigen um. Sie saß im vorletzten Wagen. *In Dallas musste umgestiegen werden. Es gelang uns,* ihr gegenüber *unbemerkt zu bleiben, auch später, als wir in Fort Worth noch einmal umsteigen mussten.* Wir kamen *erst, als es fast dunkel war, nach*

[1] Siebte Nordamerika-Reise (1876-1878): August bis Oktober 1877, Seite 355-371

Gainesville, dem Endpunkt der Bahn. Wir wohnten im selben ‚Hotel' wie Judith Silberberg, die jedoch schon in der Nacht mit ihren indianischen Dienerinnen in einer ausgedienten Überlandkutsche entfloh, welche Jonathan Melton vorher hatte bereitstellen lassen.

Donnerstag, 6. Januar 1881:

Der Wirt, der sich anfangs bockbeinig stellte, verkaufte uns nicht nur drei anständige Pferde, sondern verriet uns auch, welchen Weg Judith nehmen wollte. In Henrietta *erfuhren wir, dass die Jüdin acht Stunden vor uns dagewesen war. Sie wollte hinüber nach der San-Pedro-Straße* und musste dabei *einen Umweg machen, den wir abschneiden konnten. Dadurch erreichten wir Albuquerque wahrscheinlich früher als sie.* Der direkte Weg hätte über den nördlichen Llano Estacado geführt, doch Emery und Winnetou waren nicht dafür. Deshalb schlugen wir den gleichen Weg wie Judith ein.

Freitag, 7. Januar 1881:

Morgens setzten wir über den Red River. *Von da ging es nach Norden, auf den South Fork of Red River zu.*

Samstag, 8. Januar 1881:

Am nächsten Mittag kamen wir an den Südarm des Roten Flusses. Den Vorsprung von acht Stunden hatten wir nicht verkürzen können, er war sogar noch angewachsen. Judith konnte an jeder Station die Pferde wechseln, was bei uns nicht der Fall war. *Das Grün verschwand, die Prärie wurde zur Sandwüste.*

Sonntag, 9. Januar 1881:

Am anderen Morgen verwandelte sich der Sand in Stein, sodass wir die Fährte nicht mehr erkennen konnten. *Wir fanden die verlorene Spur erst wieder, als der Boden abermals sandig wurde, doch hatten wir mit dem Suchen auch noch den zweiten Tag verloren. Die Fährte war also nun zwei Tage alt.* Ich befürchtete, Judith nicht mehr einholen zu können, denn *bis zum Kanadian-River hatten wir noch volle zwei Tagesreisen.*

Montag, 10. Januar 1881:

Bald nach Mittag aber wurde die Luft so schwül, dass man sie kaum zu atmen vermochte, und der Himmel im Süden nahm einen rötlichen Schimmer an. Ein Hurrikan war im Anzug. Wir trieben unsere Pferde zum Äußersten an und erreichten gerade noch eine Stelle in der Nähe eines uns von früher her bekannten Baumes, wo wir einigermaßen Schutz finden konnten. Dann brach der Sturm los. Als er vorüber war, lag auf uns *eine acht bis zehn Zoll hohe Sanddecke, aber die Luft war plötzlich rein und klar.* Später, als wir alles von dem angewehten Sand gesäubert hatten, erzählte ich Emery, was wir vor Jahren an diesem Baum Fürchterliches erlebt hatten.[1] Da es langsam Abend wurde, schlugen wir hier unser Nachtlager auf.

Dienstag, 11. Januar 1881:

Ich hatte einen Alptraum, und als ich wach wurde, war ich *gefangen und gefesselt, Winnetou ebenso* und auch Emery. Wir waren von ‚Großer Pfeil', *einem wegen seiner Grausamkeit berüchtigten und gefürchteten Komantschen-Häuptling,* überrumpelt worden, und bei den Komantschen befand sich Jonathan Melton. Der ‚Große Pfeil' war der Sohn von ‚Starke Hand', den ich damals hatte erschießen müssen,[2] und nun sollten wir zu dessen Grab geschafft werden, um dort eines grausamen Todes zu sterben. ‚Großer Pfeil' nannte Jonathan Melton einen Betrüger und Judith eine Lügnerin, weshalb er beiden die Köpfe kahl scheren ließ, bevor sie mit ihrem Wagen wegfahren durften. Emery, der die Tricks eines Entfesselungskünstlers kannte, wollte sie bei passender Gelegenheit anwenden. Zudem besaß er noch ein kleines Taschenmesserchen. *Dann wurden wir auf die Pferde gebunden und man brach nach dem Tal des Todes auf. Es war vielleicht eine Stunde vor der Dämmerung, als wir am Rand des Todestals anlangten.* Am Grab des Häuptlings ‚Starke Hand' angekommen, sperrte man uns noch nicht in sein Grab, sondern wir wurden in eine andere Spalte gesteckt, wo wir von nur zwei

[1] Zweite Nordamerika-Reise (1863-1865): Frühjahr 1864, Seite 50f.

[2] Ebenda

Komantschen bewacht wurden. Als im Lager alles außer unseren beiden Wächtern schlief, löste Emery seine Handfesseln und befreite auch uns. Dann überwältigten wir unsere zwei Bewacher, deren Messer wir an uns nahmen. Da wir aber nicht an unsere Waffen kamen, ohne die eine Flucht unmöglich war, versteckten wir uns in der Grabkammer des toten Komantschen-Häuptlings, wo man uns bestimmt nicht suchte.

Mittwoch, 12. Januar 1881:

Die Überraschung bei den Roten über unsere Flucht schien groß zu sein. Glücklicherweise ritten alle Komantschen aus dem Talkessel hinaus, um uns zu suchen, denn keiner dachte daran, dass wir uns noch in diesem Kessel befinden könnten. Unsere Waffen und alle Gegenstände, die man uns abgenommen hatte, konnten wir wieder an uns nehmen und auch unsere Pferde standen noch da. Als der Häuptling allein zurückkam, bemächtigten wir uns seiner. Wir ließen ihn hier unten liegen, wo ihn später seine Krieger befreien konnten. Winnetou hatte bereits das Pferd des Häuptlings bestiegen, während wir uns oberhalb des Talkessels zwei der besten Pferde der Komantschen heraussuchten, solange diese noch immer unsere Spur suchten. *Wir stiegen auf und galoppierten in südlicher Richtung davon. Später bogen wir wieder westlich ein* und nahmen nun den direkten Weg nach Albuquerque.

Samstag, 15. Januar 1881:

Gegen Abend des vierten Tages trafen wir in Albuquerque ein, nahmen Zimmer in einem Hotel und schickten Emery zu Plener, wo sich die Meltons treffen wollten. Inzwischen gab es eine Überraschung für mich: Im gegenüberliegenden Salon würde heute Abend eine gewisse Marta Pajaro singen und ihr Bruder Francisco Geige spielen. Pajaro heißt Vogel, es handelte sich also um Martha und Franz Vogel, die wir hier ganz unverhofft treffen sollten. Winnetou und ich besuchten das Konzert. Danach begleitete ich Martha Vogel zu ihrem Quartier, während ihr Bruder Franz noch mit dem Wirt abrechnete, um dann nachzukommen. Winnetou war nicht mit uns gegangen. Ich erzählte dem Geschwisterpaar, was ich über das Erbe wusste, das ihnen nach dem Tod von Small Hunter zustand, und was bis jetzt damit geschehen war. Im Konzertsaal hatte ich zwei Männer bemerkt, die möglicherweise die Melton-Brüder waren. Franz Vogel glaubte gesehen zu haben, dass sie mir und Martha folgten. Noch bevor ich die Geschwister verließ, fiel draußen ein Schuss. Winnetou und Emery hatten die beiden Meuchelmörder, die mir auflauern wollten, vertrieben. Von Plener hatte Emery erfahren, welchen Weg Jonathan und Judith mit dem Wagen genommen hatten. Wahrscheinlich waren die Melton-Brüder ihnen gefolgt. Morgen früh wollten wir deren Fährte aufnehmen und Franz Vogel würde uns begleiten.

Sonntag, 16. Januar 1881:

Eine Stunde nach Tagesanbruch holte Franz Vogel *uns ab; wir ritten über den Fluss nach Atrisco hinüber und dann südwestlich dem Rio Puerco zu.* Wir fanden *die Spur der Brüder Melton. Sie hatten den Vorsprung einer ganzen Nacht. Hätten wir Vogel nicht bei uns gehabt, so wären wir durch einen Eilritt an sie herangekommen.*

Montag, 17. Januar 1881:

Am Abend des zweiten Tages erreichten wir Acoma, ein altes Indianerpueblo. Hier war die Bevölkerung feindselig gegen uns gestimmt und nur durch die Warnung eines Mädchens entgingen wir der Gefahr, von den Meltons ermordet zu werden. Diese befanden sich noch hier im Ort, aber als sie merkten, dass wir gewarnt waren, ergriffen sie noch in der Nacht die Flucht.

Dienstag, 18. Januar 1881:

Am Morgen fanden wir ihre Fährte. *Sie hatte zunächst eine westliche Richtung, machte dann aber einen Bogen nach Nordwest.* Die beiden waren nur eine Stunde vor uns. Emery und Franz Vogel blieben zurück, während Winnetou und ich ihnen in schnellstem Galopp folgten. Als die beiden Meltons uns sahen, strengten sie ihre Pferde an, doch wir kamen immer näher an sie heran. *Da geschah etwas, was uns vor Grauen die Haare emporziehen wollte.* Thomas Meltons Pferd stürzte und brach sich den Vorderfuß. Nun hatten wir sie, denn beide besaßen nur noch ein Pferd. Doch Thomas Melton schlug mit dem Gewehrkolben seinen Bruder Harry nieder, entwendete dessen Brieftasche, stieß ihm ein Messer in die Brust, schwang sich auf das Pferd und jagte davon. Der sterbende Harry Melton nannte seinen Bruder Judas Ischariot. *Um die Mittagszeit kam Emery mit Vogel nach. Als der Abend angebrochen war, trat das Ende ein.*

Mittwoch, 19. Januar 1881:

Am nächsten Morgen begruben wir ihn unter den Steinen, die seinen Körper wenigstens vor den Schnäbeln der Geier schützten. Dann verließen wir den traurigen Ort.

Freitag, 21. Januar 1881:

Gegen Abend des dritten Tages nach dem Tode Harry Meltons erklärte uns Winnetou, dass wir morgen in der Nähe des Flujo blanco ankommen würden, wo Judiths Pueblo lag. Nach einem heftigen Regen trafen wir einen Zuni-Indianer, der uns für die Nacht eine trockene Unterkunft anbot. Er erzählte uns alles, was er über das Pueblo wusste, das einst ein Yuma-Indianer in Besitz genommen hatte. Auch dass die weiße Squaw, womit er Judith meinte, vor einigen Tagen mit einem weißen Mann dorthin gegangen sei und in der letzten Nacht auch ein einzelner Reiter. Der Zuni war zwar sehr vertrauensvoll gegen uns, aber irgendwie kam in mir Misstrauen auf. Wo war seine Frau geblieben, die vorhin, als wir kamen, den Raum verlassen hatte? Und hatte es nicht so ausgesehen, als ob er auf uns gewartet hätte? Als die Frau ganz durchnässt nach vier Stunden wieder zurückkam, wusste ich, dass sie Thomas und Jonathan Melton und einige Helfer mitgebracht hatte, die draußen auf uns lauerten. Der angebliche Zuni entpuppte sich als einer der Yumas, die damals bei der Hazienda del Arroyo und in Almaden alto dabei gewesen waren. Er entwich nach draußen. Wir aber stießen ein Loch in die Decke und kletterten auf das Dach des Pueblos, von wo aus wir unsere Häscher mit einigen Schüssen nach unten vertreiben konnten.

Samstag, 22. Januar 1881:

Als es Tag geworden war, ließ sich kein Mensch in der weiten Umgebung sehen. Die Squaw des verräterischen Yumas wollte sich von ihrem Mann trennen und in ihre Heimat zurückkehren, weil er sie schlecht behandelte. Wir gaben ihr das nötige Reisegeld und sie verriet uns, dass wir in eine Falle gelockt werden sollten. Um diese zu umgehen, zeigte sie uns einen Weg auf die Felsen, die den Talkessel mit dem Pueblo, der nur einen schmalen Ausgang hatte, umkränzten. Wir konnten von hier oben, ohne dass wir bemerkt wurden, alles erkennen, was sich unten abspielte. Wenn es dunkel war, wollten wir uns mit unseren Lassos auf das oberste Dach des Pueblos abseilen. Vorher aber mussten wir unsere Gegner ablenken. Wir ritten wieder zurück und folgten der Spur der Yumas, die sie für uns gemacht hatten. Zu unserem Erstaunen war die Gruppe, die den schmalen Eingang besetzt hatte, nicht mehr da. Und zu unserem Entsetzen hatten sie unsere Pferde zusammen mit Franz Vogel, den wir bei diesen zurückgelassen hatten, in ihre Gewalt gebracht und hielten ihn als Geisel im Pueblo fest. Wir gingen mit Judith, die uns Melton als Unterhändlerin sandte, durch die Schlucht bis an den Talkessel. Dort schickten wir sie weg und ließen uns als Wächter nieder, damit die Gegner annehmen sollten, dass keiner aus dem Kessel entfliehen konnte. In Wahrheit blieb nur Emery allein hier zurück, um den Ausgang zu bewachen, während Winnetou und ich bei Einbruch der Dunkelheit in Richtung der Felsen marschierten, um uns von oben auf das oberste Pueblodach herunterzulassen. Da wir aber keine Pferde mehr hatten, war es ein weiter Weg bis oben zur steilen Felswand. Nach mehr als zwei Stunden waren wir angekommen und hatten unsere Vorbereitungen getroffen. Winnetou seilte sich als Erster ab und ich folgte ihm auf die oberste Plattform des Pueblos. Von dort stiegen wir, vorbei an den Wohnungen der Indianerfrauen, herunter bis auf das nächste Dach, unter dem Thomas Melton seine Wohnung hatte. Wir lockten ihn heraus, schnappten ihn, schafften ihn zurück in seine Räumlichkeiten und fesselten ihn. Danach kletterten wir noch eine Plattform tiefer, dahin, *wo Jonathan Melton und die Jüdin wohnen sollten.* Wir hörten beide miteinander sprechen, mussten uns aber verstecken, weil von oben zwei Indianer herunterkamen. Sie entdeckten uns dennoch und stießen Warnrufe aus, wodurch es Jonathan Melton gelang, uns die Leiter wegzuziehen. Nun konnten wir zwar nicht in seine Wohnung steigen, aber auch er und Judith kamen von dort nicht weg. Winnetou wandte sich mit lauter Stimme an die unten im Talkessel liegenden Yumas, mit denen ich dann redete. Da kam Emery aus seinem Versteck und die Indianer ließen ihn zu uns heraufsteigen. Als wir den Yumas versprachen, dass wir nur an den beiden Weißen interessiert waren, nichts von Judith wissen und nur unsere Pferde wiederhaben wollten, wurde die Friedenspfeife mit ihrem Sprecher geraucht. Nun konnten wir Franz Vogel suchen, der sich hier oben als Gefangener befinden sollte. Auch wollten wir zumindest Jonathan Melton noch Fesseln anlegen, damit er uns nicht mehr gefährlich werden konnte. Als ich mich in die Wohnung hinunterließ, war aber nur noch Judith anwesend, Jonathan hingegen verschwunden. In der Küche entdeckten wir ein Loch, das bis in die unterste Etage reichte. Hier unten wurde ein Arm des Bachs, abgedeckt mit Brettern, durch den Raum geleitet, um immer Wasser im Pueblo zu haben. Gleichzeitig aber war es auch möglich, mit dem Wasser in den Flujo blanco hinauszugelangen. Diesen Weg musste Jonathan Melton benutzt haben; er war uns wieder entwischt. Hier unten entdeckten wir dafür Franz Vogel, den wir aus seiner Gefangenschaft befreiten. Da uns dabei Judith entschwunden war und die Leiter hochgezogen hatte, kamen wir nicht mehr in ihr Stockwerk hinauf. Also versuchten wir auf dem gleichen Weg wie Jonathan Melton, nämlich durchs Wasser, ins Freie zu gelangen. Die Yumas staunten nicht schlecht, als sie uns sahen, denn wir hatten ja vorhin noch auf dem Pueblodach gestanden. Durch eine List erfuhr ich von der wieder aufgetauchten Judith, wohin sich Jonathan Melton gewandt hatte, nämlich zu den Mogollon-Indianern, wo sie ihn später am Weißen Felsen wieder treffen wollte.

Sonntag, 23. Januar 1881:

Auf der Plattform warteten wir, bis der Morgen anbrach. Jetzt nahmen wir uns Thomas Melton vor und fanden zwischen den Schäften seiner Stiefel ein Vermögen von umgerechnet über vierhunderttausend Mark, die wir Franz Vogel übergaben, da sie zu seinem gestohlenen Erbteil gehörten. Dann brachen wir auf, Thomas Melton gefesselt auf seinem Pferd. Jonathan Melton hatte etwa einen Vorsprung von acht Stunden. Wir würden ihn nicht mehr vor dem Weißen Felsen einholen, denn Vogels und Meltons Pferde konnten mit den unsrigen nicht Schritt halten. Gegen Abend erreichten wir die Hochebene zwischen der Sierra Blanca und den Mogollonbergen. Hier machten wir Nachtlager. Ich hatte als Dritter die Wache. Da unser Holzvorrat zu Ende war, ging ich etliche Schritte vom Lager fort und tastete im Dunkeln nach Feuerholz. Durch ein Geräusch wurde ich aufmerksam und entdeckte so ein weiteres Lager. Dort rasteten Judith und einige Yumas, die uns gefolgt waren, um uns am nächsten Morgen zu erschießen. Mir gelang es, Judith festzunehmen. Dann brachen wir das Lager ab und ritten weiter, mit der Frau vor mir auf dem Sattel. *Der Himmel hing voll Wolken; es war stockdunkle Nacht, doch Winnetou machte den Führer; auf ihn durften wir uns verlassen.*

Montag, 24. Januar 1881:

Als der Tag graute, hatten wir weit über eine deutsche Meile zurückgelegt. An einem Waldrand ließen wir Judith zurück und ritten weiter. Ihre Yumas würden sie schon finden, wenn sie uns nachkamen. Gegen Mittag trafen wir auf Kundschafter der Nijoras, unter ihnen auch ihr Häuptling ‚Schneller Pfeil'. Wir rauchten die Friedenspfeife und erfuhren auch, dass ein Wagen mit einem Mann und einer Frau von den Mogollons überfallen worden war. Die Nijoras lagen in Fehde mit den Mogollons und rüsteten zu einem Kriegszug. Wir gaben ihnen den gefangenen Thomas Melton in Verwahrung, und auch Franz Vogel sollte mit ihnen reiten, da er uns etwas hinderlich war. Beim Weiterritt trafen wir gegen Abend auf John Dunker, der den überfallenen Wagen begleitet hatte und uns erzählte, dass der Mann der Rechtsanwalt Fred Murphy aus New Orleans und die Frau Martha Vogel war, die sich jetzt in den Händen der Mogollons am Weißen Felsen befanden. Dunker jedoch war die Flucht gelungen und er hatte uns gesucht und getroffen. Wir erfuhren auch, dass Jonathan Melton bei den Mogollons eingetroffen war. Da Dunker wahrscheinlich verfolgt wurde, führte uns Winnetou auf einem anderen Weg in Richtung Weißer Felsen. Dort angekommen, schwamm ich mit Dunker hinter Grasinselchen versteckt auf dem kleinen Flüsschen, das zwischen dem Lager und dem Weißen Felsen vorüberfloss, zu den Mogollons. Ich konnte ihre Beratung belauschen und erfahren, dass man schon morgen und nicht erst in vier Tagen gegen die Nijoras ziehen wollte. Da sich Jonathan Melton mit bei der Beratung befand, konnte ich unbemerkt zu seinem Zelt kriechen, wo ich aus seinem versteckten Lederbeutel eine Brieftasche mit dem Millionenerbe an mich nahm. Dann schlich ich zu dem Zelt, in dem Martha Vogel saß, um sie zu informieren, dass wir in der Nähe waren. Gerade kam Jonathan zu ihr, um mitzuteilen, dass er jetzt mit einem Trupp losreite, um uns zu fangen, und dass Martha morgen früh mit den Mogollons gegen die Nijoras ziehen werde. Dunker und ich konnten uns unbemerkt das Flüsschen weiter hinuntertreiben lassen und zu unserem Lagerplatz zurückkehren. Wir brachen sofort auf, um zum Dunklen Tal zu reiten, wo die Mogollons die Nijoras abfangen wollten. *Der Wind war stärker geworden und es regnete bald heftig.*

Dienstag, 25. Januar 1881:

Als es Tag wurde, befanden wir uns auf einer weiten Prärie. Am Vormittag hörte der Regen auf. Gegen Abend befanden wir uns an der Quelle des Schattens, wo wir auf fünf Kundschafter der Nijoras stießen. Von ihnen hörten wir, dass ihre Krieger bereits im Dunklen Tal lagerten. Winnetou gab den Rat, die Mogollons nicht bis zum Dunklen Tal kommen zu lassen, sondern sie schon vorher an der sogenannten Platte abzufangen. In diesem Sinne wurde Häuptling ‚Schneller Pfeil' von einem der Kundschafter informiert. Außerdem sollten hundert Nijora-Krieger zum Schlangenberg geschickt werden. Da sich dort in der Nähe der Weg befand, den wahrscheinlich Jonathan Melton mit den fünfzig Mogollons geritten war, hoffte ich, diese vielleicht dort abfangen zu können. Unterwegs war Melton sicher auch auf Judith gestoßen. Wir konnten in drei Stunden dort sein; bis die hundert Nijoras dort eintrafen, würden aber vierzehn Stunden vergehen. Es wurde Nacht, als wir die Quelle verließen und in Richtung Schlangenberg aufbrachen, an dem wir nach drei Stunden ankamen. Zu unserer Überraschung lagerte dort Judith an einem großen Feuer. Wenn Jonathan Melton mit den fünfzig Mogollons parallel zu uns geritten war, wahrscheinlich aber etwas langsamer, musste er in absehbarer Zeit hier in der Nähe vorbeikommen. Winnetou und ich lagen noch versteckt, als er tatsächlich eintraf. Wir hörten nun, dass Jonathan seinem Vater Thomas Melton nicht nur zutraute, seinen Bruder umgebracht und bestohlen zu haben, sondern dass auch er, der eigene Sohn, angesichts der Habgier des Vaters seines Lebens nicht mehr sicher sei. Er selbst hätte aber umgekehrt auch nichts dagegen gehabt, wenn sein Vater nicht mehr lebte. Hoffte er doch, sich das Geld, das ich dem Alten abgenommen hatte, von mir wiederholen zu können. Diese Meltons waren tatsächlich eine satanische Brut. Da wir nun wussten dass sich Melton und die fünfzig Mogollons mit dem Haupttrupp ihrer Krieger vereinen wollten, mussten wir morgen früh zurückreiten, um sie am Tiefen Wasser von den Nijoras abfangen zu lassen. Wir schickten einen weiteren Kundschafter mit entsprechender Nachricht zurück zu seinem Häuptling; nun hatten wir endlich unseren Schlaf verdient.

Mittwoch, 26. Januar 1881:

Noch bevor es richtig hell wurde, waren wir schon unterwegs zum Tiefen Wasser. Bald trafen wir auf die hundert Nijoras, mit denen wir die fünfzig Mogollons stellen wollten. Das Tiefe Wasser war ein kleiner See in Form einer Ellipse, umrahmt von einem Wäldchen. Dort nahmen die Nijoras Aufstellung und konnten bald die ankommenden Mogollons ohne Kampf gefangen nehmen. Als Jonathan Melton begriff, dass er ausgespielt hatte, nahm er seine Tasche, packte einen großen Stein hinein und schleuderte sie hinaus in den See, wo sie sofort unterging. Judith aber jammerte, weil er die vermeintlichen Millionen unwiederbringlich versenkt hatte. Beide gerieten darauf so in Streit, dass Jonathan schließlich Judith ins Wasser stieß, aus dem Winnetou sie wieder herausholte. Beide waren nun unsere Gefangenen. Die Masse der Mogollon-Krieger mit ihrem Häuptling und dem Wagen, in dem sich Martha Vogel und Fred Murphy befanden, waren vor uns am Tiefen Wasser gewesen, wie wir anhand der Spuren sahen. Sie lagerten heute Nacht voraussichtlich an der Quelle des Schattens. Winnetou wollte dorthin reiten und sie beobachten. Ich würde später nachfolgen, während die Nijoras mit ihren Gefangenen erst in der Nacht aufbrechen sollten, um dann am Morgen zu uns zu stoßen. Es ist fast unbeschreiblich, wie sich Melton und Judith gebärdeten, als ich ihnen die Brieftasche mit den Millionen zeigte, die angeblich im See versunken war. Dann ritt ich los, begleitet von einem Nijora-Krieger, der mir als Bote dienen konnte. An der verabredeten Stelle trafen wir Winnetou, der die Mogollons an der Quelle des Schattens beschlichen hatte. Ich schlich ebenfalls zum Feuer, an dem der Häuptling ‚Starker Wind' mit einigen älteren Kriegern saß, wobei ich noch einiges Interessante erlauschte. Dann kroch ich zu der Kutsche, in der sich die beiden Gefangenen befanden, kam sogar zu ihnen hinein und konnte mich mit ihnen besprechen. Als ich mich mit Winnetou wieder bei unseren Pferden befand, beschlossen wir, sie morgen früh zu befreien, wenn die Masse der Mogollon-Krieger zur Platte gezogen war. Wir besprachen den Schlachtplan für morgen und Winnetou ritt los, um den Häuptling der Nijoras zu instruieren, wie wir uns den Ablauf dachten, ohne dabei viel Blut zu vergießen. *Ungefähr eine Stunde vor Morgen hörte ich Pferdegetrappel von Norden her.* Es waren unsere Leute. Fünfzig Nijoras bewachten nun unsere Gefangenen, während ich mich mit den anderen fünfzig aufmachte, Martha Vogel und Fred Murphy zu befreien.

Donnerstag, 27. Januar 1881:

Wir beobachteten, dass dreihundertvier Mogollons zur Platte abzogen und nur zehn Mann als Bewacher der Postkutsche zurückblieben. Nachdem wir diese überrumpelt und die beiden Gefangenen befreit hatten, kam es mit dem Anwalt Murphy zu einer handgreiflichen Auseinandersetzung wegen der Millionen, die ich für die Erben an mich genommen hatte. Während Martha, Murphy und John Dunker bei Emery Bothwell mit den Gefangenen und dreißig Bewachern noch hier an der Quelle des Schattens warteten, setzte ich mich mit der Postkutsche und siebzig Nijoras in Bewegung, um den Mogollons zur Platte zu folgen. Diese würden sicher glauben, dass ihnen keine feindlichen Krieger, sondern ihre zurückgelassenen Stammesgenossen zusammen mit den fünfzig von Jonathan Melton folgten. Ich selbst fuhr die Kutsche, die uns als Rammbock gegen die Feinde dienen sollte. Als die Mogollons durch einen Hohlweg die Platte erreicht hatten, wo sie eingeschlossen werden sollten, schoss jedoch der ungeduldige Häuptling der Nijoras viel zu früh auf seine Gegner, die sich noch gar nicht in der von uns gedachten Position befanden. Winnetou hielt seine Leute zurück, um unnötiges Blutvergießen zu vermeiden. Die Mogollons, die sich von vorne und von den Seiten eingeschlossen sahen, warfen ihre Pferde herum und sprengten zum Hohlweg zurück. Wir waren mittendrin, als wir auf engstem Raum mit den Flüchtenden zusammenprallten. Ich jagte mit dem Wagen durch die Reihen der Gegner, die auseinanderstoben. Als ich durchgebrochen war, sprang ich vom Kutschbock und brachte den ‚Starken Wind' in meine Gewalt. Da die Mogollons von allen Seiten umstellt waren, konnten sie nur noch kämpfend untergehen oder sich bedingungslos ergeben. Nachdem alle ihre Waffen abgegeben hatten, beriet sich der gefangene Häuptling mit zwei älteren Kriegern. Ich aber ging zu Franz Vogel und Thomas Melton, die sich etwas abseits bei den Nijoras befanden. Franz Vogel erfuhr von mir alles, was seit unserer Trennung geschehen war. Melton wollte mit mir ein Geschäft machen, nämlich sein Geld zurückhaben, dafür wollte er mir verraten, wo sein Sohn Jonathan die Millionen versteckt hatte, die ich diesem dann abnehmen könnte. Was weiter mit seinem Sohn geschähe, war ihm egal. Das war kein Mensch, das war Judas Ischariot in Person, der um des schnöden Mammons willen den eigenen Sohn zu opfern bereit war. Als Emery mit den gefangenen Mogollons von der Quelle des Schattens angekommen war und der ‚Starke Wind' keine Hoffnung auf Befreiung mehr hatte, ergab er sich mit seinen gesamten Kriegern zu unseren Bedingungen. Sie mussten alle Waffen und Pferde als Beute den Nijoras zurücklassen, dafür wurde ihnen das Leben geschenkt. Darauf traten sie schnellstens den Heimmarsch zu ihrem Lager am Weißen Felsen an. Ich schickte ihnen Judith nach, die mit den Yumas zum Pueblo zurückkehren konnte. Wir aber brachen mit den beiden Meltons und den Nijoras auf zu deren Lagerdorf, das wir gegen Abend erreichten.

Dienstag, 1. Februar 1881:

Am Tag vor unserer Abreise aus dem Nijora-Dorf brachten einige Krieger, die auf Jagd gegangen waren, Judith und einen Mogollon mit in das Lager, während fünf andere geflohen waren. Judith hatte vorgehabt, uns mit den Indianern unterwegs zu überfallen, Jonathan zu befreien und uns die Millionen wieder abzunehmen. Um sie vorerst unschädlich zu machen, sollte sie einige Wochen bei den Nijoras zurückbleiben.

Mittwoch, 2. Februar 1881:

Nun konnten wir am anderen Morgen unsere Reise ohne Sorge antreten. Wir wurden von einer Schar Nijoras mehrere Stunden weit begleitet. Es lagen noch einige Tagesmärsche vor uns.

Mittwoch, 9. Februar 1881:

Wir vermieden die Gegend des Schlangenberges und den Flujo blanco mit dem Pueblo, das wir auf dem Herweg erobert hatten. Dann lenkten wir aber dahin, woher wir gekommen waren. So kamen wir jenseits der Sierra Madre und vor Acoma gegen Abend in die Gegend, wo Thomas Melton seinen Bruder ermor-

det hatte. Als wir diesem zum Abendessen die Hände freigaben, riss er John Dunker das Messer aus dem Gürtel und stieß *sich die Klinge bis ans Heft ins Herz.* Thomas Melton hatte sich, wie Judas Ischariot, selbst gerichtet. *Wir begruben den Toten bei seinem Bruder. Hierauf ritten wir eine große Strecke weiter, um erst dann wieder zu lagern.*

Freitag, 11. Februar 1881:

Am zweiten Tag darauf kamen wir in Albuquerque an, wo wir unsere Pferde ausruhen ließen. Hier gaben wir unsere Aussagen zu den Akten und baten uns zur besseren Beaufsichtigung Jonathan Meltons zwei Polizisten aus.

Sonntag, 13. März 1881:

Für Martha wurde ein Wagen genommen. Sodann ging es weiter auf der Kanadianstraße bis Fort Bascom und von da aus auf der Red-River-Straße nach dem Mississippi und bis New Orleans.

Dienstag, 22. März 1881:

Leider mussten wir lange bleiben, um als Zeugen zur Hand zu sein. Endlich wurde das Vermögen der Familie Vogel zugesprochen. Jonathan Melton wurde zu vieljähriger Einzelhaft verurteilt.

Donnerstag, 24. März 1881:

Heute war der Tag des Abschieds. Mit Winnetou verabredete ich, dass wir uns in einem Jahr bei den Mescaleros oder, wenn er nicht mehr da sein sollte, auf Forners Rancho im Territorium Arizona wieder treffen würden. Er hatte eigentlich, bevor er mit Franz Vogel zu mir nach Dresden gereist war, hinunter in die Sonora gewollt, um dort einige Stämme der Apatschen zu besuchen, aber dann war ihm ja die Jagd auf den Millionendieb Melton dazwischengekommen. Er wollte das zusammen mit mir in genau einem Jahr nachholen. Jetzt ritt er mit John Dunker nach Westen, während ich Martha und Franz Vogel nach Deutschland begleitete. Ihre Eltern und die anderen Geschwister sollten etwas später nachkommen. Gemeinsam mit Emery Bothwell bestiegen wir am Nachmittag einen Dampfer, der nach Southampton in England fuhr. Von dort würden wir leicht eine Verbindung nach Bremen oder Hamburg finden.

Dienstag, 19. April 1881:

Heute kamen wir in Dresden an. Martha und Franz wollten in einem Hotel übernachten und am nächsten Morgen würden wir gemeinsam eine renommierte Bank aufsuchen, die die Wertpapiere übernehmen und den Geldbetrag einem gemeinsamen Konto der Familie Vogel gutschreiben sollte.

Freitag, 22. April 1881:

Martha Werner und ihr Bruder Franz Vogel fuhren heute Morgen mit der Bahn in ihr altes erzgebirgisches Heimatdorf. Ich musste ihnen versprechen, sie so bald als möglich einmal dort zu besuchen.

26. ACHTE ORIENT-REISE (1881)

Freitag, 20. Mai 1881:

Ich war über Genua nach Kairo gekommen. Diesmal hatte ich gleich meinen alten Bekannten Ben Musa Effendi aufgesucht, dem ich vor zehn Jahren einen kleinen Gefallen tun konnte und der mir dafür seinerzeit einen Bujrultu[1] besorgte und mir gleichzeitig sein Haus als Quartier anbot. *Ich hatte* bei ihm *vor meinem Aufbruch nach Süden drei Wochen gewohnt. Dieser Ben Musa Effendi war ein außerordentlich ehrlicher Mann, dem ich mein ganzes Vermögen hätte anvertrauen können.*[2] In diesen drei Wochen hatte ich mich nicht nur gründlich wieder einmal in Kairo umgesehen, sondern auch Erkundigungen über meinen jungen Freund Ben Nil eingezogen und erfahren, dass er mit seinem Schiff in Richtung oberer Nil unterwegs sei.

Samstag, 21. Mai 1881:

Heute verließ ich Kairo, um mich auf die Spuren von Ben Nil zu setzen. Für die Zeit meiner Abwesenheit hatte ich meinem Hausherrn Ben Musa Effendi *meinen großen, vollen Koffer* anvertraut, *dessen Inhalt mehr als hinreichend war, mich völlig neu auszustatten.*

Montag, 30. Mai 1881:

Mit einem schnell segelnden Sandal traf ich in Korosko ein, wo die Dahabijeh ‚Baraka el Fadl' (‚Segen der Güte') vor Anker lag. Abu en Nil, der Großvater von Ben Nil, war entzückt, mich hier zu sehen. Er erzählte mir, dass sein Enkel erst vor ein paar Tagen hinauf nach Khartum sei, von wo aus er eine Expedition englischer Forscher in das Dar-Fur-Gebiet führen sollte. Er und Ben Nil wollten sich in etwa zwei Monaten hier in Korosko wieder treffen. Auf einer früheren Orient-Reise war ich schon einmal hier gewesen[3] und wusste daher, dass man von Korosko den Nil nicht

[1] Dritte Orient-Reise (1871-1872): 14. Oktober 1871, Seite 181f.

[2] Karl Mays Gesammelte Werke Band 23, *Auf fremden Pfaden*: zu Beginn der Erzählung ‚Der Kutb'

[3] Fünfte Orient-Reise (1878-1880), Juli 1879, Seite 397f.

weiter aufwärtsfahren sollte, da mehrere Stromschnellen die Fahrt sehr beeinträchtigten und man auf dem Landweg nach Abu Hammed viel schneller war.

Freitag, 3. Juni 1881:

Ich traf Ben Nil noch in Khartum. Man kann sich vorstellen, wie groß seine Freude war, mich wiederzusehen. Er stand jedoch gerade im Begriff, anderentags eine Expedition, die von fünf englischen Geologen begleitet wurde, nach Dar Abu Uma zu führen, und bedauerte es daher sehr, mir seine Zeit nicht widmen zu können. Deshalb war er hocherfreut, als ich ihm anbot, die Engländer mit an ihr Ziel zu begleiten. Es war ein sehr gewagtes Unternehmen, denn das Gerücht ging um, der mir hinlänglich bekannte Sudan-Ägypter Mohammed Achmed Ibn Abdullah, der sich zum ‚Mahdi' berufen fühlte,[1] könne zum Glaubenskrieg gegen Ägypten aufrufen. Unter den Expeditions-Teilnehmern befand sich einer, der Sir David Lindsay sehr gut kannte, weil er mit ihm im gleichen Club, dem *Travelers Club, London, Near-Street 47*[2], war. Er hatte schon einiges von mir gehört, deshalb war schnell ein Vertrauensverhältnis hergestellt. Um es kurz zu machen: Wir brachten die Engländer wohlbehalten an ihr Ziel und machten uns dann unverzüglich wieder auf unseren Heimweg.

Dienstag, 12. Juli 1881:[3]

Wir hatten einen anstrengenden Ritt hinter uns, denn wir kamen vom Dar Abu Uma herüber, das über siebenhundertfünfzig Kilometer vom Nil entfernt ist, und mussten höchstens noch eine halbe Tagesreise bis zu seinem westlichen Arm, dem Bahr el Abiad, machen. In unserer Begleitung befand sich ein *echter Fori-Neger namens Marrabah,* der nach Mekka pilgern wollte und sich uns angeschlossen hatte. Während unserer Mittagsrast kam ein fremder Reiter zu uns. Es war ein Krieger

[1] Sechste Orient-Reise (1878-1880), Juli 1879-November 1879, Seite 402-423

[2] Karl Mays Gesammelte Werke Band 1, *Durch die Wüste*, Kapitel 12

[3] 12.07.1881-14.07.1881: Karl Mays Gesammelte Werke Band 10, *Sand des Verderbens*, die Erzählung ‚Der Raubzug der Baggara'

der Baggara, der uns fragte, ob wir zu dem fremden ‚Lehrer des Christentums' wollten, der sich auf der Insel Aba im Weißen Nil niedergelassen habe und aus England stamme. Wir bejahten, obwohl wir das eigentlich gar nicht vorhatten. Dann ritt er wieder davon. Es fiel uns auf, dass sein Pferd am rechten Hinterhuf das Eisen verloren hatte. Nach unserem Aufbruch ritten wir *aber nicht nach Nordost, wie uns geraten worden war, sondern ostwärts, in unserer früheren Richtung weiter* und sahen *nach ungefähr einer Stunde* eine Spur, *die von wenigstens sechzig Pferden und Kamelen herstammte* und in unserer *Richtung zum Nil führte.* Ich vermutete, dass es Baggara waren. *Noch hielten wir an derselben Stelle, da sahen wir im Südwest, also da, woher die Fährte kam, einen Trupp von vielleicht zwanzig Reitern erscheinen.* Sie gehörten zum Stamm der Nuehr. Die Baggara hatten ihr Dorf überfallen, als die männlichen Bewohner zur Jagd waren, *die alten Leute und die kleinen Kinder verbrannt, die jüngeren Frauen, die Knaben und Mädchen aber hatte man fortgeschleppt, um sie an Händler zu verkaufen.* Ich versprach, ihnen bei der Befreiung ihrer Angehörigen zu helfen. *Wir stiegen alle in die Sättel und ritten fort, der Fährte nach. Seit unserem Aufbruch war ungefähr eine Stunde vergangen, als ich die Fährte eines einzelnen Reiters bemerkte,* dessen Pferd das rechte Hintereisen fehlte. *Wir setzten unseren Weg fort und sahen nach ungefähr einer halben Stunde abermals einen Reiter, der uns entgegenkam.* Von ihm erfuhren wir, dass der englische Missionar nicht auf der Insel Aba, sondern auf der Mischrah Om Oschrin wohnte und er der Diener dieses Missionars sei. Wir sollten nur auf der Spur der Sklavenjäger weiterreiten, dann kämen wir dorthin. In der Nähe angekommen, ritt ich allein zur Mischrah Om Oschrin, wo ich mich als Händler ausgeben wollte. Dort wurde ich zu dem englischen Missionar geführt. *Welch ein langer, hagerer Mensch war das, und welche Salbung lag auf seinen harten, gemütlosen Zügen! Es gelang mir, ihn vollständig zu täuschen. Er wurde überzeugt, dass ich ein Sklavenhändler sei.* Als ich zu ihm sagte, dass Christen doch keine Sklaven machen und verkaufen dürften, meinte er, dass die Schwarzen keine Menschen wie wir seien, weil sie nichts dächten und nichts fühlten. Er habe sogar den berühmten Reis Effendina mit seiner Frömmigkeit getäuscht, dessen Helfershelfer Kara Ben Nemsi und Ben Nil gewesen seien. Der Scheik der Baggara habe die beiden Letzteren jetzt zur Insel Aba gelockt, wo man sie fangen werde. Ich kaufte dem Missionar zum Schein die Sklaven ab und durfte sogar mit auf die Insel fahren, wo sie untergebracht waren. *Ans Ufer zurückgekehrt, suchte ich unauffällig den Baum auf, unter dem Ben Nil auf mich wartete. Ich gab ihm den Auftrag mit vier Nuehr um Mitternacht hier zu sein, und ging dann ins Lager zurück. Gegen Mitternacht wurde es ruhig im Lager.* Dann schlich ich mich dorthin, wo ich Ben Nil mit den Nuehr vorfand. Wir konnten die Wächter unschädlich machen und die Sklaven alle befreien, die wir dann ans Ufer brachten, jedoch abseits der Mischrah. Wir holten die Pferde der Baggara herbei und die befreiten Sklaven konnten mit den anderen Männern ihres Stammes in angemessener Entfernung das Ende der Nacht erwarten.

Mittwoch, 13. Juli 1881:

Es war für die Nuehr völlig unmöglich, sich geradewegs nach ihrer Heimat am Bahr el Ghasal zu wenden. Ich schlug vor, dass man zwei Tagesritte zum Dorf Kaua machen sollte, *wo die Regierung die bedeutendste Niederlassung am Weißen Nil hatte.* Nach etwa drei Stunden bemerkten wir *wohl gegen vierzig bewaffnete Reiter* als Verfolger hinter uns. Die befreiten Sklaven ritten weiter, die Nuehr-Krieger aber stellten sich mit Ben Nil und mir den Verfolgern. *Sobald die Baggara in Schussweite gekommen waren,* gab ich *fünf Schüsse ab, und* weitere *fünf oder sechs Schüsse warfen ebenso viele Pferde nieder.* Da kam der Missionar als Unterhändler auf uns zu. Als er erfuhr, dass ich kein Sklavenhändler, sondern Kara Ben Nemsi war, legte er *blitzschnell sein Gewehr auf mich an, noch schneller aber krachte ein Schuss hinter mir.* Der Anführer der Nuehr hatte den ‚unchristlichen' Missionar erschossen. Als sich daraufhin die Baggara auf uns stürzen wollten, räumte ich mit meinem Stutzen *unter ihren Pferden auf. Sechs, acht, zehn, zwölf stürzten, das half.* Sie ritten davon. *Wir waren sie nun sicher los.*

Donnerstag, 14. Juli 1881:

Am zweiten Abend kamen wir in El Kaua an, wo sich die Beamten der Nuehr annahmen. Ich hoffe, dass sie später alle wieder glücklich am Bahr el Ghasal angekommen sind. Hier erfuhren wir auch, dass der Mahdi inzwischen tatsächlich einen Aufstand angezettelt hatte und dass fast ganz Oberägypten ‚brannte'. Betroffen sollten davon hauptsächlich die Gebiete Kordofan und Nubien im Sudan sein.[1]

Sonntag, 24. Juli 1881:

Durch die Nubische Wüste, die sich zwischen Abu Hammed und Khartum erstreckt, war ich heute mit Ben Nil wieder nach Khartum gekommen, glücklicherweise, ohne etwas vom Mahdi-Aufstand mitzubekommen. In Khartum lag seine ‚Baraka el Fadl' ohne Besatzung am Ufer, jedoch bewacht von einem Soldaten. Der schickte uns zum Hafenmeister, wo wir zu unserem Schrecken erfuhren, dass sein Großvater Abu en Nil vor zwei Tagen an einem Herzschlag gestorben sei. Man hatte ihn schon beerdigt, was wegen der Hitze in diesen Breiten auch unbedingt notwendig ist. Die Trauer und der Schmerz bei meinem jungen Freund waren groß, doch das Leben musste weitergehen.

Samstag, 30. Juli 1881:

Ben Nil brachte mich mit seiner Dahabijeh bis nach Siut, wo er wieder nach Süden umkehren musste, weil ein neuer Auftrag für ihn vorlag. Wir verabschiedeten uns voneinander. Ob wir uns jemals wiedersehen würden?

Samstag, 14. August 1881:[2]

Ich war in der Nubischen Wüste gewesen und kehrte nach Kairo zurück. Meine Kleidung war nach der Reise in den Süden

[1] Dieser sogenannte Mahdi-Aufstand begann am 29. Juni 1881. (Nach dem Tode des Mahdi Mohammed Achmed im Jahre 1885 wurde ‚Kalif' Abdallah, ein Baggara, sein Nachfolger.)

[2] 14.08.1881-03.12.1881: Karl Mays Gesammelte Werke Band 23, *Auf fremden Pfaden*, Erzählung ‚Der Kutb'

derart zerschlissen, dass ich mich jetzt aus meinem Koffer, der bei Ben Musa Effendi stand, *völlig neu ausstatten* wollte. Ich war *nicht wenig überrascht, als ich seine Wohnung leer fand und von den Nachbarn erfuhr, dass er ganz plötzlich verschwunden sei.* In meinem Koffer befanden sich nicht nur die Ersatzkleidung, sondern *auch meine Wertpapiere, die ich jetzt in bare Münze hatte verwandeln wollen.* Glücklicherweise besaß ich noch etwas Geld, aber nicht mehr viel. *Deshalb suchte ich mir zunächst ein billiges Quartier und fand es auch bei einem Pfeifenreiniger.* Zu ihm kam *ein alter Nachbar, der uns allabendlich besuchte.* Dieser wurde *nur esch Schahad, der Bettler genannt. Er hatte einen ‚Stand'* am *Binnentor Bab Suwêle* täglich von morgens bis abends *und kein gläubiger Mohammedaner, der vorüberging, versäumte es,* ihm ein Almosen zu geben. Hier am Bab Suwêle ‚wohnte' ein Geist, *der berühmte ‚Kutb', der fast die Allmacht Allahs besitzt. Und wer einen Wunsch, eine Bitte an den Kutb hatte, der blieb stehen, um sie in lauten, flehenden Worten auszusprechen. So erfuhr der Bettler manches Geheimnis, das er in seiner verschwiegenen Brust verschlossen hielt.* Mir versprach der Bettler, den Kutb zu befragen, *wohin der verschwundene Ben Musa Effendi mit meinem Koffer gekommen sei.* Übrigens wohnte er nebenan in einer Ruine, die an das Grundstück des reichen Abu Gibrail grenzte.

Sonntag, 28. August 1881:

So vergingen zwei Wochen, ohne dass ich eine Spur von Ben Musa Effendi entdeckte. Als der Bettler heute Abend wieder bei uns saß, fragte er mich, ob ich, der Europäer, alle Krankheiten kennen würde. Es stellte sich heraus, dass die Tochter eines ‚Freundes' an einem Kropf litt, der angeblich nicht zu heilen war. Wenn ich ihr helfen sollte, musste ich das Mädchen sehen, was jedoch für ihn und seinen ‚Freund' ganz unmöglich schien.

Montag, 29. August 1881:

Als er am nächsten Abend kam, brachte er die Rede zunächst auf ein anderes Thema, indem er mich bat, möglichst schnell aus Kairo abzureisen, auch ohne meinen verschwundenen

Koffer, weil sich alle Europäer in Gefahr befänden. Er dürfe mir aber nicht sagen, warum und weshalb. Danach ging er wieder fort und kam mit der fünfzehnjährigen Tochter seines ‚Freundes' zurück. Es war aber gar kein Kropf, sondern nur eine Anschwellung und mit einem kleinen Schnitt konnte ich die Flüssigkeit daraus entleeren.

Dienstag, 30. August 1881:

Als er am folgenden Abend zu uns kam, strahlte sein Gesicht vor Freude. Die Geschwulst war weg und die Schnittwunde heilte.

Mittwoch, 31. August 1881:

Am nächsten Tag ging ich durch die Gasse, in der ich bei Ben Musa Effendi gewohnt hatte. Unser damaliger Nachbar, ein Silberarbeiter, saß unter der Tür seines Ladens. Er sagte mir, dass er vorgestern mit Ben Musa Effendi gesprochen habe. Ich sollte sagen, wo meine Wohnung sei, damit man mir den Koffer bringen könne. *An diesem Abend kam der Bettler nicht zu uns.*

Samstag, 3. September 1881:

Er *blieb auch die zwei folgenden Tage aus. Sollte er etwa krank sein? Ich ging am nächsten Morgen nach dem Bab Suwêle, da saß er wie immer.* Er sagte, dass er wegen eines Gelübdes nicht kommen könne.

Montag, 5. September 1881:

Wir standen im Anfang des September und es gab prachtvolle Abende. An einem solchen stieg ich *auf das platte Dach des Hauses, um da oben meinen Tschibuk zu rauchen. Zu meinem Erstaunen bemerkte ich,* dass nacheinander zwölf Männer in die Ruine des Bettlers eingelassen wurden, die sich erst nach Mitternacht wieder entfernten.

Dienstag, 6. September 1881:

Am nächsten Abend blieb er wieder aus, ich ging also abermals auf das Dach und machte ganz dieselbe Beobachtung wie gestern.

Mittwoch, 7. September 1881:

Eben als ich am darauf folgenden Vormittag ausgehen wollte, kam ein Wasserträger an unsere Tür. Er gab mir ein mit einer

Schnur verknotetes Tuch, darin waren nach deutschem Geld etwa dreihundert Mark und auf einem beiliegenden Zettel stand: *„Nimm dieses Geld und verlass die Stadt, wenn auch dein Koffer verloren ist!" Abends kam* der Bettler *wieder zu uns.* Er leugnete jedoch, der Geldgeber zu sein, wie ich vermutete, und sagte mir, dass sich Soldaten nach mir erkundigt hätten.

Donnerstag, 8. September 1881:

Auf den Straßen und Gassen sah ich mehr militärische Personen als sonst. *Gegen Abend kam ein* Lastträger, *der mir endlich meinen Koffer brachte* und mir einen Brief übergab. Ben Musa Effendi bat mich, Kairo sofort zu verlassen, und entschuldigte sich, dass er den Brief nicht unterschrieben habe. *Das machte mich nun freilich stutzig. Da ich jetzt meine Sachen hatte, hielt mich nichts mehr zurück; aber für heute war es zu spät, ich wollte warten bis morgen.* Dann kam Besuch, ein junger Mann, der sich als Sohn von Abu Gibrail vorstellte und mich bat, jetzt zu seinem Vater zu kommen. *Er führte mich durch eine Neben- in die Parallelgasse* in das Haus und in ein Besuchszimmer. Kurz darauf brachte mir ein Diener meinen Koffer und meine Gewehre. Und dann kam Abu Gibrail – der ‚Bettler'! Natürlich war die Tochter des ‚Freundes' seine eigene. Ich musste auch bei ihm schlafen, da ich sonst nirgends sicher gewesen wäre. Doch in der Nacht wurde ich geweckt, weil ein *Militäraufstand in vollem Gang* war und *den Europäern der Tod* drohte.

Freitag, 9. September 1881:

Er führte mich am Morgen *in den Hof und auf der anderen Seite in einen Gang.* Durch ein Loch kamen wir in das Bettlerhaus. Er gab mir die Kleider des Bettlers und färbte mir das Gesicht dunkel. Dann machte ich mich auf, *um mich als Schahad nach dem Bab Suwêle zu begeben und einen Tag* ‚Bettler' zu sein. *An den Gassen- und Straßenecken standen bewaffnete Militärwachen und auf einigen Plätzen sah ich sogar Kanonen.* Ich ließ mich als Bettler bei dem Tor Suwêle nieder *und ich bekam manche Gabe in die ausgestreckte Hand.* Doch dann wurden die Gassen leer und *ich bekam nur noch*

Soldaten zu sehen. Es war jener 9. September 1881, an dem Arabi Pascha den residierenden Vizekönig zwang, das Ministerium Riaz zu entlassen. Jetzt wusste ich nun freilich, dass sich mein Leben in Gefahr befand. Da kamen Patrouillen, Trupps von Soldaten, Adjutanten und sonstige Offiziere. Viele blieben stehen, um dem unsichtbar hinter dem Torflügel wohnenden Geist zu sagen, was sie sich von ihm wünschten. Unter diesen Bittenden war einer, der einen tiefen Eindruck auf mich machte. Er kniete *nieder, verbeugte sich nach dem Winkel hin, in dem der Kutb wohnen sollte, und betete: „Lass mich die Meinen wieder sehen, den Vater und die Mutter, das Weib und das Kind, an denen mein Herz hängt. Gib mir das Geld, das ich brauche, um von hier fortzukommen. Hilf mir, o Kutb, aber hilf bald." Dieses Gebet rührte mich.* Auf meine Frage hin sagte er mir, dass er aus Tunis stammte, dort *Diener an der Okba-Moschee zu Kairuan* war, nach Mekka gepilgert, unterwegs aber krank geworden und unter die Soldaten gezwungen worden sei. Ich schrieb ihm auf einen Zettel, dass nicht der Kutb, sondern nur Gott helfen könne. Ich sei kein Bettler, sondern ein Christ und gäbe ihm das Geld. *Diesen Zettel legte ich in den Beutel, den mir der Wasserträger gebracht hatte,* und sagte ihm, dass er den Beutel *nicht eher als morgen genau nach dem Nachmittagsgebet* öffnen dürfe, *weil es für mich höchst gefährlich gewesen wäre, wenn er schon heute erfahren hätte, dass ich kein Muslim war.* Am Ende des Tages kehrte ich wieder in das Bettlerhaus und dann zu Abu Gibrail zurück.

Mittwoch, 14. September 1881:

Am fünften Tag ging ich zum ersten Mal aus. Eben trat ich aus dem Tor, da kam der Soldat die Gasse herab, dem ich den Beutel gegeben hatte. Ich gab mich zu erkennen und er sagte mir seinen Namen. Als ich ihm meinen sagte, nämlich Kara Ben Nemsi, war er ganz betroffen. Er wusste, dass ich als Christ *vor einigen Jahren in Kairuan* in der *heiligen Moschee gewesen* war.[1] Ich solle es aber *ja nie wieder* wagen, diese *Stadt durch die Schritte* meines *Fußes zu schänden.* Er ging mit auf

[1] Sechste Orient-Reise (1878-1880): 09.01.1879-11.01.1879, Seite 386f.

mein Zimmer und ich *schenkte ihm die vier Evangelien und die Apostelgeschichte, in das Arabische übersetzt. Er steckte das Buch ein und sagte: „Wir sind quitt!“ Er ging fort, ohne einen Gruß zu sagen.*

Mittwoch, 23. November 1881:

Ich blieb noch einen Tag bei Abu Gibrail, dann verließ ich Kairo. Da aus begreiflichen Gründen aber momentan kein Schiff nach Europa ging, nahm ich eines, das hinüber nach Tunesien fuhr. Dort hatte ich *meinen Freund Ali en Nurabi, den Scheik der Uëlad Sedira-Beduinen*[1]*, besucht, war zwei Wochen bei ihm gewesen und wollte nun wieder an das Meer.* Dabei wurde ich von den Uëlad Siminscha gefangen genommen, weil diese glaubten, ich hätte einen aus ihrem Stamm ermordet. Deshalb sollte ich lebendig zusammen mit dem Mordopfer begraben werden. Da kam glücklicherweise ein Händler in das Lager, der wusste, wer der eigentliche Mörder war. Dieser ‚tunesische‘ Händler war in Wahrheit ein gebürtiger Franzose namens Girard und zog mit einem Diener durch das Land, weil er seinen Sohn suchte, der vor zwei Jahren als damals Vierjähriger entführt worden war. Als er erfuhr, dass ich Kara Ben Nemsi war, bat er mich um meine Hilfe bei der Suche. Ich konnte ihm sofort einen Tipp geben, denn ich vermutete, dass man das Kind nach Kairuan gebracht hatte, wo man, um sich seine Seligkeit zu erkaufen, *dem Islam die Seele eines Kindes ungläubiger Eltern zuführt. Diese Knaben kommen in die Schule der berühmten Okba-Moschee, wo sie im Islam unterrichtet und meist zu Moscheedienern ausgebildet werden.* Auch aus Dankbarkeit versprach ich, ihm bei der Suche nach seinem Sohn und bei dessen Befreiung zu helfen.

Sonntag, 27. November 1881:

Vier Tage später, um die Mittagszeit, hielten wir in der Nähe des Karawanenweges an, der von Kairuan nach dem Dschebel Abd el Fadelun führt. Hier ließen wir bei dem Diener die Pferde und die Waffen zurück. *Dann wanderten wir der heiligen Stadt zu.* Da man uns für zwei Muslime hielt, durften

[1] Zweite Orient-Reise (1867): August 1867, Seite 107-112

wir sogar die Koranschule besuchen. *Wir fanden lauter ältere Knaben, die jüngeren hatten später Unterricht. Wir gingen also einstweilen wieder fort. Eben als wir aus der Tür traten, wollte jemand hinein, und dieser jemand war der bittende Soldat vom Tor Suwêle. Wir erkannten einander augenblicklich.* Als er mich ansprach, tat ich so, als ob er mir unbekannt wäre, und antwortete ihm *streng im Dialekt der westlichen Sahara* und mit verstellter Stimme. Da wurde er irre an mir und ging. *Gegen Abend wurden Lampen angebrannt* und *der Unterricht der Kleinen begann. Es waren wohl an die hundert erwachsene Zuhörer da. Plötzlich rief eine jubelnde Kinderstimme: „Mein Vater, o Allah, mein Vater!" Ein hübscher, etwa sechsjähriger Knabe sprang auf und kam mit ausgebreiteten Ärmchen auf uns zugesprungen. Wir waren sofort umringt. Man wollte uns niederreißen.* Da kam *der Moscheediener aus Kairo mit acht oder zehn Dienern zu uns und drängte die Menge von uns ab. Sie umringten uns und schafften uns fort in ein Gewölbe, in das wir eingeschlossen wurden. Girard hatte seinen Knaben noch in den Armen. Niemand war auf den Gedanken gekommen, ihn ihm zu nehmen. Da wurde die Tür geöffnet. Draußen stand der, auf den ich hoffte. „Kommt!", sagte er. Wir gingen hinaus.* Er sagte uns, dass wir unauffällig die Stadt verlassen sollten, und meinte noch, dass ich es ja nicht wagen sollte, *zum dritten Mal nach Kairuan zu kommen*, weil er mich nicht wieder so leicht retten könne wie heute. Er lese seiner Familie täglich aus der Bibel vor und sehe jetzt den Unterschied zwischen Islam und Christentum. Wenn es sein müsse, würde er mich immer wieder retten, denn wir seien noch lange nicht quitt, wie er es in Kairo gesagt habe. *Er wandte sich zurück und verschwand hinter der Tür. Wir aber gingen langsam zur Stadt hinaus und gelangten glücklich zu unseren Pferden.*

Samstag, 3. Dezember 1881:

In Hammamat trafen wir ein Schiff, mit dem wir nach Tunis fuhren.

Freitag, 23. Dezember 1881:

Heute traf ich via Genua wieder zu Hause ein.

27. NEUNTE NORDAMERIKA-REISE (1882)

Donnerstag, 19. Januar 1882:

Mit der Eisenbahn war ich gestern von Dresden über Berlin in Hamburg angekommen. Und heute am Spätnachmittag ging ein Frachtdampfer, auf dem ich Platz gefunden hatte, nach New Orleans. Das war für mich günstiger, um zu den Apatschen zu kommen, als wenn ich in New York landen würde.

Sonntag, 5. März 1882:

In New Orleans erwischte ich gerade noch ein Schiff, das bis Brownsville an der Mündung des Rio Grande del Norte in den Golf von Mexiko fuhr. Von dort aus gelangte ich auf einem Flussdampfer hinauf bis nach Guadalupe, wo ich dann auf ein Pferd umstieg und entlang des Rio Pecos aufwärtsritt. Ich hatte mich ja vor einem Jahr mit Winnetou verabredet. Als ich bei den Mescaleros ankam, war er allerdings bereits schon wieder fort. Er hatte zu einem Stamm der Navajos gewollt und dann zum vereinbarten Treffpunkt auf Forners Farm. Mir blieb also nichts anderes übrig, als meinen Hatatitla zu satteln und Winnetou zu folgen. Nach einigen nicht ungefährlichen Erlebnissen befand ich mich nun in der Sierra Blanca und hoffte, rechtzeitig zum vereinbarten Termin bei Forners Farm einzutreffen.

Dienstag, 7. März 1882:[1]

Heute ging ein schweres Unwetter nieder, doch ich hatte frühzeitig einen einigermaßen guten Unterschlupf gefunden, wo ich dann auch die anschließende Nacht verbringen wollte.

Mittwoch, 8. März 1882:

Ich befand mich auf dem Gebiet der Nijoras in den Mogollonbergen, als ich in der Ferne einen Schuss hörte. Ich kannte diesen Klang, das war Winnetous Silberbüchse. Daraufhin schoss ich meinen Bärentöter ab und kurze Zeit später konnten wir uns begrüßen. Winnetou wusste in der Nähe eine Quelle, die von Büschen umgeben war. Dort

[1] 07.03.1882-09.04.1882: Karl Mays Gesammelte Werke Band 37, *Der Ölprinz*

konnten wir unser Nachtlager aufschlagen. Auf dem Ritt dorthin entdeckten wir die Spur von fünf Reitern. Wir mussten wissen, wen wir da vor uns hatten, weshalb wir uns an sie heranschlichen und ihr Gespräch hören konnten. Ein Mann – Winnetou wusste, dass er Ölprinz genannt wurde – sprach mit einem Mister Duncan, der ein Bankier zu sein schien, über eine Ölquelle am Gloomy-water, die Letzterer kaufen wollte. Sie schienen vorher von Indianern überfallen worden zu sein, denn der Bankier bedankte sich bei dreien von ihnen für die Rettung. Derjenige, der zu Mr. Duncan zu gehören schien, machte diesen jedoch Vorwürfe, warum sie nicht versucht hätten, auch die anderen Weißen zu retten. Und als wir noch weiter lauschten, erfuhren wir auch, wer die anderen Gefangenen waren, nämlich Hobble-Frank, Tante Droll, Sam Hawkens, Dick Stone, Will Parker und ein Treck deutscher Auswanderer. Sie befanden sich in einem Pueblo der Nijoras, deren Häuptling Ka Maku war. Nachdem wir uns wieder zurückgezogen und zu der von Winnetou angegebenen Quelle geritten waren, wo wir unser Nachtlager aufschlugen, sprachen wir über das vorhin Erlauschte. Winnetou kannte den Ölprinzen, der Grinley hieß, und den er *bei einer Bande* von Strauchdieben *gesehen* hatte. Und dass es am Gloomy-water kein Erdöl gab, wussten wir beide. Wir vermuteten, dass der Ölprinz, nachdem er das Geld des Bankiers erhalten hatte, beide Männer ermorden würde. Das mussten wir verhindern, aber vorher war es wichtiger, zu den Nijoras zu reiten und unsere Freunde zu befreien. Erwähnen muss ich hier, dass sich Hobble-Frank mit seinem Vetter Tante Droll nach dem Silberfund oben am Silbersee[1] vor Jahren nach Deutschland zurückgezogen und seine ‚Villa Bärenfett' an der Elbe gebaut hatte. Da wir uns ab und zu einmal schrieben, hatte er von mir erfahren, dass ich mich mit Winnetou auf Forners Farm treffen wollte. Da schien *in dem kleinen Kerl das Westfieber erwacht* zu sein *und hatte ihn herübergetrieben. Droll hat ihn natürlich gern begleitet.*

[1] Vierte Nordamerika-Reise (1868-1869): Juli 1869, Seite 138-144

Donnerstag, 9. März 1882:
Von unserem *Lagerplatz bis zum Pueblo war es ein guter Tagesritt.* Wir brauchten unsere *vortrefflichen Pferde gar nicht anzustrengen, um schon vor Abend an Ort und Stelle zu sein.* Als wir in der Nähe des Pueblos hielten, sahen wir vier Nijoras, die auf der Jagd waren, unter ihnen auch ihr Häuptling Ka Maku. Weil er uns anlog, keine Gefangene in seinem Pueblo zu haben, nahmen wir ihn und seine drei Krieger gefangen, ließen sie vorerst hier zurück und ritten zum Pueblo. *Eben war die Sonne hinter dem Horizont verschwunden, als* wir *den Berg und an seinem steilen Hang das Pueblo liegen sahen.* Wir konnten erkennen, dass sich die Gefangenen ein Loch in die Pueblowand gebrochen hatten, aber nicht hinauskonnten, da das von den Nijoras bemerkt worden war und jetzt eine Wache darunter saß. Bevor es ganz dunkel wurde, konnten wir nichts unternehmen. Als es so weit war, kletterten wir auf die erste Plattform des Pueblos und von da auf die zweite, wo drei Wächter um ein kleines Feuer saßen, die wir unschädlich machten. Jetzt konnten wir eine Leiter an das gebrochene Loch stellen, um uns mit den Gefangenen zu verständigen. Sie hatten ihre ganze Hoffnung auf uns gesetzt, denn durch Hobble-Frank hatten sie erfahren, dass ich mich mit Winnetou in Forners Farm treffen wollte. Es gelang uns tatsächlich, alle Gefangenen aus dem Pueblo herauszuholen. Unter den Auswanderern befand sich auch Schi-So, der Sohn des Navajo-Häuptlings Nitsas-Ini (‚Großer Donner') und dessen deutscher Ehefrau, der sich längere Zeit in Deutschland aufgehalten hatte. Nun wollte er zusammen mit seinem Freund Adolf Wolf, dessen Onkel bei den Navajos lebte, zu seinem Stamm zurückkehren. Schon allein durch unsere Namen wurden die Nijoras oben auf dem Pueblo in Schach gehalten. Die Pferde der Befreiten standen zusammen in einem Korral, aber alle anderen Gegenstände, die den Auswanderern gehörten, waren verschwunden. Sie mussten sich im Innern des Pueblos befinden. Wir hatten ja noch ein Faustpfand, den Häuptling. Ich ritt mit dem Kleeblatt weg, um ihn und seine drei anderen Krieger zu holen. Unterwegs ließ ich mir erzählen, wie sie

mit den Auswanderern zusammengetroffen waren und dass sie sich dieser unerfahrenen Menschen angenommen hatten, die sie auch weiter begleiten wollten. Mit den vier gefangenen Nijoras kehrten wir dann zu unseren Leuten zurück.

Freitag, 10. März 1882:

Die Nacht verging, ohne dass die Roten wagten, das Pueblo zu verlassen und einen Angriff zu versuchen. Winnetou und ich konnten uns auf keine langen Verhandlungen einlassen, weil wir *den Ölprinzen noch rechtzeitig* einholen wollten. Als die Indianer alles zurückgegeben und wir als Strafe für den Überfall noch einige gute Pferde von ihnen konfisziert hatten, machten wir uns auf den Weg.

Sonntag, 12. März 1882:

Unser *Reitertrupp* war *kurz vor Abend höchstens noch zwei Stunden* vom Gloomy-water entfernt. *Vom Pueblo bis hierher* waren wir *auf keine einzige Fährte getroffen.* Doch hier stießen wir auf eine. Wir ersahen daraus, dass wir *morgen drei Gruppen von Menschen sehen* würden: *Bleichgesichter und Krieger von zwei roten Nationen*, nämlich *Navajos und Nijoras,* von denen wir vermuteten, dass sie das Kriegsbeil ausgegraben hatten. Da wir heute nicht mehr zum Gloomy-water reiten konnten, schlugen wir unser Nachtlager an einem Ort auf, den Winnetou als sicher bezeichnete.

Montag, 13. März 1882:

Als ich *am nächsten Morgen erwachte, war der Apatsche schon fort.* Er war hinauf zum Gloomy-water, um die Lage zu sondieren, denn wir glaubten, dass sich der Ölprinz mit seinen Leuten in den Händen eines der beiden Indianerstämme befand. Nach etwa einer Stunde folgte unser Zug der Spur Winnetous. Er wartete bereits auf uns, als wir am See ankamen, und berichtete, was er beobachtet hatte: Die Weißen waren von acht Navajos gefangen, diese aber wiederum von dreißig Nijoras überwältigt worden, wobei glücklicherweise kein Blut geflossen war. Heute Morgen waren diese weggeritten, wohin konnte Winnetou nicht sagen. Der See roch nach Petroleum. Doch da Winnetou und ich wussten, dass es hier kein Erdöl gab, musste diese Flüssigkeit in den See gekippt worden sein. Also musste es auch Fässer geben, in denen sich das Petroleum befunden hatte. Wir fanden einen Höhleneingang, der mit Steinen zugedeckt worden war. Nachdem wir diese entfernt hatten, sahen wir die Fässer liegen, und bei ihnen zwei Menschen: den Bankier Duncan und seinen deutschen Gehilfen Baumgarten. Alle, die wir aus dem Pueblo befreit hatten, kannten sie bereits von Forners Farm her. Nachdem wir wussten, wohin sich die Nijoras mit ihren Gefangenen gewandt hatten, brachen wir auf. Gegen Abend sahen wir in der Ferne einige Geier kreisen, wahrscheinlich über dem Lager der Nijoras. Wir ritten etwas näher heran und befanden uns nun oberhalb des Chellyflusses, wo wir übernachten wollten, während die Nijoras unten am Wasser ihr Lager aufgeschlagen hatten. Als Winnetou von seinem Kundschaftergang zurückkam, berichtete er, dass unten etwa dreihundert Nijoras unter ihrem Häuptling Mokaschi (Büffel) ihr Lager hätten. An eine Befreiung der gefangenen Navajos und des Ölprinzen mit seinen beiden Kumpanen war heute Nacht nicht zu denken. Wahrscheinlich wäre das morgen eher möglich, wenn sich die Nijoras auf dem Kriegszug gegen die Navajos befänden. Mitten in der Nacht wurde ich unverhofft aus dem Schlaf gerissen, überwältigt und gefesselt. Um uns wimmelte es nur so von Indianern und ich vermutete, dass es die Nijoras waren, die irgendwie auf uns aufmerksam geworden waren. Wir wurden mit all unseren *Sachen und Pferden in das Tal geschafft.* Ich war ganz erstaunt, hier unten den Kantor Hampel zu sehen, einen etwas komischen Kauz, der mit den Auswanderern nach Amerika gezogen war, um eine Wild-West-Oper zu komponieren. Wie kam der hierher? Ob er uns verraten hatte? Als Mokaschi uns beschimpfte, schlug ich ihn trotz meiner Fesseln nieder und Winnetou nahm dessen Messer an sich. Zwei Schnitte und seine und meine Hände waren frei. Während ich dem Häuptling das Messer auf die Brust setzte, entriss ihm Winnetou den Henrystutzen. Nun wagte sich keiner der Nijoras mehr an uns. Da erscholl aus den Büschen der Ruf von Sam

Hawkens, den ich zusammen mit Hobble-Frank nicht unter den Gefangenen gesehen hatte. Durch diese Überrumpelung waren wir im Vorteil. Im Nu hatte ich den Gefangenen die Fesseln durchschnitten. Diese rafften ihre Waffen auf, die die Roten vor uns auf einen Haufen geworfen hatten. Dann schwangen wir uns auf unsere noch bereitstehenden Pferde und verschwanden im Dunkel des Waldes. Winnetou hatte sich den bewusstlosen Häuptling über die Schultern geworfen und war uns gefolgt. *Die Roten waren kaum imstande, zu begreifen, dass sie sich so hatten überraschen lassen.* Aus dem Wald heraus rief ich ihnen zu, dass wir, *wenn es Tag geworden* war, verhandeln würden. Jetzt erst erfuhr ich, dass der Kantor weggegangen war, um unten am Fluss Wasser zu holen, wobei er in die Hände der Nijoras geriet. Hobble-Frank und Sam Hawkens hatten das bemerkt und ihn gesucht, weshalb sie nicht mit uns gefangen worden waren. Schließlich verriet mir der einfältige Kantor noch, dass er sein Taschenmesser Poller, einem der drei Ölgauner, gegeben hatte, damit diese sich ebenfalls befreien konnten. Jetzt erscholl *ein lautes Geschrei der Nijoras*, denn die drei, *Poller, Buttler und der Ölprinz,* waren fortgerannt. Obwohl die Nijoras sie verfolgten, schienen sie entkommen zu sein.

Dienstag, 14. März 1882:

Am Morgen sprach Winnetou mit dem gefangenen Mokaschi und sagte ihm, dass die Nijoras und die Navajos zum großen Volk der Apatschen gehörten. Er könne nicht verstehen, weshalb sich beide Stämme jetzt gegenseitig mit Krieg überzogen, obwohl sie doch zu einer Familie gehörten. Erst als Winnetou den Häuptling bei seiner Ehre packte, wurde er einsichtiger. Danach rauchten wir mit ihm die Pfeife des Friedens und er ging zu seinen Leuten. *Sie stiegen auf ihre Pferde und ritten davon. Mokaschi hatte seinen Leuten gesagt, dass Frieden geschlossen sei. Sie waren zwar nicht einverstanden damit, mussten sich aber fügen, weil das Kalumet darüber geraucht worden war.* Wir vermuteten, dass die Nijoras ihren Kriegszug gegen die Navajos fortsetzen würden, weshalb wir ihnen in nötigem Abstand hinterherritten.

Mittwoch, 15. März 1882:

Heute merkten wir, *dass die Nijoras nach und nach ihren Ritt verlangsamten.* Wir nahmen an, dass sie abends am Winterwasser lagern würden, weshalb ich mit Winnetou und Schi-So, dem Sohn des Navajo-Häuptlings, vorausritt. Als wir in die Nähe des Winterwassers kamen, ließen wir Schi-So mit unseren Gewehren in einem guten Versteck zurück, um zu erkunden, ob die Nijoras am Wasser geblieben waren. Deshalb stiegen wir, als wir näher heran waren, auf einen Baum. Von da aus sahen wir nicht nur die Nijoras, sondern auf dem gegenüberliegenden Ufer des Chellyflusses auch eine *lange Schlange von Reitern, die mit den Kriegsfarben bemalt waren.* Das waren Navajos, denn bei ihnen befanden sich Nitsas-Ini und seine weiße Squaw, die Eltern von Schi-So. Es war uns ein Rätsel, weshalb sich die Navajos auf der falschen Seite des Flusses befanden. Wir vermuteten, dass sie auf den Ölprinzen getroffen waren, der sie in eine falsche Richtung geschickt hatte. Da es langsam dunkel wurde, schlichen wir uns an die Nijoras heran. Das Gelände am Winterwasser war sehr schwierig, es war aber auch der einzige Übergang hier in der Gegend über den Chellyfluss. Auf einem Felsen lagen wir über dem Nijora-Lager und konnten unter uns alles verstehen, was der Häuptling mit seinen ältesten Kriegern sprach, und das war von großer Bedeutung für uns. Nachdem wir genug gehört hatten, zogen wir uns wieder zurück. Während Winnetou zurückblieb, um die Nijoras bis morgen früh zu beobachten, ritt ich mit Schi-So zu unseren Leuten, wo wir *den Häuptling der Navajos mit seiner Frau vorfanden.* Bei ihnen war auch ein Deutscher namens Wolf, der sich schon seit Jahren bei den Navajos aufhielt und der Onkel von Adolf Wolf war, der sich hier bei den Auswanderern befand. Wir erfuhren, dass der Ölprinz mit seinen beiden Kumpanen bei den Navajos aufgetaucht war und erzählt hatte, wir befänden uns alle in den Händen der Nijoras und Mokaschi hätte zwei der Navajo-Kundschafter erschossen. Dabei war es der Ölprinz selbst gewesen, der diese ermordet hatte. Sie hatten die Navajos auch auf die falsche Seite des Chellyflusses geschickt, weil sie befürchteten, dass sie mit uns zusammentreffen könnten. Nur durch die Eigenmächtigkeit des Kantors war das nun schon heute Nacht geschehen. Duncan bekam von Wolf seine Geldanweisungen zurück, die dieser dem Ölprinzen abgenommen hatte. Wir vermuteten, dass Letzterer bald hier auftauchen würde, um sich wieder in den Besitz der Papiere zu setzen. Nachdem genügend Informationen ausgetauscht waren, erklärte ich Nitsas-Ini den Plan, den ich mit Winnetou entworfen hatte. Er war vollständig damit einverstanden.

Donnerstag, 16. März 1882:

Am Morgen kamen die Krieger der Navajos durch den Fluss zu uns herüber. *Dann setzte sich der Zug flussabwärts in Bewegung.* An der Stelle, wo wir gestern Abend Schi-So mit den Pferden zurückgelassen hatten, trafen wir auf Winnetou. Wir besprachen noch einmal die Taktik, die wir gegen die Nijoras anwenden wollten, als uns eine Auswanderin darauf aufmerksam machte, dass der Kantor unsere Pläne stören wollte, um zusätzlichen Stoff für seine Heldenoper zu bekommen. Es blieb uns daher nichts anderes übrig, als den Unglücksraben an einen Baumstamm zu fesseln; Duncan erbot sich, als Wache bei ihm zu bleiben. Inzwischen hatten die Navajos die Falle für die Nijoras aufgestellt. Nun waren wir am Zug, sie auch hineinlaufen zu lassen. An der entsprechenden Stelle am Winterwasser warteten wir wie vorgesehen auf ihren Überfall und stellten uns ihnen, als sie noch im Anschleichen waren, mit Gewehren entgegen. Die dreihundert Nijoras stießen zwar ihr Kriegsgeheul aus, blieben aber hinter ihrem Häuptling stehen. Auf mein Zeichen hin erhoben sich hundert Navajos hinter uns und fünfhundert hinter den Nijoras. Da sah Mokaschi ein, dass sie verloren waren, wenn sie ihre Gewehre gegen uns erheben würden. Er ließ sich auf eine Verhandlung mit Nitsas-Ini, Winnetou und mit mir ein. Das Ergebnis: Nijoras wie Navajos erklärten sich damit einverstanden, dass Frieden zwischen ihren Stämmen herrsche. Wir rauchten die Friedenspfeife und die Einigkeit war besiegelt. Als die ehemaligen Feinde wie Freunde beieinandersaßen, kam ein Reiter an: Duncan, der den Kantor bewachen sollte. Ganz aufgeregt erzählte er, dass der Ölprinz und seine Gefährten den Kantor gefunden und losgebunden hatten. Ihm hatten sie die Geldanweisung wieder abgenommen und ihn an den Baum gefesselt, doch der Kantor hatte ihn lange, lange warten lassen, bis er ihn wieder frei machte. Nitsas-Ini ritt mit zwanzig Navajos los, um den Spuren der Gauner flussabwärts zu folgen. Mokaschi schloss sich ihm mit zwanzig Nijoras an. Ich aber ritt mit Winnetou, Sam Hawkens und zehn Navajos stromaufwärts, denn ich glaubte, dass die Verbrecher sich zum Colorado wenden würden, um von da aus in Richtung San Francisco zu gelangen, wo sie die Anweisung Duncans in bares Geld umtauschen konnten. Drüben auf der linken Seite des Chellyflusses fanden wir eine Leiche: Der Ölprinz und Buttler hatten Poller, den früheren Scout der Auswanderer, erstochen, wahrscheinlich, um das erschwindelte Geld nicht mit ihm teilen zu müssen. Das konnte noch nicht lange geschehen sein, denn nach zehn Minuten sahen wir die beiden Mörder vor uns. Als sie uns sahen, flohen sie direkt in die Arme der Navajos. Nitsas-Ini schwang sich hinter dem Ölprinzen aufs Pferd – drei Schnitte, ein Ruck und er hatte dessen Skalp in seinen Händen. In diesem Augenblick drehte sich Buttler um und wollte Nitsas-Ini aus dem Sattel schießen, doch er traf den Ölprinzen, der tot zusammensackte. Als die Navajos sich seiner bemächtigen wollten, stieß er sich selbst das Messer in die Brust. Danach ritten wir zum Winterwasser zurück, wo die dort Zurückgebliebenen erfahren wollten, was geschehen war. Unterdessen hatte Wolf nach vorheriger Vereinbarung mit Nitsas-Ini den Auswanderern zugesagt, dass ihnen die Navajos Land zur Verfügung stellen würden, wo sie sich ansiedeln konnten.

Samstag, 19. März 1882:

Die Stämme der Navajos und Nijoras blieben noch bis heute *beisammen; dann trennten sie sich.* Wir *Weißen zogen mit den Navajos fort, ostwärts nach dem Rio Chaco, wo der Stamm seine Hütten und Zelte hatte.*

Sonntag, 9. April 1882

Die *vier* Auswanderer-*Familien erhielten alles, was Wolf ihnen an der Mündung des Winterwassers versprochen hatte.* Wir *blieben noch längere Zeit da, um den vier Haushaltungen mit Rat und Tat beizustehen, und nahmen dann Abschied von den weißen und roten Freunden.* Ich ritt mit Winnetou hinunter in die Sonora, die anderen wollten in den nächsten Tagen nach San Francisco. Tante Droll und Hobble-Frank würden *den unerfahrenen und faseligen Kantor nach Hause* begleiten.

Mittwoch, 19. Juli 1882:

Mit Winnetou hatte ich die südlichsten Stämme der Apatschen besucht, die teilweise auf mexikanischem Gebiet angesiedelt waren. Einige dieser Stämme hatte ich noch nicht gekannt und man freute sich dort, mich endlich einmal persönlich kennenzulernen. Überall blieben wir einige Zeit und Winnetou, als oberster Häuptling aller Apatschen, hatte vieles mit seinen Stammesgenossen zu besprechen. Danach wandten wir uns wieder nach Nordosten und kamen schließlich am Rio Pecos bei den Mescaleros an. Heute Nachmittag brachten einige Apatschen zwei Reiter zu uns: Es waren der Kantor und ein ganz gebrochener Hobble-Frank. Dieser brauchte einige Zeit, bis ich seine Geschichte hören konnte:

Nach unserem Wegreiten von den deutschen Auswanderern waren sie nicht nach San Francisco aufgebrochen, wie ursprünglich geplant, sondern *Droll und Hobble-Frank kehrten* mit dem Kantor *zum Osten zurück; sie wurden eine Strecke von Dick Stone und Will Parker begleitet, während Sam Hawkens die Zeit ihrer Abwesenheit dazu benützen wollte, um Old Firehand, der sich am Silbersee angekauft hatte, einen Besuch abzustatten. So kam es, dass er nicht Zeuge des Trauerspiels wurde, dem Tante Droll zum Opfer fallen sollte. Als sie in Santa Fe ankamen, fanden sie die Stadt in großer Aufregung. Ein gewisser Hopkins hatte eine Reihe der unglaublichsten Bankprellereien begangen und durch sein spurloses Verschwinden einige sehr ehrenwerte Geldmänner in aufrichtige Betrübnis versetzt. Das war etwas für Droll. Der ehemalige Detektiv erwachte in ihm und er stellte sich den Behörden zur Verfügung, sehr zum Missvergnügen des Hobble-Frank, dessen dringende Bitten es nicht vermochten, den Freund und Vetter von seinem Verhalten abzubringen. Da ihn* seine Begleiter *nicht verlassen* wollten, *blieb* ihnen *nichts anderes übrig, als die Verfolgung des flüchtigen Verbrechers mitzumachen.* Den Kantor gab man für diese Zeit in einer Kirchengemeinde ab, zu der auch einige Deutsche gehörten, die ihn in ihre Obhut nehmen wollten, bis die anderen wieder zurückkämen. *Was den Behörden nicht gelungen war, das erreichten die vier im Handumdrehen; sie fanden die Spur des Gesuchten und folgten ihr bis in die Wasatschberge in Utah. Sie kamen dem Flüchtigen so nahe, dass sie hoffen durften, ihn im Laufe des kommenden Tages einzuholen, und machten an einem schmalen, mit Gebüsch bestandenen Wasserlauf halt, um dort die Nacht zu verbringen. Eben waren die Pferde angehobbelt, und man setzte sich am Lagerfeuer nieder, da fiel hinter einem Strauch hervor ein Schuss und Droll stürzte mit durchschossener Stirn zu Boden. Hopkins hatte von der Verfolgung Wind bekommen und sich mit einer Kugel seines gefährlichsten Feindes entledigt. Der Verfolgte gewann den Schutz eines Utah-Stammes, der in der Nähe jagte, und alle Bemühungen, die Auslieferung des Mörders zu erzwingen, blieben erfolglos.*

Während Will Parker und Dick Stone Sam Hawkens bei Old Firehand aufsuchen wollten, war Frank nach Santa Fe zurückgekehrt, hatte den Kantor dort abgeholt und gehofft, mich noch bei den Mescaleros zu finden.[1]

Samstag, 26. August 1882:

Wir blieben noch eine Weile bei den Mescaleros, bevor wir gemeinsam den Rückweg in die Heimat antraten. Winnetou und einige Mescaleros begleiteten uns noch den Rio Pecos hinunter bis Guadalupe, wo wir einen Raddampfer erwischten, mit dem wir nun den Rio Grande del Norte hinunterfuhren; in der Hoffnung, in Brownsville eine weitere Reisegelegenheit zu finden.

[1] Karl Mays Gesammelte Werke Band 61, *Der Derwisch*, Kapitel 16

Donnerstag, 14. September 1882:

Über New Orleans und Habana konnten wir mit einem französischen Frachter bis Brest fahren, und von dort aus trafen wir über Bremerhaven heute wieder in Dresden ein. Der Hobble-Frank wollte morgen den Kantor in seine Heimatstadt begleiten und dann zu seiner ,Villa Bärenfett' an die Elbe zurückkehren. *Der Tod seines Vetters hatte ihm für alle Zukunft die Neigung für die ,finsteren und blutigen Gründe' genommen.*[1]

[1] Ebenda

28. ZEHNTE NORDAMERIKA-REISE (1885)

Montag, 23. März 1885:[1]

Eine kleine geschäftliche Angelegenheit rief mich nach Hamburg, wo ich einen Bekannten traf, dessen Anblick alte Erinnerungen plötzlich aufleben ließ. Er war aus St. Louis und bot mir freie Überfahrt an, um ihn dorthin *zu begleiten. Da ergriff mich die Präriekrankheit mit voller, siegreicher Gewalt. Ich sagte zu, telegrafierte nach Hause, um mir meine Gewehre und sonstigen Ausrüstungsgegenstände schleunigst kommen zu lassen, und fünf Tage nach unserem Wiedersehen schwammen wir bereits auf der Elbe dem Ozean entgegen.*

Sonntag, 17. Mai 1885:

Drüben vertieften wir uns zunächst für einige Wochen in die Wälder des unteren Missouri. Dann musste mein Gefährte umkehren, während ich stromaufwärts nach Omaha fuhr, um von da aus mit der großen Pacificbahn weiter nach Westen vorzudringen.

Freitag, 22. Mai 1885:

Es war gegen Mittag, als wir mit dem Zug Omaha verließen. Unterwegs stieg ein Mann zu, mit dem ich ins Gespräch kam.

Samstag, 23. Mai 1885:

Der erste Haltepunkt, den wir beim Licht des heutigen *Morgens erblickten, war Rawlins. Hinter diesem Ort beginnt eine öde, wüste Gebirgslandschaft.*

Sonntag, 24. Mai 1885:

Wir dampften weiter über Rock Springs und über die Station Green River hinaus auf eine freie, offene Ebene, als unser Zug stehen blieb. *Man hatte hier einen Zug, der Arbeiter und Vorräte in den Westen bringen sollte, überfallen. ‚Railtroublers' hatten die Schienen aufgerissen und infolgedessen war der Zug den hohen Damm hinabgestürzt.* Während die Zugmannschaft die Strecke wieder in Stand setzte – *die notwendigen Werkzeuge dazu waren, wie damals bei jedem amerikanischen Zug, vor-*

[1] 23.03.1885-29.06.1885: Karl Mays Gesammelte Werke Band 9, *Winnetou III*, Kapitel 11-16

handen –, suchte ich die Umgebung nach Spuren ab, wobei ich auf meinen Gesprächspartner vom ersten Tag stieß, der ebenfalls Fährten suchte. Er hieß Stephen Moody, auch bekannt unter dem Namen ‚Spürauge', und war einem Mörder auf den Fersen, dessen Spur ich hier durch den Überfall entdeckt hatte. Wir beide wollten den Verbrechern folgen und ließen deshalb den Zug ohne uns abfahren. Wir hatten aber nur das Pferd von Stephen und ich ging nebenher.

Montag, 25. Mai 1885:

Gegen Abend erreichten wir eine Waldspitze, wo uns plötzlich ein Indianer gegenüberstand: Winnetou! Von ihm erhielt ich ein Beutepferd der Sioux, einen Schwarzschimmel, womit auch ich nun bestens beritten war.

Dienstag, 26. Mai 1885:

Wir verfolgten die weißen Räuber, unter denen sich auch einige Ogellallah befanden, weiter. Später ritten wir den South Pass hinauf. Gegen Abend gelangten wir auf die Höhe eines langgestreckten Bergrückens. Unten in einer kleinen Ebene erblickten wir zweiunddreißig Zelte mit etwa zweihundert Indianern vom Stamm der Ogellallah. Die Weißen befanden sich bei ihnen. Als es dunkel war, schlichen Winnetou und ich zum Lager. Hinter dem Häuptlingszelt versteckt, konnte ich das Gespräch der Weißen belauschen. Sie wollten die Bahnstation ‚Echo' überfallen, wo sie große Beute erhofften. Noch am Abend brachen wir auf, um die Menschen dort zu warnen.

Mittwoch, 27. Mai 1885:

Als es zu grauen begann, waren wir wohl neun bis zehn englische Meilen vom Lager der Ogellallah entfernt und konnten nun unsere Pferde ausgreifen lassen.

Donnerstag, 28. Mai 1885:

Am Mittag gingen wir über den Green River. Wir ließen unseren Pferden nicht eher Ruhe, als bis die Sonne zur Rüste ging.

Freitag, 29. Mai 1885:

Am Abend hatten wir unbedingt über hundertfünfzig englische

Meilen zurückgelegt. Wir erreichten einen Talkessel mit fünf großen Blockhäusern, *unseren deutschen Bauernhöfen ähnlich, und ganz oben auf der höchsten Spitze stand eine kleine Kapelle:* die Helldorf-Siedlung. Vom Berg herab erklang ein vierstimmiger Gesang. Ich erstaunte über die Worte des Liedes, denn *das war ja mein eigenes Gedicht, mein „Ave Maria"! Wie kam das hierher in die Wildnis des Felsengebirges? Sämtliche Settlers waren aus dem bayrischen Fichtelgebirge nach Amerika gekommen.* Winnetou zuliebe sangen sie dann noch einmal mein „Ave Maria". Danach unterhielt ich mich in der Dunkelheit mit Winnetou, der in einer bedrückten Stimmung war, wie ich sie von ihm noch nicht kannte.

Samstag, 30. Mai 1885:

Wir schieden am Morgen von meinen Landsleuten, und gegen Abend waren wir an der Bahnstation Echo-Cañon, die wir vor dem Untergang retten wollten. Nach einigen Missverständnissen wurden Vorbereitungen gegen den Überfall getroffen und Hilfe von der nächsten Station, von Promontory, angefordert, da sich der größte Teil der hiesigen Bahnarbeiter noch auf der Verfolgung der Railtroublers befand.

Sonntag, 31. Mai 1885:

Bereits am frühen Morgen traf die angeforderte Verstärkung ein. *Nach dem Mittagessen verließen wir drei, Winnetou, Spürauge und ich, den Cañon, um nach Spähern auszuschauen.* Als ich sechs Ogellallah als Kundschafter entdeckte, eilte ich ins Lager zurück, wohin inzwischen auch Colonel Rudge mit seinem Verfolgungstrupp zurückgekehrt war. Alle Hilfstruppen mussten sich verstecken, sodass nur die restlichen Arbeiter der Station für die feindlichen Späher zu sehen waren.

Montag, 1. Juni 1885:

So verging die Nacht und so verging auch der Tag. Da die Indianer ihre Angriffe gewöhnlich nach Mitternacht, kurz vor dem Morgengrauen unternehmen, standen jetzt nur die nötigen Posten auf den Bänken.

Dienstag, 2. Juni 1885:

Die Zeit schlich wie im Schneckengang. Doch dann kamen sie.

Winnetou schoss als Erster und sofort *fielen über zweihundert Schüsse. Eine zweite Salve krachte.* Und dann kam es zum Nahkampf, doch *die Reihen der Gegner waren schon so stark gelichtet, dass sie ihr Heil in der Flucht suchten.* Ich hatte unter den Flüchtenden einige Railtroublers mit einem Schuss in die Beine niedergestreckt, darunter auch den Mörder, den ‚Spürauge' suchte. Er gestand vor seinem Tod, dass das Helldorf-Settlement der Siedler von den restlichen Ogellallah überfallen werden sollte. Zwei Stunden später jagten wir mit vierzig bewaffneten Männern in diese Richtung.

Mittwoch, 3. Juni 1885:

Es war bereits *Nachmittag, als wir auf dampfenden Pferden am Rand des Talkessels anlangten, in dem das Helldorf-Settlement gestanden hatte. Die Blockhäuser bildeten nur noch rauchende Trümmerhaufen.* Wir suchten nach Toten, doch *wir fanden keine menschlichen Überreste und das war ein großer Trost. Eine genaue Nachforschung ergab,* dass die Ogellallah *mit ihrem Raub und den Gefangenen in der Richtung zur Grenze von Idaho und Wyoming abgezogen* waren. *Wir hatten noch volle drei Stunden Tageslicht und legten während dieser Zeit eine große Strecke zurück.*

Donnerstag, 4. Juni 1885:

Es zeigte *sich, dass wir die Ogellallah drei Viertel einer Tagesreise vor uns hatten, und später bemerkten wir, dass sie ihren Ritt während der ganzen Nacht fortgesetzt hatten. Da unsere Pferde bis jetzt schon fast Unmögliches geleistet hatten, durften wir sie nicht noch mehr überanstrengen. Es lag viel daran, sie bei Kräften zu erhalten. Daher geschah es, dass wir an diesem Tag den Feinden nicht näher rückten.*

Freitag, 5. Juni 1885:

Wir kamen an den Hancock-Berg, der eine Höhle besaß, in die, wie Winnetou vermutete, die Ogellallah ihre Gefangenen gebracht hatten. Winnetou und ich stiegen hinauf und kamen an einen *trichterförmigen, steilen Abgrund eines Kraters,* der *wohl an die fünfundvierzig Meter tief* war. *Unten lagen die von uns gesuchten Bewohner von Helldorf-Settlement, an Händen und Füßen gebunden.* Wir beschlossen, später von hier aus mit Lassos hinunterzusteigen, um die Gefangenen zu befreien. *Als wir wieder* bei unseren Leuten *ankamen, wurden alle vorhandenen Stricke gesammelt und zu einem langen Seil verbunden.* Dann legten wir einen Schlachtplan fest. *Die Sonne war verschwunden. Winnetou hatte den gemeinsamen Lagerplatz verlassen und ich folgte ihm.* Er *stand am Saum des Waldes an einen Baum gelehnt und blickte starren Auges gen Westen.* Ich werde diesen Abend nie vergessen, denn Winnetou, der oft dem Tod ins Auge geschaut hatte, war von Todesahnungen befallen. So hatte ich ihn noch nie erlebt und mir wurde bewusst, dass es ihm ernst mit diesen Gedanken war. Später kehrten wir zum Lagerplatz zurück. Als es Zeit war, stiegen wir zum Kraterrand hoch und ließen Winnetou als Ersten am Seil hinunter, dann folgte ich. Leider rissen wir dabei kleine Steine und Geröll in die Tiefe, wobei ein Kind getroffen wurde, das zu schreien begann. Ein Indianer sah uns am Seil hängen und stieß einen Warnruf aus. Als wir den Boden erreichten, blitzten uns einige Schüsse entgegen. Winnetou stürzte nieder. *Mit erhobenen Fäusten stürzte ich mich auf die fünf Indianer. Mittlerweile kamen immer mehr der Unsrigen herab. Ihnen konnte ich die übrigen Indsmen überlassen. Ich wandte mich Winnetou zu und kniete neben ihm nieder. Die Kugel war ihm in die Lunge gedrungen.* Es kümmerte mich nicht, was um mich herum geschah. *Ich sah nur den sterbenden Freund, dessen Wunde aufhörte zu bluten. Ich ahnte, dass er sich innerlich verbluten würde. Er hatte die Augen geschlossen.* Unsere Männer *bildeten um uns stumm und tief ergriffen einen Kreis. Dann endlich schlug Winnetou die Augen auf* und bat, *ihm das Lied von der Königin des Himmels zu singen.* Er *ergriff meine beiden Hände und hörte nun das „Ave Maria" beginnen. Als der letzte Ton verklungen war, wollte Winnetou sprechen,* konnte aber nur *mit der letzten Anstrengung* flüstern: *„Scharlih, ich glaube an den Heiland. Winnetou ist ein Christ. Leb wohl!" Es ging ein Zucken und Zittern durch seinen Körper, ein Blutstrom quoll aus seinem Mund. Dann lösten sich seine Finger langsam von den meinen – er war tot... Ich wachte die ganze*

Nacht hindurch, wortlos, mit heißen, trockenen Augen, Winnetou lag in meinem Schoß, so wie er gestorben war.

Samstag, 6. Juni 1885:

Früh am anderen Morgen verließen wir den Hancock-Berg. Der Leichnam des Apatschen wurde in Decken gehüllt und auf einem Pferd befestigt. Von hier bis in die Gros-Ventre-Berge waren es nur zwei Tagesreisen.

Sonntag, 7. Juni 1885:

Am Abend des zweiten Tages erreichten wir das Tal des Metsur-Flüsschens.

Montag, 8. Juni 1885:

Dort haben wir Winnetou begraben, unter christlichen Gebeten und mit den Ehren, die einem so großen Häuptling zustehen.

Freitag, 12. Juni 1885:

Für mich lief alles wie im Traum ab. *Es verging eine halbe Woche, bis ich mich aufraffte und* den deutschen Siedlern *bei der Arbeit half.*

Montag, 29. Juni 1885:

Ich war bald wieder der, nach dessen Rat und Ansicht sich die anderen richteten. Das währte zwei Wochen, dann sagte ich mir, dass ich nicht länger bleiben durfte. Das Testament des Freundes zog mich fort zum Nugget Tsil. Auch war es meine Pflicht, zum Rio Pecos zu reiten und die Apatschen vom Tod Winnetous *zu unterrichten. Die Ansiedler brauchten mich nicht notwendig. Es gab einen kurzen, herzlichen Abschied. Dann trat ich auf meinem Schwarzschimmel den weiten Ritt an.*

Mittwoch, 15. Juli 1885:[1]

So war ich im Verlauf von zwei Wochen in die Nähe des Nord-Canadian gekommen. Es war um die Mittagszeit und ich legte eine Rast ein. *Ich mochte eine Viertelstunde gelegen haben, als ich zwei Reiter bemerkte,* zwei Weiße, die *aus derselben Richtung* kamen wie ich und die meiner Fährte folgten. Ich erkannte sie, obwohl ich sie noch nie gesehen hatte: Es waren

[1] 15.07.1885-24.07.1885: Karl Mays Gesammelte Werke Band 26, *Der Löwe der Blutrache*, Kap. 1-6

die ‚beiden Snuffles', Jim und Tim, ein Zwillingsbrüderpaar. Sie kannten mich nicht, zumal ich Kleider trug, die wie ein Lumpensack an mir hingen, weshalb sie mir auch nicht glaubten, dass ich Old Shatterhand sei. Sie wussten aber schon, dass Winnetou tot war. Wir ritten dann gemeinsam weiter.

Donnerstag, 16. Juli 1885:

Auf halbem Weg zum Beaver-Creek des Nord-Canadian tauchte ein einzelner Reiter vor uns auf. Er ritt ein Pferd, das einen persischen Sattel trug. Wir hielten ihn für einen Pferdedieb und nahmen ihn fest, zumal ich in den Satteltaschen persische Gegenstände fand. Da ich Persisch lesen konnte, schienen die Snuffles nun doch zu glauben, dass ich der war, für den ich mich ausgegeben hatte. Und dass ich bis jetzt vierzehnmal in Amerika war, konnte ich ihnen bestätigen.[1] Der Fremde erzählte uns, dass er der Führer eines Persers namens Dschafar sei, und auf der Flucht vor Komantschen, weshalb er von seiner Gruppe getrennt worden sei. Wir ritten auf seiner Spur weiter und kamen an die Stelle, an der die Indianer die Weißen überfallen hatten. Hier hatten sie auch gelagert, bevor sie dann mit ihren Gefangenen in nördlicher Richtung zum Beaver-Creek weitergezogen waren, wo sie am Abend unterhalb eines Ufersteilhanges erneut rasteten. Ich wollte die Roten beschleichen, um vielleicht etwas zu erlauschen oder gar die Gefangenen schon zu befreien. Die beiden Snuffles wollten unbedingt mit, doch einer musste zurückbleiben, und das war Tim. Wir kamen glücklich den Steilhang hinunter und konnten uns so weit heranschleichen, dass wir tatsächlich hörten, was besprochen wurde. Es waren einundsiebzig Komantschen mit ihrem Häuptling To-kei-

[1] Old Shatterhand war wirklich vierzehn Mal in Amerika: 1. während der Schulzeit im sächsischen Amerika (1854). – 2. Erste Nordamerika-Reise (1860-1861). – 3. Zweite Nordamerika-Reise (1864-1865). – 4. Erste Südamerika-Reise (1865). – 5. Dritte Nordamerika-Reise (1866-1867). – 6. Vierte Nordamerika-Reise (1868-1869). – 7. Fünfte Nordamerika-Reise (1870). – 8. Zweite Südamerika-Reise (1870-1871). – 9. Sechste Nordamerika-Reise (1873-1874). – 10. Dritte Südamerika-Reise (1876). – 11. Siebte Nordamerika-Reise (1876-1878). – 12. Achte Nordamerika-Reise (1880-1881). – 13. Neunte Nordamerika-Reise (1882). – 14. Zehnte Nordamerika-Reise, die jetzige (1885).

chun, in dessen Gefangenschaft ich mich schon einmal mit Winnetou befunden hatte.[1] *Der Gegenstand des Gesprächs war der Kriegszug, auf dem sie sich jetzt befanden. Sie wollten einige Ansiedlungen überfallen und die dortigen Weißen ermorden, vorher aber nach dem Makik-Natun* (Gelber Berg) *reiten, um dort die ‚Medizin' zu befragen, ob der Überfall gelingen werde. Die fünf Bleichgesichter* sollten dort *am Marterpfahl sterben.* Wir krochen wieder zurück, doch da kollerte Tim Snuffle von oben herunter, direkt in die Hände der Komantschen. Und Jim, der seinen Bruder in Gefahr sah, rannte ihm hinterher und wurde auch gefangen. In diesem jetzt entstandenen Wirrwarr gelang es mir, den Perser zu schnappen und mit ihm zu verschwinden. Die Maultiere der beiden Snuffles ließen wir hier, während ich alle anderen Spuren verwischte und dann mit Dschafar und seinem Führer die Richtung zum ‚Gelben Berg' einschlug, bis die Nacht verging.

Freitag, 17. Juli 1885:

Ich erfuhr ganz überraschend von Dschafar, dass er schon einmal bei den Haddedihn gewesen und von Scheik Hadschi Halef Omar unser Abenteuer am Tigris erfahren hatte, wo sein Verwandter Hassan Ardschir-Mirza mit seiner Familie ermordet worden war.[2] Wir lagerten in der Nähe des ‚Regenbetts', wohin wahrscheinlich auch die Komantschen wollten. Als die Indianer mittags mit ihren Gefangenen kamen, um Rast zu machen, war ich bereits dort und konnte alles hören, was gesprochen wurde. To-kei-chun, der noch allein zurückblieb, als seine Indianer bereits wieder fortgeritten waren, konnte ich als Geisel gefangen nehmen. Es gelang mir, nach einigen Hindernissen, die beiden Snuffles und die anderen Begleiter Dschafars freizupressen. Daraufhin löste ich die Fesseln To-kei-chuns und nahm meine Friedenspfeife, die er mit uns rauchte. Nun durfte er wieder zu seinen Kriegern reiten, wobei er mir eine versteckte Drohung zurief. Da wir jetzt so weit als möglich von den Komantschen weg

[1] Siebte Nordamerika-Reise (1876-1878): 20. und 21. März 1877, Seite 348f.

[2] Dritte Orient-Reise (1871-1872): 12.06.1872-08.07.1872, Seite 210-217

kommen wollten, ritten wir *bis Mitternacht nach Süden und bogen dann im rechten Winkel nach Westen ab. Ich war überzeugt, dass die Roten unsere Spur nicht mehr sehen und also auch nicht bemerken könnten, dass wir wie der fliehende Fuchs einen Haken geschlagen hatten.* Unser Ziel waren die Hazelstraits, wo auf felsigem Boden überhaupt nichts mehr zu erkennen war.

Samstag, 18. Juli 1885:

Als *der Tag anbrach, weckte ich die Schläfer,* und wir *konnten nach einem kurzen Frühstück sogleich aufbrechen. Am Mittag gönnten wir den Pferden zwei Stunden Ruhe und am Abend lagerten wir an einem stehenden Wasser.*

Sonntag, 19. Juli 1885:

Am Morgen fanden wir ältere Indianerspuren an unserem Lager, die wir gestern Abend im Dunkeln nicht hatten sehen können. Meine Befürchtung war, dass es die Komantschen waren, die auf direktem Weg zu den Hazelstraits geritten sein könnten, während wir einen Haken geschlagen und dadurch einen Umweg gemacht hatten. Doch woher sollten sie von unserem Plan wissen? Ob sich Perkins und Dschafar darüber unterhalten hatten, als sich To-kei-chun in unserem Gewahrsam befand und ich mit den Komantschen verhandelte? Ich konnte es nicht erfahren. *Als wir das erste Haselgrün vor uns auftauchen sahen,* galt es vorsichtig zu sein. *Wir konnten da, ohne es zu ahnen, mitten unter die hinter den Büschen versteckten Indianer geraten und in einem einzigen Augenblick von ihnen niedergerissen und überwältigt werden.* Plötzlich ertönte ein Hilferuf in persischer Sprache weit hinter uns. Das musste Dschafar sein, der wieder einmal unbemerkt zurückgeblieben war, um während des Reitens in seinem persischen Gedichtbuch zu lesen. Wir eilten zurück und fanden die Stelle, wo ihn drei Indianer überfallen und entführt hatten. Während die anderen auf mich warten sollten, schlich ich den vieren nach und kam zum Lager der Komantschen, die uns einen Hinterhalt gelegt hatten. To-kei-chun wollte allein nach uns Ausschau halten, wobei ich ihn mir wieder schnappen wollte, was aber nicht gelang, denn inzwischen hatte sich

Jim Snuffle eigenmächtig aufgemacht, die Komantschen zu suchen. Er kam blutend zurück, weil er mit dem Häuptling zusammengestoßen war. Um Dschafar vielleicht doch noch zu befreien, musste ich also wieder zum Komantschen-Lager zurück. Doch als ich dort ankam, war der Platz leer. Draußen auf der Ebene *ritten sie so schnell, wie ihre Pferde sie tragen konnten, in genau nördlicher Richtung davon. Wir tränkten unsere Pferde tüchtig* und *kamen, als es dunkel geworden war, wieder bei dem Wasser an, an welchem wir gestern übernachtet hatten, und machten da eine kurze Rast. Dann ging es wieder weiter, die ganze Nacht hindurch.*

Montag, 20. Juli 1885:

Als wir nach einem wirklichen Parforceritt am Spätnachmittag den Makik-Natum wieder vor uns sahen, waren unsere Pferde mit ihrer Kraft am Ende. Nachdem sie *getränkt waren, ritten* wir *fort, bis wir eine Stelle fanden, welche sich ganz ausgezeichnet zu einem Versteck eignete.* Dann ging ich, um die ankommenden Komantschen zu beobachten und vielleicht den Perser zu befreien. Nach Mitternacht kamen sie. Der Gefangene lag weit von mir entfernt, nur To-kei-chun hatte sein Lager direkt unter mir. Als alle außer den Wachen schliefen, ließ ich mich von meinem Standpunkt mit dem Lasso hinab, machte den Häuptling unschädlich und zog ihn mit dem Lasso hinauf zu der Stelle, wo ich mich seither versteckt hatte. Doch einer der Wächter bemerkte dies und To-kei-chun, der wach geworden war, konnte ihm zurufen, dass ihn Old Shatterhand entführt hatte. *Die Komantschen waren natürlich alle wach geworden.* Sie stiegen an einer anderen Stelle zu mir herauf, doch ich hatte mir To-kei-chun auf den Rücken gebunden und war mit ihm die Felsen höher hinaufgeklettert. Ich hoffte, bald zu unserem Lagerplatz zu kommen, den die Roten aber jetzt auch entdeckt hatten. Doch sie wurden von Jim und Tim Snuffle mit Schüssen vertrieben. Da den Indianern nun unser Versteck bekannt war, vermutete ich, dass sie versuchen würden, uns zu überrumpeln. Wir mussten es daher schnellstens verlassen und ritten in die Ebene hinaus zu der Stelle, wo wir schon vor einigen Tagen gelagert hatten. Hier fingen wir einen Kundschafter ab und suchten uns dann einen anderen Rastplatz, den die Komantschen nicht kannten. Ich vermutete, dass sich, während die Roten uns suchten, nicht mehr viele von ihnen am Makik-Natum befanden, sondern nur Dschafar mit vielleicht zwei Wächtern. Ich machte mich also dorthin, um ihn herauszuholen, und es gelang mir auf Anhieb. Einen der Wächter ließ ich gefesselt im Lager zurück, der andere ging mit uns zu unserem neuen Lagerplatz; ebenso nahmen wir Dschafars und To-kei-chuns Pferd mit. Dort vereinbarte ich, dass To-kei-chun einige Tage mit uns reiten würde, bevor wir ihn wieder freiließen. Die beiden anderen gefangenen Komantschen wurden zu ihren Stammesgenossen zurückgeschickt mit der Botschaft, dass sie hier auf die Rückkehr ihres Häuptlings zu warten hätten. Das wurde mit der Friedenspfeife besiegelt. *Dann steckte ich die Medizin des Häuptlings zu mir; er wurde auf sein Pferd gebunden und wir ritten fort, die ganze Nacht hindurch.*

Dienstag, 21. Juli 1885:

Am Vormittag waren unsere Pferde so ermüdet, *dass wir ihnen Ruhe gönnen mussten.* Entgegen meinen Gefährten war ich davon überzeugt, dass uns die Komantschen nicht folgen würden.

Freitag, 24. Juli 1885:

Drei Tage später erreichten wir die Grenze von New Mexico und es wurde für mich höchste Zeit, mich von der Truppe zu trennen. Ich löste die Fesseln To-kei-chuns, gab ihm seine Medizin wieder. Er ritt fort, ohne ein Wort zu sagen. Der Abschied von Perkins und den beiden anderen Führern war kurz, der von den beiden Snuffles schon etwas herzlicher. Und Mirza Dschafar versprach ich, ihn zu besuchen, falls ich wieder einmal nach Persien käme. Er schenkte mir einen Chandschar, einen kostbaren Dolch, als Andenken. *Wir reichten uns die Hände und ritten dann nach verschiedenen Richtungen fort.*

Freitag, 31. Juli 1885:[1]

Nachdem ich die *Weißen bis an die Grenze von New Mexico* gebracht hatte, hätte ich *von dort aus eigentlich gleich weiter zum Rio Pecos gekonnt. Aber das Testament Winnetous war mir zu wichtig, und so richtete ich meinen Ritt nach Südosten, um zunächst den Nugget Tsil aufzusuchen.* Ich war auf der Spur von drei Reitern geritten, die ich gegen Abend erreichte, als sie ihr Lager aufschlagen wollten. Sie wollten *zu den Mugwort Hills,* das *war die gleiche Berggruppe, die von Winnetou und seinem Vater Nugget Tsil genannt worden war.* Es stellte sich heraus, dass sie Bekannte von Santer waren, dem Mörder von Intschu tschuna und Nscho-tschi. *Nun stand es fest, dass ich mich ihnen anschließen musste.* Santer hatte ihnen versprochen, dass sie hier Gold finden würden, und sie wollten mich überreden, mitzumachen. Sie kannten die Umstände der Ermordung von Winnetous Vater und Schwester, machten sich aber nichts daraus. Santer, der nachkommen wollte, war zu den Kiowas in Tanguas Dorf geritten, um ihnen den Tod Winnetous mitzuteilen.

Samstag, 1. August 1885:

Am nächsten Morgen brachen wir vereint zu den Mugwort Hills auf, ohne dass sie ahnten, dass diese Gegend von Anfang an auch mein Ziel gewesen war. Am Abend lagerten wir auf der offenen Prärie.

Sonntag, 2. August 1885:

Gegen Mittag erreichten wir von Norden her den Nugget Tsil, den wir aber umreiten mussten, denn der Aufstieg konnte nur von Süden aus erfolgen. Durch eine Seitenschlucht stiegen wir hoch und sahen dann die beiden Gräber vor uns. Die drei schlugen genau an der Stelle, an der ich nach dem Testament Winnetous graben wollte, ihr Lager auf. Später gingen zwei von ihnen auf Jagd, ohne etwas Brauchbares zu schießen.

Montag, 3. August 1885:

Heute wollte ich mein Glück mit der Jagd versuchen und

[1] 31.07.1885-01.10.1885: Karl Mays Gesammelte Werke Band 9, *Winnetou III*, Kapitel 16-20

kehrte gegen Mittag mit *zwei fetten Turkeyhennen* zurück. Meine drei Gefährten aber waren nicht zu sehen, wahrscheinlich waren sie ebenfalls jagen gegangen. Das war eine gute Gelegenheit, nach dem Testament zu graben. *Das Loch wuchs zusehends, es war schon fast einen Meter tief,* als ich auf einen Abdeckstein stieß, der über einem steinernen Hohlraum lag. *Auf dem Boden lag ein starkes, zusammengefaltetes Leder – das Testament meines Freundes und Bruders Winnetou.* Ich nahm es heraus, warf das Loch wieder zu *und legte das ausgestochene Rasenstück obenauf.* Dann nahm ich mir Winnetous Testament vor und erfuhr aus den ersten Zeilen, dass Winnetou das Gold zum Dekil-to (Dunkles Wasser) weggeschafft hatte. Ich las weiter: *„Du reitest den Indeltschetschil* (Fichtenwald) *empor bis zu dem Tse-schosch* (Fels des Bären) *am fallenden Wasser. Dort steigst du vom Pferd und kletterst…" Bis hierher hatte ich gelesen, als ich eine Stimme hinter mir hörte. Ich drehte mich um und sah* jemanden, der *seine Büchse auf mich angelegt* hatte. *Mit einem Ruck fuhr ich auf, denn der Mann war kein anderer als – Santer!* Er war eher als erwartet hier angekommen, da er nicht bis zum Dorf Tanguas hatte reiten müssen, sondern *zufällig auf eine Schar Kiowas* getroffen war. Da kamen auch seine drei Kumpane, die mich fesseln sollten. Doch ich hob einen von ihnen hoch und schleuderte ihn auf Santer, der zu Boden ging. *Ein Fausthieb betäubte ihn für kurze Zeit. Ich hatte Santer einen Revolver aus dem Gürtel gerissen und richtete ihn auf die drei Westmänner. Ich band Santer die Füße zusammen und die Hände auf den Rücken.* Aber kurze Zeit später *tauchten rechts und links, vorne und hinten zahlreiche rote, mit den Kriegsfarben der Kiowas bemalte Gestalten auf, die schlangengleich herbeigeschnellt kamen und mich in ihre Mitte nahmen.* Ich begab mich freiwillig in die Hände ihres Anführers. Es war Pida, der Sohn Tanguas. *Ich hatte* ihn *damals, als ich ihn aus seinem Dorf entführte, um Sam Hawkens zu retten, schonungsvoll behandelt.*[1] Mit Santer schien er jedoch auf keinem guten Fuß zu stehen. Gegen Santers Wunsch wollten mich die

[1] Erste Nordamerika-Reise (1860-1861): 15. und 16. Dezember 1860, Seite 26f.

Kiowas zu ihrem Dorf bringen, wo ich als ‚berühmter Krieger' am Marterpfahl sterben sollte. Wir stiegen hinunter ins Tal. *Dann wurde ich auf mein Pferd gebunden und der Ritt zum Dorf der Kiowas begann.*

Donnerstag, 6. August 1885:

Das Kiowa-Dorf lag noch an der gleichen Stelle wie früher, also an der Einmündung des Salt Fork in den Nordarm des Red River. Tangua, der alte Häuptling der Kiowas, dem ich einst beide Knie zerschossen hatte,[1] empfand einen unbändigen Hass auf mich und genoss sehr die Freude und Genugtuung, mich als Gefangenen vor sich zu sehen. Als Santer ihn bat, mir die Papiere, nämlich Winnetous Testament, abnehmen zu dürfen, stimmte er anfangs zu, musste sich aber dem Beweis beugen, dass sie mein Eigentum waren. Pida nahm sie an sich, weil sie bei ihm sicherer waren als bei mir. Dann wurde ich an einen Baum gebunden, *mit dem Rücken an den Stamm, und ich sah die Menge der Frauen, Mädchen und Kinder, die herbeikamen, um mich zu betrachten. Unter ihnen fiel mir eine junge Indianerin auf,* die *verstohlen zu mir herüber* blickte und der ich freundlich zunickte. Einer meiner Wächter verriet mir, dass sie Kakho-Oto (‚Dunkles Haar') hieß und die Schwester von Pidas Frau war. Lange wurde über mich beraten, auch über die *Qualen, die meiner warteten. Dann wurde ich geholt, um mein Schicksal zu vernehmen.* Als ich zu dem Baum zurückgeführt wurde, konnte ich einige Worte mit Kakho-Oto wechseln. Sie war es auch, die mir zu essen brachte, damit ich bei Kräften blieb, um am Marterpfahl zu sterben. Später kam Pida zu mir und versprach, mich morgen früh Winnetous Testament lesen zu lassen, denn jetzt wurde es langsam Abend. Nach ihm kam Sus-Homascha (‚Eine Feder'), der Vater von ‚Dunkles Haar' und einer *der angesehensten Krieger des Stammes,* zu mir und bot mir seine Tochter zur Frau an, womit ich mein Leben gerettet hätte. Ich musste ihm jedoch eine Absage erteilen und sagte ihm, dass ich auch ohne dieses Angebot frei sein würde. Um ihn nicht zu kränken, erklärte ich ihm, dass ein solcher Krieger,

[1] Erste Nordamerika-Reise (1860-1861): 29. Dezember 1860, Seite 20

wie ich es in ihren Augen war, sich schämen müsste, wenn er *vor dem Tod ausgerissen und einer hübschen, jungen Squaw in die Arme gelaufen* sei. Das verstand und akzeptierte er. Dann wurde ich vom Baum losgebunden, musste mich niederlegen und wurde an vier Pfähle gefesselt. Ich konnte nicht richtig schlafen und nickte nur einige Male ein.

Freitag, 7. August 1885:

Am Morgen wurde ich wieder an den Baum gebunden und ‚Dunkles Haar' brachte mir zu essen. *Als Pida erschien, um nach mir zu sehen, erfuhr ich, dass er mit einem Trupp Krieger auf die Jagd reiten und erst am Nachmittag zurückkehren würde. Einige Stunden vergingen, da tauchte Santer unter den Bäumen auf. Er führte sein gesatteltes Pferd an der Hand, hatte sein Gewehr übergeworfen und kam gerade auf mich zu.* Ganz unverfroren sagte er mir, dass er Winnetous Testament aus Pidas Zelt geholt habe und sich nun auf den Weg zu dem neuen Versteck der Nuggets machen werde. Ich schrie den Wächtern zu, dass Santer Pida bestohlen habe und sich nun aus dem Staub machen wolle. *Santer ritt im Galopp davon und die Wächter waren zwar aufgesprungen, taten aber nichts, als dass sie ihm verständnislos nachstierten. Ich war wie von Sinnen und zog, zog, zog mit aller Gewalt an den Riemen,* bis sie platzten. Doch ich wurde wieder neu gebunden. Nach drei Stunden entdeckte ‚Dunkles Haar', dass ihre Schwester, Pidas Frau, gefesselt und wie tot in ihrem Zelt lag. Man bat mich, ihr zu helfen, und führte mich zu Pidas Zelt. Dort sah ich alle meine Waffen und den Sattel, doch ich versprach ‚Eine Feder', sie nicht an mich zu nehmen und mich wieder an den Baum binden zu lassen, wenn ich seiner Tochter geholfen hätte. Mir gelang es aber, unbemerkt ein kleines Messerchen an mich zu nehmen. Auch Pidas Frau konnte ich helfen und sie wurde wieder wach. Von ihr erfuhr ich, dass Santer sie niedergeschlagen und Pidas Medizinbeutel mit dem darin befindlichen Testament Winnetous entwendet hatte. Pida würde sicher alles daran setzen, seine Medizin wiederzuerhalten. *Ich wurde wieder zum Baum des Todes geführt und dort angebunden.* Nachdem Pida zurückgekommen war, um die

Verfolgung Santers aufzunehmen, fragte er mich, ob ich ihn dabei begleiten wollte. Ich ging aber nicht darauf ein, denn ich würde mich schon aus eigener Kraft, wahrscheinlich schon in der nächsten Nacht, selbst befreien. Als ich mich zum Schlafen auf die Erde legen musste und mir die Hände an die Pfähle gefesselt wurden, gelang es mir, mit dem kleinen Messerchen einen Riemen zu durchschneiden, sodass ich später eine Hand frei machen konnte. Als alle schliefen, durchschnitt ich meine Fesseln, betäubte die beiden Wächter mit zwei Fausthieben, band und knebelte sie *und kam glücklich bei Pidas Zelt an.* Pidas Frau schlief wegen ihrer Verletzung bei ihrer Schwester und so konnte ich mir aus dem unbewohnten Zelt alle meine Waffen und meinen Sattel holen. *Noch keine fünf Minuten waren vergangen, so verließ ich das Zelt, kehrte zum Baum des Todes zurück, um mein Pferd zu satteln. Erst als ich mich weit genug* vom Lager *entfernt hatte, stieg ich in den Sattel und ritt in die Prärie hinein.*

Montag, 10. August 1885:

Leider hatte ich das Unglück, dass mein Pferd schon am nächsten Tag zu lahmen begann, ohne dass ich die Ursache entdecken konnte. Erst am dritten Tag bemerkte ich eine Entzündung, deren Ursache ein langer spitzer Dorn war, den ich herauszog. Das aber hatte unser Fortkommen verzögert.

Donnerstag, 20. August 1885:

Noch hatte ich den Rio Pecos nicht erreicht, als vor mir zwei Reiter auftauchten, die gerade auf mich zukamen. Es waren zwei Apatschen, von denen ich erfuhr, dass gestern ein Bleichgesicht *nach dem Tse-schoch* gefragt habe und nach dem Pueblo zu dem alten Inta geschickt worden war, der ihm Auskunft geben könnte. Das konnte nur Santer gewesen sein. *Nach einigen Stunden erreichten wir den Rio Pecos.* Hier trafen wir auf Pida und seine Kiowas, die Santer verfolgten, jetzt aber selbst von fünfzig Apatschen gejagt wurden. Mir gelang es, die Apatschen von den Kiowas fernzuhalten. Während Pida mit uns reiten durfte, wurden die Kiowas unbehelligt in ihr Dorf zurückgeschickt. Da wir wussten, dass sich Santer in das Pueblo der Apatschen begeben hatte, ritten alle Krieger mit mir zurück und gaben ihren geplanten Feldzug gegen die Komantschen auf. Als wir am Abend lagerten, musste ich ihnen ausführlich erzählen, wie Winnetou gestorben und wo er begraben worden war.

Sonntag, 23. August 1885:

Am Spätnachmittag langten wir in der Nähe des Pueblos an. Ich begab mich sofort zu dem alten Inta. Santer hatte ihm gestern das geraubte Totem Winnetous gezeigt und von ihm erfahren, wo das Gebiet und die Stelle lagen, die Winnetou in seinem Testament beschrieben hatte. Er war schon nach einer Stunde wieder fortgeritten. *Also war es uns nicht gelungen, Santer einzuholen. Schon zwei Stunden nach unserer Ankunft im Pueblo ritten wir* mit zwanzig Apatschen *auf frischen Pferden und reichlich mit Lebensmitteln versehen wieder fort. Wir mussten, um von dem Pueblo zum See des Dunklen Wassers zu kommen, einen Weg von etwa siebenhundert Kilometern machen, und zwar auf der letzten Strecke durch sehr schwieriges felsiges Gelände.*

Dienstag, 8. September 1885:

Es ereignete sich unterwegs nichts, was ich besonders erwähnen müsste, bis wir am sechzehnten Tag eine Begegnung hatten. Es kam uns ein Roter entgegengeritten, den ich kannte. Es war ein Mimbrenjo. Santer war bei den Mimbrenjos im Lager gewesen, hatte ein frisches Pferd gegen eine Medizin getauscht, gegen Pidas Medizin, die dieser jetzt wiedererhielt. *Auch Pulver mussten ihm die* Indianer *geben, sehr viel Pulver sogar,* und auch *Fasern zu einer Zündschnur*. Das deutete *auf eine Sprengung hin, durch die er mir alles zerstören* konnte. *Wir* mussten *uns beeilen*. Der Mimbrenjo hatte Santer zum Dunklen Wasser geführt, das von diesen Schwarzer See genannt wurde. Nun drehte er um und ritt mit uns.

Mittwoch, 9. September 1885:

Am nächsten Tag gelangten wir an den See, aber erst am Abend. Dort lagerten wir uns still unter Bäumen und brannten kein Feuer an, um uns Santer nicht zu verraten.

Donnerstag, 10. September 1885:

Kaum graute unten der Tag, da machten wir uns daran, Santers Spuren zu suchen. Zu dritt folgten wir *dem von Winnetou erwähnten Fichtenwald in die Höhe, bis wir auf dem Felsen des Bären standen. Das Gelände war sehr steil, aber es ging, höher und höher und immer höher, bis wir nicht mehr weiter konnten. Da fiel ein Schuss und eine Kugel schlug neben mir ans Gestein. Wir blickten in die Höhe und sahen Santer vorn am Rand der Höhle stehen.* Er rief höhnisch etwas zu uns herab und zerriss dabei Winnetous Testament in kleine Fetzen, *sodass sie langsam niederwirbelten und ins Wasser fielen.* Ich legte den Bärentöter an. Doch bevor ich zum Schuss kam, *erfolgte ein schwerer, dumpfer Knall, und wie von einer unsichtbaren Faust gestoßen, neigte sich der Fels langsam tiefer und immer tiefer, mit Santer oben auf der Platte, der die Arme in die Luft warf. Dann prasselte und donnerte die Felsmasse hinab in die Tiefe, hinab in den See! Und welch ein Ende für Santer! Er war sein eigener Henker geworden, denn er hatte die Zündschnur angesteckt.* Mir lag an dem verlorenen Gold gar nichts. Mich schmerzte nur, dass auch Winnetous Testament endgültig verloren war.

Montag, 14. September 1885:

Wir sind volle vier Tage am Dunklen Wasser gewesen und haben all unseren Spürsinn angestrengt. Ich bin überzeugt, dass das Gold gefunden worden wäre, wenn es sich noch oben am oder im Felsen befunden hätte. Es lag aber unten in der Tiefe bei dem, der es beinahe geraubt hätte und dann mit ihm begraben worden war.

Donnerstag, 1. Oktober 1885:

Unverrichteter Dinge kehrten wir ins Pueblo am Rio Pecos zurück, nahmen jedoch die Gewissheit mit, dass Intschu tschuna und Nscho-tschi endlich, endlich gerächt waren.

Samstag, 10. Oktober 1885:

Eigentlich hatte ich vorgehabt, die Apatschen nach der Rückkehr vom Dunklen Wasser in die Gros-Ventre-Berge zum Grab ihres toten Häuptlings zu führen. Das war jedoch vorerst unmöglich. Wir standen jetzt am Anfang des Monats Oktober und die kalte Jahreszeit war dort oben im Norden bereits zu weit fortgeschritten, als dass wir einen Ritt in die wildesten und unwirtlichsten Teile des Felsengebirges hätten wagen dürfen. Ich hätte frühestens im Frühjahr nächsten Jahres mit ihnen dorthin gekonnt, doch so lange konnte und wollte ich nicht mehr hierbleiben. Mich zog es nach diesen Ereignissen einfach nach Hause, wo ich irgendwann in diesem Jahr noch ankommen würde. Wer weiß, ob ich jemals wieder in die ‚dark and bloody grounds' komme, denn was soll ich dort ohne Winnetou?

29. NEUNTE ORIENT-REISE (1887)

Dienstag, 4. Januar 1887:

Seit Winnetous Tod hatte ich keine Auslandsreise mehr unternommen. Mir war vorerst vollkommen die Lust vergangen, fremde Länder und Menschen zu sehen. Außerdem gab es bei mir auch eine ganz private Veränderung: Ich hatte geheiratet. Den richtigen Namen meiner Frau werde ich nicht verraten, aber ihren orientalisch klingenden Kosenamen möchte ich doch nennen: Dschanneh, was auf Deutsch so viel wie ‚Seele' bedeutet, denn sie *heißt nicht nur so, sondern sie ist es auch!*[1]

Mit meinem treuen Hadschi Halef Omar, der inzwischen Scheik der Haddedihn geworden war, stand ich in ‚regem' Briefwechsel. *Wir schrieben uns nämlich zuweilen, doch auf ziemlich erschwertem Wege. Ich schickte meine Briefe nach Mossul, wohin er dann und wann einen seiner Beduinen sandte, um anzufragen, ob ein Schreiben von mir angekommen sei. Nach Monats- oder gar Jahresfrist schickte er dann seine Antwort ebendorthin, er musste ja warten, bis sein Stamm sich einmal in der Nähe dieser Stadt befand, und so kam es, dass unser Briefwechsel keineswegs an großer Übereilung litt. Ich hatte ihm mitgeteilt, dass ich nach Persien wolle und auf dem Weg dorthin die Weideplätze seines Stammes aufsuchen werde.*[2]

Meine Frau zeigte großes Verständnis dafür, dass es mich mal wieder zu meinem Hadschi Halef Omar zog. Bevor ich Antwort von ihm erhielt, war ich bereits in den Orient aufgebrochen und heute Nachmittag in Konstantinopel angekommen, wo ich mich wieder in Pera einquartierte. Pera ist jener Stadtteil, der vorzugsweise von Europäern bewohnt wird.

Donnerstag, 20. Januar 1887:

Während meines mehr als zweiwöchigen Aufenthalts versuchte ich mit dem früheren ungarischen Offizier Adolf Farkas und jetzigem, nach dem Feldzug von 1877-78

[1] Karl Mays Gesammelte Werke Band 26, *Der Löwe der Blutrache*, 11. Kapitel

[2] Ebenda, 7. Kapitel

ausgezeichneten türkischen Oberst Osman, der zugleich auch Professor an der militärischen Hochschule in Konstantinopel war, Kontakt aufzunehmen. Wir konnten uns nur einmal kurz treffen, da seine Zeit sehr beschränkt war, denn er musste schon am nächsten Morgen auf eine Dienstreise nach Kairo. Dafür aber hatte Mustapha Moharrem Aga, der Türhüter der Hohen Pforte, Zeit für mich. Wir kannten uns schon seit achtzehn Jahren, als er noch Kammerdiener gewesen war. Er hatte mir damals einen Pass mit der Unterschrift des Sultans, einer sogenannten Tughra, besorgt. Als er hörte, dass ich auf meiner jetzigen Reise auch nach Persien wollte, verschaffte er mir einen Ferman mit dem Siegel des Schah-in-Schah,[1] der mir sicher gute Dienste leisten würde. Ob das an dem besonderen Geschenk lag, das ich ihm aus Deutschland mitgebracht hatte? Jedenfalls war ich ihm dankbar für dieses Reisedokument. Mein weiterer Reiseweg, den ich am nächsten Tag beginnen wollte, würde mich über Engyrije (Ankara) führen, um dann via Adana und Aleppo oder das östliche Kleinasien und Türkisch-Kurdistan in das Zweistromland zu den Haddedihn zu gelangen.

Mittwoch, 16. Februar 1887:[2]

Drei volle Wochen hatte ich mich in Engyrije, der Hauptstadt des gleichnamigen kleinasiatischen Wilajets aufgehalten. Ich war Gast von Wali Said Kaled Pascha, dem Generalgouverneur dieser Provinz, gewesen und heute verabschiedete ich mich von ihm, um meine Reise in den Orient fortzusetzen. Er wusste, dass mich mein Weg über Kaisarije (Kayseri) führen würde, weshalb er mir einen Tenbih (schriftlichen Befehl) mitgab, der auch dort gelten würde. Ich sollte ihm noch einen persönlichen Gefallen tun und einen Umweg nach Urumdschili machen, um seinem alten Freund, dem heutigen Einsiedler Osman Bei, der früher Oberst im Heer des Großsultans gewesen war, das ihm zustehende Ruhegehalt zu

[1] Karl Mays Gesammelte Werke Band 48, *Das Zauberwasser*, Erzählung ‚Bei den Bachtijaren'

[2] 16.02.1887-21.02.1887: GW Bd. 48, Erzählung ‚Es Ssabbi – der Verfluchte'

überbringen, das diesem fünfzehn Jahre lang nicht ausbezahlt worden war. Zudem gab er mir als Begleiter zwei Arnauten mit, was mir nicht ganz behagte, da ich lieber allein gereist wäre, zumal diese beiden *jedes Wort unserer Unterhaltung gehört hatten und also wussten, dass ich eine bedeutende Summe Geldes zu überbringen hatte. In Jachschah Khan, wo wir über Nacht blieben,* sah ich sie den ganzen Abend nicht mehr.

Donnerstag, 17. Februar 1887:

Wir hatten in Jachschah Khan frische Pferde bekommen. Morgen brauchten wir wieder welche, schon weil der heutige Ritt sehr anstrengend war. Der Wirt aber konnte mir keine besorgen, da er sie schon einem Gestütsmeister versprochen hatte, *der ebenfalls einen Tenbih des Wali* besaß. Dieser war ein junger Türke *ernsten Aussehens, der auch nach Kaisarije wollte und bereit war, den Weg mit mir gemeinschaftlich zu machen.*

Freitag, 18. Februar 1887:

Am anderen Morgen waren meine Arnauten nicht zu finden. Sie hatten *sich die besten Pferde genommen und* waren *fortgeritten.* Mein Begleiter kannte den Weg, was mir sehr lieb war. Der Wali hatte mich schon gewarnt, dass *sich die Mekkapilger dieser Gegend versammeln* würden, *um nach Damaskus zu ziehen. Heute zeigte sich, dass wir uns der Pilgerzeit näherten,* denn *wir kamen an einzelnen Gruppen und ganzen Zügen frommer Mohammedaner vorüber.* Einer dieser Pilger spuckte vor meinem Begleiter aus und rief „Es Ssabbi!“, was ‚Verfluchter‘ bedeutet. Als wir vorüber waren, gestand er mir, dass er jetzt ein Christ sei. Ich eröffnete ihm, dass auch ich einer war. Da war der Bann gebrochen. Er erzählte mir, er sei vom Islam zum Christentum übergetreten, wofür ihn sein Vater verstoßen und verflucht habe. Und es stellte sich heraus, dass sein Vater ausgerechnet jener Einsiedler Osman Bei war, dem ich das seit Jahren ausstehende Ruhegehalt überbringen sollte. Er erzähle mir weiterhin, dass er früher *Kol Agassi* (Rittmeister) *der Dragoner in Kaisarije* gewesen war, wo er die Tochter des französischen Konsuls kennen und lieben gelernt hatte und durch sie *zur Wahrheit des christlichen Glaubens geführt* worden sei. Wegen des Glaubenswechsels war er aus seinem Dienst entlassen worden und erst jetzt durch *Said Kaled Pascha,* seinen *früheren Gönner, der mittlerweile Wali von Engyrije geworden,* zum *Kyßrakdar* (Gestütsmeister) *von Malatije* bestellt worden war. Nun sei er auf dem Weg nach Kaisarije, um seine Braut zu heiraten.

In einem Han fanden wir nur mit Hilfe des schriftlichen Befehls des Wali eine Unterkunft für die Nacht. Vom Wirt erfuhren wir noch, dass auch meine beiden Arnauten hier schliefen, die nach mir gefragt hätten. Ich verbot ihm, ihnen etwas von uns zu sagen.

Samstag, 19. Februar 1887:

Da wir am nächsten Morgen sehr spät wach wurden, ließen wir erst die Mekka-Pilger, die hier übernachtet hatten, wegziehen. Nach einer kurzen Begegnung mit den beiden Arnauten erhielten wir drei frische Pferde und ritten weiter. Unterwegs konnten wir einem Hinterhalt ausweichen, den uns die Arnauten gelegt hatten. Egal wo wir ritten, überall schienen sich Pilger zu befinden, die den Weg nach Mekka angetreten hatten. Und ebenso oft wurde der Kyßrakdar angefeindet. *Die Pilgerhaufen wurden schließlich so zahlreich, dass ihnen fast nicht mehr auszuweichen war. Sie wollten alle nach Urumdschili, um die zwischen hier und Kaisarije über den reißenden Kisil Irmak führende Seilfähre zu benutzen.* Dann sahen wir das Häuschen, in dem der Vater des Kyßrakdar wohnte. Ich ließ meinen Begleiter zurück und ritt allein zu dem Haus hin, wo ich mich als *Bote seines Freundes Said Kaled Pascha, des Wali von Engyrije,* vorstellte. Doch Osman Bei musste erst aus der Stadt geholt werden, denn er war *der Oberste der Sekte ‚Tschok Keßkinlar', der ganz strengen Mohammedaner. Da hatte ich es mit einem echten Glaubenseiferer zu tun. Als ich ihm* in seinem Haus *den fünfzehnjährigen Gehaltsrückstand nebst Zinseszinsen hinzählte, schwamm* er *in Wonne.* Ich musste sein Gast sein und sollte dann *mit ihm in die Stadt gehen, um der Feierlichkeit des Empfangs der einzelnen Pilgerzüge und der Einweihung der heiligen Fahne beizuwohnen. Ich sagte also zu.* Dort erlebte ich Menschen, die *beinah toll in ihrer Glaubensbegeisterung* waren. Als wir am Abend wieder bei ihm zu Hause ankamen, fand Osman Bei seinen ‚glaubensabtrünnigen' Sohn bei seiner Mutter und hätte ihn in seinem religiösen Zorn und Wahn erschossen, wenn ich nicht dazwischengegangen wäre. Beim Wegreiten begegneten uns zwei Reiter, die *bei unserer Annäherung zur Seite wichen, sodass wir sie nicht betrachten konnten. Fast aber schien es mir, als wären es unsere beiden Arnauten gewesen.* Wir beschlossen, noch in der Nacht nach Kaisarije zu reiten, obwohl das um die vierzig Kilometer waren. Da wir aber noch über den Fluss mussten und mein Begleiter überall nur als „es Ssabbi" beschimpft wurde, war der Fährmann *nur meinem großen Auftreten, dem Vorzeigen meines Tenbih und einer reichlichen Bezahlung* wegen bereit, uns überzusetzen.

Sonntag, 20. Februar 1887:

Es war am Nachmittag, als wir Kaisarije, *diese am Nordfluss des Erdschijas Dagh gelegene Stadt, erreichten.* Vor der Tür des französischen Konsuls stiegen wir ab und ich wurde dort *wie ein alter Bekannter aufgenommen.* Nachdem wir erzählt und gegessen hatten, *mussten wir uns schlafen legen, da wir während der ganzen Nacht unterwegs gewesen waren. Ich wurde aber bald wieder durch einen entsetzlichen Lärm geweckt.* Die Polizei war da und wollte den Kyßrakdar und mich verhaften, weil wir in der letzen *Nacht beim Einsiedler eingebrochen* hätten, *ihn bestohlen und sogar verwundet haben* sollten. Er war uns gefolgt und hatte uns beim Kadi angezeigt. Da vor dem Haus eine aufgebrachte Menge von Mekkapilgern stand, gingen wir mit den Polizisten durch den Hinterausgang zum Kadi. Vorsichtshalber hatte ich alles mitgenommen, *was mir gehörte, auch meine Gewehre.*

Montag, 21. Februar 1887:

Der Kadi *war ein dicker Türke mit wohlwollendem Gesichtsausdruck.* Ich legte ihm meinen Tenbih vor und musste ihm alles erzählen, was geschehen war. Er glaubte mir. Dann rief er Osman Bei herein, der uns beide beschuldigte, ihn bestohlen und verwundet zu haben. Doch als die Tat geschah, waren wir längst über dem Fluss gewesen, was durch einen Pilger bezeugt wurde. Wir wurden wegen erwiesener Unschuld freigelassen, aber der Einsiedler hatte inzwischen die draußen stehenden Pilger derart aufgehetzt, dass sie uns gelyncht hätten, wenn wir nicht eiligst geflohen wären. Es gelang uns, unsere Verfolger irrezuführen, und *ich stieg mit dem Kyßrakdar, der die Umgebung der Stadt kannte, den Berg hinauf. Dort fanden wir hinter einigen Büschen leidliche Deckung. Der Ardschisch-Berg, an dem Kaisarije liegt, ist ein großartiger, erloschener Vulkan, steil und wild zerklüftet.* Wir kamen an ein kleines, hölzernes Bauwerk *auf einem kanzelartigen Felsvorsprung. Das war die Kapelle, in der die wenigen Katholiken der Stadt ihre Andacht verrichteten.* An einer anderen versteckten Stelle, die nur der Kyßrakdar kannte, suchten wir Schutz. Und kurz darauf kam der Mob, allen voran der Einsiedler und die beiden Arnauten, die wir schon in Kaisarije gesehen hatten. *Sie wussten, dass wir heraufgestiegen waren, und füllten bald die Kapelle und den ganzen Raum davor. Wenn man uns fand, waren wir verloren.* Durch das Gewicht der vielen Menschen aber brach der kanzelartige Felsvorsprung der Kapelle ab und riss alle unsere Verfolger, die sich darauf befunden hatten, mit sich. *Zu retten gab es nichts, denn bei dieser Tiefe waren alle Menschen, die sich auf dem Felsen befunden hatten, zerschmettert.* Etwas später wagten wir uns hinunter. Der Konsul und besonders seine Tochter waren froh, dass der Kyßrakdar das Unglück unbeschadet überstanden hatte. Der Kadi hatte bei den toten Arnauten das geraubte Geld gefunden und auch der Einsiedler war tot. Er wurde am Abend von Christen begraben.

Freitag, 4. März 1887:

Ich war noch zwei Tage in Kaisarije geblieben, dann aber wollte ich weiter. Mein Ritt führte mich nun direkt ostwärts. Von meinem ursprünglich vorgesehenen Weg über Adana wich ich ab, weil sich dorthin die Ströme der Mekkapilger wendeten. Nach gut einer Woche war ich heute am großen

Ostbogen des oberen Euphrat angekommen und konnte an einer seichten Furt gut übersetzen.

Sonntag, 6. März 1887:

Von dort aus erreichte ich Diarbekr am Tigris, wo ich mich erst einmal für einen Tag von meinem weiten Ritt erholte. Die Rast sollte auch meinem Pferd guttun, das mich bis jetzt treu und brav durch die Gegend getragen hatte.

Montag, 14. März 1887:[1]

Ich war schon vor einigen Tagen in Mossul angekommen. Mossul, die Hauptstadt eines Sandschaks im Osten des Osmanischen Reichs im Wilajet Bagdad, liegt rechts des Tigris, an dem sich auf hohem Ufer die Festung erhebt. Man zählt in der Stadt vierzehn Moscheen, zwölf christliche Kirchen verschiedener Konfessionen, zwei jüdische Synagogen und fünfzehn Karawansereien. Es gibt hier mehrere Fabriken, (Färbereien, Steinschneidereien, Metall- und Lederwaren), darunter auch einige, die feine Baumwollwaren herstellen, die bei uns unter dem Namen Musselin (von Mossul abgeleitet) bekannt sind. Die Stadt ist verhältnismäßig groß und hat mehr als 50.000 Einwohner. Auf das linke Ufer des Tigris führt eine Schiffbrücke zu den Ruinen von Ninive, dem biblischen Ort. *Nachdem ich mich lange vergeblich erkundigt hatte, erfuhr ich endlich, dass die Haddedihn jetzt in der Nähe des Dschebel Kanuke zu suchen seien, und machte mich dorthin auf den Weg.* Als *ich die Höhen des Kanuke im Süden vor mir liegen hatte, sah ich einen Reiter kommen.* Es war ein Bote, der nach Mossul unterwegs war, um einen Brief von Halef an mich zum Postamt zu bringen. Als er hörte, dass ich Kara Ben Nemsi war, wendete er *sein Pferd und jagte fort, in der Richtung zurück, aus welcher er gekommen war. Es war kaum eine Viertelstunde vergangen, so sah ich zunächst zwei Reiter, die mir im fliegenden Galopp entgegenkamen: Halef und sein Sohn Kara Ben Halef. Und noch weiter zurück kam eine ganz große und breite Wolke von Reitern.* Alle Haddedihn, die reiten konnten, kamen, um mich zu begrüßen.

[1] 14.03.1887-06.05.1887: Karl Mays Gesammelte Werke Band 26, *Der Löwe der Blutrache*, Kapitel 7-15

Montag, 21. März 1887:

Ich blieb eine volle Woche der Gast der Haddedihn. Im Verlauf dieser *Zeit kam das Gespräch natürlich oft auf meine beabsichtigte Reise nach Persien und da erfuhr ich, dass Halef plante, vorher erst einen anderen Ritt zu unternehmen, welcher allerdings notwendiger als meine Reise war. Die Abteilung der Haddedihn gehört zum Volk der Schammar und darum hatte es der kleine Hadschi* als Scheik der Haddedihn, *für angezeigt gehalten, den Dschebel Schammar und Haïl, den Hauptort dieser Landschaft, aufzusuchen, um die lange Zeit unterbrochenen Beziehungen wieder anzuknüpfen.* Das war bis dorthin ein Kamelritt von etwa vierzehn Tagen. Und Kara Ben Nemsi sollte als Aushängeschild natürlich mitkommen. Ursprünglich wollte Halef mit hundert Kriegern dorthin reisen, doch ich überzeugte ihn, dass es besser sei, wenn wir nur zu dritt ritten, nämlich er, sein Sohn Kara und ich. *Kara Ben Halef war unendlich stolz darauf, von uns auf eine so weite und nicht ungefährliche Reise mitgenommen zu werden.*

Dienstag, 22. März 1887:

Nachdem wir Abschied genommen hatten, ritt er, im Sattel hoch aufgerichtet, voran, als wir das Lager verließen, begleitet von einer Anzahl Haddedihn. Sie brachten uns an das rechte Ufer des Euphrat, *worauf sie zurückkehrten, während wir unsere Richtung südwestwärts nach der Wüste einschlugen.*

Sonntag, 27. März 1887:

Als am sechsten Tag unsere Wasserschläuche fast leer waren, mussten wir für Nachschub sorgen, was nicht ganz ungefährlich war, denn die auf der Strecke liegenden Brunnen waren von Beduinenstämmen besetzt, die den Haddedihn *mehr oder weniger feindlich gesinnt* waren. *Am meisten hatten wir uns vor den Scherarat-Beduinen zu hüten, die damals in Blutrache mit den Haddedihn standen. Ihr Scheik hatte den Beinamen Abu 'Dem, Vater des Blutes, und im Stamm gab es einen Mann, der noch mehr zu fürchten war, nämlich Gadub es Sahhâr* (Gadub, der Zauberer). Heute hatten wir *den kleinen Bir Nufah so vor uns, dass wir ihn um Mittag erreichen konnten, nur galt es, zu erfahren, ob er besetzt sei oder nicht.* Dieses Risiko nahm Halef auf sich, doch als er über die Zeit nicht zurück war, kamen mir Bedenken. Deshalb ritten Kara Ben Halef und ich langsam weiter, änderten jedoch die Richtung, um nicht gleich entdeckt zu werden. Als wir in die Nähe des Brunnens kamen – er lag in einem Talkessel einer Felsengruppe –, *erblickte ich vor mir wohl an die zweihundert gut bewaffnete Kamelreiter,* die hier lagerten. Es waren Scherarat-Beduinen. *Sie hatten den kleinen Hadschi* als Gefangenen *zwischen sich.* Es war unmöglich, ihn am hellen Tag zu befreien. Da hörte ich, dass sie zum Bir Nadfahfa aufbrechen wollten. Das war kein Wanderzug von Beduinen, denn es waren *keine Frauen, Greise und Kinder* dabei, sondern es handelte sich um einen Raubzug gegen einen anderen Stamm. Als sie fort waren, blieben wir noch zwei Stunden am Brunnen, dann folgten wir den Scherarat. *Der Nachmittag verging ohne ein erwähnenswertes Ereignis, und eben als die Sonne in das ‚Sandmeer' tauchte, zeigte mir das Fernrohr südwärts von uns* ein *Durcheinander von Steinblöcken, in dessen Mitte der Brunnen lag.* Ich schlich mich, als es dunkel genug war, an das Lager der Beduinen heran, die gerade das Aschâ, das Abendgebet sprachen. Der Vorbeter, es schien ihr Anführer zu sein, kniete hinter seinen Kriegern, sodass diese ihm ihre Rücken zukehrten. Und hinter dem Vorbeter lag Halef, den ich rasch von seinen Fesseln befreite und zu seinem Sohn schickte. Danach, das Abendgebet war gerade zu Ende, schlug ich den Vorbeter nieder, wuchtete ihn mir auf den Rücken *und eilte Halef nach.* Dann suchten wir uns einen sicheren Lagerplatz. Der gefangene Anführer war Abu el Ghadab (Vater des Zorns), der Sohn des Zauberers der Scherarat-Beduinen, die sich auf einem Raubzug zu den Lasafah-Schammar befanden. Nachdem wir Halefs Kamel, Waffen und alles, was man ihm abgenommen, wiedererhalten hatten, lösten wir Abu el Ghadab die Fesseln. Bevor er sich entfernte, beschimpfte er uns und drohte, dass uns *der Scheba et Thar* (Löwe der Blutrache) *in kurzer Zeit verschlingen* werde. Als er noch ausfälliger wurde, schlug ihm Halef die Nilpferdpeitsche *quer über das Gesicht.*

Wir ritten nicht in unserer alten Richtung weiter, sondern dem Bir el Halwijat zu, von dem die Scherarat annehmen mussten, dass wir dorthin wollten. An einer geeigneten, felsigen Stelle aber bogen wir ab, um die Lasafah-Schammar von dem geplanten Überfall zu warnen. *Wir ritten die ganze Nacht hindurch, worauf wir unsere Hedschân* (Kamele) *ausruhen ließen, dann ging es wieder weiter.*

Montag, 28. März 1887:

Es gab heute eine tüchtige Tagesarbeit für die Kamele, denn wir ritten bis tief in den Abend hinein, wo wir am Bir Bahrid eine vorgeschobene Abteilung der Lasafah-Schammar erreichten. Es wurden sofort Boten nach den anderen Abteilungen geschickt, um diese schleunigst zu benachrichtigen und herbeizurufen.

Dienstag, 29. März 1887:

Schon am Morgen wurden Späher gegen die Scherarat *ausgesandt. Gegen Abend, sowie auch während der Nacht trafen die herbeibeschiedenen Lasafah ein, sodass gegen fünfhundert Krieger versammelt waren.*

Mittwoch, 30. März 1887:

Wir wurden selbstverständlich mit zu dem Kriegsrat gezogen, der nun zusammentrat. Obwohl Halef und ich *ein größeres Blutvergießen wo möglich verhüten* wollten, *war alles, was ich da vorbrachte, vergeblich gesprochen. Wir hatten es mit Beduinen zu tun, welche jede Schonung für Schwachheit hielten. Es wurde beschlossen, die Scherarat zu umzingeln und alle niederzumachen, die sich nicht ergeben würden. Als dieser Kriegsrat beendet war und ich mich mit Halef allein befand,* besprachen wir, wie wir vielleicht versuchen konnten, unnötige *Härten zu mildern und wenigstens dahin zu wirken, dass möglichst wenige Feinde getötet* wurden. *Auch dieser Tag verging und die darauf folgende Nacht ebenso.*

Donnerstag, 31. März 1887:

Bei Anbruch des Morgens kehrten einige Späher zurück, um zu melden, dass die Scherarat wahrscheinlich im Anzug seien. Es wurden die nötigen Vorbereitungen getroffen, um feindliche Kundschafter zu täuschen. Als zwei fremde Reiter am

Brunnen ankamen, mussten sie annehmen, *dass sie es nur mit vierzig Lasafah zu tun hätten und also mit leichter Mühe mehrere Hundert Pferde und Kamele erbeuten könnten. Eine Stunde später erschienen die Feinde im Nordwest vom Brunnen.* Bei ihrer Ankunft wurden sie sogleich von den Kriegern der Lasafah umzingelt. *Das Blut floss in Strömen und als der Sieg erfochten war, lagen weit über hundert Scherarat tot auf dem Plan.* Kaum zwanzig waren entkommen, der Rest war gefangen, darunter auch Abu el Ghadab, der uns wieder verfluchte und mit dem Löwen der Blutrache drohte. *Ich wollte nicht länger an einem Ort bleiben, wo so viel Blut zum Himmel dampfte. Wir verabschiedeten uns und ritten fort, auf eine weite Strecke von einem Ehrengefolge begleitet.*

Mittwoch, 6. April 1887:

Als wir nach sechs Tagen glücklich unser Ziel erreichten, war, ich weiß nicht auf welchem so schnellen Wege, die Kunde von unserem Erlebnis schon angekommen und wir wurden dementsprechend auf das Ehrenvollste in Empfang genommen.

Mittwoch, 13. April 1887:

Der Hauptort Haïl liegt zwischen dem Adscha- und dem Selmaberg und bot uns eine Woche lang einen sehr angenehmen und gastlichen Aufenthalt. Der Scheik war kurz vor unserem Aufenthalt zur großen Hadsch nach Mekka aufgebrochen, seine Stelle vertrat Hamed Ibn Telal. Halef konferierte viel mit diesem Mann und es gelang ihm, ein Bündnis mit ihm abzuschließen, das seinen Haddedihn große Vorteile bot. Wir wurden beim Abschied freundschaftlich beschenkt und bekamen zwanzig Reiter mit, die uns zwei Tagesreisen weit zu begleiten hatten.

Freitag, 15. April 1887:

Wir hatten uns von unseren Reisebegleitern verabschiedet, die wieder zurück in ihre Heimat ritten. *Da wir uns wohl hüten mussten, wieder mit den Scherarat zusammenzutreffen, hatte* man *uns geraten, unsere Richtung über Lyneh zu nehmen. Unsere Wasserschläuche waren fast leer geworden, und so freuten wir uns auf das Wadi Achdar, denn es gab Wasser in den zwei dortigen Brunnen hinter den steilen Felsklüften, welche oben im Hintergrund von den Ruinen eines uralten Kasr* (Festung) *gekrönt werden. Halef hatte einmal gehört, dass dort Löwen gesehen worden seien, ob auch im Winter und Frühjahr, das wussten wir nicht.*

Samstag, 16. April 1887:

Wir ritten die ganze Nacht hindurch und auch einen Teil des Morgens und es war einige Stunden vor Mittag, als wir in die Nähe des Wadi kamen. *Wo Brunnen in der Wüste sind, kann man auf Menschen rechnen. Wir lagerten uns am ersten Brunnen, wo es Gebüsch gab* und der unbesetzt war. Mitten im Schlaf hörte ich einen Schuss. *Ich fuhr empor und sah uns von weit über hundert Arabern umringt, in denen ich zu meinem Schrecken Scherarat erkannte. Widerstand war unmöglich, unser Leben keinen Heller wert, weil wir mit ihnen in Blutrache standen.* Es gab fürs Erste nur eine Rettung: *Wir durften nicht warten, bis einer von ihnen zu uns sagte, dass wir Gefangene seien,* sondern *wir mussten zuerst sprechen. Ich schob schnell Halef und Kara zu* einem alten Beduinen von ehrwürdigem Aussehen, der gerade vor mir stand, *fasste seinen Haïk und rief: „Ich bin der Beschützte!"* Es war Abu 'Dem selbst, der Scheik der Scherarat, unter dessen Schutz wir uns gestellt hatten. Obwohl sie wussten, dass durch uns der Überfall auf die Lasafah-Schammar ihren Stamm viele Tote gekostet hatte, respektierten sie den Schutz, zumal ich mir mit zehn Schüssen aus dem Henrystutzen auf zehn Lanzen ihre zusätzliche Achtung verschafft hatte. Als jedoch der Haupttrupp der Scherarat mit dem bösartigen und giftsprühenden Zauberer Gadub es Sahhâr ankam, wollte dieser unseren sofortigen Tod. Da unser Schutz nur noch in der heutigen Nacht galt, trat die Versammlung der Alten zusammen, um über unser Schicksal zu beraten. Man beschloss, uns die Freiheit zu schenken, wenn wir heute Nacht oben in der Ruine bei einem offenen Feuer die ‚Geister', die dort hausten, überleben würden. Mir war klar, dass mit den ‚Geistern' ein Löwenpaar gemeint war, das dort mit seinen Jungen ein Lager hatte. Wir nahmen den Beschluss der Alten an und begaben uns gegen Abend hinauf zur Ruine der alten Festung. Im ehemaligen Innenhof machten wir ein helles Feuer, und als es Nacht wurde, roch ich die aufdringliche Ausdünstung der Löwen. Da erscholl etwas tiefer unter dem Kasr eine Stimme, von der ich glaubte, es sei die von Abu el Ghadab, dem Sohn des Zauberers, der sich doch eigentlich in der Gefangenschaft der Lasafah befinden sollte. *Hierauf ein grässlicher Schrei, mit dem ein ebenso entsetzlicher im Wadi unten fast zusammenschmolz, dann ein Krachen und Knacken von Knochen.* Da kam auch schon die Löwin. *Ihre Augen glühten – mein Schuss krachte – ein sausender Atemstoß – ein kurzes Stöhnen – ein ersterbendes Röcheln, dann war es still.* Und sogleich tauchte auch der Löwe auf. Kara Ben Halef zielte genau auf das eine Auge, ein Schuss von mir noch in sein Herz – und auch er war tot. Halef war stolz, als ich ihm sagte, dass der Treffer seines Sohnes in das Auge des Löwen der eigentliche Todesschuss gewesen war. Wir fanden auch die Leichen der beiden Menschen, die von den Löwen zermalmt worden waren: Es waren der Zauberer und sein Sohn.

Sonntag, 17. April 1887:

Als der Tag graute, suchten wir zunächst das Lager des Löwen. Wir fanden ein Junges, welches wir töteten. Dann stiegen wir, nachdem wir den Raubtieren die Felle abgezogen hatten, zu Tal. Wie staunten die Scherarat, *als sie uns unverletzt mit den Häuten kommen sahen. Wir erzählten ihnen, was geschehen war,* und erfuhren dann von ihnen, dass es *Abu el Ghadab mit noch vier anderen Scherarat gelungen war, aus der Gefangenschaft zu entkommen.* Der Zauberer hatte seinen Sohn gesucht und von seinen Kameraden gehört, dass dieser zur Ruine hochsteigen wolle. Dabei waren beide den Löwen in die Quere gekommen. *Wir waren die Helden des Tages, wurden trotz aller Blutfeindschaft für jetzt als Gäste behandelt.*

Montag, 18. April 1887:

Als wir am nächsten Morgen fortritten, meinte der Scheik: „*Ihr seid die tapfersten Krieger, die ich kenne, aber bei der nächsten Begegnung sind wir gezwungen, in euch* Feinde *zu sehen.*

Und dir, Kara Ben Nemsi, will ich gestehen, dass ich in dir einen tapferen, wahrheitsliebenden und zuverlässigen Christen kennengelernt habe. *Allah begleite euch und mache euren Heimweg kurz!"*

Sonntag, 24. April 1887:

Als wir daheim bei den Haddedihn ankamen, war der Jubel groß. Der ganze Stamm war natürlich höchst stolz darauf, in Kara Ben Halef *einen Krieger zu besitzen, welcher trotz seiner Jugend einen Löwen erlegt hatte. Das Fell der Löwin schenkte ich Hanneh, beide Häute bilden den Schmuck des gemeinschaftlichen Zeltes.*

Mittwoch, 27. April 1887:

Ich überließ es Halef, den Haddedihn eine Beschreibung großer vor- und nachweltlicher Heldentaten zu geben, und war dabei überzeugt, diese Aufgabe in die richtigen Hände gelegt zu haben. Als dann nach zwei oder drei Tagen dieses Thema erschöpft war, fand er Zeit, nun auch von Persien zu sprechen. Ich würde den Sohn meines unvergesslichen Rih, nämlich Assil Ben Rih, reiten, während Halef ein rassiges Beutepferd, das er El Barkh (der Blitz) genannt hatte, mit auf diese Reise nehmen wollte. *Unser Weg sollte über Bagdad gehen und wir beschlossen, ihn, um die Pferde nicht gleich im Anfang anzustrengen, bis zu dieser Stadt nicht auf dem Land, sondern auf dem Wasser, nämlich dem Tigris, zurückzulegen. Es musste, um uns und unsere Pferde tragen zu können, ein ziemlich großes Kellek zusammengesetzt werden, eines jener Flöße aus aufgeblasenen Ziegenfellen, welche auf dem Fluss gebräuchlich sind.*

Montag, 2. Mai 1887:

Am Abend vor unserem Aufbruch hatten wir sehr lange in der Dschemma, dem Rat der Alten, beisammengesessen, um für die Dauer von Halefs Abwesenheit eine Vertretung für ihn zu wählen. Danach sagte mir Halef, dass Hanneh, seine Frau, gerne einmal mit mir unter vier Augen sprechen würde, was in den Augen eines Moslems fast eine Unmöglichkeit war. Ich traf mich mit ihr außerhalb des Duars im Dunkeln. Wir sprachen über Gott und die Welt, über das Christentum und über den Islam und auch darüber, ob eine Frau eine Seele haben könne, denn Hanneh glaubte, dass sie eine habe. Und sie war glücklich, als ich ihr bestätigte, dass alle Frauen, auch muslimische, wie jeder andere Mensch eine Seele haben.

Dienstag, 3. Mai 1887:

Der Tag war erst vor Kurzem angebrochen, als ich durch den im Lager herrschenden Lärm aufgeweckt wurde. Man wollte uns bis an den Fluss begleiten, wozu die Vorbereitungen schon jetzt getroffen wurden. Nach dem Abschied von den Zurückgebliebenen – Hanneh bat mich, ihren Halef wohlbehalten wieder zurückzubringen – setzten sich die Krieger mit uns in Bewegung. *Am Ufer erwarteten uns einige Haddedihn, welche mit unserem Proviant und den Ziegenhäuten vorausgeritten waren und das Floß zusammengesetzt hatten. Als wir vom Ufer gestoßen waren und der Strömung folgten, sprangen die Haddedihn auf ihre Pferde und folgten uns, bis eine Hügelreihe sie unseren Blicken entzog. Wir bekamen während des ganzen Tages, außer in und bei Tekrit, keinen einzigen Menschen zu sehen und legten, als es dunkelte, das Floß nicht weit südwärts von Imam Dur an das Ufer fest.*

Mittwoch, 4. Mai 1887:

Am anderen Morgen machten wir frühzeitig das Floß wieder flott, um die Fahrt fortzusetzen. Wir kamen *ganz ohne ein erwähnenswertes Ereignis bis in die Gegend, wo der von Kerkuk herbeifließende Adhem in den Tigris mündet.* Gegenüber der Mündung hatte sich eine *Bucht in das Ufer gegraben, deren Ränder dicht mit Gebüsch eingesäumt waren,* weshalb wir *das Floß in diesen Einschnitt* lenkten, um dort zu übernachten, *obgleich es noch nicht dunkel war.* Wir schlugen unser Lager auf und hielten dann *unsere Abendmahlzeit. Wir hatten vielleicht nur noch eine Viertelstunde bis zum Abend, da sahen wir jenseits des Tigris ein Floß erscheinen. Es befanden sich drei Männer auf diesem Kellek. Die Lammfellmützen, welche ihre Köpfe bedeckten, ließen vermuten, dass diese Leute Perser seien.* Auch sie steuerten zur Einbuchtung, machten aber weiter vorne ihr Lager. Da wir wissen mussten, wen wir da in der Nähe hatten, schlich ich mich an sie heran. *Zwei von ihnen waren jedenfalls gewöhnliche Leute, der Dritte aber unterschied sich von den* anderen *sofort beim ersten Blick.* Sein *Gesicht mit den kleinen, scharfen, rotgeäderten und unruhigen Augen machte auf mich den Eindruck einer alle Milde verachtenden und mit großer List gepaarten Rücksichtslosigkeit.* Das von mir belauschte Gespräch war recht geheimnisvoll. Der mit dem listigen Gesicht erklärte seinen Begleitern, dass er nicht mehr Pädär-i-Baharat (Vater der Gewürze), sondern nur noch Sill-i-Säfärân (Schatten des Safrans) genannt werden wollte. Mit ihm sei viel Geld zu verdienen, überhaupt wenn er erst ihr Ämir-i-Sillan (Fürst der Schatten) sei. Er wollte seinen beiden Untergebenen gerade verraten, wo und wann der jetzige Ämir ermordet werden sollte, als in der Richtung, wo sich Halef befand, ein Schuss fiel. Ich eilte unbemerkt zurück zu Halef, der glaubte, einen Löwen geschossen zu haben, der sich aber als Hyäne entpuppte. Nun war unser Lager verraten und wir warteten, bis die Perser herbeikamen, die sicher nach uns suchten. Bald darauf war auch der Pädär-i-Baharat da und benahm sich wie einer, der zu befehlen habe. Nach einigem Hin und Her gab er sich als geheimer Gesandter des Schahs aus, nannte sich Kaßim Mirza und ließ sich mit seinen beiden Gefährten bei uns nieder. Nach einem handfesten Streit zog ihm Halef mit seiner Nilpferdpeitsche zwei Schläge über das Gesicht und wir banden die drei an den Büschen fest. Vorher tat ich so, als werfe ich ihre Ringe, die sie als Mitglieder der Sillan, eines Geheimbunds, auswiesen, ins Wasser. In Wirklichkeit waren es nur drei Steinchen, denn ich hatte die Ringe heimlich eingesteckt; vielleicht waren diese später für uns noch von Wichtigkeit.

Donnerstag, 5. Mai 1887:

Wir führten unsere Pferde nach dem Wasser und sahen nach unseren Gefangenen. Bevor wir mit unserem Floß wegfuhren, schoss ich ihre Waffen ab und warf ihren Pulver- und Kugelvorrat in den Fluss. Einen von ihnen, *welcher Aftab genannt worden war,* banden wir los, damit er dann auch seine Gefährten freilassen konnte. Bis das so weit war, schwammen wir bereits auf dem Tigris. Kurz vor dem Dorf Sindije überholten sie uns auf ihrem kleinen, schnelleren Floß, wobei der ‚Vater der Gewürze' wieder Drohungen ausstieß. Wir mussten damit rechnen, dass sie uns einen Hinterhalt legten. *Dann kamen wir an Sindije vorüber und sahen, dass die Perser hier nicht angelegt hatten, ebenso in Sadije. Als wir dann am Nachmittag Mansurij erreichten, stand ein Mann mit seinem Weib am Ufer, welche uns schon von Weitem zuwinkten, anzuhalten.* Wir nahmen sie an Bord und fuhren weiter. Ich bemerkte, dass der Mann einen Ring der Sillan am Finger stecken hatte, und wusste nun, dass sie uns an die Perser ausliefern wollten. Als ich Halef kurz vor Sonnenuntergang bat, nach einem geeigneten Ort zum Übernachten Ausschau zu halten, schlug uns der Mann, wie ich erwartet hatte, eine Schilfhütte hier in der Nähe vor, die sicher zu einer Falle für uns werden sollte. Dort suchte ich sofort nach Spuren der drei Perser und fand sie auch. Während des moslemischen Abendgebets machte ich angeblich einen Spaziergang nach dem Ufer hin, dann aber wendete ich mich unseren Gegnern zu. Ich traf gerade dort ein, als unser Fahrgast, er hieß Safi, ebenfalls ankam, und hörte dann genau, wie man uns heute Nacht überwältigen wollte. Darauf schlich ich zurück, um noch vor Safi an der Schilfhütte zu sein. Als er zurückkam, lockte ich ihn und seine Frau auf unser Floß und band sie dort fest. Nachdem später das Feuer ausgegangen war, was das Zeichen für die Perser darstellte, uns zu überfallen, nahm ich die Position unseres Sill ein und so konnten wir alle drei nacheinander in Empfang nehmen.

Freitag, 6. Mai 1887:

Es war klar, dass wir die drei Verbrecher bestrafen mussten. Obwohl Halef das gerne selbst mit seiner Nilpferdpeitsche getan hätte, kamen wir überein, dass es der verräterische Sill tun sollte. Den Persern wurden vorher die Augen verbunden, damit sie nicht sahen, wer ihnen das antat. Danach kam Halef zu mir und brachte alles, was er in den Taschen der Perser gefunden hatte. Der Pädär hatte eine Zeichnung dabei, die ich mir heimlich in mein Notizbuch kopierte. Damit sie sich später befreien konnten, lockerten wir die Fesseln des

Ehepaars. *Wir führten unsere Pferde zum Floß und ließen es abwärtstreiben, wobei wir uns in der Nähe des Ufers hielten, um das Kellek der Perser* zu holen, das wir *mit hinüber auf die Mitte des Stroms nahmen, um es da weiterschwimmen zu lassen.* Wir griffen *zu den Rudern, um die Schnelligkeit unserer Fahrt zu vergrößern, bis wir die Brücke von Bagdad erreichten, wo wir am Zollhaus anlegen* und uns legitimieren mussten. Wir hatten in den nächsten Tagen vor, jene Gegend zu besuchen, in der *wir bei unserer früheren Anwesenheit in Irak Arabi so hilflos und verlassen an der Pest darniedergelegen hatten.*[1] *Das Nächste aber war die Frage nach einer Wohnung in der Stadt. Es war daher sehr naheliegend, dass ich an den interessanten Polen dachte, bei dem wir zu jener Zeit gewohnt hatten. Der einstige türkische Offizier polnischer Nationalität war inzwischen sehr gealtert.* Als er uns wiedererkannte, wurden wir sehr herzlich willkommen geheißen. Sein dicker, dicker Diener und Koch war noch derselbe wie damals. Er hieß Kepek und war früher sein Korporal gewesen, als der Pole, sein Name war Dozorca, noch als Major in türkischen Diensten stand. Auch heute fiel mir wieder auf, dass das Verhältnis Herr und Diener zwischen den beiden eher umgekehrt war, denn Kepek nahm sich Rechte heraus, die ein normaler Dienstherr nie geduldet hätte. Da ich wusste, dass nie Vorrat im Hause war, hatten wir vorsorglich Kaffee und Tabak mitgebracht. Dann ging Halef fort, um Essen einzukaufen, und als er zurückkam, übernahm er auch gleich das Amt des Küchenchefs. *Der Abend brach nach kurzer Dämmerung herein.* Wir nahmen den Tabak und die Pfeifen und stiegen auf die Dachterrasse. *Das Firmament strahlte so kurz nach Neumond in seinem vollsten Glanz. Das gab die richtige Erzählerstimmung.* Dozorca begann und wir erfuhren seine Lebensgeschichte: Er entstammte einem alten, polnischen Adelsgeschlecht und war bei der unglücklichen Erhebung seines Volkes gegen die neuen Herrscher des Landes beteiligt gewesen. Seine Besitzungen wurden konfisziert und er durch Steckbriefe gesucht, sein Todesurteil war gefällt und der Henker wartete auf ihn, doch

[1] Dritte Orient-Reise (1871-1872): Juli 1872, Seite 215-218

er konnte entkommen. Bei den Türken fand er unter dem Namen Dozorca Aufnahme beim Militär und trat zum Islam über. Er *hatte Glück und Erfolg, nicht nur als Offizier, sondern auch als Mensch.* In Beirut heiratete er die Tochter eines persischen Handelsmannes. Ihnen wurden *erst ein Sohn und später eine Tochter geboren. Ein Jahr nach der Geburt der Letzteren wurde* er *nach Damaskus versetzt.* Seine Frau mit den Kindern und seine Schwiegereltern folgten ihm dorthin. *Das war Anfang 1860, dem für Damaskus so verhängnisvollen Jahr.* Dozorca schilderte die Ereignisse, wie ich sie auch aus den Geschichtsbüchern her kannte. Während der Belagerung des Kastells von Abd el Kader war Dozorca dorthin abkommandiert. Als er nach einiger Zeit für einen halben Tag abgelöst wurde, *fand* er sein *Haus mit der ganzen Gasse eingeäschert.* Seine Frau, seine beiden Kinder und seine Schwiegereltern waren tot, ermordet *von einem feindlich gesinnten Landsmann* seines *Schwiegervaters,* wie er erfahren konnte. Als er nach den Missetätern forschte, überschritt er seinen Urlaub, wurde als Deserteur vor ein Kriegsgericht gestellt und mit anderen erschossen. Angeblich erschossen – denn Kepek, sein Korporal, und andere ihm Untergebene waren im Vollstreckungskommando und keiner zielte auf ihn. Kepek hatte ihm zuvor gesagt, er solle mit den anderen einfach umfallen, denn auch der Militärarzt sei eingeweiht. Als die Hingerichteten in der Nacht begraben wurden, holte ihn Kepek mitten aus den Leichen heraus und floh mit ihm nach Konstantinopel. Unter *Midhat, dem einsichtsvollen, später ebenso berühmten wie verkannten Pascha, stand* er *in Bulgarien und ging dann mit ihm nach Bagdad,* wo ihm *der Rang eines Majors verliehen und die Oberstelle der hiesigen Zollbeamten anvertraut* wurde. Und Kepek blieb weiterhin sein Korporal. Hier in der Gegend blühte der Schmuggel, und Safran war damals die beliebteste Schmuggelware, was mich unwillkürlich an den ‚Vater der Gewürze' erinnerte. Auf der Suche nach den Schmugglern wurde Dozorca vor vier Jahren bei den Ruinen von Babylon von zwei Untergebenen, sie hießen Safi und Aftab, in eine Falle gelockt. Er bezeichnete genau die Stelle, wo er mit Kepek hingeführt worden war. Das war ja fast der Punkt, den ich aus der Zeichnung des Gewürzhändlers kannte, die ich in mein Notizbuch kopiert hatte. Sie wurden von den Schmugglern überfallen, gefesselt und mit verbundenen Augen höher hinaufgetragen und in einer versteckten Höhle niedergelegt. Später waren ihnen die Augenbinden abgenommen worden, und daher konnte er mir genau den Raum beschreiben, in dem sie gefangen waren. Er sprach von einem ‚Ssäfir', was so viel wie ‚Gesandter' bedeutet, der eine feuerrote Narbe im Gesicht und nur ein Auge hatte. Auch war mehrmals von einer Gul-i-Schiras die Rede. Man bedrohte Dozorca nicht nur mit seinem Leben, sondern forderte auch sein gesamtes Vermögen, von dem man wusste, wie hoch es war und auf welcher Bank es lag. Als man an ihr Leben wollte, unterschrieb er die geforderte Anweisung, denn es war schließlich besser, *als armer Mann leben bleiben zu dürfen* statt *als reicher aufgehängt zu werden.* Danach wurden sie in einen anderen, achtzehn Stufen tiefer liegenden Raum geführt, in dem die Schmuggelware lagerte. Er beschrieb mir auch diesen Raum ganz genau. *Hierauf wurden* sie *durch noch drei andere Räume geführt, in denen ähnliche Waren aufbewahrt wurden.* Er bezeichnete die einzelnen Räume als Nummer eins bis fünf, angeordnet in Kreuzform. Es war die Absicht der Schmuggler, den Oberzöllner für sich zu gewinnen, und man versprach ihm dafür eine jährliche Zahlung, die weit über seinem regulären Einkommen gelegen hätte. Doch Dozorca lehnte ab, er ließ sich nicht bestechen. Weil ein anderer Schmuggler – Dozorca wusste nicht, wer es war – für sein Leben gebeten hatte, wurde ihm und Kepek nur der Schwur abgenommen, nichts über das zu erzählen, was sie hier gesehen hatten, zudem Bagdad nicht mehr zu verlassen und sofort den Dienst bei der Zollbehörde zu quittieren. Nachdem sie das getan hatten, führte man sie am hellen Tag ins Freie. Dennoch würden sie die Stelle nicht mehr finden, weil sie sich *die Striche nicht gemerkt* hatten, *mit denen der kleine Ziegel gezeichnet war, den man erst entfernen muss, ehe sich die größeren bewegen lassen.* Sofort fiel mir die Zeichnung ein, die ich bei dem Pädär gefunden hatte. Jetzt wusste ich, dass die kleinen Striche dort keine normalen Striche, sondern eine babylonische Keilschrift waren, deren Text ich kannte. Dozorca meldete sich nach seiner Rückkehr sofort krank und kündigte seinen Dienst. Er erhielt eine karge Rente, von der beide nicht leben und nicht sterben konnten, und so fristeten sie seither ein ganz armseliges Dasein in Bagdad, das sie nicht verlassen durften, ohne um ihr Leben fürchten zu müssen. Nun sagte ich ihm, dass auch wir verfolgt würden, und zwar von einem Freund des Ssäfir, der wahrscheinlich noch mächtiger war als dieser, denn so schätzte ich nun den Pädär-i-Baharat, den Gewürzhändler, ein. Wir kamen auch auf Dozorcas Angehörige zu sprechen, seine Frau, seine Kinder und seine Schwiegereltern. Ich meldete Zweifel an, ob sie nicht doch noch leben könnten. Der Pole wusste ja nicht sicher, dass sie wirklich ermordet worden waren, sondern andere hatten ihm dies nur erzählt. Wenn sie wirklich noch lebten, dann waren sie von Damaskus weggezogen; aber wohin? In der Not ist die alte Heimat doch am nächsten, und ich behauptete darum, dass sein Schwiegervater mit der ganzen Familie nach Persien gezogen sein könnte, weil er ja Perser war. So weit hatte Dozorca nie gedacht und war jetzt ganz betrübt darüber, noch nicht selbst auf diesen Gedanken gekommen zu sein. Im weiteren Verlauf des Gesprächs kamen wir auf den christlichen Glauben und die Macht des Gebets. Unser Hausherr bat uns, länger bei ihm zu bleiben, doch wir mussten schon morgen früh fort, denn unsere Pferde brauchten unbedingt Bewegung. Außerdem waren unsere Feinde sicher schon in Bagdad angekommen, denen wir partout hier nicht begegnen wollten. Es zog uns hinaus zum Birs Nimrud, wo wir damals so schreckliche Erlebnisse ausgestanden hatten, die wir ihm jetzt erzählen mussten, da es damals keine rechte Gelegenheit dazu gegeben hatte. Das überließ ich natürlich dem Hadschi, der auch unsere letzten Erlebnisse auf dem Tigris mit einbezog. *Wir sahen kurz nach Mitternacht nach unseren Pferden und legten uns dann schlafen.*

Samstag, 7. Mai 1887:[1]

Man braucht von Bagdad zum Birs Nimrud drei knappe Tagesreisen. Wir begannen unseren Ritt erst am Nachmittag *den Fluss hinauf und über die Brücke zum rechten Tigrisufer. Als wir den* Oschach-Kanal *hinter uns hatten, sahen wir vor uns die freie Wüste. Durch diese Einöde führte unser Weg dann nach dem Khan* (Herberge) *Bir Nust, den wir kurz vor Abend erreichten.* Dort tränkten wir unsere Pferde und schlugen etwas weiter unser Nachtlager auf.

Sonntag, 8. Mai 1887:

Da es hier am Weg kein Wasser gab, konnten wir die Pferde erst im Khan Iskenderije tränken. Wir langten nach zwei Stunden dort *an und ritten durch das Tor.* Zwei Männer tränkten bereits am Brunnen ihre Pferde, wobei ich an ihren Händen den *Ring der Sillan* sah. Da ritt mich der Teufel: Ich steckte mir den Goldring des Pädär-i-Baharat an und gab Halef einen der beiden silbernen. Als ich Feuer für meinen Tschibuk von einem der Männer erbat, glaubte er in mir wahrscheinlich den Pädär zu erkennen und fragte mich, ob mir *die Weisung des Ssäfir ausgehändigt worden* sei. *Ssäfir! Dieses Wort wirkte wie ein elektrischer Schlag für mich.* Und Halef hielt er für Aftab. Ich erfuhr, dass man auf ‚Leichen' wartete, die den Euphrat herunter mit dem Floß kommen sollten. Der Ssäfir würde sich *in einem Tamariskengebüsch zwei Stunden oberhalb* von Hille aufhalten, wo er ‚mich' – also den Pädär – treffen wollte. Wegen einer anderen Karawane, der ‚Karawane des Kammerherrn', habe er sich mit Ghasai-Beduinen verbündet, die sich jedoch als Solaib-Araber ausgaben. Dann ritten die beiden ‚Sillan' weiter nach Madaïn und von dort sollten sie noch nach Kut el Amara. *Wir* beabsichtigten jedoch *kein Zusammentreffen, weder mit dem Pädär-i-Baharat noch mit dem Ssäfir; aber wenn es dennoch stattfinden sollte, so mussten wir freilich gewärtig sein, mit in diese geheimnisvolle Angelegenheit gezogen zu werden. Als wir Hille erreichten, kehrten* wir *in einem arabischen Gasthaus ein. Hille ist ganz aus den*

[1] 07.05.1887-19.05.1887: Karl Mays Gesammelte Werke Band 27, *Bei den Trümmern von Babylon*, Kapitel 1-11

Ziegeln der babylonischen Trümmerhaufen erbaut worden. Hier trennen sich für die Karawanen die Wege nach Kerbela und Nedschef. Im Gasthaus gab es eine Auseinandersetzung mit angeblichen Solaib-Arabern, die sich unsere Pferde aneignen wollten, jedoch von ihnen abgeworfen wurden, wobei sich einer das Bein brach und der andere wie leblos liegen blieb. Dann ritten wir davon in Richtung Birs Nimrud. *Die Entfernung beträgt nicht ganz drei Stunden. Als wir dort anlangten, war die Sonne im Untergehen begriffen, und wir machten am Fuß der Ruine genau an derselben Stelle Halt, an welcher wir damals unser Lager aufgeschlagen hatten.* Wir wollten gerade unsere *Decken für das Nachtlager* ausbreiten, da sahen wir auf dem alten Kanal Fahrzeuge in unsere Richtung kommen. Wir vermuteten, dass es die ‚Leichen' sein könnten, die *den Euphrat herunterkommen* sollten. Um nicht entdeckt zu werden, suchten wir für unsere beiden Pferde eine Stelle, die für einen anderen nicht so leicht zu finden war. Wir fanden diese in einem früheren Lichthof, den ich nur anhand von Tierspuren entdeckte. Diese Spuren stammten von Stachelschweinen und ich erinnerte mich, dass Dozorca auch von Stachelschweinen gesprochen hatte, die sich in ihrem Gefängnisraum bei den Schmugglern getummelt hätten. Ob es da einen Zusammenhang gab? *Dieser so versteckte Hof, der wohl seit zwei Jahrtausenden von keines Menschen Fuß betreten wurde,* war ein gutes Versteck für unsere Pferde. Dort waren sie auf jeden Fall sicher. An unserem Lagerplatz warteten wir, obwohl es schon dunkel war, längere Zeit. Dann begann es tatsächlich nach Leichen zu riechen, deren Särge in unserer Nähe vorübergetragen wurden. Ich schlich ihnen nach, denn ich wollte wissen, was hier vorging, und Halef folgte mir, obwohl er das nicht sollte. Vorher aber schafften wir noch unsere Gewehre zu den Pferden, weil sie uns hinderlich, dort aber sicher waren. Die Leichenträger hatten inzwischen mit dem Holz der Särge und mit den Decken ein Feuer gemacht, das uns den Weg wies. *Wie sie diesen unerhörten Gestank* aushielten, war *mir fast unbegreiflich.* Nachdem man noch andere Gegenstände aus den Särgen gezogen und beiseite gelegt hatte, wurden die schon größtenteils verwesten Leichenteile auch noch verbrannt, was einen so bestialischen Gestank gab, dass wir uns lieber verzogen. Ich wollte den Leuten später folgen, wenn sie ihre schreckliche Arbeit verrichtet hatten und wieder weggingen, um zu sehen, wohin sie die ausgesonderten Gegenstände brachten. Da fielen in der Gegend, *wo die Feuer brannten,* zwei Schüsse. Als wir dort ankamen, war niemand mehr zu sehen. Wir fanden lediglich kleine Proben von Safran aus wahrscheinlich beschädigten Paketen. Hufschläge überraschten uns, doch als wir uns verstecken wollten, wurden wir überrumpelt und gefesselt. Neben zwanzig Asakern und ihrem Kol Agassi standen der Wirt aus Hille und der dritte Beduine, die uns angeklagt hatten. Zudem verdächtigte man uns als Schmuggler. Da ich aber in meiner Tasche *ein Bujrultu, einen Teskere und einen Ferman,* also wichtige offizielle Papiere, hatte, ließ uns der Kol Agassi die Fesseln abnehmen und ich versprach, mit nach Hille zu reiten. Ich bat den Offizier, bis morgen früh mit der Rückkehr in die Stadt zu warten, um ihm, wenn es Tag war, zu beweisen, dass es Schmuggler waren, die hier oben ihr Feuer brennen hatten. Er tat mir den Gefallen.

Montag, 9. Mai 1887:

Am Morgen holten wir zuerst unsere Pferde und suchten dann nach den Spuren der Pascher, die dem Kol Agassi bewiesen, dass wir nichts mit diesen zu tun hatten. Die Schmuggler von gestern Abend aber befanden sich schon auf ihren Kelleks und ich sah, wie sie in der Ferne davonfuhren. Beim weiteren Suchen nach Spuren sah ich genau die Eingangsstelle mit der Keilschrift, *von der unser Binbaschi* (Major) *in Bagdad gesprochen hatte* und wo die Schmuggelware abgelegt worden war. Dann ritten wir mit den Soldaten hinunter nach Hille, in den Hof der Residenz des Stadtoberhaupts, und der Kol Agassi ging, uns dort anzumelden. Wir aber blieben auf unseren Pferden sitzen. Der Hof füllte sich nach und nach mit den Bewohnern der Stadt, weil heute Gerichtstag war, der hier im Freien abgehalten wurde. Bald kamen die Beamten heraus, unter ihnen auch ein Oberst, *der zufälligerweise gerade jetzt bei dem Sandschaki* (Distriktsleiter) *gewesen war.* Über uns sollte Gericht gehalten werden wegen Schmuggelei und wegen des toten abgeworfenen Ghasai-Beduinen. Unter den Zeugen befand sich neben einem gut gekleideten Perser auch *Safi, der Sill, der uns* auf dem Tigris *dem Pädär in die Hände liefern wollte.* Der Perser hatte eine feuerrote Narbe im Gesicht und nur ein Auge: Das musste der ‚Ssäfir' sein, von dem unser Pole in Bagdad gesprochen hatte. Er klagte uns an, Freunde von ihm auf dem Tigris überfallen und ausgeraubt zu haben. Als der Sandschaki uns schuldig sprechen wollte, ohne dabei die Regeln einer Gerichtsverhandlung zu beachten, wurde er von dem als Beisitzer anwesenden Offizier in seine Schranken verwiesen. Und zudem, was mich sehr überraschte, behauptete dieser Offizier, dass wir zwei Männer seien, die sich eine derartige Behandlung gar nicht gefallen ließen. Er kannte uns und unsere Namen und Taten und erklärte, dass er dabei gewesen war, *droben zwischen den Bergen der Teufelsanbeter, damals noch* als *Mülasim* (Leutnant), und sich *bei den Truppen, welche der Mir Alai Omar Amed kommandierte,* befunden hatte.[1] Er berichtete alles, was er damals erlebt und später noch über uns gehört hatte. Wir kannten ihn nicht, denn persönlich hatten wir ihn zuvor nie gesehen. Als ich mich mit meinen Legitimationen auswies, nahm der Perser diese Dokumente an sich und wollte sie zerreißen. Da schoss ich ihm in die Hand, nahm meine Papiere wieder an mich, rief Halef zu, und wir setzten mit unseren Pferden über die Mauer des Gerichtshofs. Vor den Toren der Stadt schlugen wir die Richtung nach Bagdad ein, um uns in einem Khan sehen zu lassen, damit unsere Verfolger glaubten, dass wir dorthin geritten seien. In Wirklichkeit wollten wir zum Birs Nimrud zurückkehren, um dem Ssäfir das Handwerk zu legen. *Später machten* wir *einen kurzen Halt, um die Pferde verschnaufen zu lassen.* Doch bald schon *sahen wir drei Reiter, welche es sehr eilig zu haben schienen.* Es waren der Pädär-i-Baharat und seine beiden Begleiter. Nach einem kurzen Geplänkel ließen wir sie weiterreiten, denn ich

[1] Dritte Orient-Reise (1871-1872): 17.04.1872-19.04.1872, Seite 195f.

vermutete, dass sie zum Ssäfir wollten. Im Khan Mahawil trafen wir auf die ‚Karawane des Kammerherrn', die wir vor dem Überfall warnten, obwohl uns der Oberste Kammerherr des Schah-in-Schah wie seine Diener zu behandeln versuchte, bis wir ihn in seine Schranken wiesen. Natürlich glaubte er nicht an einen Anschlag, doch wir hatten unsere Schuldigkeit getan. *Der Ritt zum Euphrat bot nichts Bemerkenswertes.* Aus Sträuchern bauten wir uns ein kleines Floß, das unsere Kleider und sonstigen Sachen trug, dann schwammen wir mit den Pferden hinüber ans andere Ufer. Inzwischen war es Abend geworden. Auf unserem Weg in Richtung Birs Nimrud bemerkten wir in Ufernähe ein Feuer. Halef, der unbedingt allein feststellen wollte, wer sich da befand, schlich sich hin. Als er nach über einer Stunde nicht zurück war, folgte ich ihm. Am Feuer sah ich nur zwei Personen. Wo aber war Halef? Da wurde mir Sand ins Gesicht und in die Augen geworfen, *ich wurde am ganzen Körper gepackt, niedergerissen, gebunden* und zum Feuer geschleift. Ich erkannte verschiedene Stimmen, darunter die des Pädär, Aftabs, des Ghasai-Beduinen und des Wirts aus Hille. Sie glaubten, ich sei tot. Es mussten aber noch andere Menschen da sein, denn man sprach von diesem Versteck und von weiteren, uns sicher noch unbekannten Plänen. Dann holte man Halef herbei. Dieser band ihnen einen Bären auf, als man ihn fragte, warum wir hier seien und wo sich unsere Pferde und Waffen befänden. Und sie schienen ihm sogar zu glauben. Wie ich ihren Äußerungen entnehmen konnte, kamen inzwischen wohl weitere Flöße an, und *die Seichtigkeit des Kanals* zwang sie, *die Kelleks zu teilen und die Särge umzuladen, wenn bis zum Tagesanbruch alles im Magazin untergebracht* sein sollte. Wir sollten mit weggeschafft und zum Ssäfir gebracht werden. Halef konnte mir auf dem Floß eine Hand freimachen. Ich sprang kopfüber in den Fluss und schwamm ans Ufer. Wegen der Dunkelheit konnte man mich nicht sehen. Dort entledigte ich mich zuerst meiner übrigen Fesseln, stieg an Land *und wandte mich dann in die Richtung, welche mich geradenwegs zu den Pferden führen musste. Am liebsten wäre ich* noch *hinüber zum Pädär-i-Baharat geritten,* aber das wäre unnötiger Zeitverlust gewesen. Ich musste schnellstens zum Birs Nimrud. Dort fand ich ein anderes Versteck für unsere Pferde und die Gewehre. *Da ich die Örtlichkeit genau kannte, boten sich mir keine Schwierigkeiten,* die Stelle zu finden, an der ich ansetzen musste. Überraschenderweise rief mich plötzlich Halef und winkte mir. Als ich fast bei ihm war, *wurde ich gepackt, bekam einen Schlag auf den Kopf und brach wie ein lebloser Klotz zusammen. Als ich wieder zu mir kam, lag ich in einem langen, nicht viel über mannshohen Raum.* Es brannte ein Öllämpchen. Der, welcher sich als Halef ausgegeben hatte, saß bei mir. Als der Ssäfir kam, wurden mir die Augen verbunden und ich musste mit den beiden eine Treppe hinabsteigen. Achtzehn Stufen! Es schien also dieselbe Treppe zu sein, die mir der Pole beschrieben hatte, und wir kamen demnach in den Raum Nummer eins. Beim Weitergehen identifizierte ich Raum Nummer drei, und Halef schien *in Nummer vier untergebracht* zu sein, wie ich einer unvorsichtigen Bemerkung entnahm. Dann *hörte ich Riegel zurückschieben und eiserne Stäbe klirren. Man öffnete den aus starken Drahtstäben bestehenden Vorhang, den ich aus dem Bericht des Binbaschi kannte, und schob mich nach Nummer fünf.* In diesem Raum befand sich schon jemand, nämlich der Kammerherr des Schah-in-Schah, dessen Karawane man noch im Lauf des Tages überfallen und ihn wegen des Lösegelds hier eingesperrt hatte. Ich wurde in dem Raum so gebunden, dass *mein Körper nun die Haltung einnahm, welche man mit dem Ausdruck ‚in den Bock gespannt' bezeichnete.* Doch niemand bemerkte den Trick, den ich anwandte, um mich später aus der Fesselung befreien zu können. Als der Ssäfir und sein Kumpan weg waren – er hatte angekündigt, uns in sieben Stunden wieder zu besuchen –, brauchte ich einige Zeit, um die Knoten aufzuknüpfen. Zwar war ich nun frei, doch vor unserer Zelle lag immer noch das unüberwindliche Eisengitter. Nachdem ich auch den Kammerherrn von seinen Banden befreit hatte, kroch ich zu dem Loch, das mir der Pole beschrieben hatte; und siehe da: Es war nur mit leichtem

Sand gefüllt. Wir schaufelten beide den Sand nach oben und krochen durch den Gang der Stachelschweine, bis wir in dem Lichthof ins Freie kamen, wo ich gestern Abend zusammen mit Halef unsere Pferde untergebracht hatte. Heute standen sie zwar woanders, aber ich fand die Stelle sogleich. Da wir hier alleine nichts ausrichten konnten, mussten wir die Hilfe der Soldaten aus Hille in Anspruch nehmen. In einem Gewaltritt erreichten wir schon nach gut einer Stunde die ersten Häuser der Stadt. Ich war erstaunt, dass wir das Tor zum Palast des Sandschaki offen fanden. Von Amuhd Mahuli, dem Kol Agassi von gestern, erfuhr ich, dass ein Abgesandter des Sultans, ein General, *am Abend von Bagdad angekommen* sei, weshalb *es lauter Geheimnisse hier im Haus* gebe. Im nächsten Zimmer fand ich mehrere Zivilbeamte und den Sandschaki, der mich sofort einsperren lassen wollte. Doch da kam aus dem Nebenzimmer der General. Man stelle sich unser beider Erstaunen vor: Dieser General war Osman Pascha, der frühere ungarische Offizier Adolf Farkas, mit dem ich noch zu Beginn dieser Orientreise kurz in Konstantinopel zusammengetroffen war. Ich musste ihm alles erzählen, was in letzter Zeit vorgefallen war und was ich im Birs Nimrud erlebt hatte. Bevor wir jedoch mit sechzig Kavalleristen dorthin aufbrechen konnten, traf der Pädär mit seinen zwei Kumpanen ein, um dem Sandschaki zu melden, Kara Ben Nemsi habe mit seinem Begleiter, einem Haddedihn-Araber, die Karawane des Kammerherrn überfallen und alle Männer einschließlich des Kammerherrn ermordet. Osman Pascha nahm ihn derart in die Mangel, dass er rasch in die Enge getrieben wurde, und als er mich und den lebenden Kammerherrn sah, war es aus mit ihm. Der Brief, den er bei sich trug und den er dem Sandschaki übergeben sollte, entlarvte auch diesen als Verbrecher. Osman Pascha ließ alle durch den Kol Agassi ins Gefängnis sperren. Der General versicherte mir, wenn alles gut abliefe, den Kol Agassi Amuhd Mahuli zum Binbaschi zu befördern, und gab mir dazu ein Ernennungsschreiben mit. Beim Birs Nimrud angekommen, verteilte der Kol Agassi seine Truppen so, dass von den Ghasai-Arabern und den Schmugglern niemand entkommen konnte. Ich versprach ihnen dafür eine Extrabelohnung. Mit dem persischen Kammerherrn aber kroch ich wieder in die Ruine hinein. Im Raum Nummer fünf angekommen, legte ich uns zum Schein die Fesseln wieder an, damit der Ssäfir, wenn er nach den verflossenen sieben Stunden wiederkam, vorerst nicht merken sollte, dass wir zwischendurch entflohen waren. Als er dann mit einem Begleiter ankam, drehte ich den Spieß um und nahm ihn gefangen, so wie ich es ihm vorher prophezeit hatte. Leider versetzte ich seinem Kumpan einen so starken Schlag, dass dieser tot liegen blieb. Nun befreite ich Halef und zu dritt schlichen wir uns durch die anderen Räume in Richtung Ausgang, wo die Schmuggler die neu angekommene Ware abgelegt hatten.

Dienstag, 10. Mai 1887:

Je näher wir dem Ausgang *kamen, desto heller wurde* es; *wir sahen, dass es draußen inzwischen Tag geworden war. Die Zeit war schneller vergangen, als wir unten hatten bemerken können.* Als ich hinausblickte, sah ich, dass sich die Schmuggler hinter Felsbrocken versteckt hatten, während die anderen Räuber von den Soldaten bereits gefangen genommen worden waren. Auch die Schmuggler wurden von den Soldaten schließlich überwältigt und hinunter zu den anderen Gefangenen geschafft. Danach überreichte ich Amuhd Mahuli seine Ernennung zum Binbaschi, was dieser mit einem Dankgebet quittierte. Ein Bote wurde abgeschickt, um Osman Pascha zum Birs Nimrud heraufzuholen, weil nur er allein zuerst die Schätze, die der Ssäfir angesammelt hatte, sehen und begutachten sollte. Davon mussten das Eigentum des persischen Kammerherrn, das dieser im Auftrag des Schah-in-Schah nach Kerbela und Nedschef hatte bringen sollen, weiterhin das Vermögen, das man Dozorca abgenommen hatte, und schlussendlich die von mir den Soldaten versprochenen Piaster zur Seite gelegt werden. Der Rest war dann Eigentum des Padischah, als dessen Vertreter Osman Pascha nun hierherkam. Vorher aber ging ich mit Halef voraus, um uns in den Räumen schon einmal umzusehen. *Es gab da eine so tadellose Ordnung, dass man hätte meinen können, sich in einem wohlgeleiteten kaufmännischen Magazin zu befinden. Der Ssäfir,* den wir mit uns schleppten, *musste sich hier vollständig sicher gefühlt haben, denn sonst hätte es ihm nicht einfallen können, solche Werte an dieser Stelle aufzustapeln.* Er tobte, als wir eine Truhe öffneten. Sie enthielt *Gold und Silber,* funkelnde *Edelsteine, in- und ausländische Gold- und Silberstücke sowie Schmuck in Mengen. Dabei lagen zwei Bücher. Es waren die Geschäftsbücher* mit einem genauen *Verzeichnis aller Aus- und Eingänge.* Und auch ein Bild lag darin, ein eingefasstes Doppelporträt. *Als mein Auge darauf fiel, hätte ich beinahe einen Ruf der Überraschung ausgestoßen. Ich kannte den* Mann, es war *nämlich Dschafar,* der Perser, *mit dem ich damals drüben im Westen der Vereinigten Staaten zusammengetroffen war.*[1] *Neben ihm sah ich ein Frauenangesicht mit geheimnisvollen Dunkelaugen. Die* Unterschrift *unter dem männlichen Porträt lautete ‚Dschafar Mirza' und die unter dem weiblichen ‚Schahsadeh Chanum Gul'.* Heimlich schob *ich das Bild in meine Tasche. Ich schloss die Truhe wieder zu und steckte den Schlüssel wieder ein. Dann stiegen wir hinauf.* Nach einer Auseinandersetzung machte der Ssäfir Bekanntschaft mit Halefs Nilpferdpeitsche. Später suchte ich mit dem Hadschi die Leichen der ermordeten elf Diener des Kammerherrn, die *ich in einem verschütteten Kanal des babylonischen Turms* zusammen mit Knochen und Schädeln früher Ermordeter fand: eine *grausige Totenkammer.* Dafür erhielt jeder der Ghasai-Araber dreißig Schläge auf die Fußsohlen, dass diese platzten, ihr Anführer aber fünfundfünfzig, für jeden erstochenen Perser fünf. Um das nicht mit ansehen zu müssen, ritt ich fort. *Als ich vielleicht eine Stunde geritten war, kam mir ein Reitertrupp entgegen. Es war der Pascha in Begleitung einiger Offiziere. Ich erstattete ihm einen ausführlichen Bericht,* über das, was geschehen war und was ich an Schätzen gefunden hatte. Natürlich in deutscher Sprache, denn seine Begleiter mussten nicht alles hören. Beim Birs Nimrud angekommen, ließ sich Osman Pascha erst alle Verbrecher vorführen und verteilte

[1] Zehnte Nordamerika-Reise (1885): 16.07.1885-24.07.1885, Seite 488-492

nochmals eine tüchtige Prügelstrafe. Daraufhin führte ich ihn zusammen mit Halef zu den Innenräumen. Ich erzählte ihm von dem Polen Dozorca in Bagdad, der als oberster Zollbeamter hier eingesperrt gewesen war und der uns auf all diese Schätze, die Osman Pascha jetzt sah, aufmerksam gemacht hatte. Ohne ihn hätten wir gar nichts von den Schmugglern gewusst. Auf Grund der Eintragungen in den Geschäftsbüchern war genau festzustellen, welchen Betrag man Dozorca damals abgenommen hatte, und wir erhielten diesen zur Rückgabe an den ehemaligen Binbaschi. Es waren fünftausend Tumân, was zweihunderttausend Piastern entsprach. Außerdem bekam ich noch die Belohnung, die ich den Soldaten versprochen hatte und ihnen nun ausbezahlen konnte. Was mit den Wertsachen des persischen Kammerherrn geschah, musste dieser selbst mit dem General ausmachen. Osman Pascha ließ alle Ghasai-Beduinen als Mörder erschießen, den Schmugglern, die alle Schliche der Pascher kannten, aber versprach er Gnade, wenn sie sich später als gute Zollbeamte bewähren würden. Der Ssäfir jedoch sollte von einem Gericht abgeurteilt werden. Danach ritten Halef und ich nochmals die Strecke ab, die wir aus vergangenen Jahren und unter ganz anderen Umständen in Erinnerung hatten.[1] Als wir wieder zurückkamen, war der Binbaschi gerade dabei, mit seinen Soldaten zurück nach Hille zu reiten. Wir begleiteten sie selbstverständlich. Die Nacht verbrachten Halef und ich bei Amuhd Mahuli und seiner Familie, die nun dank der erhaltenen Belohnung und der Beförderung ihres Ernährers zum Binbaschi einer besseren Zukunft entgegensah.

Mittwoch, 11. Mai 1887:

Am nächsten Morgen verabschiedete ich mich von General Osman Pascha, dem ich versprechen musste, ihn in Stambul zu besuchen, wenn ich auf meiner Heimreise dorthin kommen sollte. Der Ssäfir hatte sich in der Nacht selbst gerichtet, er hatte sich erhängt. Dann ritten wir Richtung Bagdad, in Begleitung des neuernannten Binbaschi, der *dem dortigen*

[1] Dritte Orient-Reise (1871-1872): 06.07.1872-27.07.1872, Seite 216-221

Pascha einen schriftlichen Bericht über die gestrigen Vorkommnisse zu überbringen hatte.

Freitag, 13. Mai 1887:

In Bagdad trennten wir uns von Amuhd Mahuli, der zum Pascha eilte. Wir aber gingen zu Dozorca und seinem treuen Diener Kepek, die ihr Glück kaum fassen konnten, als wir das viele Geld zurückbrachten. Natürlich mussten wir alles genau erzählen, was in der Hauptsache Halef auf sich nahm, denn hier war er in seinem Element. Später kam auch Amuhd Mahuli hinzu, dem ich vorher die Adresse gegeben hatte. Er brachte zu aller Erstaunen einen Brief des Paschas mit, in welchem dem ehemaligen Binbaschi Dozorca mitgeteilt wurde, dass er auf Veranlassung von Osman Pascha zum Mir Alai, also zum Oberst, befördert werden sollte. Wir waren auch für den nächsten Abend zum Pascha von Bagdad eingeladen. *Und als es dunkel geworden war, stiegen wir auf das platte Dach hinauf, um bei den dampfenden Tschibuks* noch einmal unsere Abenteuer Revue passieren zu lassen.

Samstag, 14. Mai 1887:

Die Einladung zum Pascha bezog sich nicht bloß auf mich, sondern auch auf Halef. Auch Amuhd Mahuli hatte zu erscheinen. Bei Tafel forderte der Pascha mich auf, unsere *Erlebnisse zu erzählen,* was ich jedoch Halef überließ, wobei *der Gebieter am Schluss lächelnd gestand, er sei noch nie* von *einer Erzählung* so gepackt gewesen. Und dem Polen versprach er, dass er *die schriftliche Zufertigung* zum *Mir Alai in den nächsten Tagen erhalten* werde.

Montag, 16. Mai 1887:

Amuhd Mahuli blieb noch zwei Tage in Bagdad, bevor er seinen Heimritt nach Hille antrat.

Donnerstag, 19. Mai 1887:[1]

Ich hatte unsere Reise nach Schiras gleich oder doch nur kurze Zeit nach unserer Rückkehr vom Birs Nimrud fortsetzen wollen, aber da trafen wir in Bagdad einen Händler, welcher eine außerordentlich berühmte Schönheitssalbe verkaufte, deren

[1] 19.05.1887-29.05.1887: Karl Mays Gesammelte Werke Band 48, *Das Zauberwasser*, Erzählung ‚Bei den Bachtijaren‘

Verfertigerin oben in der Gegend von Kermanschah zu suchen war. Halef, der diese Salbe für seine Hanneh kaufen ‚musste', wollte unbedingt hinauf nach Kermanschah, um dort das Original zu kaufen, da er glaubte, die Händler würden sie hier wegen des Profits nur verfälschen. Nach langem Hin und Her versprach ich ihm, die Salbe bei der Herstellerin zu holen.

Mittwoch, 25. Mai 1887:

Einige Tage später befanden wir uns schon weit hinter der berühmten Pforte des Zagrosgebirges. Man hatte uns überall gesagt, dass es sehr gewagt sei, nur zu zweit über die Berge zu reiten, in deren Schluchten sich rechts und links das Gesindel verberge, und *dass weiter im Innern des Landes vor Kurzem einige Fälle von Babi-Empörung vorgekommen seien. Was hatten wir, die Fremden, mit der persischen Sekte der Babi zu schaffen. Wir ritten also ohne Sorgen in den kühlen* Morgen *hinein. Es spritzte ein feiner Regen herab, welcher nach und nach dichter wurde.* Deshalb ritten wir zu einer Ruine hinüber, wo sich *schon zwei Personen* befanden, *ein Mann und ein Knabe*, die sich jedoch sofort entfernten. Kurze Zeit später überwältigte uns *eine Schar wild aussehender Männer,* ohne dass wir uns viel gegen sie wehren konnten. Es waren Bachtijaren vom Stamm der Idis, die uns mitnahmen. *Gegen Abend ging es über eine grasige, rings von Bergen eingeschlossene Niederung. Hier gab es eine ganze Menge von schwarzen Nomadenzelten und mit Rasen gedichtete Hütten.* In einer der Hütten *mussten wir uns auf eine Streu legen und wurden gefesselt.* Ein junger Mann bewachte uns. *So lagen wir über eine Stunde. Da wurde die aus starkem Flechtwerk bestehende Tür geöffnet und es trat eine Frau herein.* Es war die Chodiah, die Herrin des Lagers. Ihren Bemerkungen entnahm ich, dass sie glaubte, wir seien zwei Perser. Perser hatten *sich an Kriegern* ihres *Stammes vergriffen, auch* ihr *Sohn Kelat und* ihr *Enkel Scherga* waren *fortgeführt* worden *nach Kermanschah, um Soldaten zu* werden. Deshalb herrsche Feindschaft mit den Persern. Die Frau behauptete, auch noch einen Urenkel zu besitzen, doch sah sie viel zu jung dafür aus. Es stellte sich aber heraus, dass sie die sechzig Jahre schon überschritten hatte und die Herstellerin jener ‚Salbe der Schönheit' war, wegen der Halef unbedingt hierhergewollt hatte. Weil sie ihm diese Salbe aber verweigerte, beleidigte er sie und sie verließ uns.

Donnerstag, 26. Mai 1887:

Als es Tag geworden war, erhob sich draußen ein lautes Geschrei. Ich hatte meine Handfesseln so weit gelockert, dass ich sie ohne Schwierigkeiten lösen konnte. Um die Mittagszeit wurden wir zur Chodiah geführt, weil eine Schwadron Kavallerie im Lager gewesen war und über zwanzig Pferde, darunter auch meinen Assil Ben Rih und Halefs Barkh, konfisziert hatte. Die Herrin wohnte allein in ihrer Hütte, worin sich auch unsere Waffen befanden. Da sie an Gott zweifelte, sagte ich ihr, dass wir uns befreien würden, sie aber solle um Rettung für ihren Sohn und ihren Enkel beten. Dann schlug ich unseren Bewacher hinter uns nieder, umklammerte den Hals der Chodiah, die bewusstlos wurde, ergriff mein Messer und schnitt Halef die Fesseln durch. Wir nahmen unsere Waffen an uns, stießen mit den Gewehrkolben die Hinterwand der Hütte durch und krochen ins Freie. Da das zwischen Sträuchern geschah, wurden wir vom Lager aus nicht gesehen. Bei den Pferden angekommen, stiegen wir auf *und ritten davon, ohne uns umzusehen, zunächst nach Norden, um die Verfolger irre zu machen.*

Freitag, 27. Mai 1887:

Am Morgen ritten wir *den Fluss hinab nach Kermanschah, welches wir nach wenig über einer Stunde auf seinen Hügeln vor uns liegen sahen.* Ein Feldwebel, den wir vor der Stadt trafen, führte uns gegen ein Trinkgeld zum Stadtkommandanten. Ich trug *in meiner Tasche einen Ferman des Schah-in-Schah,* auf welchen ich mich zu verlassen gedachte. Als der Kommandant diesen sah, *verbeugte* er *sich dreimal fast bis auf die Erde* und fragte uns nach unseren Wünschen. Ich verlangte unsere beiden Pferde zurück. Diese aber waren seit *kaum einer Viertelstunde* zusammen mit einem Transport unterwegs, bei dem sich auch zwei Gefangene befanden, die in Teheran hingerichtet werden sollten. Der Kommandant schrieb eine Anweisung, dass mir unsere beiden Rapphengste sowie unsere beiden ‚Diener' Kelat und Scherga sofort auszuliefern seien. Danach jagten wir aus Kermanschah hinaus und hatten den Gefangenentrupp *nach vielleicht drei Viertelstunden* eingeholt. Ich übergab dem befehlenden Leutnant die Anweisung des Stadtkommandanten, rief die beiden Idis beim Namen und durchschnitt ihre Fesseln, während sich Halef um unsere beiden Hengste bekümmerte, die wir sogleich bestiegen. Kelat und Scherga nahmen unsere bisherigen Pferde. Zudem forderte ich noch die zwanzig anderen Pferde zurück, die man bei den Idis beschlagnahmt hatte, band diese zusammen, und dann ritten wir weg, an Kermanschah vorbei, da wir uns dort *nicht wieder sehen lassen wollten. Um das Lager der Idis zu erreichen, brauchten wir noch drei Stunden, als es Abend wurde, wir mussten die Überraschung also auf morgen Vormittag verschieben. Kelat und Scherga hatten selbstverständlich alles erfahren.*

Samstag, 28. Mai 1887:

Am anderen Morgen mussten die beiden Idis mit den Pferden noch zurückbleiben, *um erst eine Stunde später nachzukommen.* Wir ritten zur Chodiah, welche wir im Gebet überraschten, und ließen uns, nachdem das Dorf über unser Erscheinen informiert worden war, wieder binden und als Gefangene in die Hütte legen. Doch dann tauchten Kelat und Scherga mit den Pferden auf und erzählten alles, was geschehen war. Daraufhin wurden uns die Fesseln gelöst und wir waren die Helden im Dorf. Die Chodiah versprach Halef, reichlich Salbe zu den Haddedihn zu schicken, damit seine Hanneh sie früher erhielt, als wenn er sie selber gebracht hätte, denn wir hatten ja noch die Persienreise vor uns.

Sonntag, 29. Mai 1887:

Wir wollten noch etwa zwei Wochen bei den Idis bleiben, auch auf ihrem Wanderzug. *Die Zelte wurden abgebrochen und dann begann die Wanderung.*

Samstag, 11. Juni 1887:[1]

Wir hatten die Bachtijaren früh am Morgen verlassen und *befanden uns auf der Höhe des kurdischen Gebirges.* Am Abend lagerten wir am Zusammenfluss eines Bachs mit einem Flüsschen. *Wir hatten vielleicht noch eine halbe Stunde bis zum Beginn der Dunkelheit, da sahen wir aus dem Seitental einen Reitertrupp kommen, der aus sechs wohlbewaffneten Personen bestand, die sich durch ihre Kleidung als Kurden kennzeichneten.* Ihr Anführer war bartlos, was mir besonders auffiel, weil die Männer dieser Gegend normalerweise Bärte trugen. Nach einer kurzen Auseinandersetzung und nachdem sie wussten, wer wir beide waren, waren sie erfreut, uns hier zu treffen. Sie gehörten zum Stamm der Hamawandi-Kurden. Der Anführer, er nannte sich Adsy, erzählte uns, dass sich Khudyr, der Sohn seines Bruders, an einem giftigen Messer geritzt und daraufhin Krämpfe bekommen habe. Niemand könne ihm helfen. Nun befinde sich bei den verfeindeten Dawuhdijeh-Kurden eine alte, heilkundige Frau, zu der der Vater mit seinem Sohn und einigen Kriegern geritten sei. Doch die Dawuhdijeh hätten sie gefangen genommen und wollten sie nicht mehr freigeben. Man war deshalb mit dreihundert Mann aufgebrochen, um die Gefangenen zu befreien, sie waren die Vorhut. Als mir der Anführer die alte Frau, die seinem Neffen helfen sollte, beschrieb, musste ich unwillkürlich an Marah Durimeh denken. Doch wie sollte diese hierherkommen, denn sie wohnte ja ganz woanders. Der Anführer erzählte mir mehr über diese Frau, die der angebliche Pascha von Suleimanije[2] gezwungen habe, hier in einem alten Wachtturm als Gefangene zu bleiben, *unter Aufsicht der Dawuhdijeh.* Ihren Namen wusste er zwar nicht, aber ich war mir nun so gut wie sicher, dass es sich doch um Marah Durimeh handelte. Ganz klar, dass wir zu ihr mussten, um zu erfahren, warum sie in dem Turm eingesperrt war, und um

[1] 11.06.1887-13.06.1887: Karl Mays Gesammelte Werke Band 27, *Bei den Trümmern von Babylon*, Kapitel 12-14

[2] Die Schreibweise Suleimania wurde hier geändert in Suleimanije, wie es auch auf der Landkarten der GW-Bände 3 und 27 eingezeichnet ist.

ihr vielleicht zu helfen. Deshalb sagte ich dem Anführer der Hamawandi zu, ihn zu begleiten. Als ich mich schlafen legte, musste ich noch lange an Marah Durimeh denken, die wir damals bei meiner dritten Orientreise als Ruh 'i kulyan bei den Kurden wiedergetroffen hatten.

Sonntag, 12. Juni 1887:

Wir hatten unser Frühstück *eben beendet, als wir die erwarteten Krieger in der Krümmung des Seitentals erscheinen sahen.* Diese mussten hier zurückbleiben, während wir beide zusammen mit den sechs Kurden, die wir gestern Abend getroffen hatten, weiterritten. Ich war mir darüber klar geworden, dass der Anführer dieser Kurden kein Mann war, sondern eine Frau, nämlich die von Scheik Jamir, welcher jetzt mit ihrem gemeinsamen Sohn Khudyr von den Dawuhdijeh gefangen gehalten wurde. *Wir waren wohl schon zwei Stunden unterwegs,* als wir uns verstecken mussten, weil zwölf kurdische Reiter vom Stamm der Dawuhdijeh an uns vorbeiritten. Es schienen Kundschafter zu sein, ihr Haupttrupp befand sich noch ungefähr drei Stunden von hier entfernt in einem Seitental, wie wir hörten. Danach trafen wir an einem Bach zwei Frauen, eine ältere und eine jüngere, die wir kannten. Ich fragte mich, wie die beiden hierherkamen, und musste sofort wieder an Marah Durimeh denken, denn die Jüngere von ihnen hatte mich damals zum Ruh 'i kulyan geführt – Ingdscha, die Perle.[1] Und die Ältere war Madana, die Petersilie. Sie erzählte uns, was sich zugetragen hatte:

Marah Durimeh war *im späten Herbst des vergangen Jahres zum letzten Mal in Schohrd* gewesen. Sie hatte aber *schon in einigen Tagen wiederkommen* wollen. Als sie nach Wochen und Monaten nicht wieder auftauchte, waren alle in Sorge um sie, doch alles Suchen half nichts. Dann erfuhren sie, dass man in einem Turm bei Suleimanije eine alte Frau, die Wunder tue, eingesperrt habe. Da brach der Raïs von Schohrd mit zehn Männern auf und sie nahmen die beiden Frauen als Kundschafter mit, weil diese am wenigsten auffielen. Doch bis jetzt hatte man noch keine Verbindung mit Marah Durimeh

[1] Dritte Orient-Reise (1871-1872): 17. Mai 1872, Seite 202-204

aufnehmen können und die beiden Frauen waren froh, uns getroffen zu haben. Sie hatten gesehen, dass in den Turm, in dem sich Marah Durimeh befand, niemand hineindurfte. Es seien nur einmal einige Männer mit einem Knaben eingelassen worden, die aber nicht mehr herauskamen.

Bis zu dem Turm war es nur eine Stunde zu reiten. Unterwegs trafen wir auf einen einzelnen Reiter, *einen Offizier mit Hauptmannsabzeichen*, der aus Kerkuk kam, um den am Turm kommandierenden Mülasim abzulösen, den Weg aber nicht kannte. Bevor wir in die Nähe des Turms kamen, schlug ich den Offizier nieder und er musste uns als Gefangener zum Versteck des Raïs von Schohrd folgen. Wie freuten sich diese Kurden, als sie Halef und mich sahen. Nachdem ich wusste, wo der Turm war, nahm ich dem Offizier *den schriftlichen Befehl des Kaikakam* (Oberbeamter des Landkreises) von Suleimanije ab, zog seine Uniform an und machte mich auf den Weg zu dem alten Wachtturm. Der Mülasim war froh, abgelöst zu werden. Er ging mit mir zu Marah Durimeh, zeigte mir auch die gefangenen Hamawandi, verabschiedete sich und ritt fort. Auch die Dawuhdijeh verschwanden schnellstens, als ich ihnen sagte, dass sie mit ihrem Scheik gegen eine Übermacht der Hamawandi kämpfen müssten. Die fünf Soldaten, die sich noch hier befanden, sperrte ich im Turm ein, nachdem ich Marah Durimeh, die sich über mein Kommen unendlich freute, hinunter ins Freie gebracht hatte. Danach befreite ich die Hamawandi-Kurden aus ihrem Verlies. Wir hoben Marah Durimeh auf ein Pferd und ich führte sie und die Kurden zum Versteck des Raïs. Die Wiedersehensfreude aber brauche ich nicht besonders zu beschreiben. *Es war nicht geraten, noch lange hier zu bleiben. Wir ritten einen Teil desselben Wegs, den wir gekommen waren, wieder zurück und nahmen dann von Jamir,* seiner Frau *und seinen Leuten Abschied, worauf wir uns nördlich wendeten und kurz vor Abend auf einer hochgelegenen Lichtung Lager machten. Dieser Abend und fast auch die ganze Nacht war dem Gespräch mit Marah Durimeh gewidmet.*

Montag, 13. Juni 1887:

Der Raïs von Schohrd bat mich, ihn und Marah Durimeh in seine Heimat zu begleiten. So gern ich das getan hätte, musste ich jedoch für jetzt darauf verzichten. Die Sonne stand schon hoch, als wir uns die Hände reichten, dann zogen sie fort, dem Norden zu. Wir hatten die entgegengesetzte Richtung, eine für uns gefährliche und beschwerliche, weil wir die entlegensten Gegenden wählen mussten, um ja nicht etwa mit Dawuhdijeh zusammenzutreffen.

Dienstag, 12. Juli 1887:[1]

Was Halef und ich vor Jahren *in Alt-Basra erlebt hatten, war so interessant, dass wir jetzt diese Gegend nicht berühren wollten, ohne die Stätte wieder aufzusuchen.*[2] *Heute waren wir von diesem Ritt zurückgekehrt und saßen nun unweit der Zollgebäude in dem Kahwe* (Kaffeehaus), *das neben dem Tor in der Mauer liegt. Wir hatten die Pferde in dem engen, schmutzigen Hofe stehen und warteten auf den Fährmann, der uns an das linke Ufer des Schatt el Arab bringen sollte.* Da kam ein Mann in dieses Kaffeehaus, den ich hier jetzt nicht erwartet hätte: Sir David Lindsay. Er hatte mein Heim in Deutschland aufgesucht, mich dort zwar nicht angetroffen, aber erfahren, dass ich mit Halef nach Persien wollte. Und sogleich hatte er sich aufgemacht, mich bei den Haddedihn zu suchen, denn er wollte unbedingt mit uns nach Persien reisen. Nachdem er hörte, dass wir auf den Fährmann warteten, sprang er *auf und ging so eilig fort, dass ich gar keine Zeit fand, ihn zu fragen, wohin er wolle.* Als er zurückkam, hatte er drei Plätze auf einem Dampfer bezahlt, der gegen Abend nach Bombay gehen sollte, uns aber in Buschir an Land gehen lassen würde. Das war mir zwar nicht recht, aber was sollte ich machen. Zwischendurch hatte Halef einen Brief vom Kellner des Kaffeehauses bekommen, nachdem dieser den Sill-Ring an der Hand meines Freundes gesehen hatte. Der Brief war an einen gewissen Ghulam adressiert und versiegelt mit dem

[1] 12.07.1887: Karl Mays Gesammelte Werke Band 28, *Im Reiche des silbernen Löwen*, Kapitel ‚Basra'

[2] Fünfte Orient-Reise (1874-1875): 18. November 1875, Seite 324f.

Zeichen der Sillan, mit denen wir ja schon genügend Bekanntschaft gemacht hatten. Als es Zeit war, zum Dampfer zu gehen, holten wir unsere Pferde aus dem Hof. *Da traten zwei Männer durch das Mauertor und kamen auf uns zu.* Man sah ihnen sofort an, *dass sie echte Söhne Old Englands waren.* Einer von ihnen war ein General und das Erstaunen von Sir David Lindsay war groß, als er in ihm seinen Vetter erkannte. Dieser, ein hochnäsiger und arroganter Vertreter seiner Zunft, bestimmte sofort, dass Sir David unsere beiden Plätze auf dem Dampfer an ihn abtreten müsse, weil er sonst keinen Platz darauf bekommen würde. Lindsay wollte mit seinem Vetter an Bord gehen, um zu sehen, ob es nicht doch noch eine Fahrmöglichkeit gäbe. Aber kaum waren sie auf dem Dampfer, legte der auch schon ab. Wir standen am Ufer und machten lange Gesichter. *Wir ritten nach der Fähre,* mit der wir ja ursprünglich hatten überfahren wollen. *Als wir den* Fährmann *am anderen Ufer bezahlten,* erhielt er noch ein kleines Extrageschenk. *Wir ritten so lange, als es hell blieb, über die jenseitige Ebene. Als es dunkelte, machten wir bei einem wilden Dattelgestrüpp halt, um da zu übernachten, weil es hier gutes Gras für unsere Pferde gab.*

Mittwoch, 20. Juli 1887:

Wir hatten von Basra aus die persische Grenze erreicht und durchquerten nun in mehrtägigem beschwerlichem Ritt das südwestliche Bergland, um Schiras, unser erstes Ziel im Reich des Schah-in-Schah, zu erreichen.[1]

Dienstag, 6. September 1887:

Wochen voller Abenteuer lagen hinter uns, die ich gar nicht alle zu schildern vermag. Halef und ich blieben mehr als drei Wochen Gast von Dschafar Mirza. Alle anderen, die uns nach Teheran begleitet hatten, waren mit ihren Ange-

[1] Mehr über diese Persien-Reise berichtet Heinz Grill in *Die Schatten des Schah-in-Schah* (Karl-May-Verlag, 2006), einer alternativen Fortführung der von Karl May nicht mehr im alten Abenteuer-Stil fortgesetzten Reiseerzählungen *Der Löwe der Blutrache* und *Bei den Trümmern von Babylon* (vgl. hierzu auch Seite 9f.). Der Inhalt wurde bis auf den kurzen Eintrag zum 20. Juli 1887 aus dem 1. Kapitel nicht in den vorliegenden Band aufgenommen, da dieses Buch nicht zu den Gesammelten Werken gehört. Näheres dazu im Nachwort auf Seite 573.

hörigen schon vor einigen Tagen nach Schiras aufgebrochen. Dorthin hatte ich brieflich auch Dozorca aus Bagdad bestellt, doch ohne ihm den genauen Grund anzugeben. Auch Sir David Lindsay war mit ihnen gereist, da ihm der Weg zu den Haddedihn zu weit und zu unbequem war. Gerne wäre ich mit nach Schiras geritten, doch Halef wollte auf dem geraden Weg nach Westen in seine Heimat. Ich konnte ihn diesmal nicht umstimmen, wollte ihn aber auch nicht allein reiten lassen, denn der Weg führte durch das Kurdengebiet, was immer mit Gefahren verbunden war. Am kommenden Tag würden wir uns von Dschafar Mirza verabschieden. Bei allen anderen Bekannten, einschließlich des Schah-in-Schah, hatten wir das schon nach und nach in den letzten Tagen getan.

Samstag, 17. September 1887:[1]

Unser Ritt von Teheran durch das Sakis-Gebiet verlief recht unauffällig. *Wir kamen* jetzt *von Serdescht und ritten am rechten Ufer des Kleinen Sab hin, den wir später verlassen wollten, um Erbil zu erreichen.* Dort wollten wir *einige Tage ausruhen und dann über den Tigris setzen, um auf den Weiden der Dschesireh* Halefs *Stamm aufzusuchen. Wir waren zwei Tage in Serdescht gewesen,* wo *zwei Tage vor unserem Eintreffen wieder drei Mädchen vollständig spurlos verschwunden* waren, die wahrscheinlich ein Mädchenräuber entführt hatte. Jetzt rasteten wir an einer Uferstelle und Halef hatte einige Fische gefangen, die *mehr als ausreichend für heute Abend* waren. Da *hörten wir Hufschritte, die den Fluss aufwärtskamen, und gleich darauf bog ein Reiter, der ein Packpferd bei sich führte, um das vorstehende Gesträuch.* Es schien ein Armenier zu sein. Er bat, bei uns Platz nehmen zu dürfen, und erzählte, er komme *von Diarbekr herüber*, sei ein armenischer Christ namens Dawud Sulejman und wolle als Handelsmann nach Serdescht. Dann versuchte er uns *das heilige Salböl* von *Etschmiadzin am Berge Ararat* zu verkaufen, was ihn in meinen Augen als Scharlatan brandmarkte, denn ich selbst war

[1] 17.09.1887-18.09.1887: Karl Mays Gesammelte Werke Band 23, *Auf fremden Pfaden*, Erzählung ‚Der Händler von Serdescht'

schon vor Jahren in jenem Kloster gewesen.[1] Während ich mich noch mit dem Armenier stritt, kamen von der anderen Seite *acht Reiter in persischer Tracht,* die *bei uns halten blieben.* Ihr Anführer gab sich als Polizeibeamter von Jaltemir aus, und als er meinen Namen hörte, erzählte er mir, dass seine Tochter von einem *Kys-Kapan,* einem Mädchenhändler, geraubt worden sei, dessen Spur sie bis nach Serdescht verfolgt hätten, wo dieser ebenfalls zugeschlagen hatte. Der Armenier, den die Perser als Christenhund beschimpft hatten, ritt fort. Als ich ihnen sagte, dass auch ich ein Christ sei, glaubten sie, dadurch verunreinigt zu sein. *Sie stiegen auf und ritten davon, halblaute Flüche murmelnd und giftige Blicke auf uns werfend.* Halef vermutete, dass der Armenier mit den Mädchenräubern in Verbindung stand, was auch ich für möglich hielt. Ja, ich glaubte sogar, dass er jetzt nicht nach Serdescht ritt, sondern zu seinen Kumpanen, welche die sie verfolgenden Perser überfallen würden. Wir mussten diese also warnen, weshalb wir ihnen nachritten. Sie hörten aber nicht auf uns, deshalb wichen wir so weit aus, bis wir auf die Spur des Armeniers stießen. Nun blieben wir weiter am Flussufer, bis uns eine größere Schar Männer entgegenkam: die Bande der Mädchenräuber, die den Persern auflauern wollten. Ich erkannte in einem von ihnen Melef, den Scheik der Schirwani-Kurden, mit dem wir vor Jahren schon einmal zusammengetroffen waren.[2] Er wusste um die Gefährlichkeit meiner Gewehre, warnte uns aber, dass ihm viele seiner Männer nachfolgten. Um Streitigkeiten vorzubeugen, schlug er vor, dass wir besser auf die andere Flussseite wechseln und erst in einer gewissen Entfernung wieder herüberkommen sollten, was ich ihm auch versprach. Natürlich wollte er damit nur verhindern, dass wir auf das Lager mit den geraubten Mädchen stießen und versuchen konnten, diese zu befreien. Ich hatte mir aber schon etwas ausgedacht, um ihn zu überlisten. Bevor ich jedoch dazu kam, gerieten wir in einen unerwarteten Hinterhalt. Halef und ich wurden nieder-

[1] Russland-Reise (1863): 30. Juni 1863, Seite 43f.

[2] Fünfte Orient-Reise (1874-1875): 28. September 1875, Seite 318f.

geschlagen und gefangen genommen, weil man in uns die Mädchenräuber vermutete. Nach längerer Zeit hörte ich den Anführer der Männer von einer entführten ‚Schefaka' sprechen. Sofort fragte ich ihn, ob er zu den Sebari-Kurden gehöre, ob Schefakas Mann Hamsa Mertal heiße, und dessen Vater, der Scheik dieses Stammes, Scheri Schir sei. Als er das bejahte, nannte ich ihm unsere Namen und erinnerte ihn, dass wir vor Jahren Gäste dieses Sebari-Stammes gewesen waren.[1] Daraufhin nahm man uns die Fesseln ab. Zu unserem Erstaunen war inzwischen der Armenier mit einem Kumpan ins Lager gekommen und bot jetzt hier bei den Moslems als angeblicher Araber ‚heiliges Blut' aus Mekka an. Natürlich wurden beide dingfest gemacht und wir erfuhren, dass alle Perser, außer ihrem Anführer, erschossen worden seien. Als Scheik Scheri Schir und sein Sohn Hamsa Mertal mit ihren Kriegern eintrafen, machten wir uns auf zum Lager der Mädchenräuber, von dem ich ja ahnte, wo es lag. Es war leicht, die schlafenden Kurden und Armenier gefangen zu nehmen und zu fesseln. Alle geraubten Mädchen und Frauen, es waren insgesamt fünf, wurden befreit, ebenso der gefangene Perser. Hamsa Mertal schloss frohlockend seine Schefaka in die Arme.

Sonntag, 18. September 1887:

Sobald der Morgen anbrach, wurde unser Lager aufgehoben und nach dem jenseitigen Ufer an die Stätte unseres Sieges verlegt. Ich bat den Perser, bei der Rückreise mit seiner befreiten Tochter *die drei Mädchen aus Serdescht mitzunehmen.* Die Schirwani-Kurden sollten freigelassen und zu Fuß und ohne Waffen nach Hause geschickt werden, die Armenier aber, die eigentlichen Mädchenräuber, wurden erschossen. Vorher hatten wir noch erfahren, wohin die früher geraubten Frauen und Mädchen verkauft worden waren. So würden wenigstens die Angehörigen verständigt werden, damit sie nach ihnen forschen konnten. Der Armenier, der als falscher Händler das Oberhaupt der Mädchenräuber war, wurde auf ein *aus Gras hergestelltes Floß* gebunden und mitten auf den Fluss

[1] Ebenda

geschafft. *Die Schirwani-Kurden wanderten noch am Vormittag fort. Dann nahm der Perser mit seinen vier Begleiterinnen freundlich Abschied von uns. Inzwischen war das Floß mit dem Händler versunken. Wir begruben die erschossenen Armenier und zogen dann auch fort nach dem Sommerlager der Sebari,* wo wir noch *eine Woche lang bei* dem Stamm bleiben würden.

Donnerstag, 20. Oktober 1887:

Vor gut einer Woche waren Halef und ich wohlbehalten wieder bei den Haddedihn angekommen. Natürlich war die Freude bei Hanneh und bei Kara Ben Halef riesengroß, dass sie ihren Gatten und Vater wiederhatten. Und ebenso natürlich war es, dass wir ausführlich von unserer Reise berichten mussten, wobei sich das ‚wir' meistens nur auf Halef beschränkte, der unsere Abenteuer, besonders die am Birs Nimrud, in seiner fantasiereichen Sprache den lauschenden Haddedihn vortrug. Nachdem ich mich unter der großen Fürsorge ‚der besten Frau der Welt' einigermaßen von unseren Strapazen erholt hatte, wollte auch ich mich wieder auf den Heimweg nach Deutschland machen. Damit ich auch sicher dort ankommen würde, sollten mich zehn Haddedihn unter der Führung von Omar Ben Sadek bis nach Beirut begleiten. Von dort aus hoffte ich, bald ein Schiff zumindest in eine italienische Hafenstadt zu finden.

30. ZEHNTE ORIENT-REISE (1892)

Sonntag, 7. Februar 1892:

Es war fast schon wie im Frühling. Ich saß in einem Zug nach Triest zu meiner voraussichtlich letzten Orientreise. Schon im vergangenen Sommer hatte ich mit meiner Frau Dschanneh abgesprochen, dass ich in meinem fünfzigsten Lebensjahr eine Reise dorthin machen wollte, um vielleicht mit meinem alten Reisebegleiter Hadschi Halef Omar noch einmal einen verbotenen Ort aufzusuchen, von dem ich vor etwas mehr als zwanzig Jahren nicht viel gesehen hatte: Mekka, die heilige Stadt des Islam! Ich hatte Halef nur geschrieben, dass ich in diesem Frühjahr kommen wollte, und hoffte, dass sich sein Stamm wieder einmal in der Nähe von Mossul niederlassen würde, denn von dort ließ er immer meine Post abholen. Er würde also nicht so sehr überrascht sein, wenn ich dort auftauchte.

Freitag, 4. März 1892:[1]

Knapp vier Wochen später traf ich bei den Haddedihn ein. Ich brauche gar nicht zu schildern, wie man sich über meinen Besuch dort freute. *Kara Ben Halef*, der einzige Sohn von Hadschi Halef Omar und seiner Frau Hanneh, *zählte jetzt fast zwanzig Jahre.* Für mich war er fast so wie ein Patenkind.

Mittwoch, 9. März 1892:

Halef war gewöhnt, dass ich stets, wenn ich zu ihm kam, einen längeren Ritt mit ihm unternahm. Als er mich fragte, welche Gegend ich jetzt besuchen wollte, und ich ihm nur das eine bedeutungsvolle Wort Mekka sagte, erschrak er zunächst, fühlte sich dann aber, genau wie ich, von der Gefahr doppelt angezogen.

Samstag, 12. März 1892:

Wir besprachen darum erst alles unter vier Augen und begannen dann, hier und da eine vorsichtige Bemerkung fallen zu lassen. Als ich Hanneh, der klugen ‚*Sonne unter allen Sternen des Frauenfirmaments*' *meine Absicht und den Wunsch, dass Halef*

[1] 04.03.1892-14.04.1892: Karl Mays Gesammelte Werke Band 25, *Am Jenseits*

mich begleiten möge, vortrug, schlug sie vor, nicht nur ihn, sondern auch ihren gemeinsamen Sohn Kara Ben Halef und sie, seine angetraute Ehefrau, mitzunehmen. Ich musste mir genau überlegen, ob ich dieses Risiko, eine Frau quer durch die Wüste der Halbinsel Arabien bis hinüber nach Mekka mitzunehmen, überhaupt verantworten konnte.

Montag, 14. März 1892:

Halef und ich hatten unsere Reisepläne den Haddedihn unterbreitet und herumgefragt, ob an einer Hadsch nach Mekka Interesse bestünde. *Es meldeten sich auch wirklich so viele Haddedihn, dass nicht alle mitgenommen werden konnten, sondern eine Auswahl getroffen werden musste. Darum wurde bestimmt, dass nur fünfzig Krieger teilnehmen konnten. Es war jetzt noch nicht die Zeit der eigentlichen Hadsch, des großen Pilgerzuges. Darum wollten wir jetzt schon hin, wo der Andrang nicht so groß war. Für Hanneh wurde ein großer Tachtirewân bestimmt,* eine Sänfte, die *zwei Kamele tragen mussten.* Obwohl wir alle auf Kamelen reiten würden, wollten wir trotzdem noch drei zusätzliche Pferde mitnehmen, nämlich meinen Assil Ben Rih, Halefs Barkh und für Kara Ben Halef eine Schimmelstute. Unsere Pilgerreise sollte heute in einer Woche beginnen.

Dienstag, 15. März 1892

Da es für mich zu gefährlich gewesen wäre, mich offen unter meinem überall bekannten Namen nach Mekka zu wagen, war ich gezwungen, einen anderen Namen anzunehmen: Halef nannte mich Hadschi Akil Schâtir Effendi.[1]

Montag, 21. März 1892:

Unser Führer entstammte dem Beduinenstamm der Beni Harb. Er hatte eine Haddedihn geheiratet und war bei ihrem Stamm geblieben. Er kannte den Weg, den wir einschlagen wollten, sehr genau. Bei unserem Aufbruch wurden wir von fast allen Bewohnern des Lagers noch ein großes Stück begleitet.

[1] Karl Mays Gesammelte Werke Band 50, Franz Kandolfs *In Mekka* (Fortsetzung zu Band 25), Einleitung

Sonntag, 10. April 1892:

Wegen des Tachtirewâns von Hanneh kamen wir nicht so zügig voran, als wenn nur wir Männer unterwegs gewesen wären. Wir waren trotzdem zufrieden, denn *der erste Teil der Reise verlief ohne besonderes Erlebnis.* Es war südlich des Dschebel Daharah, als wir zwei Geier beobachteten, die *über einer bestimmten Stelle schwebten. Wir bogen von unserem Weg ab, zu der betreffenden Stelle, die wir nach drei Viertelstunden erreichten.* Dort trafen wir auf fünf Männer, die, ebenso wie ihre Kamele, nahe am Verdursten waren. *Drei von den Männern standen in mittleren Jahren; einer war jung und einer alt. Der Alte schien am wenigsten erschöpft zu sein.* In ihrer Mitte hatten sie einen Toten. Nachdem wir die Menschen mit dem nötigsten Wasser versorgt hatten, befahl uns der Alte, nun auch *den* Kamelen *zu saufen und zu fressen* zu geben. Dann sollten wir mehrere Schläuche Wasser bei ihnen lassen und sofort wieder verschwinden. Das war mehr als unverschämt. Es wurde bald Nacht und wir machten uns bereit, hier zu lagern. Unsere Haddedihn gaben von sich aus den Kamelen der Fremden Wasser und Maisstroh. Als unser Abendessen bereitet wurde, forderte der jüngste der Fremden – er bat nicht, sondern er forderte – Kaffee und Brot. Auch der Alte schaltete sich noch ein, behauptete, einer der berühmtesten Männer Mekkas zu sein, und nannte sich selbst El Ghâni, der Reiche. Als er unverschämt wurde und noch forderte, wir sollten ihn um Verzeihung wegen unseres Benehmens bitten, kam er bei meinem Hadschi gerade an den Richtigen. Dieser sagte ihm seine Meinung nach Strich und Faden. Danach schien sich der Ghâni eines Besseren besonnen zu haben, denn er fragte, ob wir etwas dagegen hätten, wenn sie den Toten begraben würden. Der Tote wurde El Münedschi, der Wahrsager, genannt und hatte angeblich mit Geistern und Engeln in Verbindung gestanden. Die Mekkaner bedeckten ihn nur halb mit Sand. Als das geschehen war, gaben wir ihnen noch einen Schlauch Wasser, um den der Ghâni gebeten und für den er sich auch bedankt hatte. Beim Fortreiten allerdings verfluchten sie uns.

Montag, 11. April 1892:

Als wir den Morgenkaffee zu uns genommen hatten, durften wir an unseren Aufbruch denken. Vorher aber mussten wir die Leiche des Münedschi vollends mit Sand bedecken. Dabei bemerkte ich, *dass der Begrabene nur scheintot war. Nach langem Bemühen brachten wir ihn wieder zum Bewusstsein, und es zeigte sich, dass wir es mit einem Blinden zu tun hatten, der ohne unser Dazwischenkommen rettungslos verloren gewesen wäre. Einige Zeit nach unserem Aufbruch wurden wir von einem Trupp von zweiundzwanzig Reitern eingeholt, deren Anführer sich uns als Khutab Aga, Oberaufseher des Heiligtums von Mesched Ali, vorstellte. Er erzählte, dass er hinter einer kleinen Karawane von Dieben her sei, die einen unglaublich frechen Diebstahl begangen hätten; sie hätten den ‚Schatz der Glieder' in Mesched Ali gestohlen. Die Angaben des Persers passten genau auf die Mekkaner, die uns vor einigen Stunden verlassen hatten, und ich zögerte nicht, ihm die entsprechende Mitteilung zu machen. Erfreut ritt er weiter, fiel jedoch mit seiner ganzen Begleitung in die Hände der Beni Khalid, unter deren Schutz der Ghâni sich und die Seinen gestellt hatte. Es gelang uns, die Gefangenen zu befreien und den ‚Schatz der Glieder' zurückzugewinnen.*[1] Am späten Abend nahm uns der Blinde mit auf einen Berg. Obwohl ihm keiner den Weg wies und ihn führte, ging er sicher wie an einer fremden Hand vor uns her. Dort sprach er wie jemand aus dem Jenseits und behauptete, nicht er, sondern Ben Nûr, der Sohn des Lichts, spräche zu uns. Und Ben Nûr sprach auch von einem Gemach in Mekka, *in dem drei Gebetsteppiche liegen* sollten, *zwei von roter und einer von blauer Farbe, der mit Koransprüchen verziert* sei. Zum Münedschi muss ich noch bemerken, dass ich das Gefühl hatte, er sei nicht immer Moslem, sondern früher wohl ein Christ gewesen.

Dienstag, 12. April 1892:

Am nächsten Morgen wusste der Münedschi nicht mehr, dass wir heute Nacht mit ihm auf dem Berg gewesen waren.

[1] *In Mekka,* Einleitung

Er bat mich, ihn jetzt wieder zu seinem Freund und Gönner, dem Ghâni, gehen zu lassen. Die Mekkaner waren anfangs entsetzt. Sie glaubten, im Münedschi einen Geist zu sehen, denn er war ja gestorben und begraben worden. Tawil Ben Schahid, der Scheik der Beni Khalid, aber war immer noch versessen auf den ‚Schatz der Glieder' und bestand darauf, um diesen zu kämpfen. Der uns aufgezwungene Kampf dreier unserer Leute gegen drei Krieger der Beni Khalid wurde zu unseren Gunsten entschieden und der Perser Khutab Aga erhielt den Schatz zurück. Auf dem Rückweg in ihre Heimat, fielen die Perser *in einen Hinterhalt, den ihnen die Beni Khalid gelegt hatten. Beim Kampf, bei dem sich auch die Mekkaner beteiligten, wurden sämtliche Begleiter des Persers erschossen. Ich kam leider zu spät, um die Bedauernswerten zu retten; im Gegenteil, infolge eines Sturzes meines Hedschîns fiel ich selber, der ich meinen Haddedihn vorausgeritten war, in die Hände der rachgierigen Beni Khalid. Und ich wäre verloren gewesen, wäre mir nicht die Habsucht des Scheiks zu Hilfe gekommen. Er schickte nämlich alle seine Leute fort, um den Schatz nicht mit ihnen teilen zu müssen. Dies ermöglichte es den mir folgenden Haddedihn, unbemerkt heranzukommen und den Scheik zu überrumpeln. Da Khutab Aga, die Rache Allah überlassend, auf eine Bestrafung des Scheiks und der Mekkaner verzichtete, wurden sie in Freiheit gesetzt.*[1] Auch wir ritten weiter und suchten uns zwischen den Sanddünen einen Lagerplatz, der *mit wenigen Posten am leichtesten zu bewachen* war. *Morgen früh wollten wir uns dann nach den Umständen richten.*

Mittwoch, 13. April 1892:

Wir wurden durch einen Überfall geweckt, und da wir uns, ohne Widerstand zu leisten, freiwillig ergaben, nur gefesselt. Anfangs dachte ich, es seien die Beni Khalid, die uns überfallen hätten, doch stellte sich heraus, dass es Krieger der Beni Lam waren. Ihr Scheik, Abd el Darak, ließ uns schon nach kurzer Zeit die Fesseln abnehmen und erzählte uns, was sich

[1] Ebenda

in der letzten Nacht zugetragen hatte: *Die Beni Khalid beabsichtigten nämlich einen Raubzug in die Weidegründe der Beni Lam. Diese hatten aber davon Kunde erhalten und waren aufgebrochen, um den Feind in der offenen Wüste zu begegnen. Es gelang ihnen, die ahnungslosen Räuber am Bir Hilu zu überraschen und aufs Haupt zu schlagen. Auch der Sohn des Ghâni, gegen den die Beni Lam eine Blutrache hatten, und seine drei Begleiter wurden getötet. Der Ghâni, der durch den Tod seines einzigen Sohnes schwer genug bestraft erschien, erhielt die Freiheit und zog weiter, begleitet von dem Blinden, der sich von dem Mann, den er für seinen größten Wohltäter hielt, nicht zu trennen vermochte.*[1] Wir blieben den ganzen Tag und auch noch die Nacht bei den Beni Lam. Sie hatten uns für die nächsten Tage in ihr Duar als Gäste eingeladen und wir hatten zugesagt.

Donnerstag, 14. April 1892:

Am Morgen sahen wir die Spur des Ghâni, die vom normalen Weg abgebogen und dann wieder darauf zurückgekommen war. Das schien uns nicht geheuer, weshalb wir der Abbiegung nachritten. Bald fanden wir den Münedschi bewusstlos, er war an Händen und Füßen gebunden. Der Ghâni hatte den Blinden, von dem er in Mekka verraten zu werden fürchtete, in der Wüste weit abseits vom Weg ausgesetzt. *Wir alle waren empört über diese entsetzliche Grausamkeit, die auf das Gemütsleben des Blinden vernichtend wirken musste, da sie ihm die größte Enttäuschung seines Lebens bereitete. Wir richteten ihm auf einem unserer Kamele einen bequemen Sitz zurecht und setzten unseren Ritt zu den Weidegründen der Beni Lam fort. Aber als wir die Stelle verließen, sagte der immer noch bewusstlose Blinde in einem jener ihm eigentümlichen Zustände, in denen er uns schon wiederholt mit der Kenntnis von Dingen, die jenseits der Grenze der irdischen Erfahrung liegen, überrascht hatte: „Schaut noch einmal zurück und merkt euch diese Stelle, denn ihr kommt wieder her, wenn abgerechnet wird!“*

[1] Ebenda

Am Nachmittag führte uns unser Ritt durch eine vollkommen wasserlose, öde Sandwüste. Gegen Abend verlor die Wüste ihr bisheriges Aussehen und die Vorbereitungen zum Lagern wurden getroffen.[1] Der Münedschi, der den ganzen Tag vollkommen apathisch mitgeritten war, kam nun zu sich und bat mich, *bei allem, was* mir *heilig* sei, ihm *die Wahrheit zu sagen.* Vorher aber verriet er mir, was er im Traum erlebt habe. Doch ich musste ihm bestätigen, dass das kein Traum, sondern die Wahrheit gewesen war und dass ihn sein einziger Freund und Gönner in der Wüste zum Verschmachten ausgesetzt hatte. Nach diesem Schock musste er Ruhe haben, um sich zu erholen. In der Nacht kam er zu mir und erzählte mir seine Lebensgeschichte: Er war ein gebürtiger Russe aus reichem Elternhaus und hatte *in verhältnismäßig jungen Jahren einen Lehrstuhl auf der Universität in Petersburg* erhalten. Auf Grund seiner gegensätzlichen Überzeugungen in Sachen der russischen Politik hatte er sich mit seinen Geschwistern überworfen und zudem ein armes Mädchen geheiratet. Wegen eines nihilistischen Attentats, mit dem er jedoch gar nichts zu tun hatte, sollte er verhaftet werden. Er wurde jedoch von einem Freund rechtzeitig gewarnt und konnte so sein Vermögen flüssig machen. Ihm blieb nur noch die Flucht nach Persien. Seine Frau aber, die ihn nur wegen *Glanz und Ehre* geheiratet hatte, wollte *nicht die Verbannung* mit ihm *teilen.* In Persien fand er das Wohlgefallen des Schah-in-Schah und wurde in Teheran *Lehrer an dem dortigen berühmten Kolleg.* Hier lernte er den Ghâni kennen, *der als Gesandter des Großsherifs von Mekka an den Hof des Schah gekommen war.* Von ihm *erfuhr* er *von dem Ränkespiel* seiner *Gegner,* die ihn dem Kreis der Babi zuordneten, die *den bekannten Mordanfall auf den Schah im Jahre 1852* vorgenommen hatten. Der Ghâni half ihm, aus dem Kerker zu fliehen und mit einer Vollmacht sein gesamtes Vermögen von der Bank abzuheben. Dann war er mit dem Ghâni nach Mekka gekommen, doch sein ganzes Geld wurde ihm gestohlen, sodass er jetzt ausschließlich

[1] 14.04.1892-26.08.1892: Karl Mays Gesammelte Werke Band 50, Franz Kandolfs *In Mekka*

auf die Hilfe seines Gönners angewiesen war. Durch so viele Schicksalsschläge hatte er den Glauben an das Christentum verloren und trat deshalb, aber auch seinem Wohltäter zuliebe, zum Islam über. Je mehr er das Augenlicht verlor, *desto mehr öffnete sich* sein *inneres Auge dem Licht, das von Ben Nûr,* seinem *Führer, ausging.* Nach diesen Erläuterungen schwieg der Blinde erschöpft. Ich aber klärte ihn über seinen ‚Wohltäter' auf, der ihn von Anfang an belogen und betrogen und es nur auf das Vermögen des ehemals reichen Russen abgesehen hatte. Für ihn aber war der Ghâni ein ehrlicher und frommer Mann, der viel Zeit in seinem Pavillon, dem *‚Haus des Gebetes'*, verbrachte. Der Münedschi brauchte lange, bis er es endlich einsah, dass ich mit meiner Behauptung richtig lag. Ich hoffte, ihm auch in kürzester Zeit die Beweise dazu verschaffen zu können. Dann kam ich auf seine Blindheit zu sprechen, von der ich glaubte, dass sie hauptsächlich auf seinen allzu übermäßigen Tabakgenuss zurückzuführen sei. Er versprach mir, sofort damit aufzuhören. Ich hatte das Gefühl, dass er froh war, endlich jemandem sein Herz ausgeschüttet zu haben.

Sonntag, 17. April 1892:

Am Nachmittag kamen wir im Lager der Beni Lam an. Nicht nur die Krieger wurden von den Daheimgebliebenen freudig begrüßt, sondern auch wir, die wir für einige Zeit Gäste des ganzen Stammes sein sollten.

Samstag, 30. April 1892:

Unser Besuch bei den Beni Lam hatte mehr Zeit in Anspruch genommen, als wir ursprünglich beabsichtigt hatten. Schließlich konnten wir aber unsere Abreise nicht länger aufschieben, wollten wir Mekka noch einige Zeit vor Ankunft der großen Pilgerkarawanen erreichen. Ich hatte gehofft, *Khutab Aga, der Perser, würde sich von uns trennen, um mit seinem wiedergewonnenem* Schatz *die Heimreise* anzutreten. Er wollte aber mit nach Mekka, was mir *nicht ganz gelegen* kam. Der Müne-dschi hatte *sich während der vierzehn Tage unseres Aufenthalts bei unseren Gastfreunden körperlich erholt,* sodass er in einem Tachtirewân mit uns reisen konnte. Nur tagsüber musste er seine Augen noch *durch eine Binde schonen. Beim Abschied hatten wir Abd el Darak versprechen müssen, die Heimreise so einzurichten, dass die Weidegründe der Beni Lam auf unserem Weg lagen.*

Samstag, 14. Mai 1892:

Vierzehn Tage später erreichten wir bei Es Sufeïne die Pilgerstraße, die von Damaskus nach Mekka führt.

Mittwoch, 18. Mai 1892:

Und nach wieder vier Tagen um die Mittagszeit sahen *wir hinter der letzten Krümmung eines vielgewundenen Tals Mekka vor uns liegen.* Da sprach der Münedschi wiederum mit der Stimme Ben Nûrs so eindringlich zu uns, dass es mir beinah wie eine Predigt vorkam. *Als wir die Vorstadt Maabideh fast erreicht hatten, ließ ich die Vorhänge des Tachtirewâns, in dem der Münedschi saß, schließen. Es sollte ihn keiner des Wegs kommender Mekkaner zu sehen bekommen. Als wir die ersten Häuser des Stadtviertels En Naka hinter uns hatten, kam uns ein alter Mann von Vertrauen erweckendem Aussehen entgegen.* Auf unsere Frage nach einem geeigneten Quartier für so viele Leute führte er uns in die Stadt *an das Tor eines vornehm aussehenden Hauses.* Der Besitzer wohnte momentan in seiner Sommerresidenz außerhalb der Stadt und vermietete das Anwesen an Pilgergruppen. Wir waren zufrieden. *Nachdem wir uns vom ärgsten Staub der Reise gereinigt und eine reichliche Mahlzeit zu uns genommen hatten, brachen wir auf, um der ersten Vorschrift zu genügen, die im ‚Umgang nach der Ankunft' besteht. Mir konnte es als Christ nicht einfallen, die mohammedanischen Gebräuche mitzumachen. Ich war* ja *Hadschi Akil Schatir Effendi, ein Gelehrter aus dem Maghrib, der die Obliegenheiten der Hadsch längst erfüllt hatte.* Als ich an der Kaaba beinahe mit dem Ghâni zusammengestoßen war, nahm ich mir vor, *seine Wohnung zu sehen, jedenfalls von außen. Wenn ich dem Haus des Ghâni einen geheimen Besuch abstatten wollte, musste ich vorher die Örtlichkeit genau kennen. Deshalb stieg ich den Dschebel Abu Kubes ein Stück empor, bis ich unterhalb der großen Festung, der Qal'at Dschijât, angekommen war.* Von dort aus konnte ich mit dem Fernrohr das gesamte

Anwesen des Ghâni überblicken. Wieder in unserem Quartier angekommen, schickte ich zwei Haddedihn los. Sie sollten sich *in der Nähe der Wohnung des Ghâni einmieten und mir sofort Mitteilung machen, wenn sie etwas von Bedeutung beobachteten.*

Donnerstag, 19. Mai 1892:

Schon gleich nach dem Tag unserer Ankunft in Mekka kaufte ich dem Münedschi eine blaue Brille, *weil ich die Gesundung seiner Augen für so weit fortgeschritten hielt, dass ich den die Augen während des Tages schützenden Umschlag durch eine Brille ersetzen zu dürfen glaubte.*

Samstag, 21. Mai 1892:

Khutab Aga, der Perser, beschwerte sich, weil die Sunniten die schiitischen Pilger aus Persien mit Schimpfnamen belegten und *die Armen unter ihnen am geringschätzigsten* behandelten. *Ich konnte ihm nicht Unrecht geben,* machte ihn jedoch darauf aufmerksam, dass die Schiiten in Kerbela oder Mesched Ali mit den Sunniten nicht anders verfuhren.

Donnerstag, 26. Mai 1892:

Als mir der Münedschi heute *vor Freude versicherte, er vermöge meine Gesichtszüge ganz deutlich zu erkennen, da war auch meine Freude unaussprechlich.*

Donnerstag, 2. Juni 1892:

Ein Tag nach dem anderen verging wie im Flug. Es fehlte nicht an Abwechslung, denn während unseres bisher gut zweiwöchigen Aufenthalts in Mekka erweiterte und vertiefte ich meine Kenntnisse des Islam bedeutend. *Ich sah das Innere der Kaaba,* war *auf dem Berge Arafah, beteiligte mich im Tal Muna an der ‚Steinigung des großen Teufels' und trank meine Tasse Kaffee im Kaffeezelt von El Umrah. Ich hörte auch in den Säulenhallen der Hauptmoschee die Vorlesungen der Professoren,* denn ich galt ja als *berühmter ‚Taleb'* (Schüler) *aus dem fernen Maghreb.*

Freitag, 3. Juni 1892:

Am Morgen des sechzehnten Tages unserer Anwesenheit in Mekka meldete *einer der beiden Haddedihn, die ich gegen den Ghâni auf die Lauer geschickt hatte,* dass dieser *soeben fortgeritten* sei. *Ich begab mich sofort* zusammen mit Halef und seinem Sohn Kara dorthin, um *dem Haus des Ghâni einen Besuch abzustatten.* Von hinten stiegen wir über die Gartenmauer und Kara musste aufpassen, damit uns niemand überraschte. *Halef und ich* machten *uns an die Untersuchung des Pavillons,* den der Ghâni sein *‚Haus des Gebets'* nannte. Das Türschloss machte mir keine Schwierigkeiten. Im Innern sahen wir die drei Gebetsteppiche, von denen Ben Nûr durch den Münedschi gesprochen hatte. Der mittlere blaue entpuppte sich als Doppelteppich, in den eingenäht sich verschiedene Papiere befanden: Eines davon war eine Abrechnung *der kaiserlichen Bank von Teheran über das vom Grafen Werniloff dort hinterlegte Vermögen, dann folgten einige Noten derselben Bank, die genau den Betrag der Schlussnote ergaben, und fünf Zeitungssausschnitte* über *das geheimnisvolle Verschwinden des Grafen.* Ich wollte gerade den entleerten Teppich wieder zurücklegen, als ich auf dem Marmorboden die Ritze einer Abdeckung sah. Wir hoben die Platte weg und sahen einen Schacht, der in die Tiefe ging und an dessen Rand eiserne Klammern eingelassen waren. *Ich zählte zwanzig Klammern, bis ich wieder festen Boden unter mir fühlte. Wir befanden uns in einem nach zwei Richtungen verlaufenden Gang. Ich zählte nahezu tausend Schritte, die wir in östlicher Richtung zurücklegten.* Dann kam eine Abzweigung, der wir zuerst folgten. *Nach vielleicht fünfhundert Schritten* versperrte uns *eine Tür aus Holz den Weg. Ich schob* den Riegel *zurück, stieß die Tür auf und befand mich im Freien. Zu meinen Füßen breitete sich die heilige Stadt aus, seitwärts über mir blickten die düsteren Mauern der Festung Dschijâd herunter.* Als ich die Tür wieder schließen wollte, sah ich einen Zettel auf dem Boden liegen. Auf diesem stand: „Komme morgen in die Höhle Atafrah!" Das war ja die Höhle, in der sich die Ateïbeh versteckt hatten, als ich damals aus Mekka fliehen musste.[1] Sicher war der Ghâni heute Morgen dorthin geritten. Ich musste wissen, wen er dort traf. Deshalb eilten wir schnellstens durch den Gang zurück in den Innenhof und von dort zu unserem

[1] Dritte Orientreise (1871-1872): 2. und 3. November 1871, Seite 185f.

Quartier. Ich übergab Kara Ben Halef die gefundenen Papiere mit dem Geld zur Aufbewahrung. Dann ritten Halef und ich auf unseren Pferden aus der Stadt hinaus, denn wir wollten den Ghâni noch vor der Höhle in Sichtweite haben, was uns auch gelang. Wir kamen jedoch aus einer anderen Richtung dort an, sodass uns niemand sehen konnte, und ließen *unsere Pferde in einem Felsspalt zurück.* Als wir uns unbemerkt an die Stelle geschlichen hatten, wo sich der Ghâni mit Achmed Ghalib, dem Scheik der Sebida-Araber traf, konnten wir alles hören, was beide miteinander sprachen. Und wir erfuhren Unfassbares: Der Ghâni wollte mit Hilfe des Scheiks und seiner Sebida-Araber den Großsherif von Mekka stürzen und selbst dessen Amt übernehmen. Bis übermorgen wollte er mit seinen Vorbereitungen fertig sein. Der Scheik sollte mit seinen Kriegen in der Nacht vom Sonntag auf Montag an einen bestimmten Punkt kommen. Um in die Festung zu gelangen, wollte man den seit Jahrhunderten unbekannten Gang benutzen, den Halef und ich vor ein paar Stunden entdeckt hatten. Anschließend, so hatte der Ghâni vor, würde er Rache an mir und den Haddedihn nehmen. Nachdem sich die Verschwörer getrennt hatten, warteten wir noch die Mittagshitze ab und ritten dann ebenfalls wieder auf Mekka zu. Für Halef und mich war klar, dass wir den Großsherif vor dem geplanten Attentat warnen mussten, wir wussten aber noch nicht wie.

Wir befanden uns schon auf der Hauptstraße in Mekka, *als uns ein Trupp von einem halben Dutzend* Berittener aus der Leibwache des Sherifs *entgegenkam. In ihrer Mitte* war ein Gefangener: *Khutab Aga, der Perser.* Als ich mich einmischte, bezichtigte uns der Ghâni, der sich unter der Menschenmasse befand, die dem Trupp nachzog, als Räuber und Mörder. Wir versprachen dem Obersten der Leibwache, freiwillig mit zum Großsherif zu folgen, wohin auch der Perser gebracht werden sollte. Unterwegs sahen wir Kara Ben Halef, der sogleich davoneilte, sicher, um die Haddedihn zu verständigen. Wir wurden ins Haus des Großsherifs geführt, wo über den Perser und uns Gericht gehalten werden sollte.

Mit hinein drängte sich viel Fußvolk, das eine Sensation witterte. Inzwischen hatte der Ghâni den Großsherif 'Aun er Rafiq gegen uns eingenommen, denn dieser behandelte uns wie Verbrecher. Als wir uns mit Worten wehrten und Beweise für unsere Schuld verlangten, bezichtigte der Ghâni uns und die Haddedihn, ohne jedoch deren Stammesnamen zu nennen, als Räuber und Mörder seines Sohnes und seiner Begleiter. Weiter behauptete er sogar noch, mit angesehen zu haben, wie wir den in Mekka sehr angesehenen blinden Münedschi ermordet hätten. Da tauchten unsere Haddedihn unter der Führung von Kara Ben Halef im Gerichtssaal auf und drängten das Publikum vollkommen in den Hintergrund. Jetzt erst erfuhr der Großsherif, dass es sich bei der beschuldigten Räuberbande um die auch bei ihm angesehenen Krieger der Haddedihn handelte, weshalb er dem Ghâni Vorwürfe machte. Er wusste auch, dass Hadschi Halef Omar ihr Scheik war, und hatte zudem schon vom Freund dieses Stammes gehört, einem Christen namens Kara Ben Nemsi. Letzteren hätte der Großsherif von Mekka schon lange gerne einmal persönlich kennengelernt. Da verplauderte sich Halef und hätte mich, der ich mich doch als islamischen Gelehrten aus dem Wadi Draa ausgab, beinahe verraten. Sofort stürzte sich der Ghâni auf diesen Versprecher. Er wollte mich schon in der Wüste als Kara Ben Nemsi erkannt haben, der jetzt die Heilige Stadt mit seiner Anwesenheit besudelte. Es hätte schlimm für uns ausgehen können, weil sich die Mekkaner prompt auf den ‚Giaur' (Ungläubiger) stürzten, um ihn zu lynchen. Doch da betrat ganz unerwartet der Münedschi mit Hanneh den Gerichtssaal und alle waren erstarrt. Sie glaubten einen Geist zu sehen, der zudem plötzlich sehen konnte, während er doch bekanntlich blind war. Der Münedschi klärte sie mit wenigen Worten auf und beschuldigte den Ghâni, ihn in der Wüste umbringen gewollt zu haben. Da der Ghâni vorher *„bei Allah und beim Barte des Propheten"* geschworen hatte, ich sei der Mörder des Münedschi und er habe alles mitangesehen, wandte sich der Großsherif von ihm ab. Durch seinen Meineid hatte er *Allah und seinen Propheten* *geschändet.* Daraufhin schritt der Ghâni *nach einer mehr spöttischen als ehrerbietigen Verbeugung vor dem Großsherif stolz und hocherhobenen Hauptes dem Ausgang zu. Die Mekkaner hatten sich während der letzten Szene ziemlich ruhig verhalten.* Sie schienen es jetzt nicht mehr gar so ernst zu nehmen, dass ein Giaur ihre Heilige Stadt besudelt haben sollte. Nachdem der Großsherif die Volksmasse verabschiedet hatte, *stieg* er *die Stufen zu uns herunter, um uns die Hand zum Abschied zu geben. Jetzt hielt ich den richtigen Augenblick gekommen für meine Mitteilung.* Da es *sich um eine streng vertrauliche Sache* handelte, nahm 'Aun er Rafiq uns drei, nämlich Halef, Kara und mich, mit in seine Gemächer. Dort erzählte ich ihm alles, was Halef und ich heute Morgen draußen an der Höhle von Atafrah erlauscht hatten. *Sein Antlitz war sehr bleich geworden, aber ein Zug eiserner Entschlossenheit lag um seine Mundwinkel.* Danach nahm er *freundlich, fast herzlich von uns Abschied. Die Uhr* zeigte *auf Mitternacht. Als wir zu Hause angekommen waren,* waren *der Münedschi und der Perser noch wach; die außerordentlichen Ereignisse des Tages ließen bei ihnen noch keinen Schlaf aufkommen.* Nachdem wir uns noch eine Zeitlang unterhalten hatten, holte Kara Ben Halef die Papiere, die ich ihm zur Aufbewahrung gegeben hatte, und überreichte sie dem Münedschi, den ich jetzt Graf Werniloff nannte. Als er sah, dass es das ganze Vermögen war, das ihm der Ghâni unterschlagen hatte, zitterte er vor lauter Aufregung. Die Zeitungsausschnitte aus Teheran waren *der unanfechtbare Beweis dafür, dass* ihn der Ghâni *durch schändliche Lügen in sein Garn gelockt* hatte. Nachdem wir noch vieles mehr in aller Ausführlichkeit besprochen hatten, *war es wirklich höchste Zeit für uns, die Ruhe aufzusuchen, wenn wir nicht vom Morgen überrascht werden wollten.*

Ich war eben daran, einzuschlafen, *da schreckte mich ein lautes Klopfen am Tor auf.* Es kam unerwarteter Besuch: *'Aun er Rafiq, der Großsherif in höchsteigener Person, aber in gewöhnlicher Straßenkleidung.* Er wollte den vom Pavillon des Ghâni ausgehenden Geheimgang, von dem ich erzählt hatte, mit mir in Augenschein nehmen. Das konnte allerdings meinen

Plan zerstören, den Ghâni und den Scheik der Sebida-Araber in der Nacht vom Sonntag auf Montag auf frischer Tat zu ertappen. Doch das war dem Großsherif jetzt egal, zumal er von Halef, der zu uns gekommen war, unterstützt wurde. Wir gingen also zu viert – Kara Ben Halef sollte wieder Wache stehen – zum Grundstück des Ghâni. Nachdem wir uns überzeugt hatten, dass niemand in der Nähe war, knackte ich das Schloss an der Tür des ‚Gebetshauses' und wir gingen zu dritt hinein. Ich stieg als Erster in den Schacht, gefolgt vom Großsherif, während Halef den Schluss bildete. 'Aun er Rafiq zeigte sich immer erstaunter, je weiter wir den unterirdischen Gang entlanggingen. Wir nahmen diesmal bei der Abzweigung den anderen Weg und hatten am Ende eine Steinplatte mit einem eisernen Ring vor uns. Die Steinplatte gab nach, als ich sie nach oben drückte, und wir gelangten in einen Raum, der zu den Kasematten der Festung gehörte. Nach einer kurzen Besichtigung wusste der Großsherif genau, wo wir uns befanden. Das war wichtig, weil wir morgen Nacht hierherfinden mussten, um das geplante Attentat auf ihn zu verhindern. Wir gingen zurück und gelangten, nachdem wir die Steinplatte wieder verschlossen hatten, auch unbemerkt aus dem Pavillon. Hier meldete Kara, dass unterdessen nichts vorgefallen war. An unserem Haus angekommen, verabschiedete sich 'Aun er Rafiq, der allein zu seinem Palast zurückgehen wollte.

Samstag, 4. Juni 1892:

Heute wurde *unser Haus von früh bis spät von einer neugierigen, orientalisch zudringlichen Masse von Menschen belagert.* Viele hatten *es sich in den Kopf gesetzt,* den *blinden und plötzlich wieder sehend gewordenen Münedschi* zu sehen und zu sprechen, was diesen aber im Lauf des Tages zu sehr anstrengte. Halef und ich hatten für heute Abend eine Einladung zum Pascha ins Regierungsgebäude erhalten. Der Pascha, Stellvertreter des Padischah im Gebiet von Mekka, *war von kleiner Gestalt* und *dick, sogar sehr dick.* Das durfte aber nicht darüber hinwegtäuschen, *dass der Padischah einen so schwierigen Posten, wie die Verwaltung des Hedschas ist, nur einem Mann anvertraute, der nicht geringe diplomatische Fähigkeiten besaß.* Nach dem sehr vorzüglichen Mahl wurde Wein serviert. Wein war einem Moslem streng verboten, aber der Pascha litt an einer ‚Krankheit' und durfte darum den Wein als Arznei genießen. Auch Halef fühlte sich da gleich ‚etwas krank', sodass er ebenfalls nicht auf diesen Genuss verzichten musste. Der Pascha war vom Großsherif über alles informiert worden, weil ja beide in dieser Angelegenheit Hand in Hand arbeiten mussten, damit bei der Vereitelung des Attentats nichts schieflief. Außerdem war der Pascha für die Festung zuständig, wohin der Ghâni die Beduinen durch den geheimen Gang führen wollte. Der Pascha versprach, uns alle erforderlichen Hilfsmittel zur Verfügung zu stellen, außerdem wollte er selbst morgen Nacht in der Festung dabeisein.

Sonntag, 5. Juni 1892:

Auch heute *befanden wir uns wieder im Belagerungszustand* durch die Mekkaner. *Als der Vormittag vorüber war, wurde es Zeit, an die Vorbereitungen zu denken, die für den Abend zu treffen waren. Halef versammelte seine Haddedihn in der Vorhalle* und instruierte sie genau, was sie dabei zu tun hatten. Er teilte seine Leute in vier Gruppen auf: Zehn sollten unser Haus bewachen und zehn mit Kara Ben Halef zum Grundstück des Ghâni gehen. Halef würde mit weiteren zehn Männern am oberen Ruinenfeld den Ausgang versperren, sobald die feindlichen Beduinen dort eingedrungen waren. Ich wollte mit zwanzig Haddedihn in der Festung die Attentäter abfangen. *Bei meiner Abteilung wollte auch der Großsherif sein.* Ab zehn Uhr abends ging nach und nach jede Gruppe zu ihrem eingeteilten Platz, obwohl die Beni Sebîd (Sebida-Araber) erst nach Mitternacht am Seiteneingang des Geheimstollens eintreffen würden. In der Festung wartete schon der Pascha auf uns, ging dann aber wieder nach Hause. Während ich meine zwanzig Mann im hinteren Vorhof der Festung zurückließ, stieg ich mit dem Großsherif in das Kellergewölbe, um dort den Ghâni abzupassen. Gegen Mitternacht hob sich der Deckel zum Geheimgang und der

Erwartete erschien. Wie ich später von Kara Ben Halef erfuhr, hatten sie, nachdem der Ghâni im Geheimgang verschwunden war, die Eingangsplatte so versperrt, dass er nicht mehr zurückkonnte. Jetzt wollte er aus dem Stollen heraus, doch bis er sich von seiner Überraschung erholt hatte, war er schon in unserer Gewalt. Meine Haddedihn, die ich nun in das Gewölbe herabgeholt hatte, mussten den Ghâni *seines Burnus und Haik entkleiden, die ich anlegen wollte.* Danach stieg ich in den Gang hinunter, um die Beduinen hierherzuführen, wo sie dann von den Haddedihn in Empfang genommen werden sollten. Es handelte sich um etwa vierhundert Sebida-Araber unter der Führung ihres Scheiks, die inzwischen an dem Seiteneingang bereitstehen mussten, von wo aus ich vor einigen Tagen mit Halef auf die Stadt hinuntergeschaut hatte. Als ich dort ankam, hielten sie mich in meiner Verkleidung beim trüben Fackelschein tatsächlich für den Ghâni und folgten auf mein Zeichen stillschweigend in den Gang hinein. Wenn alle, wie geplant, weit genug im Stollen waren, würden Halefs Leute die Tür mit dicken Balken verrammeln, sodass niemand mehr hinauskonnte. Bevor wir den Ausgang zum Kellergewölbe erreichten, löschte ich durch einen Trick meine Fackel, sodass viele der hinter mir stehenden Beduinen im Dunkeln waren und mich nicht mehr sehen konnten. Daraufhin versetzte ich dem Scheik mit meiner berühmten Schmetterhand einen Schlag auf den Kopf, lud ihn mir auf den Rücken und eilte dem oberen Ausgang zu. Nachdem ich mit meinem Gefangenen draußen war, verschlossen die Haddedihn den Gang wieder. Die eingesperrten Beduinen mussten sich ergeben, ihre Waffen niederlegen und einzeln heraufkommen, wo sie sogleich von den Haddedihn ergriffen und gefesselt wurden. Als alle vierhundert Beduinen gebunden und dem herbeigerufenen Pascha übergeben worden waren, nahm ich einige Haddedihn mit hinunter zum Seitenstollen, wo sich Halef noch mit seinen Leuten befand. Ich schickte ihn und fünf Mann hinauf und auch Kara Ben Halef konnte jetzt seinen Platz verlassen, sollte aber einige seiner Männer als Wache am

Haus des Ghâni belassen. Mit insgesamt fünfzehn Haddedihn ging ich zur Stadt hinaus, um die Tiere der Beni Sebîd zu suchen.

Montag, 6. Juni 1892:

Der Morgen war zwar noch nicht ganz angebrochen und es herrschte ein unsicheres Zwielicht, doch wir fanden trotzdem die Spuren, die wir suchten, und konnten die Wachen überwältigen. Die Beduinen waren teils auf Kamelen, teils auf Pferden gekommen, darunter war auch dasjenige des Scheiks. *Es war ein prachtvoller Schimmel, ein feuriger Nedschdijhengst mit roten Nüstern.* Über diesen meinte Halef später, *die Haddedihn könnten mit ihm und ihren eigenen edlen Stuten eine Kreuzung erzielen, durch die sie noch mehr als bisher allen anderen Stämmen der Dschesireh überlegen wären.* Wir zogen mit den erbeuteten Tieren zurück nach Mekka, nahmen zwischendurch die Diener des Ghâni gefangen und gelangten zusammen hinauf zur Zitadelle.

Die Kunde von den Geschehnissen der Nacht durcheilte am Morgen wie ein Lauffeuer die Stadt und erregte ungeheures Aufsehen. Viele Mitläufer des Ghâni wurden verhaftet und eingesperrt. Auch die Beni Sebîd *sollten einen Monat lang gefangen gehalten werden und dann, ohne ihre Tiere wiederzubekommen, in ihre Zelte zurückkehren dürfen. Ich hatte mich noch am Morgen in das Gebetshäuschen* des Ghâni *begeben und die roten Teppiche* untersucht. Die darin gefundenen Banknoten, *die ein beträchtliches Vermögen ergaben,* händigte ich dem Perser aus, der sie an die Angehörigen seiner erschossenen Männer weitergeben würde. *Hoffentlich hat das Geld Segen gestiftet.*

Sonntag, 19. Juni 1892:

Aus der schon früher *geplanten Abreise wurde einstweilen nichts,* weil wir zu vielen Einladungen nachgehen mussten. Der Großsherif hatte auf mein Anraten hin die verhafteten Mitläufer des Ghâni wieder freigelassen, die es ihm nun mit ihrer Treue dankten. *Der Ghâni wurde zu lebenslänglichem Gefängnis und zur Einziehung seines gesamten Vermögens verurteilt.*

So vergingen beinahe vierzehn Tage, in denen sich die Pilgerzüge in immer größerer Zahl einstellten, obwohl der eigentliche Pilgermonat noch nicht angebrochen war.[1] Ich lernte dabei die *verschiedensten Volksarten, die täglich in die Stadt strömten,* kennen. Trotzdem sehnte *ich heimlich die Stunde herbei, da ich den Staub Mekkas von meinen Schuhen würde schütteln können.*

Dienstag, 21. Juni 1892:

Heute *war der* vierunddreißigste *Tag unseres Aufenthalts in der heiligen Stadt* und wir verabschiedeten uns vom Großsherif. Als Dank für unsere Taten schenkte er Kara Ben Halef seine Lieblingsstute. *Nun war zu dem* Nedschdijhengst *eine Stute hinzugekommen, deren Wert den des Hengstes freilich bedeutend überstieg. Am gleichen Tag noch verließen wir die Stadt, nachdem die Haddedihn das Asr in der Moschee gebetet und Allahs Schutz für die Heimreise erfleht hatten.*

Montag, 27. Juni 1892:

Unser nächstes Ziel waren die Weideplätze der Ateïbeh, die Heimat Hannehs. Die Nachricht von den Vorgängen in Mekka war uns längst vorausgeeilt, und *die Ateïbeh taten ihr Möglichstes, um die berühmten Verwandten zu ehren. Die Haddedihn* konnten sich aber nicht *in die Art und Weise hineinfinden, wie die Ateïbeh dachten und fühlten. So kam es, dass wir bereits am vierten Tag von unseren Gastfreunden Abschied nahmen.*

Samstag, 23. Juli 1892:

Umso aufrichtiger war die Freude, die wir durch unseren Besuch bei den Beni Lam anrichteten. Auch hierher war die *Kunde von den Geschehnissen in Mekka vorausgeeilt,* auch dass ich *eigentlich der Christ Kara Ben Nemsi sei. Ich möchte die in den Zelten der Beni Lam verlebten Tage und Stunden am besten ‚Bethaniastunden' nennen,* da viele der Beduinen von mir mehr über das Christentum hören wollten, als sie bisher wussten. Kurz vor unserer Abreise hatte ich mich mit dem Münedschi, oder vielmehr jetzt Graf Werniloff, besprochen. Wir wollten einen Umweg über den Bir Hilu machen, um

[1] Beginn der Hadsch im Jahr 1892 in Mekka: 4. Juli

zu sehen, was es mit den Vorhersagen Ben Nûrs auf sich hatte, die er uns durch den blinden Münedschi gemacht hatte.[1] Scheik Abd el Darak wollte uns noch mit zehn Beni Lam bis dorthin das Ehrengeleit geben.

Sonntag, 24. Juli 1892:

Am nächsten Tag nach dem Asr brachen wir auf. Unser Ziel für heute war jene Bodensenke, in der wir nach dem Zusammentreffen mit dem Münedschi die Nacht zugebracht hatten. Da bemerkte ich *in der Richtung, aus der wir gekommen waren, ein kleines, leichtes, spinnwebenartiges Gewölk auf dem sonst so wolkenlosen Himmel.* Ein Samûm, ein Wüstensturm, war im Anzug. Wir mussten schnellstens einen geschützten Ort erreichen und trieben deshalb unsere Kamele zum Äußersten an. Wir hatten gerade eine Senke erreicht, da brach der Sandsturm mit voller Wucht über uns herein. Wie lange das Ganze dauerte, lässt sich nicht beschreiben, doch als der Samûm vorüber war und ich mich aus dem Sand geschält hatte, sah ich nur noch kleine Sandhügel um mich herum: Das waren meine Begleiter mit ihren Tieren, die alle noch verschüttet waren. *Zum Glück stellte sich heraus, dass niemand eigentlich an seinem Körper zu Schaden gekommen war.*

Montag, 25. Juli 1892:

Als wir am nächsten Morgen weiterritten, waren wir der Überzeugung, *wie durch ein Wunder dem Tod entronnen zu sein. Wir brachen früh auf,* da unser Wasser zur Neige ging. *Deshalb beeilten wir uns, um noch früh am Nachmittag den Bir Hilu zu erreichen. Am späten Vormittag näherten wir uns der Gegend, in der der Graf die schrecklichsten Stunden seines Lebens zugebracht hatte.* Wir waren nicht mehr weit von dieser Stelle entfernt, *da erhoben sich vor uns* einige *tausend* Schritte *entfernt zwei Vögel in die Luft: Geier! Wir ritten weiter und sahen sehr bald einige Punkte, die sich* nicht bewegten. *Wenn es Menschen waren, so waren sie wahrscheinlich tot.* Ich trieb mein Hedschîn an und sah, als ich näher herankam, *dass es sich um einen Menschen und ein Kamel handelte.* Die Geier hatten dem Mann bereits beide Augen ausgehackt. Ich war

[1] Am 14. April 1892, Seite 550

entsetzt, denn *ich kannte dieses Gesicht nur zu gut,* es gehörte dem Ghâni! *Das gleiche mit Entsetzen vermischte Erstaunen stand auch auf der Miene der* Ankommenden *geschrieben.* Dann sagte ich zum Grafen Werniloff die Worte, die damals Ben Nûr durch den Münedschi vor gut einem Vierteljahr hier gesprochen hatte: *„Schaut noch einmal zurück und merkt euch diese Stelle, denn ihr kommt wieder her, wenn abgerechnet wird!"* Uns allen war es ein Rätsel, wie der Ghâni aus Mekka hatte fliehen können. *Um die Geier wirksam von der Leiche abzuhalten,* höhlten wir *in ihrer Nähe den Boden aus.* Dabei fanden wir eine schwere Holzkiste, die wahrscheinlich dem Ghâni gehört hatte und *bis an den Rand mit Goldstücken angefüllt* war. *Die Kiste wurde wieder verschlossen und auf ein Lastkamel verpackt.* Nach dem Begräbnis des Ghâni brachen wir zum Bir Hilu auf.

Dienstag, 26. Juli 1892:

Am Bir Hilu nahm Abd el Darak von uns Abschied, der sich äußerst herzlich gestaltete, weil wir wussten, dass es sich um einen Abschied fürs Leben handelte. Er nahm die Hälfte des Goldes mit sich. Die andere Hälfte wurde den Haddedihn zugesprochen, und diese war immerhin von solcher Höhe, dass sie sich von nun an zu den reichsten Stämmen der Dschesireh rechnen durften.

Mittwoch, 27. Juli 1892:

An der Stelle, wo die Mekkaner den blinden Münedschi als tot begraben hatten, trennten sich der Perser und der Graf von uns, Ersterer, um nach Mesched Ali zurückzukehren, Letzterer, um zunächst seinen Freund nach Hause zu begleiten und dann über Bagdad und Kermanschah die Straße nach Teheran zu gewinnen. Beide versprachen, mit mir in Briefwechsel zu bleiben.

Freitag, 26. August 1892:

Als wir in der Nähe des Euphrat angekommen waren, wurden zwei Haddedihn als Eilboten vorangeschickt, die unsere Ankunft melden sollten. Wir wurden vom ganzen Stamm mit jubelnder Begeisterung empfangen. Die nächsten Tage berichtete Halef seinen versammelten Haddedihn *in der ihm eigenen unübertrefflichen Art und Weise von der denkwürdigen Hadsch, die uns so seltsame Erlebnisse gebracht hatte.*

Und ich? Ich erholte mich bei meinen Freunden erst einmal einige Tage von den zurückliegenden Strapazen, die auch an mir nicht ganz spurlos vorübergegangen waren. Irgendwann in nächster Zeit würde ich daran denken, in meine Heimat zurückzukehren, die ich vor mehr als einem halben Jahr verlassen hatte. Hoffentlich hatte meine Dschanneh ebensolche Sehnsucht nach mir wie ich nach ihr.

31. ELFTE NORDAMERIKA-REISE (1893)

Sommer 1893:[1]

Bernard Marshall, den ich zusammen mit seinem Diener Cäsar bei meiner siebten Nordamerika-Reise[2] im Llano Estacado vor dem Verdursten hatte retten können und dessen Bruder Allan in Kalifornien seinerzeit durch den ‚deadly dust' ums Leben gekommen war, hatte mich schon mehrmals eingeladen, ihn wieder einmal in Louisville zu besuchen. Bernard Marshall war nach dem großen Unglück damals in seine Heimatstadt zurückgekehrt und hatte das Juweliergeschäft seines Vaters, der von Fred Morgan ermordet worden war, wieder aufgebaut. Er war inzwischen ebenfalls verheiratet und hatte drei Kinder, zwei Buben und ein Mädchen. Im Frühsommer dieses Jahres machte ich ihm die Freude und reiste mit meiner Frau Dschanneh über den großen Teich. Ich wusste, es würde das letzte Mal sein, dass ich diesen Kontinent besuchte, denn das Alter geht selbst an einem Old Shatterhand nicht ganz spurlos vorüber. Während meine Frau bei Familie Marshall in Louisville blieb, wollte ich nur noch einmal hinauf in die Gros Ventre Mountains, um ein letztes Mal Winnetous Grab zu besuchen und um endgültig von ihm Abschied zu nehmen. Zu den Apatschen würde ich nicht mehr reiten, denn was sollte ich ohne Winnetou noch dort. Ich hatte mich einer Reisegruppe angeschlossen, die in etwa die gleiche Richtung hatte wie ich. Die Besiedlung dort oben in Wyoming hatte in den letzten Jahren stark zugenommen und die Gegend war wesentlich zivilisierter als früher. Trotzdem gerieten wir in eine Auseinandersetzung mit räuberischen Ogellallah-Indianern. Bei deren Verfolgung kam ich mit meinen Gefährten *grad dazu, als die Sioux* Winnetous *Grab öffnen und berauben wollten. Wir vertrieben sie nach kurzem Kampf. Sie hatten es auf die Silberbüchse abgesehen. Ich konnte natürlich*

[1] Sommer und Herbst 1893: Karl Mays Gesammelte Werke Band 9, *Winnetou III*, Nachwort

[2] 1876-1878

nicht als Hüter seines Grabes stets im Tal des Metsurflusses bleiben und da zu erwarten war, dass sich die Entweihung des Grabes wiederholen werde, nahm ich die Silberbüchse heraus und sorgte dafür, dass dies überall bekannt wurde. Die Sioux erfuhren, dass die Büchse nicht mehr zu haben sei, und ließen infolgedessen das Grab nun unversehrt. Was soll ich noch viel von dieser Reise berichten? Die große Zeit der Abenteuer war vorüber, die obigen Ereignisse waren nur eine kurze Episode.

Herbst 1893:

Als meine Frau und ich wieder zu Hause ankamen, habe ich sofort *dieses herrliche Gewehr zwischen* meinem Henrystutzen *und dem Bärentöter neben meinem Schreibtisch* aufgehängt. *Während ich von der Silberbüchse erzähle, habe ich sie also vor meinen Augen und gedenke in tiefer Wehmut dessen, den sie nicht ein einziges Mal im Stich gelassen hat und der vielleicht mein einziger Freund gewesen ist, das Wort Freund in seiner wahren, höchsten Bedeutung genommen!*

Letzte Eintragung in mein Reisetagebuch:

Die Vereinigten Staaten waren das erste Ziel und der Beginn eines Abenteuerlebens, wie es wohl kaum ein zweites mehr geben wird. Und es wurde mit dieser letzten Reise dorthin abgeschlossen. Es ist nun vorbei, der Abenteurer und Weltläufer Old Shatterhand alias Kara Ben Nemsi hat sich in sein Wigwam zurückgezogen und wird mit seiner Squaw zukünftig nur noch die Weidegebiete und Oasen in seinem Heimatland besuchen. Howgh!

Nachwort

Seit ich 1946 mit elf Jahren meinen ersten Karl May las, bin ich nicht mehr von seinen Erzählungen losgekommen, und als ich 1995 in der Villa ‚Shatterhand' von einer Karl-May-Gesellschaft hörte, wurde ich noch im selben Jahr Mitglied. Ich lernte vieles über Karl May und seine Werke. Bei näherem Hinsehen fiel mir auf, dass sich in den Urfassungen keine schlüssige Chronologie erstellen ließ. Als Beispiel möchte ich nur Folgendes erwähnen: *Winnetou I* endet eindeutig im Dezember 1860, die direkte zeitliche Fortsetzung im ursprünglichen *Winnetou II* jedoch beginnt *mitten im Bürgerkrieg,* und *zufälligerweise war grad jetzt der Mississippi offen, denn der berühmte Admiral Farragut hatte ihn wieder in die Gewalt der Nordstaaten gebracht.* Das aber ereignete sich im Juli 1863, also zweieinhalb Jahre später, während zwischen dem Ende von *Winnetou I* und dem Beginn von *Winnetou II* höchstens einige Wochen liegen können. Karl May hat sich also wahrscheinlich bei der Zusammenstellung von *Winnetou II* keine großen Gedanken über die Zeit gemacht. Sicher hätte er anders entschieden, wenn er darauf aufmerksam gemacht worden wäre. Die Mitarbeiter des Karl-May-Verlags haben dieses Problem erkannt und nicht nur hier, sondern auch an anderen Stellen korrigierend eingegriffen, und zwar mit vollster Zustimmung von Klara May, der Erbin von Karl Mays Werken.

Schon in meiner Jugendzeit wünschte ich mir einen Hinweis darauf, wie die Reiseerzählungen Karl Mays chronologisch zusammengehörten. Doch fand ich auch in späteren Jahren nichts, was nur annähernd hilfreich gewesen wäre. Zwar wurde durch Fußnoten in den Gesammelten Werken auf vorhergehende oder nachfolgende Ereignisse und Bände hingewiesen, aber mehr war nicht drin. Deshalb begann ich in den letzten Jahren, beim Lesen der Reiseerzählungen Aufzeichnungen über die einzelnen Reisetage zu machen, jedoch ohne Jahresangabe, denn ich war mir nicht immer im Klaren darüber, in welchen Jahren manche dieser Erzählungen spielten. Als ich auf der Frankfurter Buchmesse 2011 mit dem Lektor des Karl-May-Verlags Roderich Haug darüber sprach, wies er mich auf einen Artikel von Franz Kandolf aus dem „Karl-May-Jahrbuch 1923“ hin und schickte mir eine Fotokopie davon. Dieser Artikel findet sich auch in der Festschrift „75 Jahre Karl-May-Verlag“ und er hat mir bei der Zeitbestimmung einzelner Reiseerzählungen sehr geholfen. Im „Karl-May-Jahrbuch 1935“[1] las ich dann, dass sich Fritz Maschke schon damals mit der Handlungszeit der Reiseerzählung *Weihnacht* befasst hat, und ich habe genau die von ihm aufgelisteten Tage auch in mein Reisetagebuch übernommen.

Es war eine mühselige, aber trotzdem schöne Beschäftigung, die einzelnen Tage aus den über sechzehntausend Seiten umfassenden Reiseerzählungen von Karl Mays Gesammelten Werken des Karl-May-Verlags festzulegen und die Jahre zu bestimmen. Und dabei kam ich zu dem erstaunlichen Ergebnis, dass sich der Titelheld in der Zeit von 1860 bis 1882 zwischen den einzelnen Reisen jeweils höchstens zwei bis drei und nur einmal fünfeinhalb Monate zu Hause aufgehalten haben kann, also ständig irgendwo in der Welt unterwegs war. Das scheint aber in all den vielen Jahren keinem Leser weiter aufgefallen zu sein, denn wer macht sich normalerweise mitten im Geschehen schon Gedanken darüber, wann und wie lange Old Shatterhand oder Kara Ben Nemsi seine Abenteuer erlebte.

Mehr als hundert Jahre war man der festen Überzeugung, dass Winnetou am 2. September 1874 gestorben sei. Ich war selber sehr erstaunt, als ich nach der Zusammenfügung der einzelnen Reiseerzählungen mich plötzlich in den 1880er-Jahren befand und Winnetou immer noch lebte. Die Erklärung hierfür, die Karl-May-Forscher eigentlich schon länger gesehen haben müssen, ohne ein Wort darüber zu verlieren, liegt nicht im Wilden Westen, sondern im Orient: Der Orientzyklus spielt 1871/72. Kara Ben Halef

[1] Die Festschrift „75 Jahre Karl-May-Verlag“ sowie das seinerzeit in Radebeul nicht mehr erschienene und erst 2011 veröffentlichte „Karl-May-Jahrbuch 1935“ sind noch lieferbar.

muss etwa im Sommer oder Herbst 1872 geboren sein. Der Anhang des *Schut*, als Rih erschossen wird, kann deshalb nur um 1880 spielen, weil Karl May über Kara Ben Halef schreibt: *Ein etwa achtjähriger Knabe saß auf einem vielleicht dreijährigen Rapphengst....* In diesem Anhang legt nach den Ereignissen am Grabe Mohammed Emins dessen Sohn Amad el Ghandur *seine Würde als Scheik* der Haddedihn *freiwillig* nieder; *sie wurde einstimmig Malek, dem einstigen Scheik der Ateïbeh zuerkannt.* Das war also noch im Jahr 1880. Nach dessen Tod – wir wissen nicht genau wann – wird Hadschi Halef Omar Scheik der Haddedihn. Als Old Shatterhand nach Winnetous Tod den Perser Dschafar im Wilden Westen trifft, erzählt ihm dieser, dass er bei den Haddedihn gewesen sei, wo ihm Scheik Hadschi Halef Omar die Ereignisse um Adschir-Mirza und seine Familie (Juni/Juli 1872) erzählt habe. Somit könnte die Begegnung Dschafars mit Halef vielleicht zwischen 1882 und 1884 stattgefunden haben. Da Old Shatterhand den Perser Dschafar recht kurz nach Winnetous Tod trifft, könnte das wiederum 1885 gewesen sein. Warum Winnetous Todestag nicht auf einen 2. September fallen kann, begründet Wilhelm Brauneder in einem Artikel in Heft 120 der „Mitteilungen der Karl-May-Gesellschaft“, dem sich zwei weitere Beiträge in Heft 121 anschließen. Karl May hat – warum auch immer – mehrmals verschiedene Todestage angegeben, sodass man durchaus davon ausgehen kann, dass keines dieser Daten stimmt. Deshalb habe ich mir die Freiheit genommen, Winnetous Todesjahr auf 1885 zu legen.

Alle Reiseerzählungen ließen sich nach und nach wie ein Puzzle zu einem Gesamtbild zusammensetzen (wo diese Steinchen fehlten, habe ich eigene eingefügt), auch wenn ich dabei manche Gedankengänge Karl Mays etwas verändern musste. Das ist jedoch nicht verwunderlich, wenn man bedenkt, dass Karl May die meisten seiner Erzählungen nicht als Einheit erdacht und geschrieben, sondern sie zu verschiedenen Zeiten verfasst und in verschiedenen Zeitschriften und Kalenderblättern veröffentlicht hat.

Zeitgeschichtliche Ereignisse und Personen, wie z. B. der Militäraufstand in Ägypten am 9. September 1881, *Lopez Jordan* in Argentinien oder der *Mahdi* in Ägypten, Tages- oder Monatsangaben wie: *heute ist Montag* oder *an diesem Junitag* mussten richtig zugeordnet werden. Mehrere Episoden, die Karl May als frühere Erlebnisse seines Helden in späteren Reiseerzählungen untergebracht hat, wurden in den Zeitraum vorverlegt, in denen sie spielten oder spielen könnten. Und es gibt einige von Karl May nur angedeutete Reisen, zu denen er aber keine eigenständigen Erzählungen geschrieben hat, die ich zusätzlich in dieses Tagebuch einbauen musste, um den Helden glaubwürdig zu machen, wie z. B.: *Ich war viermal in Etschmiadzin und habe im Dorfe Wagharschabad gewohnt.*

Mir ist auch bewusst, dass manche Reise eigentlich in einen anderen Zeitraum gehört, was aber teilweise unmöglich war, da sich die Abläufe zeitlich überschnitten hätten und Old Shatterhand bzw. Kara Ben Nemsi nicht zu gleicher Zeit an verschiedenen Orten sein konnte. So wurden untergeordnete Reisen, wie z. B. die Südafrika-Reise, nicht in das Jahr gelegt, in dem sie hätten stattfinden müssen, da wichtigere und größere Reiseerzählungen mit geschichtlichem Hintergrund den Vorrang haben mussten. Auch da ist es mir nicht immer gelungen, hundertprozentig exakte Termine in diese Chronik aufzunehmen, es bleiben hier und da immer wieder kleinere oder größere Abweichungen.

Bisweilen muss man einer Vorgabe Karl Mays folgen, obwohl man heute feststellen kann, dass sie eigentlich falsch ist. Manchmal lässt sich das wegen der Haupthandlung einfach nicht ändern. Ein Beispiel: Die Orienterzählung in Band 26 der Gesammelten Werke, *Der Löwe der Blutrache* (ab dem 7. Kapitel), beginnt im Frühjahr, wo ein Scheik bereits auf der *großen Hadsch*, der Pilgerreise nach Mekka, ist. Zudem schreibt May in Band 26: *Die ganze weite Steppe bildete ein einziges ununterbrochenes Meer der ersten Frühlingblüten*. Und etwas später: *Halef hatte sogar einmal gehört, dass dort Löwen gesehen worden seien, ob auch im Winter und Frühjahr, das wussten wir nicht*. Darum kann der dort erwähnte Ritt zu einem anderen Stamm der Schammar auch nur in einer dieser Jahreszeiten, eher im Frühling, stattgefunden haben. Die historisch ‚echte' Hadsch war 1887 aber erst im August. Karl May hat sich offensichtlich bei der Festlegung der Jahreszeit keine Gedanken gemacht, ob beide Termine übereinstimmen können, oder er hat gar nicht gewusst, wann die große Pilgerreise nach Mekka in diesen Jahren tatsächlich stattfand. Und anders als zwischen 1886 und 1890 ist Band 26 doch schon wegen des Alters von Kara Ben Halef nicht einzuordnen.

Im August 1887 ist Kara Ben Nemsi jedenfalls bereits in Persien. Auf einer Reise, die Karl May zwar vorgesehen, aber nie beschrieben hat, denn mit der zweiten Hälfte der *Silberlöwen*-Tetralogie wandte er sich bekanntlich von den bunten Abenteuern ab und der Symbolik zu. Heinz Grill hat mit dem Roman *Die Schatten des Schah-in-Schah* hierzu eine Ergänzung geschaffen. Umgekehrt hat Jörg Kastner in seinem *Hadschi Halef Omar* die Vorgeschichte zu *Durch die Wüste* erzählt. Beide Texte habe ich zeitlich zwar berücksichtigt, um tagegenau arbeiten zu können, sie jedoch nicht in die *Chronik eines Weltläufers* aufgenommen. Es sei hier aber ergänzt, dass sich die Ereignisse aus *Hadschi Halef Omar* zwischen dem 27. April und dem 13. Juni 1871 zugetragen haben müssen, jene aus den *Schatten des Schah-in-Schah* zwischen dem 20. Juli und dem 22. August 1887.

Meiner Ansicht nach wird es nur wenige Karl-May-Enthusiasten geben, die sich nach der Lektüre dieses Reisetagebuchs die Reiseerzählungen aus den Gesammelten Werken des Karl-May-Verlags vornehmen und sie so chronologisch lesen, wie sie hier vorgegeben sind. Wer das jedoch wirklich wagt und sie vielleicht dabei noch in einzelne Tage zerlegt, begibt sich auf eine Entdeckungsreise, die ihn die Abenteuer des Weltläufers Old Shatterhand alias Kara Ben Nemsi in einem ganz neuen Zusammenhang sehen lässt. Ich wünsche viel Spaß und Freude und neue Erkenntnisse dabei.

Hans Imgram

HANDLUNGSZEITEN

Handlungszeiten der Reisen

0. – Erste Amerika-Reise(1854)	**Sommer 1854**
1. – Erste Nordamerika-Reise(1860-1861)	**28.02.1860-01.08.1861**
WINNETOU I	31.03.1860-16.12.1860
WINNETOU II: Kapitel 1	04.01.1861-31.07.1861
2. – Erste Orient-Reise (1861-1862)	**27.10.1861-Ende Januar 1862**
SAND DES VERDERBENS: Die Gum	27.10.1861-Ende Januar 1862
3. – Erste Ostasien-Reise (1862-1863)	**27.05.1862-30.03.1863**
AM STILLEN OZEAN:	
Im Zeichen des Drachen, aus Kapitel 1	
4. – Russland-Reise (1863)	**24.05.1863-07.08.1863**
AUF FREMDEN PFADEN:	
aus: Der Händler von Serdescht	30.06.1863
AM STILLEN OZEAN:	
Im Zeichen des Drachen, Kapitel 13	29.07.1863-07.08.1863
5. – Zweite Nordamerika-Reise (1863-1865)	**28.09.1863-24.05.1865**
SATAN UND ISCHARIOT III: aus Kap.3	Frühjahr 1864
AUF FREMDEN PFADEN: Der Flucher	25.06.1864-29.06.1864
DAS ZAUBERWASSER:	
Die Söhne des Upsaroka	28.07.1864-06.08.1864
UNTER GEIERN:	
Der Sohn des Bärenjägers	10.08.1864-22.08.1864
Der Geist des Llano Estacado	28.09.1864-08.10.1864
AUF FREMDEN PFADEN: Ein Blizzard	31.01.1865-20.02.1865
6. – Erste Südamerika-Reise (1865)	**25.05.1865-25.09.1865**
AM STILLEN OZEAN:	
Im Zeichen des Drachen, aus Kapitel 2	
7. – Zweite Ostasien-Reise (1865-1866)	**10.11.1865-03.04.1866**
AM STILLEN OZEAN	
Im Zeichen des Drachen	10.11.1865-27.02.1866
8. – Dritte Nordamerika-Reise (1866-1867)	**09.05.1866-21.03.1867**
WINNETOU II, Kapitel 2-11	09.05.1866-Mitte Dezember 1866
9. – Rom-Reise (1867)	**12.05.1867-25.06.1867**
DURCH DAS LAND DER SKIPETAREN:	
Bemerkung in Kapitel 12	
10. – Zweite Orient-Reise (1867)	**19.07.1867-09.11.1867**
SAND DES VERDERBENS: Der Krumir	13.08.1867-22.08.1867

11. – Nordland-Reise (1867-1868)	**Mitte Dezember 1867-März 1868**
AUF FREMDEN PFADEN: Der Talisman	Dezember 1867-März 1868
12. – Vierte Nordamerika-Reise (1868-1869)	**26.03.1868-16.08.1869**
WINNETOU II: Kapitel 12-20	28.05.1868- 07.10.1868
WINNETOU III: aus Kapitel 2	08.03.1869
DER SCHATZ IM SILBERSEE	30.06.1869-19.07.1869
13. – Südafrika-Reise (1870)	**17.02.1870-Mitte Juni 1870**
AUF FREMDEN PFADEN: Das Kafferngrab	17.02.1870-23.04.1870
14. – Fünfte Nordamerika-Reise (1870)	**17.08.1870-06.09.1870**
AM RIO DE LA PLATA, aus Kapitel 1	06.09.1870
15. – Zweite Südamerika-Reise (1870-1871)	**04.10.1870-16.03.1871**
AM RIO DE LA PLATA	04.10.1870-18.10.1870
IN DEN KORDILLEREN	18.10.1870-26.01.1871
16. – Dritte Orient-Reise (1871-1872)	**16.04.1871-24.12.1872**
HADSCHI HALEF OMAR (von Jörg Kastner)	27.04.1871-13.06.1871
DURCH DIE WÜSTE: Kapitel 1-3	26.06.1871-28.06.1871
ALLAH IL ALLAH, Kapitel 1-7	05.07.1871-14.09.1871
DURCH DIE WÜSTE: Kapitel 4-20	04.10.1871-16.04.1872
DURCHS WILDE KURDISTAN	16.04.1872-18.05.1872
VON BAGDAD NACH STAMBUL	01.06.1872-16.11.1872
IN DEN SCHLUCHTEN DES BALKAN	16.11.1872-24.11.1872
DURCH DAS LAND DER SKIPETAREN	24.11.1872-28.11.1872
DER SCHUT	28.11.1872-07.12.1872
ALLAH IL ALLAH: Kapitel 8	12.12.1872-23.12.1872
17. – Vierte Orient-Reise (1873)	**07.02.1873-18.03.1873**
SAND DESVERDERBENS:	
Christus oder Mohammed	07.02.1873-07.03.1873
18. – Sechste Nordamerika-Reise (1873-1874)	**April 1873-Mitte Mai 1874**
DIE FELSENBURG, aus Kapitel 2	27.06.1873
OLD SUREHAND I	04.07.1873-20.07.1873
OLD SUREHAND II	24.08.1873-27.09.1873
WEIHNACHT: Kapitel 5-17	08.10.1873-Mitte Mai 1874
19. – Dritte Ostasien-Reise (1874)	**26.09.1874-20.11.1874**
AM STILLEN OZEAN:	
Die Piraten des indischen Meeres	26.09.1874-18.11.1874
20. – Fünfte Orient-Reise (1874-1875)	**13.12.1874-25.12.1875**
DAS ZAUBERWASSER: Himmelslicht	13.12.1874-25.12.1874
IM SUDAN: Kapitel 6-13	12.06.1875-21.06.1875
DAS ZAUBERWASSER:	
Das Kurdenkreuz	04.09.1875-18.09.1875
Schefakas Geheimnis	28.09.1875

AUF FREMDEN PFADEN:	
Maria oder Fatima	02.10.1875-21.10.1875
Blutrache	17.11.1875-15.12.1875
21. – Dritte Südamerika-Reise (1876)	**15.01.1876-31.07.1876**
DAS ZAUBERWASSER: Auferstehung	17.03.1876-16.04.1876
KRÜGER BEI: Kapitel 6	26.06.1876-31.07.1876
22. – Siebte Nordamerika-Reise (1876-1878)	**01.10.1876-29.07.1878**
WINNETOU III: Kapitel 1-10	11.11.1876-03.06.1877
DIE FELSENBURG	11.06.1877-09.10.1877
KRÜGER BEI: Kapitel 1-5, 7	10.10.1877-29.03.1878
HALBBLUT: Halbblut	03.05.1878-08.05.1878
23. – Sechste Orient-Reise (1878-1880)	**30.09.1878-04.06.1880**
HALBBLUT: Von Mursuk bis Kairwan	20.11.1878-03.02.1879
SAND DES VERDERBENS:	
Der Sand des Verderbens	03.04.1879-06.04.1879
MENSCHENJÄGER	19.06.1879-26.07.1879
DER MAHDI	23.08.1879-08.10.1879
IM SUDAN: Kapitel 1-5, 14-18	11.10.1879-05.02.1880
DER SCHUT: Anhang	15.02.1880-05.05.1880
24. – Siebte Orient-Reise (1880)	**30.07.1880-01.09.1880**
KRÜGER BEI: Kapitel 8-16	30.07.1880-01.09.1880
25. – Achte Nordamerika-Reise (1881)	**03.01.1881-22.04.1881**
SATAN UND ISCHARIOT	03.01.1881-22.03.1881
26. – Achte Orient-Reise (1881)	**20.05.1881-23.12.1881**
SAND DES VERDERBENS:	
Der Raubzug der Baggara	12.07.1881-14.07.1881
AUF FREMDEN PFADEN: Der Kutb	14.08.1881-03.12.1881
27. – Neunte Nordamerika-Reise (1882)	**19.01.1882-14.09.1882**
DER ÖLPRINZ	07.03.1882-09.04.1882
DER DERWISCH: aus Kapitel 16	19.07.1882
28. – Zehnte Nordamerika-Reise (1885)	**23.03.1885-10.10.1885**
WINNETOU III: Kapitel 11-16	23.03.1885-29.06.1885
DER LÖWE DER BLUTRACHE: Kap.1-6	15.07.1885-24.07.1885
WINNETOU III: Kapitel 16-20	31.07.1885-01.10.1885
29. – Neunte Orient-Reise (1887)	**04.01.1887-20.10.1887**
DAS ZAUBERWASSER:	
Es Ssabbi – der Verfluchte	16.02.1887-21.02.1887
DER LÖWE DER BLUTRACHE: Kap.7-15	14.03.1887-06.05.1887
BEI DEN TRÜMMERN VON BABYLON	
Kapitel 1-10	07.05.1887-19.05.1887
DAS ZAUBERWASSER: Bei den Bachtijaren	19.05.1887-29.05.1887

BEI DEN TRÜMMERN VON BABYLON	
Kapitel 12-14	11.06.1887-13.06.1887
IM REICHE DES SILBERNEN LÖWEN:	
Kapitel 1	12.07.1887
DIE SCHATTEN DES SCHAH-IN-SCHAH	
(von Heinz Grill)	20.07.1887-22.08.1887
AUF FREMDEN PFADEN:	
Der Händler von Serdescht	17.09.1887-18.09.1887
30. – Zehnte Orient-Reise (1892)	**07.02.1892-26.08.1892**
AM JENSEITS	04.03.1892-14.04.1892
IN MEKKA	14.04.1892-26.08.1892
31. – Elfte Nordamerika-Reise (1893)	**Sommer-Herbst 1893**
WINNETOU III: Nachwort	

Die Tabelle auf den nachfolgenden beiden Seiten zeigt in Kurzfassung zur besseren Übersicht, wohin Old Shatterhand alias Kara Ben Nemsi in welchen Monaten und Jahren reiste bzw. wann er in der Heimat war (Leerfelder).

	Januar	Februar	März	April	Mai	Juni
1860		1. NA	1. NA	1. NA	1. NA	1. NA
1861	1. NA	1. NA	1. NA	1. NA	1. NA	1. NA
1862	1. Or				1. OA	1. OA
1863	1. OA	1. OA	1. OA		Russ	Russ
1864	2. NA	2. NA	2. NA	2. NA	2. NA	2. NA
1865	2. NA	2. NA	2. NA	2. NA	2. NA	1. SA
1866	2. OA	2. OA	2. OA	2. OA	3. NA	3. NA
1867	3. NA	3. NA	3. NA		Rom	Rom
1868	Nord	Nord	Nord	4. NA	4. NA	4. NA
1869	4. NA	4. NA	4. NA	4. NA	4. NA	4. NA
1870		SAfr	SAfr	SAfr	SAfr	SAfr
1871	2. SA	2. SA	2. SA	3. Or	3. Or	3. Or
1872	3. Or	3. Or	3. Or	3. Or	3. Or	3. Or
1873		4. Or	4. Or	6. NA	6. NA	6. NA
1874	6. NA	6. NA	6. NA	6. NA	6. NA	
1875	5. Or	5. Or	5. Or	5. Or	5. Or	5. Or
1876	3. SA	3. SA	3. SA	3. SA	3. SA	3. SA
1877	7. NA	7. NA	7. NA	7. NA	7. NA	7. NA
1878	7. NA	7. NA	7. NA	7. NA	7. NA	7. NA
1879	6. Or	6. Or	6. Or	6. Or	6. Or	6. Or
1880	6. Or	6. Or	6. Or	6. Or	6. Or	6. Or
1881	8. NA	8. NA	8. NA	8. NA	8. Or	8. Or
1882	9. NA	9. NA	9. NA	9. NA	9. NA	9. NA
1885			10. NA	10. NA	10. NA	10. NA
1887	9. Or	9. Or	9. Or	9. Or	9. Or	9. Or
1892		10. Or	10. Or	10. Or	10. Or	10. Or
1893						11. NA

NA = Nordamerika-Reise SA = Südamerika-Reise Or = Orient-Reise
Rom = Rom-Reise Nord = Nordland-Reise

Juli	August	September	Oktober	November	Dezember
1. NA	1. NA	1. NA	1. NA	1. NA	1. NA
1. NA	1. NA		1. Or	1. Or	1. Or
1. OA	1. OA	1. OA	1. OA	1. OA	1. OA
Russ	Russ		2. NA	2. NA	2. NA
2. NA	2. NA	2. NA	2. NA	2. NA	2. NA
1. SA	1. SA	1. SA	2. OA	2. OA	2. OA
3. NA	3. NA	3. NA	3. NA	3. NA	3. NA
2. Or	2. Or	2. Or	2. Or	2. Or	Nord
4. NA	4. NA	4. NA	4. NA	4. NA	4. NA
4. NA	4. NA				
	5. NA	5. NA	2. SA	2. SA	2. SA
3. Or	3. Or	3. Or	3. Or	3. Or	3. Or
3. Or	3. Or	3. Or	3. Or	3. Or	3. Or
6. NA	6. NA	6. NA	6. NA	6. NA	6. NA
		3. OA	3. OA	3. OA	5. Or
5. Or	5. Or	5. Or	5. Or	5. Or	5. Or
3. SA			7. NA	7. NA	7. NA
7. NA	7. NA	7. NA	7. NA	7. NA	7. NA
7. NA			6. Or	6. Or	6. Or
6. Or	6. Or	6. Or	6. Or	6. Or	6. Or
	7. Or	In England: Winnetou krank			
8. Or	8. Or	8. Or	8. Or	8. Or	8. Or
9. NA	9. NA	9. NA			
10. NA	10. NA	10. NA	10. NA		
9. Or	9. Or	9. Or	9. Or		
10. Or	10. Or				
11. NA	11. NA				

OA = Ostasien-Reise Russ = Russland-Reise SAfr = Südafrika-Reise

Handlungszeiten in den Reiseerzählungen der Gesammelten Werke

1	DURCH DIE WÜSTE	
	Kapitel 1-3	26.06.1871-28.06.1871
	Kapitel 4-20	04.10.1871-16.04.1872
2	DURCHS WILDE KURDISTAN	16.04.1872-18.05.1872
3	VON BAGDAD NACH STAMBUL	01.06.1872-16.11.1872
4	IN DEN SCHLUCHTEN DES BALKAN	16.11.1872-24.11.1872
5	DURCH DAS LAND DER SKIPETAREN	24.11.1872-28.11.1872
6	DER SCHUT	28.11.1872-07.12.1872
	Anhang	15.02.1880-05.05.1880
7	WINNETOU I	31.03.1860-16.12.1860
8	WINNETOU II	
	Kapitel 1	04.01.1861-31.07.1861
	Kapitel 2-11	09.05.1865-Mitte Dezember 1866
	Kapitel 12-20	28.05.1868-07.10.1868
9	WINNETOU III	
	Kapitel 1-10	11.11.1876-03.06.1877
	Kapitel 11-16	23.03.1885-29.06.1885
	Kapitel 16-20	31.07.1885-01.10.1885
10	SAND DES VERDERBENS	
	Die Gum	27.10.1861-Ende Januar 1862
	Christus oder Mohammed	07.02.1873-07.03.1873
	Der Krumir	13.08.1867-22.08.1867
	Der ‚Sand des Verderbens'	03.04.1879-06.04.1879
	Der Raubzug der Baggara	12.07.1881-14.07.1881
11	AM STILLEN OZEAN	
	Im Zeichen des Drachen: Kapitel 13	29.07.1863-07.08.1863
	Im Zeichen des Drachen	10.11.1865-27.02.1866
	Die Piraten des indischen Meeres	26.09.1874-18.11.1874
12	AM RIO DE LA PLATA	04.10.1870-18.10.1870
13	IN DEN KORDILLEREN	18.10.1870-26.01.1871
14	OLD SUREHAND I	04.07.1873-20.07.1873
15	OLD SUREHAND II	24.08.1873-27.09.1873
16	MENSCHENJÄGER	19.06.1879-26.07.1879
17	DER MAHDI	23.08.1879-08.10.1879
18	IM SUDAN	
	Kapitel 1-5, 14-18	11.10.1879-05.02.1880
	Kapitel 6-13	12.06.1875-21.06.1875
20	DIE FELSENBURG	11.06.1877-09.10.1877
21	KRÜGER BEI	
	Kapitel 1-5, 7	10.10.1877-27.06.1878
	Kapitel 6	26.06.1876-31.07.1876
	Kapitel 8-16	30.07.1880-01.09.1880
22	SATAN UND ISCHARIOT	03.01.1881-23.03.1881
23	AUF FREMDEN PFADEN	
	Der Talisman	Dezember 1867 - März 1868

	Das Kafferngrab	17.02.1870-Mitte Juni 1870
	Blutrache	17.11.1875-15.12.1875
	Der Kutb	14.08.1881-03.12.1881
	Der Händler von Serdescht	17.09.1887-18.09.1887
	Maria oder Fatima	02.10.1875-21.10.1875
	Der Flucher	25.06.1864-29.06.1864
	Ein Blizzard	07.02.1865-20.02.1865
24	WEIHNACHT, Kapitel 5-17	08.10.1873-Mitte Mai 1874
25	AM JENSEITS	04.03.1892-14.04.1892
26	DER LÖWE DER BLUTRACHE	
	Kapitel 1-6	15.07.1885-24.07.1885
	Kapitel 7-15	14.03.1887-06.05.1887
27	BEI DEN TRÜMMERN VON BABYLON	
	Kapitel 1-11	07.05.1887-19.05.1887
	Kapitel 12-14	11.06.1887-13.06.1887
28	IM REICHE DES SILBERNEN LÖWEN	
	Kapitel 1	12.07.1887
35	UNTER GEIERN	
	Der Sohn des Bärenjägers	
	Kapitel 4-12	10.08.1864-22.08.1864
	Der Geist des Llano Estacado	
	Kapitel 5-9	28.09.1864-08.10.1864
36	DER SCHATZ IM SILBERSEE	
	Kapitel 11-15	30.06.1869-19.07.1869
37	DER ÖLPRINZ	
	Kapitel 8-16	07.03.1882-09.04.1882
38	HALBBLUT	
	Halbblut	03.05.1878-08.05.1878
	Von Mursuk bis Kairwan	20.11.1878-03.02.1879
48	DAS ZAUBERWASSER	
	Die Söhne des Upsaroka	28.07.1864-06.08.1864
	Das Kurdenkreuz	04.09.1875-18.09.1875
	Schefakas Geheimnis	28.09.1875
	Himmelslicht	13.12.1874-25.12.1874
	Es Ssabbi – Der Verfluchte	16.02.1887-21.02.1887
	Bei den Bachtijaren	19.05.1887-29.05.1887
	Auferstehung	17.03.1876-16.04.1877
50	IN MEKKA	14.04.1892-26.08.1892
60	ALLAH IL ALLAH	
	Kapitel 1-7	05.07.1871-14.09.1871
	Kapitel 8	12.12.1872-24.12.1872
61	DER DERWISCH: aus Kapitel 16	19.07.1882

Außerhalb der Gesammelten Werke

HADSCHI HALEF OMAR	27.04.1871-13.06.1871
DIE SCHATTEN DES SCHAH-IN-SCHAH	20.07.1887-22.08.1887

Groß- und Sonderbände zu den Gesammelten Werken Karl Mays

Gerhard Klußmeier / Hainer Plaul
KARL MAY UND SEINE ZEIT
Bilder, Dokumente, Texte
Die Bildbiografie im Riesenformat 22 x 30 cm
ISBN 978-3-7802-0181-2

Michael Petzel
KARL-MAY-FILMBUCH
Bilder und Stories aus der deutschen Traumfabrik
ISBN 978-3-7802-0153-9

Michael Petzel
KARL-MAY-STARS
Wer ist wer in der Welt von Karl May
ISBN 978-3-7802-0162-1

Marie Versini
ICH WAR WINNETOUS SCHWESTER
Bilder und Geschichten einer Karriere
ISBN 978-3-7802-0164-5

Michael Petzel (Hrsg.)
KARL-MAY-FILMBILDGESCHICHTEN
Die Fotoromane aus BILD+FUNK und BUNTE
ISBN 978-3-7802-0126-3

Katharina Maier
NSCHO-TSCHI UND IHRE SCHWESTERN
Frauengestalten im Werk Karl Mays
ISBN 978-3-7802-0193-5

Karl May
UNTER VOLLDAMPF
Abenteuergeschichten rund um die Eisenbahn. Hrsg. von Siegfried Augustin und Wilhelm Brauneder
ISBN 978-3-7802-0189-8

Wolfgang Hermesmeier / Stefan Schmatz
TRAUMWELTEN I – III
Bilder zum Werk Karl Mays
ISBN 978-3-7802-0166-9
ISBN 978-3-7802-0167-6
ISBN 978-3-7802-0179-9

Wolfgang Hermesmeier / Stefan Schmatz
KARL-MAY-BIBLIOGRAFIE 1913-1945
ISBN 978-3-7802-0157-7

Hans-Henning Gerlach
KARL-MAY-ATLAS
Die ideale Ergänzung zu den Gesammelten Werken
ISBN 978-3-7802-0150-8

Hartmut Kühne / Christoph F. Lorenz
KARL MAY UND DIE MUSIK
Fünf Artikel, viele Noten und eine CD
ISBN 978-3-7802-0154-6

Stefan Schmatz / Friedhelm Spürkel
CARL LINDEBERG
Ein Illustrator für Karl May
ISBN 978-3-7802-0194-2

Karl May
EIN LESEBUCH
Eine Auswahl der schönsten Geschichten
ISBN 978-3-7802-0192-8

Friedrich Axmann
FÜRST UND JUNKER
(Drei Bände im Schuber)
Die Vorgeschichte von GW Band 69 „Ritter und Rebellen“
ISBN 978-3-7802-0158-4

KARL MAY AUF
SÄCHSISCHEN PFADEN
Erzählungen und
Heimatgeschichtliches
ISBN 978-3-7802-0155-3

DER GESCHLIFFENE
DIAMANT
Die Gesammelten Werke Karl Mays
ISBN 978-3-7802-0160-7

Karl May
MEIN HENGST RIH
Alle Rih-Abenteuer zusammengestellt von Carl-Heinz Dömken
ISBN 978-3-7802-0151-5

Karl May
AUF TOD ODER LEBEN
Das Buch der Kämpfe
Ausgewählt von U. Neßler + H. Mees
ISBN 978-3-7802-0188-1

Karl May
AN DER QUELLE DES LÖWEN
und andere Jagdgeschichten
Hrsg. von Karlheinz Eckardt
ISBN 978-3-7802-0178-2

Jürgen Seul
OLD SHATTERHAND
VOR GERICHT
Die 100 Prozesse des Schriftstellers
Karl May
ISBN 978-3-7802-0186-7

Christian Heermann
WINNETOUS BLUTSBRUDER
Karl-May-Biografie
ISBN 978-3-7802-0161-4

Hans-Dieter Steinmetz
365 TAGE KARL-MAY
Eine biografische Jahresschau
ISBN 978-3-7802-0191-1

René Oth (Hrsg.)
WINNETOUS ROTE BRÜDER
Klassische Indianergeschichten von
May, Cooper, Gerstäcker u.v.a.
ISBN 978-3-7802-0199-7

Dieter Sudhoff /
Hans-Dieter Steinmetz
KARL-MAY-CHRONIK
(5 Bände und ein Register)
ISBN 978-3-7802-0170-6

Dieter Sudhoff (Hrsg.)
DIE BLAUE SCHLANGE
und andere Karl-May-Geschichten
ISBN 978-3-7802-0168-3

Karl May
DER RIESENOCHSENFROSCH
u. a. humoristische Erzählungen
Hrsg. von Karlheinz Eckardt
ISBN 978-3-7802-0184-3

Karl May
ERKÄMPFTES GLÜCK
Liebesgeschichten aus dem Werk
Ausgewählt von U. Neßler + H. Mees
ISBN 978-3-7802-0182-9

Jörg Kastner
HADSCHI HALEF OMAR
Die Vorgeschichte von GW Band 1
„Durch die Wüste"
ISBN 978-3-7802-0190-4

Hans Imgram
CHRONIK EINES
WELTLÄUFERS
Die Reisen von Old Shatterhand
alias Kara Ben Nemsi
ISBN 978-3-7802-0125-6

Christoph F. Lorenz (Hrsg.)
ZWISCHEN HIMMEL UND HÖLLE
Karl May und die Religion
ISBN 978-3-7802-0165-2

Carolus May
VINNETV
„Winnetou III" in Latein
ISBN 978-3-7802-0152-2

Holger Kuße (Hrsg.)
KARL MAYS FRIEDENSWEGE
Zwischen Völkerstereotyp und
Pazifismus
ISBN 978-3-7802-0198-0

KARL MAY[s] GESAMMELTE WERKE

1 Durch die Wüste
2 Durchs wilde Kurdistan
3 Von Bagdad nach Stambul
4 In den Schluchten des Balkan
5 Durch das Land der Skipetaren
6 Der Schut
7 Winnetou I
8 Winnetou II
9 Winnetou III
10 Sand des Verderbens
11 Am Stillen Ozean
12 Am Rio de la Plata
13 In den Kordilleren
14 Old Surehand I
15 Old Surehand II
16 Menschenjäger
17 Der Mahdi
18 Im Sudan
19 Kapitän Kaiman
20 Die Felsenburg
21 Krüger Bei
22 Satan und Ischariot
23 Auf fremden Pfaden
24 Weihnacht
25 Am Jenseits
26 Der Löwe der Blutrache
27 Bei den Trümmern von Babylon
28 Im Reiche des silbernen Löwen
29 Das versteinerte Gebet
30 Und Friede auf Erden
31 Ardistan
32 Der Mir von Dschinnistan
33 Winnetous Erben
34 »ICH«
35 Unter Geiern
36 Der Schatz im Silbersee
37 Der Ölprinz
38 Halbblut
39 Das Vermächtnis des Inka
40 Der blaurote Methusalem
41 Die Sklavenkarawane
42 Der alte Dessauer
43 Aus dunklem Tann
44 Der Waldschwarze
45 Zepter und Hammer
46 Die Juweleninsel
47 Professor Vitzliputzli
48 Das Zauberwasser
49 Lichte Höhen
50 In Mekka (von Franz Kandolf)
51 Schloss Rodriganda
52 Die Pyramide des Sonnengottes
53 Benito Juarez
54 Trapper Geierschnabel
55 Der sterbende Kaiser
56 Der Weg nach Waterloo
57 Das Geheimnis des Marabut
58 Der Spion von Ortry
59 Die Herren von Greifenklau
60 Allah il Allah!
61 Der Derwisch
62 Im Tal des Todes
63 Zobeljäger und Kosak
64 Das Buschgespenst
65 Der Fremde aus Indien
66 Der Peitschenmüller
67 Der Silberbauer
68 Der Wurzelsepp
69 Ritter und Rebellen
70 Der Waldläufer
71 Old Firehand
72 Schacht und Hütte
73 Der Habicht
74 Der verlorene Sohn
75 Sklaven der Schande
76 Der Eremit
77 Die Kinder des Herzogs
78 Das Rätsel von Miramare
79 Old Shatterhand in der Heimat
80 Auf der See gefangen
81 Abdahn Effendi
82 In fernen Zonen
83 Am Marterpfahl
84 Der Bowie-Pater
85 Von Ehefrauen und Ehrenmännern
86 Meine dankbaren Leser
87 Das Buch der Liebe
88 Deadly dust
89 Im fernen Westen
90 Verschwörung in Wien
91 Briefwechsel mit F. E. Fehsenfeld I
92 Briefwechsel mit F. E. Fehsenfeld II
93 Briefwechsel mit Sascha Schneider
94 Briefwechsel mit Joseph Kürschner

Die Reihe wird fortgesetzt

KARL-MAY-VERLAG
BAMBERG · RADEBEUL
www.karl-may.de

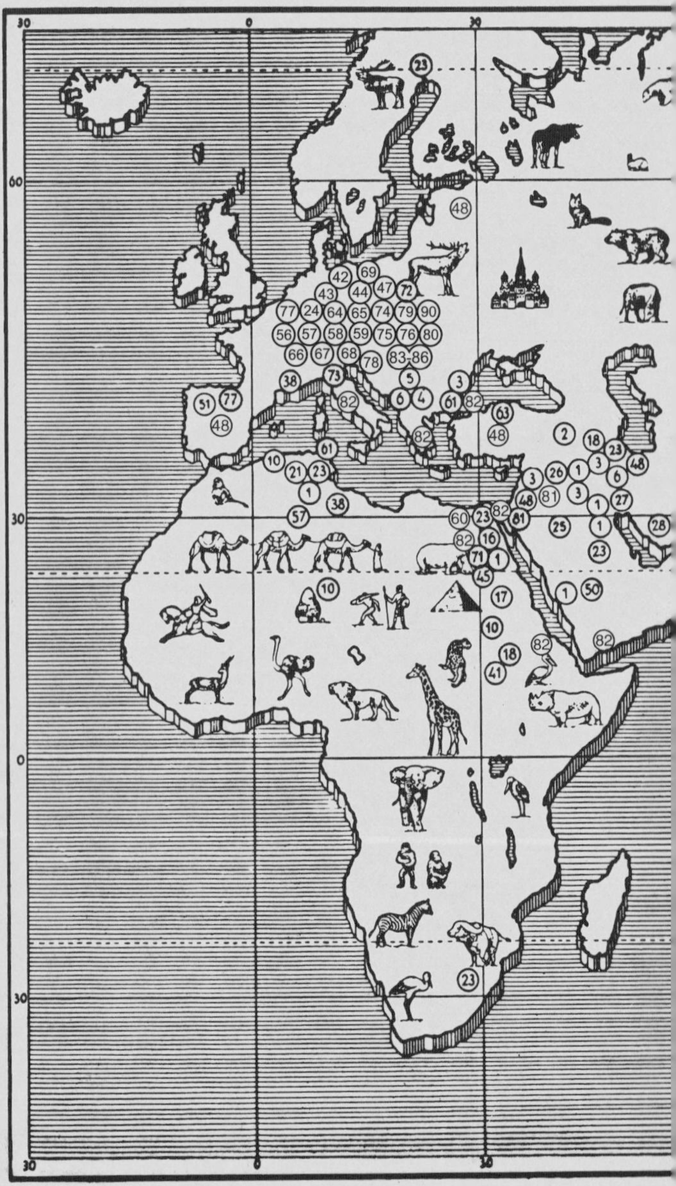

30
0
30
60
30
0
30
30
0
30
23
48
42 69
43 44 47 72
77 24 64 65 74 79 90
56 57 58 59 75 76 80
66 67 68 78 83-86
38 73 5
51 77 82 6 4 3
48 61 82
63
82 48
2
61 18
10 23
21 23 3 48
26 1 6
1 3
3 81
38 48 1 27
57 60 23 82 81
25 1 28
82 16
71 1 23
45
10 1 50
17
10
82 82
18
41
23